U0133363

"十二五"国家重点图书规划项目　　　　第 1 卷

国际可持续发展百科全书　　　　　　　主任　倪维斗

可持续发展的精神

The Spirit of Sustainability

【美】威利斯·詹金斯 主编

朱妽玥 张 靓 游敏慧 彭文曼 译

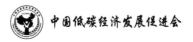

上海交通大学出版社
SHANGHAI JIAO TONG UNIVERSITY PRESS
　　中国低碳经济发展促进会

内容提要

本书是"国际可持续发展百科全书"第1卷。本书基于耶鲁大学宗教与生态学专题研究项目，汇集了114位国际知名学者的150项成果，介绍了可持续发展运动的道德和价值所在。全书内容广泛，有谢而丽·A.科克-杜根所著的"非洲离散民族的宗教"、阿德瑞比格贝所著的"原住民传统——非洲"、威利斯·詹金斯所著的"人类中心主义"、"生态中心主义"，还有马克斯·奥斯切雷格所著的"荒野"等等。旨在通过环境挑战的相关性，展望一个公平合理的生态框架。

上海市版权局著作权合同登记章图字：09-2013-911

图书在版编目（CIP）数据

可持续发展的精神 /（美）威利斯·詹金斯主编；
朱婳玥等译. — 上海：上海交通大学出版社，2017
（国际可持续发展百科全书；1）
ISBN 978-7-313-15855-0

Ⅰ.①可… Ⅱ.①威… ②朱… Ⅲ.①宗教—关系—
生态学—研究 Ⅳ.①B913

中国版本图书馆CIP数据核字（2017）第165151号

可持续发展的精神（第1卷）

主　　编：〔美〕威利斯·詹金斯　　　　　译　者：朱婳玥 等
出版发行：上海交通大学出版社　　　　　　地　址：上海市番禺路951号
邮政编码：200030　　　　　　　　　　　　电　话：021-64071208
出版人：谈　毅
印　　制：苏州市越洋印刷有限公司　　　　　经　销：全国新华书店
开　　本：787mm×1092mm　1/16　　　　　印　张：45.5
字　　数：873千字
版　　次：2017年10月第1版　　　　　　　　印　次：2017年10月第1次印刷
书　　号：ISBN 978-7-313-15855-0/B
定　　价：558.00元

版权所有　侵权必究
告读者：如发现本书有印装质量问题请与印刷厂质量科联系
联系电话：0512-68180638

国际可持续发展百科全书
编译委员会

顾 问

郭树言

主 任

倪维斗

委 员（按姓氏笔画顺序）

王文华　朱婳玥　刘春江　孙承兴

李　鹏　张天光　张　靓　周伟民

周伟丽　周　培　赵　旭　董启伟

支持单位

中国长江三峡集团公司

中国中煤能源集团有限公司

神华集团有限责任公司

序　言

　　随着世界人口膨胀、资源能源短缺、生态环境恶化、社会矛盾加剧,可持续发展已逐步成为整个人类的共识。我国在全球化浪潮下,虽然经济快速发展、城市化水平迅速提高,但可持续问题尤为突出。党中央、国务院高度重视可持续发展,并提升至绿色发展和生态文明建设的高度,更首度把生态文明建设写入党的十八大报告,列入国家五年规划——十三五规划。

　　如何进行生态文明建设,实现美丽中国? 除了根据本国国情制定战略战术外,审视西方发达国家走过的道路,汲取他们的经验教训,应对中国面临的新挑战,也是中国政府、科技界、公众等都需要认真思考的问题。因而,介绍其他国家可持续发展经验、自然资源利用历史、污染防控技术和政策、公众参与方式等具有重要的现实意义。

　　"国际可持续发展百科全书"是美国宝库山出版社(Berkshire Publishing Group LLC)出版的,由来自耶鲁大学、哈佛大学、波士顿大学、普林斯顿大学、多伦多大学、斯坦福大学、康奈尔大学、悉尼大学、世界可持续发展工商理事会、国际环境法中心、地球政策研究所、加拿大皇家天文学会、联合国开发计划署和世界自然保护联盟等众多国际顶尖思想家联合编撰,为"如何重建我们的地球"提供了权威性的知识体系。该系列丛书共6卷,分别讲述了可持续发展的精神;可持续发展的商业性;可持续发展的法律和政治;自然资源和可持续发展;生态管理和可持续发展;可持续性发展的度量、指标和研究方法等六方面的内容。从宗教哲学、法律政策、社会科学和资源管理学等跨学科的角度阐述了可持续发展的道德和价值所在、法律政策保障所需以及社会所面临的商业挑战,并且列举了可持续研究的度量、指标和研究方法,提出了一些解决环境问题的方法。总而言之,这套书以新颖的角度为我们阐述了21世纪环境保护所带来的挑战,是连接学术研究和解决当今环境问题实践的桥梁。

　　这套书的引进正值党的十八大召开,党中央和国务院首度把"生态文明建设"写入工作报告重点推进，上海交通大学出版社敏锐地抓住这一时机，瞄准这套具有国际前瞻性的"国际可持续发展百科全书"。作为在能源与环境领域从事数十年研究的科研工作者，我十分欣赏上海交通大学出版社的眼光和社会担当，欣然接受他们的邀请担任这套丛书的编译委员会主任，并积极促成中国低碳经济发展促进会参与推进这套书的翻译出版工作。中国低碳经济发展促进会一直以来致力于推进国家可持续发展与应对气候变化等方面工作，在全国人大财政经济委员会原副主任委员、中国低碳经济发展促进会主席郭树言同志领导下，联合全国700多家企业单位，成功打造了"中国低碳之路高层论坛"、"中国低碳院士行"等多个交流平台，并以创办《低碳经济杂志》等刊物、创建低碳经济科技示范基地等多种形式为积极探索中国环境保护的新道路、推动生态文明建设贡献绵薄之力。我相信有"促进会"的参与，可以把国际上践行的可持续理论方法和经验教训，更好地介绍给全国的决策者、研究者和执行者，以及公众。

本系列丛书的翻译者大多来自著名高校、科研院所的教师或者翻译专家，他们都有很高的学术造诣、丰富的翻译经验，熟悉本领域的国内外发展，能准确把握全局，保证了丛书的翻译质量，对丛书的顺利出版发挥了不可替代的作用，我在此对他们表示衷心的感谢。

这套丛书由上海交通大学出版社和中国低碳经济发展促进会两单位共同组织人员编译，在中国长江三峡集团公司、中国中煤能源集团公司、神华集团有限责任公司的协助下，在专家学者的大力支持下，历时三年，现在终于要面世了。我希望，该书的出版，能为相关决策者和参与者提供新的思路和看待问题新的角度；该书的出版，能真正有益于高等学校，不论是综合性大学的文科、理科、工科还是研究院所的研究工作者和技术开发人员都是一部很好的教学参考资料，将对从事可持续发展的人才培养起很大的作用；该书的出版，能为刚刚进入该领域的研究者提供一部快速和全面了解西方自然资源开发史的很好的入门书籍；该书的出版，能使可持续发展的观念更加深入人心、引发全民思考，也只有全民的努力才可能把可持续发展真正付诸实施。

（中国工程院院士　清华大学教授）

译者序

古往今来，广袤无垠的宇宙以及人类和自然界之间关系一直是人类孜孜不倦探索的课题。宗教作为一种人类的精神需求，探索终极实在与终极价值的关系，表达终极关怀的体系，亦是人类探索自身和其思维及文化发展脉络的重要主题。宗教自其萌生之肇始就与自然有着千丝万缕的关系，并不是独立存在和发展的，与人类社会的存在发展紧密交织在一起，即宗教、自然、人类社会这三者之间紧密相关的。而在世界诸种宗教的教义中，亦反映出宗教—自然关系的存在，在人的主体性和世界的客体性方面又反映出诸多与自然和谐共存的生态伦理思想和智慧，这引发了人类学家的关注，诸如文化人类学家朱利安·H.斯图尔特（Julian H. Steward）对文化生态学理论的研究，宗教生态学的研究也由此应运而生，进入了学术界的研究视野。这一领域的研究注重自然环境对宗教文化的影响，更是激发了人类、社会与自然关系的反思，亦是可持续发展的前沿性问题值得关注。

再者，宗教通过人—神之间的宇宙整体观构建了一个基于信仰的伦理共同体，这一共同体也是人类命运共同体的有机整体的一部分。其在现实的宗教实践中，在面对世界多极化、经济全球化、文化多样化和社会信息化的国际局势下所遇到的挑战、确保全球的可持续发展方面发挥着独特的积极功能和作用。这些正是《可持续发展的精神》一书呈现并传达给广大读者的精神之一，这有助于广大读者在科学地、理智地理解并认识宗教，走出宗教认识迷雾，同时鼓励宗教人士和其他公众积极参与可持续发展事业。受上海交通大学出版社委托、有机会参与如此前沿学术图书翻译的译者，感到荣幸之至。

本书的翻译工作并非一蹴而就，为了确保翻译的准确性，译者们参考了大量有关的学术资料和工具性辞典，经过反复修改以及审稿才最终完成。前期的翻译工作由朱姵玥、张靓、彭文曼、游敏慧四位译者同心合力完成，其中，A—C以及I字母词条的翻译工作由译者彭文曼完成，

D—H以及N—P字母词条由译者游敏慧翻译完成，J—M字母的词条由译者朱婳玥翻译完成，R—Z字母的词条由译者张靓翻译完成。张靓还负责联络并组织各位译者参与前期的翻译工作，并参与了全程的翻译讨论和部分索引整理工作；朱婳玥负责此卷所有字母词条的审稿校对工作。在此，我们必须要提到上海社会科学院宗教研究所的晏可佳教授，译者对他感佩交并，因为正是在他的帮助与支持下顺利完成了A字母词条的初步审稿工作和部分索引整理工作，这使得后续的审稿工作进展更快，他还对"献祭"、"胚根教"等词条给出了学术意见。另外，还有其他几位学术界专家在此书的翻译过程中不吝赐教，他们分别为：给出了"伊斯兰教"词条学术意见的上海社会科学院宗教研究所的葛壮教授，给予"异教与新异教"词条翻译意见的复旦大学社会发展与公共政策学院的范丽珠教授，在"犹太教"词条中对个别术语给出翻译建议的南京大学犹太文化研究所宋立宏教授，以及在语言学方面给出翻译意见的复旦大学外国语言文学学院的董宏乐教授。在此，对他们致以由衷的感谢。

同时，还要感谢其他审稿人谨本详始的审稿工作，他们秉持多闻阙疑的治学态度，给出了很多宝贵的修改意见。

最后，谨向上海交通大学出版社给予译者们的支持表示衷心感谢！

前　言

宗教、哲学和伦理学塑形了我们生活于其中的文化世界，也继续建构我们对社会问题的解释和回应。可持续发展的社会需要和生态需要给文化及全社会带来复杂而广泛的挑战。解释这些挑战需要很好地理解这个世界古老和新近的道德传统。要对那些挑战形成有效的应对，就需要学习如何触及他们的道德资源、如何与他们的参与者交谈，并想象新的文化可能性。《可持续发展的精神》是6卷本"国际可持续发展百科全书"的第1卷，意欲帮助读者认识并开始探究可持续发展的道德维度。

在这卷书中，来自各学科专业的学者介绍并阐释了与可持续发展有联系的关键概念、主要传统和意义重大的实践。撰稿者们的论题范围广泛涉及各种文化和传统，呈现给读者的是可读懂的专业术语以及关于可持续发展的形形色色词汇。但这些术语并不是共同认可的话语，因为这些学者致力于多重学术领域并代表各种不同的传统，他们有不同观点，有

时甚至意见相左；可持续发展确实兼容并收了不同的想法、价值观和论题，其中很多在争相挤入当代思想和公众讨论之中。因而，本卷博采众长，将各种对可持续发展而言意义重大的条目联系在一起——其实这个概念本身就是多元且具有争议的。

与其强加给"可持续发展"这个术语一个权威的定义，我们倒不如邀请撰稿者们解释他们的论题对于理解可持续发展的含糊性及多样性而言有何意义。有些词条探索了一些实践，这些实践能够帮助解释可持续的生活意味着什么；一些条目列举了可持续发展必须包含的目标；另外一些条目则介绍了道德传统或解释框架，能够帮助我们思考达成这些目标所面临的综合挑战。大量的条目要求我们检视那些被普遍认可的可持续发展观念，或者要求我们考虑，可持续发展是怎样挑战那些被普遍接受的关于其他社会目标的观念。

尽管不可避免地具有片面性，但本卷展示了我们所面临的基本问题的深度和广度，这

一基本问题是：我们必须持续发展什么？《可持续发展的精神》让学生、普通读者、学者和专家把可持续发展作为道德问题来思考。有时，为了寻求未来争议最少、最可行的方案，我们在可持续发展的讨论中会回避或删去道德问题，把我们限制在谈论市场政策、政治策略和技术可能性问题上。但是决定我们能够和必须持续什么，最终还是要面对人类的集体道德能力。此种决定检验着我们所称的人类的灵性。

作为道德挑战的可持续发展

鼓励撰稿者们思考道德问题并探讨灵性领域，可能会自讨苦吃、得不偿失。宗教与伦理学给公众讨论带来长期困难——当公众是全球范围时，困难就加剧了。讨论善就容易分裂多元文化、挫败集体责任的概念，更别说讨论神圣意志或者宇宙命运了。确实，自由的社会首先是通过现有的市场、政治和技术体系来面对它们的社会挑战，其部分原因在于，它们想回避动摇道德争议。

但可持续发展的挑战恳求对这些体系进行评估。再考虑一下这个基本问题：我们必须持续什么？提出这个基本问题，是由于人类的经济、政治和技术体系的组织已经开始威胁到他们赖以生存的生态系统。可持续发展的基本观念涉及这样一种能力，即，可进行持久的活动而不侵蚀其所依赖的环境。一系列关涉生态与社会的问题——例如生物多样性减少、人口结构不稳定、有毒污染和气候变化——表明，人类的努力可能正在侵蚀人类自己所能承受的状况。甚至采取温和、谨慎立场的人也建议我们要问为什么、做什么，以此来改变这些状况。

可持续发展对全球社会产生一种奇怪的，同时也是最低限度的、综合的挑战。它要求我们只是考虑人类相宜的生存前景，但这样做会提出诸多问题：非人类生命形式的价值、经济目标、人类在地球上的存在形式，以及我们可能想造就什么样的未来的问题。当我们开始考虑我们应该持续什么，我们最终被迫反思，使我们得以持续的是什么。人类文化和经济的基础是什么？人类与生态系统有何联系？人类精神的前提条件是什么？

这些问题有着看似矛盾的深刻内涵。尽管这些问题质询关于相宜生存的道德最低限度，回答它们则要求我们思考我们的依存性和关系的总和。由于可持续发展使政治社会面临做出保护使我们得以持续的事物之决定，它把全部道德问题推至公众眼皮底下。道德体系和宗教传统有助于促成公民争辩这些问题——质疑我们的经济、政治和技术体系的轨迹问题。

事实上，诉诸道德的力量、探索宗教的传统可能提高我们的能力，应对势不可挡的挑战。面对改革的艰难抉择，社会易于被诱使，而赞同更简单的假设：历史使我们别无选择——市场形成于非政府力量，政府形成于无情的权力倾向，而文化形成于必然的技术进步。全球化有时就以这种方式表现出来。也许我们对"全球伦理"的主要贡献是：拒绝这类假设，坚持认为我们能够创造出基于共同价值观和共同承诺的某种全球管理机构。

将可持续发展作为道德问题提出来或许能形成某种共识。它证实了这样一种可能性，即通过对话和审慎的思考，我们能找到我们目前体系的替代物，并且，通过这样做，我们能抵制对我们人类的复杂威胁所做的还原论者的阐释。把可持续发展当作道德问题对待，使我们考虑一种可能性，即我们的经济、政治和技术体系可能不一样地或更好地运转，鼓励我们想象怎样使几种可持续的事物融合为一个整体。置身于什么样的文化才能使未来在经济健康、生态完整、社会公平公正方面保持和谐？

《可持续发展的精神》一书为探讨这些问题、理解它们的社会背景、开始构想可行的解决方案提供了资源。本卷通过多重道德立场阐述可持续发展问题，也有助于保持可持续发展概念实用性的一面：展示可持续发展对许多文化、传统和体系的基本挑战，从而为许多社会团体参与讨论创建了一个共同的平台。本卷有助于将可持续发展成为综合评价的桥梁或标尺（integrative rubric），以描述共同的道德险境、处理社会问题、搜集用来应对的文化资源（进一步的解释参见威利斯·詹金斯本卷所撰"可持续性理论"的条目）。

灵性：探究宗教、文化和生态

任何有着百科全书雄心的资源都不免挂一漏万；对于探讨可持续发展的比较宽泛的系列中的一卷，我们不得不大范围地挑选适用条目。然而，我们的意图不是包罗万象，而是给出有代表性和引导性的资源，令读者发现进一步的联系，激发他们对相关论题更深层的考察。很多条目为探索"国际可持续发展百科全书"的其他几卷提供了视角。绝大部分条目也给出了附加资料供研究和思考。

这里的147个条目涵盖了哲学伦理、社会伦理、环境伦理等重要领域，尤其强调文化批判和社会变革的路径。在这些词目中，我们（出于种种原因）尤其关注宗教的传统、实践和观念。首先，阐释我们当代的文化背景及其政治可能性，需要我们对宗教的话语有所理解；社会变革的一些障碍可能根植于宗教价值观，而一些改革之路可能关涉灵性的维度。第二，对许多人来说，关于维持生计的完整答案必须触及某些可以描述为宗教性的深层次的东西，即美、神秘、灵性、爱、信仰或上帝。第三，也是最为重要的一点，把可持续发展看作道德问题，会激起既基本又首要的问题；宗教传统已经形成了对这些问题透彻思考的道德框架。熟悉宗教的、精神的和文化的传统，有助于我们深入思考可持续发展之挑战的复杂性和深奥性。本卷收集了许多最重要的资源，当读者开始把可持续发展作为一个道德问题探究时，他们就可查阅这些资源。

宗教与生态领域的研究方兴未艾，学者在其中探究、评估和修正宗教、文化和环境的关系，这为讨论可持续发展的精神提供了一个重要舞台。实际上，本卷是同宗教与生态论坛（the Forum on Religion and Ecology，FORE）合作的成果，本卷的撰稿者许多都参与了宗教与生态论坛项目的学术活动和写作。例如，参见玛丽·伊芙琳·塔克所撰条目"全球宗教传统"[①]，而弗雷德里克·马修森·丹尼所撰条目"伊斯兰教"，就是由其最初在宗教与生态论坛出版的文章扩展而来的，这篇文章从伊斯

---

① 译者注：塔克所撰条目为"世界宗教和生态"。

兰世界的法律、经济和伦理角度探讨了水资源管理的问题。而且,本卷许多引文均可见于宗教与生态论坛的成果。

本卷由于还思考了在可持续发展的辩论中必然会激起的若干涉及面更广的道德问题,因而超越了通常关于宗教和生态变化的论述。面对可持续发展,在如下这些问题上——全球贫困范围内的经济上的公共利益、在核武器威胁下保持稳定的国际和平、在新的人为灾祸下保证公众健康,以及对子孙后代做到公平合理的社会正义——不仅需要我们进行生态的考虑,还要求我们有实用性的深思熟虑。很多撰稿者主要关注宗教的和伦理体系的生态维度,很可能因为环境义务是最不发达的论题,或是因为环境正在发生最重要的变化。但可持续发展所要探索的领域更加包罗万象、跨更加多地学科。我们不仅必须研究宗教和精神传统是如何考虑其环境的,或者说大自然是如何激发了我们的灵性,还必须探讨,我们如何以现有的公民和道德资源来迎接综合且广泛的挑战。

在这里,我们没有对宗教,也没有对文化、精神或伦理给出一个单一的可以广泛运用的定义。作者甚多,议题广泛,从而涉及许多文化和宗教的概念。有几位撰写本土传统的作者主张对宗教与文化不作区分,指出需要重新思考西方的分类范畴。本卷的规范取向——将文化论题和作为道德问题的可持续发展联系起来——要求广泛包容各种相关论题的观点。

最后,必须提及"精神"这个词,本卷的标题援引了一个目前用于许多宗教观念的术语,也是为了回避宗教的范畴或规定。在其他语境中,"精神"一词可能指人类的智力、动物的生命力、生命的活力、历史的驱动力、神圣的气息,或者宇宙智慧。所有这些含义虽然相差甚大,但万变不离其宗,它们都宣称:可持续发展的全球挑战不能化为政治考量或市场行为。直面作为道德问题的可持续发展,需要一种可持续发展的精神;需要唤起我们的聪明才智、果断的行动,与生命同行,重新学习智慧的经济学。

具有吸收性、包容性的"精神"看似是一个恰如其分的隐喻,表明读者诸君将会在本卷发现,道德资源的词汇具有跨学科、多元化和多文化的特点。这个词还暗含着某种活力,读者还将发现——不同于概括客观知识的古板工具书——很多撰稿者都以一个共同目标来阐释其论题。多元而又目标明确、多种意义而生气勃勃的精神正是一个可持续的隐喻。

威利斯·詹金斯(Willis JENKINS)
康涅狄格州纽黑文

附录：关于用性别色彩的语言书写神

提及神常常是个危险的语言活动——事实上，一些有着一神论传统的地方将这一危险视为关键。在一本包含许多神圣词汇的著作里，语言的世俗功能——例如代词——可能背负令人讨厌的思想包袱。它们会让上帝看上去像一个男人，还是一个说英语的男人，这会激起出于各种理由的很多反对意见。在不同信仰的语境下，我们的语言不仅导致性的麻烦，还有数的麻烦。

一些学者仍然把阳性代词作为默认的中性词使用，但对于很多读者来说，这样使用似乎是强调上帝的男性形象。其他学者可能在一段话中使用阳性代词，而在另一段里使用阴性代词。有些学者甚至试图用 hir 来指代"他的"和"她的"之混合，用 ze 来指代"她"和"他"的混合。在我们看来，这类发明开始误导读者，但它们确实反映出，谈论神时，他们强调的是语言，尤其当文化体系与性别主义被当作共谋受到批评时。在认识到语言继承了男性至上的遗产后，许多学者默认使用阴性代词，为的是扰乱它们制造的主导性的性别形象。我们或许没有任何在性别上恰当的语言来称呼神（God）。

所以在本书中，我们鼓励作者彻底避免使用代词。结果会使一个句子显得笨拙，例如，"神用神的双手创造了整个世界"，然而，人们能得到神学上的安慰，谈论神时倒不如宁拙毋巧。

然而，除了这个鼓励之外，我们还让作者的叙述保持原貌，假定他们都以其使用的语言表现他们的传统或论题。传统中的神可能有多个，是无处不在的、超然的、非人的、特定的男性、特定的女性、雌雄同体，或者这些特性的任何组合。作者使用他们认为与其论题或传统最契合的名词或代词。

威利斯·詹金斯

目　录

A

African Diasporan Religions

非洲离散民族的宗教

　　非洲西部人民作为奴隶被运送过大西洋之后，非洲离散民族的宗教得以在美洲发展。聚焦于有一个创造地球万物的至高神以及一个包括所有这些被造物的共同体，这些宗教的信仰促进了可持续生活方式的实践。非洲裔美国人的教堂尤其注重形成一个管理模式以支持神的供应。

　　传统非洲人的世界观天生就是宗教型的，关注创造神、精灵、主宰的权能和人类；非洲一些土生土长的宗教都有万神殿。非洲人的宗教思想不是铁板一块，而是多样的，将形而上学的、非物质领域与物理领域连接在一起。许多非洲人把熟悉的本土宗教、基督教或伊斯兰教带往美洲。非洲人经历了约400年的散居后，数百万西部非洲人在奴隶贸易中穿越大西洋被运送至美洲和加勒比群岛，这些散居的非洲人设法适应通常敌视（或嘲笑）非洲哲学和灵性的新环境，与此同时，他们成功地保存了他们自己的习俗、文化身份认同以及信仰体系。这些地区的非洲离散民族的宗

教——仍然主要吸收他们的本土传统，即：信仰一个至高神，强调社区的重要性——数百年来不断受到伊斯兰教、天主教、基督新教、五旬节派，以及强调占卜和神医之传统的影响。20世纪的拉斯特法里教（Rastafarianism）发展出一套社会政治议程。奴隶制废除后，黑人可以迁移到南方以外的其他地方，非洲裔美国人自身经历了一次大离散；这是废除种族隔离之后所产生的另一层面的大离散。非洲裔美国人的信仰共同体和黑人教堂的哲学与实践——它们在历史上曾经处在赋能（empowerment）和政治活动的核心——如何与21世纪可持续发展的生活方式联系起来，这是条目关注的核心内容。

　　非洲离散民族的宗教的可持续发展观通常涉及从整体着眼的、以灵性为基础的生态策略、进程和态度，在一个其拥护者受到广泛影响的种族主义、性别主义和阶级压迫所嘲弄的世界里，这些观点关注生存力、健康、养生、疗愈，以及按照圣经对天赐资源——人类、自然

资源和所有创造物——的保管。对于自由、忠诚的生活方式之典范而言，管理工作要求一个人对公正、公平、财政职责负责，并热爱使用神的供应。这种民族精神里，对合理利用资源的高度自觉促使我们进行配套的人类活动，这些活动在某种程度上能确保复杂多样的生命体在我们所生活的各种环境里继续存活。

非洲裔美国人与环境

非洲裔美国人的人生道德观——由政治、社会活动和灵性等因素塑造而成——决定了其独特的环境关怀与欧洲裔美国人有所不同。黑人教会——历史上曾经处于赋能和政治活动的核心——仍然是影响大多数非洲裔美国人的独立机构。非洲哲学（并无神圣与世俗之分）、种族不平等的遗产，以及历史悠久、制度化的黑人教会，构成了21世纪仍在发挥作用的黑人教会的"现实"。一些信仰共同体或宗派已经比较独立，不参与政治；还有一些持更加超世俗、去政治化、保守的立场。但是，通过接受传统的关于地方自治主义的非洲世界观，以及牧师和他们自己的教会教条所灌输的社会道德，信仰共同体充满神的保护、赋能和希望的意识。

与北美洲大陆的疏离感

马克·斯托尔（Mark Stoll）与戴安娜·格拉乌（Dianne G. Glave）合编过一本《热爱风雨》（*To Love the Wind and Rain*, Glave & Stoll 2006），该书一反过去对非洲裔美国人的殖民主义式研究，考察了这些黑人如何历史性地构想、利用并设法在所处的乡村和城市环境空间生存下来。马克·斯托尔断定，奴役致使非洲人与北美大陆相疏离。尽管有象征性隐喻的出埃及母题（Exodus motif）和应许之地（Promised Land），非洲裔美国人并没有与土地的神话联系，而欧洲裔美国人有许多，如：普利茅斯岩（Plymouth Rock）、石山（Stone Mountain）、优诗美地峡谷（Yosemite Valley）。象征性的输入并没有激发尊崇或保护自然的意识，这使得在黑人的神圣历史中，人类而非自然成为不朽，并且是将旷野中的摩西而非伊甸园里的亚当和夏娃作为引导。摩西和以色列的后代在旷野中流浪、饱受奴役，最后得到神的解救。尽管绝大多数非洲离散基督徒把亚当和夏娃视为最早的人类，但是，从非洲连根拔出的非洲离散民族不大可能对美洲大陆产生天堂般的感觉。自南北战争（post-Civil War）结束到第二次世界大战，再到种族隔离废除，非洲裔美国人从南部乡村迁移到北部、中西部和西部，一些领域的行动主义开始减缓，但是黑人信仰以社会道德系统的形式继续存在。

非洲裔美国人对可持续发展的知觉和经验，必不可少地与阶级、民族、性别和种族紧密相关，这些因素决定了非洲裔美国人不得不在哪里和怎样生活、工作和玩乐：例如，黑人被限制进入某些特定的地区；他们受制于劳役偿债制度（将劳工束缚在奴役之中），被放逐到隔离的公共空间。因此，环境公正就关乎黑人的解放——其核心涉及与环境的关系、也有赖于和环境相关的社会政治——在这里，共同体得以彻底建构，追求集体权利变得至关重要，而环境也就与生产和工作联系起来。具有讽刺意味的是，非洲裔美国人常常不愿去公园、森林和旷野进行娱乐，然而，他们通过工作和户外活动,在治病和卫生方面获得身心两方面的裨益。

尽管废除种族隔离对环境的不利影响远不及美国的工业化运动及全球化本身,但向所谓更自由的天堂或邻近街坊迁移的非洲裔美国人人口的不断增长常常导致生态的非正义,产生各种与可持续发展相违背的行动、信仰和其他进程。高涨的贪婪之心和"无偿"利用土地在诸多混合居住社区显得十分突出,在城市地区更是如此。随着迁移以及高速公路将各阶级、各种族的人运往四面八方,人们与土地相分离,普遍倾向于漠视地球;对于非洲裔美国人而言,后果就更加严重,他们绝大多数从非洲被偷来,强迫为奴,对新环境已然感到格格不入,而今又不得不再次流离失所。许多移民诉说这种疏远现象之际,系统的、压迫性的种族主义在历史性地对健康的、可持续发展的非洲离散民族的社区设置障碍。对非洲离散民族的环境公正极其不利的是这样一些城市现实:中产阶级大量迁移到郊区、精神萎靡不振、工业污染,以及邻居之间相互疏远,最终导致只知道关注自我。诸如"不让一个孩子掉队"的号令,迫使教师教会学生通过标准化考试,则进一步抑制非洲裔美国人的孩子的学习能力和竞争力;这些规划,连同文化冷漠、相信黑人小孩不会表现出色,以及不公平的判决将越来越多的穷困黑人青少年送进监狱,最终修成了一条从摇篮到监狱的通道。

贫困因素

在任何族群中,尤其是在非洲民族中,威胁可持续发展的一个重要因素是贫困。《圣经》中提到过一些众所周知的特点和行为,被视作造成家庭和社区贫困的根本原因,它们包括不道德的性行为、懒惰、吝啬、浪费时间和土地、不思进取、不公正、空谈、压迫、拖延、分心、轻率、缺乏激情、生活奢侈、不明智的借贷、剥削人、吸毒成瘾和无节制的欲望、穷人压迫穷人、腐败的政府、贪婪、骄傲和蔑视;这些性格特征常常被不公平地投射于穷人——有色民族的穷人身上。因此,我们经常看到,一个社区的种族结构可能是一个单变量,可以用作全然预测安置于他们中间的商业废弃物处理设施。阶级歧视和种族主义保证使很多穷人和有色人种比一般人群遭遇更大的环境与健康风险;他们获得洁净的饮用水、纯净的空气、公园、游乐场或安全的工作环境的机会更少。尤其像墨西哥湾海岸旁的癌症走廊(Cancer Alley)这样的地方,使用有毒化学品的工业极其发达,死亡威胁着所有生命,造成自我、家庭、雇员、空间、场地、社区和土地的深度丧失——这种困境常常由污染引起的精神和身体疾病所致。

可持续发展、和谐、管家,以及黑人教会

非洲离散民族的宗教有一条原则已纳入黑人教会的制度中,它主张,当人们摆正与上帝的关系时,在很大程度上也就摆正了与地球的关系。牵动可持续发展需要激发希望、让管家项目成为黑人教会的一部分,要同那些能够帮助制定对环境有利的公共政策的公民机构合作。(此处使用的"黑人教会"这个术语包含非洲裔美国人表达他们信仰的众多教派和社区)在教会的世界观看来,同性恋歧视、阶级歧视、种族歧视、性别歧视和其他厌恶滋生不平衡和不公正,促使人们将不同于他们的某

人定为"他者"。教会中的成员都被鼓励要热爱自己以及为他们提供生存空间的地球，要抵制贪婪及系统性的压迫。"因为地和其中所充满的都属乎主"[①]，在神的临在、神的圣所里经常可见这样的指示。因此，不能滥用或伤害自然和被造的秩序。可持续发展就是要过和谐的、平衡的生活，在这种生活里，人类一体，与神同在，感激充满生命的地球。依据神学教授凯伦·贝克·弗莱彻（Karen Baker Fletcher）的观点，深切感激地球的深层原因是，我们人类由尘土（earth）所造，并有灵魂，我们的生与死，和地球内、地球上、来自地球和围绕地球的每件事情息息相关。正如神的创造自由通过一切创造物塑造并流溢出美，作为管家或托管地球的人类需要肩负极大的责任。

《另一天的旅行：黑人教会遭遇美国危机》（*Another Day's Journey: Black Churches Confronting the American Crisis* 1977）一书的作者罗伯特·E.弗兰克林（Robert E. Franklin）从非洲离散民族曾经孕育出希望和公共行动主义的一种独特灵性生态中预见到了这种责任——这种灵性生态包括：多重感觉崇拜、亲密的群体祈祷、对宣泄性表现主义的投入，例如对治疗性圣歌的投入、表达社会政治意义的宗教教育，以及充满预言的、想象的布道。这些实践激励宗教团体的成员趋向于上帝的统治和国度。与此相关的是复杂多样的灵性形式——从福音派运动、圣洁运动、灵恩运动到社会正义论、非洲中心论、沉思的以及新时代的哲学——形成了黑人教会的社会见证：实用主义的妥协主义、预言式的激进主义、救赎式的民族主义、草根奋兴派、有着积极想法的物质主义。随着21世纪的各种变化，包括宗派制度的衰退、上帝的道教会（Word churches）的增长，以及当代生活和公共社区的挑战，传统的非洲裔美国人教会机构也需要评估其各项事工怎样才能有效地帮助维持民众和地球的精神存续。可持续发展的根本是接受这样的世界观：强烈意识到我们是谁、上帝是谁，同时感恩上帝，将上帝与所有造物、环境、宗教仪式、管家职责、社区和环境公正联系起来。

非洲离散民族的宗教认为，与土地相分离、最终与我们自己、彼此之间、与灵性及上帝分离所造成的后果是：我们连自己是谁都不知道了。财富和身份变得比各种联系、比地球更重要。如果我们与上帝的联系支配着我们的生活，并且，如果上帝是所有创造物的创造者，创造物就是值得崇敬的。正如农民要轮种农作物以使土地得到自我更新，人们太需要恢复（或者重申）他们的感恩、联系和承诺——对人类和所有创造物的完全修复的感激、联系和承诺。著名作家艾丽丝·沃克（Alice Walker）请求我们，有人极大地伤害了我们所爱的人，就去种一棵树。

可持续发展与行动主义

《热爱风雨》的主编之一格拉乌注意到，很多行动主义者采用一种基督教的模式，尤其是追随马丁·路德·金（Martin Luther King）的非暴力抵抗运动来展开他们的努力。因而，黑人的环境解放神学——前文在讨论将黑人从环境种族主义偏见中解放出来的背景中有

[①] 译者注：《新约·哥林多前书》10：26。

所提及——致力于保护非洲离散民族,让他们
不暴露于有毒的污水厂、废弃物填埋场、垃圾
堆和自动机械加工车间。格拉乌留意到,对
有色人种不公平的环境种族主义歧视导致了
胎儿先天不足、死产、流产、癌症,以及与自身
免疫和压力有关的疾病(Stoll & Glave 2006)。
对圣经的统治权所做的歪曲阐释意味着做地
球的管家而不是照看地球,这种管家允许滥
用、丢弃与上帝立约的信托责任,导致对有情
众生缺乏关心、置之不理。资源和野生生物的
保护与合理利用①必须包括所有人和所有创
造物。此项工作应建立一种社会文化的、道
德的地理学,明确毁坏创造是错误的。非洲
裔美国教会中的许多领袖在全国教会理事会
(National Council of Churches, NCC)中任职,
他们注重非洲裔美国人社区中的生命质量和
健康问题。当社区想抵制、教育一些与环境种
族歧视有关的公司,或与之谈判,以便努力改
变那些有害的活法时,牧师们常常会提供重要
的帮助。

随着技术的提升、人口的增加、滥伐森
林、每年成千上万的物种灭绝、地下水位线下
降,以及其他自然资源的耗竭,可持续发展成
为一个全球性问题。监狱—产业园区、走私贩
毒,以及名誉扫地的教育实践——扼杀创造性
的应试教育,这些都威胁和消耗着许多人类的
而不仅仅是非洲裔美国人或有色人种的资源。
如果这个趋势继续下去,人类面临灭绝的危
险,因为,众所周知,地球将不能再维持生命。
人类活动已经造成了极大的生态失衡:创纪
录的热浪、连带的飓风、海啸、粮食减产、干旱,
以及温室气体增加。

非洲裔美国人的教会继承了一个传统,
即参与制定公共政策,而参与的层面却是有所
偏差。行动主义多聚焦在种族不公和黑人的
经济发展,而对福利改革、社会服务、卫生保
健、生育权、教育改革和司法正义的关注则远
远不够。针对这些问题开展卓有成效的游说,
在时间、精力、资源方面的投入还远远不够,而
这种投入对可持续发展而言至关重要。

19世纪巴西的坎多布雷教(Candomblé)
是巴西非洲离散民族信仰灵魂附身的宗教,
其宗教领袖根据他们对疾病的起因和治疗的
理解,致力于因生活压迫而造成的在物质、
精神、社会政治和生态系统方面的不平衡。
坎多布雷教设想在人类中间寻求正确的关
系——人类、自然界,以及灵性之间的正常关
系。经由修那人(Shona)的姆托波(Mutopo)
原则,其世界观能够动员神媒去保护环境,
神祇也会关心生态的和人类的福祉。充满活
力的坎多布雷教为那些受奴役的人提供了另
外一种身份意识和思考方式,这与受奴役的
非洲裔美国人体验到神允许人了解自己、照
看自己颇多相似。这两种宗教实践都允许在
反抗中获得喜悦,就像信徒培养个人的和集
体的身份以抗拒主流社会强加给他们的依附
地位。

当非洲离散民族的共同体认识到其生存
有赖于最脆弱人群——尤其是老人、妇女和儿
童的权利得到尊重时,他们的生态公正以及可
持续发展的意识才能够培养起来。这种宇宙
观看到了上帝、人类和所有创造物之间,往生

---

① 译者注:原文为conversation(对话),疑为笔误,似应为conservation(合理利用)。

者、尚未出生者之间的联系。面对由殖民主义带来的当今环境和社会挑战，修那人的这些原则与非洲裔独立教会所践行的基督教一起，产生出一种动人的、激进的回应。教会行使着作为创造物之守护者的职能。因为，要做出影响深远的改变，任何享有特权的人都必须转而采取各种价值体系，不是主宰人或自然，而是在所有存在物中间鼓励形成协作精神。当教会和其他信仰社区对社会的压制、对滥用阶级、种族、性别、白人优越主义、帝国主义和资本主义发起挑战，当生态公正的渴望迫使我们为了平衡、健康、可持续的环境和关系而努力工作，当经济平等与发展成为中心时，改变就能够产生影响——所有的努力是为了让那些精神和物质贫乏的人有所转变、赋予委托给我们的世界以荣耀。

谢而丽·A.科克－杜根
（Cheryl A. KIRK–DUGGAN）
萧尔大学神学院

拓展阅读

Amen, Ra. (2006). *The role of feminism, traditional religion, and Christianity in addressing social and ecological problems in Zimbabwe.* Unpublished paper. Berkeley, CA: Graduate heological Union.

Baker-Fletcher, Karen. (1998). *Sisters of dust, sisters of spirit: Womanist wordings on God and creation.* Minneapolis, MN: Augsburg Fortress.

Chapman, Audrey; Petersen, Rodney; & Smith-Moran, Barbara. (Eds.). (2000). *Consumption, population, and sustainability: Perspectives from science and religion.* Washington, DC: Island Press.

Fick, Gary W. (2008). *Food, farming, and faith.* Albany: State University of New York Press.

Franklin, Robert E. (1997). *Another day's journey: Black churches confronting the American crisis.* Minneapolis, MN: Augsburg Fortress.

Glave, Dianne, & Stoll, Mark. (Eds.) (2006). *To love the wind and the rain: African Americans and environmental history.* Pittsburgh: University of Pittsburgh Press.

Anderson-Stembridge, Matthew, & Radford, Phil. (2007). *Bottom line ministries that matter: Congregational stewardship with energy efficiency and clean energy technologies.* Washington, DC: Eco-Justice Program of the National Council of Churches.

Smith, R. Drew. (Ed.). (2004). *Long march ahead: African American churches and public policy in post-civil rights America.* Durham, NC: Duke University Press.

Agenda 21

21 世纪议程

"21世纪议程"是联合国发起的一项关于政府和个人为了可持续发展做出改变的计划。它是一套基于伦理观的指导方针,指导国家和地方政府、非营利组织、科教机构,甚至个人去保卫自然环境和处于自然环境中的人类。

1992年,在里约热内卢的"地球峰会"(Earth Summit)上,来自170多个国家的代表通过了针对21世纪的议程,即通常所称的"21世纪议程"。联合国提出"21世纪议程"把《我们共同的未来》(Our Common Future)——世界环境与发展委员会(World Commission on Environment and Development,WCED)1986年的报告中可持续发展的定义和梦想,转变为行动计划。"21世纪议程"概述了《我们共同的未来》中对可持续发展的定义——"既满足当代人的需要,又不对后人满足其需要的能力构成危害的发展"(WCED 1987,8),可持续发展能够通过政府、非政府组织、商业组织、科学家、教育学家和公众的合作达成。"21世纪议程"尤其关注社会和经济问题,包括贫困问题;关注资源的消耗和管理,包括土地、水和废弃物;也关注妇女、年轻人和土著民的特殊需求和才干。

除"21世纪议程"外,联合国还提出"地球宪章"(The Earth Charter)——一份关于伦理学的文件,它提出若干可以帮助寻求可持续发展的道德原则和价值。这些文件都意图指导地方、全国和国际层面的可持续发展。然而,"地球宪章"在里约热内卢没有得到通过。所以,尽管草根运动为了这个宪章寻求全球支持,但"21世纪议程"的具体行动使得可持续发展的伦理方面在制定政策的时候黯然失色。然而,仔细审视"21世纪议程"可知,它本身也受伦理和价值观的影响。这种影响一部分是不可避免的；所有法律文件的形成都受其撰写者的道德前提影响。一部分影响是有意为之的；"21世纪议程"的撰写者认识到，伦理价值应当得到认可，因为这些价值可以成为对可持续发展的质疑，也可成为可持续发展的资源。

"21世纪议程"承认其签署国可能具有多种多样甚至彼此冲突的伦理价值观，因而非常明确地讨论了伦理问题；随后便制定了一个方案来调解这些不同。它设想，可持续发展这一广大目标能够在特殊民族的宗教、社会和伦理价值基础上，用不同的方式来达成。例如，它承认，决策者在决定生育权和医疗措施时，必须考虑当地文化和宗教准则，也必须拥有可持续发展的全球视野。"21世纪议程"也注意到，发扬那些赞成可持续发展的价值观（这些价值观的具体名字很少提及）以达成可持续发展的目标，变得很有必要。希玛（Hima），传统的伊斯兰教土地保护，是"21世纪议程"在讨论土地可持续性时确认的少数几个伦理观念之一。

然而，并没有将伦理反思，仅仅留给了地方社区，好让它们贯彻其实践计划。"21世纪议程"本身预设了几个伦理立场。例如，它假定人们在促进可持续发展方面具有道德责任。尤其将这种责任分派给各国政府、科学家、经济学家、非政府组织、教育家，以及个人，以便他们能够保护当代人和后代。这种推动力可以根植于各种各样强调关心他者的宗教和哲学传统。为了符合世俗法律文件，"21世纪议程"将详细的陈述留给读者。

"21世纪议程"通篇贯穿着公平准则。它强调，在讨论贸易、经济、贫困、饥饿、自然资源，以及发展中国家和发达国家的多样化需求时，既要促进公平获得物质资源，也要促进政治进程。"21世纪议程"在努力促进公平过程中还特别关注许多历史上被边缘化的群体——包括妇女、儿童、穷人、土著居民和发展中国家的人民。然而，"21世纪议程"并不审查种族这一问题，因为比起其他任何人种，包括穷人，有色人种遭受环境恶化之苦的可能性更大。

尽管"21世纪议程"在伦理观方面具有局限性，但考虑到其史无前例的签署国数量，它在可持续发展与道德的联系上，朝着全球一致的方向迈出了重要一步。"21世纪议程"承认，塑造着信仰和行动的各宗教与道德观能够帮助达成可持续发展的目标。它还承认，在一个伦理多元的世界要达到普遍的环保目标会面临诸多挑战，但它旨在寻求解决方案，会在多元的当地信仰中产生共鸣。最终，可持续发展世界中的各组成国家广泛赞成"21世纪议程"中所体现的价值观，诸如责任和公平。因此，尽管实际行动而非伦理反思是"21世纪议程"的主要目标，但"21世纪议程"展示出其许多签署国的大量先进伦理观。

莎拉·E.弗雷德里克斯（Sarah E. FREDERICKS）

北得克萨斯州大学

拓展阅读

Agyeman, Julian; Bullard, Robert; & Evans, Bob. (Eds.). (2003). *Just sustainabilities: Development in an unequal world*. Cambridge, MA: The MIT Press.

Llewellyn, Othman Abd-ar-Rahman. (2003). The basis for a discipline of Islamic environmental law. In Richard C. Foltz, Frederick M. Denny, & Azizan Bahruddin (Eds.), *Islam and ecology: A bestowed trust* (pp.185–247). Cambridge, MA: Harvard University Press.

Robinson, Nicholas; Hassan, Parvez; & Burhenne-Guilmin, Francoise, (Eds.). (1993). Agenda 21 & the UNCED proceedings. New York: Oceana Publications.

The Earth Charter Commission. (2000). The Earth charter. Retrieved April 24, 2009, from http://www.earthcharterinaction.org/content/.

World Commission on Environment and Development (WCED). (1987). *Our common future: Report of the World Commission on Environment and Development*. New York: Oxford University Press.

Agrarianism

重农主义

重农主义不只是一个关于农业的描述。它还概述了能够反映对自然与文化之整体的综合理解的原则和实践。重农主义承认可持续的价值观：将土地与人口相联系、食物同生产和消费有关、对社区有所承诺，以及倡导在我们现代文化中已然失去的耐心和细心等美德。

现如今，居住在城镇中的人口比居住在乡村的人口多，这是有史以来破天荒头一遭。这一事实有着重要意义，因为都市、城郊与土地之间没有任何直接或有意义的联系，我们很可能将遗忘或忽视人类的健康与活力乃是基于形成我们环境的许多生态组成部分的健康与活力。我们从水域和土地、从森林和牧场获得养料，却不懂感激；我们当中有多少人将真正理解食物从哪里来，在什么条件下食物能够持续、安全地产出？我们还可能将滥用恰恰是我们所赖以生存的土地和水资源。简单说来，我们当中的很多人尚不能看到或知道我们所做的消费决定是如何影响自然和社会的各种共同体的——还有我们直接的家园。我们的无知诱使我们去错误地相信存在一种所谓的后农业社会（postagricultural society）。

一万年来，大多数人过着农业生活。那些他们本身不是农民的人，他们的生活与农民的现实和需求很贴近。农业生活提供——尽管很难保证——一种实际的、深刻的洞见：只要我们还在吃喝、呼吸，就需要关心那些令我们获得温饱的地理、生物、化学资源。损害、耗尽或破坏土地、家畜，也就是把自己的生命置于危险境地。不可将农业生活与榨取和谋求暴利的农业综合经营相混淆，农业生活是一种教育方式，训练人们的关怀和耐心、注意力和责任心、慈悲和感恩之道——目标是为了促进我们共同的生活。也许正因为这个原因，"文化"（culture）在早期中古英语里，指的是一块土地和人们打理好土地的技能。无论我们的情感变得如何高雅，一种健康的、可持续发展的文化通常建造在健康的土地上。正如环境史学家们已经向我们充分展示出的，一个国家土地的大面积破坏甚至会导致其文明的衰落，想一想底格里斯河与幼发拉底河之间的苏美尔文明吧，当土壤变得贫瘠（"新月沃地"如今已是一片沙漠）时，它就走向了终结。

重农主义代表了一种综合哲学和一套实践，两者构成同一个愿景，就是要把土地和人的健康结合在一起。它认识到，以动物的痛苦、土壤的退化、水道的污染，或化合物促长的植物生命为代价，人们的健康和幸福就得不到保障。所有的生命构成了一个巨大的、难以形容的复合体的一员。人的独特责任和机会只是，我们可以知晓和歌颂我们在其间所处的位置。但是要做得恰如其分，首先就必须明白，我们仅仅是其中的一员，并且其他成员并不是为了我们特有利益和欲望而存在的，这是可持续发展生活之不可避免的法则。

我们接受农业世界观及其一系列责任并不要求每个人都成为农民。我们必须学会领悟土地与我们人之间存在生死攸关的联系。我们也需要从为某个特定社区和地区承担义务中，养成情感和同情心。如今生活瞬息万变、消费文化盛行，致使我们不大可能负责任地工作和购物。我们生活在一个全球化的经济圈中，所以我们即便可能，也很难去领会我们日常的决定所带来的有害或有益影响。出于这个原因，我们优先采纳的步骤之一，就是必须发展和壮大生产和消费之间在环节上尽量透明的地方经济。我们必须要能够近距离看到我们所做决定的影响，这样我们才能采取实际行动来改正我们的错误。

要实现这一目标，最明显、最实际的方式是让消费者去种植一些他们自己所需的食物——即使一个很小的菜园也会提醒我们，食物是从土地中得来的——或者购买当地生产的食物。与农民和食物供应商形成一种切实可行的经济关系，是保证我们不再破坏和剥蚀赋予我们生命的栖息地所迈出的重要一步。知道我们所吃的食物与特定的一块土地有联系，将使得我们不会去破坏这块土地。

可持续发展的文化是一种对许多资源和生命形式怀有敬意的文化。重视农业的人能教给我们很多，因为他们赞赏同滋养我们的动植物生命保持亲近。他们可作为我们的指导资源，因为他们不得不学习耐心和细心之课；他们也可作为希望之源，因为他们安全地保管土地，那是我们生活实实在在的根基。

诺尔曼·维兹巴（Norman WIRZBA）

杜克大学神学院

拓展阅读

Berry, Wendell. (2003). *The art of the commonplace: The agrarian essays of Wendell Berry*. Berkeley, CA: Counterpoint.

Freyfogle, Eric. (Ed.). (2001). *The new agrarianism: Land, culture, and the community of life*. Washington, DC: Island Press/Shearwater Books.

Holthaus, Gary. (2006). *From the farm to the table*. Lexington: University Press of Kentucky.

Institute for Agriculture and Trade Policy. (n.d.). Retrieved April 9, 2009, from http://www.iatp.org/.

Jackson, Wes, & Vitek, Bill. (Eds.). (1996). *Rooted in the land: Essays on community and place*. New Haven, CT: Yale University Press.

Wirzba, Norman. (Ed.). (2003). *The essential agrarian reader*. Lexington: University Press of Kentucky.

Agriculture

农　业

　　道格拉斯1984年的论文提出,倡导崇尚可持续发展的农业倾向于聚焦三个方面之一:聚焦生产足够的粮食供应全部人口,不顾环境代价;聚焦生态完整性或降低资源的消耗;聚焦注重社会的可持续发展,努力克服由小的、乡村社区提出的农业产业化。在今天看来,这三个方面依然是可持续发展讨论的一部分。

　　关于可持续发展的许多讨论是较为新近的,而经济学家哥尔丹·道格拉斯(Gordon K. Douglass)于1984年就出版了一部论文集,书名是《变动世界秩序下的农业可持续发展》(*Agricultural Sustainability in a Changing World Order*)。道格拉斯提出,倡导可持续发展的农业倾向于强调三个具体论点中的一个。第一点是强调粮食自足(food sufficiency):可持续发展意味着无论付出多大的环境代价,都要有一个为全部人口提供粮食的农业系统;第二点是强调道格拉斯所称的生态完整性,或者说,将土壤、水和遗传资源为基础的长期消

耗降到最低限度;人们所强调的第三点则是突出社区,重点关注农村社会的活力,道格拉斯称此为社会的可持续发展。

　　道格拉斯的作品问世25年后,可持续发展的观念才变得普遍起来。许多人把可持续发展的农业与公平贸易(以保证穷困农民和农业劳动者获得适当的补偿)、本地食客(localvores)(喜欢区域生产的食品之人)、慢食主义(slow food)(一场抵制连锁餐饮店和跨国食品公司带来的全球化的国际运动)和有机农业联系起来。一些积极分子会把牲畜无痛屠宰机所产食品和素食主义列入其清单。所有这些都被视作与大规模的商品生产大相径庭。在此,农业的可持续发展指的是一场内容驳杂的社会运动,并非简单地基于可持续发展任何本质概念之上。要透彻理解可持续发展如何应用到食物生产上,我们需要回顾道格拉斯早期作品中的主题。

粮食供应充足

　　在那些工业化国家中正尝试着改变自己

饮食习惯的消费者看来，确保粮食供应是可持续发展的关键，可能是一个特别奇怪的观念。即使在所有的发展中国家，仅仅拥有足够的粮食依然是个挑战。长期以来，"让全世界人吃饱"（Feeding the World）是主流农业科学的一个口头禅，到20世纪70年代，它成为大规模商品农业的一个具体的宏伟目标。美国总统理查德·尼克松执政期间，其农业部长厄尔·巴兹（Earl Butz）倡导使用"粮食武器"（food as a weapon），他说此话的意思是：西方巨大的粮食生产能力可以通过满足发展中国家穷人的粮食需求的项目来形成政治优势。他将此话与命令农民"要么不做，要做就做大"（Get big, or get out）结合起来，说明大型工业化组织的农场将是这些粮食需求的来源。

尽管巴兹本人并没有将"可持续发展"和"农业"等量齐观，但他关于农业对可持续发展有所贡献的观点，至少可追溯至英国政治经济学家托马斯·马尔萨斯（Thomas Malthus）的名著《人口论》（*Essay on the Principle of Population*）。显而易见，人们必须靠吃饭活着，所以，如果任何人类社会要保持持续性，其民众必须由维持日常生计所配给的食物来供养。马尔萨斯（1766—1834）早就预言，人类人口数量的增长速度常常会超过农业生产的增长速度。如果从可持续性发展的角度重新解释马尔萨斯，那么，就必须找到一些抑制人口增长的方法，或者（在马尔萨斯看来，很可能）维持人口数量的"可持续发展"，就要不惜陷入永远挨饿、为争夺农业资源而发动战争的悲惨境地。换而言之，要可持续发展，就必须以强力约束人口增长。

粮食供应充足论强调第三条道路。与马尔萨斯的观点相似，它视农业为人类文明可持续发展的必要条件，但与马尔萨斯不同，它强调持续增加粮食总产量以满足增长的人口。持这种观点的人常常引用各种数据证明，自从马尔萨斯写作以来的200年里，农业产量确实与全球人口的增长同步。但在这种观点看来，必要的粮食自足乃是农业可持续发展压倒一切的重点。对食物的欲求"胜过"或高于对"奢侈品"的欲求——包括对环境健康设施还有休闲消费的欲求。一些接受粮食供应充足论的人可能和马尔萨斯一样，认为社会公正的因素，诸如医疗保健或受教育的权利、人生机会的公平分配等等都是那些已经解决了日常温饱问题的人才享有的奢侈品。因此，人口数量和食物供应之间的马尔萨斯式竞赛被视为此种可持续发展观的潜在张力。许多——包括许多主流农业科学家在内——持有这样一种观点的人都赞成全力以赴地利用科学和技术来增加、稳固农业的产量，以保持在这场竞赛中取胜。

然而，农业科学家中也有许多重要的怀疑论者，最引人注目的是农业经济学家莱斯特·布朗（Lester Brown），他终生致力于研究马尔萨斯的思想，他在其诸如《谁来养活中国？》的著作中，质疑农业科学的发展究竟能否继续超过人口增长的速度。布朗的质疑呈现在诸多方面，其中之一是，当人们变得更加富有，人们的饮食偏向于摄取丰富的动物蛋白质时，人均卡路里的消耗量就会增加。如此一来，对农业产量增长的需求事实上要比人口数量的增长更快。此外，布朗留意到，人们所假想的为所有人口提供粮食的农业科学之胜利，事实上是建立在一些耗尽资源的生产实践基础之上的。人们才刚刚意识到化肥和农药的积累对人类和自然健康会造成长期影响。机灌技术通常依赖不可再生的地下水源，集约化种植造成的土地肥力下降不啻一种采矿作业。

生态完整性

布朗所强调的更广泛的环境影响揭示出生产食物的能力主要取决于维持自然资源之基础的完整性。决心每年增加粮食作物或动物蛋白产量的这种农业观点没有认识到这一点：单纯注重供应人每天的需求，实际上会导致农业生产方式从长远来看并非可持续性的。从生态完整性的观点看，农业本身必须是可持续发展的。这不仅仅是一个农业通过确保有足够的吃的食物来维持社会可持续发展的问题。根据生态完整性原则，真正可持续发展的农业就是在自然水文循环和地球土壤具备肥力再生能力下运作的农业。即使很微妙的处理也会影响遗传多样性的再生。

因此，从生态完整性角度来观察农业的可持续发展，可以将其理解为对农业实践能否可持续的关注，而不去考虑这些农业实践是否能产出足以供给增长的人口的必需食物。耕作是在土壤、水和气候生态系统之内完成的，这些生态系统的复原力限制了无休止的耕作方式。尽管有可能在一个时期内超越这些限制，但农业生态系统最终将会承受超过它们恢复能力之外的压力。到了这个节骨眼上，生产率就会急转直下而且无从恢复。而且，这些生态过程（例如土壤肥力）恢复的时间将会非常漫长，足以让我们不再为数十年剥削式的开发洋洋自得。因而，可持续发展的农业是一种不给农业生态过程施加超出维持我们持续使用所能承受的压力的农业。

社会的可持续发展

道格拉斯的第三种范式——社会可持续发展——提醒我们注意，需要有一种充满活力的农村社区。这一范式极大地依赖于人类学家沃尔特·戈德施米特（Walter Goldschmidt）的学术工作，戈德施米特在20世纪30年代和20世纪40年代研究了加利福尼亚州圣华金河谷（San Joaquin Valley）的两个小镇。其中一个小镇周围环绕着许多由家族劳动力经营的相互关联的小型、多样化农场，另外一个小镇则处于少数几个非常大型的单一种植农场之间——就是我们今天所称的典型的产业化农业。戈德施米特的研究发现，由大型商品化农场所主导的社区在强化以学校、公共卫生和市政业务的形式存在的公共建设方面存在困难，而由基于家庭经营的小型农场组成的乡村社区则有着繁荣的公共建设和丰富的共同生活。戈德施米特的研究成果于1947年以《当你播种》（As You Sow）的书名出版。

道格拉斯1984年的书在紧随一项诉讼之后写成，这项诉讼是针对加利福尼亚大学参与研发机械番茄收割机。这种收割机是小种植者们不能有效利用的大型、昂贵设备。随着针对打工者的重要立法实施，机械化收割机的普及令加利福尼亚番茄产业迅速集中。1968至1978年间，成百上千的小型农场（经由售卖和宣告破产）合并为几十家农场。这种番茄工业的集中使许多人记起戈德施米特的著作并得出结论：机械直接导致农村社区的衰退，数十家番茄农场被一两家农场所取代。

新技术的广泛影响以及戈德施米特的著作使社会可持续发展的倡导者得出一个结论：粮食充足供应论的倡导者所看好的工业体系其实与可持续发展的农业背道而驰。因此，1984年，社会的可持续发展就与加利福尼亚联系起来了，但是更大型、更专业化的农场取代较小型多样化农场在许多地方不断上演的现象已司空见惯。爱尔兰作家、散文家奥利弗·哥德史密斯（Oliver Goldsmith, 1730—1774）在他的诗歌"荒村"［The Deserted Village（1770）］中哀悼了随着英国农业广泛采纳圈地而致使的一种相似的衰落：

沉疴遍地，病魔肆虐，
财富积累，万骨枯朽；
王公贵族，兴衰沉浮：
随风而去，古今一如；
草莽农民，乡村骄傲，
一朝被毁，岂有往复。

社会可持续发展的关键在于主张，一种特定类型的农场结构——小规模、多样化的家庭经营式农场——比起工业化组织的、生产经济作物的农场结构而言，更有助于维持活跃的农村社区。在这里，像在粮食供应充足论一样，正是农业（尽管如今是一种特殊农业）维系着社会，而不是某种本身需要得到维系的东西。

农业管家的传统

1984年道格拉斯所考察的这三种观念对当今阐释和支持可持续农业的价值而言仍然很关键。不过，在农业方面，有关环境管家的许多价值观源远流长。人们所熟知的农业化学用品对环境的影响可追溯至雷切尔·卡森（Rachel Carson）的《寂静的春天》（*Silent Spring*）一书。有关生物体内积聚的农业杀虫剂（尤其是杀虫剂DDT）对野生生物的危害，卡逊（1907—1964）既收集了科学的，也收集了传闻轶事的证据。一些学者称，卡逊的书是环境运动的开端。不过，农业本身仍然有一种我们今天可以称之为生态思维的古老传统。园艺学家李波提·海德·贝利（Liberty Hyde Bailey）主张一种"永久的"农业规范，他指的是永久保持土壤肥沃以及作物生长发育活力的农作方式。贝利无疑是他那个时代最著名的农业科学家。他推动了作为通识教育的室外"自然研究"，发展出了一种视土地自身为道德责任之核心的哲学。

在美国和加拿大，贝利关于永久农业的教导因尘碗（Dust Bowl）——1930年至1936年间席卷大陆的风蚀现象——而进一步得到强化。土壤科学家胡·哈蒙德·本尼特（Hugh Hammond Bennett, 1881—1960）断定，这场环境大灾难的源头在于土地过度开垦使得北美大平原（Great Plain）的土壤枯竭，令土壤的结构（例如，可耕性）变得脆弱。当种植的植物收割后，这些裸露的土地在北美遮天蔽日的干风面前变得脆弱不堪，形成大面积流动的荒废土壤，完全不适合耕种。本尼特规划了大量的土壤保护计划，与著名作家路易斯·布洛姆菲尔德（Louis Bromfield, 1896—1956）一起，致力于推进一种耕作方式，预先考虑了道格拉斯所称可持续农业的生态完整性方面的诸多因素。

尽管英国人从未遭遇尘碗那种大规模的农业环境灾难，但英国类似的土地开发导致伊娃·巴尔福夫人（Lady Eve Balfour, 1899—1990）成立土壤协会（Soil Association）。凭借植物学家艾伯特·霍华德爵士（Sir Albert Howard）的研究工作，土壤协会开始推广大规模使用堆肥以提高土壤的可耕性，避免使用合成化肥。霍华德主张，根茎（例如：小的、从主要根干而生的平行侧枝）与土壤微生物之间有着独特的关联。霍华德认为，这种"菌根联合"是植物健康的根源，而合成化肥会毁坏微生物、削弱可耕作性。霍华德还认为，这种健康会传递给吃了健康植物的动物（包括人类），他还认为，通过合成建立循环，将动物粪便肥料返还给土壤，这样会使农业真正具有永久性。因而，在英国的有机运动中，系统或全面的健康是其驱动价值。

欧洲大陆发展出一种稍微有点相似的方式，它的产生与鲁道夫·斯坦纳（Rudolf Steiner，1861—1925）的哲学相关。斯坦纳是奥地利人，他的思想强调直觉与想象力的作用。1924年，根据从一位特别成功的乳品农场主那里采集的信息，斯坦纳作了一系列关于农耕的演讲。这些包括配制堆肥的复杂仪式的方法得到了斯坦纳活力论的认识论所提供的智力支持，此种认识论是改造了约翰·沃尔夫冈·冯·歌德（Johann Wolfgang von Goethe，1749—1842）的思想而形成的。土壤被视作活的有机体。健康的土壤会维持植物生长而不需要人工的改良，健康的植物能抵抗害虫侵扰并能促进以这些植物为食的动物的健康。因此，尽管与霍华德的哲学基础有所不同，但斯坦纳的方式——又称生物动力有机农业——在强调通过配制堆肥、放弃使用化学品，以及将土壤、植物和动物健康连接为一个循环周期来保持土壤健康方面，与霍华德可谓异曲同工。

本尼特观念的当代拥护者们一边感叹，在他逝世后的半个世纪里，水土保持的实践不断衰落，一边推广水土保持，认为它是农业可持续发展的关键。但本尼特的水土保持法对于化肥使用只字未提。其实，到20世纪80年代，北美的水土保持法还在强调要在不让土壤暴露于风雨侵蚀下的"免耕"栽培法中使用除草剂。尽管上述提及的所有运动均把土壤墒情作为关注的中心概念，但那些自视为农业可持续发展的拥护者们如今认为，生物动力有机农业不使用化肥，以及霍华德有机耕作法更具典型性。事实上，许多民族的本土居民的耕作法从未使用过化学品。我们今天所称"有机的"是许多农场主和农业组织组成联盟并协商的结果，他们对于农业应该怎样有着部分相同（但通常并不一致）的愿景。1972年成立的国际有机农业运动联合会（The International Federation of Organic Agriculture Movements，IFOAM）就是为了进一步促进这种交流并提升有机化农业。这个组织也继续关注化肥停用的问题。20世纪70年代末，基因工程也同样遭到禁止。

对未来的影响

综上所述，农业可持续发展持续地从道格拉斯1984年提出的三个领域中获得支持。主流的商品生产产业化拥护者们依然认为，这种模式需要扩展至全世界范围，以便满足粮食自足的需求。如今，持有这种观点的人坚信，要养活全世界的人口，基因工程必不可少。各种推广有机生产法，在植物、土壤和家畜之间建构复杂生态关系的学派都已接受生态完整性的主题。而社会的可持续发展主题可能主要存在于这样一些人的脑海中——他们倡导"公平贸易"、吃当地生长的食物、赞美具有慢食主义运动特征的宴会和传统。在此，人们一致强调一种特殊类型的农业（一直扩展延伸到食品制作）能创造出各种社会团结的形式，从而使其社区更强大、更具活力。最近有一种趋势，即强调诸如学校、社区花园或"都市农业"工程，这是一种鼓励在城市受限的条件下种植水果和蔬菜的思想。与粮食充足供应论的拥护者们相似，那些关注社会可持续发展的人把农业看作促使社会可持续发展的因素，而那些强调生态完整性的人则试图理解确保农业本身可持续发展的——或者用利伯蒂·海德·贝利所喜欢使用的永久性的——一些根本原则。所有这些想法都将在驱使我们朝着更加可持续性的未来发展的价值观中占有一席之地。

保罗·B.汤普森（Paul B. THOMPSON）
密歇根州立大学

拓展阅读

Altieri, Miguel A. (1995). *Agroecology: The science of sustainable agriculture*. Boulder, CO: Westview Press.

Brown, Lester R. (1995). *Who will feed China?: Wake-up call for a small planet*. New York: W. W. Norton.

Carson, Rachel. (1962). *Silent spring*. Boston: Houghton Mifflin.

Douglass, Gordon K. (Ed.). (1984). *Agricultural sustainability in a changing world order*. Boulder, CO: Westview Press.

Feenstra, Gail. (1997). What is sustainable agriculture? Retrieved March 7, 2009, from http://www.sarep.ucdavis.edu/Concept.htm.

Goldschmidt, Walter. (1947). *As you sow*. New York: Harcourt, Brace.

Jackson, Wes; Berry, Wendell; & Colman, Bruce. (Eds.). (1984). *Meeting the expectations of the land: Essays in sustainable agriculture and stewardship*. San Francisco: North Point Press.

Pretty, Jules. (Ed.). (2005). *The Earthscan reader in sustainable agriculture*. London: Earthscan.

Thompson, Paul B. (2009). *Sustainability and agrarian ideals*. Lexington: University Press of Kentucky.

Animals

动　物

　　许多的世界信仰体系强烈要求人们富有同情心地对待动物。但人类觉得他们对动物有统治权，所以他们的行为方式常常表现出将动物作为资源来利用。像过度捕猎行为、动物栖息地环境退化，致使物种灭绝的速度大大增加；工厂化养殖使动物遭受痛苦。这些行为不仅威胁着动物的生存，也威胁着世界生态系统的可持续性发展。

　　可持续发展的定义、有关可持续实践的伦理考虑，以及这些实践的履行一贯以人类为中心，几乎只关注人类的生存。虽然其他动物会被纳入这些体系或讨论，最多只是在考虑作为动物的人类时顺便一提而已。非人类（other-than-human）的动物（以下简称"动物"）和作为动物的人类，这种二元论仍然是伦理、宗教、哲学、政治和经济体系建构中最为严格的等级划分之一。尽管人类与黑猩猩、大猩猩、倭猩猩、红毛猩猩一样，是大型猿类之一，但在近代历史中，我们就因超凡的技术能力、哲学和宗教体系、语言、规模庞大的脑容量，已经将人类与动物区别开来，人类在万物中不同于动物，或者说，至少是独特和优等的。与此同时，动物学家和生物学家则根据对其他动物及其生活的发现——尽管有些重大发现是无意中得到的——继续主张废除人类至高无上的规定。一些最受尊敬的动物学家如珍妮·古道尔（Jane Goodall）和马克·贝科夫（Marc Bekoff），通过对动物的细心观察，正在拆除这些藩篱。他们发现其他动物也制造工具、向同伴传达思想（因此它们是有"文化"的）、流露情感、显示自我意识、以复杂的方式交流，并且也有痛苦——人们经常引述的英国哲学家杰里米·边沁（Jeremy Bentham，1748—1832）就强调了动物有痛苦这一特质。

在关于可持续发展这一更广泛范围内讨论动物问题非常重要——首先要考察21世纪初期动物生存的总体方面，包括物种灭绝、生物多样性和土地使用情况。在概述目前讨论的问题，弄清其来龙去脉后，本文将极其简要地考察某些宗教和哲学体系是如何看待动物的。最后，怀着对目前状况以及宗教或哲学体系的介入，必须提出这样一个问题，是否应该以及如何将动物也纳入可持续发展的语境中加以思考。

物种减少与灭绝

从蜜蜂到贻贝再到犀牛，人类造成的动物灭绝日益频繁。一些特定物种的灭绝速率只能是估计，因为人类还没有识别和划分所有动物物种，而诸如气候变化这类全球性因素则表明，这种灭绝的速率将持续加快。导致物种灭绝的人类中心主义原因——仅列举几个直接原因——包括过度捕猎、动物栖息地环境退化、环境毒素和疾病的侵入等。需要关注的最紧迫的问题是物种灭绝的速率——每20分钟就有一种动植物灭绝，许多科学家提出，这是正常速率的100到1 000倍（Myers & Pimm 2003）。因此，生物多样性锐减，物种更替的速率受到威胁。整个动植物群生态系统的复杂相互作用下的生物多样性，是维持所有的生命，而不仅仅是人类所必不可少的。为此，即使为可持续发展的希望着想，地球上也必须存在多种多样的动物生命形式。

过度捕猎和过度捕捞是物种减少的主要原因。拖网——一种重要的商业化捕鱼作业——导致了海底退化、不计其数的海产动物受伤或死亡，而且它们还不属于人类食物体系的一部分。尽管供人类食用的陆栖动物绝大多数是在产业化环境中饲养的，但在某些文化、处于某些目的的狩猎依然很常见。是否捕猎陆栖动物或捕捞海产动物是个仍然在争论的伦理问题。在像美国这样特定的文化背景中，人们通常认为捕获肉食是一种比产业化工厂饲养动物更为人道的方式。世界范围内的原住民文化已践行数千年可持续发展方式的狩猎。但至少，当捕获的是一种濒危物种时，狩猎就值得怀疑了。例如，在毁坏森林和伐木产业等多种方式驱使下，非洲和东南亚的捕杀野生动物的产业（屠杀和贩卖灵长类动物）使灵长类动物数量急剧减少。地球上有大约近65亿人口，人口数量还在快速增长，但其他类人猿数量却在减少：东部山区的大猩猩约600只，东部低地的大猩猩数量约为3 000到5 000只，婆罗洲的红毛猩猩约有45 000只，倭黑猩猩约有30 000只。许多估算结果表明，到21世纪中叶，除人类外，所有类人猿将会灭绝。类人猿计划（Great Ape Project）是诸多试图扭转这种趋势的组织之一，它是为倡导给其他类人猿提供与人一样的基本权利掀起的一场国际性运动。

工厂化养殖的动物

食物生产中威胁可持续发展的一个主要方面就是密集工厂化养殖，或称密闭动物饲养法（Confined Animal Feeding Operation，CAFO）。这种饲养方式旨在提供廉价、丰富的肉类，却在多方面威胁着可持续发展，它总是使家养动物种群遭受难以想象的大量苦难。美国农业部曾报道了2007年6月间每天的牲畜屠宰量为：126 000头牛，3 000头牛犊，386 000

头猪，以及 10 000 只羊。而仅在美国，每天宰杀的鸡数量高达 2 400 000 只。要生产如此多供宰杀的动物，就要增加种植用于喂养它们的谷物，用来处理这些产品的废弃物的土地总量，这就成为环境问题中特别麻烦的问题。家养的食用牲畜种群，与它们自然繁殖与存活的速率相比是不平衡的。因此，即使不考虑所承受的苦难程度，工厂化养殖过程也通常被认为不具有可持续性，因为它总体上对环境的影响是消极的。

与可持续发展相关的人—动物之间的张力的另一个领域是，将已经减少的物种放归至其自然栖息地。通常，这些物种的消失会引起环境的退化。所以，例如当一个生态系统中处于食物链顶端的猎食动物被捕杀而灭绝时，其他动物的数量则会呈爆炸式增长，从而引起一种不平衡的连锁反应。美洲苍狼是人们最常想到的衰减物种之一，因为它的濒临灭绝，一方面激发了将从前的高级猎食动物放归生态系统的问题，另一方面又提出另一个问题：当家禽家畜，例如牛与猎食动物在同一区域栖息时，人类是如何感知和接受这种猎食动物的。尽管绝大多数研究表明，这类恐惧通常过于夸张，但冲突仍然在所难免。尽管如此，放归猎食动物物种至任何特定的生态系统中，显然增加了其生态多样化，因其能使食肉动物、食草动物和植物之间恢复平衡。例如，20 世纪末，仅黄石国家公园就因放归项目而生长着近 1 500 只狼；仅仅两年，生态多样化的积极效应就已显现。2008 年，苍狼失去了濒危物种法案（Endangered Species Act）的保护，捕猎它们再次变得合法。苍狼的数量会受到控制，但它们与一些大农场主之间的搏斗立即凸显出来。

可持续发展的意义

有关动物和可持续发展的所有这些议题产生了若干更大的问题：是否需要处理非人类的动物的问题，以确保可持续的产出，是否除了在人类生命的可持续发展中起作用外，非人类动物也有着内在的、固有的价值？当然，这些问题激起了对各种主要体系的批判分析；针对这些体系的挑战是为了让可持续发展问题保持迫切。

显然，因特定捕猎和捕捞活动而致的动物减少不仅仅对那些物种有着直接影响，也对人类生活产生影响。如果对海洋进行渔猎达到使海洋动物数量锐减而不能恢复的程度，那么，人类的主要食物源就会遭到破坏。虽然在复杂的海洋生态系统中，动物生态多样化的显著减少所带来的其他影响尚不明确，尽管有关预测却极为可怕。然而不加抑制的海洋植物——尤其是沿海藻类——的生长将会产生反响，损害珊瑚礁生态系统、引发赤潮（Pfiesteria，一种微小的海洋生物）从而导致成千上万的鱼死亡。此外，通过各种产业化工厂农业系统而提高养殖家禽家畜的数量是不可持续的，因为这些系统对环境造成了影响。无论从甲烷气体（全球变暖的主要因素）的排放，还是从废弃物对水道污染来看，将动物圈禁起来的养殖方法不可能一直维持下去。使用抗生素以避免圈养动物病死，这会增加细菌的抗毒性，反过来又影响到人类和动物。同样地，要保持特定生态系统的持续性、维持生态多样性，放归位于食物链顶端的物种也是必不可少。然而，前文提及的有关动物内在价值和动物权利的更复杂问题也必须加以考虑。

宗教和哲学中动物的地位

尽管在全球范围内，非人类的动物表面上几乎没有被给予什么内在价值，而实际上，绝大多数宗教社区意识到了动物是他们的仪式和信仰体系的一部分。对于一些"世界性"宗教（例如伊斯兰教、犹太教、基督教、印度教和佛教）和无数原住民传统而言，确实如此。简要考察一下每一个传统以及动物在其中的地位，便可提供另一种有关动物和可持续发展的观点。每一个传统中都比在此的概述所揭示的更加细致入微、错综复杂和变化多端。这些概述只是让我们得以窥见——将动物纳入或排除出信仰和实践是如何形成人类对周围世界的态度和行为的。

南亚两种主要的宗教是印度教和佛教，后者公元前3世纪传入东亚，随后传入世界其他地方。3000多年来，印度教作为印度无数复杂的宗教传统和实践中最为重要的宗教，在其实践的和象征的体系中都包含各种各样的动物。例如，母牛因为与主奎师那（Lord Krishna）的关系，印度人通常将它们尊奉为神圣，整个印度有不计其数的供奉母牛的圣所。另外，最虔诚的印度教徒，或者更确切地说，那些最高种姓的人严格茹素。只需看看

象神甘尼什（Ganesha）的形象，即可证实动物在印度具有多大的象征权力。莫罕达斯·甘地（Mohandas Gandhi, 1869—1948）在其《素食主义的道德基础》（*The Moral Basis of Vegetarianism*）一书中宣称，"一个民族的伟大及其道德的进步可以从他们对待动物的方式来评判"。当然，并非所有印度教徒都是素食主义者，在印度，也并非所有的动物都活得好。印度教徒普遍相信，人类在灵魂转世过程中比动物更高，尽管所有的动物能转世为人，而所有的人也可转世为动物。但在印度教的想象和实践中确实包括无数动物。

大约2500年前，在印度教占主导的背景下，佛教在印度北部出现。佛教与印度教有一些相似之处，尤其在把动物纳入灵魂转世过程方面。但佛教也有一些独特的方面。例如《佛本生经》讲述了释迦牟尼佛的前生。在一些前生中，佛陀是另一种动物，而且十分慈悲。佛教也特别注意一种非暴力的观念，即不杀生，也将这种宗教的观念从人类共同体扩展至其他动物。此外，在《佛本生经》中，慈悲者将动物纳入他们的道德世界，动物也能达到彻悟的境界。

诞生于地中海地区的三大宗教传统——犹太教、基督教和伊斯兰教——也将动物纳入其宗教故事与仪式中。挪亚方舟的故事，犹太教圣典中流传最广、描述最生动的部分，就包括有无数动物形象。神的惩罚引发了全世界的大洪水，但受神的指示，挪亚要在他的大船上保存动物物种和人类。在另一份希伯来经典的故事中，一头驴极其智慧，看到了天使，而骑在驴背上的人却没看到。巴兰的驴甚至能说话。饮食法则——人们通常所知的符合犹

太教规的科谢尔饮食法则（Kosher）①——以考虑动物也很令人关注。虽然《圣经》从未提及素食主义，但在一开始的创世故事中就指出，遵守科谢尔饮食法则的习俗的核心就是以人道的方式屠宰动物。因此，尽管动物并非居于创世故事的中心，但确实是神的计划的一部分，是犹太教每天都要重视的。

　　与犹太教共享部分圣典的基督教也包含许多动物，这些动物通常与特定的圣人有关。耶稣，基督教传统的奠基人，阐述了上帝对鸟类的爱，在另一些轶闻趣事中谴责了一个虐待其骡子的人。基督教传统里，男女圣人的故事中，都包含动物，它们为圣徒提供食物，陪伴他们，并指导他们生活的出路。修道院长圣安东尼（Saint Anthony Abbot），动物的守护圣人，在旷野得到乌鸦的供养，他的圣像里包括一只猪。亚西西的圣方济各（Saint Francis of Assisi），生态的守护圣人，能与狼、蟋蟀和羊交流。他提起颂扬这些动物，把它们作为真正基督徒生活的典范。在晚近的20世纪以来，美国越来越多的教会开始在纪念他的宗教节日里为动物祷告。

　　伊斯兰教的经典《古兰经》包含六章以动物名字命名的章节（黄牛、牲畜、蜜蜂、蚂蚁、蜘蛛、象）。《古兰经》也强调动物对真主的赞美、真主对动物的关怀。伊斯兰教的许多饮食清规与犹太教相似，尤其是屠宰用以食用的动物之仪式的规定。

无数伊斯兰教法学家，伊斯兰教经文的主要阐释者，在指导穆斯林的宗教实践时，都阐述了如何对待动物的问题。比较宗教学者理查德·佛兹（Richard Foltz）在关于伊斯兰教的动物的开创性研究工作中，探讨了在伊斯兰教以及在全世界各种各样伊斯兰文化中的这些复杂问题。其核心是善待动物，同时也承认人类的至高地位。

　　所有这些传统都更关注人类，甚至认为他们可以例外。在印度教和佛教中，转世为人是一种福分，因为这是唯一能从轮回中获得解脱（moksha）的转世，是轮回（samsara）和苦难的终点。犹太教、基督教和伊斯兰教包含的创世故事，将统治全世界所有其他动物的权利授予人类。人类接近于上帝，甚至有着上帝的形象，至少是作为上帝在地球上的副手。尽管各宗教毫无疑问具有这些人类中心主义思想，但每种宗教在其经文、传统和实践中都包含重视动物的资源。

　　各种原住民传统差异很大，以至于不可能对它们进行归纳总结。但是概而言之，这些传统与其生态系统中特定地区和生活方式联系更紧密，它们倾向于容纳动物，赋予它们与生俱来的比上述各种世界性宗教更大的价值。动物有时被视为其他国家或民族，在人类生命中具有不可替代的作用。

　　在另一个层面上，通常要通过动物来解释和理解人类生命。正如著名人类学家克劳德·列维-施特劳斯（Claude Lévi-Strauss，生于1908年）所说："动物对于思考有利。"我们

①　译者注：科谢尔饮食法则（Kosher），犹太人遵循科谢尔饮食法则（Kosher，也译为可食），按照《利未记》11章和《申命记》14章的严格规定将食物分为洁净的和不洁净的，凡不洁净的食物不得食用可接触。参见黄陵渝：《犹太教学》，当代世界出版社，第212页。

人类透过其他动物这面镜子来理解我们自己。地球上若没有各种各样真实的动物，人类文化建设就会变得愈发没有创造力；解释人类意义的隐喻和神话就会变得空洞。

哲学体系常常探讨动物问题。笛卡尔哲学为否认任何动物的道德地位的现代讨论奠定了基础。更确切地说，它们是机器，它们像机器一样回应外部刺激。伊曼努尔·康德（Immanuel Kant, 1724—1804）继续了这一论调，主张对动物的慈悲只有在表达人类慈悲时才有价值。尽管绝大多数继承笛卡尔世界观的当代哲学家承认动物能感觉到痛苦，但他们仍然不会在道德层面考虑动物。

倡导动物权利

20世纪和21世纪早期的动物讨论为考虑可持续发展和思考动物提供了另一种框架。物种歧视（Speciesism）——一个用得越来越多的词——是指一切把人类置于所有其他物种之上的等级偏见。与性别主义或种族主义相比，物种歧视是一种基于充满偏见的二元论强制性统治体系。可以说，正是这种拔高人类，把人类当成唯一值得我们进行道德思考的做法，激发了人类大量威胁到所有生命的生存的消费模式。换而言之，那些允许摧毁其他动物，不论是个体还是物种的相同的意识形态，乃是为摧毁整个生态系统和地球本身奠定了基础。哲学家丹娜·哈拉维（Donna Haraway）的观念激发了诸如灵长类动物学、发育生物学、技术科学等诸多领域的争论，她以一种吸引人的方式讨论了这个问题，认为人类处在物种联系极为复杂的网络或节点上，它们是互为核心的。

倡导动物权利者的立场在一个连续统里面发展起来的。一些人（通常被称为"解放论者"）质疑以任何形式的将动物作为资源为人类所用，而另一些人主张在承受最小痛苦的前提下，有限度地利用动物以满足人类必不可少的需要。虽然通过不同的哲学方式得出其结论，持解放论的思想者有彼得·辛格（Peter Singer）、卡罗尔·亚当斯（Carol Adams）、汤姆·雷根（Tom Regan）和理查德·莱德（Richard Ryder）。其他学者如史蒂文·怀斯（Steven Wise）则为其他物种争取合法权利。讨论权利常常会引发讨论责任，使得在讨论谁是道德与法律体系的行为主体，谁是代理人的观念进一步复杂化了。

即使承认其他动物的最低权利（生存权和免于人为痛苦的权利），对可持续发展又会产生什么影响呢？它们的家园栖居地（森林、海洋、平原、沙漠）需要保持完好（栖息地保护），即使为了满足人类大多数基本需求，人类也不能对它们造成不必要的伤害（食物生产过程将发生重大变化，会变得更人道）。持续增长的可持续发展的结果必将交互产生——诸如增加生物多样性、加强生态系统保护和减少温室气体排放量。哲学和宗教体系的介入，或者它们的诸多阐释——尽管当然不是全部——都支持人类经济体系的重新配置。

显然，在讨论可持续发展时，必然会介入对动物的讨论，动物既是供养我们人类之生态系统的一部分，又是全球范围内文化和宗教优先考虑的普遍元素。

劳拉·霍布古德－奥斯特
（Laura HOBGOOD-OSTER）

西北大学

拓展阅读

Bekoff, Mark. (Ed.). (2007). *Encyclopedia of human-animal relationships*. Vols. 1–4. Westport, CT: Greenwood Press.

Foltz, Richard. (2006). *Animals in Islamic traditions and Muslim cultures*. Oxford, U.K.: Oneworld Publications.

Gandhi, Mohandas K. (1969). *The moral basis of vegetarianism*. Compiled by R. K. Prabhu. Ahmedabad, India: Navajivan.

Haraway, Donna. (2008). *When species meet*. Minneapolis: University of Minnesota Press.

Hobgood-Oster, Laura. (2008). *Holy dogs and asses: Animals in the Christian tradition*. Urbana: University of Illinois Press.

Linzey, Andrew, & Clarke, Paul A. B. (Eds.). (1990). *Animal rights: A historical anthology*. New York: Columbia University Press.

Myers, Norman, & Pimm, Stuart. (March/April 2003). The last extinction. *Foreign Policy*, p. 28.

Peterson, Dale. (2003). *Eating apes*. Berkeley: University of California Press.

Regan, Tom. (2004). *The case for animal rights*. Berkeley: University of California Press.

Singer, Peter. (1975, Rev. 1990). *Animal liberation*. New York: Avon Books.

Spiegel, Marjorie. (1996). *The dreaded comparison*. New York: Mirror Books.

Sunstein, Cass R., & Nussbaum, Martha C. (Eds.). (2004). *Animal rights: Current debates and new directions*. Oxford, U.K.: Oxford University Press.

Torres, Bob. (2007). *Making a killing: The political economy of animal rights*. Edinburgh, U.K.: AK Press.

Waldau, Paul, & Patton, Kimberley. (Eds.). (2006). *A communion of subjects*. New York: Columbia University Press.

Zamir, Tzachi. (2007). *Ethics and the beast: A speciesist argument for animal liberation*. Princeton, NJ: Princeton University Press.

Anthropic Principle

人择原理

人择原理，由布兰登·卡特（Brandon Carter）于1974年首次提出，阐述了对于智能生命体而言至关重要的宇宙的某些特征。在人择原理"弱"的方面，它认为人类解释宇宙，是因为人类能观察宇宙；在人择原理"强"的方面，它主张宇宙和随之而来的生命的必然性，这一理论已用于支持智能设计的论证。

从这些可谓"简单"的现象中：一个细胞、一滴水、一个神经元，人类观察者惊异地发现其中的极度复杂性。宇宙历史中有什么特殊之处吗？科学知识的扩展告诉我们，宇宙历史上发生根本的改变，例如，万有引力若上下浮动1%，就会形成一个完全不同于我们现在所栖居的宇宙，事实上，我们就可能根本不存在。我们完全依赖于"恰到好处"的宇宙交互作用和稳定性。如果人类要成为其历史的一部分，

观察到宇宙的某些特征是必不可少的，这就是人择原理。换一种说法，宇宙在某些方面看上去好像是经过"微调的"，致使它有利于智能生命体的出现。大多数人同意，1974年，澳大利亚理论物理学家布兰登·卡特（生于1942年）将把此种理论作为一种新的宇宙解释而做了详细阐述（Carter 1974）。尤其是这一原则的两种说法，即"弱人择原理"和"强人择原理"均获得人们的接受。

弱人择原理提出，我们在宇宙中作为智能生命体的身份，将我们置于独特的地位。通过观察宇宙中那些对我们而言必然会观察到的方面，我们可以断言，宇宙必然采取这种特定的方式。换言之，我们观察宇宙，只是因为它很适合我们扮演这种角色。在一些人看来，这是一种同语反复的陈述；在另外一些人看来，这是对于生命而言什么是必要的做出了重要声明。例如，人类生命生活在大爆炸以后的大约150亿

年,我们现在从理论上阐明,这是恒星转变为超新星而后冷却的时间跨度。通常,关于弱人择原理,没有什么能引起剧烈争议。

强人择原理附加了一条说明,即生命必然在这个宇宙中进化——生命是宇宙进化必不可少的方面。宇宙不仅必须采取某种方式让生命出现,它还必须是采取此种方式。例如,通过假设许多不同宇宙的可能性(比如,改变每个宇宙的值),就可以决定另一个宇宙能否产生生命。人类不仅仅只是个巧合。人择原理的这种说法更具有争议性,主要是因为它被用于论证有一个智慧的设计者或用于论证有神论的某些方面。或许上帝设置了宇宙中的常数,所以我们的出现变得不可避免?

强人择原理的另一个可能的影响是,人类被提升至超绝的地位。虽然不是必然产生的暗示,这种散布于物理学和宇宙学中的人类中心主义以一种破坏性的方式巩固了某些生态学观点。如果宇宙是为了人类的出现而"设置"的,那么,提倡以智人(Homo sapiens)为顶峰生命的等级体系就顺理成章了。

对于一些科学家和神学家而言,人择原理既为人类的进化、也为他们对神的偶然性提供了一种解决办法。对另一些人而言,对人择原理的宣称是无用的和值得推敲的。因而,这一理论的价值和用途仍然具有争议性。

詹姆斯·W.哈格(James W. HAAG)
萨福克大学

拓展阅读

Barrow, John D., & Tipler, Frank J. (1986). *The anthropic cosmological principle*. New York: Oxford University Press.

Bostrom, Nick. (n.d.) *Anthropic principle*. Retrieved April 1, 2009, from http://www.anthropic-principle.com.

Carter, Brandon. (1974). Large number coincidences and the anthropic principle in cosmology. In M. S. Longair (Ed.), *Confrontation of cosmological theories with observational data: Symposium no. 63 (Copernicus Symposium II) held in Cracow, Poland, 10–12 September, 1973* (pp.291–298). Boston and Dordrecht, The Netherlands: D. Reidel.

Walker, Mark A., & Cirkovic, Milan, M. (2006). Astrophysical fine tuning, naturalism, and the contemporary design argument. *International Studies in the Philosophy of Science, 20*, 285–307.

附录　弱人择原理、强人择原理和终极人择原理 (WAP, SAP, AND FAP)

科学家、哲学家和神学家们在争论中提出了诸多人择原理供讨论——弱人择原理（the Weak Anthropic Principle，WAP）、强人择原理（the Strong Anthropic Principle，SAP）和终极人择原理（the Final Anthropic Principle，FAP），在这些原理中，门外汉对于这些术语就更加望而生畏。哲学学者尼克·博斯特罗姆（Nick Bostrom）尝试在他的新书《人择原理：科学与哲学中观察选择的影响》（*Anthropic Bias: Observation Selection Effects in Science and Philosophy*）中详尽描述这一困境的起源（博斯特罗姆的网站为 www.nickbostrum.com，为进一步阅读关于宇宙的人择原理和其他宏观问题提供了很好的资源，网站的链接提供了几种有欠考虑的链接符号：供学者的浏览带有流苏的学位帽，供普通读者的螺旋桨帽，以及一堆为供人捡拾的樱桃图案）。

"人择"这个术语属用词不当。论证观察的选择效应（这一现象），与智人并无特别的关系，但和一般的观察者有关。（理论物理学家布兰登）卡特懊悔没有起一个更好的名字，它无疑会避免这一领域所产生的诸多困惑。当约翰·巴罗（John Barrow）和弗兰克·迪普勒（Frank Tipler）于1986年以他们的出版物《人择宇宙学原理》（*The Anthropic Cosmological Principle*）向更广泛的读者介绍人择原理时，他们又混入了几个新的"人择原理"，有些与观察选择效应几乎没什么联系，加剧了术语的混乱。

来源：Nick Bostrom. (2002). *Anthropic Bias: Observation Selection Effects in Science and Philosophy* (p. 6). New York: Routledge. Part of the series *Studies in Philosophy: Outstanding Dissertations*, edited by Robert Nozick.

Anthropocentrism

人类中心主义

有关可持续发展的争议通常涉及这一辩论：人类中心主义（以人类为中心）是否合乎时宜，如何才能合乎时宜？人类中心主义的观念主要有三种：基于利益的、基于认识论的和基于宇宙论的。每种观念在用于看待或辩论可持续发展的伦理责任时会有所不同。

人类中心主义意味着以人类为中心（源于 *anthropos* 和 *centrum*，这两个希腊—拉丁语组合而成的术语）。从诸多批评来看，生态破坏可追溯至人类中心主义的道德逻辑——不尊重和关心人类以外的世界。另一观点，则是使用了人类中心主义的反义词，即非人类中心主义的词汇，如生物中心论、生态中心主义或上帝中心论。其他人则认为，可持续发展毋宁基于一种扩展的、长期的或更加令人满意的人类中心主义。

要理解关于可持续发展的辩论，就需要我们意识到人类中心主义的各种观念之间的不同有时甚至是相互冲突的用法。理解人类居于道德宇宙的中心的主张，有三种途径。每一种途径都能产生出某种可持续发展的伦理，每一种途径也都拒绝非人类中心主义的观点。

基于利益的人类中心主义

首先，通常所理解的人类中心主义的伦理路径是将人类的利益凌驾于其他非人类之上，包括其他生物、其他物种、一般而言的自然，以及/或者上帝。这种方式意味着只有人类的利益才有价值，或者说，在人类和非人类的利益中，人类的利益永远居于首位。前一种观点只是不承认那些非人类的利益在道德上的重要性；后一种观点承认它们的道德重要性，但它们的重要性不及人类。

这两种主张都支持某种可持续发展的伦理，甚至还有极强的对生态保护的承诺。它们全部依赖于哪些可算作真正的人类利益。植物学家威廉姆·H.墨迪（William H. Murdy）写道"我们当前的生态问题并非源于人类中心主义的态度本身，而是源自太过狭隘的人类中心主义思想"（Murdy 1975，1172）。墨迪宣称，从生态的和长远的观点看来，有关人类利益的合适观点必须包括在某种程度上对生态完整性的保护。这种观点有时被称作"弱人类中心主义"，从而与更为剥削的观点区分开来［Bryan Borton，2005年的研究成果《可持续发展：一种适当的生态系统管理哲学》（*Sustainability: A Philosophy of Adaptive Ecosystem Management*）］。但形容词"弱"（weak）会造成误解；更准确地说，这种观点对人类利益的内涵有着更为宽泛和深刻的理解。

当然，人类的利益超出保持物种存活的最低条件；他们还关注保护那些维持重要文化价值的社会的、经济的、政治的状况。例如，重视人类尊严必须要有必不可少的持续的环境健康、政治自由和经济福利。重视荒野的体验就会支持环境保护主义者的环境政策。因此，对人类利益的充分考虑或许就会采取措施，保护自然美、可爱动物或具有象征意义的景观，就会预防文化成就的风险；或增强生态多样性以便开展不间断的科学探究。有些人甚至争辩说，人类的德行、灵性或信仰取决于与自然世界的亲密关系，这使得关心地球这一人类根本利益的可持续发展成为可能［John O'Neill，1993年的著作《生态、政策和政治：人类福祉与自然世界》（*Ecology, Policy, and Politics: Human Well-Being and the Natural World*）］。

这两种情形的可持续发展的人类中心主义伦理观，通过直接重视人类利益的不间断实现，将一种间接地赋予非人类的生物以重要性。对人类利益的特点和内容的理解决定着可持续发展的途径（Norton 2005）。

认识论的人类中心主义

人类中心主义在概念上的第二个主要用法宣称，道德价值总是源于人类主体。或者换而言之，道德价值源于人类自身：即产生于人类的经验。这是一种认识论的人类中心主义，因为它主张，非人类的实体，其价值从来都不来自人类世界之外，或至少，人类无从知晓任何此类价值。价值既不来自自然，也不来自上帝，而是来自对人类主体的价值判断。

另一种与此针锋相对的非人类中心主义的观点主张，有一些非人类的实体也会为了它们本身而产生价值，并且我们也能够承认这种价值使我们对它们有道德上的尊重。环境伦理学家霍姆斯·罗尔斯顿（Holmes Rolston）主张这种认识论上的非人类中心主义，认为所有活着的有机体在守卫同类时都会产生价值。像J.贝尔德·克里考特（J. Baird Callicott）这样的伦理学家则站在人类中心主义一方，他辩称，人类可以也应该考虑非人类的有机体和系统的利益，但考虑其道德价值则是危险的，道德价值完全是一种由人类的感情生成的文化产品。

于是，我们看到，一种伦理观可在第一种意义上拒绝人类中心主义，而在第二种意义接受它。例如，一个人可能平等看待所有有知觉的有机体（在第一种意义上的非人类中心主义），而又承认他关于知觉价值的观点来自人类经验（在第二种意义上的人类中心主义）。又如，一种可持续发展的伦理可能将生物多样性视为比任何人类的利益竞争更为重要的目标（在第一种意义上的非人类中心主义），而又为商品多样化进行文化观念上的辩护（在第二种意义上的人类中心主义）。

宇宙论的人类中心主义

人类中心主义的第三种主要用法是指一种宇宙论的观念：人类是理解地球的历史和未来的象征性核心。在这种解释学的（或解释的）用法中，人类形象塑造了我们如何去理解地球、进化史或宇宙。任何主张人类标志着进化顶峰的观点都是此种第三种意义上的人类中心主义。也有一种观点会认为，人类的某些特质——即使不是该物种本身——代表了自然的终极目的。也许人类的主观意识，尽管不完美，却揭示了非人类进程的目的论轨迹。于是地球便朝向自我意识的复杂性进化，而自我意识的复杂性则通常表现在人类中。因此人类可能在宇宙历史中起到微不足道的生态学角色，可是人类提供了一把解释性的钥匙，从而将地球的过去和未来纳入一个可以理解的叙事中去。

这第三种用法具有某些宗教世界观的特征。例如，我们发现，在东正教的观念里，人类是创造物的"小宇宙"，创造物又是人类的"大宇宙"。在此，人类的瞻礼能够以创造性的赞美将所有生物召集到一起，形成地球乃为整体和中心的想象。另一种非人类中心主义的观点是盖亚观（Gaian view），在这种观念里，活有机体的自我调节能力提供了一种解释地球的范例。任何主张某种与人类无关的逻辑的或随机的过程提供了理解宇宙的智能钥匙，也是这种第三种意义上的非人类中心主义。

有关可持续发展的辩论有时混淆了人类中心主义的这三种不同用法，因此，细致地区分不同背景中这一观念是如何运作的就变得很重要了。

威利斯·詹金斯（Willis JENKENS）
耶鲁大学神学院

拓展阅读

Callicott, J. Baird. (1999). *Beyond the land ethic: More essays in environmental philosophy*. New York: SUNY Press.

Murdy, William H. (1975). Anthropocentrism: A modern view. *Science*, 187, 4182: 1168−1172.

Norton, Bryan. (2005). *Sustainability: A philosophy of adaptive ecosystem management*. Chicago: University of Chicago Press.

O'Neill, John. (1993). *Ecology, policy, and politics: Human well-being and the natural world*. London: Routledge.

Rolston, Holmes, III. (1994). *Conserving natural value*. New York: Columbia University Press.

Anthroposophy

人智论

人智论是20世纪初期由鲁道夫·斯坦纳(Rudolf Steiner)发展出来的一种精神哲学,人智论优先考虑的是个人、地球和宇宙的平衡、和谐和自然节律。生物动力有机农业(Biodynamic agriculture)是一种人智论的方法,强调土壤肥力以及农场和社区两者的健康。

1923年,奥地利哲学家、教育家鲁道夫·斯坦纳成立了瑞士人智会社(Anthroposophical Society in Switzerland)。他造了一个词anthroposophy,用来表述他那混合了科学和宗教的独特哲学思想。斯坦纳写了关于人智论及相关论题的著作近30部,深受赫尔墨斯神智学(一种相信对人类的完全理解就揭示了宇宙的本质的信仰)、尼采、歌德和基督教思想的影响。

人智论是一种物质的精神,它寻求培养物质与精神的自我同更广大的宇宙之间的和谐。根据人智论思想,世俗力量和宇宙力量以一种维持自我平衡的方式作用于世界。人智论的意思是人类的智慧,它已经影响了诸如在医学、农业、教育和艺术等各种领域中的运动。

人智论支持直观的思维和创造力,其教育方式促使1919年在德国的斯图加特开办了第一所华德福学校(Waldorf School)。如今,全世界的华德福学校有900多所。华德福式的教育建基于教育的自由和日常生活的节律之上,并且它培养一种社会责任感。

从环境生态学角度看来,斯坦纳人智论教育方式的最重要产物是生物动力有机农业,或者说"生命动力"(life forces)农业。据美国生物动力农业协会所言,生物动力有机农业是一种"统一的农业耕作方式,它将地球有机体的生态与整个宇宙联系起来"。生物动力有机种植中的整个农场被视为一个包罗万象、发展演变、综合集成的农业有机体,基于平衡和自然节律的土壤肥力被置于头等重要的地位。生物动力学不仅追求增强农业的健康,还寻求农业所供养的社区的健康发展。在斯坦纳人智学的生产—消费观基础上,生物动力学已经帮助支撑了社区支持的农业运动（Community Supported Agriculture），这是农民和消费者之间的一种直接的市场关系，于是，消费者在季节之初会购买一部分农产品，接着会既享用丰收的成果，也承担歉收的后果。

沙嫩·提曼（Shannon TYMAN）

俄勒冈大学

拓展阅读

Davis, John. (Ed.). (1975). *Works arising from the life of Rudolf Steiner*. London: Rudolf Steiner.

Tummer, Lia, & Lato, Horatio. (2001). *Rudolf Steiner and anthroposophy for beginners*. New York: Writers and Readers.

What is biodynamic agriculture? (n.d.). Retrieved March 9, 2009, from http://www.biodynamics.com/biodynamics.html.

Architecture

建筑学

建筑学，塑造社会物理环境的一种纯美术，似乎也是可持续发展的自然领域。使用再生性建筑材料、采用建筑施工技术使建筑群成为整体的自然景观，并且，人们与住所之间那种与生俱来的精神联系都有助于使建筑成为促进可持续发展实践中的主要领域。

希腊单词*oikos*的基本含义是"房子"（house），"生态学"（ecology）和"经济学"（economics）这两个术语都源于希腊单词*oikos*。这么一来，毫不奇怪的是，可持续发展通常注重家庭，既包括人们居于其中的建筑，也包括建得更大的环境——城镇、农场和城市——人们在其中开展他们的日常生活。

最近几十年，已经出现了几种突出的伦理基础理论，适用于可持续发展的建筑。例如，美国自然科学作家珍妮·班娜斯（Janine Benyus）拥护生物模拟观念，依这种观念，设计者们和工程师们从自然中获取线索以解决建筑上的问题。因此，一座建筑或许会就着

当地的地形和植被来建造，并配合风力和太阳能的自然流量，以减少能源消耗。在其他学者中，美国的社会生态学者斯蒂芬·凯勒特（Stephen Kellert）为仿生设计法（biophilic design）作了补充式辩护，仿生设计法试图给许多人带来亲和力，使人们在建筑环境中有亲近自然的感觉，这也激发了居住在其中的人们重视和保护自然界。另一个美国人，建筑师和设计师威廉·麦多诺（William McDonugh）采纳了第三种方式——从摇篮到摇篮式的设计，这种设计考虑了产品的全寿命周期。不同于标准的从摇篮到坟墓式的设计——这种设计方式预设产品最终会如废物一般弃置，麦多诺主张，当设计得合理，可将产品本身视作资源。这种方式已经应用于住宅楼的建造中，其中，建筑环境的作用非常像一棵树，即，不制造废物，反而用它自己的叶子为其土壤补充肥料。

基督教神学以及更宽泛的宗教社会学理论，只是偶尔会详细阐释建筑学问题，这种兴趣大多来自欧洲。针对建筑环境，最为重要

的神学评述来自英国神学家 T. J. 戈林奇（T. J. Gorringe），他将主流的传统新教对社会正义的关注以及基于历史学家刘易斯·芒福德（Lewis Munford，1895—1990）著作的重视城市规划以及与芬兰神学家赛珀·谢尔伯格（Seppo Kjellberg）赞成的一种整体的、非人类中心主义的都市生活模式整合起来，而这种模式认为人类的繁荣仅存于所有生物的繁荣这一更大背景下。

更多的兴趣围绕着建筑物的理论和神学思想而展开。尽管这些观念通常没有明确地论述建筑学，但在提升特殊建筑物固有价值的同时，他们提供了展望建筑与当地环境之间互动的基础，这是有价值的、值得尊重的。这样一种伦理或许最为淋漓尽致地体现在现代的宅基地运动中，这种运动常常既没有明确的也没有隐含的精神支撑。同样地，在许多宗教传统中具有久远历史的圣地研究，将属灵的重要意义置于某些地方，以此导向可持续发展的愿望。

有价值的地方与可持续发展之间的联系可从许多实践维度来把握。最广为报道的例子来自亚高山地（Arcosanti）的兴建，另一个例子是始于20世纪60年代在亚利桑那州的沙漠中自给自足的社区。其创办者是意大利有远见的建筑师保罗·索莱里（Paolo Soleri），他极大地受惠于德日进（Teilhard de Chardin，1881—1955）的神学思想，从而在进化

论科学的基础上设想了一种新的宇宙论。美国的女子修道院社区[诸如科里奥波利斯的佛里森女教友会（Felician Sisters of Coraopolis），宾夕法尼亚或新泽西的创世记农场]在绿色建筑运动中也特别活跃。数个社区从美国文化历史学家托马斯·贝瑞（Thomas Berry，1914—2009）的著作中受到启发，已经将基于场所的伦理及土地管理与他们建筑中的创新式可持续发展联系起来。

建筑学也是数量持续增长的宗教环保组织中的一个领域，因为可持续的建筑变得更知名，更多愿意花费大量资金投资的人通常被要求投资房地产工程。这类行动主义很大程度上遵循着更宽泛的可持续建筑运动所建立起来的模式，这种模式最为关注的是能源保护和可再生能源。在这种情形下，最早、最大的有组织性的努力之一是成立了"跨信仰能与光"（Interfaith Power and Light，再生工程），这一组织极大的关注能源问题。有些宗教组织也为犹太教会或基督教会出版了绿色建筑指南，这些组织包括国家生态—正义工作委员会（the National Council of Churches Eco-Justice Working Group）、创造之网（the Web of Creation）、大华盛顿特区地球守护者环保组织（Shomrei Adamah），以及大量的各教派团体。通常而言，所有这些绿色建筑组织的创办都聚焦于能源的消耗，并且相当多的组织也处理更多问题，诸如水资源保护和景观问题。较少关注的是致力于更加有技术含量的令人生畏的设计问题，诸如材料的选择和施工实践。另外一些组织，最为著名的是福音派环保网（Evangelical Environmental Network），其特别关注减少毒物，这与福音派

家庭的价值观有关。

　　对于在可持续发展和支持可持续发展的价值观基础上的行动主义和学术探究而言，建筑学都是一门独特而又卓有成效的学科。通过论述人们如何生活的最基本方面，我们重新想象建筑环境能为创造一个更加可持续发展的未来提供有力的工具。

理查德·R.博汉农二世（Richard R. BOHANNON II）
圣约翰大学本尼迪克学院

拓展阅读

Benyus, Janine. (1997). *Biomimicry: Innovation inspired by nature*. New York: William Morrow.

Bergmann, Sigurd. (Ed.). (2005). *Architecture, aesth/ethics and religion*. Frankfurt am Main, Germany: IKO.

Fox, Warwick. (Ed.). (2000). *Ethics and the built environment*. New York: Routledge.

Gorringe, Timothy J. (2002). *A theology of the built environment: Justice, empowerment, redemption*. New York: Cambridge University Press.

Kellert, Stephen; Heerwagen, Judith; & Mador, Martin. (Eds.). (2008). *Biophilic design: The theory, science, and practice of bringing buildings to life*. Hoboken, NJ: John Wiley & Sons.

Kilbert, Charles. (Ed.). (1999). *Reshaping the built environment: Ecology, ethics, and economics*. Washington, DC: Island Press.

Kjellberg, Seppo. (2000). *Urban ecotheology*. Utrecht, The Netherlands: International Books.

Lane, Belden. (2002). *Landscapes of the sacred: Geography and narrative in American spirituality* (Expanded ed.). Baltimore: Johns Hopkins University Press.

McDonough, William, & Braungart, Michael. (2002). *Cradle to cradle: Remaking the way we make things*. New York: North Point Press.

Soleri, Paolo. (2006). *Arcology: The city in the image of man* (4th ed.). Mayer, AZ: Cosanti Press.

Bahá'í

巴哈伊教

巴哈伊信仰创立于19世纪,目前在全世界已经有500万信众,代表着人类的一个缩影。巴哈伊教将自然视作上帝意志的表达,把科学和宗教看作通往真理的相辅相成的方法,并努力从事个人与共同体的发展进程,以促进统一、相互依存、社会公正和生态的可持续性。

巴哈伊教是一种新兴的世界性宗教,它关注的是在全球一体化不断增强的时代中,人类所面临的精神的、社会的和生态的挑战。巴哈伊信仰的创立者是波斯人巴哈欧拉(Bahá'u'lláh, 1817—1892),他倡导人们要意识到全球相互依存的时代即将来临,并要求人们贯彻一些原则和实践,这些原则和实践可作为一个更正义和更加可持续的世界秩序之根基。诞生之初的巴哈伊共同体——一直到最近——主要关注其内部成长的进程,巴哈伊共同体的很多注意力也继续投注于此。然而,这一共同体在全世界范围内的扩展与合并,也为其提供了人力资源和行政能力,以便以一种直接而系统的方式来处理当代的社会和生态问题,而这一共同体也开始做这些了。

举例而言,1987年,巴哈伊信仰加入了环境保护与宗教的世界自然之网基金会(World Wide Fund for Nature's Network on Conservation and Religion),两年之后,从巴哈伊经典和其他主要文本中精选编辑的名为《保护地球资源》(*Conservation of the Earth's Resources*)一书出版。巴哈伊共同体对这一文献的研究,激发了围绕星球的大量生态管理工作和可持续发展举措,包括环境教育项目、自然保护工程、植树活动、可持续技术的创新、利用艺术来提升意识的运动，以及在各种政策领域的宣传工作。这一文献也激发了不断增长的学术研究——从巴哈伊教的角度探索可持续发展的社会学和生态学维度的学术研究。它还促进了由巴哈伊教激发的专业性组织的形成，例如国际环境论坛（International Environment Forum），这一论坛的成员来自50多个国家。

在联合国体系下，巴哈伊环境办公厅（Bahá'í Office of the Environment）积极参与了1992年里约热内卢的地球峰会（Earth Summit）的准备工作。整个20世纪70年代，联合国的巴哈伊教各办公厅在绝大多数其他的世界性联合国峰会中表现积极、活跃，并且，20世纪70年代末，巴哈伊教的一位议员担任了联合国千禧年论坛（U.N. Millennium Forum）的联合主席。与此同时，1995年，巴哈伊教参与成立了宗教与自然保护联盟（Alliance of Religions and Conservation），1998年，他们成为世界信仰和发展对话（World Faiths and Development Diologue）的创办成员。作为这些组织的成员，巴哈伊教信徒能够直接与其他信仰共同体对话，讨论环境管理与可持续发展的灵性维度。这种参与已经促进了巴哈伊共同体中的一系列基层行动。其中一个例子就是，受巴哈伊教的启发，在哥斯达黎加（Costa Rica）的布里布里族（Bribri）和卡维卡尔族（Cabecar）中出现了"共同体学习小组"，他们研究道德领袖和环境保护之间的关系；启动可持续发展的工程，像学校和家庭花园、养鱼场、饲养家禽；与其他当地组织进行合作以促进自然资源的保护。

对自然与社会的憧憬

这些社会参与的例子背后是带有灵性意图的一种责任感，这种灵性意图来源于巴哈伊教关于自然和社会的教义。巴哈伊信仰建立在对一个不可名状的神圣本质——上帝的信仰之上。巴哈欧拉教导说，尽管人类不能够理解上帝，但自然世界反映了上帝的属性，也表达了上帝的意愿。因此，巴哈伊教迫切要求，通过利用科学和宗教互补的方式和见解去考量、沉思并解开大自然的奥秘。

在这种背景下，巴哈伊教教义阐释的是，虽然宇宙在形式上具有多样化的特征，但是宇宙仍然是在相互联系、相互依存、相互制衡的关系支配下的有机整体。同样的，可以将人类理解为在这些相同的特征支配下的有机整体。据巴哈欧拉所言，宗教具有一种威力，就是能以此方式使全人类融为一体。

巴哈伊教教义也将人类社会比作人的身体，人体的细胞和器官尽管在形式和功能上各不相同，但具有相互作用和相互依赖的特征。在人体内部，每一部分的健康与身体整体健康密不可分。同样地，在人类社会中，所有个体与群组的利益相互依存，部分的幸福与整体的幸福密不可分。

这样的世界观让我们得知巴哈伊教对自然和社会的憧憬。根据这种世界观，统一和相互作用是正义和可持续性的社会秩序所不可或缺的。巴哈伊教因此坚信，只要人类社会仍然处于矛盾和竞争的状态，人们分割或漠视那些相互依存的整体，那么，则无法以一种有效的和可持续性的方式解决持续增长的复杂社会问题和生态问题。

进化论的观点

根据巴哈伊教教义，人类已抵达历史的重要关头。人类社会的演进已经致使相互依存的程度达到空前绝后的水平，我们对支撑我们的生态系统的影响也急剧增强。然而过去延续而来的信仰和行为模式阻碍着人们去解决我们如今所面临的挑战。当这些承续下来的文化符号被证明与当代的境况不相适应时，巴哈伊教认为，我们所面临的社会和生态危机将会继续恶化和扩散。

巴哈伊教主张，在这个历史重要关头，人类所面临的问题在于，是欣然接受我们是有机统一、相互依存的物种，有意识地为了生存而去适应新环境呢？还是坚守承续下来的信仰与行为模式，在经历未能适应新环境而造成的社会和生态问题深化这番艰苦之后，才从相互依存中吸取教训？因此，巴哈伊教整体的目标是，为了使人类文化和意识中的这些变化产生效果，就要加速建立一种更加公正和可持续性的社会秩序。

巴哈伊教的著作再次将人类社会比作人的身体，它教导我们的是，我们已经共同度过了婴儿期和儿童期，现在已步入动荡不安的转折时期——我们的青春期，在这个阶段，我们将达到体能上的全盛时期，但我们的行为还未经过成熟后而产生的智慧和判断力所调和。尽管这一转折阶段会很艰难，但巴哈伊教对期待已久的成熟期——过去所有主要的宗教传统对它有各种各样的称谓——将会最终实现很有信心。

根据巴哈伊教的教义，这个过程意味着社会结构中的一种根本性变化，这种变化反映了人类的同一性这一基本的原则或真理。这一原则引起世界公民意识的出现，随之，最终所有民族共同组成联邦，形成一个综合性的完整政府系统，以便调解和协调全球的人类事务。人类一体的原则还引起：男女平等观念的树立，男人和女人在人类事务的所有领域中完全平等；消除以种族、宗教以及国籍为基础的任何形式的偏见和歧视；建立世界通用货币以及其他的整合机制，以促进经济公平和共同繁荣；采用一种国际通行的辅助语以便相互沟通和理解；世界的非军事化，缩减将会导致社会终结的大规模军事支出；伴随着公平合理分配由这些措施而得来的利益，将出现可持续发展的道德规范，这一道德规范有助于促进对地球资源的保护和管理。

变化的维度

为了使这些变化产生作用，巴哈伊教的观念中既论述了其个体方面的变化，也论述了制度层面的变化。在个体方面，巴哈伊教致力于大量的灵性训练，例如日常的祈祷和冥想，通过一年一度的斋戒期，他们努力超越人类卑劣本能的驱使，并尽力培养他们的灵性品质诸如无私、节制、动机纯洁、为共同利益献身——所有这些，他们不仅视其为个体精神上的需要，还视其为公正与可持续性未来的共同先决条件。为了实现这些目的，巴哈伊教也开发出针对儿童道德教育的系统方法，面向青少年的精神和智力赋权，为更年长的青年和成人培养技术和能力以便为整个教会团体服务——所有这些正如儒禧研究中心（Ruhi Institute）所展示的那样，儒禧课程开发的培训教材和教学方式已经被全世界千千万万的巴哈伊教徒和其他人采用。此外，艺术与科学被视为促使社会变革和进步的强大力量，巴哈伊教徒强调在艺术和科学领域对个体的教育。其中一个重点的例子就是巴哈伊教各类社会工程项目，诸如乌兰巴托的蒙古发展中心（Mongolian Development Center in Ulaanbaatar）、印度农村妇女巴厘发展研究所（Barli Development Institute for Rural Women in India）、乌干达扫盲计划（Uganda Program of Literacy for Transformation），还有哥伦比亚的科学教学与应用基金会（Foundation for the Application and Teaching of the Sciences in Colombia）。

在个体的这些教育和发展过程中，或许会有困难，但巴哈伊教徒将其视为建立一个更加公正和可持续的社会秩序的必要条件。同时还需要可靠和有效的制度形式。为了这一目的，巴哈伊共同体（地方层面、国家层面、国际层面）建构起来了，巴哈伊共同体相信这样的制度结构和实践适合于人类正在迈进的成熟时期。

例如，没有神职人员的巴哈伊共同体采用一种有着独特的参与式选举管理体系，这种选举方式富有民主精神，但完全是无党派和非竞争性的。共同体中的每一个成年成员都有被选举的资格，被选上的每一个成员都有责任回报服务他人。任命、搞竞选活动以及任何形式的教唆都是被禁止的。当选举者们行使真正的自由选举权利时，他们只能在自己良心的指引下投票，去选择那些他们认为最能体现诸如诚信、正直、公认的能力、成熟的经验、无私奉献他人等品质的人。通过票选，得票最多的九个人成为管理议事会的成员，即使他们不想被选。

反过来，这些管理议事会成员在协商原则指导下行事，协商原则旨在鼓励人们在统一而非分裂的情况下做出决定。这些选举和做决定的方法被用于管理区域层面、国家层面、国际层面的巴哈伊共同体。当前有超过500万的巴哈伊教徒成员，他们来自2 000多种种族背景和各个国家，这些管理方法目前被全球1万多个不同的团体所学习和实践。当人们寻求一种更公正和可持续发展的制度形式时，巴哈伊教徒的行政制度——基于数十年经验积累的这些方法——为他人提供了一种范例，可供人们从中学习。

科学和宗教

在巴哈伊教徒注重个体和制度的革新进程的同时，他们也强调采用科学知识和科学方法去努力解决问题的重要性——解决人类所面临的不断增加的社会和生态问题。但是，巴哈伊教徒坚信，要构建全球性质的一种公正和可持续发展的社会秩序，它所需要的远见、动力、奉献、自我牺牲以及统一行动，这些只有宗教才能激发。

因此，科学和宗教被巴哈伊教徒理解为相辅相成的知识体系，能够在社会演进过程中指导人类的发展，提高人类的智慧，增强人类的道德力量。依据此观点，科学方法可以使人类对管理现实世界的法则和进程具有一个统一的认识。反而言之，宗教的见解启发人们看到了人类在目的和存在方面最深刻的问题，阐明了那些可以促进人们幸福的共同价值观和基本原则，也给独立的个体和团体的努力指明了建设性的方向——包括合理地运用科学知识。

在这种背景下，巴哈伊教徒在对纯粹唯物主义的现实进行阐释时，他们常常利用"科学是处理我们人类所面临的紧迫挑战的一种障碍"这一名义，推进他们的阐释。与此同时，他们解释以宗教名义的狂热和分裂的言论同样是这样的问题障碍。据巴哈伊的教义，宗教的纯粹形式是一种单一、大众和永恒的表现，宗教可以反映出人类对表达神圣意志和意图持续不断的回应。巴哈欧拉教导：根据不断演进的人类社会的需求和容纳力发生改变，宗教的真理会随着时间的推移而逐步被揭示出来。在这个历史阶段，巴哈伊教徒相信，宗教的目的是更新和巩固永恒的精神真理，这些永恒真理已经被过往的所有宗教教义明确地表达过，尽管这一历史阶段所关注的是人类最根本的任务——学习如何以公正和可持续性的方式生活在一起，像一个相互依存的全球共同体那样生活。

未来的展望

巴哈伊教的首要目的就是实现人类大家庭的精神合一，建立起公正和可持续的世界秩序。对怀疑论者而言，这种变革性改变似乎只是单纯理想主义的一种表达。而对巴哈伊教徒而言，这似乎是在关键转折时期向前迈进的唯一可实现的途径。

然而，尽管巴哈伊教尚处于发展的初级阶段，但绝大多数巴哈伊教徒承认，他们仍然在试图使他人顺利地接纳他们自己的很多教义。就这一点而言，每个巴哈伊教徒在把握这些教义上千差万别，他们对教会中的工作所付出的时间和精力也大相径庭。他们同时也努力去克服那些常常与他们的理想相悖或相抵触的文化习俗和固有思维模式。与其他人所努力的一样，巴哈伊教致力于采纳更多可持续发展的生活模式，而这类生活模式常常因对这些问题的狭隘理解所阻挠，或者被强有力的消费文化方面的阻力所制止，又或者因人们当前生活的社会中非持续发展的结构而搁浅。然而，随着时间的推移，巴哈伊共同体不断地壮大、成熟，并追寻其灵性和社会变革方面的长远目标，这一共同体内部的讨论也越来越注重可持续发展问题；共同体已经建立起一些机制，以便加强对可持续发展原理和实践的掌握，也使共同体投身于探索可持续发展的原理和实践这一事业当中。

巴哈伊教徒将他们持续发展出来的经验作为广阔的社会尝试实验提供给他人学习，这与世界各地巴哈伊共同体所具有的开放精神、实验精神以及系统性学习的特点相符。但这一实验的长远效果仍然很难用一种实证性方式来评估。巴哈伊共同体最初的经验和成就提出了一些发人深省的问题，例如人类是否，或者说怎样，最终适应全球高度相互依存的环境。

迈克尔·卡尔伯格（Michael KARLBERG）

西华盛顿大学

拓展阅读

Arbab, Farzam. (2000). Promoting a discourse on science, religion, and development. In Sharon Harper (Ed.), *The lab, the temple and the market: Reflections on the intersection of science, religion and development* (pp.149–210). Ottawa: International Development Research Centre.

Baha'i International Community, United Nations Office. (n.d.). Statements and reports. Retrieved April 5, 2009, from www.bic-un.bahai.org.

Baha'i International Community. (2008). For the betterment of the world: The worldwide Baha'i community's approach to social and economic development. New York: Office of Social and Economic Development, United Nations.

Baha'i International Community. (1987). *Statement on nature*. New York: Baha'i International Community Office of Public Information, United Nations.

Baha'i International Community. (1992). *Sustainable development and the human spirit*. New York: Baha'i International Community Office of Public Information, United Nations.

Baha'i International Community. (1992). *The most vital challenge*. New York: Baha'i International Community Office of Public Information, United Nations.

Baha'i International Community. (1993). *World citizenship: Global ethic for sustainable development*. New York: Baha'i International Community Office of Public Information, United Nations.

Baha'i International Community. (1995). *Conservation and sustainable development in the Baha'i Faith*. New York: Baha'i International Community Office of Public Information, United Nations.

Baha'i International Community. (1995). *The prosperity of humankind*. Haifa, Israel: Baha'i International Community Office of Public Information.

Baha'i International Community. (1996). *Sustainable communities in an integrating world*. New York: Baha'i International Community Office of Public Information, United Nations.

Baha'i International Community. (1998). *Valuing spirituality in development: Initial considerations regarding the creation of spiritually-based indicators for development*. New York: Baha'i International Community Office of Public Information, United Nations.

Baha'i International Community. (2001). *Sustainable development: The spiritual dimension*. New York: Baha'i International Community Office of Public Information, United Nations.

Baha'u'llah. (1982). *Tablets of Baha'u'llah revealed after the Kitab-i-Aqdas*. Haifa, Israel: Baha'i World Centre.

Baha'u'llah; Abdu'l-Baha; Shoghi Effendi; & Universal House of Justice. (1989). *Conservation of the Earth's resources: A compilation by the research department of the Universal House of Justice*. Haifa, Israel: Baha'i World Centre.

Bushrui, Suheil. (2002). Environmental ethics: A Baha'i perspective. In David Cadman and John Carey (Eds.), *A sacred trust: Ecology and spiritual vision* (pp.77–102). London: The Temenos Academy and The Prince's Foundation.

Dahl, Arthur L. (1990). *Unless and until: A Baha'i focus on the environment*. London: Baha'i Publishing Trust.

Dahl, Arthur L. (1996). *The eco principle: Ecology and economics in symbiosis*. Oxford, U.K.: George Ronald; London: Zed Books.

Hatcher, William S., & Martin, J. Douglas. (1998). *The Baha'i Faith: The emerging global religion*. Wilmette, IL: Baha'i Publishing Trust.

Karlberg, Michael. (1994). Toward a new environmental stewardship. *World Order, 25*, 21–32.

Karlberg, Michael. (2004). *Beyond the culture of contest: From adversarialism to mutualism in an age of interdependence*. Oxford, U.K.: George Ronald.

Lalonde, Roxanne. (1994). Unity in diversity: A conceptual framework for a global ethic of environmental sustainability. *The Journal of Baha'i Studies, 6*(3), 39–73.

White, Robert A. (1995). Spiritual foundations for an ecologically sustainable society. *The Journal of Baha'i Studies, 7*(2), 47–74.

Universal House of Justice. (1985). *The promise of world peace*. Haifa, Israel: Baha'i World Centre.

Vick, Holly Hanson. (1989). *Social and economic development: A Baha'i approach*. Oxford, U.K.: George Ronald.

附录 巴哈伊教的可持续发展方式

如今，巴哈伊信仰促进了人类的同一性、性别平等、国际正义和世界和平——所有这些组成了向着可持续发展的生活而奋斗的因素。这一信仰的波斯创始人巴哈欧拉极力主张，人们应在即将到来的全球相互依存的状况下，将这些原则付诸实践；如下的摘录源自其所写的对《圣经》和《古兰经》所作非字面阐释的成千上万块经典碑板之———一本薄薄的律法书。

确实，先于偶然世界诞生的神（God）这个词是因，这一偶然世界由绚烂多姿的远古年代所点缀，尽管世界一直在更新和重生。不可估量的，是建立起这一超群、庄严的结构的智慧之神……他说道：自然的本质是为我之名——缔造者、造物主——的体现。自然的具体表现因各种原因而变化多端，在这多样化之下，有了人类所洞察的诸多迹象。自然是神的意旨，自然也是神在这个偶然世界、经由这个偶然世界的体现。这是上帝——全智者所注定的神意。

来源：*Tablets of Baha'u'llah revealed after the Kitab-i-Aqdas*, by Baha'u'llah (1892). Haifa, Israel: Baha'i World Centre, 141–142.

Beauty

美

对他人或物的吸引力是美的客观一面，这是对于大多数人而言首要考虑的。但美的主观方面——当人们与他们所在的周围环境互动时，他们所获得的情感和理性的快乐——对于一个可持续发展的地球而言，也是至关重要的。美的这一方面提供了关爱地球及其栖居者们的一种内在方式。

一个可持续发展的团体是有创意的、仁慈的、公平的、参与共享式的、有生态智慧的，以及精神满足的，不会让任何人掉队。这一团体可以是家庭、工作单位、学校、乡村、城市、省份，或者国家。它在两个层面上是可持续发展的：它可以在无限的未来、在其自然环境能够提供资源和废物处理的制约下得到维持；当人们在与其他人以及周围的世界互动时，它也可以为人们提供物质和精神上的食粮。

美是可持续发展团体中必不可少的一部分。美不仅仅局限于美术或音乐的美。美包含和谐与张力这两种特质，人们通常在美术或音乐作品中发现它们，但这些特质也呈现在许多其他的背景中。这些特质在音乐中不是一成不变的，它们常常融合在一起，有着和谐的张力和充满张力的和谐。

和谐与张力在生活中以两种方式呈现。第一种是人们从其他人、动物、景观、事物和手工艺品中看到的和谐与张力，我们称之为"世界中的美"（beauty in the world）。自然世界之美可能是激动人心或令人敬畏的，又可能是波澜不惊或惊世骇俗的。在人工创造的事物中，例如建筑和城市，和谐之美可能更多的是令人愉悦的类型，加上融入属于可持续发展团体中的两种和谐之美的部分——人类与地球之间的和谐，以及人们之间的和谐。在人们使用周围自然物质材料和能源时，在他们开发人类栖居的空间时，可持续发展的建筑可以体现这两种形式的和谐。

在人类生活中，住所是人类展现美的第二种方式：我们如何以第一视角，既感性又理性地生活于世界之中。人类能够通过感性和理性的方式对周围世界进行观察、反应以及与周围世界互动所得到的美即为和谐与张力之美。这是美的更为主观的一面。这是一种"世界的经验"（experience of the world）之美。

任何主体或自我都不能完全独立且不与周围世界进行互动而存在着，这一周围环境是由其他人、动物、景观、声响和地球本身所组成。试想一个女人在某一特定景区感觉到像是在家里一样亲切舒服的情景。通过将草木鸟兽进行明显的对比，她会认为这一景观区本身就很美。或许她也会感受到这一地区的文化之美：音乐、食物、风俗和建筑物。因而，她当然会欣赏生活于这一地区的人们。在她所称为家的地方一切感情都将涌来，在这一背景下，她的家就不是建筑物；这个地区让她感觉像是在家。

然而并不是因为这个地方的客观因素使她产生像是在家的感觉。她像是在家的感觉是同与这片土地及其人民的相处、对这片土地及人民的关心这样一种内在感觉相关的，这就是美的主观方面。相应地，她的精神感觉，就是灵性——在于团契的感觉，在于与更宽泛的和谐与张力相联系的感觉。

当然，她欣赏美的能力是由她生活于其中的社会环境和文化氛围所造就的，她所理解的世界又被她所生活的世界的文化所解释。但她的审美能力也被自然世界所塑造，例如自然景观和声响。对可持续发展的考虑通常包括对野生动物的关注，但驯养动物的重要性也不容忽视。对一些人而言，家庭宠物是非人类世界中有关美的一个重要例子。想象一下，她家有一只能够陪伴其左右的动物，即宠物猫，那么，可以肯定的是，她内在的幸福感会受到朋友和家庭的感染，但这种幸福感也会受到这只猫的陪伴所影响。这只猫同样也拥有属于自己的世界。不仅人类，其他动物也是如此，在它们与世界的互动中，也都寻求和谐与张力之美。当然，其他动物也都是美的。

诚然，有些人可能会说，这个世界并不存在美，在猫群中当然也不存在美——除了由人类所创造或规划的以外。这是人类中心主义的极端体现，将美浓缩为人类的发明。另一种积极的说法见于艾尔弗雷德·诺思·怀特海（Alfred North Whitehead，1861—1947）的著作《科学与现代世界》（Science and the Modern World），怀特海批评了有关无生命物体的观点，并提供了一个貌似合理的论据，即物质是能量，能量天生具有创造力，并且除了人类规划之外，能量也能带来和谐与张力之美。从这个观点来看，即使地球上没有人类，也仍然会有和谐与张力存在。它们会存在于动物的经验和动物所生存的世界中，也会存在于山冈与河流、高山与树木的和谐与张力中。

可持续发展运动以对美的两个方面，即客观方面和更多的主观方面，进行期待为前提，从而与人类的实践紧密相连。试想这个女人是园丁，美的主观方面即包括她有关土壤、植物方面的知识，以及运用这些元素给地球带来和谐的意义。然而她对地球的感觉中包括对土壤、阳光和植物的客观和谐尊重，就好像它们有着独立的感觉并根据个人的喜好存在着一样。她能从中找到安慰，而不是沮丧，因为在她死后，她的花园所在的土地能够因其自身的和谐与强力而继续存活。她的花园里和谐与张力同时存在。她的花园是一种精神实践，也是一种可持续性的实践。

有些人反对将美与可持续发展相联系起

来，他们更喜欢从道德责任或生态需求方面来定义可持续发展。他们说，我们应该以一种可持续的方式生活，因为我们的生存依赖于可持续发展，或者因为所有活的生物都有被保护而免受伤害的权利。有些人或许会感到责任更重，受上帝之命，我们要当地球的好管家，因为地球是上帝的，而不是人类的。当然，这些富有深意的思想更富有智慧。尽管如此，过度强调规则，就会忽视以一种更为愉悦和具有精神意义的方式来看待世界。如果我们的分类仅限于有关"正确"和"错误"的观念，我们就会忽视了园丁所知晓的。我们忘了，可持续性的生活必须为人类的生命提供支持，并且，神圣现实（divine reality）并不是以强制命令的源头而被简单地理解，而是作为导向美的内在诱因被理解。我们也会忽视这样的一个事实，即可持续发展可以有令人愉悦的一面：这一面包含欢笑、游戏、制造快乐、休息、放松、跳舞和音乐。如果缺乏乐趣和快乐，可持续发展的世界也许会是美好的，但不会幸福。如今的可持续发展共同体所需要的是美好和幸福、伦理和喜悦、责任和快乐。小马丁·路德·金（Martin Luther King Jr.）称之为可爱共同体（beloved community），我们或许也可以称之为可持续的共同体或美丽共同体。

杰·麦克丹尼尔（Jay McDANIEL）
汉德里克斯学院

拓展阅读

Baker-Fletcher, Karen. (1998). *Sisters of dust, sisters of spirit: Womanist wordings on God and creation*. Minneapolis, MN: Augsburg Fortress.

Berry, Thomas. (2009, forthcoming in September). *The sacred universe: Earth, spirituality, and religion in the twenty-first century*. New York: Columbia University Press.

Fox, Matthew. (2000). *Original blessing: A primer in creation spirituality*. New York: Jeremy P. Tarcher/ Putnam.

Hope, Marjorie, & Young, James. (1994, Summer). Islam and ecology. *Cross Cultures, 44*(2), 180–192. Retrieved May 20, 2009, from http://www.crosscurrents.org/islamecology.htm.

Whitehead, Alfred North. (1997). *Science and the modern world*. New York: The Free Press. (Originally published in 1925)

Whitehead, Alfred North. (1956). *Adventure of ideas*. New York: Penguin Group.

Biocentrism

生物中心主义

生物中心主义,或者说是"以生物为中心",该观点在整个20世纪生态理论和生态伦理发展中起重要作用。由于生物中心主义注重的是生物的繁盛、相互的依赖以及需要对所有生物不断进化的可能性进行保护,它提供了一种方式,以建构可持续发展理论和实践的目标。

"生物中心主义"该术语意味着"以生物为中心",它表明对真正具有价值的生物共同体进行核心关注和优先考虑,它也将环境伦理和环境哲学领域最紧密地联系起来。当与可持续发展观念配合起来时,生物中心主义提供了一种理念,供人们仔细思考什么有可能提升子孙后代的幸福——不仅是人类,还包括地球所有物种的幸福。

1915年,园艺学家利伯蒂·海德·贝利(Liberty Hyde Bailey,1858—1954)在他的《神圣的地球》(*The Holy Earth*)一书中用 biocentric一词来描述"兄弟情谊",这一"兄弟情谊"为各类感觉灵敏的生物所共享(1919[1915],30)。贝利在这部著作中表达了他"自然一体和生物统一"的哲学思想,但单单从这书名就可以看出,他视地球和地球上所有的生命形式为神圣的,并认为值得对它们进行虔敬地照料。因而,生物中心主义最初与责任联系在一起,这种责任超越了对地球资源的利用。

20世纪期间,生态科学突出强调了自然体系的相互依赖性,也强调生物多样性对自然体系复原力的重要性,从而支持了生物中心主义观点并充实了其内容。正如历史学家罗德里克·纳什(Roderick Nash)所言,生态学家"是最有可能半路向全面考虑的神学家和哲学家妥协的一类科学家"(Nash 1989,68)。从20世纪70年代早期开始,明确阐释了后来为人所知的"深度生态"这一概念的环境哲学家们开始关注起生物中心主义，他们将伦理的考虑延伸到非人类物种以及作为一个整体的生物圈，这是生物中心主义的一个关键方面。哲学家阿伦·奈斯（Arne Naess, 1912—2009）把"生物中心主义的平等"（biocentric equality，所有生物生存和繁荣的权利）当作"深层生态"的最基本原则之一（Devall & Sessions 1985）。有些人甚至夸大了生物中心主义，认为可以用其取代世界性宗教和世俗人文主义，他们争辩说，在"自身就是一个教会的地球中"，生物中心主义促进了"物种间的平等"和"地球归属感"（Watson 2005, 178）。

生物中心主义通常与其他以个人或团体价值为中心（或称为神圣中心）的术语形成对比。人类中心主义（以人类为中心）就是一个鲜明的对比，并且生物中心主义经常被当作对立面与这个术语对举，以显示人类中心主义在伦理上的缺陷。像"生态中心主义"和"地心说"这样的术语也强调以非人类中心主义的方式来评价地球及其生命系统。

对诸如"生物中心主义"这类术语，批判者们认为，它们过于抽象，并且在对环境问题方面提供统一实用的解决方案上显得无助。但对另一些人而言，"生物中心主义"这个词仍然提供了能够清晰表达更广大的哲学视野的一种简略方法，以这种视角来看，所有的生命都是相互联系并谋求促进人类和非人类生命共同的利益。

生物中心主义是一种方式——用以树立关于可持续发展理论和实践的目标，这一目标关注生命的繁荣、相互依存，也重视需要为所有生物持续进化的可能性提供保护。如果可持续发展被理解为一种运动——即为了保证后代在部分地区甚至是全球范围内的福祉的运动，那么，生物中心主义或许可以被认为是重新思考人类整体与自然世界之关系的一种方式，所以这种视角在实践中或许是相近的。

加文·范·霍恩（Gavin VAN HORN）
西北大学

拓展阅读

Bailey, Liberty Hyde. (1919[1915]). *The holy Earth*. New York: Scribner Press.

Devall, Bill, & Sessions, George. (1985). *Deep ecology: Living as if nature mattered*. Salt Lake City, UT: Gibbs Smith.

Lynn, William S. (1998). Contested moralities: Animals and moral value in the Dear/Symanski debate. *Ethics, Place, and Environment 1*(2), 223–242.

Nash, Roderick F. (1989). *The rights of nature: A history of environmental ethics*. Madison: The University of Wisconsin Press.

Norton, Bryan G. (1991). *Toward unity among environmentalists*. New York: Oxford University Press.

Rolston, Holmes, III. (1988). *Environmental ethics: Duties to and values in the natural world*. Philadelphia: Temple University Press.

Watson, Paul. (2005). Biocentric religion — a call for. In Bron Taylor (Ed.), *Encyclopedia of religion and nature* (pp.176–179). London and New York: Continuum.

如果美不胜收的自然景色可以唤起道德力量，那么保护道德力量就成为一项社会义务，这比公民义务更为宽泛。然而，人们必须获得地球上的资源以满足其所用，必然就意味着对原始自然景色进行改造。某些或某种自然景色高于经济用途之上，也应该完整地保持其原生态。如果人能通过爱惜自然景色来保护其原生特性，那么大多自然景色或许会服从于改造。不幸的是，人们通常不会就自然景色的价值对工程师进行培训，于是，这会对自然景色造成破坏，要么，至少仍还原封不动或者改造半途而废。

——利伯蒂·海德·贝利
（Liberty Hyde Bailey）

来源：Liberty Hyde Bailey. (1919[1915]). *The Holy Earth*, pp. 116–117. New York: Scribner Press.

Biodiversity

生物多样性

生物的多样性概念，或称为"生命多样性"，通常注重物种流失的实质性影响，也注重定量测量，如特定区域物种的多样性和某个物种单个品种的数量。将该观念的讨论扩大到这类性质的价值——诸如道德、美学、象征主义，并且提出社会的不公正性——这对于减缓生物多样性的降低至关重要。

人类生活以一种尚不为科学家们所完全理解的方式依赖于其他的生命形式。人类依赖于完整的生态系统——生命物和非生命物相互依存的网络，包括植物、动物、昆虫、微生物和自然环境的物理特性——以此来消化污染、保持土壤肥力和微气候，以及使水得到净化。如果没有其他生命形式的多样性和繁多数量，人类会没有吃的和穿的，没有干净的水，没有药物，没有庇护所甚至建筑材料。

在这些物质考量之外，若地球上没有生命的多样性，我们听不到鸟儿的歌唱或蟋蟀的叫声；我们看不到色彩斑斓的花朵；没有

可以为我们农作物授粉的传粉者（我们就没有庄稼）；而且我们也不会有宠物、陪伴的动物或家畜。科学家们现在相信，最合适的人类机能倚赖于与完整活跃的生物多样性之间的相互作用。这种被认为是"人类天生热爱大自然假说"的理论，认识到了人类与其他生命形式的协同进化，并且在衡量方式的多样性中，人类的福祉同样地依赖于这些相互作用。人们通常发现，自然景观伴随着开阔的视野、明亮的色彩、令人宽慰的水源，与都市里的噪声和复杂性形成对比。医院里的病人如果能看见他们窗户外面的植物或树木，他们会更快地被治愈，或情绪得到改善。有活力的自然界——特别是鸟儿、昆虫和开花植物——会激发我们的审美。鸣叫的鸟儿以其叫声的悠扬旋律宣告了春天的到来。当人们观察大型哺乳动物，例如熊或鲸，会感到敬畏和惊讶；反之，蛇、蜘蛛和一些掠夺性的食肉动物，诸如狼和土狼，会唤起强烈的恐惧和憎恶之情；动物形象中充满了象征思想。一

些科学家已经指出，人类认识能力的提升依赖于同自然界的相互作用。

生物多样性的三个层面

健康的生态系统基于所有层面的生物多样性，包括从微生物到自然环境的不同层次的构成性生物多样性、结构性生物多样性和功能性生物多样性。从保护生命机能角度来说，生物多样性的三个不同方面很重要：遗传多样性、种群多样性和物种多样性（一个物种通常被定义为——也最容易被理解为——在野外杂交繁殖、生育可存活的后代的一群有机体。然而，科学家们继续争论物种的最好定义，因为对物种的不同定义方式会导致不同的保护结果。将物种视为一种动态的进化单元有助于保护进化潜能）。

遗传多样性

在物种的动态进化单元中维持遗传多样性，即意味着保持这一物种的进化能力，以及以其自身基因的随机突变来适应不断变化的环境条件。随着遗传多样性的减少，一个物种的繁殖个体可供利用的基因素材也会缩减，而其后代变异的概率也会降低；因此，任何个体会随机突变以使其在新的环境条件下占优势的这种可能性就更小。例如，农业中的遗传多样性为预防害虫和疾病提供了重要的防护，因为遗传的变化性，一种农作物的一些变异很有可能发展出对特殊疾病的遗传抵抗力。但是随着克隆的增加以及农作物变异范围的缩小，物种中重要的遗传多样性就丧失了，这就将食物供应推至更危险的境地。类似地，野外的遗传多样性意味着一些个体有可能抵抗住疾病

的发作，从而避免野生物种的全军覆没。

种群多样性

某个物种的种群多样性也被认为是群体多样性。生存于不同地区的某一物种的不同群体会因基因不同而具有表现的多样性（显著的不同），换而言之，环境与生长条件的不同会引起有机体遗传序列——或者说是基因类型的不同表现形式。受周围环境影响，基因类型的表现形式可能不同，从而导致某一物种的多样性。这种多样性既是种群适应性（或环境适应能力）的结果，也为种群适应性（或环境适应能力）做出了贡献。

物种多样性

提到生物多样性时，通常，人们所指的是物种多样性，即不同物种之间的区别。据著名生物学家爱德华·O.威尔逊（Edward O. Wilson）估测，地球上具有 3 600 万到 10 亿乃至更多的物种——种类数量的多少取决于描述划分物种所采用的方法；科学家只对 150 万到 180 万种物种规定了学名（Wilson 2002，14）。在生物学家识别并命名的物种中，呈现于博物馆中或在科学杂志中记录在册的，仅是部分的形态。

除了动物和植物（其仅占地球上庞大的生物多样性中的一小部分），还有无数的微生物和昆虫。已被记录和描述的物种中，半数以上的是昆虫；科学家们认为，昆虫的种类大约有 100 万（单单甲壳虫就有近 30 万种，Wilson 1992，133—137）。地球上千千万万的物种中，大约有 50 万到 150 万的物种是真核生物，其中包括动物、植物、真菌和原生生物（原生或类

似单细胞生物),所有有机体都具有复杂的细胞结构(Dirzo & Raven 2003, 142)。然而,无核生物界,即单细胞原核生物,几乎还没有被研究。正如威尔逊(1992, 145)所指出的:"想要探测我们无知的深度,就去考虑还有成千上万的昆虫物种未经研究,昆虫中的绝大部分甚至是全部都带有专门细菌。类似地,还有数以百万计种类的其他无脊椎动物——从珊瑚到甲壳类昆虫到海星——未被探究。"

物种的多样性对于维护生态系统而言是不可或缺的。因为在生命系统中,无数的因素都会相互作用,而整个系统又依赖于各类生命对其所在区域的作用。对与外部干扰的抵抗力与物种的丰富程度有关,例如,研究显示把食肉动物从食物链中剔除,会引起连锁反应(某类被捕食的物种数量会增加),导致整个生态系统的不平衡。当某一物种灭绝时,物种多样性会减少——常常是由于人为的干涉——而遗传多样性也会随之缩减,特别是农业中的单一农作物尤甚。

在时间推移的过程中,物种多样性会有增有减。古生物学家已经鉴定出五种主要的灭绝事件,包括发生于650万年以前恐龙灭绝的白垩纪—第三纪大灭绝。科学家认为,早先的灭绝事件中,绝大多数是由于小行星与地球发生了冲突。这些小行星喷涌出大量的如云灰尘,一时间改变了气候、降低了植物光合作用,这对于那些不能适应生存的物种而言就是巨大的灾难。

生物多样性的流失

爱德华·O.威尔逊的《生命形式的多样性》(1992, 254)一书写道,他无法想象出任何一个能够比物种多样性持续流失更严重的"人类急迫而重要的科学问题"。物种持续消失的速度要比生物学家们发现并记录物种的速度更快。许多生态学家认为,我们正处于第六大灭绝事件之中,因为目前正在发生的物种灭绝的速度比通常水平更高。就通常的物种灭绝情况而言,当前物种灭绝的速度比人为影响之前的时代高出的倍数,从几百倍(Dirzo & Raven 2003, 154)的程度发展到一千倍、一万倍(Wilson 2002, 99)。人为因素导致地球环境发生的改变使得其他物种更不适宜生存。

生物多样性流失的主要原因在于,改变环境从而为人类所用,这会引起栖息地退化、破坏甚至断裂,从而致使其他物种的栖息地更少。据推测,改造土地环境会对整个2100年代的地球生态系统产生巨大影响,到那时现存物种的50%都将流失。农业和水产养殖业、人类的居所占用、资源的提取以及迁移的路线都会导致土地环境发生改变。农耕和放牧比起其他的方式而言,会对土地环境产生更严重的破坏。为了商业贸易而扩建的道路会使大片广阔的森林变得支离破碎。许多物种的生存依赖于未受侵扰而大面积扩展延续的原始森林。道路把森林分割成更小的区域,比起森林内部的本质特征,每一个有着不同生态特质的小森林区域都有显著的边缘特征。森林边缘常常比森林内部更干、更暖、更明亮、更多风、更稀疏,这为一些物种制造了更不适宜生存的环境。而且道路使森林内部的生态系统增加了来自食肉动物、攻击性物种和人类的威胁。

60%以上的生态系统发生了退化的情况,并且不能维持其之前的生命形式多样性。为了耕作或住宅开发之用,湿地和沼泽被填埋或抽干,从而破坏了野生生物栖息地和植被。最严重的退化和土地流失的情况发生于温带草原,例如美国的大平原(the Great Plain)和阿根廷潘帕斯草原(Argentine Pampas);这类退化也在灌木丛地和地中海气候地区有所发生,例如地中海周围,加利福尼亚中部和南部海岸,以及南非周围。即使各类物种栖息地环境的破坏情况立即被停止,某些物种仍然会走向灭绝,因为已经发生的,是我们欠下物种灭绝的债,我们面对复杂的生态因素做出迟缓的反应。

使生物多样性减少的其他影响因素——正如下文例子所描述的——包括:为了供人类使用而对物种的过度开发、引进的其他区域物种超过了本土物种、污染、全球气候变化以及疾病。对物种进行过度开发已经导致了显著的灭绝情况,例如候鸽的灭绝。候鸽曾是北美最常见的鸟,因砍伐森林以及其食材备受欢迎的因素,候鸽成为大规模商业性捕杀行为下的牺牲品,候鸽遭遇了流离失所的境地。每年全球林地因为改作其他用途以及木材砍伐而造成的流失面积,堪比德克萨斯州和新墨西哥州合起来的面积。引进的异地物种,例如原产自俄罗斯的斑马贻贝被偶然引进到北美,现在斑马贻贝在美国的数量已经超过了本土物种,它传播速度很快,而且会阻塞水处理厂的阀门。空气、水和油这一类的工业污染对植物有损害,同时还会毒害动物。全球气候的变化有可能引起野生动物巢域范围和生活史的改变,例如一种食叶的毛虫能够在其所食用的叶子未生长以前就孵化出来。在更温暖的气候下,农业害虫、杂草和疾病携带物都可能增加。当一个地区变得太暖和或者太干燥而不能维持

其范围内的物种时,区域性灭绝事件就可能发生。已经发生了一些本地草种因为气候变暖而缩减的情况——气温每上升一度,其生长地就会锐减三分之一。

保护生物多样性

科学家们和环境主义者们已经制定了大量策略,将注意力和资源集中投放到那些生物多样性程度高而同时面临着最大威胁的地方。国际保护组织(成立于1987年、总部设在弗吉尼亚的阿灵顿的一个非营利性组织)已经认定了34个生物多样性的"热点地区",这些地区生态系统最为丰富而同时又面临生物多样性流失最严重的危险。这些地区有1 500种或以上的区域性植物物种(代表世界上植物多样性的0.5%),而这些地区中原有植被的70%都流失了。这些热点地区分布于不同的地方,例如马达加斯加、喜马拉雅山脉、墨西哥和加利福尼亚。

由于这些热点地区中,有大约三分之二处于森林当中,世界野生动植物基金会(World Wildlife Fund)建立了全球200个生态区,"创建了以科学的方式对地球上陆地、淡水和海洋各类栖息地的生态环境全球排名"(世界野生动植物基金会2008年的行动内容)。这238个生态区代表了地球生态系统和生态进程的多样性,包括全部范围的栖息地类型。(1961年成立于瑞士的世界野生动植物基金会,是一个国际性非营利环保组织,其在美国的总部全都设在华盛顿。)

将注意力转向环境威胁的程度,这种"危险生态区"的方法是将转化为人为用地的比例与受保护土地的比例进行比较。根据自然

保护知识分享网（www.conserveonline.org）的说法，危险生态区的状况和受到的威胁表明了"如果没有富有成效的保护措施，就很有可能发生实质性、不可逆的和不可替代的重要生物多样性的流失"。

荒野保护的目标是保持一些地区完全不受人类影响，这样的话，自然进程也能继续不受人为干扰。然而，这些地区被人们频繁地参访，因此完全不受干扰的情况也就成了不可能。而无论是娱乐休闲还是自然旅游业都已经显示出对野生动植物的消极影响。

为了保全和维持濒危物种，人类已经建立起一些公园和保护区。但尤其在存有最为丰富物种的发展中国家，由于缺乏资金和人力资源，保护区很难管理。而且，有些保护区建立在当地人民长期使用的土地之上，这些人民不肯将他们所习惯使用的土地割让作他用，这一点也可以理解。国家公园和纯属旅游胜地的国家，像尼泊尔，可能会被环境保护爱好者们"爱死了"。例如，在美国优诗美地国家公园、优诗美地峡谷，其烟雾、拥堵的交通、被践踏的草地较之原始的野生动植物栖息地而言，更像是迪斯尼乐园。公园里的行政人员将参观者对自然环境的影响聚于公园一处，所以偏远地区就能保持更少受到人类影响。尽管这样会对公园的环境造成过度破坏，但在使人们更关注环境问题、培养人们关爱其他生物的方面，公园起了关键作用。

在一项国际性"债务换自然"项目中，发展中国家的一部分国际债务会以对其生物多样性进行保护措施而得到免除。一种可以支持生物多样性的全新资金转移形式用于环境保护。从这一方法可以认识到，人们可以从完好无损的生态系统中获取无数利益，诸如湿地起到的水质净化和防洪作用；这一方法也要求那些从中获利的人们贡献出资金，以保证他们的持续性。支付的款项可以用于保护和维持完好无损的生态系统。

农业生态系统力图通过鼓励如设置走廊地带和防风林这样的拼合荒野和耕作土地，以此在维持农业发展的同时保护生物多样性和生态系统的机能。完整的农业生态系统开发出新的保护区，这些保护区有益于农民，能提高农场的产量，同时还可以阻止土地被改作他用。这一系统认识到了世界上许多穷人对农村生活的依赖，并在保护生物多样性的同时，尽力改善他们的日常生活。

作为人类背景的生物多样性

世界上的宗教反映了人类与地球上丰富多样的生命之间的互动。作为犹太教和基督教之根基的圣经旧约将人类置于地球生命的大背景下，把他们放在伊甸园里，在那里，他们得到指示被作为看管人。伊斯兰教从根本上就带有保护自然界的诫命——通过遵循上帝所教导的关于生命伦理和道德的方方面面的行为法典（*al shariah*）来保护自然界。作为上帝的神迹，自然是上帝同人类交流的一种方式，并且不以人的意志而转移。在印度教中，许许多多的神以各种各样动物的外观所呈现。最广为流传的两位神是创生和破除障碍的象头神甘尼什（elephant-headed God Ganesh），以及湿婆化身的猴脸神哈奴曼（monkey-faced Lord Hanuman）。印度教徒和佛教徒主张不杀生（*abimsa*），或者说是不伤害，建议其信众反对杀害其他生命。历史上的佛陀在一棵菩提树（Ficus religiousa）下顿悟，因此，佛教徒尊崇菩提树,同样也延伸至尊崇其他的树。

在各种非西方的文化中——包括印度尼西亚、巴西、澳大利亚、印度、加纳和喜马拉雅山——当地人通过土著的实践活动来保护物种和森林,这些土著实践活动来源于他们的宗教信仰。这些人相信,诸神或圣灵寓于自然的元素中,因此,毁灭或破坏这些元素会造成对个人或村庄极大的危害。尽管在森林周围的土地上可以收获粮食和其他资源,这种信仰的力量还是能体现在其对这片森林的保护能力中。

由于人类的进化同样受到其他物种的影响,一些科学家指出人类对于生命和类生命的进程（lifelike process）具有天生的亲和力,这种能力被恰如其分地称为"亲生命性"（biophilia,字面意思是"热爱生命"）。根据这种亲生命性的假设,人类的幸福在与其他生命形式多种多样的互动的基础上得到了培养和提升。从这些源头上,人类在获得审美、智力、象征、宗教和精神的需求的同时,也得到了功利性的物质需求。许多比喻反映了人类与其他生命形式之间的联系:敏捷如狐狸、交际花（蝴蝶）、智叟猫头鹰、甜菜红、（胡萝卜色的）红头发。生态学者斯蒂芬·凯勒特（Stephen Kellert）为了阐明、区分和衡量人类归于自然的价值（humans attribute values to nature）,已经创造出详细描述的九种元素分类法。凯勒的分类包括那些分层次的、具有实效性的、可量化的价值（例如功利性的、生态科学的和占支配地位的价值）,也涵盖了那些不易于衡量的、更多情绪化的以及定性的价值,包括道德的、象征性的和审美的价值。

生物多样性伦理

许多环境伦理学家认为,如果不迅速改变占主导地位的西方资本主义价值观,人们将无法减缓生物多样性的流失。根据这一观点,社会正义和生态正义在本质上是相互关联的。人口过剩、贫困、腐败、权势不平等与财富失衡现象以及种族和性别歧视——这些情况会引起反向激励,造成过度使用野生动植物资源及其栖息地——全都影响着对生物多样性的保护。社会政策和经济政策将会降低人们对已退化的生态系统的依赖性,这些政策会使人类更平等。因此,据一些环境伦理学家所言,伴随着对野生物种和数量的科学研究,保护生物多样性需要做社会分析并校正当地环境。一种关于生物多样性的理论也主张,通过户外活动来帮助人们培养起对野生物种的热爱和欣赏,这是非常重要的。人们不会保护那些他们所不关心的动物,而且他们不会关心那些他们所不知道的动物。正如保护生物多样性对于稳定弹性的生态系统而言很关键一样,各种不同观点的介入对于制定公正、可持续的环境政策而言,是同样至关重要的。据一些环境伦理学家所言,保护人类文化的多样性——呈现于语言、宗教、艺术和文化实践中——是生物多样性保护中的一个重要方面。更进一步地对道德、美学和象征意义这类性质的价值观进行定性,减少社会不公正的现象,这些对于减缓生物多样性的流失至关重要。

伊丽莎白·艾利森（Elizabeth ALLISON）

加州大学伯克利分校

拓展阅读

Activities of the WWF Japan: Ecoregions Programme. (2008). Retrieved July 14, 2009, from ttp://www.wwf. or.jp/eng/ecoregion/index.htm.

Brandon, Katrina; Redford, Kent; & Sanderson, Steven. (Eds.). (1998). *Parks in peril: People, politics and protected areas.* Washington, DC: Island Press.

Cox, George. (1999). *Alien species in North America and Hawaii.* Washington, DC: Island Press.

Daily, Gretchen C. (2003). Win-win ecology: How the Earth's species can survive in the midst of human enterprise. *Science, 300*(5625), 1508–1509.

Daily, Gretchen C. (Ed.). (1997). *Nature's services.* Washington, DC: Island Press.

Dirzo, Rodolfo, & Raven, Peter. (2003). Global state of biodiversity and loss. *Annual Review of Environment and Resources, 28*, 137–167.

Gunderson, Lance Ho. (2000). Ecological resilience: In theory and application. *Annual Review of Ecology and Systematics, 31*, 425–439.

Kellert, Stephen. (1996). *The value of life.* Washington, DC: Island Press.

Perrings, C., et al, (Eds.). (1994). *Biodiversity conservation: Problems and policies.* Amsterdam: Kluwer Academic.

Pimentel, David; Wilson, Christa; McCullum, Christine; Huang, Rachel; Dwen, Paulette; Flack, Jessica; et al. (1997). Economic and environmental benefits of biodiversity. *BioScience, 47*(11), 747–757.

Raffaelli, David. (2004). How extinction patterns affect ecosystems. *Science, 306*(5699), 1141–1142.

Sala, Osvaldo; Chapin, F. Stuart, III; Armesto, Juan; Berlow, Eric; Bloomfield, Janine; et al. (2000). Global biodiversity scenarios for the year 2100. *Science, 287*(5459), 1770–1774.

Terbough, John. (1999). *Requiem for nature.* Washington, DC: Island Press.

Thorne-Miller, Boyce. (1999). *The living ocean.* Washington, DC: Island Press.

The Nature Conservancy. (n. d.). Retrieved June 5, 2009, from, http://conserveonline.org.

Wilson, Edward O. (1992). *The diversity of life.* Cambridge, MA: Harvard University Press.

Wilson, Edward O. (2002). *The future of life.* New York: Alfred A. Knopf.

World Resources Institute. (1992). *Global biodiversity strategy.* Washington, DC: WRI, IUCN, UNEP.

World Wide Fund for Nature—India. (1999). *Religion and conservation.* Delhi: Full Circle.

Bioethics

生物伦理

至20世纪中叶，当学者们开始分别定义那些有关环保和医学的问题时，在现代科学、技术和医疗背景下，生物伦理表现出对所有的生命形式进行伦理考虑。当前人们的健康和环境之间的联系预示着，生物医学伦理和环境伦理必须联合，并且要扩展它们的联系范围以使可持续发展文化得以再造。

原本创造"生物伦理"（bioethics）这个词时，它指的是由现代科学、技术和医疗所引起的所有生命形式的伦理问题。我们现在所认为的生态学、环境伦理学和生物医学伦理都包含在"生物伦理"这一大范畴之内。然而，鲜有作者能够有效地论述这一范畴中的诸问题。但也有些例外，对此有过详细论述的重要人物包括：关注科学和宗教之关系的学者伊恩·巴伯（Ian Barbour），因对环境伦理所做的贡献而为人所知的哲学学者霍姆斯·罗尔斯顿三世（Holmes Rolston III），以及（最近）的环境学家比尔·麦吉本（Bill McKibben），他最为人所知的是其关于全球变暖的著作，但他也写了有关人类基因工程的危害以及经济增长缺陷的这一类书。

20世纪后半叶，这些领域被区分开来的一个原因是，实用伦理学家们在致力于物质世界的问题时，为了有效地创作或教授关于全球变暖、公平对待动物、干细胞研究或关心垂死之人等问题，他们仅仅去了解一些实际情况就必须花费超乎寻常的时间。况且，这些实际情况在持续不断地变化，所以伦理学理论也像一个移动的靶子。

然而，只要有可能，将生物伦理学的宽广范围结合在一起——即使不是社会运动上的结合，也要是智力上的结合——这是很重要的。一方面，有一些普遍问题。一个就是"自然的"是否合乎常理的。这涉及我们如何考虑这些问题：产自土地的每一种事物、供人类再生产的草木植被、生命的终结。自然（natural）这个词意味着多种事物：自然发生的事物，或者不受人为影响的事物，甚至是合乎理性的事。吁求自然的事物既被生物医学伦理强烈地反对，也被其保护；他们在环境领域似乎有更多的切入点。为什么是这样？应该如此吗？环境哲学家们保护自然环境，尽管现存的绝大多数是有意识地保存的人工环境，而无拘无束的"自然选择"会消灭其他的事物。生物医药伦理学的学者们挑战和保护了"自然的"繁殖和一种"自然的"寿命。

第二种普遍的问题是：宗教机构、神话、道德规范、理想的品质所起的作用。正如自然问题一样，在环境领域中考虑这些象征性问题似乎比在生物医药领域中考虑更为合适，尽管环境领域和生物医药领域都涉及一些功利主义——通常给宗教的思考方式带来麻烦的功利主义。例如，对支持将核废弃物存放在美国原住民部落属地上的论证，或坚持在这同一部落使用西医，这些或许是受功利主义的标准所启发，但这些对群落的神话体系、世界观或象征系统有害，也与其相悖。

因为如果撇开可持续发展的环境，公众健康是无法实现的，而且，如果不对关于好的生活、寿命长度、经济公正这类被广泛持有的西方观念进行重大改变，可持续发展也是无法实现的。生物医药领域和环境伦理领域必须联合成为涵盖范围广泛的生物伦理学，从而使可持续发展文化的再造成为可能。但是正如在此阐明的，它们使新的、知识的交互滋养成为可能。同胞之间视彼此为（也被第三方视为）从同一个老的模子中分离出来的不同个体。在进行某些比较分析时，这有助于我们理解一个人和他的同事们，或许也有助于发现一个人骨子里可被塑造起来的未被欣赏的优点。

大卫·H.史密斯（David H. SMITH）
耶鲁大学

拓展阅读

Beauchamp, Tom, & Childress, James. (1994). *Principles of biomedical ethics.* New York: Oxford University Press.

Barbour, Ian. (1992). *Ethics in an age of technology: The Gifford lectures 1989–1991* (Vol. 2). New York: HarperOne.

Rolston, Holmes, III. (1999). *Genes, genesis and God: Values and their origins in natural and human history.* Cambridge, U.K.: Cambridge University Press.

McKibben, Bill. (2004). *Enough: Staying human in an engineered age.* New York: Holt Paperbacks.

Biophilia

亲生命性

亲生命性（biophilia）这个术语为人类与自然环境之间的联系勾勒出一种生物学和进化论的基础。由于在维持生物多样性这一点上的失败——生物多样性表现出了我们过去的进化历程能够深刻影响个体和共同体的心理健康——亲生命性的实践不仅应用于心理学，也在建筑学和建筑物中被采用。

心理学家艾瑞克·弗洛姆（Eric Fromm）在其1964年所著的《人心》（*The Heart of Man*）一书中使用了 biophilia（字面意思是"热爱生命"）这个词，但这个术语的普遍使用归功于哈佛社会生物学家爱德华·O.威尔逊。威尔逊1984年在其同名书籍[《亲生命性》（*Biophilia*）]中首次扩展了这一术语，用以描述所有层面的"一种固有的关注生命和生命进程的倾向"。威尔逊论证道，从生物进化论角度而言，人类潜意识地被强迫去欣赏自然，因为我们对自然界具有生理依赖。我

们的大脑随同我们周围的环境一起发展，变得更敏感，因为周围的环境是我们发展进化的过程中不可缺少的。结果就是我们仍然以那些认知反应对我们周围的环境做出回应。我们发现，根据其在我们进化史上所起的作用，自然因素可以分为令人赏心悦目的，或是令人憎恶的。例如，通常认为视野中有水的露天场所或草地是舒适的地方，因为它们使人联想到非洲稀树草原——在那里可以发现并容易地捕获猎物、看见敌人、看到水源。

在《亲生命性》和《生物多样性》又或是其他著作中，威尔逊注意到，地球正在经历由人类行为而导致的史无前例的高速物种灭绝。威尔逊为国际环保作辩护，认为要对受到威胁的动植物群进行特意保护以便保存生物多样性，正是生物多样性塑造了人类的生物进化和文化演化。他相信，通过对我们周围世界的研究，我们能够更多地了解我们

自己，这样我们也会具备更好地解决文化问题的能力，这些文化问题导致了当前严重的环境破坏。受亲生命性所启发的一种伦理或许会帮助人类认识到自然带给人类的实用、审美和精神方面的利益。

威尔逊和耶鲁大学社会生态学教授斯蒂芬·R.凯勒特（Stephen R. Kellert）合编了一本名为《亲生命性假想》的书，出版于1993年。这本书的意图是阐明有关亲生命性的多学科影响。这一理论在提倡对自然界情感亲和的圈子里产生了极大影响，而且这一理论也在从健康状况到建筑学的多个领域得到证明，这些都在此书中有所体现。

这本关于亲生命性的书，对心理学而言具有特别深远的意义。生态心理学——环境保护研究中的一个新兴领域——将个体心灵和个体所处环境之间的繁复关系视为亲生命性的前提。它观察了与大自然接触的自愈能力，还有与大自然分离而导致的个人危机。因此，研究亲生命性的心理学家培养出一种关于心理、精神和情绪健康的整体观，这种整体观反过来必然会促成健康的环境。

亲生命性假想，对于可持续发展的构想而言有着重要的意义。城市设计中的一个范例是城市中的公园和其他绿地所具有的历史体现了亲生命性的表现。2008年，凯勒特与人合编了一本名为《仿生设计：带给建筑生机的理论、科学与实践》(*Biophilic Design: The Theory, Science and Practice of Bringing Buildings to Life*)。这些文章的合集概述了仿生设计的特定原则，以及这些原则对人类健康、表现和幸福的影响。因此，保持人类同自然环境相结合要求既要保护环境，又要注意我们的自身的群体。

亲生命性在本质上是一种充满希望的假想。它通过阐明人类、其他动物和其余生物圈之间更为深层且不断进化的关系，主张我们通过保护生物多样性（非人类的自然），从而保护那些对我们在心理上、经济上和审美情趣上而言具有重要意义的生态关系（人类的自然）。亲生命性假定人类能够打造出与生态系统之间的一种更为健康的关系，因为这么做对我们而言才是最有利的。

沙嫩·提曼（Shannon TYMAN）

俄勒冈大学

拓展阅读

Fromm, Eric. (1964). *The heart of man: Its genius for good and evil*. New York: Harper & Row.

Kellert, Stephen R. (1997). *Kinship to master: Biophilia in human evolution and development*. Washington, DC: Island Press.

Kellert, Stephen R.; Heerwagen, Judith; & Mador, Martin. (2008). *Biophilic design: The theory, science, and practice of bringing buildings to life*. New York: John Wiley & Sons.

Kellert, Stephen, & Wilson, Edward O. (Eds.). (1993). *The biophilia hypothesis*. Washington, DC: Island Press.

Wilson, Edward O. (1984). *Biophilia: The human bond with other species*. Cambridge, MA: Harvard University Press.

爱德华·O.威尔逊论亲生命性

由9篇论文所组成的威尔逊所著的热销图书《亲生命性：人类与其他物种的纽带》中，威尔逊采用进化生物学的史学与哲学方法，将他毕生在"野外"的回忆和观察编写成书，这里的"野外"包括从他青年时代在佛罗里达的狭长地带到他作为昆虫学家声名显赫时所去的实地。威尔逊在序言中写了他被南美洲的景色之美所震惊，并描述了他第一次体验亲生命性这个概念的感受。

1961年3月12日，我站在伯尔尼哈德多普（Bernhardsdorp）的阿拉瓦克村庄（Arawàk village）向南眺望，看到如苏里南白沙一样的沿岸森林。出于一些我花了20年时间才理解的原因，在我的记忆中那一刻被非同寻常的紧迫性所凝固。而每一次回忆起来，我所感受到的情绪就更为深刻，直到最后这些情绪转变成了对遥远的原始世界变迁的合理推测。

这一反应客体能够用一个词总结，即亲生命性，就是我所大胆定义的一种固有倾向——关注生命和栩栩如生的进程的固有倾向。让我在此简要地解释一下这个术语，随着进一步的讨论，我会展开更大的主题。

从婴幼儿时期开始，我们就幸福地关注我们自己和其他生物。我们学着从无生命物中将生命体区分出来，并且犹如飞蛾扑火般地靠近生命。新奇和多样化的事物尤其受到崇敬；较少提及的单词"天外来客"（extraterrestrial）激起人们对尚未发现的生命的幻想，展示出旧时代曾经强烈的异国情调（exotic）——引起人们遥远的岛屿和丛林深处的这种异国情调的兴趣。这是相当清楚的，但还需要增加更多的证明。我坚信在人类心智发展过程中，探索和亲近生命是一个深刻而复杂的过程。我们的存在依赖于这种习性，我们的精神由之而来，希望由其燃起，但在一定程度上，它们在哲学与宗教领域仍然被低估。

还有更多这样的情况。现代生物学已经创造出了一种真正新的看待世界的方式，这种新的方式恰巧与亲生命性的内核相一致。换而言之，在这罕见的实例中，天性与理性密切结合在一起。我得出的结论是乐观的：我们理解其他生物体能达到什么程度，我们就会给予它们和我们自己更多的重视。

来源：Edward O. Wilson. (1984). *Biophilia: The human bond with other species* (pp.1-2). Cambridge, MA: Harvard University Press.

Buddism

佛　教

传统佛教的基本教义——获得智慧，展现慈悲心，不伤害人、动物和地球——似乎与可持续发展的观念和实践相契合紧密。现代佛教，尤其是西方佛教，在实践上甚至走得更远，因为佛教徒积极地投身于促进可持续发展的运动和组织中。

对可持续发展的最大威胁之一是人类那些具有毁灭性的经济行为，很多行为都有潜在的意识和观念所支撑，无论是恐惧、贪婪、自我与世界的观念、经济增长的思想，又或是相信市场能够产生技术性的补救措施来应对环境问题。因为有着2 500年历史的佛教，在精神状态层面有许多宗教批判，这为可以更好地理解可持续发展所面临的威胁提供了资源，同时也制订出应对这些威胁的措施。

伦理学家、经济学家和政策制定者们在他们各自的"可持续发展"观念上存在分歧，因为"可持续发展"关系到了环境、经济体系和共同体这些因素。然而，通常可持续发展与此有关——"关涉生态系统的最优宏观经济"

和"延伸至未来的正义"（Daly & Cobb 1994，145—146）。1987年，世界环境和发展委员会［the World Commission on Environment and Development，即现在的布伦特兰委员会（the Brundtland Commission）］得出结论说，当"既满足当代人的需求，又不损害后代人可以满足其需求的能力"时，这样的发展就是可持续性的发展。那么，在很大程度上来说，可持续发展关心的是：随着时间的推移，人类的活动（主要但又不限于经济活动）在维持健康的生态系统和生物群体方面能达到什么程度。而显然当前的资源损耗和污染不属于可持续发展，尤其是"先进的"经济——注重永无止境的增加产品而不顾增长的极限、忽视生命群体的重要性——所造成的能源损耗和污染。

消费主义加剧了能源的消耗和污染这种状况，这种消耗和污染的程度与方式是环境所无法承受的。可以把消费主义解释为，既是指对购买和拥有能使人更愉悦的特定物品的信念，同样也是指由此信念引发的行为，包括特定的消费行为以及将高的社会地位赋予那些拥有财富或拥有想要之物的人。佛学家兼禅宗修行者肯·琼斯（Ken Jones）指出，与那种价值体系形成强烈对照的是，许多人们拥护诸如"宝贵的技能和知识，正直和智慧，还有丰富多彩的通俗文化"这一类传统社会所推崇的品质，并且他们批判"在消费文化当中，丰富性和多样性如此锐减，以至商品市场（现在包括经验和经历的商品市场）开始承受一种不成比例的压力——人们对意义、作用、地位和归属感的需要增大从而对市场形成压力"（Jones 1993, 22）。一位佛学者——丽塔·格罗丝（Rita Gross）写道，"关键问题是，当人们有着消费和生产更多物品的技术能力时，怎样的价值观和实践活动才能够说服他们去消费和生产更少物品"（Gross 1997, 335）。佛教提供了这些价值观和实践活动，也提供了一种关于自我和世界的观点，这与支持破坏性经济活动的观点形成鲜明对比。

一种克制的伦理

不同于其他特殊的规定或规则，佛教提供了有助于促进可持续发展的一系列价值观。佛教的传统强调克制、慷慨、简朴、不伤害和慈悲。在一篇论佛教环境伦理的文章中，帕德玛斯瑞·德·席尔瓦（Padmasiri de Silva）——写过众多关于佛教心理学和伦理学的书——写道，"佛教提倡生活谦卑的观念：朴素、节俭，并强调其本质——简言之，就是一种关于克制的基本伦理"（de Silva 1990, 15）。

此外，佛教对在消费主义中表现出来的精神状态和心理倾向有所限制。佛教特别反对"三毒"：贪、嗔、痴。历史上的佛陀教导说，我们承受苦难是因为我们对世事无常这一现实的无知，而我们又紧紧抓住我们自己和那些给我们错误认同感和安全感的事物不放。当我们所抓住的事物发生变化或最终结果不如人意，我们就感到极度痛苦——我们就受到折磨。佛教徒也注意到，当我们依恋特定的事物时，无论任何事物对其产生威胁，都会让我们感到愤怒。一旦我们对特定的事物产生依恋，我们就会对其他的事物感到厌恶。我们屈服于贪婪和嗔怒。

与其他仔细思考过可持续发展的人一样，佛教徒强调我们的思维模式要从贪婪和索取上转移。他们倡导关注需求，而不是贪婪，或者如泰国社会活动家、佛教徒萧素乐（Sulak Sivaraksa）①主张的，需要更多的存在而不是拥有。当然，在一些像美国那样的国家中的消费者们会争辩说，他们并没有陷入贪婪中无法自拔，他们也不相信拥有财产是幸福的关键。但是，就他们所依恋的生活方式而言，许多中上层阶级的美国人实际上显示出了其贪婪或执著，并且不愿意将其简化到全球可持续发展所需要的水平。

佛教徒已经将嗔怒视为对其他人、其他物种和环境施加暴力的根本原因。他们通过培养慈爱心（巴利语为 *mettā*），或者称为慈悲心（梵文为 *karuṇā*）来避免不必要的伤害，正如最初所倡导的佛教五条戒律（这五条戒律

---

① 译者注：萧素乐（Sulak Sivaraksa）或译为舒拉克·西瓦拉克沙，著有《可持续的是美好的》（*The Wisdom of Sustainability*）等书，是国际入世佛教协会（International Network of Engaged Buddhists，INEB）创办人。

具体是指誓不杀生、不偷盗、不邪淫、不妄语、不饮酒）。在自私地追求个人利益和愉悦的金融领域，嗔怒会得到强化，而在一些以盈利为目的的市场中，即使不发生暴力活动，也会导致人们之间的冲突，或至少会对其他竞争对手产生不信任的看法。而在某些情况下，人们会因共同的个人利益关系而聚到一起，从而构成一个集体的自我，这就是禅宗老师大卫·洛伊（David Loy，生于1947年）所称的"*wego*"。当发生这种现象时，人们将无法认识到"我们对不安的恐惧、想不惜任何代价而'赢'的民族欲望、争当第一的渴望、文化所诱导的发现以及征服新领土的欲望"（Devall 2000，391），所有这些都会引起嗔怒和暴力。

在《小即是美：人民做主的经济学》（*Small is Beautiful: Economics as if People Mattered*）一书中，经济学家恩斯特·舒马赫（Ernst Schumacher，1911—1977）阐释了佛教对贪婪和嗔怒的批评。他写道"佛教经济学的主旨……是简朴和非暴力"以及"佛教的目标是以最小的消耗来获取最大限度的幸福"（Schumacher 1973，57）。佛教哲学领域的教授理查德·海斯（Richard Hayes，生于1945年）回应了舒马赫，"如果人类重视其本身以及无数其他物种的持续生存，那么佛教中对所有事物的简朴、非暴力、不占有倾向的理想化生活方式，是人类必需马上学习的"（Hayes 1990，23）。简而言之，佛教拒斥不可持续的消费主义和物质主义，取而代之的是佛教所提供的一种朴素的道路，这条道路与人们所期待的相反，它提倡的不是剥夺，而是更有意义的、非物质的财富与幸福的生活方式。

相关的意识

佛教伦理学家也推论在非持续性的经济实践背后，导致贪婪的根本原因其实是无知：拥有不变本质灵魂的独立个体的错误感知，其次才会导致与其他人和事物的关系问题。生态哲学家乔安娜·梅西（Joanna Macy，生于1929年）写道，"自我是如此的独立和脆弱，以至于我们必须划定和保卫其边界；自我如此渺小、如此贫乏，所以我们必须无止境地获取和消费；对于如此冷漠的个体、群体、国家或物种，我们对其他任何事物的所作所为都可以忽略。而这些其实都是假象"（Macy 1990，57）。佛教的调解有助于消除这种无知，以及这种错误观念——人是自然界的精神主宰。

佛教培养了一种联系型的认知方式、一种认识：我们通过与其他事物的关系而得以构建起来的相互联系，同时我们的存在完全基于那些事物。据梅西所言，以自我为本位的利己主义的我们，"与地球上的其他事物或生命形式共存，被更宽泛的身份建构和个人利益所取代——被那种你可能会称作生态的自我或生态自性所取代。那就是我会称作的'自我的绿化'"（Macy 1990，57）。或者像环境研究教授兼禅宗修行者斯蒂芬妮·卡扎（Stephanie Kaza，生于1947年）所言那样，我们由消费者的身份转变为"生态的身份"。这样，不仅在传统佛教意义上，而且至少在其他五种意义上，以此开始，我们能够把自己从无知中解脱出来：

1. 缺乏人类对环境所产生的影响的知识。
2. 错误的知识或信息。
3. 对可持续性事务的忽视或拒斥。

4. 为持续我们破坏性的生活方式而辩护，或为被动地面临当前的挑战而辩护的观点。

5. 无视自然或与自然相分离。

因缘际会

我们认知方式的改变和我们身份的转变，背后受佛教宇宙哲学的支撑，尤其是缘起论（梵语为 *pratītya-samutpāda*）、因缘际会（interrelational arising）。这一教义主张，所有的"事物"都应该被视为临时事件，这些事件是在不断变化的过程中通过与其他事物之间的因果和逻辑关系而形成，因此，事物都不是独立存在的，事物在本质上并不优于这种相互之间的因果，事物也不能脱离这种相互之间的因果关系。佛教伦理学家们宣称，深刻理解缘起论会产生道德衍生品，其中有几种道德衍生品与可持续发展相关。他们争论说，当对缘起论的理解加深时，我们会意识到我们确实只是更广大现实中的一部分，而且正如泰国的比丘尼卡利辛（Chatsumarn Kabilsingh，生于 1945 年）所写的，"当我们虐待自然时，我们其实也在虐待我们自己"（Kabilsingh 1990, 8）。佛教伦理学家们强调，当我们意识到因缘际会时，我们也会洞悉他人的痛苦，可以增强我们的慈悲之心，感激无数滋养我们的事物，减少伤害性的活动，并且帮助我们意识到自身行为如何对我们周围的世界造成不可胜数的影响，从而也学会增强我们的责任感。顺着这些思路，作家兼积极行动者艾伦·亨特·芭蒂娜（Allan Hunt Badiner）辩解说，"因其强调合作与互相依赖，佛教的实践能激发人们建构起基于需求的合作型社会，发展可持续的经济而不是基于贪婪的、增长型的经济"（Badiner 1990, xvii）。

修道院理念

一些学者支持佛教的隐修生活，将隐修视为建构这类社会的典范。如下列举的几条引自教育工作者莱斯利·斯庞塞尔（Leslie Sponsel）和波瑞妮·那塔德查·史庞赛尔（Poranee Natadecha-Sponsel）的著作，他们阐述说，理想的僧伽（sangha，僧团）包含如下"生态适宜的特征"：

1. 人口数量少且得到控制。

2. 建立在协同合作和相互尊重基础上的平等的共同生活。

3. 限制消耗资源，将个人所需限制在仅满足基本的需要、需求和欲望——行动的目标在于达到富足和可持续发展。

4. 基于合作、互惠和资源再分配而非竞争性的经济体制。

5. 对实践活动进行管理，以限制对环境所造成的影响。

6. 整体的（体系）、有机的（生态）和一元的（有关人类本性统一）世界观拒斥累积的物质财富有助于提高生活品质。

7. 促进社会内部和谐以及促进社会与自然之间的和谐的价值观，诸如对所有生命形式的敬畏（固有价值）、怜悯或仁慈，以及非暴力。

8. 自我省察、自我完成和自我实现——这些培养"深层自我"的行为。

觉察到佛教传统的这些特征之后，西方的佛教徒们已经在强调需要创立生态僧伽（eco-sanghas），这些僧团承担着他们对生态区的生态责任和义务。

实践活动与行动主义

全世界的佛教徒们都投身于对可持续发

展有利的实践和行动中。作为对一系列关于佛教经济学类图书的补充，不丹人已经采取了一种新型经济指标——国民幸福指数——将公正、可持续发展的社会和经济发展都考虑在内。斯里兰卡的利益众生运动（the Sarvodaya movement）已设计出另外一种替代型经济发展模式，目标在于维护环境、农村群体及核心的道德和审美价值观。在泰国，环保的僧侣们通过按立树木的神圣来保护森林。其他佛教徒扩展了这些训诫，这已由越南禅宗互即互入原则（Vietnamese Zen Tiep Hien Order）中的十四项正念训练所证实，同时也包含这方面的指导方针，例如第十一条，"知道我们已经对环境和社会施行了极大的暴力和不公，我们决心不要在履行天职时对人类和自然造成危害"，第十三条，"意识到由于开采资源、社会不公、偷盗和镇压所造成的苦难，我们决心培养仁慈之心，学会为了人民、动物、植物和自然环境的健康发展而奋斗"（Thich Nhat Hanh 1998，20—21）。

出于对传统偈颂（gathas，佛经中的短小韵文或颂诗）的感知，越南禅宗僧侣兼和平使者一行禅师（Thich Nhat Hanh，生于1926年）撰写了"世俗的偈颂"，其中一首是：

> 从这盘食物中，
>
> 我看到整个宇宙
>
> 支撑着我的存在。（Thich Nhat Hanh 1990，195）

诸如旧金山禅修中心的绿峡谷农场、卡茨基尔山上的禅寺、南加州的禅修中心，以及北加州的精神磐石禅修中心（Spirit Rock Meditation Center），这类佛教组织已经采取实际行动使之转变成绿色社区。佛教徒们也设计了新的实践活动，其中包括：罗切斯特的禅修中心所践行的"地球救济仪式"；骨圈禅堂（the Ring of Bone Zendo）所开设的背包冥想活动，就是人们所知的那样在山上或河边静坐敛心（几天的冥想期）；由一行禅师带领环保人士的冥想活动；乔安娜·梅西处理有毒核废物的核管理项目；还有众生委员会（the Council of All Beings）——由梅西和澳大利亚生态行动主义者约翰·席德（John Seed）联合发起，其参与者为那些受到人类的毁灭活动影响的动物、植物和自然环境代言。在概述了这些实践之后，佛教研究学者肯尼斯·克拉夫特（Kenneth Kraft，生于1949年）写道，"所有事物都具备基本的相关性，这一持久的信念为许多独立的行动者们提供了能量，并使之可以坚持到底"（Kraft 1994，178）。

问题和挑战

佛教提供了另一种可供选择的生活方式之图景，比起那些主流经济体系和消费主义所提供激励的意识形态和实践活动而言，佛教的这种生活方式更有利于可持续发展。佛教徒已经开始以他们的传统为依据，在可持续发展问题上发表意见。但佛教传统对于可持续发展的实际影响到底有多大，这一点还不是十分明朗。只要人们继续挥霍和享受现代的创造物所带来的舒适，那么即使是西方先进的佛教徒，也距离生态足迹甚远，而亚洲绝大部分的佛教徒则全然陷溺于占支配地位的经济模式中，生活在一种高度消费主义的社会里。

另一项挑战是，在宗教兴盛的社会，佛教与社会上的统治者、商人和其他有权势的角色之间，历来严重欠缺批判性的距离感。佛教没有批评强者的传统，佛教也从不参与任何这类可持续性的讨论——关于社会公正，以及在一个可持续发展的社会中构成公正关系的组成。用"业"来解释每个人都恰好得到他或她所应得的时候，距离的欠缺感则成倍地加重。佛教思想家们尤其鲜有谈论的一个领域是分配公平（一个关于谁获得利益、谁又肩负责任的问题），这是在维持可持续发展的方法中必须明确的组成之一，以确保在呼吁简化、降低消费或保护特定资源时，穷人的需求不会被忽略。佛教传统强调施舍以培养慷慨的品质，去消解贪婪之毒，当佛教伦理学家们讨论这一话题时，这种所强调的传统可以提供助益。

即使绝大部分佛教徒会将他们的生活方式朝着更加可持续性的方向改变，他们会投身于生态的正义，会致力于以一种减缓贫困的方式来重新分配消费资源，然而，这仍然把可持续发展所面对危机对人类究竟有多大影响这个问题留给了我们。一些佛教思想者开始扩展他们的思考，已经超越了个体的思想和行动，超越了寺庙和斯里兰卡的村庄范围，并且

努力克服更大框架的经济、政治和军事力量。进而，他们开始将这一关键性分析与什么是最优存在这一建设性描述连接起来，确切说来，从佛教的观点出发，建设性的描述就是，我们人类、共同体或生态系统是否能达到那个目标，以及人类怎样能达成目标，或至少沿着可持续发展的道路、过着一种朝向可持续发展方向的生活。

诗人加里·斯奈德（Gary Snyder），同时也是一位佛教徒，他的诗广泛涉及生态问题，提供了佛教的可持续发展所能采取的路径："就实际情况而言，发誓要过这样一种生活——简单、适当冒险、充分幽默、感激之心、不懈地工作和玩乐，以及走很多路——这样的生活带领我们靠近现实事物及其全部……这是一种不抱有期待、警惕和充足、感恩和细心、宽宏和直接的生活。当我们擦拭手上的油脂和抬眼一瞥流动的云朵时，我们会有冷静与清醒。"（Snyder 1990, 23–24）

克里斯托弗·艾夫斯（Christopher IVES）
石山学院

拓展阅读

Badiner, Allan Hunt. (Ed.). (1990). *Dharma Gaia: A harvest of essays in Buddhism and ecology*. Berkeley, CA: Parallax Press.

Bond, George D. (2004). *Buddhism at work: Community development, social empowerment, and the Sarvodaya movement*. Bloomfield, CT: Kumarian Press.

Daly, Herman E., & Cobb, John B., Jr. (1994). *For the common good: Redirecting the economy toward community, the environment, and a sustainable future* (2nd ed.). Boston: Beacon Press.

de Silva, Padmasiri. (1990). Buddhist environmental ethics. In Allan Hunt Badiner (Ed.), *Dharma Gaia: A harvest of essays in Buddhism and ecology* (pp.14–19). Berkeley, CA: Parallax Press.

Devall, Bill. (2000). Deep ecology and political activism. In Stephanie Kaza & Kenneth Kraft, (Eds.), *Dharma rain: Sources of Buddhist environmentalism* (pp.379-392). Boston: Shambhala.

Gross, Rita M. (1997). Toward a Buddhist environmental ethic. *Journal of the American Academy of Religion, 65*(2), 333-353.

Hayes, Richard P. (1990). Towards a Buddhist view of nature. *ARC*, XVIII, 11-24.

Ives, Christopher. (1992). *Zen awakening and society*. London and Honolulu: Macmillan and University of Hawai'i Press.

Jones, Ken H. (1993). *Beyond optimism: A Buddhist political economy*. Oxford, U.K.: Jon Carpenter Publishing.

Kabilsingh, Chatsumarn. (1990). Early Buddhist views of nature. In Allan Hunt Badiner (Ed.), *Dharma Gaia: A harvest of essays in Buddhism and ecology* (pp.8-13). Berkeley, CA: Parallax Press.

Kaza, Stephanie, (Ed.). (2005). *Hooked: Buddhist writings on greed, desire, and the urge to consume*. Boston: Shambhala.

Kaza, Stephanie, & Kraft, Kenneth. (Eds.). (2000). *Dharma rain: Sources of Buddhist environmentalism*. Boston: Shambhala.

Kraft, Kenneth. (1994). The greening of Buddhist practice. *Cross Currents, 44*(2), 163-179.

Loy, David R. (2003). *The great awakening: A Buddhist social theory*. Boston: Wisdom Publications.

Macy, Joanna. (1985). *Dharma and development: Religion as resource in the Sarvodaya self-help movement* (Rev. ed.). West Hartford, CT: Kumarian Press.

Macy, Joanna. (1990). The greening of the self. In Allan Hunt Badiner (Ed.), *Dharma Gaia: A harvest of essays in Buddhism and ecology* (pp.53-63). Berkeley, CA: Parallax Press.

Schumacher, Ernst F. (1973). *Small is beautiful: Economics as if people mattered*. New York: Harper & Row.

Snyder, Gary. (1990). *The practice of the wild: Essays by Gary Snyder*. San Francisco: North Point Press.

Sponsel, Leslie, & Natadecha-Sponsel, Poranee. (1997). A theoretical analysis of the potential contribution of the monastic community in promoting a green society in Thailand. In Mary Evelyn Tucker & Duncan Ryuken Williams (Eds.), *Buddhism and ecology: The interconnection of Dharma and deeds* (pp.45-68). Cambridge, MA: Harvard University Press.

Thich Nhat Hanh. (1990). Earth Gathas. In Allan Hunt Badiner (Ed.), *Dharma Gaia: A harvest of essays in Buddhism and ecology* (pp.195-196). Berkeley, CA: Parallax Press.

Thich Nhat Hanh. (1998). *Interbeing: Fourteen guidelines for engaged Buddhism* (3rd ed.). Berkeley, CA: Parallax Press.

Tucker, Mary Evelyn, & Williams, Duncan Ryuken. (Eds.). (1997). *Buddhism and ecology: The interconnection of Dharma and deeds*. Cambridge, MA: Harvard University Press.

World Commission on Environment and Development. (1987). *Our common future*. Oxford, U.K.: Oxford University Press.

Chipko Movement

契普克（抱树）运动

契普克（抱树）运动[①]于1973年开始于印度，是当地人民试图保护他们在当地森林资源上所拥有的权利的一项运动。这项运动关乎乡村经济和生态环境，主要受当地的非暴力和积极服务原则指导。值得注意的是，妇女在这项运动中是领导者，并起到了积极的作用。

对于森林的可持续性而言，抱树运动是一项成功的、著名的草根运动。1973年至1981年，这项运动盛行于喜马拉雅山西部地区，即今天印度联邦的北阿坎德邦。这项运动的名字源于当地人民为了阻止砍伐树木，从而采取拥抱（chipko）树木的办法。契普克（抱树）运动被认为是最早的所谓"拥抱树木"的运动之一。这项运动是当地人为获得森林资源以供家庭经济所需而开展的斗争中的一部分。自19世纪以来，由于国家发展商业性林业，从而削减了当地人对森林资源的获取。

学者们将发生于1973年4月份的一系列事件作为这一运动的催化剂。为了砍伐满足当地所需的树木，在昌迪·普拉萨德·巴特（Chandi Prasad Bhatt，生于1934年）领导下，人们想成立农村自

---

① 译者注：契普克（抱树）运动（Chipko movement），是于1973年在桑德拉·巴胡古纳（Sunderlal Bahuguna）领导下在印度喜马拉雅山区的北阿坎德邦发起的保护森林的环境保护运动。由于沿袭了甘地的非暴力方式，村民们抱起树阻拦砍伐行为。Chipko一词最早源自甘地主义的环境保护论者昌迪·普拉萨德·巴特（Chandi Prasad Bhatt）的*angalwaltha*一词，加尔瓦尔语（Garhwal）的意思为拥抱（embrace），后来被用于印地语，意思为黏住（stick），抱树运动因此而得名。契普克（抱树）运动于1987年获得了"优秀民生奖"（Right Livelihood Award）。此后，于1983年在南印度地区宾图隆·赫格德（Panduranga Hegde）领导下又发起了类似的抱树运动，称为爱普克（抱树）运动（Appiko movement），Appiko取自坎纳达语（Kannada），意思为"抱"（hugging）。该运动也是为保护森林而发起的，在萨尔坎尼村（Salkani village）的村民为保护卡尔瑟森林（Kalase forest）抱起树阻拦砍伐。由于Chipko和Appiko都有抱树的意思，故而为区别两者，采用音译和意译结合的方法，分别译为契普克（抱树）运动和爱普克（抱树）运动。

治合作社（the Dashauli Gram Swarajya Sangh），国家林业局不允许成立这样一个当地农业合作社，却允许一个体育用品制造商——阿拉哈巴德的西蒙兹公司（Symonds Company of Allahabad）——去砍伐曼德尔（Mandel）附近的整片白蜡树森林。这尤其引起了村里的妇女们的反感，因为在植物生长不繁茂的季节，白蜡树的树叶可作为喂养牲畜的草料。

20世纪60年代，由于汽车公路的发展，更是将这一地区暴露于更加消极的商业开发之中。国家政府将森林拍卖给来自平原的承包商，这些承包商雇佣其他地区的劳动力大军。尽管生态的考量一直是契普克（抱树）运动的一个组成部分，但抱树运动最初的推动力却是为了保护森林免受承包砍伐、支持小规模和可持续的森林工业——以供当地使用之需。1973年4月，契普克（抱树）运动积极分子阻止了西蒙兹公司砍伐曼德尔森林；6月，当林业部门将另一地区的树木分拨给西蒙兹公司时，契普克（抱树）运动积极分子们再一次成功阻止了；当每年一度的政府拍卖森林继续于1973年11月开展时，妇女在抗议活动中起了决定性作用。在村中男人们缺席的情况下，村庄妇女组织的带头人高拉·黛维（Gaura Devi, 1925—1991）动员了村里的妇女。面对森林里的施工人员，她们宣称——正如乔治·阿尔弗雷德·詹姆斯（George Alfred James）实地调查所记录的——"这片森林是我们母亲的家园，我们将尽我们所能保护它。"

当这些妇女绝不妥协的情形很明确时，这些施工人员才离去。

这一运动最显而易见的代表人物是桑德拉·巴胡古纳（Sunderlal Bahuguna，生于1927年），经由他"徒步行军"（Padyatras），契普克（抱树）运动信息传遍了哪怕是最偏远的山村。嘉华（Garhwali）民间歌手甘希亚姆·西拉尼（Ghanshyam Sailani, 1934—1997）在许多行程中陪伴着巴胡古纳，他还创作了可以有效表达这一运动的精神内核的歌谣：

拥抱树木
拯救它们免于砍伐
别让山区
被平原抢占！

契普克（抱树）运动的后续影响中，最著名的运动之一就是成功抵制了砍伐阿德瓦尼森林的树木。1977年10月，桑德拉·巴胡古纳处于斋戒期，他呼吁森林承包商和行政区当局不要展开他们计划中的工作。成百上千的妇女发誓拯救树木，甚至不惜以她们的生命为代价。她们用圣线缠绕树木，并看守森林长达7天，与此同时，她们听诸如古代经典文本《薄伽梵·往世书》（Bhagavada Purana）中被称为"薄伽梵卡塔（Bhagavad Kathas）"的教诲。在这些传统文献中，妇女们找到了有力的支持，对她们努力拯救她们生存所依赖的森林的理论支持。在此，妇女发出了契普克（抱树）运动最值得纪念的标语——再次被詹姆斯的实地调查记录在册——"森林承载着什么？土壤、水和纯净的空气！土壤、水和纯净的空气是生命的根基。"

尽管政府最终对当地基于森林的产业作出了让步，但这一运动所关心的生态考量成为更尖锐的关注所在。1978年，巴胡古纳发誓致力于从各个方面保护喜马拉雅的环境。他争辩说，必须要有足够的树木，以便满足当地人的饮食、燃料、饲料、纤维和肥料之所需。渐渐地，他开始主张，森林产业并不是提高人们的经济水平的必然条件，相反，他设想了一种自给自足的农村社区，若人们以此条件生活，那么与其周围环境的可持续性有着必然的关系。

契普克（抱树）运动取得的最重要的成就之一是1981年颁布的一项禁令——禁止为了商业目的而砍伐海拔高于1 000米（3 280尺）以上的绿树。那项禁令最早颁发于当时的北方邦①（Uttar Pradesh），随后，喜马偕尔邦（Himalachal Pradesh）采取了类似的措施。

契普克（抱树）运动的影响可见于印度和其他地方的诸多组织，这些组织致力于拯救地球上的森林覆盖量。这些组织中，所开展最有名的活动是发生于印度南部西卡特山脉的爱普克（抱树）运动（Appiko movement），其理念与契普克（抱树）运动类似。

乔治·阿尔弗雷德·詹姆斯（George Alfred JAMES）
北得克萨斯州大学

拓展阅读

Guha, Ramachandra. (1991). *The unquiet woods: Ecological change and peasant resistance in the Himalayas.* New Delhi: Oxford University Press.

Rangan, Haripriya. (2000). *Of myths and movements: Rewriting Chipko into Himalayan history.* New York: Verso.

Shiva, Vandana, & Bandyopadhyay, J. (1986). *Chipko: India's civilisational response to the forest crisis.* New Delhi: Intach.

Weber, Thomas. (1987). *Hugging the trees: The story of the Chipko movement.* New Delhi: Viking Penguin.

---

① 译者注：又译为乌塔普拉德什邦。

基督教——再洗礼派

为全美国所熟知的阿门宗派和门诺派教徒，属于为人所公认的更宽泛的基督教再洗礼派的分支。再洗礼派过去常常受到压迫、而今又常常遭到误解，再洗礼派具有关于以简单生活和照管土地为传统——与现代可持续发展观念相关——的悠久历史。

或许，再洗礼派基督教在美国最引人注目的特征是多元性。那些延续再洗礼派传统的人（包括门诺派教徒、阿门宗派教徒、胡特尔派教徒和多种兄弟会教徒）可能是城市居民——他们具有高等文化水平、与美国文化融合度很高；或者是那些来自显然不同的旧秩序群体的乡村居民——他们骑马或驾马车旅行，避开用电，读完八年级就停止继续接受正规教育。因此，综观整个再洗礼派，可以发现很多种关于环境可持续性的观念，这种状况不足为奇。

再洗礼派运动于新教改革期间兴起于欧洲。绝大部分早期的再洗礼派信徒都赞成改革运动，但他们在关于洗礼的问题上与主流改革者们决裂了。再洗礼派信徒（意思是"重新施洗者"）相信，只有成年人才能掌握真理，所以他们拒绝给婴儿施洗。他们相信，基督徒行为准则意味着日常生活中的行为与耶稣相同，而且他们宣称信仰和好好工作对于救赎来说都是必要的。绝大多数的再洗礼派信徒都是和平主义者，他们拒绝使用暴力，同时也不支持他们的政府使用武力。他们受到了来自欧洲的天主教和新教教会的巨大迫害，甚至逃离到农村地区以寻求安全。许多再洗礼派信徒成了农民，而当他们于19世纪后半叶迁移到美国时，他们仍然继续从事着农业生产。一直到19世纪50年代，绝大多数的再洗礼派信徒依然靠着从事与农业相关的职业为生。关心土地已经成为他们宗教和民族遗产的一部分。

绝大部分再洗礼派信徒通过管理职责的范围，将他们的关注点聚焦于土地之上。他们引用上帝命令耕种和看守土地（《创世记》2:15，新修订标准本）作为对自然世界负责的最首要依据。大多数人相信那是上帝创造并赐予人类所用的礼物，而蓄意的滥用甚至会招致上帝的审判。阿门宗派和门诺派旧制度的信徒大约有一半仍然将务农作为他们的主要职业，而他们中有很多人承认，他们在土地上劳作时，会有与上帝更亲近的感觉。他们与环保工程合作的程度因乡村不同的群组和地区而多种多样，但大多数人想回避政府的任何补贴，而许多人对更高效的工作方式一无所知。一些遵循旧制度的农民，尤其是阿门宗派共同体中的农民，开始转向放牧和有机种植，但即使这样，他们也主要是出于经济效益的原因。他们寻求一种在经济上可行的方式来维持小型家庭农场。

再洗礼派信徒并不是因为更广大世界有所关注而直接从事与环境问题有关的农业，他们通常的特征是——简单生活、关注那些生活在我们之中最弱势的人。再洗礼派信徒强调在正确的教义之上的正确生活方式（或严格的门徒训练），并且他们在生活中践行这种门徒戒律和耶稣的教导。他们认真对待耶稣所说的"严酷的评判落到那些为积聚钱财而建立更大谷仓的人们头上（《路加福音》12：21），也落到那些奢华宴乐而让邻居忍受饥饿的人（《路加福音》16：19—31）。耶稣召唤富有之人将他们所拥有之物出售，并将钱财送给穷人，这样富人才能跟随他[神]（《马太福音》10：17—30）。并且耶稣宣讲说，将恩典临到这些人——他们给饿了的人提供吃的、给渴了的人提供喝的、招待客族、给赤裸之人以衣服、照看生病之人、看望在监狱之人（《马太福音》25：31—46）"。出于这些原因，再洗礼派信徒设法限制他们自己对资源的消耗，而让其他人可以获得资源。

对于大部分遵循旧制度的再洗礼派信徒而言，关注简单的生活并不基于他们对环境的关心，而是基于圣经的戒律。但被更为广泛的文化所同化的再洗礼派信徒会意识到全球共同体，并洞悉消费选择是如何影响到更大的群体的。他们的简朴生活和他们对全球共同体的关注，受如下几方面所指引：圣经的教导、他们对社会中最弱势群体的关心，以及他们对迫近的世界范围内生态危机的意识。

凯瑟琳·S.艾森比斯（Kathryn S. EISENBISE）
曼彻斯特学院

拓展阅读

Hostettler, John. (1993). *Amish society* (4th ed.). Baltimore: Johns Hopkins University Press.

Kauffman, J. Howard, & Harder, Leland. (1975). *Anabaptists four centuries later: A profile of five Mennonite and Brethren in Christ denominations.* Scottdale, PA: Herald Press.

Kanagy, Conrad. (2007). *Road signs for the journey: A profile of the Mennonite Church USA.* Scottdale, PA: Herald Press.

Redekop, Calvin. (Ed.). (2000). *Creation and the Environment: An Anabaptist Perspective on a Sustainable World.* Baltimore: Johns Hopkins University Press.

Weaver, Dorothy Jean. (2000). The New Testament and the environment: Toward a Christology for the cosmos. In *Creation and the environment: An Anabaptist perspective on a sustainable world.* Baltimore: Johns Hopkins University Press.

基督教——东正教

东正教徒认为，世界的自然环境窘况不仅仅是个生态问题，同时也是个灵性问题，只有把自然资源视为神的神圣创造和礼物，环境问题才能得到解决。禁欲的戒律，例如斋戒——关于学会施与而不是简单地放弃某物——被东正教徒视为是与自然世界相联系和保护自然世界的方式。

基督教——东正教在其神学、礼拜仪式和灵性层面保留着一种对自然界深刻的神圣观。这种观念提出，世界极大地被神所濡染，并宣称神与创造物有着密切的关系。东正教徒坚信，将创造物与创造者相分离，就会致使创造者和创造物都失去其神圣色彩。因为，我们与我们周围世界之间的联系之方式能够反映出我们向"我们在天上的父神"祈祷的方式，所以，我们对自然界的回应方式同我们与神交流具有同样的敏感性。所有的基督徒都应该理解并关心其他人，应该"按照神的形象"[《创世记》1:26，(新修订标准译本)]来塑造我们自身；应该重视关心所有的

事物，因为其中包含"神的踪迹"[德尔图良(Tertullian)，公元2世纪]。确实，东正教徒认识到罪的观念就是，人类固执地拒绝将世界视为团契的礼物——至少是神圣事物。近些年，普世牧首巴塞洛缪（Ecumenical Patriarch Bartholomew，生于1940年）——自1991年以来，一直是东正教教会的精神领袖——已经将破坏环境指责为"罪"。

公元17世纪，东正教教会中有两名神秘主义者生动描述过自然、人类与上帝之间的相互关系。认信者马克西姆论及世界是一种"宇宙的礼拜仪式"——一个重要的圣坛，人类感恩祈祷与赞美上帝的时候，会在其圣坛上进行敬拜。整个世界包含这一圣歌的完整部分；神受到太阳和月亮的赞美，受到树木和鸟儿的敬拜。(《诗篇》18:2)叙利亚的以撒希望他的精神门徒"拥有一颗仁慈的心、炽烈热爱所有创造物：包括人类、鸟和野兽"。如果今天我们对世界造成了无情的浪费行为，这或许是因为我们已经丢失了敬拜的精神，已经失去

了同情心。

我们所面对的窘境，从根本上说不仅仅是生态的问题，同样也是灵性的问题。它是关于我们以何种方式想象这个世界的一种危机。我们以一种不人道的、不敬神的方式对待自然环境与宝贵的资源，恰恰是因为我们也是以这种方式来感知自然的。除非我们改变对创造的看法，否则我们就注定要应对环境危机中所表现出来的症候，而无法解决引起危机的根本原因。主显节宴会（Feast of Epiphany，1月6日）上唱诵的、东正教教会的赞美诗之一就唱道："我已成为空气、土地和水之中的脏物。"

东正教教徒以其有关"禁欲"（或称为"苦行的戒律"）的基本教义来回应这一急迫的灵性问题。禁欲（Ascesis）是一个包含大量历史和神学理论的专门术语，而戒律（discipline）这个词早已脱离了其词源学上的意思——暗指忠实信徒的精神视野。不过，禁欲主义的本质价值体现于自由和感激的精神之中，其最终的目的是重新发现世界中的奇迹。禁欲的人是一个自由的人，不受滥用世界资源这种态度的限制，具有自我克制的特性，有能力说"不"和"够了"。禁欲主义的目标是节制，不是压抑；它的目的是服务他人而不是自私自利。脱离禁欲主义，我们中的任何一个人都不能够成其为真正的人。

东正教传统中，禁欲主义的一个基本的例子是禁食。东正教徒在一年中有一半时间禁食乳制品和肉类，这本身象征着将一年中一半的时间与另一半的时间相调和——世俗的时间和在天国的时间。这是因为禁食蕴含着学会给予，而不是简单地放弃这样的理念。禁食不是拒绝饮食，而是供应食物；是学着与他

人分享，并且与自然界联系起来。禁食意味着拆除邻居与自己的世界之间的藩篱：从他人脸上、从地球上，可以意识到这恰好才是上帝的面孔。最终，禁食就是爱，它是为了看得更加清楚并修复世界的原初之美。禁食是为了转移我们作为个体对欲望的关注，也是要首先考虑世界的所需。它是为了将创造从控制和强迫中解放出来。禁食是从每个事物自身去衡量它们，而不是从对我们的作用的角度去衡量。我们希望充满善良、虔诚。归根到底，禁食是对东正教世界观以及东正教基督教对生态问题的处理方式的一个极好的总结，因为它概述了这样一种努力：看到万物皆存在于神之中，并且神同样存在于万物之中。

普世牧首巴塞洛缪尤其强调东正教传统的生态见证，在其任期内，他将生态危机问题置于首要位置。东正教拥有为数超过3亿的信徒，作为东正教教会的精神领袖，普世牧首已经得到了广泛认可——因其应对神学与伦理学方面势在必行的环境保护问题而做出的创举性工作，以及宣称滥用自然资源是罪恶的："破坏自然世界就是一项罪。因人类而使得物种濒临灭绝，同时毁坏了上帝创造的生物多样性；因人类所引起的气候改变、森林数量减少、湿地毁坏而破坏地球的完整性；因人类以疾病伤害其他人，以有毒的物质污染地球上的水源、土地、空气以及地球上的其他生命形式……这些都是罪恶。"（Chryssavgis 2009）

尽管其保护生态的举措可追溯至20世纪80年代，但从1989年起，普世牧首——基督教的主教教职，古代时在君士坦丁堡（现代在土耳其的伊斯坦布尔）——征求全世界的东正教教徒保留9月1日（教会年历的正式开端）

作为环境保护的祈祷日。在世界基督教会联合会（World Council of Churches）的鼓励下，难以数计的基督徒团体已经如此做了。1995年，普世牧首成立了宗教和科学委员会（the Religious and Scientific Committee），这一委员会按时间顺序已经组织了七场跨国、跨宗教、跨学科的研讨会：分别在爱琴海（1995）和黑海（1997），多瑙河沿岸（1999），在亚得里亚海（2002），波罗的海（2003）和亚马孙河（2006），以及格陵兰和北极（2007）。2002年，普世牧首巴塞洛缪与教宗约翰·保罗二世联合签署了"威尼斯宣言"，这是由两位世界级领袖签署的第一份联合声明；尽管这一宣言的内容中并没有概述任何强制的实践，但它却说明了：保护环境是一项道德和精神义务，基督徒和其他信众在教育人们的生态意识方面，需发挥作用——对自己、对他人和对创造负责。

约翰·克莱萨乌吉斯（John CHRYSSAVGIS）

希腊东正教美国教区

拓展阅读

Bartholomew, Ecumenical Patriarch. (2008). *Encountering the Mystery*. New York: Doubleday Books.

Chryssavgis, John. (2009). *Cosmic grace, humble prayer: Ecological initiatives of the Green Patriarch Bartholomew*, 2nd rev. ed. Grand Rapids, MI: Eerdmans.

Kallistos of Diokleia. (1997). *Through the Creation to the Creator*. London: Friends of the Centre Papers.

Limouris, Gennadios. (Ed.). (1990). *Justice, peace, and the integrity of Creation: Insights from Orthodoxy*. Geneva: WCC Publications.

Sherrard, Philip. (1990). *Human image, world image*. Ipswich, U.K.: Golgonooza Press.

Zizioulas, John. (1989). Preserving God's Creation: Theology and ecology. *King's Theological Review* 12.

Christianity — Evangelical and Pentecostal

基督教——福音派和五旬节派

建立在以信仰为基础上的可持续发展观念出现于基督教的许多宗派中，包括福音派和五旬节派。尽管在神学思想与实践方面仍然稍微有偏差，但福音派和五旬节派的思想家、领导者及其成员们主要基于新约观点所开展的环保运动已经开始初见端倪。

20世纪60年代以来，在努力建构一个可持续发展未来的过程中，福音派信徒和五旬节派信徒们变得逐渐多元化，同时也在政治方面发出了重要的呼声。人们通常以多种方式来对比和定义术语"福音派"和"五旬节派"。福音派信徒们的神学、伦理学和价值观来源于圣经，尤其源于新约。五旬节派信徒也是如此，但五旬节派信徒也很重视圣灵这一活跃的角色。"福音派"和"五旬节派"这两个术语也能指代那些能够认定它们自身为福音派或五旬节派的特殊

宗派——诸如南美浸信会或神召会——但同样也可以指代天主教和主流新教中的会众或个人。

关于福音派（或五旬节派）与可持续发展之间的关系，一直存在着激烈的争论，既有来自教会内部的，也有来自教会以外的。大部分的注意力聚焦于福音派信徒们身上，他们与五旬节派信徒们一样，相较于美国的其他宗教团体，他们倾向于显示出更少的对环境的关怀。尤其是在五旬节派中，人们常常想当然地认为，基督即将回归会导致世界价值的贬损，也会对非持续发展的活动给予许可。但神学方面的工作正在开始建立这种联系——五旬节派关注圣灵与解决环境问题之间的联系。进而，在更宽泛的福音派中，伴随其独特的可持续性观点，强有力的环保运动已经开始出现。

历史

福音派是伴随其出版物开始介入环境问题的,例如保守派新教神学家弗朗西斯·薛华(Francis Schaeffer, 1912—1984)的《污染和人的死亡》(*Pollution and the Death of Man*, 1970),福音派教徒开始关注环境问题的同时也伴随着福音派主要机构的担忧。早期的福音派环境保护主义组织的中流砥柱后来组建成立奥赛布尔环保研究中心(Au Sable Institute of Environmental Studies),这一组织就在基督教会学院里为学生提供环境科学的教育。

20世纪90年代,福音派环保主义从几个组织中获得动力,其中包括福音派环保网(Evangelical Environmental Network, EEN)。1993年,福音派环保网起草了"福音派照管自然宣言",这一宣言提出了"圣经信仰对于解决我们的生态问题而言至关重要"。

福音派环境保护主义越发成功的一个标志是出现了一些对破坏环境的尖锐批评。最为显著的是阿克顿研究所(Acton Institute),这个机构促进自由市场的资本主义并主张对环境伦理的合理使用,它于2000年协助组织了"跨信仰环境管理委员会"(Interfaith Council of Environment Stewardship, ICES),并推出"康沃尔环境照管宣言"(Cornwall Declaration on Environmental Stewardship),写这一宣言是为了回应福音派环保网的福音派宣言,并论述了地球是一种资源,需要合理地管理才能有丰硕的产出。2005年,脱胎于跨信仰环境管理委员会的"跨信仰管理联盟"(Interfaith Stewardship Alliance)成立,就是现在我们所知的"康沃尔照管自然界联盟"(Cornwall Alliance for the Stewardship of Creation)。

神学的贡献

福音派对可持续性的理解,至少有三方面是与众不同的。首先,由于福音派信仰根植于圣经传统,所以对于环境的可持续性的理解,主要建立在对圣经的阐释基础上。这种对圣经的强调也导致了福音派对崇拜自然而非敬拜上帝这种环保主义的强烈审慎态度,对主流环境保护主义持有矛盾心态。第二,"管家"(stewardship)是福音派连接可持续发展问题的关键术语,"管家"的理解通常基于《创世记》的第一章和第二章,其中上帝赋予人类照管其他创造物的权利,随后又赋予人类主要照看伊甸园的责任。在福音派环保网的福音派宣言中,主要是根据对所有的创造物具备的价值的关注来理解照管的;通过观察可以得出结论:"我们受到召唤,成为上帝的乐园与我们现世家园的忠实管家。"从根本上来说,关乎创造是作为上帝仆人职责的一部分。而另一方面,康沃尔宣言是根据地球上经济的发展来理解照管的,因此,康沃尔宣言对于人类而言,其作用就越发富有成效。第三,最近的福音派激进主义,尤其是伴随着对气候变化的关心,更是将可持续发展转变为关心穷人的问题,这在福音派信徒中,是一个有着长久历史和诸多原因的问题。

福音派和五旬节派对于可持续发展实践的贡献是含混不明的，因为对这些运动并没有统一的呼声。虽然如此，依旧有像奥赛布尔研究中心和福音派环保网这样的机构，他们所做的工作表明了他们开展的独特策略，将可持续发展纳入信仰传统中。

理查德·R.博汉农二世（Richard R. BOHANNON II）

圣约翰大学本尼迪克学院

拓展阅读

DeWitt, Calvin. (1998). *Caring for creation: Responsible stewardship of God's handiwork*. Grand Rapids, MI: Baker Books.

Gabriel, Andrew. (2007). Pneumatological perspectives for a theology of nature: The Holy Spirit in relation to ecology and technology. *Journal of Pentecostal Theology, 15*(2), 195–212.

Kearns, Laurel. (1997). Noah's Ark goes to Washington: A profile of evangelical environmentalism. *Social Compass, 44*(3), 349–66.

Sharp, Kelly. (2006). Voices in the space between: Economy, ecology, and Pentecostalism on the US/Mexico Border. *Ecotheology, 11*(4), 415–430.

Christianity — Mainline Protestant

基督教——主流新教

对环境的影响几乎不关心的基督新教，通过对新教伦理的应用从而在促进工业增长方面享有盛誉。然而，仔细审视新教神学，就会揭示社会转型的观念——这个观念可能对于采取更加可持续的实践行为方面至关重要。

在一篇著名的论文《我们生态危机的历史根源》(1967)中，美国历史学家小林恩·怀特(1907—1987)总结道：基督教，尤其是基督新教，在这方面承担着"巨大的罪愆负担"。尽管这篇论文受到广泛批评，但那些赞同怀特主张的人们指出，那些需要对诸如气候变化、臭氧耗竭、有毒废物排放和各种形式的污染这类的环境问题负主要责任的西方国家，也是历史上受到基督新教所影响的历史悠久的国家。这就引起这样的疑问，基督新教是否为工业化的经济增长提供了宗教的合法性？为什么基督新教在面对不可持续的经济行为时败下阵来？基督新教在评价德国社会学家马克斯·韦伯(Max Weber, 1864—1920)所谓的新

教伦理(基于勤劳和节俭)对资本积累所产生的影响时，它也提供了新的阐释。

普遍的环境危机感也为基督新教提供了更新和改革的机会。基督新教的口号"通过改革而成立的教会必不断地进行改革"(ecclesia reformata semper reformanda)暗示出，这类改革在传统中很常见。这或许是对可持续发展的新教徒式的核心直觉，换而言之，基督新教不是通过保存、保留或保护，而是通过持续的改变、适应和收获来使可持续发展成为可能。当面对神圣的和不可触及之物时，基督新教激发的不是一种敬畏感，最多只能算是对社会上诸多罪恶进行抗议。但是对于生态系统的可持续性而言，既需要稳定，同时也需要适应。新教传统正在努力尝试着与这种认识达成一致。具有讽刺意味的是，新教一直对教会以及社会所抗议的问题保持最高的警惕性；而忽视了对新教的正统形式、保守主义以及原教义主旨的稳定。如此强调稳定性，很容易被误用于维护一种特殊的社会政治现状，也

误用于加固统治的形式，包括统治方式中的这一种——人们在其间指派他们自己去"征服"地球并"统治"它。

尽管基督新教机构中的生态保护活动在很大程度上而言并非是可持续性的，并且他们在可持续性问题上做出的承诺稍微有点值得怀疑，但自20世纪60年代以来，出现了许多对基督新教进行生态改革的呼声。有些人已经开始努力捍卫他们自己的传统，以对抗那些指责——认为他们是人类中心的（以人类为中心），以及他们促进地球整体中人类的异化，他们支持不可持续的行为活动；而许多其他人已认识到，作为基督教徒的愧疚忏悔或许才是一种更为恰当的反应，而非一再重申的信仰申明。

或许要对这类生态改革的各种层次的呼声做好标示，如下是一些例子：

1. 礼拜仪式的更新：关于环保主题的布道、指引和阐释性材料。

2. 在基督徒教育中纳入环保关怀。

3. 当地教会委员会、宗教会议、宗教领袖和普世宗教团体——如世界基督教会联合会、世界信义宗联盟和世界改革宗联合会——所采纳的方法和宣言。

4. 在可持续发展的农业基础上开展众多以当地信仰为基础的保护土地项目，植树、贮水、有机蔬菜园艺、循环回收利用、原始的教会花园、户外青少年与家庭的活动，以促进热爱大自然、保护大自然的情怀，也促进在应用科技领域中所进行的工作创新。

5. 通常平信徒的工作被忽视，无论他们生活在哪里，无论他们从事何种职业。

6. 培养生态美德，在家形成灵性氛围，组织各种形式的青年运动、读经小组和单元小组。

7. 对教材、举办的会议和大量学术出版物进行的神学思考。

尽管神学思考的价值或许会被高估，而其自身的生态活动却会被低估，但这或许就是新教回应环境问题时最清晰可见的方面。在更宽泛的基督新教世界中，特定宗派传统中的个体神学家做出了许多贡献：

1. 信义宗传统中，有Günter Altner, Sigurd Burgmann, Ulrich Duchrow, Norman Habel, Gerad Liedke, Christian Link, Klaus Nürnberger, Larry Rasmussen, Paul Santmire 和Joseph Sittler。

2. 圣公会传统中，有T. J. Gorringe, Colin Gunton, Michael Northcott 和Peter Scott。

3. 改革宗传统中，有Steven Bouma-Prediger, Martien Brinkman, Ernst Conradie, James Gustafson, Douglas John Hall, Dieter Hessel, Jurgen Moltmann 和Michael Welker。

4. 卫理公会传统中，有John Cobb, Jay McDaniel, Sallie McFague 和James Nash。

5. 福音派背景中，有Sam Berry, Susan Bratton, Calvin DeWitt, Ron Sider 和Loren Wilkinson。

6. 再洗礼派传统中，有Christian Redekop。

7. 研究非洲原住民教会的学者有Marthinus Daneel，研究美国本土基督教的学者有George Tinker。

这些学者中有一些人（特别是在圣公会和卫理公会传统中）更是因其所属的神学院而非其宗派身份而为人所知。这样一个忏悔的分界点也使得出现于西方世界之外的反思性智慧、环保理论和实践受到遮蔽。

这类学术性的工作或许也有助于在新教背景下，恢复可持续发展的核心见解。乍看之下，神学观念——诸如：契约；神圣的选举；上帝通过信仰、律法以及福音而对教会和社会所拥有的主权；圣经至上[①]（sola scriptura）——或许对生态改革而言具有一点承诺性。也许最常用的是一个关于"契约"的观念，例如，首尔举办的有关创造之正义、和平和完整性世界大会（World Convocation on Justice, Peace, and the Integrity of Creation）（1990）这一背景下的"契约"观念。尽管在此使用的是严肃的语言，但在教会成员背景中，什么影响着契约观念的传播和接受，仍然不明确。

尽管如此，也不能低估对基督新教世界观所憧憬的革新潜能。路德宗关于两个国度的观念和加尔文派关于上帝的正义管理着"每一寸土地"的思想，或许隐藏着严重危险，但这些思想仍然被援引以用于促进经济的公正、和平以及社会的可持续发展。最终，这种期望只有通过观察到上帝其实对于整个世界"无处不在"的情况才有可能实现［正如马丁·路德（Martin Luther）兴许会说的］。如果上帝之手能撤销，这整个创造就会崩塌。根据基督新教的观点，上帝的关照之手或许被视为可持续发展的根本原因。

恩斯特·M.康拉德（Ernst M. CONRADIE）

西开普大学

拓展阅读

Bouma-Prediger, Steven. (2001). *For the beauty of the Earth: A Christian vision for creation care*. Grand Rapids, MI: Baker Academic.

Conradie, Ernst M. (2006). *Christianity and ecological theology: Resources for further research. Study Guides in Religion and Theology 11*. Stellenbosch, South Africa: SUN Press.

Fowler, Robert B. (1995). *The greening of Protestant thought*. Chapel Hill: University of North Carolina Press.

Nash, James A. (1991). *Loving nature: Ecological integrity and Christian responsibility*. Nashville, TN: Abingdon Press.

Nash, James A. (1996). Towards the ecological reformation of Christianity. *Interpretation, 50*(1), 5–15.

Santmire, Paul. (1985). *The travail of nature*. Philadelphia: Fortress Press.

---

① 译者注：也译为唯信圣经。

附录 世界基督教会联合会与可持续发展的对话

世界基督教会联合会（WCC）是较早采用可持续发展这个单词的机构。世界基督教会联合会首次讨论可持续发展的观念是在1974年的神学家和科学家们的布加勒斯特人口大会（Bucharest consultation）。接下来，在1975年的内罗毕集会上，世界基督教会联合会成立了一个名为"朝向正义、参与共享和可持续发展的社会"的项目办，就是为了论述教会关于社会议题的三个核心问题：经济的不公、政治的压迫和生态的退化。1983年的温哥华集会上，世界基督教会联合会在"创造的正义、和平与完整"这一主题下重新发展了这个项目。世界基督教会联合会利用这一主题词组织了一系列宗教间的对话，这为最终于1990年在首尔举办的有关创造的正义、和平和完整的世界大会奠定了基础。世界大会上的讨论，就这三个核心社会问题的优先性与它们之间的联系做了辩论。自那时起，世界基督教会联合会继续主动关心相关的问题，诸如气候变化、人权、获得水资源、贫穷和国际和平。

威利斯·詹金斯（Willis Jenkins）

Christianity — Roman Catholic

基督教——罗马天主教

从1979年教宗约翰·保罗二世发表的第一份有关环境恶化与人类剥夺的教会宣言开始，及至随后天主教神职人员与平信徒关于可持续发展的写作和教导，其明显表现出来的是天主教对所有生物的关心和对所有人的关怀。天主教关于生态的不同来源的教诲，继续促进了社会的、经济的公正同环境关怀之间的密切关系。

天主教思想中的可持续发展整合了对所有创造物的关照——地球和生物群落——对所有人的关怀，包括一种"穷人优先"的选项，正如拉丁美洲主教们在普埃布拉会议所言的那样。天主教思想包含了官方教会所发表的声明，这些声明由梵蒂冈、主教召开的国民会议、个体的主教以及前述成立的组织所发出。天主教思想也包括来自更宽泛的教会共同体中非官方的声明和著作，包括天主教的神职人员和平信徒的言论，他们要么代表信仰共同体中某一部分人而发言，要么作为个体的神学家、伦理学家、科学家或社会学家而发言。

来自制度性教会的教导

教宗约翰·保罗二世发布了最早的关于环境恶化与人类剥夺的全球教会声明，在1979年其最早的教宗任期里，约翰·保罗针对即将到来的2000年的禧年庆典讨论了这类主题。在墨西哥奎拉潘，当他参加拉丁美洲主教们组织的普埃布拉会议时，教宗约翰·保罗二世宣称，所有的私人财产都是一种"社会债权"（实际上，是由更大的共同体借贷而来的，"社会债权"需要直接或间接地满足更大共同体的需求），而且，政府应该以适当的补偿来强制换取富人闲散的土地，将之重新分配给没有土地的农场雇工，这样他们就能够为他们的家庭和社区提供粮食（"穷人优先"这个短语第一次在普埃布拉会议上得到了详细的阐述，它作为拉丁美洲主教们"普埃布拉文件"的一部分，在天主教的社会教导中变得很重要）。在艾奥瓦州的得梅因，约翰·保罗继续强调，需要中心区域的主教们努力保护家庭农场。他鞭策农场主们保护土地，以便能够使后代持续受益。教宗约翰·保罗二世任职期间，继续演讲和著作了关于环境关怀，以及社会公正对环境管理的关系；从这方面而言，他对天主教思想做出了巨大贡献。他最有影响力的声明或许是他关于世界和平日的讯息——《生态危机：共同的责任》(*The Ecological Crisis: A Common Responsibility*, 1990)，在这本书中，他宣称，关怀创造是天主教信仰的一个"关键部分"。后一个短语非常重要：它将对创造的关怀提升为对天主教徒们的一项要求，而不是让其成为一种选择。这激励了教会更多地参与环境问题。

《生态危机》的广泛传播产生了包括美国在内的全球性影响，在美国天主教的主教们发布了《更新地球》(*Renewing the Earth*, 1991)。主教们将创造描述为创造者所启示的"神圣宇宙"；他们对圣事的天主教式理解超过了传统的七教会圣事的范围，扩展至包含对创造进行的自然圣礼。主教们也宣称，他们想探索关心人与关心地球之间的关系，以及自然生态与社会生态之间的关系。

人类的工业、商业和经济实践造成了环境不可持续发展的影响，人类对这种影响的意识逐渐增强，所以在几个国家召开了主教国际会议以讨论环境问题。在国际主教的声明中，多米尼加共和国的主教宣布了《人类与自然之关系的教牧书信》(*Pastoral Letter on the Relationship of Human Beings to Nature*, 1987)，危地马拉的主教们发布了《为土地哭泣》(*The Cry for Land*, 1998)，这两份声明都早于教宗约翰·保罗二世的宣言。澳大利亚主教们随后发布了《一个新地球：环境的挑战》(*A New Earth: The Environmental Challenge*, 2002)。

在美国，从阿巴拉契亚的主教们发布《这片土地于我而言是家乡》(*This Land Is Home to Me*, 1975)以来，地区主教们写了一系列关注区域问题的教牧书信。这个文件所特别关注的是由煤炭工业所造成的区域性经济与生态危害。接下来的区域性文件包括《陌生人和客人：在中心地带朝向共同体发展》(*Strangers and Guests: Toward Community in the Heartland*, 美国中西部主教, 1980)，这个文件关注的是：挽救房主经营的家庭式农场，避免工业对地球和人民造成危害，促进土地管理，保卫印第安人的协商权利，强调上帝对土地的拥有权优先于私人的拥有权。

哥伦比亚河流域的主教公布了天主教第一份关于生物区和国际化环境相关的文件——《哥伦比亚河流域：照顾创造物和公共利益》(*The Columbia River Watershed: Caring for Creation and the Common Good*, 2001)。这份教牧书信所讨论的区域性问题中，阐释的内容包括：鲑鱼的灭绝；种族主义，尤其是对印第安人的种族歧视；失业状况；能源生成的影响。这一书信的十条"共同体管理条例"描述了形成天主教可持续发展的建议，包括对公共利益的考虑；将这一流域作为公共利益来加以保存；保存和保护野生物种；尊重原住民的传统；增进穷人的公平正义感，将经济公正和生态公正联系起来；还要保存能源，建造替代能源生成设备。

教会共同体的观点

有几位天主教神学家和伦理学家从他们传统的阐释中扩展了教会在教导方面的表述，他们探索了新的解经方式，也探索对天主教教义进行新的分析。此领域率先发表的作品提供了明显的补充性关注重点：在《地球的精神：一种土地的神学》(*The Spirit of the Earth: A Theology of the Land*, 1984) 中，约翰·哈特 (John Hart) 整合了圣经的教导、天主教的社会思想、印第安人的精神以及美国的社会政治传统，还有它们在促进照料地球和人类共同体方面所起到的相互补充的作用；马修·福克斯 (Matthew Fox) 在《原初的祝福：创造精神启蒙书》(*Original Blessing: A Primer in Creation Spirituality*, 1986) 中，关注的是《创世记》中耶和华对最初的人类进行原初祝福的含义，这为人类与地球背景的一体化提供了一种新方式；托马斯·贝瑞的《地球的梦想》(*The Dream of the Earth*, 1988) 探索了天主教和其他宗教关于人类和地球互动的观点，并提供了一种复兴地球的视角；马塞洛·德·巴罗斯 (Marcelo de Barros) 和乔斯·路易斯·卡拉维亚斯 (José Luis Caravias) 合著的《土地神学》(*Teologia da Terra*, 1988)，描述了拉丁美洲的原住民从殖民时代到现代所遭受到的剥削，将生态恶化与对穷人的镇压联系在一起，述说了跨国资本主义和跨国公司在这种镇压中所产生的影响，他们还倡导建立新的经济结构，以体现对穷人的经济公正，尤其是原住民的经济公正；罗丝玛丽·雷德福·路德 (Rosemary Radford Ruether) 在《盖亚与上帝：拯救地球的一种生态女性主义神学》(*Gaia and God: An Ecofeminist Theology of Earth Healing*, 1992) 中，主张以一种生态女性主义的方式对待环境问题，她注意到男性主宰女性与人类主宰地球之间的联系，并强烈要求人们转变对女性和土地的剥削，从而朝着生态正义的方向发展，

这会包含男人与女人、种族、民族和社会阶层之间的新关系；在巴西，解放神学论者莱昂纳多·鲍夫 (Leonardo Boff) 在其《生态与自由》(*Ecology and Liberation*, 1996) 和《地球的哭泣，穷人的哭泣》(*Cry of the Earth, Cry of the Poor*, 1997) 中，将经济公正与生态正义联系起来，并提倡在人与人之间、人和地球之间建立新的经济结构，缔结新的关系；还有伊冯·格巴拉 (Ivone Gebara)，他的《渴望自来水：生态女性主义和解放》(*Longing for Running Water: Ecofeminism and Liberation*, 1999) 提议了一项都市生态女性主义的工作，从那一角度看来，这项工作对城市贫民感到痛惜，反对利用穷人，这本书也叙述了生态的恶化，并提供了一种新的生态思想。此后很快出版的补充性作品包括：约翰·豪特 (John Haught) 的《达尔文之后的上帝：一种进化论神学》(*God After Darwin: A Theology of Evolution*, 2000)，讨论的是神学和科学与进化、生态责任之间相辅相成的关系，并回应了生物群落及其地球栖息地之所需；罗丝玛丽·雷德福·路德的《整合生态女性主义、全球化和世界宗教》(*Integrating Ecofeminism, Globalization, and World Religions*, 2005) 发展出一种更深层的社会公正理念；而托马斯·贝瑞的《伟大著作》(*The Great Work*, 2000)，是一本关于生态正义、人类的宇宙意识以及人类对宇宙的感观的书。约翰·哈特的《圣礼：基督教的生态伦理》(*Sacramental Commons: Christian Ecological Ethics*, 2006) 整合了这些内容：将创造尊崇为无所不在的神圣启示、主张公平地分配地球的公共资源；这本书还提议万物皆拥有自然权利，为基督教的生态伦理提供了原

则（参见补充的内容，亚西西的方济各的词条"圣礼"中的"颂歌的创造"，页345）。

天主教教导的代际影响

由多种来源而来的天主教关于生态的教导促进了有关生态正义与经济公正相联系的观念与理想。他们倡导平均分配和使用地球上的公共资源（土地、空气、水、矿产），以便满足人类以及所有生命共同体在目前和未来对公共资源的需求。他们将创造的福祉与整体的幸福融为一体。绝大部分官方教会文件所关注的内容已经发生了转变，从人类是对上帝的创造物的"主宰"（倾向于"统治"）转变为"看管"。"看管"这个术语也稍微有些问题，这个术语会提醒人们，最终他们对上帝的创造物的照料是基于上帝对人的信任，"看管"似乎暗示着人类是管理所有创造物的角色。有几位神学家和伦理学家已经不再使用主宰和看管的概念，而代之以相互关系和共同体这些观念：在人与人之间、人类和其他物种之间、生物区和地球间，以及宇宙与创造主之间的相互关系和共同体的观念。

尽管很显然，地球的承载量有限——地球为人类提供空间从而使他们以可持续的方式生活和工作、生产食物、食用饮用水、获得和使用能源及矿产资源；但是，制度化教会的文件中，很少注意到人口数量对地球生物圈和自然资源的影响。制度性教会和社区教会所写的内容中，当然注意到了人类自私的消费和消费主义，其中人们开发自然资源以满足人类（地球上人类中的少数）的需求，而不是满足其他生物区（地球上人类中的多数）的需求。

总的来说，人和地球能从天主教的社会经济—生态教导的理论与实践中有所受益。尽管传统上，提倡对环境负责的人或许为数不多，但它确实促进了消费减少，将需求置于欲望之上优先考虑，倡导正义、可持续发展的社区及关心创造物，劝告并践行对穷人的慈悲这一类的意识，并且在所有这一切中，帮助了促进代际间的责任和生态的可持续性。

约翰·哈特（John HART）
波士顿大学

拓展阅读

Berry, Thomas. (1988). *The dream of the Earth*. San Francisco: Sierra Club Books.

Berry, Thomas. (2000). *The great work: Our way into the future*. New York: Bell Tower.

Boff, Leonardo. (1996). *Ecology and liberation: A new paradigm*. Maryknoll, NY: Orbis Books.

Boff, Leonardo. (1997). *Cry of the Earth, cry of the poor*. Maryknoll, NY: Orbis Books.

Christiansen, Drew, & Grazer, Walter. (Eds.). (1996). *And God saw that it was good: Catholic theology and the environment*. Washington, DC: United States Catholic Conference.

de Barros, Marcelo, & Caravias, Jose Luis. (1988). *Teologia da terra*. Petropolis, Brazil: Editora Vozes Ltda.

Ferro Medina, Alfredo. (1991). *A teologia se fez terra: Primeiro encontro Latino-Americano de teologia da terra.* [*Theology from the land: First Latin-American meeting on a theology of the land*]. Sao Leopoldo, Brazil: Editora Sinodal.

Fox, Matthew. (1986). *Original blessing: A primer in creation spirituality.* Santa Fe, NM: Bear & Co.

Gebara, Ivone. (1999). *Longing for running water: Ecofeminism and liberation.* Minneapolis, MN: Fortress Press.

Hart, John. (1984). *The spirit of the Earth: A theology of the land.* Mahwah, NJ: Paulist Press.

Hart, John. (2004). *What are they saying about environmental theology?* New York: Paulist Press.

Hart, John. (2006). *Sacramental commons: Christian ecological ethics.* Lanham, MD: Rowman & Littlefield.

Haught, John F. (2000). *God after Darwin: A theology of evolution.* Boulder, CO: Westview Press.

John Paul II. (1990). *The ecological crisis: A common responsibility.* Washington, DC: United States Catholic Conference.

Johnson, E. A. (1993). *Women, Earth, and creator spirit.* New York: Paulist Press.

Maguire, Daniel C., & Coward, Harold. (2000). *Visions of a new Earth: Religious perspectives on population, consumption, and ecology.* Albany: State University of New York Press.

Robb, Carol S., & Casebolt, Carl J. (1991). *Covenant for a new creation: Ethics, religion, and public policy.* Maryknoll, NY: Orbis Books.

Ruether, Rosemary Radford. (1992). *Gaia and God: An ecofeminist theology of Earth healing.* San Francisco: HarperSanFrancisco.

Ruether, Rosemary Radford. (Ed.). (1994). *Women healing Earth: Third world women on ecology, feminism, and religion.* Maryknoll, NY: Orbis Books.

Ruether, Rosemary Radford. (2005). *Integrating ecofeminism, globalization, and world religions.* Lanham, MD: Rowman & Littlefield.

Smith, P. (1997). *What are they saying about environmental ethics?* New York: Paulist Press.

U.S. Catholic Bishops. (1991). *Renewing the Earth: An invitation to reflection and action on environment in light of Catholic social teaching.* Washington, DC: United States Catholic Conference.

基督教——教友派／贵格会

事实上，两个教友派共享的信仰（见证分享）简单而完整地确立了其可持续发展的支架。自由而保守的教友派——就是普遍为人所知的贵格会——一直以来都抵制物质享受的干扰，以便使人们更亲近上帝，同时也更直观地感受到上帝存在于自然之中。这种态度即使在贵格会的企业发展中也很鲜明。

教友派，或者它们更为人熟知的是被称为"贵格会"，除了关注和平、核能、人口问题和生物技术问题之外，还对可持续发展以及一系列环境问题保持关注。贵格会将其可持续发展的承诺描述为简朴而正直，或曰正确的关系，自17世纪中叶的英国宗教改革运动创立贵格会以来，"见证分享"（指导伦理信仰和态度）已成为贵格会信仰的核心。其他核心的内容包括和平与平等/共同体，其在当代阐释中具有生态的维度；有些人或许会将可持续性或地球/环境问题列入由核心见证发展而来的清单中（Helmuth 2007）。平实被视为个

人自律和精神实践的工具，以便一个人从内心培养其与耶稣的光芒之间的内在联系，平实同时也是一种培养个人美德的方式，使人避免受世俗之事和积累财富所干扰。乔治·弗克斯（George Fox，1624—1691），或许是这个派别中影响最大的创立者，他论述说，积累财富会导致战争，也是暴力的一种形式；为了社会的公正，他倡导"正确分享"经济资源，在经济交易中做到正直和诚信。见证"简朴"意味着在衣食住行以及其他生活方式上做到平实。承诺过上简朴生活不仅可以让个人更少地分心以便更亲近上帝，同时也要求个人意识到上帝临在自然之中。贵格会的一句常用语是"上帝（或上帝之光，上帝之精神）存在于每一个人身上"；对于很多人来说，这句话变成了"上帝存在于于每一个事物中"。对于更为现代的贵格会而言，简单被评价为是通往一种生活方式的路径，这种生活方式更加紧密地联系自然和经济公正，也更少地对消费进行关注。简单生活见证的承诺具有"可持续发展"的方面，

贯穿了贵格会世界,将贵格会的神学自由精神与福音派组织联系起来。

不仅个人在他们的灵性、生活方式和消费习惯方面去遵循一种简单生活的见证分享,而且贵格会在他们各种各样的团体表现中也同样遵循简单生活的见证分享。贵格会的礼拜堂通常是平实的、未加修饰的,并且缺乏宗教符号,正如教友派一样寻求一处地方,这个地方一定不会损害上帝临在的内在经验。同样在这一精神下,过去40年所建的礼拜堂已经寻求包含自然采光的优势,有很多具有这一特征:有从地板到天花板的窗户,透过窗户向外能够看到自然景观。大量的自然采光,不但增强了能源管理,并且它与上帝之光有着显然的象征性联系。

过去10年里,考虑到绿色建筑和关于可持续性的原则,美国有两栋由贵格会组织所占用的重要建筑被重新整修。全美立法同志会(Friends Committee on National Legislation,FCNL)的新办公室就是在早先的华盛顿建筑基础上重新整修的,被美国绿色建筑委员会(the U.S. Green Design)授予绿色能源与环境设计先锋奖(Leadership in Energy and Environmental Design,LEED)银奖。成立于1943年的全美立法同志会是在华盛顿注册登记的最为古老的普世游说团,它代表着一系列贵格会团体,而其题词(共享于它的网站栏目上,www.fcnl.org)是对贵格会的可持续发展愿景的恰当总结:“我们寻求一个没有战争也没有战争威胁的世界……一个对所有人公平和公正的社会……一个任何人的潜力都能得到充分发挥的群体……一个革新后的地球。”1856年建于费城经过重新修整的贵格会

中心——费城历史上属于美国贵格会的中心位置——是宾夕法尼亚州第一座具有地热采暖和制冷系统的建筑。像全美立法同志会建筑一样,贵格会中心也尽可能地使用当地或可重复利用的材料,它具有“绿色屋顶”(以蔬菜覆盖的屋顶),使用地热能源,并且在各方面具有自然采光和高效节能的特征。但贵格会中心与全美立法同志会的不同之处在于,贵格会中心还有太阳能板,并且在厕所和地面的用水方面采用雨水径流收集系统。据贵格会中心网站(www.friendscentercorp.org)所言,计划于2009年7月竣工的这一建筑,将会成为一项环境可持续发展的展示。

贵格会有关可持续发展的一个关键性机构是贵格会关照地球见证人协会(Quaker Earthcare Witness,QEW),这个协会是兴起于1987年的与自然相统一贵格会委员会这一组织的自然结果,与自然相统一贵格会委员会是为了回应贵格会环保先锋马歇尔·梅西(Marshall Massey)的工作而成立的一个组织。贵格会关照地球见证人协会指出,如今的可持续发展的观念仍然在贵格会对于“正确的关系”的理解中有所呈现,“正确的关系”能够追溯至传道士约翰·伍尔曼(John Woolman,1720—1772):如果人类与超越人之外的自然界之间不能以正确的关系相处,那么,贵格会所致力的没有战争、具有公正的社会关系的世界将无法实现。如同全美立法同志会一样,或许如下的声明是对贵格会所憧憬的最好总结(QEW 2003):“我们被呼召以正确的关系与所有创造物共处,意识到整个世界是相互联系的,而且这也是上帝的具体体现……需要尊重、保护上帝的创造这项真理,并且要敬畏其

本身的创造权利，这一真理——人类渴望和平
与正义——取决于重建地球的生态完整性。"

劳雷尔·D. 卡恩斯（Laurel D. KEARNS）
德鲁大学神学院

拓展阅读

Cox, Louis; Fabianson, Ingrid; Moon Farley, Sandra; & Swennerfelt, Ruah. (Eds.). (2004). *Earthcare for Friends: A study guide for individuals and faith communities*. Burlington, VT: Quaker Earthcare Witness.

Friends Committee on National Legislation (FCNL). (n.d.). Retrieved on June 5, 2009, from http://www.fcnl.org.

Helmuth, Keith. (2007, December). Friends testimonies and ecological understanding. *Friends Journal*, 14–17.

Merkel, Jim. (2003). *Radical simplicity: Small footprints on a finite Earth*. Gabriola Island, Canada: New Society Publishers.

Environment: Quaker authors. (n.d.). Retrieved June 1, 2009, from http://www.pym.org/pm/lib_comments.php?id=499_0_108_0_C.

QEW. (2003). Quaker Earthcare Witness's vision for the future. Retrieved June 4, 2009, from http://www.quakerearthcare.org/QEWPastandFuture/QEW_Future/QEW_ Future.htm.

Spring, Cindy, & Manousos, Anthony. (Eds). (2007). *EarthLight spiritual wisdom for an ecological age*. Philadelphia: Friends Bulletin.

Steere, Douglas. (1984). *Quaker spirituality: Selected writings*. Mahwah, NJ: Paulist Press.

Climate Change

气候变化

在地球历史上,除了气候系统本身产生的巨大自然变异之外,人类也是导致气候变化的因素。由于人为因素导致的气候变化很可能会对我们的星球造成毁灭性影响:某些地区的降水量过多,而另一些地区降水量又很匮乏;暴风雨袭击增加;海平面水位线改变;还有特定物种的悄然消失和生态系统中产生的潜在损失。

从长远来看,气候变化会使一个地区或整个地球气象的预期模式产生偏差。气候变化与天气变化是有区别的,天气通常被理解为短期的温度、降水、风力、湿度、气压和云雾等状况。从一天到另一天、从一个季节到另一个季节,一个地方的天气通常变化很大,但这个地方的气候通常是可预测的,因为气候是对这个地方长期的平均天气模式的描述(NCAR 2009)。

在使用"气候变化"(climate change)这个术语时,它通常可与"全球变暖"(global warming)这个术语互换,但据国家科学院(the National Academy of Sciences)所言:"相较于'全球变暖'而言,人们更倾向于使用'气候变化'这个短语,因为除了气温上升之外,还有很多(其他的)变化。"(EPA 2009)

自然气候变化的原因

美国全球变化研究项目/气候变化科学项目(U.S. Global Change Research Program/Climate Change Science Program 2009)的一项报告说明,气候变化的原因有如下几条:(1)自然因素,诸如太阳光的强度或地球围绕太阳转动之轨道的细微变化;(2)气候系统中的自然进程,例如海洋环流的变化;(3)人类活动改变空气的组成成分(例如,工业—农业—食品生产程序和燃烧矿物燃料所释放出的温室气体);(4)土地使用情况的改变,诸如砍伐森林、重新造林、都市化和荒漠化。

在相当长的时期里,作为气候自然变异之组成部分的气候变化,即不是由人类活动所引起的变化,已经对地球上的一些地区乃至整个地球本身的某些方面造成了影响。在地球历史上，从冰河纪到长时期的温暖时期，在这期间地球的气候产生了多次变化。从冰雪覆盖地球大部分面积的冰川时代（或曰冰河纪）到冰雪撤退至南北极或完全融化的间冰河时期，气候已经持续地不断地在变化（EPA 2009）。

人们相信，自然的气候变化是由诸种变化引起的：地球—太阳的关系不断改变；地球板块之间的地壳运动；气体和微粒的火山式喷发；碳在大气、海洋和生物圈之间的循环变化；自然产生的温室气体（GHGs）含量的变化，包括二氧化碳、甲烷、水蒸气和一氧化二氮；还有因陨石和其他太空碎片撞击地球致使大气层中产生特殊变化而导致的随机变化（U.S. Global Change 2009）。

通过分析无数的替代品，或曰"代替物"（proxy），亦通过观测气候（诸如冰芯、钻井、树的年轮、冰川长度、花粉残留和海洋沉积物）和研究地球环绕太阳运转的轨道变化情况，科学家们已经能够拼合地球从几十年前到百万年前的面貌。

至少在过去100万年里，我们的世界经历了从变暖到变冷的不断循环，每次完成变暖或变冷的历程都需花费差不多10万年的时间。每一次完成循环程序，全球的平均温度首先会下降然后又上升，上下浮动大约5℃，即每一次都把地球带入冰河纪然后又使之变暖（EPA 2009）。

温室效应是一个过程，在这个过程中，地球的大气层中的特定气体（水蒸气、二氧化碳、甲烷和一氧化二氮）会吸收热量，因而空气的温度会上升。这些气体所起的作用像温室中的玻璃一样：它们吸收从太阳光射向大气层的短（紫外线或UV）能量波，吸收从地球表面射出的长（红外线的）能量波并将其反向辐射出去，从而使地球变暖。

人为导致的气候变化的原因

除了大气层构成成分的变化以外，地球表面的变化对于气候也有重要影响。例如，土地使用和覆盖率的变化会影响土地对太阳辐射总量的反射和吸收程度，从而影响气温。像砍伐森林、重新造林、荒漠化和都市化等，通常会导致这些现象发生之地的气候变化。这些影响或许具有显著地域性，但是在整个地球上平均下来，影响就被削弱了。

土地覆盖与土地使用也能影响到地球表面二氧化碳的吸收（或隔离）或释放。自从工业革命出现（大约于1750年）以来，人类的实践活动实际上增加了大气层中的温室气体的总量。燃烧矿物燃料和生物燃料（如草木这类活质）也会导致悬浮颗粒的排放，这些悬浮颗粒能够吸收和散发热量、反射太阳光。（EPA 2009）

人为导致的气候变化的后果

如果温室气体继续增多，气候模式预测，到21世纪末，地球表面的平均气温将会比1990年的气温水平升高1.8℃—4℃。科学家们确信，人类的活动正改变着大气层的构成成分，并且，持续增加的温室气体浓度会改变地球的气候。但是，他们不确定会在多大程度上改变，且以何种速度改变，也不确定将会产生什么确切的影响（EPA 2009）。1988年，世界气象组织（the World Meteorological

Organization)和联合国环境规划署(the United Nations Environment Programme, UNEP)创立了联合国政府间气候变化专门委员会(the Intergovernmental Panel on Climate Change, IPCC)。联合国政府间气候变化专门委员会于1990年发布了第一份汇集400位科学家观点的评估报告,这份报告指出,全球变暖趋势确实属实,并强烈要求我们对此有所行动。自发布第一份有关气候变化的科学报告以来,联合国政府间气候变化专门委员会在1995年、2001年和2007年均周期性地发布了同行评审的科学分析报告。

联合国政府间气候变化专门委员会已经极度自信地断定,人类活动将会导致地球在未来不断变暖。干旱、洪水和其他形式的极端天气将会变得越来越频繁,进而威胁到粮食供应。不能适应环境的植物和动物将会灭绝。海平面水位线会持续上升,从而迫使沿岸区成千上万的居民迁移别处。据联合国政府间气候变化专门委员会所言,尽管世界上某些最富裕的国家才是气候变化的始作俑者,但世界上某些最贫穷的人受到气候变化的影响却最为严重。

人类向大气层排放的温室气体(GHGs)之一,即二氧化碳(CO_2),正在迅速增加。据联合国环境规划署(UNEP 2009)统计,欧洲工业革命兴起时,空气中的二氧化碳含量为280%,如今,空气中的二氧化碳占温室气体总量的平均比例(根据有关温室气体的升温潜能值的通用指标来判断所有温室气体含量),已经上升至390%,而且这个数据还以每年1.5%至2%的速度增长。

一些科学家相信,为了阻止危险的气候变化,明智的做法是,将地球平均气温的增长量控制在高于前工业时代气温水平的2℃以内。科学家们认为,如果温室气体浓度仍低于450%,那么就有50%的机会能够保持气温上升水平在2℃以内。

显著的气候变化

全球变暖的一些后果已经显而易见。人们已经观察出,气候中有无数长期变化,包括诸如干旱、强降水、热浪和热带强飓风这样的极端天气。

人们已经观察到,并在联合国政府间气候变化专门委员会的第四次评估报告《气候变化2007:综合报告》(*Climate Change 2007: Synthesis Report* 2008)中评定,未来的趋势是,会出现更强烈的风暴和更热、更持久的干燥时期。更热的气温意味着更多的水蒸气,更温暖的空气含有更多的水分——因此空气中就有更多能够降为雨水的水汽。同样地,如果天气更热,干燥地区就容易流失更多的水分,这就会加剧干旱和土地荒漠化的状况。

联合国气候变化框架(the United Nations Framework on Climate Change, UNFCC)——产生于1992年在里约热内卢举办的地球峰会上的一项国际协议——也记录了几种气候变化模式(UNFCC 2009)。包括非洲萨赫勒(广阔的土地从大西洋延伸至非洲之"角")、地中海、非洲南部和南亚部分在内的地区已经观察到大片的干旱区域。在许多地方,频繁的强降水事件也有所增加。据观察,在南北美的东部、欧洲南部以及亚洲北部和中部地区,降水量明显增加。大约自1970年以来,有明显的数据表明,北大西洋受到强热带飓风袭击的频率不断增加。气候系统的复杂性意味着预测需要非常宽泛且准确，因为即使是对最微小的气候改变的预测也可能导致海岸线被频繁地淹没、食物和水的供应被中断，以及许多物种的灭绝。

极端气候事件的发生更为频繁，并且，海平面水位线已经比前工业时代的平均水平提升了10至20厘米。与时间尺度有关的气候进程和反馈信息显示，在未来几个世纪，海平面水位线还会继续上升。联合国政府间气候变化专门委员会的第四次评估报告中（2008）写明，由于格陵兰冰盖的收缩，预计海平面会在2100年以后继续上升。如果这种收缩持续数个世纪，实际上就会导致格陵兰冰盖完全消失，也会导致海平面上升大约7米（UNFCCC 2009）。

预测也指出，除了冰雪覆盖面会继续收缩，绝大部分永久冻土地区的融雪深度仍会普遍增加［融雪深度（*Thaw depth*）指的是在每年夏天冰雪消融时永久冻土层或永久冻结地中最活跃的一层融化的水平］。未来日益频繁的暴风雨和洪水也许会对世界日益拥挤的海岸线造成更为严重的冲击，即使在最低程度下出现这种极端天气，情况也会十分严峻。而且，据预测，极端的热带风暴会朝着地球的两极侵袭，并且接续上半个世纪已经观察到的模式，风力、降水量和气温模式也会随之改变（UNFCCC 2009）。

气候变化的伦理

气候变化引发了一系列挑战文明的伦理问题（Brown et al. 2004）：

● 国际社会应该将大气中的温室气体统一稳定在何种水平上？

● 全球目标的完成应该在各国之间如何分配？

● 谁应该对气候变化所造成的损害进行赔偿，或者说谁应该为气候变化造成的损失付出代价？

● 由于未来或许会研究出新的、代价更低的减少排放量的技术，各个国家有权放缓降低温室气体排放的速率吗？

● 之所以不需要采取降低温室气体排放的策略，是因为某些气候变化的影响不具有科学的确定性，这是一个恰当的理由吗？

● 某些国家要以付出代价来反对采取行动降低温室气体排放量，这个论证具有道德合法性吗？

● 在其他国家都不同意降低他们排放量的情况下，会有一个国家拒绝削减其温室气体排放量，以便公平地分配合理的全球排放量吗？

气候变化引发的这些问题至少出于这三方面的原因。首先，那些引发气候变化的人通常不是在气候变化的影响下最受损失的人。第二，对于气候变化的受害者而言，气候变化带来的危害可能是灾难性的。第三，国际上政府必须基于全球范围的影响，而不是仅仅基于国家利益而制定政策。

《京都议定书》（the Kyoto Protocol）是对《联合国气候变化框架公约》（the United Nations Framework Convention on Climate Change）的修正，基于《京都议定书》，一些发达国家已经承诺降低能够导致气候变化的气体的排放量并且在某些情况下基于他们观察到其他（发达）国家排放量持续增加，他们有时会减排。因为《京都议定书》将会自行失效，世界上的各个国家已经开始协商能够替代《京都议定

书》的条约，并且需要其他国家共同承诺来保
证这一进程的实施。

唐纳德·布朗（Donald BROWN）

宾夕法尼亚州立大学

拓展阅读

Brown, Donald; Tuana, Nancy; Averill Marilyn; Bear, Paul; Born, Rubens, et al. (2004). *White paper on ethical dimensions of climate change*. Retrieved May 18, 2009, from http://rockethics.psu.edu/climate/whitepaper/whitepaper-intro.shtml.

Intergovernmental Panel on Climate Change (IPCC). (2008). *Climate change 2007: Synthesis report*. Retrieved May 24, 2009, from http://www.ipcc.ch/ipccreports/ar4-syr.htm.

National Center for Atmospheric Research (NCAR). (2009). Retrieved April 27, 2009, from http://www.ncar.ucar.edu/.

United Nations Environment Programme (UNEP). (n.d.). What is climate change? Retrieved April 27, 2009, from http://www.unep.org/themes/climatechange/whatis/index.asp.

United Nations Framework Convention on Climate Change (UNFCCC). (n.d.). Retrieved April 27, 2009, from http://unfccc. int/essential_background/items/2877.php.

United States Environmental Protection Agency (EPA). (2009). Climate change. Retrieved April 27, 2009 from http://www.epa.gov/climatechange/index.html.

U.S. Global Change Research Program/Climate Change Science Program. (2009, March). *Climate literacy: The essential principles of climate sciences*. Retrieved April 27, 2009, from http://downloads.climatescience.gov/Literacy/Climate%20Literacy%20Booklet%20Low-Res.pdf.

Common Good

共同善

　　共同善是指不仅能够惠及个体,而且对作为整体的更大范围的社区均有益的概念,同时也是一个能在几种宗教传统中被发现的古老概念。可持续发展就是终极的共同善:做正确的事情,不仅对人类有益,还能惠及整个地球和地球上所有具有生命的存在物和无生命物。

　　"共同善"是理解可持续发展的关键途径,因为它强调的是超越但也包含个人利益的利益共享之重要性。传统上,这是一个政治的观念,假定国家通过提高属于整个共同体的利益,从而为人民谋福利,它会让每一个人受益,而每一位公民也应该为其做出贡献。这个共同善不仅仅是大多数人的目标。正如亚里士多德所阐释的,共同善是政治生活的目标(Aristotle 2004)。基督徒通过将这种观念应用于人类与上帝的关系中,从而采纳和扩展了这一概念。例如,圣·奥古斯丁(St. Augustine)争辩说,所有的生物,包括人类,都是宇宙整体当中的一部分。对于奥古斯丁而

言(1961,66),当人类不顾及整体,也就是上帝、"万物共同善",而是一心想着有限的利益,这时候,人类就犯下了罪。

　　中世纪神学家圣·托马斯·阿奎那(Saint Thomas Aquinas)详细论述过共同善,他声称,每一个部分都自然地寻求它所从属的整体利益,"因为每一个这个或那个事物的利益都是被注定的"(Fathers of the English 1924)。由于寻求共同善不仅是一项道德律令,而且还是由上帝所灌输的一个自然倾向,托马斯期望每一部分都自觉地愿意为了整体的利益而做出牺牲。这与极权主义国家相差甚远,在极权主义国家,政府或许会选择牺牲某一个个体以代表其他人。更确切地说,因为每一个个体都天生地渴望整体的共同善,那么就会产生一个自然倾向——冒个体的风险从而使全体繁盛。事实上,当一个个体将整体的利益视为其私有利益时,这就会显得有些违背自然甚至是错误的。这会削弱整体的福利,并且最终会使个体自身的幸福受阻。尽管托马斯认为,创造的最

伟大的方面在于使宇宙中各部分保持统一和有序,他也认为,上帝会照看动物和植物,所以他将"共同善"仅仅授予人类共同体。现在看来,托马斯的这种局限性似乎是错的,而如今美国天主教的主教们则呼吁人类推进更为宽泛的"星球共同善"(U.S. Catholic Bishops 1996)。

透过共同善的棱镜对可持续发展进行观察会使人们认识到,人类只是较大星球中和宇宙整体中的一个部分,而且只有当人类致力于整体的利益时,人类才会繁荣。因此,人类需要认识到,星球和宇宙的共同善超越于他们自身但也包含他们自身的利益。当人类将自身看作仅仅是地球的一部分,并且人类能够理解,即只有当他们的行为活动代表着整个地球共同体的繁荣时,人类共同体才会繁荣,这时候,人类的真正可持续发展才会来临。当人类从整体当中为他们自己获取私利时,或者当他们关注人类的利益而非所有创造物的利益时,他们就破坏了地球维持生命的容纳力,同时也会破坏他们自身的幸福。当人类不能认识到他们本质上从属于地球并且是整体的一部分时,人类就扰乱了自然的秩序。可持续发展维护了地球上多样化的生态系统的秩序和统一,其不仅维持了人类的

生命,还维持了所有创造物的生命,这是全体的共同善。

其他的传统中也有与共同善相类似的观念,尽管它们所使用的语言或许不能恰好翻译为"共同善"。例如,美国原住民的拉科塔祈祷文 *Mitakouye oyasin* ——"为所有与我相关的事物祈祷"——反映了对共同善的深切理解。在祷告这些话时,拉科塔苏族(Lakota Sioux)人提醒他们自己,要将宇宙中的每一种创造物都视为家庭中的成员,并且,在祈祷仪式中包含了其祈祷的精神内核:与其他创造物的相互关系,以及在宇宙中的平衡。

另一个突出的例子是印度法(dharma)的观念,它在梵文中的意思是"支持和维持",律法指的既是宇宙法则也是道德律法,即维持宇宙和所有创造物之间的和谐与幸福的宇宙法则和道德律法。律法认识到,人类是宇宙整体的某些部分,也认识到,当任何一种创造物或物种仅为其私利而行动,它将导致个体的、社会的甚至宇宙的损伤和遭难。律法反映了基督教的共同善观:当人类将他们获得的任何利益均不与他们自己的利益相关联,而是联系到整体的利益,也就是宇宙的共同善时,人类就能作为宇宙中的部分生存于宇宙中,而且能够获得最大程度的幸福。也可以说,共同善的观念存在于其他传统中。例如,一群佛教徒和许多原住民会说,共同善与他们的传统在许多方面会产生共鸣。

丹尼尔·P.沙伊德(Daniel P. SCHEID)

杜肯大学

拓展阅读

Aristotle (2004). *Nicomachean ethics*. (J. A. K. Thompson & Hugh Tredennick, Trans.). New York: Penguin Classics.

Augustine, St. (1961). *Confessions*. (R. S. Pine-Coffin, Trans.). New York: Penguin Classics.

Christiansen, Drew. (2000). Ecology and the common good: Catholic social teaching and environmental responsibility. In Drew Christiansen & Walter Glazer (Eds.), *And God saw that it was good: Catholic theology and the environment* (pp.183−195). Washington, DC: Island Press.

Fathers of the English Dominican Province (Trans.). (1924). *Summa Contra Gentiles*. Chicago: Benziger Brothers.

French, William C. (1994). Catholicism and the common good of the biosphere. In Michael H. Barnes (Ed.), *An ecology of the spirit: Religious reflection and environmental consciousness* (pp.177−194). Lanham, MD: University Press of America.

Hart, John. (2006). *Sacramental commons: Christian ecological ethics*. Lanham, MD: Rowman & Littlefield.

Longwood, Merle. (1973). The common good: An ethical framework for evaluating environmental issues. *Theological Studies, 34*, 468−480.

Schaefer, Jame. (2005). Valuing Earth intrinsically and instrumentally: A theological framework for environmental ethics. *Theological Studies, 66*, 783−814.

U.S. Catholic Bishops. (1996). Renewing the Earth. In Drew Christiansen and Walt Grazer (Eds.), *And God saw that it was good: Catholic theology and the environment*. Washington DC: United States Catholic Conference.

U.S. Conference of Catholic Bishops. (2001). *Global climate change: A plea for dialogue, prudence, and the common good*. Washington, DC: United States Catholic Conference.

Community

共同体

　　共同体寻求可持续性是其实现可持续发展的关键：所有个体都不能单独完成较大共同体所能达成之事。为了使地球和未来世代繁荣昌盛，各种形式的共同体，即宗教、国家、文化、全球等领域的参与至关重要。

　　作为一种道德范畴，共同体在宗教、文化以及哲学等传统中具有多种定义。作为一种因某些共性而联系在一起的个体之人的集合，共同体可以应用于家庭、地区、民族或跨民族认同、宗教或文化认同、共同利益、相互的自身利益等方面。每个人都属于众多共同体集合中的一员，脱离了公共纽带的个体是不完整的。一些共同体是被挑选出来的，然而，还有许多共同体并不是以明确的方式被选择的。每个人都是全球人类共同体和人类家庭中的一员。除人类家庭外，所有的宗教传统

追求的是将人类置于更广大的宇宙中。面对当前生态危机的紧迫状态，在可持续性理念的倡导下，必须将共同体从人类共同体扩展到地球共同体。例如面对全球气候变化这类危机，在可持续性理念的倡导下，就要求将自然世界囊括进共同体中。

　　可持续发展作为一种道德挑战，对共同体而言是个问题，也是共同体本身的问题。个体有必要参与可持续性项目并对其承担责任，但这还不够。如果仅凭个人的选择，而非组织性的集体议程，那么共同体和地球的生存能力则不具备保障。60亿人口的规划，即使根据可持续发展精神的规划，也不能充分协调和统一解决公共的和全球的问题。在相互依存、全球化，以及当今的生态危机等问题中都清楚地强调了需要共同体来实现经济、发展和生态的可持续性。同样地，

如果缺少个体，那么，政府间和跨国的管理和组织也无法运行。例如，如果消费者们选择购买高能效的产品，那么高能效的和对生态环境无害的技术才会成功。可持续发展既要求协调共同努力以发展高能效汽车行业，也要求个体消费者去购买它们。

共同体的一个问题在于，可持续性的精神必须聚焦于可持续发展的共同体及其本身。特别是，西方世俗主义的扩张已经产生对人类共同体的关注进行更新的需要。可持续的经济与生态发展需要参与式的共同体，而不需要简单地主张个体自由而不顾任何社会支持的共同体。教育、医疗保健、经济机遇和资源等都是我们地区共同体所必需的。在更大范围内开展可持续发展时，地区共同体中的机构、组织的参与以及强化的社会资本是其必要前提。

承诺参与意味着，每一个共同体都必须在道德律令的约束下积极地对可持续发展工程做出贡献。如果没有一个活跃的地区共同体，实际的、递增的改变将不会发生。如果没有国家的、超越国家的和全球的共同体，对必要的发展、能源政策和生态保护的系统指导就无法实施。而且，如果单一地，或者像理解公司范畴一样理解共同体，就会妨害可持续性的实施。环境的可持续发展要求所有共同体和国家积极地参与；单个国家应该撤销其对整个环境保护项目的阻碍。为了使所有的可持续发展举措获得成功，必须不断关注共同体的道德挑战并为其不断努力。

在许多关键的伦理概念中，共同体和可持续性是交叉的：审慎、辅助性原则、共同利益、团结、人权、生态责任，以及对子孙后代的承诺。审慎，或者说是一种关乎正确理性和判断的美德，它要求可持续性项目将个体和社会的参与考虑在内，这种参与发生于社会、经济及环境承诺的所有领域中。哲学上讲，审慎的美德指导着以实现可持续性为目的的共同体决策。在尽可能从最低水平解决个体的各种问题基础上，辅助性原则要求在各个层面的共同体中，即从个体的家庭到整个地球，展开可持续发展项目。这将节约能源的责任寄予家庭，同时又意识到全球能源政策在未来可持续发展方面的道德必要性。辅助性原则通过培养人类之间的团结、人与自然界的和谐，以及通过扩大共同利益来诠释全球共同利益来实现。

包括经济、社会和生态可持续性的可持续发展精神也必须是人权的一种。这些人权对于发展式的个体和参与式的共同体而言至关重要。为了处理生态事务、惠及子孙后代，可持续性必须被理解为共同体的道德律令，以及为了共同体的道德律令，这里的共同体是所有共同体。

梅格汉·J.克拉克（Meghan J. CLARK）
圣安塞尔谟学院

拓展阅读

Dale, Ann, & Onyx, Jenny. (2006). *A dynamic balance: Social capital and sustainable community development.* Toronto: UBC Press.

The Global Development Research Center. (2008). Retrieved March 16, 2009, from http://www.gdrc.org/.

Local Agenda 21. (n.d.). Retrieved March 16, 2009, from http://www. gdrc.org/uem/la21/la21.html.

Meltzer, Graham. (2005). *Sustainable community: Learning from the cohousing model.* Victoria, Canada: Trafford.

Sustainable Communities Network. (2004). Retrieved March 16, 2009, from http://www.sustainable.org/.

Wheeler, Stephen. (2004). *Planning for sustainability: Creating livable, equitable and ecological communities.* New York: Routledge.

United States Council of Catholic Bishops. (1991). Renewing the Earth: An invitation to reflection and action on environment in light of Catholic social teaching. Retrieved March 16, 2009, from http://www.usccb.org/sdwp/ejp/bishopsstatement.shtml.

Confucianism

儒　教

中国三大宗教之一的儒教认为，人类生活的最终语境存在于"万物"之中，即自然的多样性和丰富性。儒家经典文本将自然描述为稳定的社会基础，并警告说，不正确地与自然相处，就会导致不平衡。为了在快速的工业化过程中探寻可持续发展的未来，中国和东亚地区正在研究儒教的生态维度。

儒教通常被描述为一种人文传统，即关注人类在家庭、社会和政府中的作用和责任。因此，儒教主要被认定为一种人类中心论的伦理或政治思想体系。然而，由于可以获得越来越多的西文翻译资料，在进一步审查时就需要重新审视这种狭窄的儒教观。

由于重新审视得到了某些最为重要的结果，出现了一些洞见，即不将儒教简单视为一种伦理的、政治的或意识形态的体系，倒不如说，儒教被尊崇为在许多方面与西方传统不同的、一种深刻的宗教传统（这种认识或许最终将导致扩展"宗教"观念本身，其中不仅包括源自西方的传统，如上帝观念、救赎、赎罪，还

包括除此之外的更多标准）。儒教也因其对关系性的肯定而广为人知，其中不仅强调人类之间的关系，还包括人类与自然之间的关系。儒家的世界观还被描述为一系列的同心圆，在此，人不是作为一个孤立的个体，而是嵌在家庭、社会和政府圈子中的人，是同心圆的中心。这一观点在儒教四书之一的《大学》[*Great Learning* (*Daxue*)]中尤其显著。所有的圈都包含于巨大的宇宙本身之中。因此，在儒家思想中，人类最终的形式是"万物"，换而言之，自然有着显著的多样性和丰富性。

历史发展

儒家思想和儒家实践已被确定为包括四个重要时期。第一阶段是古典儒学，大约从公元前6世纪持续到公元前2世纪；这一时代是早期儒家思想家，即孔子和孟子盛极一时的时期。第二阶段即汉代儒学，当时在经学传统基础上已形成了汉代（公元前206—公元220）的政治正统思想，并开始将其向东亚的各个地方传播。

汉代见证了这一理论的发展。这个理论解释了人类世界的微观宇宙与自然世界的宏观宇宙之间的联系,例如,解释了人类与季节、星辰之间的关系。第三个主要阶段是从 11 世纪到 20 世纪早期的新儒家时期,即宋明理学。这一阶段的大家有 11 世纪的集大成者朱熹,以及 15 和 16 世纪具有独特贡献的王阳明。作为教育和哲学体系,儒教和新儒家的影响已越过中国,传播至其他地方,并形塑了东亚社会,尤其是朝鲜、日本,还有中国台湾、中国香港和新加坡。

儒家可持续发展的模式

不同的儒家和新儒家学者们已提议以各种方式将世界中的精神实践或灵性修养与行动结合起来,从而与自然形成互惠互利的关系。孔子、孟子、荀子和朱熹具有各自不相同的思想,描述如下。

孔子:向外延伸的道德重整

世人公认的儒家传统创始人就是被称为圣师的孔子(Kongzi,公元前 551—前 479)。孔子的名字被耶稣传教士拉丁化为 *Confucius*。孔子出生于一个社会剧烈变革的时代,他的志向为重整个体和国家,重建政治和社会秩序。孔子的主要教导均包含在他的对话中,这些对话被记载在《论语》(*Analects*)中。在此,他强调的是伦理德性的培养,尤其是仁义(仁)和礼貌的行为,或礼节性的礼仪(礼),其中也包含孝心(孝)。德性和礼貌用于描述高贵之人(君子)的行为,尤其用于君与臣、父与子、夫与妻、长与幼、友与友之间的五种关系中。儒家思想的本质是:为了在社会中建立秩序,一个人必须在其家庭中维持和谐、谨遵孝顺和恪守礼仪。接

着,像同心圆一样,德性的影响会延伸至社会。同样地,如果统治者是道德的,就像小卵石掉进池塘中一样,会对社会的其他部分产生涟漪效应,且会对自然本身产生影响。

古典儒学世界观的核心是对仁和礼的高度重视。这两种德性将人类关系的方式定义为精神途径。通过始于孝心的礼仪,一个人可以对其父母和先祖所恩赐的生命进行回报,也会偿还整个自然世界;通过仁,一个人可以将这种情感扩展至其他人,以及万物。以这种方式去践行,这个人就变得更人性化。仁被认为是根植于孝的关系中而被践行的。通过生物的联结将一个人的家庭及祖先扩展至人类大家庭、再到自然界的宇宙大家庭中,从而给人提供一条相互联系的构成精神途径的树根、树干和树枝。人类、自然和宇宙在孝这一溪流中汇合在一起,从祖先到未来子孙的血统,于是出现了代际关系和伦理纽带。崇敬和互惠互利被认为是对于来自父母和祖先所赐的生命礼物的自然反应。类似地,通过对所有生命的最伟大的父母的崇敬,即天与地,一个人就能意识到自己在宇宙中的存在以及在自然秩序中的位置。

孟子:自我和本性的自然培养

在孟子(公元前 371—前 289)和荀子(约公元前 310—前 219)的著作中,儒家思想得到进一步发展,孟子和荀子都讨论过关于人的本性是善还是恶的问题。孟子的性本善的观点获得较多儒教思想大家的支持,而且孟子的思想给儒家的教育哲学和政治理论带来乐观的气息。这一观点也对传统的精神层面产生了影响,因为修身养性被视为发现人性本善的手段。孟子对修身养性过程的理解做出了贡

献。孟子通过辨识在人类天性中存在的德性种子，提议采取一些方式从而使人们能够朝着全然实现各种美德的方向发展。运用从自然世界中提取的类比法，出于家庭和社会的考虑，将个体修身养性的观点扩展至更大的层面上，这一层面也包含自然环境。这可以被描述为自然培养（botanical cultivation）的途径。除了有关个人修养的教导之外，孟子还主张仁政（humane government）是促进更大的共同之善繁盛的方式。他的政治思想包含适当的农业实践和自然资源的合理利用。他尤其力劝统治者致力于满足人民的基本需求，并遵循公义的方式，而不是只注重利益。

荀子：人类和宇宙之间的仪式关系

荀子将仪式行为的强烈感觉作为修身养性的方式。他注意到，人类的欲望需要被满足，并且，人类的情感，诸如快乐和悲伤，需要在适当程度上被表达出来。仪式为这类日常人际交流的表达提供了形式，也为结婚或死亡这样的"阶段仪式"提供了表达形式。然而，由于荀子认为人的本性天生就有缺陷，他强调需要通过教育使人的本性趋向于善。最后，荀子有一个高度发展的天、地、人相互依存的三才理论，这一点也被后来的许多儒教思想家所强调。他写道："天有其四季，地有其财宝，人有其政府。"（deBary & Bloom 1999, 171）在此，天可以理解为宇宙的引导力量，地可以理解为人类居住和繁荣昌盛于其间的自然界。

朱熹：将万物融为一体

在新儒学复兴的 11、12 世纪，儒教得以兴盛，导致在先前教导的基础上形成了新的综合体。新儒学主要的思想家之一朱熹（1130—1200）选定历史经典中的四种经典作为涵盖儒家思想核心观念的文本。1315 年，这些经典文本和朱熹对其的注释成为中国科举考试的基础，科举考试持续了大约 600 年，直至 1905 年被废除。每一个参与仕途的官员都必须参加这种基于朱熹所评注的《四书》的科举考试，这是为了给统治中国的广大政府官僚输送有教养、有道德的官员。所以，新儒家思想对政府、教育、农业、土地和社会价值观的影响是广泛的。在新儒家思想对人类劳作重要性的理解之上形成了有关自然、农业和资源管理的观点，人类要劳作以开发自然并保护自然，以此实现人类在天地人三才中的角色。

朱熹的新儒家思想体系记载于其著名的文集《近思录》（Reflections on Things at Hand，或 Jinsilu）中。在这部作品中，朱熹形成了一种"此世"精神，这种精神建立在宇宙方向、伦理和仪式行为、学者的反思，以及政治参与的平衡基础上。其目标是平衡内在精神修养与外在的格物，以便与不断变化的自然世界相一致。朱熹断定，这些变化是宇宙和个人转变的根源。因此，新儒家的精神原则涉及培养人的道德本性，以便将其带入更大的宇宙变化模式的和谐中。每一种伦理德性都有其宇宙组成部分，例如，核心美德的"仁"被视为既是个体繁殖和增长的源泉，也是宇宙繁殖和增长的源泉。通过践行"仁"，一个人就能影响其自身、社会和宇宙中事物的转化。这么做的话，一个人对现实的深层认同就被认为是将万物融为一体。正如《中庸》（Doctrine of the Mean）所言"……能够帮助转换和滋养天地的能量，人能与天和地形成三才"（deBary & Bloom 1999, 333）。

儒教的关联性和自然：体现了可持续发展

从经典文本到后来的新儒家著作，其中均有一种强烈的意识，即把自然视为一个相互联系的整体，人的生命及社会在这个整体中繁荣昌盛。确实，儒家思想承认，自然规律既在生物需求上，也在社会文化表达上维持着生命。对于儒家学者们而言，生命的生物学维度作为整体有机统一体依赖于自然。自然中的每一个事物都是相互依存和相互联系的。最重要的是，对于儒家学者而言，自然被视为动态和转换的。这些观念显著呈现在《易经》(*Book of Changes*, *I Ching* 或 *Yijing*)中，在四书(Four Books)中也有体现，尤其在《孟子》(*Mencius*)、《中庸》和《大学》(*Great Learning*)中体现得更为明显。在新儒家传统的宋代(960—1279)和明代(1368—1644)，这些观念达到其全盛状态。在这种背景下，自然具有一种内在的统一，换而言之，自然具有一个重要的存在论来源[太极(*T'ai ji*)]。它具有模式化的转换程序(阴—阳)，并且它与五大元素(水、金、火、土和木)能够相互作用，和自然的"万物"具有相互关系。自然随着物质力量，或气的运动而变动和流转。

自然的美德：肯定变化

对于儒家学者们来说，人类是"天人合一"的存在者，而不是人类中心主义的个体存在，即人类世界被视为与宇宙宏观大世界相关的微观小世界。在将天、地、人比喻成的三才中对这一点有最为简明扼要的表述。在汉代，关于元素、方位、颜色、季节和美德等均具有复杂的相互对应的综合体系，这些关系也得以发展。在儒家文化中，这种需要刻意地将自然模式与人类社会的节拍联系起来的想法是很古老的。它以人类中心主义的世界观为基础，人类中心主义世界观认为，人类世界与天和地之间有着相互的关系，并一起协同合作，从而创造一种和谐的社会。对自我、社会和自然相互联系的共鸣，在儒家著作，以及与儒学相关的艺术和建筑中均不断有所体现。

对于儒家学者们来说，自然不仅具有内在价值，还具有道德之善。因此，自然中存在对于所有事物的惯常标准；自然不以人类中心主义的视角来衡量万物。儒家世界观中，没有一种实际的／价值的分裂，因为自然被视为一种固有的价值资源，并且这种价值主要存在于自然正在进行的转化和生产过程中。儒家资源中经常反复提及的一个术语是"生生"，它反映了生命本身不断更新的繁殖力。从这个意义上说，生命的动态转换被视为在生长、结果、收获与遗弃这样的循环往复周期中进行。这反映了自然、人的生命和人类社会的成长和衰变的自然进程。变化因此而被视为一种动力，人类应该与这种变化和谐相处、频繁互动，而不是去回避它。

在这一背景下，儒家学者们认为等级制度不必然的会导致统治。相反，他们认为价值存在于但并非平等地存在于每一个事物中。自然和社会中的每一样事物都有其适当的角色和地位，因此，需要与之对等地对待它们。当人类为了自己的目的而利用大自然时，必须认识到大自然的每个元素都有其内在价值，并且其价值是与更大范围的环境背景相关联的。每一个存在物并非简单地等同于其他的实体；不如说，根据属性和功能，每个与自然相关的存在物都具有特殊的价值。因而，判断人类和所有其他的物种在自然中所扮演的角色是否恰当的方法是有区别的。在儒家看来，等级制度是能够使每个人各司其职的一种必要方式。那么，在这种背景下，在与自然的关系上，没有一个个体具有专属的特权地位。相反，自然进程及其正在持续地转换逻辑（阴—阳）就是一种规范，该规范是为了实现整个社会的公共利益而制定的。

人类社会和治理：可持续性的基础

儒家学者意识到，自然是维持社会稳定的基础，而且，如果不与自然和谐相处，将会导致不平衡。《孟子》一书有许多段落主张仁政，即在对自然资源和大众医疗（family practices）恰当管理基础上的仁政。而且，在儒学经典文本中，很多段落都呼吁人们禁止随意砍伐树木或屠杀动物。

然而，为了建立仁义的社会、政府和文化，不可避免地就会利用自然来建造房屋，利用自然来生产，以及利用自然来治理。从这个意义上说，儒家学者或许被视为务实的社会生态学家，他们认为稳固的社会既依赖于教育制度，也依赖于政治制度，不像那些深度生态学家，他们主要关注自然世界的优先性，以及呼吁人们减少对自然的开发。尽管如此，对于儒家学者而言，人类文化的价值和实践不仅要根植于自然，而且还成为自然结构的组成部分，这一现象是显而易见的，因而，人类依赖于自然的惠泽。另外，人们总是认为，对于这个国家的政治和社会福祉而言，儒家社会的农业基础至关重要。人类因生活于自然界中而健康成长，因自然之美而恢复精神，因自然四季而休养生息，因自然的节奏而获得满足。对于儒家学者而言，自然的多样性和丰富性哺育并繁盛了人类；与自然进程唱反调则是自我毁灭。人类道德的提升意味着，培养不去破坏自然而是因循伟大自然之道的人类的欲望。因而，人类有关"道的思想"的思维得以扩展。

简言之，对儒家学者们而言，与自然的和谐相处至关重要，因为人类在自然中和与自然和谐相处中能够实现自我。儒教伟大的"三才"，即天、地、人，所指的意思是，只有在与天、地相互联系的关系中，人类才能获得完整的人性。这成为宇宙伦理体系的基础，适用于家庭、社会、政治和自然本身，同时又是儒教可持续性的相关基础。

玛丽·伊芙琳·塔克（Mary Evelyn TUCKER）
耶鲁大学

拓展阅读

de Bary, William Theodore, & Bloom, Irene. (Eds.). (1999). *Sources of Chinese tradition, vol. 1: From earliest times to 1600*. New York: Columbia University Press.

Tu Wei-ming, & Tucker, Mary Evelyn. (Eds.). (2003). *Confucian spirituality*. New York: Crossroads.

Tucker, Mary Evelyn, & Berthrong, John. (Eds.). (1998). *Confucianism and ecology: The interrelation of heaven, Earth, and humans*. Cambridge, MA: Harvard Center for the Study of World Religions.

Conservation

保　护

保护是人们应该以照看自然和其他有价值之物为信念的一系列观念和价值。它包含对滥用土地的谴责，以及采取各种措施来改善滥用土地导致的后果，有时甚至采取相互矛盾的措施来改善。为了维护生态系统、保护生物多样性以及保持良好的土地使用文化，有效地区别保存和环保是十分必要的。

从最广泛的意义上来说，保护意味着长时间地防护、维持、保存有价值的事物，尤其是人们觉得有价值的事物。最常见的是，保护指维持大自然各个部分及其进程，尽管这一术语也应用于与自然世界无关的其他领域中。保护表达了一种欲望，即当自然对人类有益时，要维护和保护自然。因此，保护既是对规范价值的宣称，也是呼吁人们在使用土地以及进行其他实践活动时保护

相应的价值。

保护的观念也包括对自然进行索取这一行为所进行的批判。有时，这种批判形成于道德层面，而不是简单的审慎层面，这种批判是对粗俗的物质主义、个体的利己主义以及目光短浅的狭义思维的抨击。有时，批判的并不是我们对自然机能认识的匮乏，以及我们所谓的问题，而是在合理使用科学和经济推理时造成的失败；我们提前管理、操纵自然，却没有完全了解我们正在做什么。无论如何，保护表达了一种要求改革的显著诉求，它从多方面提议，要向新的、所谓的更好的生活方式迈进，或者回归到过去所拥有的更合理的资源管理实践中。

不同的观点

很多学者都认为，在可持续性基础上对自然进行全面、高效的管理，以便实现人类利益的最大化是保护观念的理想

化目标。政府或大财团通常利用先进的科学技术和专门的经济技能实现保护这一观念，从而对自然进行中央集权式管理。这需要对源于资源短缺而产生的担忧，进而引发的社会冲突进行有效管理。它能反映这样一种信念，即合理的管理能提升资源流动，而不仅仅是维持这些资源。

保护问题的另一层面为人类知识体系的完整性，以及人类是否具备能够以谦逊的态度成功地掌控自然的能力。这需要更加审慎，常要提议我们与自然协作，甚至模拟自然，以此乘机利用内嵌于自然群落和生态系统中的经时间检验的智慧。这并非忽视科学的进步，而是以一种更为谦卑恭顺的保护观念来尊重和孕育地方性知识，这些知识是由一代代资源使用者经年累月积累起来的。

一种相似的保护观念试图维持特定的自然条件，对于保存民族性而言，这些自然条件至关重要，尤其在边境状况下民族性被破坏时。这种自然保护观念与保护历史建筑和街坊的相关努力相重叠，一同为一个民族的历史和文化提供警醒。

20世纪初期的美国，以及如今的世界各地，保护观念中均包含对利用自然的权利的要求，即无论是土地还是散落的资源，都应该广泛地被所有公民共享。自然的存在应该造福于每一个人，而不仅仅是为了精英。这种平均主义的想法有时具有鲜明的批判特征，即批判大规模占有土地和垄断自然资源的行为，批判重建经济良机的建议和促进小规模资本主义

的思想。这一观念有时与基于圣经经文和自然法则论证的更古老的道德要求相结合，即人类平等地共享地球，并且与生俱来地拥有从地球获得生计的权利这一古老道德要求。宅地法就反映了这样一种保护观念，即根据水利工程和政府的项目对土地面积进行规划，从而帮助人们参与耕种。

在其各类关乎改革的呼声中，保护不出所料地从合理的资源管理实践层面延伸至包括对社会框架和文化价值的维护层面，这些社会框架和文化价值有助于支持合理的资源管理实践。在此，潜在的观念，即农业保护的核心宗旨，是只有当地文化具有价值和可行性才能够对土地进行合理使用。农场、森林和牧场的使用者们需要处于这样一种社会共同体中，即共同体成员期望土地的另一个使用者合理使用土地并愿意与他们分享使用土地的智慧。就实际情况而言，良好的土地使用也必须符合经济上的要求和限制，这就意味着，保护观念需要与土地使用经济学相关联，从而确保土地所有者有经济能力使用土地。进一步而言，根据这种观点，资源使用者如果想要很好地使用土地，他们就必须对土地具有熟稔的知识，并且热爱他们的土地。换个说法就是，对自然进行保护需要或者源于对健全的、局部调整的人类文化进行保护。

当代的保护思想在几个关键点上含有明显矛盾的看法。例如，在一些人看来，保护长期生产力的最好办法是：以保护财产权和维护自由市场的形式，尽可能多地将自然交至私

人手中。一种相反的观点则认为，资源使用者需要安全的、长远的权利，但他们还会争辩说，市场刺激还不够强大到足以激发全面的保护，尤其是考虑到地块之间的生态互连。就私人财产而言，将这种权利过多地授予私营企业者，会使他们所拥有之物被损耗或耗尽。在这种观点看来，自由市场必须由一种社会所支持的照管伦理（一种土地伦理类型）和/或由一种推动私人拥有者相应地利用自然的合法需求所调和。

在关于利用资源实践的威胁的主要来源方面上，保护也显示出相互矛盾的观点。对一代又一代人而言，当地社区已经采用了"保护"的修辞（rhetoric）来保护其资源——当地的野生动植物、鱼群、木料和矿产资源，以避免外来者的开发利用。因此，保护是一种防卫当地土地使用的方式。在其余时间，通常由科学家或知识分子精英领导的户外团体，使用保护参数来检验当地的资源利用实践，这些实践被他们视之为破坏性的实践，或基于过于狭窄的价值观之上的实践。同样地，抵制市场驱动的变化，从而保护资源利用实践，这些实践是牺牲其他使用者的利益而使某些人获益，诸如木材的完全砍伐，合并农用土地，以及引进外来物种。

保护，相对于保存（Preservation）或环境保护主义（Environmentalism）

保护通常被定义为与自然保存相对照的词，尽管这些观点之间的矛盾也不被接受。当这两个词呈现为相对立的意识形态时，保护通常蕴含对自然的积极、充分利用之意，以便提供源源不断的有价值的资源；而保存意指不顾自然，仅为了娱乐休闲而直接利用自然。在实践中，这两个类别或两种意识形态几乎不作区分。特别是当保护被理解为实现大范围的价值和满足人类需求时，保护—保存的区别即使没有完全失去，也会削弱许多。根据一些观察者的观点，保存被理解为保护的一个子集会更好；用于管理那些生态敏感的土地、被特别用作娱乐休闲的土地，以及最能够体现生态功能的土地时，这是最适合管理土地的观点。

人们也将保护与环境保护主义进行对比，环境保护主义是一个主要兴起于20世纪60年代的概念。正如通常的解释所言，环境保护主义的特征主要在于保护人类健康，使其远离有污染的空气和水、有毒致污物，以及受污染的食品。环境保护主义相当大的注意力均投注于生命质量（quality of life）[1]问题上，诸如都市向郊区扩张问题，以及交通拥堵问题，同时也致力于保存珍稀物种和生物群落。相比之下，保护将重心放在对农场、森林、渔业和矿产土地的有效使用上。其特征是更注重照管伦理，尤其是在使用私人土地时；强调经济资

---

[1]　译者注：生命质量（quality of life）又称为生活质量、生存质量。最初是社会学概念，由美国经济学家 J. K. Calbraith 在20世纪50年代首先提出。

源的合理利用；也强调乡村文化在维持有效实践方面所起到的作用。此外，那些认为保护和环保的区别仅是因为所强调的程度而不同的人，把保护和环保之间的矛盾降到了最低程度。

展望

在过去一个世纪中，价值意义的扩大和生态取向的扩展是保护所发生的最重要变化。自然中大部分被视为有直接或间接的价值的，人们都会做出相应的努力去保护它们。自然资源保护论者不断推断，资源管理应该更少地关注分散资源的流动（这是一个世纪以前的主导观点），而更多地关注维持所有生命的基本生态进程。除了可耕作土地的情况之外，为了获取某一种或某几种资源，进而对风景地貌进行激进开发的行为被当今的自然资源保护论者所质疑。因此，如今的保护呼吁的是维持生态健康的风景地貌，对于积极的修复生态系统、保护物种以及保护生物共同体样本方面，保护该地貌能够带来多重利益。

埃里克·T.弗雷福格尔（Eric T. FREYFOGLE）
伊利诺伊大学法学院

拓展阅读

Hays, Samuel P. (1959). *Conservation and the gospel of efficiency: The Progressive Era conservation movement, 1890–1920*. Cambridge, MA: Harvard University Press.

Hays, Samuel P. (2007). *Wars in the woods: The rise of ecological forestry in America*. Pittsburgh, PA: University of Pittsburgh Press.

Meine, Curt. (2004). *Correction lines: Essays on land, Leopold, and conservation*. Washington, DC: Island Press.

Newton, Julianne Lutz. (2006). *Aldo Leopold's odyssey*. Washington, DC: Island Press.

Phillips, Sarah T. (2007). *This land, this nation: Conservation, rural America, and the New Deal*. Cambridge, U.K.: Cambridge University Press.

Worster, Donald. (2008). *A passion for nature: The life of John Muir*. New York: Oxford University Press.

Conservation Biology

保护生物学

保护生物学,是一个较新的研究领域,属于一种交叉学科,研究的是宗教信仰与宗教实践、策略保护与策略应用之间的关系问题。

对世界上生物多样性的危机问题,保护生物学能够做出综合性、跨学科的回应。这个相对新兴的领域源于众多学科,以便记录地球上生物多样性的程度和人类的行为对其影响的程度,也便于人们制定和采用一些方法,以保护及还原这种生物多样性。

宗教之所以与这一学科相关联,是因为对栖息地和生物多样性的保护发生于社会和文化背景中,并且宗教通常是此背景的主要组成部分。在与自然的关系层面上,各种宗教在自然观的形成以及人类各种角色的定义上均发挥着重大作用。因此,宗教生活和宗教实践就与栖息地及生物多样性产生关联。鉴于此,宗教能够在反思物种保护和回应物种保护问题上做出关键且实质的贡献。

宗教似乎也越发表现出需要对环境问题负责,而宗教对环境的关注也可能是神学研究和宗教生活中的一个发展和持续的主题。保护生物学的原则、实践和知识对于已经形成宗教观的人而言大有裨益,且在过去,这些人的宗教观主要根据宗教和神学而形成。

相反的观点也正确:对宗教观念与实践的理解,以及如何将此理解应用于治理、应用于日常生活,这对于实现有效和持续的治理策略同样很关键。显而易见,越来越多的保护组织机构中的专家均承认这一重要联系,这些专家的首要任务是探索宗教和神学与自然系统之间的联系,以便帮助开发和实施与文化相协调的保护策略。

最终,对欠发达国家在文化上强制实行保护策略的方式,正在被以可持续的方式利用和保护栖息地和生物多样性的协调发展途径所取代。事实上,在较不发达地区发展宗教和保护科学之间的合作关系,或许比在西方国家中发展这种合作关系更容易,在西方国家,科学的严谨性与宗教特殊表达之间的矛盾持续存

在，从而常常掩盖了环境问题的关键本质。但
是，即使矛盾持续存在，合作却是越来越明显。

汤姆·鲍（Tom BAUGH）

独立学者，北卡罗来纳

拓展阅读

Forum on Religion and Ecology. (n.d.). Retrieved May 8, 2009, from http://fore.research.yale.edu/religion.

International Society for the Study of Religion, Nature & Culture. (2007). Retrieved May 8, 2009, from http://www.religionandnature.com/society.

Gottlieb, Roger S. (Ed.). (2006). *The Oxford handbook of religion and ecology*. New York: Oxford University Press.

Kearns, Laurel, & Keller, Catherine. (2007). *Ecospirit*. New York: Fordham University Press.

Lodge, David M., & Hamlin, Christopher. (Eds.). (2006). *Religion and the new ecology*. Notre Dame, IN: University of Notre Dame Press.

Palmer, Martin, & Finlay, Victoria. (2003). *Faith in conservation: New approaches to religions and the environment*. Washington, DC: The World Bank.

Religion and Conservation Biology Working Group of the Society for Conservation Biology. (2009). Retrieved May 8, 2009, from http://www.conbio.org/workinggroups/Religion.

Taylor, Bron R. (Ed.). (2005). *Encyclopedia of religion and nature*. London: Thoemmes Continuum.

Worldviews. Retrieved July 6, 2009, from http://fore.research.yale.edu/publications/journals/worldviews.html.

Cosmic Commons

宇宙公地

地球共同体对空间的扩张性探索激起了该作何准备以与地球之外的生命体相联系的问题。随之而来，在地球生态和社会问题中，人类对自身理解的混乱、宇宙共同体共有的危险、各种各样的资源锐减的风险将会加剧，但它们也会因一种"宇宙共同利益"的精神和伦理观得到缓和。

21世纪的空间探索与发现会潜在地削减人类对自我的理解，同时也潜移默化地减弱人们对自我价值的意识。在过去的几个世纪里，伽利略·伽利莱（Galileo Galilei, 1564—1642）和查尔斯·达尔文（Charles Darwin, 1809—1882）深刻地瓦解了人类的自我意识，他们认为：地球不是宇宙的中心，人类也不是一种独特的、个体的神圣创造物。日心说和生物进化理论这些科学发现令人类感到不安，从而激起一种取而代之的心理学和哲学宇宙观。

如果与外星的智能生命建立起联系，那么就会改变宗教观。当外星的智能生命被理解为拥有智慧、创造力和责任的生命时，人们将开始意识到，在圣经的术语中，他们不是宇宙中唯一的"上帝的形象"。人类会意识到，在其他地方已经充斥着很多多样化、复杂化的智能生物，而且他们或许比人类更复杂，比人类具有更高的智能。

21世纪初，人类已经开始利用更智能的望远镜、无线电讯号和更高端精密的全地形车探索附近及遥远太空。尤其火星上的发现已经改变了人们先前所公认的科学观。例如，在火星上发现了冰，可能意味着某种形式的生命现在存在或者先前存在过，这种可能性之前普遍不被接受，因为火星上的环境显然不适合居住。从理论上说，接下来的问题是，如果有生命出现于地球附近的星球上，尽管这种生命形式与地球上的还不同，那么，其他生命形式存在的可能性就增加了，甚至在广袤无垠的宇宙中，其他任何地方均有可能存在智能生命。值得注意的是，在火星上发现水后，不久，一位声望颇高的科学家，梵蒂冈天文台主任加布里埃尔·福内斯（Gabriel Funes）在梵蒂冈报纸

《罗马观察报》（*L'Osservatore Romano*）上就发表声明说，上帝可能在宇宙的其他地方也创造了智能生命。与此同时，受各国政府和私人企业赞助的科学家们正如火如荼地对智能生命和外星自然资源进行搜索。

与外星人（Extra-Terrestrial Intelligence，ETI）取得联系不仅会对人类最为深刻的对日期更替的感知产生影响，而且也可能会挑起星际之间的潜在争端，即为了争夺可用自然资源而引发的争端。怀揣着这样的希望，即其他智能生命可能不像人类这么好斗，这样的话在与外星人取得联系的过程中，在宇宙动态的环境下，人类要持有在宇宙中存在的意识。

联合国成员国于1966年起草了著名的《外太空条约》（Outer Space Treaty），这一联合国文件为培养宇宙共同利益的意识提供了一种理智、政治和经济的基础。这一国际性条约的第一条就说明，探索和利用外太空，应该惠及所有国家，无论这些国家的经济或科学发展程度如何；应该是"全人类的职权"；根据国际法（United Nations 2002，4）规定，所有国家均有平等的权利探索和利用外太空。如果"全人类"被修正为"所有智能的物种"，那么，第一条就具有宇宙性的影响，至少对人类而言如此。

如今地球的自然环境和社会状况预示着，在母星家园，人类还没有形成可靠的生态—经济—伦理意识及实践，更不用说具有将这些意识和实践输出至宇宙的能力了。2006年，在香港科技大学，科学家斯蒂芬·霍金（Stephen Hawking）提倡建立一个月球基地和一个火星聚居地，因为地球可能会被一场灾难所摧毁，比如"突如其来的全球变暖、核战争、基因工程病毒"（"霍金说，为了生存，人类必须征服其他星球"，2006）。由于人类是这类灾难性事件的重要或唯一发动者，被带入到太空中的人类意识以及其实施的行为不可能是目前人类的思想与实践的成果。如果外太空探索与经济和军事发展（传统上能够刺激这类规模的科学探索）均遵循一种"一切如常"（business as usual）的模式，他们可能会对新世界的环境条件产生恶化的影响，由于新世界中的环境受技术影响所产生的恶化程度与地球相似，他们也会激起与其他智能物种之间的冲突。为了避免让来自地球的殖民者们寻求利用天体的好处而对其造成危害，例如，禁止他们利用采矿实践去炸掉山顶，禁止破坏森林和生物区，禁止破坏生物群的栖息地以及为人类提供水源的溪流；禁止人类采用会导致或加剧其他星球气候变化这样的能量生产进程，以免出现像碳类能量的生产对地球气候产生的影响那样的现象。由于其他物种也会寻求能够增强其幸福感、增加宇宙共同利益的自然资源，人类就需要在意识上发生重大转变，从而能够与另一种物种之间展开一项富有成效的会谈。

在地球和宇宙之外，解决与人类相关的生态和社会问题的办法可以是创立一种新的宇宙意识，并在此意识中将技术与伦理相整合，并致力于合理地管理宇宙，其中此种整合是为了维护宇宙共同体的健康发展。只有意识到宇宙是一个共有体，这个解决办法才会生效。

宗教思想，尤其是倡导关心创造物（例如在犹太教、基督教和伊斯兰教中）或关照地球母亲（像在原住民传统中）的宗教教义及其伦理原则与实践的思想,能够从理论和实践上对地球上/地球之外的生态和商业行为产生积极影响;对科学思想、研究和发展进行补充;像对危害生态项目、政治上不受限制的工业、商业或军事项目采取解决办法一样,星际间和跨文化间也要保持可持续性。如果宗教能够体现并促进他们当前和未来所预言的观点,那么生态责任、经济正义和地球共同体中各民族间才能够相互尊重,例如,他们可以在此基础上建构深远的有关宇宙共同利益的概念。如果在与其他智能物种取得联系之前,或在期待与其他智能物种取得联系时,此种现象能够产生,那么,它将会提供一种精神—伦理的基础,从而可以有机会使所有的智能物种欣赏彼此,并参与到一种新的"跨宗教的对话"形式中,共同分享宜居的、共有的(在 universal 这个词的各种意义上)集体利益。

约翰·哈特(John HART)

波士顿大学

拓展阅读

Berry, Thomas (2000). *The great work: Our way into the future.* New York: Bell Tower.

Hart, John (2006). *Sacramental commons: Christian ecological ethics.* Lanham, MD: Rowman and Littlefield.

Haught, John. (2007). *Christianity and science: Toward a theology of nature.* Maryknoll, NY: Orbis Books.

Man must conquer other planets to survive, says Hawking. (13 June, 2006). *The Daily Mail.* Retrieved May 28, 2009, from http://www.dailymail.co.uk/news/article–390524/Man-conquer-planets-survivesays-Hawking.html.

McGrath, Alister (2002). *The reenchantment of nature: The denial of religion and the ecological crisis.* New York: Doubleday.

Michaud, Michael A. G. (2007). *Contact with alien civilizations: Our hopes and fears about encountering extraterrestrials.* New York; London: Springer.

Toolan, David. (2001). *At home in the cosmos.* Maryknoll, NY: Orbis Books. Tumminia, Diana G. (2007). *Alien worlds: Social and religious dimensions of extraterrestrial contact.* Syracuse, NY: Syracuse University Press.

United Nations. (2002). *United Nations treaties and principles on outer space.* New York: United Nations.

Cosmology

宇宙论

人类试着用意义深远的象征性语言描述所处的自然界，宇宙论应运而生。古代文化和原住民文化塑造了描绘生命之创造和延续的叙述，也叙述了维持生命所面临的挑战。欧洲启蒙运动期间，出现了一种科学的宇宙论观点，这种宇宙论观点试图将人类中个体的神话故事以轻描淡写的方式融入更广大的宇宙力量中。

宇宙论是一种冲动——古人描述世界的冲动。人类试图对我们所处自然界中四季变化的适应情况，以及对似乎永恒运动着的宇宙的适应情况进行叙述，这些是宇宙论产生的典型原因。后来，宇宙学作为科学一类的概念出现，也作为17世纪欧洲启蒙运动时开始兴起的实证描述而出现。在较早的历史记载形式中，神话故事和叙事性表达中均体现着宇宙论，且神话故事和叙事性表达比启蒙运动的经验论和理性分类更具情感和目的意义。过去三个世纪，那些有关宇宙猜测的古代科学模式比那些主观幻想的古代宇宙故事在很大程度上更占据主导地位。在这些早期宗教的宇宙叙事中，人类探索了所处的自然界与更广阔的宇宙之间的物理联系。象征性语言的表达证明了对这些意义深远的微观世界与宏观世界之间身份的认同，换而言之，人类个体被理解为融入了更广大的宇宙力量中。

可持续性强调的是这些关系之间的相互依赖性：许多宇宙故事告诫人们，从自然界索取的不应该比自然界再生、重复利用和保存的资源更多，以便不伤害更大的生命共同体。从这些早期的洞见和科学知识向外推演可知，可持续发展不单要向着以人为本的目标推进，还应该对欲望共通特征有更深层的理解，世上所有存在物对生命具有共通的欲望。因此，意识到未来后代子孙之需求，当前的人类需求就应该受限制。

可持续发展要求人们对他们在地球上的生态足迹（例如，需要多少土地和水域用来再生利用二手的或废弃的资源，需要多少土地和水域来容纳和吸收废品）的强度负责，尤其当人类的人口数量激增和生物多样性减少时。因此，注意需求的规模是宇宙反思中的关键性考虑。换而言之，所有的生命都渴望繁盛，而这种繁盛将所有的生命置于可持续发展欲望的相互关系中。那么，我们就不应该简单地考虑人类的可持续发展，我们需要考虑可持续的生活。

在轴心时代（公元前 600—前 200），亚洲、非洲和美洲的本土宇宙论中，各种各样的文化均传播着诸种故事，这些故事整合了人们对于季节、诸天、人类行为和当地生物多样性的伦理的、经验主义的和精神上的理解。然而，由于对环境的过度使用和滥用，这些理想化情境并不能阻止许多古老社会的衰落。这些古老的宇宙论都不是简单的乌托邦，而是异托邦，或者是另一种观点，这种观点倡导保存生命并对常态表示异议。在《大崩溃：社会如何抉择成功兴亡》（*Collapse: How Societies Choose to Fail or Succeed*）一书中，人类学家贾德·戴蒙（Jared Diamond）列举了触动人心的例子，例如不能适应当地生态区从而逐渐消失的格陵兰维京人社群。

因此，质问法（interrogative method）就是将宇宙论当作古老的哲学宗教世界观与理解科学技术一系列问题之间的桥梁。如果当今的社群想要跨入更加可持续发展的生活模式，人类就必须深刻地反思、不时地质问那些影响我们行为和欲求方向的价值观。我们寻找居住、提高生活质量以及舒适地生活的方法，同时又承认对植物和动物施以暴力会使生活中充斥大量捕食者—猎物的关系。我们试图有意识地改变我们的行为以保存人类和自然共同体。

可持续的宇宙论

根据记叙，我们了解到，宇宙论给我们所生活以及给我们带来经验的世界带来无法想象的奇迹和传说中所记载的意识。正如古老的宇宙论描述了生命共同体如何通过感知、意识和创造影响了古老的世界一样，在维持自我生命共同体中，当代宇宙论也开始探索类似的模式。因此，植物智能以其自己的意义建构和认知融入当地环境。虽然植物和动物的认知与人类智能具有天壤之别，但认知的连续性跨越了这些不同，换而言之，当代宇宙论描述了行星出现时的自我组织和维持模式，这些自我组织和维持模式既调整着个体的生活方式，也调整着共同的生活方式。自始至终，人类、动物和植物证明了，其意图、活动和创造性均预示了延续性和可持续的相互依存关系。西方思想传统上否认植物具有感官和思想，而证明植物具有感官和思想的示例是，原住民族认为他们与植物有亲缘关系——将植物人格化，以及查尔斯·达尔文的作品，尤其是《植物运动的力量》（*The Power of Movement in Plants*）。

并未受到个人主体性的束缚，人类的反思性的描述宇宙论行为来自对人类和不同于人类的生命间关系的相互认知，两者之间是一种精神性和可持续性的关系。宇宙论不仅能使我们创造性地了解这个世界，它同时也承认了整个世界的本质差异、共同可能性和整体性联系。像一条叙事线一样把从个体到共同体的存在细微地编织到一起，宇宙论变得明显地欲求他者。在当今全球欲望愈发强烈的经济背景下，人类通过对这些使世界与人类疏离最终导致不便管理的因素，即分析（analysis）、商品、利润，进行系统地梳理，以此使人类的全部欲望得到提升。在可持续的或充满活力的宇宙论中，人们对世界所赐予之物产生欲望的同时，必须考虑其他人。由于我们只有有限的能力为地球上生命的连续性负责，我们所寻求的宇宙论应是，平衡人类的欲望以及使各种物种能够满足未来的需求。

宇宙论是人类对世界人为赋权的一种明显的或潜在的意识。通过对自然选择和自我生成的动态分析，复杂的、个体化的人越发需要对世界负责。作为叙述性的和参与性的"他者"，宇宙论对后殖民主义世界中的身份认同（identity）提出越来越多的挑战。人类以旅程的方式去探索那些上亿颗的星星、数万亿的星系，但我们仅是通过我们所处的商品地球（Earth-as-commodity）来了解那些星星和星系。正如一位观察员所言，我们人类罹患的大自然缺失症（nature-deficit disorder）使我们仅局限于我们的星球家园，而与行星上的物质孤绝（Berry 1988）。但并不是所有民族都认为物质是从人类使用之物中分离出来的事物，或是视为仅仅为人类所用之物。

在东亚地区，自公元前6世纪初以来，传统的宇宙学的叙述理论还未存在，在那段时期内，儒教和道教思想已从本土传统中得以广泛流传。这相当于中国的世界观已经出现，为了清晰地表达世界的本质，也为了参与关系的互换，中国人就将"气"（物质—力量）这个词作一切的基本依据。同样地，"道"是东亚的一个术语，这个术语唤起人们对不断变换的罕见现实中的共同欲求进行深刻、辩证地探究。因而，公元前4世纪的道家圣哲庄子能够同时质问和探索蝴蝶与人、梦境之关系问题。

古代欧亚的美索不达米亚人的花园（garden）象征在西方文化中产生了宇宙学意义上的持续反响，作为术语和观念的花园一词所嵌入的象征性意义唤起了人们对天堂文明的想象。"花园如同天堂"（garden-as-paradise）这种宇宙学贯穿于拥有亚伯拉罕传统的犹太教、基督教和伊斯兰教中。花园不仅代表着多重意义的象征——创造、自然、福佑、荒野以及生物多样性，而且代表了异托邦（heterotopias），这种异托邦对人类共同体失信于契约关系发出挑战。例如，流经克什米尔地区伊斯兰花园的水，会令人们想起认主独一（tawhid）使创造的多样性合一的持续恩慈。这个独一神，或者说合一，与持续的神的恩慈并行存在，像流淌在恢复契约关系和信任土壤上的水一般流淌着。对于伊斯兰教而言，这种恩慈不仅保障了哈里发（khalifah）的管理，也鞭策所有的穆斯林来维护这种信任。像源源不断的流水所代表的美学象征一样，花园体现了与比人类更大的神的创造活动的一种约定。

"花园"这种象征也可能会遭受道德败坏或沦丧的指控，从而需要恢复。天堂的花园或许可以在一种呼召的关系（创 1:28，牛津注释版圣经）中被理解，这种呼召委托人类统治所有生命体。从历史上说，这可以被说成导致了西方的一种技术观，这种技术观甚至超越了人类衰老和道德的限制。在当代的所有宇宙论形式中，这种天堂般的统治形式是一种"不惜任何代价追求进步"的心态，也是对任何、所有社会问题和环境问题的一种"技术上的解决办法"。这样一种宇宙论驱使我们进行"第六次灭绝"（人类活动正在消灭大量物种的观念）的政治活动，因为它否认人类应该对气候变化、生物多样性的流失负责，也否认人类应该对一个有毒的世界负责，这个有毒的世界是人类在生产和消耗产品的过程中导致的，而生产和消耗无尽的产品是人类的一项专门权利。

宇宙论支撑着个体和共同体，所以，宇宙论不像某些诱发独立思想的抽象理念，而像一种意识，这种意识关涉地点、人物和存在物之间的一连串共同欲望。摆在我们面前的问题仍然是：我们与生命共同体同行的欲求能够强大到创造新篇章、创造生动的宇宙论吗？

约翰·格瑞姆（John GRIM）

耶鲁大学

拓展阅读

Bell, Diane. (1983). *Daughters of the dreaming*. Melbourne: McPhee Gribble.

Berry, Thomas. (1988). *The dream of the Earth*. San Francisco and Berkeley, CA: Sierra Club Books.

Foltz, Richard; Denny, Frederick; & Baharuddin, Azizan. (Eds.). (2003). *Islam and ecology: A bestowed trust*. Cambridge, MA: Harvard Divinity School Center for the Study of World Religions.

Forum on Religion and Ecology. Retrieved April 7, 2009, from http://fore.research.yale.edu/.

Glacken, Clarence J. (1967). *Traces on the Rhodian shore: Nature and culture in Western thought from ancient times to the end of the eighteenth century*. Berkeley: University of California Press.

Grim, John. (Ed.). (2001). *Indigenous traditions and ecology: The interbeing of cosmology and community*. Cambridge, MA: Harvard Divinity School Center for the Study of World Religions.

Tucker, Mary Evelyn. (2002). *Worldly wonder: Religions enter their ecological phase*. Chicago: Open Court.

Council of All Beings

众生委员会

众生委员会是由环保主义者们设计的一种仪式，为了表达对于环境恶化的悲痛之情，也为了使人们能够致力于保护自然、提升自然环境和人文环境。它可以是一种简短的实践，也可以是一种长期的活动。

众生委员会是为了增强环保意识而设计的一种仪式，它由美国的和平运动积极分子乔安娜·梅西（Joanna Macy，生于1929年）和澳大利亚的热带雨林保护者约翰·席德（John Seed，生于1945年）于1985年创立的。梅西与反对使用核能的积极分子一起参与"绝望和赋予权利的工作"，而席德也在环保主义活动中承认一种类似的需求。在创立众生委员会过程中，席德和梅西借鉴了梅西的工作成果和深层生态学的观点，也利用了对于诸多原住民的仪式体系而言堪称经典的形式和符号。深层生态学（deep ecology）是挪威哲学家阿伦·奈斯（Arne Naess）所创造的一个术语，它是一种在世界中反对以人类为中心，支持人们

与自然更亲密接触的哲学；它基于这样一种信念，即自然是神圣的，要支持生态和文化的多样性，并且需要采取直接行动以保护自然，并给社会带来根本的变化。

梅西在研究中假定，意识到环境恶化会导致痛苦的情绪，然而这种情绪通常被忽视或遮蔽。研究的结果是，梅西认为环境恶化会使我们对生活充满疑惑和否定情绪，认为生活是双重的。为了形成一种更健康的存在状态，梅西和席德制定了一种仪式活动，通过这种仪式活动，人们可以安全地表达这种悲痛，并能够从悲痛过渡到快乐，从而处于一种充满活力的状态。

所谓的生态自我观念的深层生态学是一种放大的自我意识，这种放大的自我意识允许个体认同更大的整体。众生委员会这种仪式吸收了深层生态学关于所谓的生态自我观念，这种仪式提供了一种情绪和心灵体验，并且这种情绪和心灵体验超越了有关环境关怀的智性知识。由于这种仪式与人类的沉默和其他

创造物的言说相关联，它也被视为一种方法，这种方法推进了以生态为中心（看重并关心整个环境）而不是以人类为中心（将人类看作世界的中心）的观点。

少数或大量参与者可以以简短实践或长期经历的方式共同参与这种仪式。关键因素包括：哀悼，通常将现成的物品置于一个圆圈的中心作为象征物，共同哀悼一段时期；寻找（通常以改正后的方式寻找）一个非人的实体（一个同盟），参与者可以代表这个实体发言；制作一个面具来代表这个同盟；以及委员会本身，包括公开的仪式、一段时间的庄严讨论［参与者与他们的同盟（指作为"他们"的人类）一样可以进行讨论］和闭幕仪式。通常，在闭幕仪式上，这些面具都被仪式性地烧毁，以表示感恩和放松。席德和梅西认为，这种宣泄和改变身份的经历能够使环保主义者们的精神和情绪得到释放，他们需要这种释放使工作得以继续。

劳拉·M. 哈特曼（Laura M. HARTMAN）
奥古斯塔那学院

拓展阅读

Bragg, Elizabeth, & Rosenhek, Ruth. (2001). The Council of All Beings workshop manual: A step-by-step guide (Rev. ed.). Retrieved June 23, 2008, from http://www.rainforestinfo.org.au/deep-eco/cabcont.htm.

Macy, Joanna. (1995). Working through environmental despair. In Allen D. Kanner, Theodore Roszak, & Mary E. Gomes (Eds.), *Ecopsychology: Restoring the earth, healing the mind* (pp.240–259). San Francisco: Sierra Club Books.

Macy, Joanna. (1983). *Despair and personal power in the nuclear age.* Philadelphia: New Society Publishers.

Seed, John; Macy, Joanna; & Fleming, Pat. (1988). *Thinking like a mountain: Towards a Council of All Beings.* Philadelphia: New Society Publishers.

Creation

创 造

　　引用圣经的创造故事常为支持两种不同的可持续发展观。对创世的一种叙述是，它赋予人类统治世界的权能，允许人们按照他们的意愿去管控或做他们想做的事；另一种解读则暗指人类具有保护和照料所有生物和非生物的责任。

　　尽管，几乎所有的传统文化中都有关于宇宙起源和人类在宇宙中地位的故事，但"创造"这个术语通常指希伯来圣经中所描绘的上帝的创造行为。《圣经》一开始的章节就保留了两种相互矛盾的创造故事。第一种就是著名的祭司式叙述（P式叙述），记载于《创世记》1：1—2：4a，以盘旋在原始渊面上的上帝的"灵"或"气"（希伯来语为ruach）为开端，上帝一旦说话，就产生了一系列的创世变化。

　　在这种P式叙述中，人类据说是按照神圣的形象所造的，并被赋予了"掌管"世界的权能。而这种叙述里并没有描写人类所能掌管的内容，尽管文本中将"掌管"与人类所拥有的神圣形象对举，以此来暗示人类—世界之关系是上帝—世界之关系的写照。但是，对上帝——世界之关系的特征是以一种开放式的形式阐释的。

　　P式叙述与巴比伦人的创世神话《埃努玛—埃利什》（Enuma Elish）的相似性表明，P式叙述是对古老传说的重新修改。在对希伯来和美索不达米亚故事文本之间进行比较，产生上帝创世行为的形象，上帝的创世行为形象以一种暴力获取的方式从危险的原始混沌状态中获得秩序而产生。通过这一系列居高临下的神圣指挥，上帝给宇宙划分了等级秩序。在这种解读中，人类掌管的模式是一种镇压与控制。

　　然而，另一种有关上帝——世界关系的

解读也是可行的。《创世记》1：2a将世界的原初状态描述为空虚混沌（*tohu va-vohu*），这个术语可能指代不确定性的超凡力量，而不是相反的混沌状态。那么，上帝"盘旋"在原初的水面上，可能标志着神的保护和照料（例如，可参见《申命记》32：11）。如果这种阐释正确，上帝的创世过程就可被理解为温和的、相关联的，神的话语可被听作一种邀请，邀请作为上帝在地球上的代理人的宇宙结成一种共同创造的伙伴关系。这种伙伴关系所产生的结果被上帝所称颂，他宣称，每种结果单独而言是好的，共同而言就很好。从这种解读来说，当人类与地球上单独的或集体的被造物进行非强制性合作，并会欣赏单独的和集体的被造物时，人类的掌管便是对神的模仿。

第二种创世故事见于《创世记》2：4b—3，它先于P式叙述，以耶和华式叙述（J式叙述）著称。J式叙述以沙漠景观为开端，在这个沙漠中，既没有雨水，也没有植被。上帝让地下水涌出并淹没土地，于是有了泥土，上帝用泥土造了人。J式叙述通过双关语强调了人类对土地的依赖：上帝用土（*adamah*，意为"土地"）创造了亚当（*adam*，意为"土所造之物"）。创造了亚当之后，上帝在园子里种植了果树并命令由土所造之物照料园子（希伯来语 '*abad*）和保护园子（希伯来语 *shamar*）。发现亚当很孤独，上帝又转向土地，利用泥土创造了各种动物。尽管上帝感觉这些动物对亚当而言是合适的伙伴，但亚当却对此不满。后来，上帝让亚当入睡，从他身上取下一根肋骨，将其放入另一个人的身体里。当这两人侵犯了上帝为他们的设限时，他们就打破了园子里最初的和谐。因为这种侵犯，这两人就被逐出了伊甸园，而和谐就变为一片混乱：人与神、人与动物、人与土地、人与人之间的关系都变得不和谐。然而，除了这些不和谐以外，所有存在物之间的和谐仍然是理想状态。

尽管P式叙述和J式叙述都没有将创造描绘为从无中产生，但早期基督教元老们仍然担心同生永恒的（co-eternal）宇宙会挑战上帝的无限全能。为了与这种挑战相抗衡，"从无中创造"（*creatio ex nihilo*）这一教义就发展出来了。这一教义包含这一声明：上帝超越于世界，但人们能够通过观察世界来认识上帝。在这种氛围下，西方的科学就以一种虔敬的方式发展：把审视大自然的造化，作为理解和仰慕创造自然的工匠的一种方式。通过实验与观察，兴起了一种新的科学的创世论，这一创世论始于宇宙大爆炸理论，并经过了150亿年的进化史发展。然而，就像圣经的叙述一样，科学允许道德的阐释是各式各样的。一方面，进化故事可以被读作一种残酷的竞争，在竞争中，人类很自然地参与统治和掠夺；另一方面，进化故事也可被读作一种断言，即相信所有的生命都有一个共同的起源，所有的物种都相互依存。从后一种解读方式看，所有的生命都能被视为值得为道德所关怀的个体，不仅因为所有的生物都是以一种姻亲关系而存在的，还因为所有生命都依赖于共同的基础而产生幸福。

安东尼娅·郭曼（Antonia GORMAN）

美国人道主义协会

拓展阅读

Berry, Thomas. (1999). *The great work: Our way into the future.* New York: Bell Tower.

Birch, Charles, & Cobb, John B., Jr. (1990). *The liberation of life: From the cell to the community.* Denton, TX: Environmental Ethics Books.

Cohn, Norman. (2001). *Cosmos, chaos, and the world to come.* New Haven, CT: Yale University Press.

Drees, Willem B. (2006). Religious naturalism and science. In Philip Clayton & Zachary Simpson, (Eds.), *The Oxford handbook of religion and science* (pp.108–123). Oxford, U.K.: Oxford University Press.

Dryness, William. (1987). Stewardship of the Earth in the Old Testament. In Wesley Granberg-Michaelson (Ed.), *Tending the garden: Essays on the Gospel and the Earth* (pp.52–66). Grand Rapids, MI: William B. Eerdmans.

Habel, Norman C., & Wurst, Shirley. (Eds.). (2000). *The Earth story in Genesis: The Earth Bible, Vol. 2.* Cleveland, OH: The Pilgrim Press.

Keller, Catherine. (2003). *Face of the deep: A theology of becoming.* London: Routledge.

Schloss, Jeffrey P. (2006). Evolutionary theory and religious belief. In Philip Clayton & Zachary Simpson (Eds.), *The Oxford handbook of religion and science* (pp.187–206). Oxford, U.K.: Oxford University Press.

Swimme, Brian, & Berry, Thomas. (1992). *The universe story: From the primordial flaring forth to the ecozoic era—A celebration of the unfolding of the Cosmos.* San Francisco: HarperSanFrancisco.

Creation Spirituality

创造精神

创造精神是一项涉及精神的环保运动，主要体现于美国圣公会牧师马修·福克斯（Matthew Fox）的作品中。由于其关注的是创造的益处和上帝对其无所不在的创造，创造精神呼吁人类确认我们的宇宙起源，并倡导人类代表非人类的世界参与神圣活动。

创造精神，或曰"以创造为中心的精神"，是一项涉及精神的环保运动，这项运动的兴起主要源于美国圣公会（以前是罗马天主教多明我会）牧师马修·福克斯（生于1940年）的作品。与其他可能支持人类主宰自然的宗教不同，创造精神明确地坚持一种以地球为中心的观点，并且关心环境问题。创造精神的实践者们常常因人类的实践活动毁坏了非人类的自然而感到痛心疾首，他们通过增进与自然界相联系的感情，从而来弥补对环境的破坏。代表非人类的自然行动主义被视为神圣的工作。

20世纪70年代，福克斯开始撰写关于创造精神的作品，并创办了一系列相关的教育机构，包括：文化和创造精神研究所（Institute of Culture and Creation Spirituality，加利福尼亚的奥克兰圣名大学），还有创造精神大学（也在奥克兰，2005年更名为智慧大学）。1988年—1989年，当时的主教若瑟·拉青格（Joseph Ratzinger），亦即后来的教宗本笃十六世，因福克斯的非正统信条而命令其禁言一年，随后，于1992年，福克斯与罗马天主教决裂了。全世界范围内的接头者（世俗的领导者）的联盟促进了创造精神的发展，也协调了地方、区域和国家之间的碰头聚会。

对于宗教生活而言，创造精神聚焦于宇宙学的中心（宇宙的起源和本质），认为当代的宇宙科学故事来源于灵魂的恩赐，并与创造之间有着启示性的联系。创造精神是鲜明的万有存在论，即主张：上帝既没有远离被造的世界，也不等同于被造的世界，而是寓居并渗透于世界的方方面面。这种万有存在论认为创造是神圣的，并且人类能够直接体验神。创造，包括人类的创造，被视为是一种神圣的行为，是一种恩赐。福克斯明确地驳斥了原罪观念，并批评传统基督教的强调人类的罪和救赎观念，但创造和祝福则除外。

福克斯从天主教传统中借鉴了一部分内容，并概述了四种灵性之路。积极之路（*via positiva*）赋予了敬畏、奇迹和快乐的价值，尤其是在体验自然界时，常常由科学的理解来调和。消极之路（*via negativa*）则确信，沉默、冥想、空虚、黑暗和痛苦是亲近上帝的源头。创造之路（*via creativa*）把创造誉为一种神圣——由于上帝是创造者，所以人类具有创造性。艺术家们被界定为神圣的实践者，所有人都被鼓励通过艺术冥想体验神圣。最后是转换之路（*via transformativa*），它通过劝诫人们代表神性*anawim*（沉默之众，包括非人类的自然）开展神圣活动，以促进上帝之王国/女王国的发展，从而宣扬慈悲和正义。

更为传统的基督教观点对创造精神进行了批评。有些人谴责其抛弃原罪，就像对面前呈现的人类真正的痛苦和悲剧而展现无知和幼稚。另外一些人批评福克斯对于经典的基督教文本的非正统式阅读。还有一些人反对其深度的普世教会运动，或者反对他对其他宗教传统的全然接受和参与。从环保角度来说，创造精神与正统基督教相分离是其主要弱点，因而，它不能说服大多数的基督徒按照其指令来管理地球。

劳拉·M. 哈特曼（Laura M. HARTMAN）
奥古斯塔那学院

拓展阅读

Creation Spirituality Communities. (2008). Retrieved June 3, 2008, from http://www.creationspirituality.info/.

Fox, Matthew. (1980). *Whee! we, wee all the way home: A guide to sensual prophetic spirituality.* Santa Fe, NM: Bear & Company.

Fox, Matthew. (1983). *Original blessing: A primer in Creation Spirituality presented in four paths, twenty-six themes, and two questions.* Santa Fe, NM: Bear & Company.

Fox, Matthew. (1988). *The coming of the cosmic Christ.* San Francisco: Harper San Francisco Publishers.

Ruether, Rosemary. (1990, July/August). Matthew Fox and creation spirituality: Strengths and weaknesses. *The Catholic World, 233*(1396), 169–172.

Culture

文 化

　　最常见的是，文化被认为：要么是形塑生活方式的一种精神气质，要么是艺术和知识创造的产物，即社会的某些方面，这些方面不一定体现可持续发展；今天的后现代消费文化就是这种非此即彼的排除法定义的明显例子。对"文化"进行有关全球大局的重新定义时，必须考虑和采纳这一点：社会和文化是否仍然是可持续性的。

　　"文化"这个词具有多重含义，其中有两种含义最为人所熟知：第一，作为一种生活方式；第二，人类创造活动的产物，尤其是艺术方面的创造活动。在人类学意义上，文化的第一种含义指的是"最为复杂的整体"，即囊括一切事物的特定群体或地区所具有的精神气质，也就是：人们在其间相互联系的方式，尤其当这个群体或地区被阶级、种族和性别所构建时；人们如何烹饪、建筑和穿衣打扮；他们打发闲暇时光的方式；如此等等。

　　"文化"这个词源于动词*to cultivate*（培养、耕作），而且这个动词这被认为是文化的

"根本"（organic）观点，它强调的是一种基础和这样的一种事实，即文化是在几千年的岁月中缓慢形成的。这种相对的持久性解释了这种事实，即文化关涉身份认同，语言对于构建身份认同而言最为重要。目前正在使用的3 500种语言全都对人们之间的关联模式、行为和工作模式进行定义。有时彻底废止一种语言，从而导致该语言的消失被理所当然地描述为旨在"消灭文化"。为了进一步伸向语言的核心，人类学家克利福德·格尔茨（Clifford Geertz, 1926—2006）依据意义的历史传输模式来定义文化，这些意义体现在符号当中，而人们正是通过这些符号来进行交流并形成他们对生命的态度。这种定义方式是有益的，但是对这一点的强调，即不同的经济体和生产模式造就了不同的文化，还不够。文化意义和特定生产模式之间有着恒久、必然的辩证关系，这种辩证关系的重要部分包括这样的事实，即文化认同在很大程度上是由于地理原因，以及山脉和海洋通常标记着不同文化之间的界线

而形成的，从而，不同的河流和土壤也代表各异的文化。同时，贸易、迁移和征服通常引起文化交融的繁荣发展。所有文化"在边缘处有流血冲突"，这在使用不同语言的边界地区尤其明显。

由于文化伴随着生产模式的变化而改变，所以文化也关涉过程。工作经历和生活方式何以形成文化，其重要意义反映在农民、工人、工薪阶层、管理阶层和如今的后现代文化之间的差异之中。变化有时发生得非常缓慢：青铜时代持续了差不多2 000年。公元前1000年至公元1000年（甚至再晚几个世纪）之间，农业生产模式的变化相对较小。过去的250年间，文化的改变比历史上早先的任何时代都快。这种变化的速度使启蒙思想家们得到了启示，即在过去与现代之间有一道"违反常规的鸿沟"，举例而言，这道鸿沟致使18世纪无法理解第一世纪。但智人可能出现于25万年前。古代文化是那一时间体系中相对近一些的文化，比如我们称之为苏美尔或巴比伦的文化。他们都在沙土之下，只有专家了解他们，而我们仍然承载着他们的印记。这就解释了当代作家之所以可以强有力地利用古代的苏美尔文本《吉尔伽美什史诗》（*Epic of Gilgamesh*，公元前2500年），是因为它所描述的救赎式暴力的观点至今仍与我们同在。

由于文化关涉时空，是变化着的，具有归属性，这个词总是合宜的：我们会说农民文化、游牧文化、中世纪文化、现代文化、爱尔兰文化、印度文化。作为一个名词，它总是唤起人们的一种简单印象，因为文化就像古代哲学家赫拉克利特所说的河一样，它总是变动不安的。一旦我们的前进超越了狩猎——采集社会，我们就处在这样一种状况下：（以不同的速度）变化是文化之本质的一部分。对于都市文化而言，不改变就会消亡。有些地方，像法国的卡尔卡松（Carcassonne），在14世纪时是一个僵化的空壳，缺乏生命；而另一方面，像广州（旧称Canton）、罗马或伦敦，这些地方几千年来依然保持着强大的生命力，但从本质上而言是重复的模式（palimpsests）。文化关乎过程，这就使得普遍化变得困难，但有些人提议的可持续发展问题可以在文化的三种特征下考虑，这三种特征是：资源利用、权力的结构，以及价值观。

资源利用

可以合理地这么认为，最具有可持续性的文化是那些为数不多的仍然保持着狩猎——采集型的群体所拥有的文化，他们的生态足迹可能是人类群体当中最轻浅的。他们的缺点在于，首先，狩猎和采集只能支持每英亩10人的状况；第二，这类文化在利用太阳能方面无法有所作为；第三，它们代表着人类的创造资源相当匮乏的状况。如果作为教化的文化能够对"生命的丰盛"有所提升（圣经新译本《约翰福音》10:10），而不是简单具备可持续性，那么狩猎——采集型群体则在此方向上并未走远。

标志着从旧石器时代到新石器时代之变化的农业革命，发生于公元前12000年至公元前10000年之间，这种革命首先在以维持小村庄的锄耕文化中改变，然后是在供养更多人口的犁耕文化中发生改变。这一时期标志着人类聚居区的出现，尤其是村庄的出现，村庄是绝大多数人一直生活的家园；直到最近，自 2000 年以来，全世界生活在城里的人才比乡村的人多。在近代以前，用于支撑村庄的相对原始的技术意味着，这是一种必然的文化，这种文化尊重自然力量，并与季节联系紧密。劳作、吃饭和穿衣打扮的方式全都与对当地的资源重复使用、回收利用密切相关。马克思和恩格斯嘲笑"农村生活的愚昧"（2002［1948］），但仅指的是人类历史上大部分时期农村生活的局限性。英国 19 世纪末的见证者们论及劳动者时，说他们简直工作到死，导致在一天的学习或任何创造性的休闲结束时便疲惫至极。这类声音需要伴着农村浪漫化的趋势而发出。

城镇出现的时间是有争议的，但我们可以肯定地说，城市的增长意味着更大的专业化，更精细的劳动分工，更大的创造性，以及由此而来的、从艺术和科学意义上而言的更精细的文化，希伯来语城市中的这个单词 ir，意思是"一个混合的地方"，就表明了这一点。大约公元前 3000 年，许多重要的发明，包括陶轮，还有书写、抽象数学和天文学的出现，都与不断进步的城市生活息息相关。城市在"文明"的出现进程中不断起到重要作用。但城市一直依赖着周边地区所提供的食物、水和能源。由于恣意挥霍地使用资源使得诸多文化已经消失，而这尤其对城市构成了威胁。在各种意义上，拥有 1 000 万、2 000 万或更多人口的特大城市所具备的可持续性问题变得毫无意义。

尤其在 21 世纪的今天，可持续发展受到消费文化的挑战，其中这种消费文化是基于无尽地利用资源之上而形成的，而且会使这个社会成为一个用掉即被抛弃型的社会。1960 年以来，世界人口增长了两倍多，而在我们所生活的有限的星球却缺乏用以维持这种文化的资源，如今的全球化资源短缺是标志性的例子，例如电气材料所需要用到的铜的缺乏。

权力的结构

正如米歇尔·福柯（Michel Foucault）提醒我们的，权力无处不在。任何关于文化的分析都着眼于权力是如何在性别、种族和阶级中消失而进行的。正如联合创立了共产主义理论的马克思和恩格斯，他们认为，全部的历史都是阶级斗争史，其中还包括女权主义和种族主义的斗争。不平衡的权力关系在本质上是不稳定的，这可以被认为是件好事，因为缺乏平衡是历史得以辩证地进步的关键。因此，有人或许会争辩说，狩猎——采集型社会似乎是平等且相对和平的，但缺乏前进的动力。随着城市的出现，精英群体，尤其是国王将盈余占为己有，但这有悖于乡村中的互帮互助形式。需要的是强力地将盈余据为己有，然后再保持盈余。美国历史学家刘易斯·芒福德（Lewis Mumford，1895—1990）把始于古巴比伦、亚述和埃及文明的权力组织称作"巨权机器"（megamachine），古巴比伦、亚述和埃及文明从一开始就企图利用和操纵大部分公民（Mumford 1966）。他争辩说，战争是城市文化的主要标志之一。历史上，社会差异和与之相伴的暴力得到等级意识形态的辩护；最近，他们宣称，竞争对于人性之善而言至关重要。对稀缺资源的竞争——这会时不时地导致战争——是过去 300 年为了追求活力、创造性的文化和进步的技术而付出的代价；医学、农业和环境卫生的进步使得目前的人口水平的提升成为可能,这就是证据,证明战争是值得的。另一方面,可以辩解说,这种竞争进行到顶峰状态时是有关核和生物的战争,这样的事实表明,它终究是不可持续的。

暴力是原始的、人类本性所固有的一部分,这种观点是为阶级、其他差异和随之而来的暴力作辩护的关键方面。芒福德对此提出质疑,他认为暴力与城市的兴起息息相关。他辩称,合作是第一位的,暴力则背离了正常状态,黄金时代的许多神话故事似乎证实了这一点(Mumford 1991)。似乎确实如此,当贫富差距超过某个点,社会凝聚就开始松散分裂,这一情形符合了以色列8世纪的预言。这似乎表明,不依靠竞争和侵略,而是依靠平均主义、互助合作,以及寻求和平的关系,这些才是一个可持续发展的社会的标志。

价值观与意识形态

所有的文化都依赖于价值观,而且这些价值观可能或多或少都是可持续的。人们认为,现代性的失败是一种特定文化的失败,换而言之,就是人们无法决定什么是该重视的,什么是该相信的,以及他们应该让其日常生活具有什么样的意义。

芒福德(1991)谈到了村庄的"生命维持习俗"(life sustaining mores),在这样的村庄里,社区团结的表现即为共同劳作和相互照顾。在芒福德看来,伦理扎根于此。这种相互关系的发展是其可持续发展的关键,又或许解释了何以会出现hesed(意思是"善良、忠诚、团结",翻译为希腊语意思是恩典、恩惠)这类希伯来词汇的原因。正如我们所见的,这些习俗受到了进取的、帝国主义的社会之崛起的挑

战,但这只是存在于20世纪,此时在死亡集中营、核军备竞赛和现在的消费主义中展现了明显的虚无主义。对资本的需求,即短期利润、市场力量,以及对需求的培养,都是虚无主义背后的驱动力。因其需要持续不断的增长,消费资本主义的意义和价值就在利润的驱动下实现。消费主义不把人类视为需要赎罪的罪人(中世纪和宗教改革时期),也不视为公民(启蒙运动时期),而是视为消费者。获取和花销成为人类的工程,而商品的诱惑则是全部人类的精神动力。视线研究所(关注可持续发展的非营利性研究交流中心)的创始人和研究者艾伦·杜宁(Alan Durning,生于1964年)说,在人类的整个历史上,这一点是使人类日常生活发生改变的根本。文化,作为一种生活方式,随着时间的延续而被无限填充,但由于过多地被生命所滋养,文化的转变反而走向了其反面。人们反对限制,但过去的人类社会都认为限制是必要的。不安全带来的明显后果则标志着全球贫富之间的社会性的不稳定差距。"舒适的私人住宅必然构成整个世界的基础结构,其中包括对武器的需求,"鲁道夫·巴罗写道(1994, 92),"由于面临标准化的巨大差异,舒适的私人住宅则被视为一项具有威胁性的奢侈品"。

随着全球娱乐产业的发展,消费主义社会也不断发展,在一些文化分析师看来,全球娱乐产业即导致了这样的情形:在此,人们总是因为琐事而分心,即使严肃的政治讨论没有被取缔,也变得步履维艰。对这些分析师而言,这预示着文化随时有可能消亡。这种分析受到了广泛质疑,但民主政治的匮乏和反动本质、应对气候变化的失败,以及(相关的)与自

由市场的意识形态的不谋而合,都使得这种分析具有可信度。

这指的是一种我们以之为开端的并依赖于辩证性意义的生产模式,一种复苏的可持续文化。人类需要从对需求的培养转向新的相互关系与新的合作,他们只与新型的、可能保持稳定状态的经济相配合而去实现这种相互关系与合作,这种新型的、可能保持稳定状态的经济值强调深度增长而不是数量增长。我们开始意识到,经济是对精神的表达,并且,我们的生存取决于我们的欲望,此种欲望是以理解和追寻真、善、美的无尽欲望来取代对消费品的无尽欲望,公元5世纪的奥古斯丁就为可持续性文化开出了处方:对消费品的无尽欲望不能给予我们一种可持续发展的文化;将无尽的欲望集中在真、善和美上或许可以造就可持续发展的文化。

T. J. 戈林奇(T. J. GORRINGE)

埃克塞特大学

拓展阅读

Bahro, Rudolf. (1994). *Avoiding social and ecological disaster: The politics of world transformation*. Bath, U.K.: Gateway Books.

Daly, Herman E., & Cobb, John B., Jr. (1990). *For the common good: Redirecting the economy toward community, the environment, and a sustainable future*. London: Green Print.

Geertz, Clifford. (1993). *The interpretation of cultures*. London: Fontana.

Gorringe, T. J. (2004). *Furthering humanity: A theology of culture*. Aldershot, U.K.:Ashgate.

Latouche, Serge. (1996). *The westernization of the world: Significance, scope and limits of the drive towards global uniformity*. Cambridge, U.K.: Polity.

Marx, Karl, & Engel, Friedrich (2002 [1848]). *The Communist manifesto*. London: Penguin Books.

Miles, Steven. (1998). *Consumerism as a way of life*. London: Sage.

Mumford, Lewis. (1966). *The myth of the machine: The pentagon of power*. Ann Arbor: University of Michigan.

Mumford, Lewis. (1991). *The city in history: Its origins, its transformations, and its prospects*. Harmondsworth, U.K.: Penguin.

Postman, Neil. (1986). *Amusing ourselves to death: Public discourse in the age of show business*. London: Methuen.

Tomlinson, John. (1991). *Cultural imperialism: A critical introduction*. London: Continuum.

Daoism

道 教

在中国的三大主要哲学中，道家也许是最以环境为导向的；它的最终目标在于追求人类与自然和谐共存。道家也颂扬仁慈、谦虚和节俭这些支持环保意识的美德，而道家的诸多教义更寻求抑制人类杀戮动物与破坏环境的行为。

西方哲学因为延续了二元论与还原论一类思维而一直备受批判，这些思维造成与环境的疏离、甚而敌对的状态。中国哲学提倡的一些学说如整体观与非二元论，则鼓吹与环境的和谐相处，因而提供了另一种选项。中国哲学能普遍地以"天人合一"一语概括（"自然与人类合而为一"）；天一般以极乐之地呈现，代表大自然世界。非二元论的哲学概念在于相反的事物并非独立的二元，而是彼此关联、互为贯通的，正如宇宙与人类形成的整体关系。

儒家、道家和佛家是中国的三大主要哲学。儒家思想提倡人们与自然和谐共存，但是社会、道德与政治哲学才是它的焦点所在。

佛教由印度传入，也倡导与自然的融洽，却更关心如何透过冥想与启蒙的途径将人们由苦难中解放出来。道家有其自成一格的道德、社会和政治哲学，以及自家的坐禅练习和对醒悟的阐释，但在与自然和谐共存的强调上道家更超越了其他哲学。就这层意义来说，道教视天人合一为最终目标而成为中国最首要的环境哲学。

历史背景

有些道家主张道家的学说、大师及文献最初是在一个未分化、充满潜在生机而万物赖以形成的鸿蒙太初（混沌）中由"道"（"道路"之意，或是宇宙的秩序和创造原理）所生成的。历史学者相信道家学说的概念大约成型于公元前10—公元前5世纪时中国南方道士对极乐幻觉的追求。有些人则把杨朱之类隐士（约公元前6—公元前5世纪）的个别思想视为道家的发展根据。他们深信世界是个完整的有机体，因此不愿牺牲一根小腿毛

来造福世界（换而言之，他认为天地间物与物之关系是如此紧密而无人能以破坏任一小部分，像拔根汗毛，来拯救宇宙整体）。不过普遍来说，道家的创始人一般被认为是生活在公元前6到公元前5世纪的老子（Laozi，或Lao-tzu，字面意义是"老师父"），以"老子"为名的这本书，也叫《道德经》（或 *Tao Te Ching*，英文是"道与其能量的经书"），被认为是由他撰写的。

道家的第二号人物是庄周（或庄子，公元前4—公元前5世纪，英文也作Chuang Tsu），《庄子》这本书的前七章又称内篇，被认为是由他撰写的。我们不能夸大庄子对道家和道教的影响。庄子是否发扬光大了老子的教诲——或者他只是个与老子有类似见解的独立思想家——这点目前还未有定论。老庄这代表了两位思想家学说的名词，最早在道家另一份文献《淮南子》（公元前139）的前言中被提及，而在中国历史上的魏晋时期（220—420），更出现了对老庄思想的广泛研讨。

在后汉时期（25—220），老子的身份被神化而被尊奉为天神。在公元165年之前他已被尊为太上老君，也就是最崇高的天神。这现象促成了道家演进成为宗教。张道陵，一个小地主，提出了一些教条并声称教条来自圣灵老子在公元142年给他的指示。他提倡三天正法，目的在拯救世界使其免于陷入颓废，并为受选的"种民"建立起一个完善的国家。张道陵在四川发动"五斗米道"（奉其道者皆需交出五斗米），后来又称为"天师道"。在之后的几个世纪，无论是这宗教的教义或实践、相关的炼丹术或打坐都不断经历复杂的演变。今天，道教信仰仍遍及中外。

道教生态学

早期的道家文献批评儒家的美德与道德观，有些学者因此声称道家欠缺道德。其实早期的道家文本是鼓吹道德思想的，也建议实践道德思想的最佳途径就是顺应自然力量并寻求与之和谐共处。老子鼓励人法地，如同"道"法自然。仿效自然的力量是道家实践中极突出的一部分。老子告诉我们，上善若水，道家尝试效法水的美德。赞叹它的轻柔、随遇而安，与世无争，它能侵蚀山峦，被激起时混沌不清，平静时又深奥清澈。要随波逐流（to go with the flow），这个词不管在字面上抑或隐喻上，都道出了道家真正生活的关键。

在道家看来，人被组织起来进行有目的的行为。我们被教导要努力工作、坚定意志从而成就功名。而道家则倡导无目的的行动"（为无为）"。与道家的无为观念关系密切的便是自然而然、不要做作，一切出于自然而非勉强被迫。遵循了这个准则，人们会更有创意而能实现自我，结果就更适宜与他人和自然环境和谐相处。

庄子推展了道教的环境哲学。有些学者提出了庄子曾为漆圆吏，林业保护区看守人；无可否认他对当地的动植物十分熟悉。庄子主张一种视角论（perspetivism）：声称每一个生物的认知都受限于它用以感受这世界的视角。他给了许多例证，告诉我们为何不同生物会偏好不同的栖息地与食物；他强调没有任一观点是唯一正确而凌驾于其他之上的；而且每一种观点都具备其独特的优点和特征。庄子认为一个人应该竭力成为自然/天堂的伙伴（Watson 1968，56—57），即使他并未将此理念视为最高理想。他的思想可以称为一种自然神秘主义的经验——和自然融为一体。最终，这种神秘经验也把死亡视为人类精神的一种自然回归。道教环境哲学一个重要观点就是承认自然界中互相对立的力量，例如光/暗、热/冷、湿/干和生/死，是互相牵连、渗透与彼此依赖的。认知了生与死之间的交互作用也就改变推翻了人类剥削自然环境的背景。我们的生命与其他每一生物间乃是有种极微妙的平衡在维系着。

道教思想领域中能提供现代生态与环境伦理借鉴的便是人类的转变。许多人建议人类有必要变更他们对自然的看法，特别是人类对自然的态度。道教发展了一系列的理念与方法来帮助人类关怀自然和改变自身。接受改变并视其为自然的过程，相对于单纯的守成，更有助人类拓展在思考与行动上的深度。道家寻求在多变的情况下也能和谐生活。举例而言，如果选择性的烧毁或砍移枯树能提升人类与森林的和谐，就该得到允许。人也在演变；我们应该改变自己使自己更坦然、与自然更融洽。道家主张截断社会成规、精神意念和优柔寡断带来的牵绊（结）。截断牵绊有助道家信仰者从鼓吹开拓自然资源的社会成规中解脱出来。庄子倡导的另一种个人改变就是觉醒（觉）的经验。道家实行吐纳、冥想、坐禅和忘我。深度生态学者(他们相信环境危机是由于人类对本身与自然关系的认识肤浅而造成的)和生态女性主义者(认为女性受压迫是紧密牵连于环境的恶化而反之亦然的女权运动者)会一致赞同道家在天人谐存的理想中对个人改变的强调。

道教在发展过程中也陆续制定出诸项戒律，以约束人们的非自然行为。有些禁止人们对动物、鸟类、蛋卵和植物的骚扰、危害或是杀戮。另一些则不允许对环境的不必要伤害，例如对树木花草的放纵破坏，肆意挖掘坑洞，排光湿地水源或开掘湖泊，焚烧草原，污染井水、泉水、河流或海洋，以及有毒物质的制造、囤积与丢弃。道教有关旅游不留足迹的古老理念对于今日的低影响户外体育运动（low-impact outdoor-sports movement）（流行于美国西部，此运动志在减低或消除人类在野外的"足迹"）产生了积极的影响。

道家颂扬仁慈、谦虚和节俭的美德。以道家的观点来看，缺少了这三样美德，人类的文化与产业就没有持续性。人们间的关系少了仁慈与谦虚也难以为继。我们在资源开发上秉持谦虚与节俭的态度能促进并支撑我们与环境的正面互动。《庄子》一书中有个故事阐释了人与自然共存中的节俭理念。一个儒家弟子看到一个道家弟子用水桶盛水为田灌溉，儒家弟子尝试说服对方用井水吊杆来灌溉。道家弟子回应说，一改用了机器就得烦恼机械的运作，也扰乱了原本单纯简单的生活（Watson 1968, 134）。道家弟子并不反对使用机器；他们只是看不惯机器操作人员在态度上欠缺虚心和节俭。就道家来说，可持续的活动必须以仁慈、谦虚与节俭为前提。

道教的终极目标便是回归"道"最原始的一（oneness），或是自然之道。他们采用各种隐喻来表达这个与自然的融合体。比方说道教提到乘云御龙、入水不濡或入火不热的故事，也谈到以餐风饮露的山中隐士。庄子就这融合体做了巧妙的阐释："天地与我同生，万物与我合一"（Watson 1968, 43）。在与环境的关系上，道教唤醒了我们更深层的认知。

道教的影响仍延续至今。1982年中华人民共和国在宪法修订中重新恢复人民信仰自由的权利，人们于是重回道教寺庙去膜拜。共产党成员一般对于宗教价值轻描淡写，对道教犹然，但在中国信仰道教的人数仍不断上升。

由于道观多处山林之间，道教徒声称中国至少有一部分自然环境一直受到他们的维护。

詹姆士·塞尔曼（James D. SELLMANN）
关岛大学

拓展阅读

Addiss, Stephen, & Lombardo, Stanley. (1993). *Tao te ching (Lao Tzu)*. Indianapolis, IN: Hackett Publishing Co.

Ames, Roger T. (1989). Putting the *te* back into Taoism. In J. Baird Callicott & Roger T. Ames (Eds.), *Nature in Asian traditions of thought: Essays in environmental philosophy* (pp.113−144). Albany: State University of New York Press.

Girardot, Norman J.; Miller, James; & Liu Xiaogan. (Eds.). (2001) *Daoism and ecology: Ways within a cosmic landscape.* Cambridge, MA: Harvard University Center for the Study of World Religions/Harvard University Press.

Graham, Angus C. (Trans.). (1981). *Chuang-tzu: The inner chapters.* Channel Islands, U.K.: Guernsey Press Co.

Lau, D. C., & Ames, Roger T. (1998). *Yuan Dao: Tracing Dao to its source.* New York: Ballantine Books.

Rowe, Sharon, & Sellmann, James D. (2003). *An uncommon alliance:Ecofeminism and classical Daoist philosophy. Environmental Ethics*, 25(2), 129−148.

Watson, Burton. (1968). *The complete works of Chuang Tzu.* New York: Columbia University Press.

Development — Concepts and Considerations

发展——概念与考量

环境使得发展的概念复杂化。直到21世纪，发展的焦点一直着重在与财富有关的人类生活质量上，更近期则转向人类可行能力方面。当环境被纳入发展的考量因素时，观念与道德上的问题就浮现了——如何对非人类生命做出说明、如何将环境因素列入我们的生活质量和内化大多数环境过程的巨大时间尺度。

在讨论发展议题时一触及环境，一切马上变得复杂。我们惯于将发展与人类关怀联想在一起，但如果非人类生物的利益也举足轻重又该如何呢？同样困难的是怎样把环境对人类间接造成的影响全数列举、用什么样的时间尺度作为衡量影响的根据。最终，似乎麻烦还不够多，连发展本身的概念也引发争论：到底什么才是发展？

在思考之前我们必须面对的事实是，以生态的观点来看，发展是毫无意义的。原因在于生命并不发展——生命是随机而变的。要了解这道理我们必须先有个别与整体的区别观念。个别的有机体会发展，但一个有机体的发展往往代表另一有机体的毁灭。食物链的运作就是一例。生命初始以来生物的大规模绝种已经发生过五次，最后的一次——恐龙的灭亡——使人类得以不被恐龙吞噬而继续演化。就整体的生命来看，处处充满着随机性——陨石坠落地球消灭所有恐龙的偶然——让我们有幸不被更强大的生物吞噬。这意味着就生态观点来说，进步一词是没有意义的（Gould 1996）。于是，任何涉及地球发展的议论必须遵循的准则是：发展产生于生命体内；而存在于生命体之间的只是随机性。

什么才算发展？

有关发展的定义，字典会告诉你发展带有前进、成长，甚至一个过程中新阶段的意思。发展的同义字包括了演化，甚至成型。把这些词汇与概念归纳起来，就是一种循序渐进的观念。哲学家会说发展是目的论的（teleological），teleo来自希腊文，意思是目标或终点。发展是以目的为取向的。当我们谈到发展时，十之八九我们也有这发展会带向何处的认知。提起一件事正在发展中意味着这事有了进步。当然，问题是哪方面的进步？一个婴儿发展成小孩儿是人类生命的进步；一个小偷的发展那就是盗取行为的进步了。无论我们何时谈到发展，都要怀记在心，是目的赋予了发展的意义。

　　有关发展的研究起源于自然科学（生物学）和两种社会科学（心理学与经济学）。当人们谈到"可持续性"以及"发展"，他们心想的主要是源于经济学的传统思考，虽然心理学与生物学上的发展无疑也涉及这传统。从哲学家与经济学家亚当·斯密（Adam Smith，1723—1790）的年代以来，经济发展的关注点就在如何提升人类生活的质量。问题是，什么是质量？提升质量的目的在哪？

　　许多关于发展的标准论述尝试回答这些问题。它们关注的主要是人类而仅仅有限度地提到了环境。如何衡量我们的生命质量是个问题，但这只涉一种生物所以讲得通。而得出的答案对我们生命体来说也合情合理，然而其他生物——很不幸——要受苦了。

　　现今主要有两种方式衡量人类的生命质量以及人类在两个时间定点间的发展程度或零发展。但两者论及发展时有个倾向，仿佛它横跨了已发展的和发展中的两者之间的门槛。第一种方式以财富衡量，第二种方式以可行能力衡量。前项与经济关系密切。后项则与人权接轨。耐人寻味的是，第一种方式并无明确的目标而第二种方式有。

财富的发展

　　在19世纪之前，经济学被视为道德哲学的一个支流，因其涉及商品（goods）。当亚当斯密写出了《国富论》[2009（1776）]——如今是自由市场理论的基础著作——他认为自己正在为人类福祉做一描述说明。他的想法是，人类为过好生活而对一些事物的追求可能因经济因素而得以推进或受其阻碍。所以若有意协助人们朝人类幸福发展，就不得不考虑经济。正如书名道出，他把焦点摆在财富——人们拥有的商品上。

　　一直到了19世纪数理经济学的出现才让经济学开始脱离道德哲学。20世纪承袭的经济学观点在于研究一系列价值中立的模式，丝毫也不考虑实质之善的概念。比方说，经济学可能研究资本流动、外来直接投资或是货币汇率，但这些资本、投资或汇率是否会使一个人生活更完美则完全不计入考量。它的假设是，经济指标能反映人的喜好：人们珍惜什么，而非什么是值得珍惜的。经济学因此能够记录出人类、商业、市场行业或是国家实现价值的能力，无论这价值是善是恶。财富成为一种完全抽象的概念，用来表示一个人有多大能力实现他或她的价值。

　　由原来的一组货物商品代表财富演进为抽象地以市场总值来表达，是财富史上的一项重大转折。当人类幸福的附带价值被剥离，经济发展也就变得漫无边际而相对的；实际上，就是缺少了个目标。如果财富指的仅仅是在市场环境下实现个人价值的能力，那这种进步欠缺目标。你或许说积累更多的财富就是目标，但财富更多的目的又为何呢？如亚里士多德（公元前384—公元前322）在《尼各马可伦理学》中所提，财富只是一种手段。理智地看，财富不可能为生命的目的，否则手段或财富的目的又何在呢？这种涉及经济的发展概念，其基本论调的问题之一，就是它已经丧失了发展的逻辑。

20世纪的多数时期，当人们对发展进行评估，他们衡量的是国民生产总值（GNP）或是人均国民收入（per capita income）这类经济指标。第一种数据指的是一年间，由居住于一个国家的国民或是注册本国商业机构所生产的货物与服务总值，第二个数据则是每个国民的平均收入。与此相关的问题是：一个国家的数据如何与另一个国家相比较？哪个国家更发达？或是今年的数据与去年的相比是如何？我们的发展是进步还是退步？由这种同时衡量财富与发展的方式所衍生的可持续性问题便是：这种发展能长期持续吗？能经久不衰吗？人的好恶是如此分歧不一，这令我们既不清楚发展的目的为何，也不明白我们在维系什么。

不消多时反对者便指出这种发展概念的缺陷了。追至20世纪的最后25年，一群自由市场经济学家和哲学家发展了大量马克思主义发展的观点，这些发展观点是自19世纪中期的市场经济以来就备受忽视的，并赋予其自由主义的诠释。这些发展理论也称为可行能力理论，主张我们应该重视个人而非国家整体（自由主义思想），着眼于个人能力所及和其未来实现，这是一种马克思主义的思想（Sen 2000）的体现。这是个重要时刻。比方说即使国民平均收入的数据，也无法测量是否足够

为个人在他或她的国家买份医疗保险。也无法披露在本地工作的外来移民信息。

可行能力的发展

要牢记在心的是，发展若是缺乏目标，逻辑便难以成立。光凭国民生产总值我们无法知晓目标为何。相同的，我们也不清楚自己是否走在通往目标的正路上。基于此，20世纪的大部分时期（今日亦然），当经济学者与政治家提到"发达"与"不发达"国家，总造成一种概念混淆。发展的过程如果没有一个明订的目标，或是对达到目标的必经阶段欠缺领会，如何根据这些衡量数据来评断哪个国家是已发达，哪个国家不是？其比较架构是不存在的。

经济学家阿马蒂亚·森（Amyarta Sen）与哲学家玛莎·纳斯鲍姆（Martha Nussbaum）的"可行能力"方法的问世是一种恩赐，至少就发展理论的逻辑来说。在森和联合国顾问马赫布·乌尔·哈克（Mahhub ul Haq）的合作下，可行能力理论成为1990年联合国《人类发展报告》年刊的基调，其对发展评估的精细被认为举世无双，并成为后来许多有关发展论述的基石（尽管它们仍全是标准论述的一部分）。这项报告的确为发展提出了目标，也提醒了我们达到标的的必经阶段。

可行能力方法的核心观点在于把发展的概念诠释为我们生命体的发展（Nussbaum 2000）。在此，生物学和心理学的发展概念就与它有相关性了。论证如下：发展如果最终不是让人类得以过安稳的生活，对我们又有何意义？那什么能成全我们？是我们的能力。我们能自由行动吗？能繁殖后代吗？有病痛能痊愈吗？（全是生物学的概念。）我们能学

习吗？能推理吗？能想象吗？（全是心理学的概念。）这些问题提出后接着把焦点关注于人，看他们能做什么能成为什么，可行能力的于是重申了存在于斯密理论中、一直受自由市场经济学忽略的人类幸福理念。

《人类发展报告》审视了一系列的人类基本可行能力，来判断一国的个人能够做到什么、成为怎样的人。这些可行能力的评估有赖各种指标——举例说，儿童身高未达年龄标准（营养的指标）或者成人的文盲比例（教育指标）。对性别差异也有深入的研究；美国的国内生产总值（GDP）虽然晚近被列为世界第二，可行能力的满足度列第12位，但在男女平等的指标仅排名107（UNDP 2008）。此报告呈现的是个别被研究国家人民蓬勃生机的一份精细研究结果。大体上，人类的发展调查有助阐明标准国民生产总值报告中表达不出的议题。基于国民生产总值的方法形成的报告难以看出一个国民生产总值数据极高的国家，例如沙特阿拉伯王国（Kindom of Saudi Arabia, KSA）是否有财富分配。相反地，可行能力的方法由于着重个人，则能得出答案：沙特阿拉伯王国的大量财富集中于相对数量小的国民身上，广大的民众和非公民的外来劳工仅凭少量钱财赖以为生。同样，以国民生产总值和人均国民收入为根据的方法也无法像可行能力的方法那样能辨识出人们运用财富的方式。印度的一些地区仍存在凄惨的贫困，但人民有投票权，沙特王国人民则无投票权利。又，美国看起来是个富有国家，但不是每个人民都负担得起医疗保险。

采用可行能力的方法，至少使发展在观念上易于理解。打个比方，当我们说一个国家是"欠发达"，我们指的是这国家无法为相当数量的国民保障其基本可行能力——如健康。再者，我们也能精确点出这国家在哪个特定方面未达发展标准。美国在全民身体健康的可行能力方面仍属欠发达，但就言论自由的可行能力来说，它又是发达国家。相较用财富衡量发展的模式，我们得出的是更引人关注而精准的结论。再者，隐含其中的目标也再明白不过了：只有当人们能够安稳度日——而且只有当他们都能实现《人类发展报告》中所有指标下的可行能力时，发展才算大功告成。我们明确了需要什么样的发展，而更美妙地，它与生物、心理和经济上的发展不谋而合。

可行能力与人权

玛莎·纳斯鲍姆（2000）明确阐述了可行能力方法与人权传统的关联性：她主张可行能力方法便是人权的一种形式。这观点相当重要，整个20世纪下半叶，人权组织逐步将权利与发达程度画上等号并大力鼓吹，在一些当代的政治话语中，一国的发达与否取决于它能否满足人权的保障需求。对我们的目的尤其意义重要的是，可持续性发展的话语普遍在基本的社会可续性方面诉诸人权的理念。他们认为没有一个共同体能在人权状态紊乱下真正维持长久。

纳斯鲍姆认为可行能力的方法涵盖了诸如人权所表述的各项应有权利,但剔除了人权表象上的主观性(2000,284—285)。她的观点让人信服。要牢牢记住,发展在逻辑上意味着有个目标,同时也有目标达到前必经种种阶段。别忘了发展的一些主要形式乃取之生物学和心理学上的见解。更切记在心的是,以人权衡量发展的症结在于,它们并非发展的观念,而是法律的观念。

人权就是人类对特定商品、保护或者机会的应有权利。譬如联合国的《世界人权宣言》(1948)主张我们有接受教育(商品)、免于酷刑(保护),和在政治过程中表达意见(机会)的权利。而到了发展观这里,这些权利都似乎有其价值,只不过它们的来源往往含糊不清甚至有时显得武断。根据政治哲学家约翰·罗尔斯(John Rawls 1993),这项宣言在起草时,在场的联合国代表出现了"部分共识"的现象。在我们为何要拥有这些权利的问题上难以取得认同;他们唯一同意的是我们应该拥有这些权利。结果理论家至今仍满头雾水,无法解释例如宣言第24条所列的带薪休假为何是一项基本权利。第24条是不是政治上讨价还价的产物?如果是,那是否会加深我们对人权内容是随意取决的担忧?发展的标准如何能任由政治来讨价还价呢?

可行能力的方法,其优势在于它以人类的安乐生活为根本,并由此推衍出发展标准的概念。生活质量是好是坏不是由在上位的人说了算,可行能力的方法坚信生活质量的优劣全凭人类生活如何发展。发展标准与发展概念是相辅相成的。

尽管如此,有些概念缜密、类似可行能力方法的尝试,企图将人权与人类能动性(例如,行动的能力)联结。它们一般被称为"新康德主义",因其理论受惠于18世纪德国哲学家伊曼努尔·康德,它与可行能力方法的分歧点仅在于它把主体(或人),而非使人类兴旺(或繁荣)视为首要元素。新康德主义的方法就是从我们为了行动的需要推衍出我们必须拥有的(Gewirth 1996)。出人意料,如此推论出的权利观念与人类如何基本上有个好生活这问题的答案竟然大致符合:行动自由、开拓心智的教育与健康等等。新康德主义传统中的人权是发展的优良评估标准,因为它坚持工欲善其事,必先利其器。目的很明确:要强化人类能动性。在行使每一项保障我们有完全行动力的权利同时,我们也获得一套基准以决定发展该增速或递减。专注于我们的行动能力上,也让我们不会偏离可行的能力方法。

一旦人权深植于发展概念中,也就成为发展的优良评估标准。人权是有道德权威为后盾的法规标准。当一个人享有 X 的人权,就必须尽可能加以保障。以道德观点看,权利是不可讨价还价的。因此,透过人权这强而清楚的方式,我们知晓一个国家或非国家行为主体(例如企业)在道德观上是否达到我们的最低要求。人权将道德带入生活质量的评估中。没有任何有理性的人会说一个质量好的生活能存于道德稀缺的状态中。人权将这理念详尽道出，也凸显了生活质量的精神道德面。

非人类的利益

道德思考所引发的难题不仅使发展的观念难以捉摸，也将我们带离了标准的发展话语。极而言之，更使发展的概念显得荒唐。

假设道德观点促使我们将非人类生命的利益也计入考量。假设我们不顾非人类生命的利益而行动对它们是不公平或错误的。那我们如何理解发展？物种之所以发展是依赖其他物种为食或与之竞争得胜，甚至光凭好运。我们如何形成一种跨越不同物种的发展概念？

思考以上问题时真正的难题就出现了。诸多可持续性的议论欲将非人类生命的利益也带入发展概念。环绕着《环境发展公约》（Earth Charter 2000）的全球讨论提出了多项原则，以期在21世纪建构一个可持续的国际社会，非人类利益议题之错综复杂在此表露无遗。许多不同团体都参加了会议。对他们来说，能关注非人类利益的世界才能持续；持续即是尊重。只不过困局是一个非人类物种的利益就是另一物种的毁灭。

道德所及之地是生态学达不到的。哲学家詹姆斯·瑞切（James Rachels 2007）提出了说明。一个道德人应该尊重一切正当的道德原因。一个正当的道德原因就是任一理性主体，根据属性善恶的考核而决定事情的为与不为。瑞切以苦难为例证，由于受苦是坏事，我们基于道德因素不该加诸苦难于他人。然而苦难并不因物种间的屏障受限；所有具意识的生命都会受苦。一个道德人就应尊重受苦

是不好的事实并尽其所能不对任何众生造成伤害。非人类生命的一种福祉如今该受到注意。顺应瑞切的思路来看，道德人是不食肉类、不为建盖房舍肆意砍伐林木、不加剧全球变暖。有诸多事项他们也会忍而不为。

一个道德人的行为是否会发展到阻止动物对其他动物的伤害，例如狼猎杀麋鹿？道德是否与自然法则互不相容？这一切取决于反对受苦的原因是否存在。挨饿也许更糟糕；让麋鹿数量过多也非好事。毕竟两种结局都指向长期持续的苦难。在此，伦理道德重新勾勒出一种几近自然的法则，确保每件事都有其正当性。它跨越物种的屏障，让我们通过种种方式尊重非人类生命的属性提供我们的道德诱因。如此一来，对非人类生命利益的关心也成为我们自身福祉的元素之一。

发展必须合乎道德吗？它已经是了：即使财富的评估上也都认为了在一个自由市场环境中满足我们偏好的能力是极具价值的。跨越物种屏障的观点其优势之一就是显示了发展是种道德理想。当我们为世界是改善了或变糟了下定论时，是我们决定哪些重要因素该列入考虑范围。这是个有意思的观念，但对许多问题它无法解答而不得不求助于未来更深入的研究。我们得思考出什么是人类应该具备的可行能力，也该寻求了解其他物种的哪些利益有待关注。假使生活质量在本质上意味着过好日子，那么"好日子"中的"好"也就包含了对其他生命体的好。在最低程度上，这对我们有什么含义？发展的阶段有哪些？我们如何衡量它们？谁来判定何种生命体具有何种重大意义？我们得来的推论中何者能

引导我们理解适合的生命体与相配的恰当环境？这些对于热衷可持续性发展的人来说都是严峻的问题。

环境现状

在人类发展的讨论中，有较简易的方式可将环境课题带入其中，但仅仅是有限程度。既然我们依存于环境，环境各个层面便是人类需求和珍惜事物的体现。我们靠淡水维持生存。水是人的需要，当水无处可寻时更是价值连城。依此类推，环境的诸多方面均应计入人类发展的估算中。想想我们的大气层。想想那些传播植物花粉使农作物得以欣欣向荣的蜜蜂。问题是如何评价它们。

以财富为基准的方法比起可行能力和新康德主义的方法就显得手足无措了。市场价格也许反映不出环境商品的价值。水是个例子。针对水的全球市场直到最近才出现。人们向来认为水是免费而取之不尽的。然而水并非用之不竭，市场也被迫要认清这个事实。未来的商品又是另一个难题。基于一种"折现"的观念，未来的淡水价格明显低于我们认定的应有价格。原理在于未来商品的购买将耗尽我们原本可以投资并获利的价值。结果一些比如今日定价为1元的环境商品在未来将有相对低的价格，因为现今为购入所付出的1元若是拿来投资将可成为2元，如此一来，未来环境商品的相对成本就降了一半。换言之，假使今天你不出钱买水，未来在数量上就可有多一倍的钱买水。因此我们很难依据商品现值来估计它的未来价格。就可持续性来说这后果严重。可持续发展话语的主张之一是我们必须为未来世代保存环境，但以我们目前所

花费与投资的观点来看，折现现象将会降低未来环境的价值。保护未来成为一种亏本事业（Norhaus 2008）。有些主流经济学者，如尼可拉斯·斯特恩（Nicholas Stern 2007）认为这是不公平的。

可行为能力与新康德主义的方法在这点上就容易多了。两者都以良好的环境生态为依托，将环境的不同层面诠释为可行能力，或证明为何我们有权享有可行能力都非难事。可行能力理论学家如布里娜·荷兰（Breena Holland 2008）可以论证说，水循环形成的元能力（metacapability）使其他所有可行能力成为可能。新康德主义者则能声称若是没有淡水，人主体就无法生存，所以我们对淡水享有权利。对这些不同版本的主要话语来说，概念中纳入一部分环境思考并非难事。

时间框架

环境带给发展概念一个明显的难题：即时间框架，或"时间尺度"的问题。发展的概念以时间为基准。它随着时间发生，而我们对发展的比较便在于撮合过去和现在的两个时间点。当我们理解到环境进程自有其时间表，困难就浮现了。我们现在加诸环境的影响仅在未来才能完全感受到。人们担忧到2100年全球变暖带来的后果，但这些后果的根源得追溯到19世纪前期的工业革命，人类在未来十年的所作所为将对大气层的命运有决定性。任何将环境因素划入发展的企图也必须搞清楚视野该延伸到多长远的未来（Norton 2008）。

在这方面美国能作为一个实例。美国在2008年被认为是世界上最发达国家之一，它同时也是造成全球变暖的最主要污染国家，只

不过这污染影响有延迟性。我们评估发展时如何衡量这种延后的影响？

　　所有这些环绕发展的问题都是真实而值得注意的。我们的幸福（也许生命的道德秩序亦然）正处于存亡关头。

杰里米·本迪克－基摩（Jeremy BENDIK-KEYMER）

乐摩因大学

拓展阅读

Aristotle. (1999). *Nicomachean ethics*. (Terence Irwin, Trans.). (2nd ed.). Indianapolis, IN: Hackett Publishing.

His Holiness the 14th Dalai Lama of Tibet. (n.d.). Retrieved September 30, 2008, from http://www.dalailama.com.

Earth Charter. (2000). Retrieved September 30, 2008, from http://www.earthcharterinaction.org/content/pages/Read-the-Charter.html.

Gewirth, Alan. (1996). *The community of rights*. Chicago: University of Chicago Press.

Gould, Stephen Jay. (1996). *Full house: The spread of excellence from Plato to Darwin*. New York: Three Rivers Press.

Holland, Breena. (2008, November). Ecology and the limits of justice: Establishing capability ceilings in Nussbaum's capability approach. *Journal of Human Development*, 9(3), 401–425.

Kant, Immanuel. (1996). Metaphysical principles of the doctrine of right. In (Mary J. Gregor, Ed. & Trans.) *Kant: The metaphysics of morals* (pp.1–138). New York: Cambridge University Press.

Leopold, Aldo. (1968). *A Sand County almanac, and sketches here and there*. New York: Oxford University Press.

Morsink, Johannes. (1999). *The universal declaration of human rights: Origin, drafting, intent*. Philadelphia: University of Pennsylvania Press.

Norhaus, William D. (2008). *A question of balance: Weighing the options on global warming policies*. New Haven, CT: Yale University Press.

Norton, Bryan. (2008, September 6). Learning to think like a planet. In *Human Flourishing and Restoration in the Age of Global Warming*. Talk presented at a conference conducted at Clemson University, Clemson, SC.

Norton, Bryan G. (2005). *Sustainability: A philosophy of adaptive ecosystem management*. Chicago: University of Chicago Press.

Nussbaum, Martha. (2000). *Women and human development: The capability approach*. New York: Cambridge University Press.

Nussbaum, Martha. (2006). *The frontiers of justice: Disability, nationality, species membership*. Cambridge, MA: Harvard University Press.

O'Neill, John; Holland, Alan; & Light, Andrew. (2007). *Environmental values*. New York: Routledge.

Rachels, James. (2007). *The legacy of Socrates: Essays in moral philosophy* (Stuart Rachels, Ed.). New York: Columbia University Press.

Rawls, John. (1993). *Political liberalism*. New York: Columbia University Press.

Sen, Amartya. (2000). *Development as freedom*. New York: Anchor.

Smith, Adam. (2009[1776]). *The wealth of nations: Books 1–3: Complete and unabridged*. New York: Classic House Books.

Stern, Nicholas. (2007). *The economics of climate change: The Stern review.*New York: Cambridge University Press.

United Nations Development Programme (UNDP). (2008). *Human Development Report* 2007/2008. Fighting climate change: Human solidarity in a divided world (highlights). Retrieved July 29, 2008, from http://hdrstats.undp.org/countries/country_fact_sheets/cty_fs_USA.html.

United Nations General Assembly. (1948, December 10). *Universal declaration of human rights*. Retrieved May 17, 2009, from http://www.un.org/en/documents/udhr/.

Development, Sustainable

可持续发展

可持续发展的概念出现于20世纪的最后几十年，它将经济发展、世界贫穷人类需要与环境可持续发展衔接起来。尽管遭受批评，可持续发展的概念指出了贫困议题、经济发展与环境的相关性，世界所有伟大宗教的教义中也都反映出这种关系。

可持续发展的标准定义"既满足当代人的需要，又不对后代人满足其需要的能力构成危害的发展"出自世界环境与发展委员会1987年名为《我们的共同未来》（Our Common Future）的报告。这个委员会有时被称为布伦特兰委员会（Brundtland Commission，委员会主席的姓名），是联合国于1983年成立的，目的在省思自然资源的恶化现象和此现象对维持社会发展的寓意。

历史背景

布伦特兰委员会并非第一个研讨这个问题的高阶层聚会。由经济学者组成的一个私人团体于1968年，针对地球承担能力问题带来的"人类困境"，成立了罗马俱乐部（Club of Rome）。他们委托麻省理工学院对这个问题进行研究，并于1972年发表了极具影响力的报告《增长的极限》（The Limits to Growth），他们论证道，"为解决发展与环境两项关键问题的策略必须是合二为一的策略"（Meadows，Meadows，Randers & Behrens 1972，4）.

《增长的极限》成为1972年斯德哥尔摩举办的联合国人类环境会议中的重点主题，随之产生了《只有一个地球》（Only One Earth）的报告。会议中议及"生态发展"而且对环境议题做出一系列建言。进而促成了联合国环境规划署的成型，并鼓励各国政府设立环境部门。尽管如此，对经济方面议题的冲击仍然有限，此背景因此成为1983年世界环境与发展委员会创立的触媒。

1987年世界环境与发展委员会的报告中关于可持续发展观念的倡议，成为1992年举行于里约热内卢联合国环境与发展大会，也称地球峰会（the Earth Summit）主要讨论的问题。超过一百个国家的领袖一致通过了《里约环境与发展宣言》（Rio Declaration），《21世纪议程》（Agenda 21）以及一系列公约。非政府组织（Non-governmental Organization, NGOs）为促进可持续发展的全球论坛，参加人数逾一万人。可持续发展委员会（Commission on Sustainable Development, CSD）创立于1992年，目的在监督峰会上的决议，至今仍在联合国体系内运行。它对可持续发展的关注，对如何将可持续发展准则整合入政府政策与计划中的顾虑，影响了联合国千年发展计划（Millennium Development Goals, MDGs）中第七条旨在确保环境可持续性的条文。

里约地球峰会十年后，世界各国在2002年于南非的约翰内斯堡再次聚会，举行世界可持续发展峰会（World Summit on Sustainable Development, WSSD）。对可持续发展的期望仍然不变，只不过新自由主义全球化经济政策盛行的严峻事实、围绕911恐怖事件的争执，以及来自南半球（专指世界上最贫困与未开发的国家，多数位于南半球）的大声疾呼要求全球将焦点集中在例如艾滋病等此类贫困相关问题，以上种种都削弱了原本内含于可持续发展概念中对环境的关注。

概念的定义

《我们的共同未来》（1987）这本书开宗明义对可持续发展的定义做了极详细的论述。论述道出两个关键概念：世界贫穷人类的需求以及为满足现今与未来需求的环境能力局限。就第一项概念来说，可持续发展"要求我们满足所有人的基本需求，并扩展至所有可能的机会，以满足他们对生活改善的期望"（WCED 1987, 4）这就有求于可持续的经济成长、对机会均等的关注、消费上的限制，以及人口成长的减缓。

就第二个概念来说，"一种最低、可持续的发展决不能对维持地球生命的系统造成危害：大气层、水、土壤，以及生命体"（WCED 1987, 9）。必须认清自然资源开发存在局限性以及经营可再生资源的挑战，与此同时也有节制而缓慢地使用非再生资源。此章节尾端的结论如下："在本质上，可持续发展是一个资源的开发、投资的方向、科技发展的定位和体制变迁种种方面和谐无间的变革过程，以期提升目前和未来满足人类需求与期望的潜能"（WCED 1987, 15）。

可持续发展概念背后的主要担忧，换而言之，在环境议题上对人权、全球公平、社会公正各方面兼容并包的承诺，普遍受到各派宗教人士与信仰团体的欢迎。所有伟大宗教的教义都殊途同归强调满足穷人的需要和尊重地球的极限。在过去的二十年间有许多以此为主题的高层宗教团体聚会，也为更宽广的全球讨论做出了贡献。

对概念的批判

针对可持续发展有三个重要的批判。其一，可持续发展在用词的象

征力量和它在全球议论上近于完全地被接受度虽是毋庸置疑，但概念中的两个词并非直接参考环境得来。由此形成的两个问题，第一，可持续发展一词中并未直接涉及地球或生态。换而言之——一旦名词的历史失落了或是它在环境议题中的根源被新一代的领袖、政府或其他关键利益相关者遗忘了——这个名词于是可能沦为一种表达各式各样议程的口号，甚至与环境反道而行。有些人于是建议使用生态正义（ecojustice）一词以克服这个顾虑。

其次的问题便是由于用词的焦点在经济议题上，可持续这形容词的重要性因此可能被发展覆盖了。结果在许多背景下，尤其英文不熟练的情况下，这个词义极可能成为持续的发展，而这正是这些反反复复的发展倡议所要反对的。在非洲发展新伙伴计划（New Partnership for Africa's Development, NEPAD），一个泛非洲倡议中，这名词被微妙地转换为"可持续成长与发展"。

其二，对"发展"这个概念的批判者论证道，如果发展本身是个有缺陷的概念，可持续发展如何能成为世界承担实现的目标。有一大批人认为，"发展"等同于将西方现代性，以及资本主义和消费主义强加给全球其他国家。有些人则认为"发展"是殖民主义的产儿，所有过去的殖民大国如今均被视为"发达"，而过去的殖民地则仍是"发展中"的现实，为某些国家在全球策略订定上享有特权的说法提供了道德观点。如果这是事实，提倡"可持续发展"便违背

了南半球许多国家的利益。有种更激进的批判声称，发展其实就是罪魁祸首，以工业化和消费主义为幌子而造成了环境危机。所以可持续发展的言论是矛盾的。

第三种批判提出一个事实：发展应该是一个过程或手段而非目的或终点。在这种意义上，可持续发展一词成了一个动词而非名词。批判者论证道，人们不该力图维持发展，而是维持发展所力图追求的东西。发展也许是完成目标的手段之一，但考虑现存有关发展概念与实践的紧张状态（论点中如此叙述），转而聚焦在目标上，让不同的国家、团体和文化找出它们自己的方法去达成目标，这难道不是更为恰当的吗？以上思考促成了两种观念出现，也就是保留可持续性的概念，但集中聚焦于不同的目标：可持续生计（livelihood）与可持续社区（Sustainable Communities）。

有意思的是，可持续生计的概念于1987年，与可持续发展一语的引介同一年，首次由世界环境与发展委员会提出。可持续生计是种将公共政策、法律和结构一类的宏观议题与家庭资产和生计策略的微观议题相互整合的方法。面对环境的局限性，它提出的问题是，更广大的机构如何各尽所能，本土行动者如何采取行动，使生计成果更有持续性。第二个概念，即聚焦于社区目标，这个社区可包含地球与所有生物。它提出的问题是，为确保社区跨越世代持久长存需要采取怎样的策略。

宗教的参与

尽管可持续发展概念遭受诸

多批判，这个词仍一语道出——也许不够明确——一个"难以忽视的真相"（Gore 2006）。20世纪开始以来，日益增多的科学家、社会科学家、经济学者、政治家以及社会运动者一直在重新调整贫穷与环境、经济与生态双方议题间的不可分割性。这是条漫漫长路，但是总算1972年斯德哥尔摩的《只有一个地球》报告内的事实如今已被广为接受：人类对经济的安排组织与地球的健全有着根本的关联性，对于今日所处危机，人类本身应该负起庞大责任。以上的判断声明其实也是种希望与机会的表态。

这些主题一直潜伏在世界上各大宗教的教理之中，如今它们在全球的许多宗教团体间以崭新的清澈度和信念重新浮现。在宗教的理念和信仰，以及关切之中，至少存在五种重要联系，可以体现出可持续发展概念。首先，宗教信仰重视地球，它不是毫无意义的冰冷物体，而是创造并关怀天地万物的神的创造物。此外，神或灵魂，或生命力，被理解为持续地致力于地球生命的生生不息，带给人类生命一种"telos"，换而言之目标。这些信仰为严肃看待环境危机的含义提供了道德的基础，有些学者相信这种基础只能产生于宗教的立场。

其次，宗教思想鼓励对地球、自然和人类持有一种整体的理解。人类是所有生物形成的较大结构中一部分，因而具有洞察人类生计与环境间关系的能力。有人指出希腊词oikos，意味"家"或是"家庭"，是英文词里"经济"（oikosnomos，或是"家庭的规则"）和"生态"（oikoslogos，或"家庭的智慧"）的词根。所以地球为人类之家的宗教信仰为潜藏于可持续发展的议题提供了直觉的联系。

第三种联系在于人类活动是有限度的概念。因着神创造万物的观念，宗教信仰强调人类有责任取得生活的平衡，换而言之在追求他们自身的目的时要量力而为。这个主题在围绕可持续生计的讨论也是中频频出现。

也许介于宗教与可持续发展间最重要的交集在于第四种联系，即人类文化与价值观的问题，这点甚至也得到非宗教信仰人士的认同。如果科学能证明人类面对的危机是由于人类未能在自己的限度之内生活所致，在这全球社区中的人类就应当"修正"他们组织经济和生计的方式。这些是人类的任务，所以要反求诸己质问自身的价值观、选择和行动。根据布兰特伦委员会，"对需要的理解，取决于社会与文化，可持续发展需大力提倡的是一种不逾越生态能耐而人人皆能合理追求范畴内的消费准则"（WCED 1987, 5）。

宗教信念最能够帮助人们"修正"这种人类价值观进而深刻影响经济和政治政策。由于可持续发展试图处理的危机根源于富有国家与人民对物质需求的一味追求，我们急需宗教信念来肯定消费物质以外事物也有其意义与目的，并提醒我们简朴、资源共享和尊重其他生命的美德。

最终，多亏宗教的视野和宗教的共同体，有关可持续发展的讨论才能持续植根于促进穷人的社会与经济公平的愿景。对环境主题的辩论经常衍生为富有者保护环境的议题，但只消看看南半球并非很富有的宗教信仰者的庞大数目，就意味着宗教观点将永远凸显出环境与经济公平的关系。

　　总之，可持续发展的概念起源于20世纪后期，目的在解决经济体系、政策与活动对自然环境承受能力的冲击而形成的根本危机。

即使此概念遭来一系列严重指责，这些指责并不能解决危机。宗教的视野与信仰群体有诸多深刻的洞见与价值观不仅可以，而且应该为危机的解决提供一臂之力。

史蒂夫·德古鲁其（Steve DE GRUCHY）
夸祖鲁纳塔尔大学

拓展阅读

The Earth Charter. Retrieved July 8, 2009, from www.earthcharterinaction.org/content/categories/Religion.

Foltz, Richard C.; Denny, Frederick M.; & Baharuddin, Azizan. (Eds.) (2003). *Islam and ecology*. Cambridge, MA: Harvard University Press.

Gore, Albert. (2006). *An inconvenient truth: The planetary emergency of global warming and what we can do about it*. Emmaus, PA: Rodale Books.

Meadows, Donella H.; Meadows, Dennis L.; Randers, Jorgen; & Behrens, William W., III. (1972). *The limits to growth*. New York: Universe Books.

The Millennium Forum. Retrieved July 8, 2009, from www.un.org/millennium/declaration.htm.

Niles, D. Preman. (2002). *Between the flood and the rainbow: Interpreting the conciliar process of mutual commitment*. Geneva: WCC.

Rasmussen, Larry L. (1996). *Earth community, earth ethics*. Maryknoll, NY: Orbis.

Ward, Barbara, & Dubos, Rene. (1972). *Only one earth: The care and maintenance of a small planet*. New York: W.W. Norton Company.

WCED (World Commission on Environment and Development). (1987). *Our common future*. Oxford, U.K.: Oxford University Press.

Dominion

统治（权）

亚伯拉罕信仰宣称人类拥有地球统治权，这被解释为现代生态危机的根源。其他的解释则强调地球管家蕴含于合理统治的观念里面的。人类能选择扮演征服者、园丁、开发者、托管人或者守护者的角色。

亚伯拉罕宗教肯定人类于创造中的特殊角色。"神就照着自己的形象造人，乃是照着他的形象造男造女。神就赐福给他们，又对他们说，'要生养众多，遍满地面，治理这地，也要管理……'"（创世记1：27—28，重定标准本）。历史学家小林恩·怀特（Lynn White Jr.，1907—1987）发表在《科学》杂志上的一篇著名文章中，将生态危机归罪于此种犹太—基督教信仰。《创世记》中上帝的命令在中世纪欧洲大为盛行，允许对自然的剥削，也造出了后来导致生态危机的科学与技术。

伊斯兰教也有类似的观念："我必定在大地上设置一个代理人（khalifah）"（古兰经2:30）。

对于怀特的批评接踵而至，人们反驳道，从这信仰的起源到这些后果的产生在时间上足足有两千年的差距。《诗篇》和《约伯记》的其他圣经段落则赞美创造。希腊有个信念很重要："人是万物的尺度"（普罗泰戈拉）。其他起到更为直接作用的因素还有：资本主义的兴起、经济的增长、人口的增加、民主制度的兴起以及愈演愈烈的世俗化。自由资本主义民主唤起了公民消费者与日俱增的期望；相反耶稣从未鼓励消费的最大化。甚至怀特也注意到，东正教并未发展出此种统治的态度，西方基督教世界的圣方济各（Saint Francis）也没有。

自从人类堕落，被逐出伊甸园之后，大自然也遭到毁坏，生活成为一种挣扎。自然需要人以劳动来补偿。在此神学、科学、经济学和伦理学都一面倒地认为，促进发展，减轻贫困和疾病是一件好事。人类自历史初始以来便不遗余力地在突破局限。生活会日渐美好；人应该对富足有份期望并为此目标努力。比起其他物种人类在这方面（即更强的统治能力）是更具天赋的。

这些思想融入了西方人权观念：一种自我发展、自我实现的权利。这种平等主义的伦理将人人向上拉拔。当每个人都寻求自身的福祉时，消费就逐步扩大。当每个个人也都寻求所有其他人的福祉，就再次扩大了消费。怀特的文章对古典时代和启蒙时代的犹太教与基督教中的人类统治权表达严重疑虑。

神学家回应说合理适当的统治权需要对创造表示关怀。确实，统治有种"地球—暴君"，或人类征服自然的压迫意义，正如征服者对待敌人的方式。不过更多是正面的意义。就保有这军事上的比喻吧，一个"地球—指挥者"发现，指挥者和被指挥者的利益就像将军和他的步兵一样，往往互相牵缠、难以分割。有时候，还有可以用太空船和引航员的比喻。

亚当、夏娃被安置在伊甸园，"修理看守"这花园（《创世记》2:15，《修订标准译本》）。

人类将成为"地球园丁"。人类就是要来驯服地球的；它的野性需加抑制，将其转变为花园、公园或耕地。虽然家长式统治在今日备受猜疑，（中古欧洲）"统治"的原始语境，与 *dominus* "父亲"的拉丁文有密切联系的。

也许最可接受的模式是管家的概念，尽管多数人宁愿将人类看待为地球受托人。管家为主人的利益而管理；受托人把这些都揽为己事来关照。环境管理对科学家与开发商颇有吸引力。希伯来人认为统治者有三类：地球上人人都是而且应该成为先知、教士，以及国王——这些都是非人类无法担当的职位。人类应当在自然史为神代言，尊崇地上的神圣，通过自由和爱治理创造物。

《创世记》也同样讲述了人类堕入罪恶的故事。人类渴望并崇拜错误的神；这败坏了他们的信仰，自欺欺人地为自己辩解。信仰需要持续不断的改革；人们需要先知与教士以约束他们的国王。正义而人道的生活在这三方面是协调平衡的。实际上，基督教徒经常过于以人类为中心。正如伦理学家拉里·拉斯姆森（Larry Rasmussen）所解释的，忏悔是种经久持续的需要。统治地球是人类的命运，只不过这命运是脆弱的。

霍姆斯·罗尔斯顿三世（Holmes ROLSTON III）
科罗拉多州立大学

拓展阅读

Berry, Robert J., (Ed.). (2006). *Environmental stewardship: Critical perspectives, past and present.* Edinburgh, U.K.: T & T Clark.

Birch, Charles; Eakin, William; & McDaniel, Jay B. (Eds.). (1990). *Liberating life: Contemporary approaches to ecological theology*. Maryknoll, NY: Orbis Books.

Cobb, John B., Jr. (1972). *Is it too late: A theology of ecology*. Beverly Hills, CA: Bruce.

DeWitt, Calvin B. (1998). *Caring for creation: Responsible stewardship of God's handiwork*. Grand Rapids, MI: Baker Books; Washington, DC: The Center for Public Justice.

Nash, James A. (1991). *Loving nature: Ecological integrity and Christian responsibility*. Nashville, TN: Abingdon Cokesbury.

Nasr, Sayyid Hossein. (1968). *Man and nature: The spiritual crisis of modern man*. London: George Allen and Unwin.

Rasmussen, Larry L. (1996). *Earth community earth ethics*. Maryknoll, NY: Orbis Books.

White, Lynn, Jr. (1967, March 10). The historical roots of our ecological crisis. *Science, 155*, 1203–1207.

Dualism

二元论

二元论是西方特有的一种思想体系,它将精神与物质区分为二并认为精神是人性独一无二的守护,自然的其他部分从而成为毫无理性而盲目的领域,本身既无意义也无价值。因此就道德观点来说,人们也就能随心所欲地利用它。有鉴于此二元论有必要将精神重归自然之中使人类对自然负起道德责任。

二元论代表着环境思想家在解释西方对自然的人类中心主义态度时经常借助的观点。人类中心主义一直在历史上是西方对自然态度的象征,自然的价值向来仅限于它是人类的资源,而非一个具有道德意义与顾虑的独立核心。根据西方的主流文明观点,植物、动物和非人类的世界一般不被认为有内在的价值,因此,经常未被赋予道德身份与关怀。许多环境学家将目前自然环境的过度开发以及随之而来的环境危机,视为西方根深蒂固人类中心主义的恶果(Naess 1973;Routley & Routley 1982).

二元论将精神与物质断然分割的看法支持了人类中心主义。从二元论的视角看,精神与物质并不是固有不可分的实在的两方面而是两种有区别的现象,因此精神无法以物质的条件充分解释,物质也无法以精神的条件理解。在西方历史上,精神一向被视为人类本质上独一无二的领域而物质则属于自然的其他范畴。将心智与纯粹物质的分割,在价值观上是有其后果的,理由是一种物质如果要被赋予内在价值,它不能光是对人们有价值,它对自己也要有重要性。要体会这重要性,它就得对自己的遭遇有种意识,或是本身具备某种心智。精神与物质被分离后,将心智特征仅仅归属于人类，又断然否认自然也具有这特性，二元思想意味着自然对其本身来说是无关紧要的，所以，也就不拥有权利。人既然对不具备内在价值的物质没有道德上的责任，他们也就无法在道德上就他们对自然的索求利用负责了。这倒不是说人类不能因为他们取用资源于地球而对他人负责任，因为对一项资源的使用也许正剥夺了他人的使用机会，或相反的令他人也得以利用。

二元论所提出人类与自然的道德等级关系充斥于历史上西方思想的理论建构起来的一整套核心二分法或二元对立：文化/自然，心智/身体，精神/物质，人类/动物，理性/情感，理性/本能，主体/客体，自我/他人，抽象/具体，普遍/个别，和理论的/实际的等等。女权主义思想家研判这些基础范畴，认为它们在本质上是有性别取向的：男子气概按照心智和理性的自主来定义，女性气质则以繁殖，因而以身体和自然来定义（Reuther 1975; Lloyd 1984; Plumwood 1993; Warren 2000）。以后结构主义思想为背景，后殖民主义的理论家指出这些范畴也显现出种族特征：西方身份是根据理性，或与理性有关的事物来定义，而抽象的、客观的和普遍的思想形式体现为科学与"启蒙"的西方教育方式，而非西方身份则是以非理性的、本能的、"迷信的"以及"接近自然的"来定义（Memmi 1965; Plumwood 1993）。在二元论的参考系中就形成了一种"主人身份"：男人建构女人、白人建构黑人、殖民者建构本土住民，他们受本能与身体支配、毫无基本人性、认同自然而非文明，因此接受统治的法定对象（Plumwood 1993）。于是在西方常见的一个完整的统治体系，建立在理性和自然之间先天的、二元分割，以及自然沦为理性的附属地位的基础之上。要解除对自然的统治以及所有西方思想中与之相关的意识形态，关键在于废除二元论本身——让心灵回归自然，当然是在一个适度扩展的、多元的意义上回归，使自然再也不是二元论世界中道德无存的状态。二元论的废除是否只是需要政治上的再定位，如同女权主义者、后殖民主义者和后结构主义者论证的那样，或二元论是否已经多少融入了理论的肌理，这仍有待观察（Mathews 2008）。

费蕾雅·马修（Freya MATHEWS）

拉筹伯大学

拓展阅读

Derrida, Jacques. (1976). *Of grammatology*. (Gayatri Chakravorty Spivak, Trans.). Baltimore and London: Johns Hopkins University Press.

Lloyd, Genevieve. (1984). *The man of reason*. London: Methuen.

Mathews, Freya. (2008). Why has the West failed to embrace panpsychism? In David Skrbina (Ed.), *Mind that abides: Panpsychism in the West*. Cambridge, MA: MIT Press.

Memmi, Albert. (1965). *The coloniser and the colonised*. New York: Orion.

Naess, Arne. (1973). The shallow and the deep, long-range ecology movement. *Inquiry, 16*, 95−100.

Plumwood, Val. (1993). *Feminism and the mastery of nature*. London and New York: Routledge.

Reuther, Rosemary Radford. (1975). *New woman new Earth*. Minneapolis, MN: Seabury Press.

Routley, Richard, & Routley, Val. (1982). *Human chauvinism and environmental ethics*. In Don Mannison, Michael McRobbie, & Richard Routley (Eds.). *Environmental philosophy*. Canberra: Australian National University.

Warren, Karen. (2000). *Ecofeminist philosophy: A Western perspective on what it is and why it matters*. New York: Rowman & Littlefield.

Earth Charter

地球宪章

《地球宪章》在经过十年的国际协商对话后于2000年完成，它坚持主张，一个可持续全球社会的创建是地球人类的责任。它的原则除了对生命和生态健全的尊重外，也涵盖了社会与经济的公正与非暴力。地球宪章推进委员会（The Earth Charter Initiative），是一个包含了个人、组织和机构的全球网络系统，其行动在于推广以上原则。

《地球宪章》是一份有关重要道德原则的声明，目的是要在21世纪创建一个公平、可持续与和平的全球社会。它寻求启发人们内心一种全球相互依赖的崭新意识从而为整个人类家庭、广大的生命群体和未来世代的福祉分担责任。它是一种充满希望的愿景和对身体力行的呼唤。

《地球宪章》的关注中心在于向可持续生活方式与可持续人类发展的过渡；生态的完整性是个议题要项。然而《地球宪章》承认生态保护的目标、消灭贫困、公平的经济发展、尊重人权、民主以及和平都是互相依赖而不可分割的。因此它提供了一种新的、全方位而整合的道德框架以引导进程通向可持续的未来。

《地球宪章》是漫长十年中针对共同目标和价值观的全球跨文化对话的成果。这项计划原先是联合国发起的，之后由一个全球公民社会的倡议推动和完成的，进而落实定案且于2000年由地球宪章委员会，一个独立的国际实体，以人类宪章形式正式推出。

《地球宪章》的起稿过程可说是国际声明的拟具中前所未有最包罗广泛而具参与性的了。这个过程成为宪章作为指引的道德框架之主要合法性来源。2009年有超过4 800个机构，包括许多政府与国际组织签署了宪章，大大地提升的这份文件的权威性。

起源

联合国世界发展与环境委员会一份名为《我们共同的未来》（Our Common Future 1987）报告提到的建议促成了《地球宪章》的产生。在众多建言中，委员会要求以一种"新宪章"

的形式做出"环境保护与可持续发展的全球声明"。抱着这份理念，1992年里约高峰会议（联合国环境与发展大会）的秘书长、加拿大人莫里斯·斯特朗（Maurice Strong），提议峰会起草一份《地球宪章》。峰会与宪章的名称中都使用了"地球"一字折射了80年代日渐广受承认的事实即我们的星球是人类的基本需要所赖以生存的一个宏伟、自我调节的生态系统，而地球生态系统正因人类生产与消费的形态急速恶化，置人类未来于险境。在峰会的预备过程中，有些政府和一部分非政府机构针对《地球宪章》的拟稿提出建议，但这项计划最终由于缺乏足够的政府支持被迫放弃。

1994年，莫里斯·斯特朗以地球理事会（Earth Council）主席身份与国际绿十字（Green Cross International）主席米哈伊尔·戈尔巴乔夫（Mikhail Gorbachev）在一项公民社会倡议中共同合作重新开展《地球宪章》的咨询与起草过程。这次合作关系的达成得到了世界发展与环境委员会秘书长吉姆·麦克尼尔（Jim McNeill）、荷兰的碧翠丝女王（Queen Beatrix）与总理吕德·吕贝尔斯（Rudd Lubbers）的积极支持。荷兰政府提供了最初的财务援助。地球宪章推进委员会的秘书处总部设于哥斯达黎加的地球理事会，阿尔及利亚大使穆罕默德·沙努恩（Mohamed Sahnoun）成为计划的第一位执行长。此倡议的目的在草拟一份宪章以期阐明可持续发展议题上全球新兴公民社会对于价值与原则逐渐凝聚成型的认同。

成百的组织机构与数以千计的个人共襄盛举。设立了四十五个《地球宪章》的国家委员会以筹备地方性的对话。宪章透过互联网进行咨询。在亚洲、非洲、中南美洲、北美洲与欧洲各地都举办了重要地区性会议。1996年12月，地球理事会和国际绿十字共同组织了《地球宪章》委员会（Earth Charter Commission）以监督起草过程。委员会的主席为斯特朗与戈尔巴乔夫，会员涵盖了来自世界各地的重要人士。委员会并邀请了一位来自美国的宗教与伦理教授斯蒂文·洛克菲勒（Steven Rockefeller）来组织一个国际的起草委员会并担任主席一职。实际的拟稿过程于1997年1月开始。过程中也发布了宪章的建议与修改版本以集思广益并激发讨论。2000年3月，委员会在巴黎联合国教科文组织（UNESCO）总部的会议上将内容做成总结，并在三个月之后在海牙的和平宫正式将文件发表出来。

《地球宪章》这一全球道德运动的结晶在20世纪90年代获得广泛的支持也启发了世界人权宣言（Universal Declaration of Human Rights）。这个运动背后的动力来自一种确认，即日趋相互依存的世界所面临的重要挑战不能靠单一国的行动来解决。与其他国家和人民的合作是基本要素，而建立一种有效的全球伙伴关系需要共同的目标与价值观。《地球宪章》反映了来自两方面的影响，由物理学、宇宙学和生态学构建起的新科学世界观，以及世界宗教、重要哲学传统与本土住民的智慧。起草委员会与自保联盟（World Conservation Union，正式名称为世界自然保护联盟International Union for Conservation of Nature，IUCN）的环境法委员会（Commission on Environmental Law，CEL）密切合作，宪章内容以国际环境和可持续发展的法条为基础并将之发展延伸。《地球宪章》体现了90年代七次联合国高峰会议所表达的关注和期待，包括人权、人口、儿童、妇女、社会发展以及城市各方面。它包罗广泛的展望折射的是种逐渐觉醒的意识，即问题的解决需要一种全盘性思考和包容而整合的方式。

内容

《地球宪章》的内容包含了序文、16条主要原则、61条附属原则，以及命名为"前进之路"（The Way Forward）的结论。序文中申明"我们是有共同命运的一个人类家庭和地球村"，而且将人类面临的严峻的挑战与选择做出总览（EIC 2000）。它强调除了对全球人权的承诺外，同样不可缺的是强烈的全球责任感。《地球宪章》寻求扩展人的道德意识，确认人类是地球上广大的人类与非人类生命群体中相互依存的一员；既然身为全球社区的一份子，人们道德责任之重大，远远超越了他们所属的部落、宗教或国家赋予的责任。《地球宪章》倡导一种新的地球公民感，亦即对文化多样性的尊重，并确认所有生命体，不论它们对人类的利用价值为何，都值得我们的尊敬与道义上的关切。

《地球宪章》原则的推出意在"成为所有个人、机构、商业、政府和跨国组织行为的共同纲领与衡量标杆"（EIC 2000）。原则被划分为四个部分，每一部分的标题正彰显了《地球宪章》道德愿景的包容性：I. 尊重关怀生命的群体；II. 生态的完整；III. 社会和经济的公正；以及IV. 民主、非暴力与和平。

《地球宪章》指出"当人类的基本需求满足了，人类发展主要意味变得更好而非拥有的更多"。一些普遍的精神价值，包括对广大进化宇宙的附属感以及"对存在神秘的敬畏、对

生命礼献的感激和对自然界中人类地位的谦逊感均受到宪章的肯定"。宪章最终极的愿景是和平与对生命的欢愉颂扬。"和平"被定义为"人与他自身、与其他人、与其他文化、其他生命、地球和以上全体都归属的更大整体之间由于关系适切所形成的完整性"（EIC 2000）。

《地球宪章》推进委员会，2000—2009

《地球宪章》于2000年发表之后，《地球宪章》委员会指派了一个由委员会会员及起草委员会会员组成的主导委员会来负责照管《地球宪章》秘书处与较大规模的《地球宪章》推进委员会。接下来的5年（2000—2005），《地球宪章》被翻译成40种语言并在世界上广泛传播。千百个机构签署了《地球宪章》，其中包括了联合国教科文组织，全球地方环境理事会——本地政府支持可持续性（International Council for Local Environmental Initiatives, ICLEI）和世界自然保护联盟，会员包含77个国家和来自142个国家逾800个非政府组织。为让《地球宪章》得到联合国大会承认的努力也未曾间断过。《地球宪章》在全球伦理道德与可持续发展意义上提出了宝贵的引介，因此被世界各个地区的许多学校、学院与大学采用为教学工具。

2006年，地球宪章主导委员会与秘书处被重组为国际《地球宪章》（Earth Charter International, ECI）并设立了一个崭新的，由来自19个国家和主要地区24个会员组成的国际《地球宪章》委员会（ECI Council）。这个委员会为秘书处和本身已是个人与机构的国际网络的大规模《地球宪章》推进委员会订定政策与战略方针。国际《地球宪章》与《地球宪章》

推进委员会的任务在于倡导往可持续的生活方式推进，实现一个以《地球宪章》价值与原则为基石的全球社会。国际《地球宪章》并不控制《地球宪章》推进委员会，它强烈鼓励《地球宪章》活动在全世界的分散式发展。国际《地球宪章》在57国与它超过100个的分支机构进行合作。六个工作组成立于2008年，为推进对《地球宪章》分散性的承诺而分别运作于商业、教育、媒体、宗教、青年与联合国各领域。

《地球宪章》的表征，就是这广为流传的、对一个更美好世界和社会变革的共同愿景。日益增多的个人和组织发觉它在可持续生活方式上可提供宝贵的指引，在可持续发展的教育方面是个有启发性的框架，在政府和企业的政策制定上是个道德指南针，对跨文化与宗教间对话是个催化剂，在评估进步的可持续性上则是一项工具。

斯蒂文·洛克菲勒（Steven ROCKFELLER）
国际《地球宪章》委员会

拓展阅读

Corcoran, Peter B.; Vilela, Mirian; & Roerink, Alide. (Eds.). (2005). *The Earth Charter in action: Toward a sustainable world.* Amsterdam: KIT.

Corcoran, Peter B., & Wohlpart, A. James. (Eds.). (2008). *A voice for Earth: Writers respond to the Earth Charter.* Athens: University of Georgia Press.

EIC. (The Earth Charter Initiative). (2000). Retrieved August 3, 2009, from www.earthcharterinaction.org/content/ pages/Read-the-Charter.html.

Engel, J. Ronald. (2002). The Earth Charter as a new covenant for democracy. In Peter Miller & Laura Westra (Eds.), *Just ecological integrity: The ethics of maintaining planetary life* (pp.37–52). Lanham, MD: Rowman & Littlefield.

Rockefeller, Steven. C. (2007). Ecological and social responsibility: The making of the Earth Charter. In Barbara Darling-Smith (Ed.), *Responsibility* (pp.179–198). Lanham, MD: Lexington Books.

Soskolne, Colin L.; Westra, Laura.; Kotze, Louis. J.; Mackey, Brendan. G.; Rees, William. E.; & Westra, Richard. (Eds.). (2007). *Sustaining life on Earth: Environmental and human health through global governance.* Lanham, MD: Rowman & Littlefield.

Speth, James G. (2008). *The bridge at the edge of the world: Capitalism, the environment, and crossing from crisis to sustainability.* New Haven, CT and London: Yale University Press.

Speth, James G. (2004). *Red sky at morning: America and the crisis of the global environment.* New Haven, CT: Yale University Press.

World Commission on Environment and Development. (1987). *Our common future: From one earth to one world.* Oxford, U.K. and New York: Oxford University Press.

Earth Day

地球日

地球日是个全球庆祝的日子,目的在倡导环境议题和可持续性。最初于1970年举行,已成为世界最重要的非宗教假期。

地球日的庆祝在诸多努力汇合下于1970年展开,旨在提升对急迫的环境议题的意识并寻求可持续的解决方案。世界上主要庆祝的有两个日子:3月的春分(大约3月19日—21日)和4月22日。关于地球日的构想最初是由和平运动家约翰·麦肯纳尔(John McConnell)和盖洛德·尼尔森(Gaylord Nelson,威斯康星州民主党参议员,任期1963—1981)提出的。

麦肯纳尔在1970年3月的春分创立了地球日以表彰其对和平与可持续性的行动承诺。地球日的首次庆典——1970年3月21日——于旧金山和北加州的其他一些城市展开。隔年,联合国初次举行地球日,在春分的精确时刻敲响了日本的和平钟(日本人民赠送联合国的和平象征)。于春分时刻敲响全球钟声的地球日庆祝方式仍延续至今。

尼尔森与1970年4月22日发起了地球日作为一种全国的环境讨论日,其目的在提倡草根性的环境行动主义以期将环境议题带进政治舞台。两千万美国人参与了地球日的庆祝,其中半数是公立学校学生。首次地球日庆祝所激起的如虹气势,促成诸项联邦环境倡议的落实,其中包括了美国国家环境保护署(Environmental Protection Agency 1970)、《洁净水法案》(Clean Water Act 1972)和《濒危物种法案》(Endangered Species Act 1973)。

地球日以各式各样方式庆祝,有游行、演讲、广告宣传和针对儿童的多项活动(比如美术工艺、工作室、工作表、游戏和实地考察)。许多活动也牵涉到生态恢复计划(例如植树、垃圾清除)。地球日已经成为一项全球事件,2008年有大约200个国家超过10亿人参与庆祝。地球日经常被视为全球最重要的非宗教节日,将不同宗教信仰、政治联盟、种族和社会经济阶层的人们聚集起来为可持续的共同目标尽力。地球日周日（Earth Day Sunday），或普世基督教地球日（Ecumenical Earth Day），于地球日前一个星期日在美国各地的基督教教堂庆祝，凸显了这个假日的神圣意义。

地球日也因多种因素饱受抨击，包括针对企业、媒体和政治组织将地球日据为己有，在名义上共襄盛举而未能落实可持续行动的情形；还有地球日引发的沾沾自喜感，只因为庆祝期间的可持续实践。即便地球日有其问题与局限，地球日持续带来正面的影响，地球日活动在全球各地被纳入教育课程的事实即可见一斑。

伊丽莎白·麦克安纳利（Elizabeth McANALLY）

加州整合研究学院

拓展阅读

Graham, Mary. (1999). *The Morning after Earth Day: Practical environmental politics*. Washington, DC: Governance Institute and Brookings Institution Press.

Hayes, Denis. (2000). *The official Earth Day guide to planet repair*. Washington, DC: Island Press.

History of Earth Day. (2009). Retrieved May 7, 2009, from http://www.earthday.net/node/77.

McConnell, John. (n.d.). *What and when is Earth Day?* Retrieved May 7, 2009, from http://www.earthsite.org/day.htm.

Nelson, Gaylord; Campbell, Susan; & Wozniak, Paul. (2002). *Beyond Earth Day: Fulfilling the promise*. Madison: University of Wisconsin Press.

Ecocentrism

生态中心主义

生态中心主义是一种将生态系统的完整、健康或运作视为优先的伦理观点。它通常与人类中心主义观点（以人为中心）形成对比。生物中心主义代表非人类中心说的另一种看法，它与生态中心主义的差别在于其着眼点是生物或生物群落而非生态系统。

生态中心主义的概念，正如人类中心主义，以几种不同的方式运作。它可指一种价值的原则或等级，正如论据中所坚称，生态完整性为最高的道德至善或生态系统是最终价值背负者。相对的，第二种稍弱的生态中心论点可能坚持生态系统是人类的思想和行动或实现至善（例如美或繁复）的最基本背景，因此意义显著。人或至善也许更珍贵，但基于它们对生态系统的依赖，系统本身从而获得一种最终极而固有的价值。在这种情况下，生态中心主义意指一种伦理的情境框架。

生态中心论的第三种方式可能要求人类在思考一项行动时想象性地具备非人类视角。如此一来，生态中心主义的作用在于以另一物种或以地球的观点权衡一项政策、问题或局面，或在于成为进行中的演化表述的一个时刻。以这第三种方式，生态中心论的元素可构成较宽广伦理系统的一个层面。

环境学家奥尔多·里奥波德（Aldo Leopold）的著作《土地伦理》（*Land Ethics*）一书，也许是协助塑造伦理的生态中心路线的最伟大贡献。他要求读者将土地上的万物和体系也列入他们道德社群的观念中，里奥波德的《沙乡年鉴》（*Sand Country Almanac, and Sketches Here and There*），一举涵盖了以上所有三种作用：他有时将生态系统和系统内的生物描绘成具备内在价值，有时因为它们较崇高的道德至善（美、完整和稳定）而将其形容为宝贵的，其他时候他会敦促读者"像山那样思考"。生态中心观点最大的考验之一是如何解释非人类中心主义的知识，如何为评估复杂进化体系之完整、健康或运行的标准辩解。里奥波德并未回以哲学性的理由，但他似乎暗示人类能本着对生物群落和生态体系的细心参与修得这种智慧。

尽管大多数生态中心主义伦理学着重于描绘生态系统的道德重要性，是否保护或增进生态系统与其他道德价值仍是他们必须解决的显著冲突。那些加诸道德价值于人类或非人个体的人，担忧生态中心路线会导致为了系统或全盘的考量而忽略或压抑了个体权利。动物保护鼓吹者曾对生态中心论的环境伦理学家就这方面表达怨言，正如伦理学家关心人类个体的权利与尊严。生态中心主义无须就此打住它对个体的关怀；在生态中心路线上，动物与人类的权利是可以共存的，只要两者的保护与生态系统的健全运行和谐一致。

生态中心路线可能受到神本主义支持者的抗拒。神本主义路线重视神的目的、价值、关系或指令，这在一些宗教传统中众所周知。神本主义伦理学者可能对生态中心观点在神或神圣规律之外寻求道德价值心存忧虑。

人类中心主义与神本主义两种路线间也存在紧张关系，而一般只能以神的意旨与人类真正目的是一致的说法来缓除矛盾。当然，生态中心与神本主义路径也能依样地汇流一起，如基督教伦理学者詹姆斯·葛斯塔福森（James Gustafson）辩称。葛斯塔福森的《神本主义观点的伦理学》（Ethics from a Theocentric Perspective）建议人以对待神的态度来对待万物，以葛斯塔福森的逻辑系统解释，即人类必须尊重生态系统而不必考量它们提供人类的福利。当神本主义与生态中心主义能如此交集，敬畏与尊崇的道德态度可能因此油然而生。

一个以生态中心主义为起点的伦理学者最后也能心存敬畏。环境哲学家霍姆斯·罗尔斯顿指称，生态中心的伦理终将带给一个人敬畏感，因为自然是多样价值生成的根源，也是个正在开展中的进化故事。依照这个看法，自然教导人类的是关于人类自身非凡的偶发性与复杂性。如同环境学家乔安娜·梅西（Joanna Macy 1995）所展示的，生态中心伦理中对自我的描述乃取决于自我在其依赖生态系统中的参与，这点可能因而启动了人类学的改造。

威利斯·詹金斯（Willis JENKINS）
耶鲁大学神学院
惠特尼·鲍曼（Whitney BAUMAN）
佛罗里达国际大学

拓展阅读

Callicott, J. Baird. (1999). *Beyond the land ethic: More essays in environmental philosophy*. Albany: State University of New York Press.

Gustafson, James. (1981). *Ethics from a theocentric perspective: Vol. 1. Theology and ethics*. Chicago:

University of Chicago Press.

Leopold, Aldo. (1949). *A Sand County almanac, and sketches here and there*. New York: Oxford University Press.

Macy, Joanna. (1995). The ecological self: Postmodern ground for right action. In Mary Heather MacKinnon & Moni McIntyre (Eds.), *Readings in ecology and feminist theology* (pp.259–269). Kansas City, MO: Sheed & Ward.

Rolston, Holmes, III. (2004). Caring for nature: From fact to value, from respect to reverence. *Zygon 39*(2), 277–302.

像山那样思考

相对于伦理学中的人类中心路线,伦理学的生态中心路线,其理论成型的最大功臣也许是美国作家和环保先锋奥尔多·里奥波德(1887—1948)。他1949年的著作《沙乡年鉴》在他去世后才出版,书中的讯息50周年后仍显得隽永不变,一开始他生动地刻画了自己位于威斯康星州一片"地力耗尽"土地上的生活,随而推展向自然的美与其他当地万物的生息节奏,最后以读者面临的考验做终结:怀抱它的土地伦理——或如他在书中所道,"像山那样思考"。

土地伦理……扩大了群落的分界线,将土壤、水、植物、动物,或全体都纳入:土地。

听起来蛮简单:我们已经不对自由人的土地和勇者之家歌颂我们的热爱与义务吗?没错,但我们爱的到底是什么和谁呢?肯定不是我们手忙脚乱推往下游的粪便。肯定不是只能转动涡轮、漂载船舶和冲走污物的水。肯定不是这一整片我们铲除起来毫不眨眼的植物,也肯定不是动物,尤其当我们已经灭绝了它们之中最庞大而美丽的种类。土地伦理当然无法阻止对这些"资源"的变更、经营和利用,但坚持它们有持续存在的权利,而且,至少在一些地点,能在自然状态中生生不息。

简而言之,土地伦理将人类的土地—群落的征服者角色改变为土地上单纯一员与公民。它暗喻着对其他成员,还有对群落原样的尊重。

来源:Aldo Leopold. (1949). *A Sand Country Almanac, and Sketches Here and There*, p.204. New York: Oxford University Press.

Ecocide

生态灭绝

生态灭绝一词的争议性来自其引人联想的有关种族灭绝特别是大屠杀的隐喻。生态灭绝着眼于当前生态危机的严峻与危急性。它也揭示出现代科技的推波助澜和现代社会的角色，使得这种毁害得以生成：这些议题并与20世纪30年代和40年代针对德国提出的质疑相互呼应。

生态灭绝一词被诸多类型的作者在广泛的语境中所采用，对一些人来说，它根本的力量在于将环境危机串联于种族灭绝尤其是大屠杀的概念。这种应用的确有其缺陷——特别是当用词牵涉二次大战中第三帝国受害者的敏感议题时——但仍是有若干助益的。

其一是环境危机，比方说大屠杀的联想，即刻传达了一种灾难性的威胁。假使环境危机等同于欧洲犹太人的谋杀，就必须回应以迅速而强大的关注。这议题非同小可，并非仅是能以提升汽油消耗效能或多食用有机蔬菜来改善技术上的误算。

其二，特别是与大屠杀的相关性上，生态灭绝的思维挑战了界定现代性的技术与官僚架构。正如纳粹运用他们的技术与官僚技能来围捕驱逐犹太人而且有效地为大规模死亡创建了合理化的形式。今日的运输、能源和制造系统——每一项都突显了前所未有的复杂性——也促成了极端荒谬而具毁灭性的全面恶果。

其三，它所暗示的即一个能犯下种族灭绝的国家应该反过来质疑自身的文化、政治、经济和宗教各层面问题，进行生态灭绝的现代世界文化也该依样仿效。就德国文化竟能允许最终解决（Final Solution，指屠杀犹太人的决定）方案的拟定与实践而毫无反抗，知识分子曾设法探究现实的全面，我们也能质疑知识、政治权威、经济力量和自我意识各方面的形态，以了解我们如何能被允许制造变更大气层的氯氟碳化物（CFCs）和千万吨的有毒化学物质，进行毁掉世界鱼存量的商业性捕鱼以及大规模的雨林破坏。

最后，若干虐待自然的例子，由于对特定人类族群造成集中的破坏性作用也是一种种族灭绝。举例说，全球变暖或酸雨的普遍作用也许是广泛而随机的，即便水中的有毒物质可能只意外地影响对化学侵害有脆弱基因的人。不过在其他情况下——例如铀矿或其他矿物质的开采对当地居民的后果——

环境破坏提高了身体的和/或文化的毁损程度。尼日利亚的奥戈尼族受到原油开采的迫害，加拿大和印度的当地人分别饱受杰姆斯湾和纳马达河大坝的蹂躏。对他们来说，生态灭绝是一种种族灭绝：是"环境种族歧视/不公正"的最终结论。河流、土地、濒临灭绝物种和濒临灭绝人们的命运，也差不多是如此。

罗杰·戈特利布（Roger S. GOTTLIEB）
伍斯特理工学院

拓展阅读

Bender, Frederic L. (2003). *The culture of extinction: Towards a philosophy of deep ecology*. Amherst, NY: Humanity Books.

Gottlieb, Roger S. (1999). *A spirituality of resistance: Finding a peaceful heart and protecting the Earth*. New York: Crossroad.

Katz, Eric. (1997). *Nature as subject: Human obligation and natural community*. Lanham, MD: Rowman & Littlefield.

Wenz, Peter. (1997). *Nature's keeper*. Philadelphia: Temple University Press.

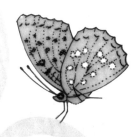

帝国之亡

　　苏联在其成为超级强国的75年建设过程中一向宣称对公众健康和自然资源的关注。如今日益缩小的咸海，由于错误的灌溉计划，水量已耗尽为原来的三分之一，近乎半数的农田面临过度耕种和农药污染的危机，多数主要城市的空气污染也超出俄国标准。作者穆雷·费西巴克（Murray Feshback）和阿尔弗列德·福伦德利（Alfred Friendly）为哪里出了错诊断把脉。

　　当历史学家终于对苏联及苏俄共产主义进行解剖研究，他们得到的可能结论是死亡乃由生态灭绝造成。就现代时期的任何事件来说，的确，除了玛雅帝国的神秘瓦解以外，这该是个很独特但非难以置信的结论。从未有任何伟大的工业文明如此有系统地毒害它的土地、空气、水和人民。对它改善公众健康与环境保护的努力如此大肆宣传而事实上又施以摧残破坏。没有任何先进社会曾面对如此无望的政治与经济估算，在资源上又如此捉襟见肘地难以对复原做出付出。

　　就陆地面积，苏联是世上最大的国家。在1990年它的人口仅次于中国和印度是第三位。几世纪以来它是石油和钢铁的领先制造国，也分别拥有地球森林资源与淡水总量的四分之一。然而人民的健康——尤其是儿童与劳动人口——土壤的生产力和空气与水的纯净均备受危害使得它沦落了。

　　这些威胁反过来也置经济复苏的前景于危境，即便大规模的体系改革随后能扎根于继任政府。要弥补几世纪以来的环境摧残，就算不考虑所需时间，光是清理的花费就是个惊人金额，足以耗尽所有其他原可用于重建住屋、道路、发电厂和水利系统、现代化工业与农业的资源。

　　苏联政府要合并生态重建与经济复原所必须做出的投资只能用估算的。这个数额将会极为庞大……才足以弥补自然与人类健康两项基本资源长期不断所遭受的蹂躏。

来源：Murray Feshback & Alfred Friendly Jr. (1992). *Ecocide in the USSR: Health and Nature Under Siege*, pp.1–2. New York: Basic Books.

Ecological Footprint

生态足迹

　　生态足迹在于测量每年一定数量人口（或个人）需要多少水域和土地面积以生产他们所消费的资源与消纳废弃物。这种衡量结果——一个简单的测验——给出了维持一种特定生活方式所需要的地球数量。

　　生态足迹（EF）的概念是由马蒂斯·瓦克那吉（Mathis Wackernagel）与威廉·里斯（William Rees）于1996年提创，其概述出现于《我们的生态足迹》（*Our Ecological Footprint*）一书。为了轻巧地踩行地球，我们不得不计算我们真实的生态足迹，这包含了能源与资源消费。一种衡量工具——在网上的测验——迅速地被发展出，以计算个人与组织（例如企业、社区、城市和国家）的生态足迹。在每次测量之后，我们被告知如果地球上每个人都过着一定的生活方式，我们将需要的地球数量。生态足迹的概念乃是以地球资源有限或承载力有限（人类消耗资源而不造成某种生态系统崩溃的极限）的理论为依托。测量方式的

根据为使用X数量资源的一定人口在维系生存上所需的生物性生产面积。

　　虽然有关"承载力"为何的争议一直存在，它已经被许多宗教组织如绿色信仰（Green Faith）和加州跨信仰能与光（California Interfaith Power and Light）采用，以唤醒对消费形态的关注。除此之外，在抵消飞行与驾驶这类活动的碳排放量之发展研究上它也助益不少。关于排放量的抵消虽然牵涉环境正义（Cobb & Daly 2008），在诸多社群中这项工具仍极具能效。（碳抵消并不考虑环境问题的分配：一个没用完碳排放限额的发电厂可将限额出售，使另一工厂的污染能超出容许的排放额。有些社群因此得面对较高水平的污染）试着回答这个问题，"什么构成一个可持续或好的生活方式？"（Cobb & Daly 1994）这个问题与宗教、灵性和生态学各方面都发生关联。换而言之，这个方法预设了一定水平的资源利用，但存在问题是，这水平的资源利用是否对人类与非人生命的进步有必要性，或者说这程

度的资源利用能否或应该适用于地球上的60多亿人口。可持续性，依照生态足迹的度量来看，是否设法带入一种有关"美好生活"的规范性假设而疏忽了地球上人类与环境的多样性？（Vanderheiden 2008）

一方面，生态足迹在衡量消费者生活方式之荒谬上是个重要指标。另一方面，它又充斥着科学与道德上的缺漏。举例而言，副总统阿尔·戈尔（Al Gore）无疑有个巨大的足迹，他环绕地球为了传达全球气候变化的信息。但这不正是他企图改变人类生活方式使其更可持续的信息吗？生态足迹并不考虑这些复杂关系。另一个例子，瓦克那吉与里斯在生态足迹概念的创建上，其可持续性是否是基于"一个地球"为背景出发的？可能不是，因为这意念和工具是在一连串会议上逐渐成形的，而它的传播更有赖能源来启动一个接通互联网并具备浏览器的电脑。在某种意义上，生态足迹的遗赠仍有待评价，但它传递的信息再清楚不过：我们就这么一个地球供我们生存了。

惠特尼·鲍曼（Whitney BAUMAN）
佛罗里达国际大学

拓展阅读

Cobb, John B., & Daly, Herman E. (1994). *For the common good: Redirecting the economy toward community, the environment, and a sustainable future* (2nd ed.). Boston, MA: Beacon Press.

Cobb, John B., & Daly, Herman E. (2008, February 19). *The California Environmental Justice Movement's declaration on use of carbon trading schemes to address climate change.* Environmental Justice Matters. Retrieved December 19, 2008, from http://www.ejmatters.org/declaration.html.

Ecological Footprint Quiz. (n.d.). Retrieved April 9, 2009, from http://www.myfootprint.org/en/visitor_information/.

GreenFaith: Interfaith Partners for the Environment. (n.d.). Retrieved April 9, 2009, from http://www.greenfaith.org/.

The Regeneration Project and Interfaith Power and Light. (n.d.). Retrieved April 9, 2009, from http://www.theregenerationproject.org/.

Vanderheiden, Steve. (2008, June). Two conceptions of sustainability. *Political Studies, 56*(2), 435–455.

Wackernagel, Mathis, & Rees, William E. (1996). *Our ecological footprint: Reducing human impact on the Earth.* Gabriola Island, Canada: New Society Publishers.

你的足迹有多大

发展重新定义组织（Redefining Progress），一个致力于可持续和公平的世界而寻求经济解答的公共政策智囊团，与可持续经济中心（Center for Sustainable Economy）搭档发展一种计算个人与机构组织"生态足迹"的方法。生态足迹测验假设地球上每个人都与受测者有相同生活方式来判断这种生活所需的地球数量，并评估出支撑消费习惯（食物、服务、居所和能源）和吸纳废物所需的陆地与水域面积。根据为发展重新定义组织网站，全球人口超出地球生态承载力几乎已达50%，这意味着以目前的消费速度来看我们需要一个半的地球。[两个温哥华记者被伊丽莎白·寇蓓尔（Elizabeth Kolbert）在她2009年8月31日《纽约客》（New Yorker）的"生态愚行是怎么回事"（What's wrong with Eco-stunts）文中引述，文章中对于一个普通美国人典型的数据高达9这一惊人发现做出了评论]以下是作者惠特尼·鲍曼的测验结果（取自http://www.myfootprint.org/en/）。

如果每个在地球上的人按我的生活方式生活，我们需要：

=2.82个地球

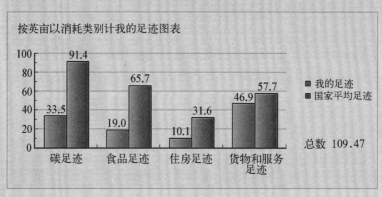

按英亩以消耗类别计我的足迹图表

- ■ 我的足迹
- ■ 国家平均足迹

碳足迹 33.5　91.4
食品足迹 19.0　65.7
住房足迹 10.1　31.6
货物和服务足迹 46.9　57.7

总数 109.47

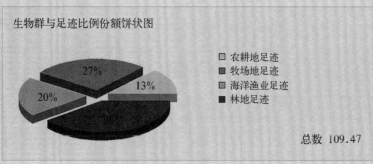

生物群与足迹比例份额饼状图

- □ 农耕地足迹
- ■ 牧场地足迹
- ▨ 海洋渔业足迹
- ■ 林地足迹

27%　13%　20%

总数 109.47

Ecology

生态学

生态学是生物学的分支,研究生物体与其周围环境的关系。在沿用了逾150年后,这个名词经历变革,成为自然与人类系统各自内在和相互间重要关系的标示,也意指倡导可持续地球的行动主义。透过对生态学在不同情境中的审视,我们更能理解持续性如何有赖于科学事实、世界观以及促成社会变革的实践。

生态学一词是由德国生物学家与公众知识分子恩斯特 · 海克尔(Ernst Haeckel, 1834—1919)首创,他于1860年提议了一种以达尔文的物竞天择说为基础的科学,它附属于生物学而专门研究生物体与其周围有生命和无生命环境的相互关系。海克尔的这项科学的命名源自希腊文中的家庭一字 *oikos*,也正是经济学"economics"的词根来源。这个关联是蓄意的,海克尔曾一度将生态学广泛地定义为"自然的经济"。

当前,生态学一词持续拥有多种含义,每一项都强调我们世界上种种关系与联系的重要,但它们之间的差异更不容忽视。科学生态学研究生物体和周围生物与非生物环境的关系;此词在广义上强调多种体系间关系的进化特征;一种更激进的生态学则意指关注人类与非人类世界之间关联的运动。

科学的生态学

以最概括的方式来说,生态学的科学与海克尔当初所提出的维持不变:生物学的一个支流,着重生命系统与生物体如何透过它们之间以及与周围无生命环境之间的互动得以生存与演化。然而,更关心在实验上提出有意义结果的当代生态学者,偏向利用较有限的名词来界定他们的研究工作,以他们专门领域中的特殊问题与观点来命名而细分了这个领域。有些生态学家以其研究的对象或地区来表达他们的研究焦点：疾病生态学家、海洋生态学家、动物生态学家、北极生态学家。另一种归纳附属专业的方式是把重点摆在关注的方法和尺度上。在最小的规模上，生理学生态学家对于造成个别生物体与它们环境间互动的化学和生物元素进行研究，行为生态学家钻研生物体对它们周遭环境的适应。种群生态学家研究采集自同一区域的特定物种中一群生物体样本的变化与适应。群落生态学家研究不同物种的生物体群落之间的形态和过程。生态系统生态学家研究在生物体和无生命物质内部一明确空间单元中的能量与物质流动，而景观生态学则研究跨域生态系统、尺度较宽广的环境变化模式。

若干人类学家与其他社会科学家将本身研究视为一种相关的次领域——人类生态学——研究人类，但更专注人类间关系以及人类与其他生命系统和环境间的互动。这项人种的研究也符合所有科学生态学的基本假设：任何生物体、物种或群落的研究，不可或缺的也必须关注塑造了它们的背景与关系。

不过值得注意的是，生态科学家的首要工作并非强调或钻研广域架构上的互联性；而是将焦点对准景观、群落、生物体或其余系统内的特殊关联。大多数现代生态学家企图指认出他们研究主题内最核心的特殊关系，从而在自然界中建立起系统模型，而非就其大肆宣传。

诸多生态学家也极力驱散有关所有相互关系全是互利的而所有生态系统本质上都是和谐的浪漫思维。相反的，这项科学的立足观点是掠夺与寄生也是自然界的一部分。生物体不仅仰赖周遭世界也与其存有关系；它们彼此间以及与环境间互相消耗和竞争。换而言之，在生态学所研究的系统中，死亡与变化是无可避免的。此外，早期自然世界的模型强调系统健全运作的稳定性，现代生态学更侧重群落是永恒处于演变中的事实。如此一来，任何对自然体系的经营或与其互动也该是顺应趋势而有弹性的，要预期不可预测的变化而不求创造或保存一成不变的现状。

系统特征的生态学

海克尔协助创立的科学于 20 世纪得以充分发展，尤其在 70 年代后期，它的研究计划与环境运动的相结合使其大举扩张。这带来了生态学一词的大众化，而定义上也不再局限于生态学家的研究计划了。以最广义地来说，生态学如今涵盖的不仅是自然界实体系统的研究，也探讨人类机构与形而上的现实。在这层意义上，生态学是种方式，用以讨论这个世界和它一切的系统如何组织，并呼唤对相关性与有机发展的注意。

生态学一词于此的着重点在于大尺度的关系，所寻求的较少是特定系统的模拟，更多是为所有结构、群落和信仰系统的特征做出声明。这在深层生态学的哲学思潮中特别彰显出来，它声称对生态系统的"深层"认识能就现实

的性质传授一种形而上的真谛：万物是动荡不定的；人类无法脱离与非人类世界盘根错节的互联关系；而一切的政治与经济结构都必须透过这互相联系的观点重受审视。深层生态学的领域已超越了科学生态学的数据分析而推向更广阔的课题，它认为生态研究中展示的世界观有道德与精神上的寓意。在如此的语境下，生态学是种系统的特征——是人类该顺应世界的运行方式而行动的真理。

在比较非正式的意义上，生态学能作为一种研讨关系网络及系统中变化的途径。任何人类群落中都能存在一种生态学，要理解这点就得辨识并研究它的影响、它的情境与它的参与者各层面间的动态关系。人类的信仰系统也存在一种生态学，这些系统由环境、传统和意识形态构成而各元素间的互动塑形了人类的思考。正如生态系统演化成互赖、互耗与互补的复杂关系，这种生态学的路径也意识到任何系统或群落都是依据其内在关系和它与其他系统间关系而逐渐发展的。

行动主义运动的生态学

生态学如今不仅意味科学上的努力与一种系统特征，也代表整合性的行动主义运动——一种政治和社会运动，目的在改变人们的思考与行动方式以维护地球的系统与生命的多样性。

这一类生态学包括了环境保护论而且两者享有共同目标，就是人类和其余生物的可持续未来。为行动主义贴上"生态"标签就是要凸显对互连性的关注：人类与周围环境并无区分，人全然是环境的一部分，两者相互依赖，人是无法与世界和它的系统分割的。社会正义的议题不能脱离气候变化、污染和生物多样性的退化问题；相反，生态运动着眼在于环境和人类生命是何以恶化和劣化的，寻求强调问题与解决方案两者间联系的政治与实践回应。生态学面对的是一种独特的挑战，其中环境退化、人类受压迫和无用的受苦是互有关联和同步进行的。要处理这样的危机只能相应以整体、有适应性而相关的行动主义运动。

这是生态女性主义的哲学性行动主义中生态学的首要意义，它指出女性的被边缘化与自然界的遭受摒弃是有关联性的，这点不多加关注就无法充分回应困境。相同的，"宗教与生态学"的学术领域主要是针对第三类的定义做出呼吁，将信仰传统和形而上的真理主张与一致的行动主义运动拢在一起，以寻求改变人类之间以及人类与非人类世界间关系。

生态学一词的运用在大众文化中也随处可见，eco这词首或eco-friendly被附加在理念和产品上以表示它们的制造和配送都是透过可持续、公平且道德的方式进行。这些行销工具的运用也许欠缺深思熟虑且难有合理解释——无疑它们所反映的不全然是对现代体系的根本挑战，而更像是生态女性主义与深层生态学一类的潮流——这有赖公众的一种理解,即生态学是现世人类社会面临多项考验该有之整合的、行动主义者的关怀。

生态学与可持续性:综合与复杂性

生态学一词的修辞力量源自它对这些不同观点的悉数囊括,除了在周全的科学研究计划内的运用,它多半是含义模糊。举例而言,在环境伦理学与宗教环境保护论的基础文章之一,"我们生态危机的历史根源"(The Historic Roots of Our Ecologic Crisis)中,历史学家小林恩·怀特写道:"人们对生态的态度取决于他们对自己与周遭事物关系的看法"(White 1967,1205)。在他的标题中,怀特指的是第三种意义的生态学,呼吁行动主义者对一种整体的"危机"做出回应。不过在引述中,怀特视生态学为一种系统特征,涉及人类与非人类环境间持续不断的相互适应关系。耐人寻味的是,怀特在文章中并未明确地引援生态学科学——这显得有些讽刺,因为文章出现于期刊《科学》中——然而无论如何,由于内容在语言上牵涉到这个领域而提升了可信度。

这个例子证明了在生态学的不同观点间往往没有那么泾渭分明而众多使用此词的作者对其真正意义也是暧昧不明。如此一来,重要的是留意在这些生态学中什么能被叫作生态学:这些定义之间的变化的关系网络——互补或竞争。当生态主义运动能拥抱所有系统间变化不断的联系关系,同时关注科学的模型与研究如何能促进这项工作时,它们将被综合。这几种不同类型生态学的优先次序仍是至关重要的。例如有关互联关系的声明,到底会像科学生态学,会有精确的定义和完善的辩护,抑或如同系统特征的生态学,是广泛全面而普世通用。

对这几种生态学与它们之间互动关系的关注是任何可持续性研究的必要元素。当鼓吹者呼吁"生态"可持续性,像许多人的做法,重要的是追究他们想表达的到底是一种严格的科学方法和原则、是强调互联关系的一种世界观、是一项延伸广泛的行动主义运动,或者是以上三项的组合。

在危机回应的行动主义运动范畴内,可持续性经常与生态运动相互重叠甚或难以区分。两种运动的立足声明均在于人类的生命与利益不能与周遭共存的环境和自然系统剥离,两者为应对迥然不同的道德挑战也都建议了一致的途径。系统特征的生态学这种较广泛观点是诸多可持续性倡议者的根本原则,他们逐渐也承认,任何一种维系文化或自然系统的尝试都必须以它们内部的互联关系与适应性为根据。在精神与宗教上事关可持续性的讨论更是如此,所有现实间的互联性经常被视为他们信仰系统核心的基本真理。最后,行动主义者、工程师与经理这些试图通过实践达成可持续目标的人,在规划经营方案或建构人类与自然界互动的预测模式时,多是诉诸科学的生态学。

每一种生态学的定义也能用以抨击可持续性:若干研究生态学学者担忧本身工作与行动主义运动的牵连会减损其科学上的客观性,对任何将他们的研究与可持续性扯上关系的意图采取谨慎态度。有些强调生态系统是永远动荡不定的学者利用这种系统特征的观点质疑可持续性的理想,询问对一个自适应的世界来说这目标是否过于静态。也有自认为生态运动一份子的人对可持续"发展"的概念提出疑问，认为这个词汇转移了原本针对具破坏性的主宰经济体系的批评。

生态学强调互联关系的重要，也着重互联关系与生态学的多样化。能体认这个词汇的复杂性就有助于我们领悟可持续性本身乃是一种复杂的概念、现实以及潮流，以及对科学事实、广阔世界观和促成社会变革的理想与践行。

凯文·奥布莱恩（Kevin J. O'BRIEN）
太平洋路德大学

拓展阅读

Allen, Timothy F. H., & Hoekstra, Thomas W. (1992). *Toward a unified ecology*. New York: Columbia University Press.

Botkin, Daniel B. (1990). *Discordant harmonies: A new ecology for the twenty-first century*. New York: Oxford University Press.

Fox, Warwick. (1984). Deep ecology: A new philosophy for our time? *Ecologist, 14*(5/6), 194–200.

Lodge, David M., & Hamlin, Christopher. (2006). *Religion and the new ecology: Environmental responsibility in a world in flux*. Notre Dame, IN: University of Notre Dame Press.

Merchant, Carolyn. (1992). *Radical ecology: The search for a livable world*. New York: Routledge.

Naess, Arne. (1973). The shallow and the deep, long-range ecology movement. A summary. *Inquiry, 16*, 95–100.

Peterson, Anna L. (2001). *Being human: Ethics, environment, and our place in the world*. Berkeley: University of California Press.

Rasmussen, Larry L. (1996). *Earth community, Earth ethics*. Maryknoll, NY: Orbis Books.

Sideris, Lisa H. (2003). *Environmental ethics, ecological theology, and natural selection*. New York: Columbia University Press.

Tucker, Mary E., & Grim, John A. (1994). *Worldviews and ecology: Religion, philosophy, and the environment*. Maryknoll, NY: Orbis Books.

Warren, Karen J., & Erkal, Nisvan. (1997). *Ecofeminism: Women, culture, nature*. Bloomington: Indiana University Press.

White, Lynn, Jr. (1967). The historical roots of our ecologic crisis. *Science, 155*(3767), 1203–1207.

Worster, Donald. (1994). *Nature's economy: A history of ecological ideas*. (2nd ed.). New York: Cambridge University Press.

Ecology, Cultural

文化生态学

文化生态学溯源于古老的希腊罗马哲学,内容在于审视人类与自然的关系。环境如何塑造社会?仪式和对神圣的指认与经济和生态学有何相关?人类对自然的改造如何形成一种"地方"与文化的认同感?以上以及诸多其他问题都在提醒我们人类文化是我们蓄意维系的环境的一部分。

"文化生态学"的领域——也可称为"人类生态学"、"生态人类学"或更近的"政治生态学"——源于古老的观察,即人类社会的差异似乎与实体环境的区别(例见修昔底德,希波克拉提斯和普林尼)有关联性。现代对人类社会与环境关系的关注乃是受到20世纪60年代北美和西欧环境保护论兴起的驱动。这领域的最主要贡献来自人类学而在较小程度上也来自地理学。

自然—文化二分法

重要的文化生态研究强调自然与文化之间的对立,例如,通过批判"森林"这一概念是典型的非人类的,将两者一分为二。在1985年,人类学家和积极行动者达雷尔·波西(Darrell Posey)的先驱性贡献,尽管备受争议,指出巴西亚马孙河流域看似"自然"的森林岛屿事实上是由卡亚波族印第安人所造出的,因此他们的土地所有权该受尊重。较近期而具影响力的是詹姆斯·费和德(James Fairhead)与梅丽莎·李奇(Melissa Leach)在1996年有关西非几内亚的研究报告,证明了一向被认为是因人为草原的逐步侵占而残留的森林其实是地方性群落在草原上扩大造林的结果。

另一个研究团体专研人类—牲畜关系的理性与功能性。例如于1940年,爱德华·埃文斯–普理查德(Edward Evans-Pritchard)根据日常畜牧运作的详尽描述驳斥早先有关非洲畜牧体系非理性地限定了牛群价格的指控。马文·哈里斯(Marvin Harris)在1966年就印度"圣牛"的流行观点提出了著名但也受争论的批评,非理性正是批评内容的主题。哈里斯在经济和生态方面对详细数据的运用塑造了

20世纪60年代的生态人类学，他证明了牛的神圣性有益于维护畜牧系统至关重要的经济与生态功能。

生态与社会组织

一个经久不衰的问题就是环境塑造社会的程度到底有多大。早期的贡献理论来自马塞尔·莫斯（Marcel Mausse）1940年的论述，他认为虽然冬天海豹的集中促成了因纽特人的聚集而成为因纽特文化和社会形成的触媒，环境并不能解释因纽特宗教、道德、法规或因纽特人的集体观念。同一问题的不同处理方式出自朱利安·斯图尔特（Julian H. Steward）1938年关于肖松尼族，另一个觅食社会的研究。他着重于粮食搜寻过程中人类的工作组织，并指出由于松子的采集最适合家庭个体，阻碍了一种更高程度的社会文化的融合。

弗里德里克·巴特（Fredrik Barth）拓展了斯图尔特对工作组织的聚焦而进一步涵盖了政治与种族关系。他借用了动物生态学中"生态位"的概念，将之运用于巴基斯坦北部斯瓦特山谷的种族群落，巴特（1956）以例子说明帕坦族政治系统的根基源于多余的作物收成以供养追随者，而为了有超额收成，帕坦族不得不将领地局限于较低的海拔来达到一年两作；古加尔群落放牧于帕坦领地内的山丘，这是它们被允许的生态位，因为帕坦族人鄙视放牧。克利福德·格尔茨（Clifford Geertz）在他1972年的巴厘岛与摩洛哥灌溉系统的比较研究中更推进一步，指称环境是文化组成的必要部分。巴厘岛充沛的雨量形成了高度的集体化灌溉社会以及管理他们的复杂仪式系统；相反，摩洛哥干燥而不规律的气候

形成的灌溉系统中，水的私有权是根基并有赖于法律的保障。

对自然灾害的研究也一向意义显著。这一领域的早期工作强调如何让受灾社会恢复平衡，文化生态学者在灾难根源的认定上，认为较少是"自然性"而更多是"社会性"，在性质上也较少是反常，更是"正常"的。雷蒙德·弗斯（Raymond Firth）1959年对所罗门群岛中提科皮亚岛上飓风进行的研究是项杰出贡献，他以灾后社会在不影响社会整合的根本机制下的适应能力作为衡量冲击的方式。艾力克·瓦德（Eric Waddell）于1975年有关新几内亚高地遭受严厉霜冻的影响研究，如同弗斯的工作，证明了应对环境干扰存在着传统的本土方法。

方法论的挑战与争论

文化生态学家在其为广泛有害的小农耕种实践，像是烧垦（刀耕火种）农业的辩护上相当借重自然科学。20世纪对烧垦农业最强力的辩护来自哈罗德·孔克林（Harold Conklin）在1957年对菲律宾民都洛岛的汗努诺奥人所做的研究。这份精密独到的调查显示了烧垦在本土视角上的合理性，正如其他研究也显示由于政治—经济因素，非本地的政府精英对它缺乏兴趣。

孔克林首次（1954）对汗努诺奥人进行之研究是对人类植物学，即植物体系的跨文化研究的一项基础贡献。他有关汗努诺奥人能识别与分类1 625种植物的发现，有力验证了非西方的知识与分类系统的存在，而且复杂性毫不逊于现代植物学的林奈式分类系统。人类植物学的其他核心研究文献则出自布伦

特·伯林（Brent Berlin 1974）和理查德·福特（Richard Ford 1978）。

有些文化人类学家与系统理论和控制论建立起强力连接来为非西方的环境逻辑辩护并指责现代工业化国家本身的推论。举例说，罗伊·拉帕波特（Roy Rappaport）1968年在其影响不凡的报告中指出，巴布亚新几内亚马林语人口的礼节仪式，其功能在于维系生物的群落、调节人口或土地平衡、限制斗争的频繁次数、动员盟友、重新分配剩余猪肉并于最需要时让人们都能得到蛋白质。

这些生态定向的分析所遭受的批评之一就是其分析的单位——无论是"群落"或是"生态系统"——都是受人为的空间与时间限制而忽略了政治—经济的大环境，特别是国家。对于这项偏见的驳斥可见于罗伯特·内亭（Robert Netting）的研究，他于1990年批判了自己较早期（1977）形容瑞士阿尔卑斯山群落是整合的、自我调节与自给自足的看法。

自然资源与环境的政策

近年来，本土住民在自然资源这方面存在的知识与权利已经得到广泛的承认，尽管本土住民这概念本身曾受质疑。例如谭妮亚·李（Tania Li）在2000年关于印尼苏拉威西岛的研究中指出本土住民身份是个狭窄的标靶，极容易下射或超射而将其他居民排除在外。另一方面，本土住民身份的自我意识一般只能在与广大外在世界有接触经验而不疏离的人群中滋生。这个原则也适用于环境保护论自我意识的发展：罗伊·艾伦（Roy Ellen 1999）在他东印尼的赛拉姆研究中观察到，政治与生态眼界的拓宽会促使较古老的、本土的、嵌入形式的环境知识被更为明确的、具高阶环境过程知识的意识主体所取代。

环保人士与本土住民的互动引起了高度关注，这可见于彼得·布罗休斯（J. Peter Brosius）1999年的研究，内容是有关国际环保人士支持沙捞越的本南族人抗议伐木业。马来西亚政府对抗争的回应是采用了木材认证的国际计划，如此一来反将国际指责转向一种官僚的经济论述，模糊了道德上和政治上的要务。较乐观的是安娜·秦（Anna Tsing 1999）的著作，她写出有关都市环保人士和加里曼丹东南部部落长老的"合作"，过程中前者对"原始"的轻蔑被后者力图借他们对"异国情趣"的着迷来平衡抵消。

认识环境

文化生态学研究最后的一项主题是社会认同与地方感，例证可见于查尔斯·弗雷克（Charles Frake）1996年所做的东英格利亚（英国）研究，他指出认同感和能触发历史幽情的当代景色有关联性。另一个例子是莫里斯·布洛克（Maurice Bloch）1995年在马达加斯加岛东部对萨非曼尼日（Zafimaniry）族的考察，他们的地方感凸显于对清朗风景的享受，为求美景就必须清除森林。在两种情况下，人类对自然的改造无论是空间上的地方创造或是社会认同的形成都是必要的。

文化模型对环境观念的冲击是提姆·英戈尔德（Tim Ingold）1993年有关"全球"视野研究的主题，正如由太空捕捉到的这张地球照片已成为它的缩影。英戈尔德指称，反直觉地，这张形象折射的不是现代社会与地球的融合而是两者间的渐行渐远。葛瑞利·贝特森（Gregory Bateson, 1904—1980）就这种二分法也进行过先驱性的调查, 他认为有意识的人类心智不能理解外存环境较宽广的系统逻辑:"我们并不存于我们规划的生态之外——我们将永远无可避免地是其中的一份子。生态的魅力与惊悚都在这儿——这项科学的观念正不可逆转地形成我们生态系统的一部分"（1972a, 504）。

麦克·朵夫（Michael R. DOVE）

卡洛·卡本特（Carol CARPENTER）

耶鲁大学

拓展阅读

Barth, Fredrik. (1956). Ecologic relationships of ethnic groups in Swat, North Pakistan. *American Anthropologist, 58*, 1079–1089.

Bateson, Gregory. (1972a). Ecology and flexibility in urban civilization. In *Steps to an Ecology of Mind* (pp.496–511). New York: Ballantine Books.

Bateson, Gregory. (1972b). Effects of conscious purpose on human adaptation. In *Steps to an Ecology of Mind* (pp.440–447). New York: Ballantine Books.

Berlin, Brent; Breedlove, Dennis E.; & Raven, Peter H. (1974). *Principles of tzeltal plant classification; An introduction to the botanical ethnography of a Mayan-speaking people of highland Chiapas*. New York: Academic Press.

Bloch, Maurice. (1995). People into places: Zafimaniry concepts of clarity. In Eric Hirsch & Michael O'Hanlon (Eds.), *The Anthropology of Landscape: Perspectives on Place and Space* (pp.63–77). Oxford, U.K.: Clarendon Press.

Brosius, J. Peter. (1999). Green dots, pink hearts: Displacing politics from the Malaysian rain forest. *American Anthropologist, 101*, 36–57.

Conklin, Harold C. (1954). *The relation of Hanunoo culture to the plant world*. Unpublished doctoral dissertation, Yale University, New Haven, CT.

Conklin, Harold C. (1957). *Hanunoo agriculture: A report on an integral system of shifting cultivation in the Philippines*. Rome: Food and Agriculture Organization of the United Nations.

Dove, Michael R. (1983). Theories of swidden agriculture and the political economy of ignorance. *Agroforestry Systems, 1*, 85–99.

Dove, Michael R. (2006). Equilibrium theory and inter-disciplinary borrowing: A comparison of old and new ecological anthropologies.

In Aletta Biersack & James B. Greenberg (Eds.), *Reimagining political ecology* (pp.43–69). Durham, NC: Duke University Press.

Dove, Michael R., & Carol Carpenter. (Eds.). (2007). *Environmental anthropology: A historical reader*. Boston: Blackwell.

Ellen, Roy. (1999). Forest knowledge, forest transformation: Political contingency, historical ecology and the renegotiation of nature in central Seram. In Tania M. Li (Ed.), *Transforming the Indonesian uplands* (pp.131–157). Amsterdam: Harwood.

Evans-Pritchard, Edward Evan. (1940). *The Nuer: A description of the modes of livelihood and political institutions of a Nilotic people*. New York: Oxford University Press.

Fairhead, James, & Leach, Melissa. (1996). *Misreading the African landscape: Society and ecology in a forest-savanna mosaic*. Cambridge, U.K.: Cambridge University Press.

Firth, Raymond. (1959). *Social change in Tikopia: Re-study of a Polynesian community after a generation*. London: Allen & Unwin.

Ford, Richard I. (Ed.). (1978). *The nature and status of ethnobotany*. Ann Arbor: Museum of Anthropology, University of Michigan.

Frake, Charles O. (1996). Pleasant places, past times, and sheltered identity in rural East Anglia. In Steven Feld & Keith H. Basso (Eds.), *Senses of place* (pp.229–257). Santa Fe, NM: School of American Research Press.

Geertz, Clifford. (1972). The wet and the dry: Traditional irrigation in Bali and Morocco. *Human Ecology, 1*, 23–39.

Harris, Marvin. (1966). The cultural ecology of India's sacred cattle. *Current Anthropology, 7*, 51–59.

Hewitt, Kenneth. (1983). The idea of calamity in a technocratic age. In Kenneth Hewitt (Ed.), *Interpretations of calamity from the viewpoint of human ecology* (pp.3–32). Winchester, MA: Allen & Unwin.

Ingold, Tim. (1993). Globes and spheres: The topology of environmentalism. In Kay Milton (Ed.), *Environmentalism: The view from anthropology* (pp.31–42). London: Routledge.

Li, Tania M. (2000). Articulating indigenous identity in Indonesia: Resource politics and the tribal slot. *Comparative Studies in Society and History, 42*, 149–179.

Mauss, Marcel, & Beuchat, Henri. (1979). *Seasonal variations of the Eskimo: A study in social morphology* (James J. Fox, Trans.). London: Routledge & Kegan Paul. (Original work published in 1950)

Netting, Robert McC. (1977). *Cultural ecology*. Menlo Park, CA: Cummings.

Netting, Robert McC. (1990). Links and boundaries: Reconsidering the alpine village as ecosystem. In Emilio F. Moran (Ed.), *The Ecosystem approach in anthropology* (pp.229–245). Ann Arbor: University of Michigan Press.

Posey, Darrell A. (1985). Indigenous management of tropical forest ecosystems: The case of the Kayapo Indians of the Brazilian Amazon. *Agroforestry Systems, 3*, 139–158.

Rappaport, Roy A. (1968). *Pigs for the ancestors: Ritual in the ecology of a New Guinea people*. New Haven,

CT: Yale University Press.

Steward, Julian H. (1955). The Great Basin Shoshonean Indians: An example of a family level of sociocultural integration. In *Theory of culture change: The methodology of multilinear evolution* (pp.101−121).

Urbana: University of Illinois Press. Tsing, Anna L. (1999). Becoming a tribal elder, and other green development fantasies. In Tania Murray Li (Ed.), *Transforming the Indonesian uplands: Marginality, power and production* (pp.159−202). London: Berg.

Waddell, Eric. (1975). How the Enga cope with frost: Responses to climatic perturbations in the central highlands of New Guinea. *Human Ecology, 3,* 249−273.

Ecology, Deep

深层生态学

由挪威哲学家阿伦·奈斯（Arne Naess）于1973年首次提出，"深层生态学"揭示一种价值观念的根本转移，与政策改革的"浅层生态学"成为对比。奈斯指引了一条道路，使世界观截然不同的人们在具体的环境行动主义上能有一致认同的原则，但批评也指责此运动重视自然更甚于社会，削弱了社会达成真正可持续性的能力。

深层生态学是环境哲学最重要的现代视角之一。这个词汇最早出现于1973年一篇由挪威哲学家阿伦·奈斯（1912—2009）所写文章"浅层与深层，长期的生态运动"（The Shallow and the Deep, Long-Range Ecology Movement）。对奈斯而言，资源维护与政策改革类的"浅层生态学"不足以应付我们痼疾已深的环境问题。真正的可持续性需要我们对现有的自然界价值观做出根本变革，一种至少能含蓄地带入宗教的价值与设想的变革。就

这点而论，深层生态学在批判上是激进的，其对世界观而非社会结构的重视则是理想主义的。

意义与特征

深层生态学、可持续性和精神性三者的关系极其复杂，在某些程度上是根源于这些词汇多样的意义与附带联想。举例而言，对"深层生态学"一词曾有过不下五种的主要意义形式。其一是深度探究有关非人类自然的信仰与价值，以及我们与非人类自然在本体论上和道德上的关系。在这包容性的定义中并无特定观点的详细罗列；任何针对自然以及人类与自然关系的彻底追问都能被归为深层生态学。基于追问的根本特质，也就普遍会涉及精神上的理念与价值观。其二是种类似的包容性含义，它衍生自一项假设，即任何同样的深层追问都会构成某种形式的哲学，证实了自然的价值，肯

E 深层生态学(Ecology, Deep)　193

定我们与自然的亲密关系以及我们对自然背负的责任。在某些方面，这几种哲学可能大异其趣，例如生态女性主义和社会生态学，不过无论各自认同的特定目标和实践为何，它们的理想都是追求与自然共处的可持续生活方式。

深层生态学的第三种意义就实际多了：八项行动纲领最初由奈斯与乔治·塞欣斯（George Sessions）在1984年提出（Devall & Sessions 1985）。纲领涵盖了自然的内在价值和生物多样化的重要性；觉察地球毁灭正进行中；减少人类开发自然的需要；呼吁重大的政策变革并减少人口数量；生活质量优先于生活的物质标准；通过自身与社会的改变来担负纲领的落实责任。对可持续性的聚焦在此一目了然，但精神层面则较之隐晦不明，事实上奈斯如此构想纲领内容的部分原因是，如此一来，事关自然的世界观与精神价值互有分歧的人们也能认同纲领进而行动。这方面奈斯以"围裙"（apron）[1]的图示说明，按图解最高层的多样宗教理念和直觉能在逻辑上支持深层生态学的平台，而这些纲领逻辑上可以导引向不同的生活方式、政策与行动。

深层生态学的第四种含义也许是最普遍的，它是种肯定自然的世界观（奈斯称为"生态智慧"），特质是（1）视自然为一相关系统的一种整体观点；（2）自然界万物的平等内在价值，这经常以"生态中心平等主义"表示；（3）摒弃人类中心主义，即以人类为中心、着重人的价值及关怀却不利于自然；（4）肯定人类是完全属于自然的一部分，无"本体上的划分"或根本区别而将人类划分于自然之外；（5）个体对较广大自然界的认同，即个人并非自主的个体而是"大我中的小我"，一个完全整合于自然整体、存于大我中的明显个体；（6）一种与自然的直觉交流而非因为自然遭难的自发性关怀所滋生的理性道德义务["我是雨林我保卫自己"深层生态学家约翰·席德（John Seed）如是说（Devall & Sessions 1985）]。这种生态智慧一般在几个关键点上与生态女性主义和社会生态学一类视角有分歧（很不幸地形成了派系争论）。

深层生态学有时意指体现深层生态学原则与价值的地面（on-the-ground）运动，为该术语提供了第五种意义。这里它侧重的是种截然不同的生活方式（有时以原始主义的形式出现）或激进的环境行动主义——两者都以前段文字中的第三与第四种意义为基础。此时，最著名的例子便是"地球优先！"（Earth First!）组织。他们的目标不仅是可持续性或维存，更蓄意回归到人类大规模毁坏环境之前的状态。一种立足于自然

[1] 译者注：挪威生态哲学家阿伦·奈斯（Arne Naess）创立了深层生态学，破除了传统人类中心主义思想，从生态整体性出发建立了深层生态独特的理论体系，并用围裙图示阐释了深层生态学的立论基础。奈斯将图示分成了四层。第一层分别有佛教（Buddhism）、哲学（Philosophy）和基督教（Christianity）。第二层包含了深层生态学的八大纲领，这是由奈斯及生态学家乔治·塞欣斯共同拟订的，奈斯围裙图表中的第三层主要是经由上述二层推导而来的规范性结论（general consequences），它涉及较为笼统的个人思想概念，并对第四层起到了决定性的作用：具体行为及行动准则（concrete situation and decisions）。

的精神性总是贯穿渗透于运动之中。

关心其他文化对自然持有之精神态度一直是深层生态学的共同特质，这点在生态智慧与激进行动主义的最后两个意义上更显突出。佛教、道家和美洲本土文化一向是"新—旧"自然观的洞见来源——它暗示着，即便深层生态学在西方思想方面是新观念，对非西方文化来说这些观念都由来已久了。

深层生态学的另一项关键特征是它对荒野的重视。人类中心主义是人类毁坏自然界的主要祸源，一个纯朴、未受人类操控干扰的荒野从而被视为是最理想的。诸多深层生态学家认为自身在荒野的经验是种精神体验，它促使人们通过对自然的生态中心认同而达到大我中有小我的领悟。荒野保护向来受到深层生态学的强调，正与自然学家约翰·缪尔（John Muir, 1838—1914）的保存论前后呼应。

深层生态学与可持续性

基于深层生态学对荒野的敏感关注，它对可持续性的兴趣也极为深刻。不过可持续性也是个复杂概念，为使深层生态学与可持续性间关系的研究更为精确，可以做出几种区分。首先，有些可持续性的形态是可还原与开拓性的，譬如林业的一种惯例，为造出单一树木林场一概以农药清除其他植物直到清场伐木后的再播种。有些可持续性的形态是生态性的，旨在顺应自然的过程、繁复与限制。深层生态学无疑支持后者的生态可持续性含义，并就开拓性的可持续性后果提出全面的批判。

第二，可持续性可能是人类中心的或生物中心。多数以可持续性为目标的政策都着眼于为未来人类世代保存资源。深层生态学摒弃这种观点而鼓吹全体生物圈的生物中心可持续性。

第三种区分涉及焦点的范围。可持续性可以局限于环境议题，只应付非人类自然界的保护问题。另一方面，它可以是生态社会性的，涉及社会、经济和环境领域。这种"三重底线"的方式（环境、社会和经济）日益普遍，尤其在可持续性发展政策方面，它将人类幸福也计入考量是原因之一。

批判

若干深层生态学家也许反对这种生态社会（ecosocial）的观点，担忧滑入人类中心主义中。然而，生态社会观的可持续性无可非议地能用于批判深层生态学。就如生态女性主义者和社会生态学家指出，至少有部分深层生态学的阐释反映出对人类社会多层面的忽视，阻碍了它实践真正可持续性的努力。有一种批判谴责深层生态学的理想（生态智慧）以及它对世界观（人类中心主义）乃问题根源的强调。依照这个观点，环境问题在诸多根本形式上牵涉到社会层面。有些指责会认为，政治与经济结构，例如工业资本主义和国家，是环境掠夺的主要媒介。生态毁灭的其他因素，也有些人曾声称，是社会的意识形态（例如将妇女和自然相提并论并贬抑两者的地位，或支撑了独裁的社会阶级制度）引发了对人与自然两者的剥削。

同样的，批判也主张，单单发展一种生态中心主义的世界观和保护荒野忽视了严重的社会不公正也无法停止对地球的掠夺。我们需要政治和经济的分析，也需要社会意识形态与社会体制的变革。此类的深层生态学批判符合了生态社会路线的可持续性，即社会、经济还有环境三方面都在列入范围。

其他深层生态学的批判则较为哲学性或精神性。深层生态学虽然断言人类与自然无本体上的区分，但往往强调人类造成了自然恶化，人类似乎无可避免地具破坏性而在自然中无容身之地。于是与之相呼应的荒野保护说便浮现了。无论如何，可持续性呼吁对自然界的可持续利用，也暗示了我们与自然的互动关系。深层生态学赞扬采集狩猎文化，视其为可持续社会的范式，但批评反驳这个理想不适用于有着60亿人口的世界。

再者，深层生态学关于自我实现、认同自然和抛弃个人自我的种种理想也曾受到生态女性主义者谴责，指其是心理上的世界扩张的雄性野心。相同的，有些人辩称如此的整体理想否决了个人、个人之间关系和不同自我群落的现实与价值。以上两种局限，可以说都与真正的可持续性背道而驰。

与其他视角的综论

在这一点上，我们有必要再将传统的深层生态学与批判的深层生态学作一区分。传统的深层生态学指的是对于正当指控不予回应的观点与价值。它固守最初的原则，与其他观点也无显著而开明的对话。批判的深层生态学，相反的，意谓一种遵循基本哲学观，对于实质的批评既能借鉴并与之互动的哲学。有些观点（例如批判的马克思主义与批判的乌托邦主义）从属于这个传统，但同时会根据新的看法或分歧的视角对一些特殊观点重新权衡。批判的深层生态学在社会生态学、生态女性主义和基督教管家概念的视野之下进行自我批判。

传统与批判的深层生态学之间的区别当然不是绝对的，更准确地说，它标示了一种通往深层生态学不同表述的连续体。要点是，深层生态学不必受限于备受批评的形态中。通过向其他路径的学习，深层生态学对于可持续性的观念能更有意义。部分思想家已证实了深层生态学的基本视角如何能通过与其他观点的结合来丰富本身。举例说，加里·斯奈德（Gary Snyder，生于1930年），是《龟岛》（*Turtle Island*）和《荒野的实践》（*Practice of the Wild*）两书作者，常被誉为关键的深层生态学思想家。但是他一向强力关注社会议题并将自身的激进环境哲学与无政府主义结合。斯奈德抨击保护主义者将特定区域冻结于原始状态的企图，实际上是把它们当成商品了。罗杰·戈特利布（Roger S. Gottlieb）撰写和编辑了一些宗教和环境著作，曾经指出精神的深层生态学与左派政治和解的可能性。社会生态学家约翰·克拉克（John Clark）提倡深层生态学与社会生态学间的逻辑辩论对话，认为深层生态学家能支持社会生态学的观点。除此之外，将深层生态学的整体论描述为相关的而不是一元论是可行的，如此一来它与生态女性主义关于关系论的洞见就协调一致了。换而言之，深层生态学尽管强调自然界的一体和以自然整体角度思考的重要性，它不一定如一些人所说，否决了个体的独特性或忽视关系的现实与价值。

深层生态学的批判性路径使得方法论在两种意义上更为永续。第一，社会关怀的注入使它与生态社会观点的可持续性产生共鸣，第二，如此的改变协助深层生态学成为生气勃勃而经久不衰的环境哲学。

正当全球社群往可持续的未来推进，深层生态学领域的研究者和哲学家的研究工作为环境、社会和经济争论的综论铺下了宝贵的基石。

大卫·兰迪斯·巴恩希尔（David Landis BARNHILL）

奥斯哥斯威斯康星大学

拓展阅读

Barnhill, David Landis. (2001). Relational holism: Huayan Buddhism and deep ecology. In David Landis Barnhill & Roger S. Gottlieb (Eds.), *Deep ecology and world religions* (pp.77–106). Albany: State University of New York Press.

Barnhill, David Landis, & Gottlieb, Roger. S. (Eds.). (2001). *Deep ecology and world religion: New essays on sacred ground.* Albany: State University of New York Press.

Clark, John P. (1996). How wide is deep ecology? *Inquiry 39*, 189–201.

Clark, John P. (1998). A social ecology. In Michael Zimmerstein et al. (Eds.), *Environmental Philosophy: From Animal Rights to Radical Ecology* (2nd ed.) (pp.416–440). Prentice-Hall.

Devall, Bill, & Sessions, George. (1985). *Deep ecology: Living as if nature mattered.* Salt Lake City, UT: Peregrine Smith.

Drengson, Alan, & Inoue, Yuichi. (Eds.). (1995). *The deep ecology movement: An introductory anthology.* Berkeley, CA: North Atlantic Books.

Fox, Warwick. (1990). *Toward a transpersonal ecology: Developing new foundations for environmentalism.* Boston: Shambhala.

Gottlieb, Roger S. (1995). Deep ecology and the left. *Capitalism, Nature, and Society, 6*(3), 1–20.

Gottlieb, Roger S. (1995). Reply to critics. *Capitalism, Nature, and Society, 6*(3), 41–45.

Katz, Eric; Light, Andrew; & Rothenberg, David. (Eds.). (2000). *Beneath the surface: Critical essays in the philosophy of deep ecology.* Cambridge, MA: M.I.T. Press.

Naess, Arne. (1973). The shallow and the deep, long-range ecology movement. A summary. *Inquiry, 16*, 95–100.

Naess, Arne. (1989). *Ecology, community and lifestyle: Outline of an ecosophy* (D. Rothenberg, Trans. and Ed.). Cambridge, U.K.: Cambridge University Press.

Sessions, George, (Ed.). (1995). *Deep ecology for the 21st century.* Boston: Shambhala.

Snyder, Gary. (1990). *The practice of the wild.* San Francisco: North Point Press.

Snyder, Gary. (1974). *Turtle Island.* New York: New Directions Press.

Ecology, Political

政治生态学

　　起源于20世纪70年代跨学术领域专业学者间的互动，又受到自20世纪80年代迄今进行的研究的补强，政治生态学已演化发展为一种"解释链"（Chain of explanation），意图阐明为何影响环境议题的是群落中的政治与经济因素而非人口过多、科技引进或不合理的土地管理。

　　政治生态学研究政治、经济和社会因素如何影响或解释环境议题。这个领域源于20世纪70年代人类学与地理学的交叠关注；更具体地说，也就是人类生态学、文化地理学、文化人类学和政治经济学。重要的研究报告出现于1987年由皮尔斯·布雷其（Piers Blaikie）与哈洛德·布鲁克菲（Harold Brookfield）著述的《土地退化与社会》（*Land Degradation and Society*），报告专研农民群落在历史和经济层面的土地经营活动以及与政府和企业的互动，而不是人口过多或不合理土地管理的议题。布雷其和布鲁克菲分别是跨学术的生态学研究先锋和发展理论家，他们建议学者与决策者在跨越生态与政治经济关系的互动规模上遵循一种"解释链"的原则。

　　比方说，汤玛斯·谢立敦（Thomas Sheridan）的《鸽子呼唤之处》（*Where the Dove Calls* 1988）观察墨西哥一个农民群落的互动关系如何极度依赖生计耕种以获得它的直接资源。在地方规模上，生计耕种使群落中的个体家庭得以糊口并维系群落。牛群放牧也受到国家和地方性农业与食物资源机构的补助。政治生态学研究之前，牛群放牧相对于羊群放牧，会被视为是不合理的，原因是它对地方性的生计经济来说似乎过于昂贵，也造成地方资源的无效率利用。然而，通过了解与全球企业有关的国家经济奖励如何影响地方性行动，政治生态学能证实尽管放牧山羊对当地生计活动来说合理得多，但放牧牛群不仅为当地社区带来速食业跨国公司和全球养牛业的一些盈利，甚至也引进世界银行的可持续发展策略。结果是，地区性组织就地方群落为全球食品市场所做贡献的回馈补助就算再微不足道，也足以将地方的生计耕种逻辑转向国家和全球养牛市场的逻辑。

可持续性，无论在社会或环境方面，都严重依赖一项理解，即资源利用的系统和资源利用的方式能决定这些不同尺度下的人类关系。可持续性议题在政治生态学中的意义日益凸显，尤其当可持续发展的概念成为国际机构如世界银行的中心理念，这些机构有责任资助全球众多农民社区与发展中国家的发展以及土地管理实践。国际社群，特别是联合国，在诸多文件中以可持续发展为内容焦点，例如 1972 年的斯德哥尔摩报告（Stockholm Report），1982 年的布伦特兰报告（Brundtland Report）及接续的两个高峰会议，1992 年于里约，2002 年于约翰内斯堡。政治生态学家运用这些文件报告及环绕周围的辩论来探讨全球规模的政治生态学如何关系到不同国家和不同地方群落的资源利用。

政治生态学的质疑者认为"解释链"未能说明物质上的生态系统如何影响土地管理的执行。生物多样性、气候变化和生态系统的物质限制经常在政治生态学中被忽略。其他的指责担忧它对农民群落和发展中国家过于重视而未能考虑郊区土地利用的地方反应，也无视美国、欧盟和其他工业国人口如何在多方面对全球经济和资源管理造成冲击。较近期的政治生态学应用尝试对这些质疑做出回应，不仅将郊区居民也视为土地使用管理人，并在较新版本的"解释链"中列入气候变化和生态局限。

罗伯特·梅尔基奥·菲格罗阿
（Robert Mechior FIGUEROA）
北得克萨斯州大学

拓展阅读

Biersack, Aletta, & Greenberg, James B. (Eds.). (2006). *Reimagining political ecology* (*New ecologies for the twenty-first century*). Durham, NC: Duke University Press.

Blaikie, Piers M., & Brookfield, Harold C. (1987). *Land degradation and society*. London: Methuen.

Forsyth, Timothy. (2002). *Critical political ecology: The politics of environmental science*. New York: Routledge.

Paulson, Susan, & Gezon, Lisa L. (Eds.). (2004). *Political ecology across spaces, scales, and social groups*. Piscataway, NJ: Rutgers University Press.

Peet, Richard, & Watts, Michael. (Eds.). (2007). *Liberation ecologies*, second edition. New York: Routledge.

Robbins, Paul. (2004). *Political ecology: A critical introduction.* Hoboken, NJ: Wiley-Blackwell.

Sheridan, Thomas E. (1998). *Where the dove calls: The political ecology of a peasant corporate community in northwestern Mexico.* Tucson: University of Arizona Press.

Zimmerer, Karl S., & Bassett, Thomas J. (Eds.). (2003). *Political ecology: An integrative approach to geography and environment-development studies.* Lynton, U.K.: Guilford Press.

Ecology, Social

社会生态学

社会生态学的视角强调环境问题和社会问题的息息相关。两类问题的主要成因都归咎于政治、社会和经济的统治支配。它的理想在于自由、公平和地方分权的群落能与自然界和谐共事。根据这种观点，可持续性必须是全方位的，将社会公平、全体的经济安全都涵盖在内。

社会生态学一词有时用于人类——环境关系的一般性社会科学研究（Guha 1995）。但这个语词较狭义上指的是作家和哲学家默里·布克钦（Murray Bookchin, 1921—2006）于20世纪60年代发起的一种激进生态哲学流派。这个路线的最基本的洞见就是环境议题与社会议题是休戚与共的。社会结构和意识形态造成环境恶化，环境破坏伤及人类并以不等程度影响不同社会群体。任何有关环境议题或可持续性的严肃探讨都必须将社会原因与后果列入考量。

社会生态学的研究重点在有千年传统的人类统治，视其为环境剥削与社会不平等的主要根源。统治权显著地存在于独裁、中央集权的政府（包括声称自己是民主和平等的政府）；在一个有阶级分别的社会（无论区别是种族、社会阶层、性别或其他变数）；和在资本主义社会（使某些人透过牺牲他人和地球的利益达到财富与权力）。

相对的理想，如此一来，应为一种自由、平等和地方分权的社会，并承认自身与自然界亲密互赖的关系。唯有这类的社会，社会生态学会指称，才能最趋近完全的可持续性。

社会生态学的发展中最重要而独特的影响——突出的典型就是俄国无政府主义者彼得·克鲁泡特金（Peter Kropotkin, 1842—1921）——来自社群无政府主义，它鼓吹个人权利与社群的需要取得平衡。这类社会生态学所追求的,是社会中自由而负责任的个人能认识到自身的个体认同与他们所属的地方社会团体深刻关系。如此的理想只能产生于小型的社会与政治单元,一种激进、直接的民主或决策共识才能实现。更广泛的议题,由地区性的到全球性,将通过一个同盟体来处理,在同盟体中各个社群保有自主权但以合作方式解决较大规模的问题。这种自下而上的结盟体如何有效运作而不会将权力让与更高层的政治组织是社会生态学面临的考验之一。

社会生态学对地方分权的重视以及与自然界和谐的目标使之与生物区域主义高度类似,后者的焦点是与地方生态系统的和谐与亲密并强调对生态系统中整个生命群落的幸福负有责任。两种观点都认为只有与自然紧密联系的小型社会才能实现可持续性。两者也都看重(相对于若干保存论者与深层生态学家)人类利用自然的需要,但也坚持这种利用要顺应自然的过程与限制。

不过社会生态学与可持续性的关系要看这个语词是如何使用。可持续性意味着一种长存的剥削自然系统可能最终仅被视为一个物质财富的来源,这是社会生态学所反对的。可持续性的目标可能是(而且经常是)让基本上有破坏性而不公平的系统显得较能容忍而持久,正如同资本主义与国家或全球化的结合。在另一方面,一种严格生物中心观点的环境可持续性如果未能充分考虑所有人类的幸福将遭受指责。社会生态学坚持一种"三重底线"的方式以计入社会公平、全体的经济安全和生态可持续性。的确,对社会和生态两者的重视使得这个方法与可持续发展的目标特别和谐一致。

社会生态学支持如此具包容性的可持续性或许有或无宗教根源。布克钦受启蒙理性主义传统的感化,成为他所称"非理性主义"的尖锐反对者。他尤其排斥深层生态学中极为普遍的亚洲与地球中心观点的精神性。不过其他社会生态学家比如约翰·克拉克(John Clark),则承认精神性,包括佛教与道家一类传统能丰富社会生态学的内涵也充实它所拥护的全方位可持续性。事实上,若干以精神性为根基的思想家如加里·斯奈德(Gary Snyder)是认同深层生态学的,他们体现了社会生态学的多样根本价值。社会生态学最乐观的发展之一就是一种受精神性启发的进步政治,能开放与其他观点例如深层生态学、生态女性主义和管理人概念的对话。

大卫·兰迪斯·巴恩希尔(David Landis BARNHILL)
奥斯哥斯威斯康星大学

拓展阅读

Barnhill, David Landis. (2008). Gary Snyder's social ecology. *Indian Journal of Ecocriticism*, *1*(1), 21–28.

Bookchin, Murray. (1982). *The ecology of freedom: The emergence and dissolution of hierarchy*. Palo Alto, CA: Cheshire Books.

Bookchin, Murray. (2007). *Social ecology and communalism*. Oakland, CA: AK Press.

Clark, John P. (1996, June). How wide is deep ecology? *Inquiry 39*(2), 189–201.

Clark, John P. (1998). A social ecology. In Michael Zimmerman, J. Baird Callicott, Karen J. Warren, Irene J. Klaver, & John Clark (Eds.), *Environmental philosophy: From animal rights to radical ecology* (2nd ed., pp.416–440). Upper Saddle River, NJ: Prentice-Hall.

Clark, John P. (2005). Social ecology. In Bron Taylor (Ed.), *Encyclopedia of religion and nature* (pp.1569–1571). London: Continuum.

Guha, Ramachandra. (1994). *Social ecology*. Oxford, U.K.: Oxford University Press.

Kropotkin, Peter. (2002). *Anarchism: A collection of revolutionary writings*. Mineola, New York: Dover.

Light, Andrew. (Ed). (1998). *Social ecology after Bookchin*. New York: Guilford Press.

Economics

经济学

在工业化与科技似乎已能克服自然局限的时代，驱动当前经济市场并强调经济成长重要性的信念与学说逐渐形成。要应对今日的环境问题，我们需要架构出一种以生态和伦理为基石的经济视野，在一个能维系我们自然资源的新经济中，这视野将支援我们如何民主地引导和个别地实践。

经济学是社会科学中一种正规的学术领域，是关于产品与服务如何生产、分配和消费的研究与分析。它探索经济参与者（例如卖方、消费者、工人和投资人）与国家间的关系，为市场中的政府干预或合乎情理的直接政府行动建立理论基础。它是一种多样系统的信念，个人秉持的、企业宣传的和政治演说中唤起的信念，经济学的作用是极其类似宗教的。经济的信念合理化了个人与团体带有重要道德牵连的决定，赋予个人与企业生存的意义，并解释了如何在一个繁杂而极度分化的世界里不同人们能各得其所和彼此相处。然而，经济学的演化当时正处于一段似乎科技变革就

要战胜自然限制的时期。基于这个原因，经济学的理念，正如我们已知，既不协调也不能与近期的生态知识产生合作。

历史发展

随着政教分离逐渐成为早期现代欧洲的特征，物质上的安逸也日益增进。由探险家从新世界带回的异地植物提升了农业生产力而改善了营养；家庭手工业出现，商业也欣欣向荣。由于国家不再附着于天主教会，统治者开始追寻崭新的、世俗的论证来支持他们的存在与行动。我们今日所认知的经济学就在这样的背景下生成，它在中世纪学者对正当市场行为的阐述上再增添新的、有关国家、货物生产者和新兴市场间关系的论究。在18世纪之前，重商主义已经成为主流的思想学派。重商主义寻求国家收益的最大化，结果勾勒出了一种全球经济的发展模式。国家赐予特定公司一定地区的贸易权以换取这公司垄断收益的部分分享。在国内也是，国家强制执行的市场

管制合理化了个人与公司为维系政府而对其所做的资金移转。

亚当·斯密(Adam Smith),一个世俗的道德哲学家,辩说个人之间的交易让双方都获益。个人对私利的追求能提升公众的利益,而贸易限制则减低了贸易的潜在好处。《国富论》(*The Wealth of Nations* 1991,[1776])因此诞生了,书中斯密倡导自由市场,反对国家支持的贸易管制。在国家—市场关系的论据上斯密的关注集中于人们的物质幸福而远离了国家权力。这与历史上普遍的民主转向相辅相成,他更利用宗教隐喻谈到市场被无形的手引导着,自由市场经济的观念逐渐在接下来的世纪中为群众所接受。国家扮演的角色是确保市场的有利运作条件和弥补市场之无能力之处。如此一来,财产受到了国家的规定与保障,在较小的程度上,劳动者的权利也是。国家也担保了公众安全和国防、修建道路并在主要项目比如铁路与私人企业合作,提供教育,因为受过教育的人口使全体都受益。随着支持私人企业的转变,税资助国家活动被视为损害市场经济。这导致了一种想法的产生,即国家不该从事这些集体活动。

市场经济助长了企业家精神进而鼓励了新科技的发展和商品化。市场与科技的相结合戏剧性地为19世纪和20世纪更大量人口加快了物质幸福的提升,也同时扩展了提升的可能途径。全球人口的增加在20世纪超过了三倍,而透过市场的全球经济活动则增长了50倍。人口与经济活动引人注目的增长为人们的生活方式带来系统性的转变。原本大多数人们从事于一系列和土壤耕种有关的一般性活动,如今他们大部分是专业人士——

例如,机械工、理发师、律师、卡车司机和科学家——他们逐渐被吸引到日益扩张的城市中定居。市场与新科技改变了社会与土地、人类彼此和与环境间的关系、也改变了我们对自然的理解以及生为人的意义。当经济体系中的不同特殊利益间与相异的观点间要进行沟通时问题便浮现了。随着市场活动的扩张,个人要觉察他们的市场决定如何影响日益遥远的其他人和环境就变得更为困难。在一些基督信仰地区,对神的敬畏曾经意味着秋天收成更丰富、春天羔羊更多的承诺。如今,为配合这根据亚当·斯密的精辟见解架构起的市场经济,一些教会开始训练出繁荣传教士(prosperity preachers),许诺人们事业成功、更佳股选(better stock pick)以及物质幸福。

市场经济的生态影响

这个由市场和科技促成的社会与生态转变在极大程度上有赖于碳氢化合物化石的燃烧。上千年来植物树木吸取了大气中的二氧化碳,碳的无机沉淀物则以煤、石油与天然气的形式存储于地球中。自从工业革命时期,这个能源仓库逐渐被取用为运输的燃料、为建筑物加温或降温、并为工业、照明和现代通讯制造电力。除了为物质利益消耗了资源库存,这些活动草率地改造了环境,将一些物种推向了灭绝而且普遍地对生命造成威胁。被释放回大气中的二氧化碳以及其他温室气体正让地球变暖,步伐快于物种能演化和生态系统能适应的速度。我们如何合理化了并扩张了这个经济系统,是任何有关社会与生态可持续性讨论中都必须回应的问题。

多数人赞同改变我们的经济以保藏化石

燃料而且承认探索新的替代科技是实践可持续性的必要核心。只不过，这些修改的建议相互抵触。市场经济学者的主流论点得到了在当前系统下最有利的群体的广泛接受，这论点认为我们只要"改善"市场就能使环境价值与经济价值取得平衡。只要将价格定对了，他们相信，我们能靠着购物来达到可持续性。相比之下，市场批判者认为在我们生活中对于市场的过分强调正导向利己主义与社会的分裂化，使唯物主义凌驾于精神意义之上，也带来自然的毁灭。自然，理当如科学家的知识来源之书，是我们经济的根基和许多精神性的依据。在这个意义上，市场需要受到节制，以纳入一个更丰富的、以人们彼此间和他们与自然间关系的多重理解为基础的社会组织。

"借购买达到可持续性"的观点

亲市场经济学者和他们支持者的看法是，市场如果对环境造成不良的改变那该归咎于市场的不完善。比如我们对生态系统的服务并不付费，即健康的土壤、森林、水道与海洋提供的福利。如果我们就自然给予的支付应有的价格，我们便能维系自然。以这个观点来看，我们必须建立一个空气和水道污染权的交易市场，使用优良的集水区经营所提供的清净水，并鼓励人们植树以减低大气中的二氧化碳。为允许排放的二氧化碳量设限后，分配排放许可，让碳交易机能产生运作，人们自然会拣选有效能的车辆而且天气冷时加件毛衣天气热时改穿短裤。每件事物都有市场，个体的选择将会积累成公共的利益。市场的完善运作，似乎应该就是解答。

另一个冲击公共利益的经济层面就是财

产权利系统。权利如何确立与分配不能依照市场框架内的思维来决定。权利系统的建立，除了经济学家透过定价来理解价值与稀缺的方式外，更有赖科学与道德上的推论。因此，经济学家尽管承认需要对二氧化碳与其他温室气体的排放设定限制，他们对设限的排放水平与污染许可如何分配毫无头绪。科学知识与隐含于权利系统中的分配伦理将影响经济遵循的道路。

然而，若干经济学家回避所有道德与科学方面的严肃讨论，主张可持续性的关键，单单是几处地方的价格调整、对生态系统的服务定价、并采用"正确的"汇率（经济学家观察未来的透镜）。只不过这些经济学家试图决定"正确的"价格时，参考的是已嵌入当前不可持续经济系统的人类的行为与其偏好。这个观点的质疑者认为就经济理论来说它是有瑕疵的而在实践上也不明智。与此同时，鼓吹以购买来达到可持续性的广告如雨后春笋处处可见。

关于市场节制

支持市场节制的人相信应该对市场重新设计使其能促进公益，而他们所见能促进公益的道路之一，便是透过多种形态的社会组织来完成。不过随着过去四分之一世纪中市场的惊人扩张，众多非市场的社会制度遭到削弱因而需要被唤起重生，和实质的再调整，并为经济重新定向。

关注经济改革的人提出的另一项重要批评就是市场商品的宣传商与日俱增地将美好生活——存于地球的目的——定义为以物质商品。通过我们赶在他人之前购买最新商品，我们所面对的是：一种针对不同收入、年龄、利益集团的获取物质的单调工作以及无时不在的压力正居于人们其他工作的首位。这种系统有看待物质消费为先而视受教育、心智好奇、追求个人在艺术方面的兴趣、扶助贫困或为公益行动等等为后的危险。为了重建以非物质和社会性目标为优先的社会我们需要的不仅仅是批评。我们还需要一个重生的社会机构好为市场确立目标和制订规则，如此一来经济才能协助我们实践可持续性。

在某种程度上，我们看得到这种进行中的社会重振。非政府、非商业组织的激增为公益的实践提供了更多出路。宗教机构开始对环境破坏做出回应并就全球经济提出新的质疑。重建起以非物质目的为架构的社会，无论如何，要极力加快脚步了。

经济权力的问题

虽然大多数人会说他们同意考虑经济改走一个新的导向，但他们之间到底有多少人，尤其与别人相比之下，愿意降低本身幸福就很难说了。对所有人的来说，不论收入与财富，经济改革存在着不定性，富有的人由于物质财产较多，在某些程度上比穷人多了些风险。在可持续道路的抉择上我们必须考虑未来世代的需要并确保他们具备财产权；要做到这点，当前的一代无论富有或贫困，都得放弃若干或很多他们被默许享受的、但超出可持续程度的自然服务。大多数的道德传统都支持这种拥有最多的人也该放弃最多，以帮助最贫困人们的理念。

能获得较多自然服务的人，当他们同时拥有的经济力量也能转化成政治权力时，问题便浮现了。在企业方面也是同样的道理。后果是，强大的公关与宣传机器无时无刻不传达着系统运作良好的信息，说那些质疑当今轨道的不过是心怀不满的人，不懂经济体系如何运作和改善了人类的生存幸福。

更大的经济困境

在人类成为与灵长类动物的独立分支后这三百万年里的绝大部分时间里人类生存于小型团体中并有共同的经验。即便过去人类对这世界的了解远不及我们今日的共同知识，当时的人们所知几乎也都普及全员；这普遍的知识轻而易举就能引发共同行动。在过去人类历史的百分之一的后半段时间，大约一万五千年前，农业兴起形成了作物过剩，而一些人开始专业从事。现代科学与国家于500年前陆续出现。然而在这期间多数人从事土地耕种，极容易分享经验知识。

大约150年前，只不过是人类历史百分之一中的二百分之一，自然哲学开始分支成独立的自然科学而道德哲学则分支成独立的社会科学。与此同时，市场的经济理论也开始广泛地影响我们的经济结构。我们就科学如何能启发渗透民主管理也初次予以规范化。

化石燃料与新的燃烧科技成为经济的重要驱动力，但农业在当时仍是普遍共有的生活方式。工业的兴起与通过市场的生产协调初始于19世纪中期——较早已提及的惊人变革——人们因特殊方面有专门技能而被划分为逐渐专业化的工作。这种专业化使得我们集体的常识在个体间到处分散。我们没有正规的方式来集结这些星散知识为一种全员的理解，进而激发集体行为。诚然，科学在今天理应驱动民主决策与官僚行动并成为我们的共同教化。只不过随着现代科学的发展，专业化与知识分散的问题也同时出现。

于是，我们可以将现代人类的困境描述为：我们要在一个无论是常识或科学知识都已碎片化并在不同人群中传播的世界，共同了解全部知识并依据这种全部知识去行动是一个考验。我们庞大而继续增长的人口、我们开发自然和转变生态系统的能力以及通过科技与市场我们的行为与环境的多种相互联系，这些都在加剧了困境。而犯错误的恶果就会随着知识在个体间的日益传播而同步产生。与此同时，自由市场的意识形态就会被利用，来削弱政府和集体行动的作用，而企业权益就会质疑大众科学。

在当前人类行进的轨道中要清楚辨识经济与其地位日益困难。世界半数以上的人口深嵌于经济体系中，各扮演着专门的角色并与日趋遥远的市场相通。我们经济的作用造成了科学培训与经验知识的专业化，使得单一个体也越难看清和理解整个系统。更甚的是，经济逐渐成为人们观望现实的透镜。事情的重要与否是依据人们在经济上与其联系为何。价钱的变更是充裕或稀缺的指标，不仅告知人们什么是该消费或该保存，更指出该在哪个地区寻求教育、投资与改造土地。科学方面，无疑在保护生物学者间，市场评估技术正成为对公众昭示价值的基本方式，将环境冲击合计于科学分析中。经济已成为我们观看自然的窗口了。

客观看待经济进步

现代形态的意识基础其主流论述一向认为人类行进于一条进步的道路上。在若干衍生自犹太与基督教圣经描述的叙事里，人类是凌驾于自然之上的，而他们若能在道德上继续求进甚至能达到神化。哲学家与政治家弗朗西斯·培根（Francis Bacon，1581—1626）以知识超越增进道德超越，其论述补充更道出对人类理解的有意识提升，能使人们就世界的运行获得一种神的视角。他们能利用这番认识改善物质幸福，并在本质上变得更类似神。一些未来主义者满腔热情地勾勒出一个时代，那时候被改造过基因、更神化而天赋异禀的人类将能完全独立于生态系统之外而生存。

经济发展、不断提升的国内生产总值以及全球市场和资本主义的胜利成了至高无上信息的最重要承载者，滋养着公共论述中的现代意识。这经济系统不仅麻木了我们对它带来的社会与环境破坏力的感受，在今天更支撑了我们根源于宗教传统的超越论述。因此对一些人来说，批评经济成长就是亵渎神明。然而遵循我们目前这只求成长不惜代价的经济路线，只会带引我们走向自然资源的耗竭与众多物种的灭绝，甚而人类的灭亡，此论述其实难有超越之处。这个观点有必要再做改良并反复告知决策者与大众。

如果我们想应对由过去经济的思考与组织方式造成的环境问题，我们需要新的经济思路与方法来组织我们的社会结构。过度聚焦于物质的个人消费、极度的专业化与市场的全球化都会阻碍我们对人类困境的系统化认知与回应。

理查·诺尔佳（Richard B. NORGAARD）

加州大学伯克利分校

拓展阅读

Costanza, Roberta; Cumberland, John; Daly, Herman; Goodland, Robert; & Norgaard, Richard. (1997). *An introduction to ecological economics*. Baton Rouge, FL: Saint Lucie Press.

Daly, Herman. E., & Cobb, John B. (1994). *For the common good: Redirecting the economy toward community, the environment, and a sustainable future*. Boston: Beacon Press.

Nelson, Robert Henry. (1991). *Reaching for heaven on Earth: The theological meaning of economics*. Savage, MD: Rowman and Littlefield.

Smith, Adam. (1991). *The wealth of nations* (3rd ed., unabridged). Amherst, NY: Prometheus Books. (Original publication date 1776)

Speth, James Gustave. (2008). *The bridge at the edge of the world: Capitalism, the environment, and crossing from crisis to sustainability*. New Haven, CT: Yale University Press.

Ecopsycology

生态心理学

一种相当新的学科，生态心理学汲取了心理学、生态学与环境哲学以强化人类与自然的关系与连接，并以一个更健全、更可持续的社会为目标。

生态心理学是一种思考与实践的跨学科领域，它综合了心理学、生态学与环境哲学。生态心理学家将生态学的独特见解应用于心理疗法的实践、研究人类与地球的情感纽带、寻求以生态为根本的心理健康并根据上述活动得出的洞见，发展出针对现代文化与社会的激进批判。生态心理学受到古今非西方文化智慧的启示，设法与非人类自然建立起较亲密而灵性的关系。正如超个人生态学，生态心理学认为人类的心灵或心智是自然界的一份子，甚至是超越个人肉体的。如同深层生态学，生态心理学培养一种与自然全体认同的自我意识——"生态的自我"；如此一来，伤害非人类自然便是伤害人类。生态心理学与环境心理学相异之处在于它排斥传统的经验方法以及方法声称的科学客观性。环境心理学是传统的学术心理学的分支科学，深层生态学主要是由学院派的哲学家（超个人生态学扎根于带有心理学理论的深层生态学）发展出，然而生态心理学的灵感来源就宽广多了，不仅有哲学到心理疗法与荒野经验的学术与非学术领域，更明确地融进了精神性。

现代人类与自然的疏离和随之而来的全球环境危机危害了现代人们的心灵，生态心理学家说；这种痛苦的分裂本身又回头来对环境造成进一步退化。与自然的疏离和因环境破坏的认知与经验引发的痛苦、绝望和愤怒，在其应对上涵盖了生态治疗(与生态协调的心理疗法)、深层生态学研讨会、邂逅荒野会(Wilderness encounter Sessions)以及"众生委员会"(Councils of all Beings)。深层生态学研讨会旨在通过与自然相遇的练习、诗歌与音乐,寻回与自然相通的感觉,它能与"众生理事会"的实行有显著的交叠,后者要参与者暂不理会自己的人类身份而为其他生命体发言。有若干"重回地球"(re-Earthing)仪式的例子,试图通过与地球的联系来培养喜乐、承诺和灵感。与自然直接的、非语言的经验被认为是有益个人健康,也是尊重生态的生活和环境行动主义新思想发展的要素。

生态心理学是崭新的。虽然心理学家罗伯特·格林威(Robert Greenway)早在1963年就提出心理——生态学的概念,但这个领域并未受到广泛注目,直到1992年社会历史学家西奥多·罗斯扎克(Theodore Roszak)在《地球之声》(*The Voice of the Earth*)中引进生态心理学一词。这本书引发了对"生态无意识"(ecological unconscious)概念的兴趣——遗传而来的"宇宙演进的活记录"必须在童年就受到扶植并要抑制"工业社会中共谋疯狂的最深层根基"(Roszak 1992, 320)。较晚近,精神治疗师安迪·费雪(Andy Fisher)曾尝试创建一种能融合诸项潮流的激进生态心理学:将人类心态融入自然中的心理学理论;能反击人类——自然二元论的哲学,并倡导凭借现象学得来的自然的经验知识;以通过类似视觉探索的经验来追忆人类在自然中归属的治疗实践;利用来自生态学与心理学的社会激进观点建立批判(Fisher 2002)。即使在环境运动的范畴中生态心理学也仍未升级至主流地位,而本身的理论家与参与者也主要局限在西欧(主要是英国)、北美洲与澳大利亚,费雪和其他生态心理学家对他们运动的未来心怀希望;他们持续不断地为这种规模上极具雄心的领域完善其连贯性,并在实践中改造人类与自然的关系。

肯尼斯·渥提(Kenneth WORTHY)
加利福尼亚州伯克利独立学者

拓展阅读

Fisher, Andy. (2002). *Radical ecopsychology: Psychology in the service of life*. Albany: State University of New York Press.

Kidner, David W. (2001). *Nature and psyche: Radical environmentalism and the politics of subjectivity*. Albany, NY: State University of New York Press.

Macy, Joanna. (1991). *World as lover, world as self*. Berkeley, CA: Parallax Press.

Roszak, Theodore. (1992). *The voice of the Earth: An exploration of ecopsychology*. New York: Simon &

Schuster.

Roszak, Theodore; Gomes, Mary E.; & Kanner, Allen D. (Eds.). (1995). *Ecopsychology: Restoring the Earth, healing the mind.* San Francisco: Sierra Club Books.

Winter, Deborah DuNann. (1996). *Ecological psychology: Healing the split between planet and self.* New York: HarperCollins College Publishers.

Ecovillages

生态村

于20世纪60年代后期开始发展，生态村的展望在于建立社会与环境上的可持续的群落社区。它们经常是自给自足的，这类另择①村落着重并维护人类与自然的紧密联系。

生态村的居民一般会就人类群落的需要与他们直接环境的生态资源以及群落在这环境中的积极整合勾勒出定义并做出权衡。为了小村子的社会、经济和精神上的运作，建构并维系必要的状态，生态村依托于个体间以及人类与他们环境间的小规模互动，也有赖大尺度的网络系统来促进可持续性及培育群落。在一篇决定性的文章中，罗伯特·吉尔曼（Robert Gilman 1991）将生态村描述为"人类尺度、全功能的

定居点，其内在的人类活动无害地融合入自然界，因此能支持健全的人类发展并使其顺利地延续至无限未来"。

为达到如此的社会状态，生态村的居民必须将他们的人数限制在150到500人之间，如此居民才能互相认识并维持对群落的直接政治影响。生态村尽管致力于自给自足，并非所有定居点都是孤立于外的，众多居民参与了更大规模的群落网，诸如全球生态村网络（Global Ecovillage Network）这类资源与信息的分享网络，以及类似斯里兰卡的地区网络萨尔乌达耶（Sarvodaya）。生态村将本身与周遭环境结合，其方式在于使用有机的、非侵入性，并以作物与农地利用的季节性轮作（perennial systems）为基础的农业作业来维系全

---

① 译者注：Alternative（另择）：主要是依据the alternative society的概念，即people who prefer not to live according to the conventional standards of social behaviour另择群体（不循传统的社会行为准则而生活的人们），主要指选择可持续发展方式生活改变传统的开发自然方式的生态村。

年的食物供应和生态周期。透过减低对生态村范围外的物品需求，居民进一步减少了因为生产与运输这些物品对环境造成的压力。生态村与生态系统紧密的关系通过将住民的福祉与村子的农业经济以及周遭自然和人造环境联系起来的方式来影响支持人类发展与群落可持续性所采取的手段。

生态村的崛起源自国际群落的多种不同模式，有宗教的也有世俗的，并结合了对环境的日益关注与兴趣，20世纪60年代田纳西州的夏城农场（The Farm in Sumertown, Tennessee）与另择群落的创立是个开始。然而"生态村"一词，同样也应用于较古老和较新近的群落，群落居民将意图性（居民对彼此、对群落、对环境的承诺并以共鸣的、尊重的方式进行合作）并入环境关注与行动之中。虽然生态村与公社、宗教群体以及其他另类群落有相关渊源，安居地的多样化所折射出的是形形色色的、以微小人类尺度来适应自然的方法，与此同时也建构出一个公平、满足灵性而可持续的群落。根据www.ecovillage.org，直到2009年4月，全世界存在着440个生态村。生态村共有的性质就是它们的努力集中于内部，不过类似这样的互联网站可以增进更多的国际合作。

卢克·巴塞德（Luke BASSETT）
耶鲁大学神学院

拓展阅读

Bang, Jan Martin. (2007). *Growing eco-communities: Practical ways to create sustainability*. Edinburgh, U.K.: Floris Books.

Dawson, Jonathan. (2006). *Ecovillages: New frontiers for sustainability*. Totnes, U.K.: Green Books.

Global Ecovillage Network. (2009). Retrieved on July 6, 2009, from gen.ecovillage.org.

Gilman, Robert. (1991). The eco-village challenge. *Context*, 29, 10−14. Retrieved August 4, 2009, from http://www.context.org/ICLIB/IC29/Gilman1.htm.

Miles, Malcolm. (2008). *Urban utopias: The built and social architectures of alternative settlements*. New York: Routledge.

Sarvodaya. (2009). Retrieved July 6, 2009, from www.sarvodaya.org.

Education

教　育

　　高等教育机构，如同现代社会的所有元素，也必须应付可持续性的问题。但是对于大学来说这不单指环境议题的教导；它们所致力的应该也包含研究和决策形成以寻求更好的解决方案以及更完善、可持续的营运系统，这也涵盖了能源消耗与废物减量。

　　科学证据指出在千禧年的转交之际，地球的生态系统无法维系现阶段的全球经济活动和物质消费，更不用说这水平是与日俱增了。环境急速变化的冲击迫使社会当前运作的范式有必要重新接受审视。未间断的研究带来了复杂的生态互赖的知识和环境退化的指标，尽管得知研究结果轻而易举，社会依旧走着旧路对生态群落与人类健康造成毁灭性的影响。全球经济对我们自然资源的基础造成越来越大的压力，同时世界人口预期到2020年之前几乎会增加三分之二。在2009年7月，这个地球估计维系着67.9亿人类的生命而人口数量仍不断增加；地球的面积显然的

并未改变（CIA 2009）。

　　我们的教育系统旨在透过知识的创造与传播和对公民的教育，造福当前的社会并使其延续到未来。当前的挑战在于理解并决定如何能最完善地建立起我们的教育系统，使其做出贡献，而且在本质上构思出一个可持续的未来。我们的宽广水平方式是由联合国教科文组织所塑造，它建议联合国可持续发展教育10年（United Nations Decade of Education for Sustainable Development, 2005—2014）的目标是落实该进程：

　　　　……做决定时能考虑经济的长远未来、生态和所有群落的公平；为教育系统、政策与实践重新定向以赋予每个人权利，无论年轻或年老，（而且）以文化上适切并与本土相关的方式来决定和行动才能解决威胁我们共同未来的问题。（De Rebello 2003）

　　这份声明回避了我们教育系统的设计是否有能力完成联合国教科文组织在2005年所

列目标的问题。在提出此方法的15年前，塔乐礼宣言（Talloires Declaration）完成起草并在1990年由20个主要大学的校长与管理者组成的国际团体共同签署。早期，塔乐礼宣言提出了十大行动计划以融合环境可持续性于大学的使命以及学院与大学的经营功能中；20年后，这些行动计划仍在教育机构中造成回响。随着大学领导人的集体签署塔乐礼宣言，高等教育开始了这艰巨但如今已成流行的进程，着手处理这些前所未有的环境与社会政治的局面。高等教育的挑战在于寻求一种声音和平台为立足点，并经由经营体系、教育范式和奖学金，对可持续发展原则的内涵和应用做出贡献。在走向较可持续未来的转变过程中为了使高等教育机构能出力协助，就有必要创出并落实新的机构范例使其他组织引为参照，学习如何在抉择与政策的基础框架中将可持续性原则列为优先。

高等教育对可持续发展的承诺将为本土及全球带来广泛的利益。在大学中这项致力成为"可持续"的运动倾向于展现出的，主要是通过营运功能来履行环境关切事项。这些倡议一直着重于能源消耗、废物减量策略、采购、土地管理、水源利用以及运输。举例说，校园如今能够结合可再生能源来为它们的校舍供电。设备器材也能以经过绿色认证（一个非营利认证机构）而对人类与环境健康较无毒性的产品来清洁。景观能以较低环境冲击的材料来经营完成而建筑物也能以碳平衡的标准来建盖。

面对可持续校园建构挑战的教育机构必须提问出多项关键问题，这些问题要求一种多项学术领域的回答。以下是一些包含的例子：

• 学院与大学能否将地球的自然生命维持系统的局限与能力内部化，如果能，如何做？

• 如何塑造机构的系统与程序使其成为一种可持续的系统？

• 我们如何得知一个校园是否可持续？需要的元素有哪些？

这些问题阐明了当前挑战的复杂本质而且将必要的教育目标初步定出了框架。要整合可持续性于大学需要一种过程，将可持续机构的一个共同展望与可持续性所意味的繁杂、抽象、深度、道义与道德种种牵涉相互调和。接下来一系列问题的依据在于什么是一种可持续的系统。回答这些复杂问题需要新的知识、长期思考以及风险分析：

• 一个校园使用的可再生能源相对于不可再生能源其比例应为多少？

• 我们如何定义校园的可持续食物系统？

• 什么是我们该谋求的停车/运输比例？

• 我们如何降低温室气体排放？

• 一种整体的校园设计如何能提升可持续发展？

以上两组问题的合并初步形成了教育有关可持续发展的号召。最后，一个可持续校园不仅关注它的运作系统，更体认到整个过程中所隐含的、根本的多种学术教育机会。机会来自拥抱创新的营运系统，使大学像个"管理人"既能依照意志采取行动也能衡量它由当地到全球、由现今到未来各个规模上的冲击。一个能将可持续性整合入课程、研究和营运中的大学不单要实践可持续性的教育以改变行为更需要一种改造过的、能迎接复杂性、促进整合和奖励跨学术领域思考的体系。

自从塔乐礼宣言在1990年的提创与签署

以来,国内与国际的大学在可持续校园的奠基上有了长足的进展。初始于1990年它们在自身领域做出的国际声明,学院与大学成为全球推动可持续性的忠诚参与者。自当时起,高等教育机构开始构思行动方案并做出资源的承诺而实现了本身的潜力,使它们在过去10年,更显著地从2004年开始,成为可持续性的领导者。参与校园的实例包括了公立和大型私立研究机构以及小型的文科学院。身为商业、政策、国际事务和其他与可持续性议题相关领域的领导者的培育之地,高等教育有能力开展、研究并落实一种其他行业也能适用和分享的可调整模式。高等教育固有的研究角色以及智力资源赋予它备受尊崇而影响深远的声音,来唤起有雄心的可持续变革。

朱莉·纽曼(Julie NEWMAN)

耶鲁大学

拓展阅读

Blewitt, John, & Cullingford, Cedric. (2004). *Sustainability curriculum: The challenge for higher education*. Sterling, VA: Earthscan.

Central Intelligence Agency (CIA). (2009). The world factbook. Retrieved August 17, 2009, from https://www.cia.gov/library/publications/the-world-factbook/geos/xx.html.

Corcoran, Peter Blaze, & Wals, Arjen E. J. (Eds.). (2004). *Higher education and the challenge of sustainability: Problematics, promise, and practice*. Dordrecht, The Netherlands: Kluwer Academic Publishers.

De Rebello, Daphné. (2003). What is the role of higher education in the UN Decade of Education for Sustainable Development? Paper presented at the International Conference on Education for a Sustainable Future: Shaping the Practical Role of Higher Education for Sustainable Development. Retrieved May 27, 2009, from http://www.unesco.org/iau/sd/pdf/Rebello.pdf.

Doppelt, Bob. (2003). *Leading change toward sustainability: A changemanagement guide for business, government and civil society*. Sheffield, U.K: Greenleaf Publishing.

Edwards, Andres R. (2005). *The sustainability revolution: Portrait of a paradigm shift*. Gabriola Island, Canada: New Society Publishers.

M'Gonigle, Michael, & Starke, Justine. (2006). *Planet U: Sustaining the world, reinventing the university*. Gabriola Island, Canada: New Society Publishers.

Energy

能　源

能源被视为一种道德与神学上的议题仅仅始于20世纪70年代。众多宗教作家侧重在能源利用的事实,其他更多则不单由技术层面,也由政治、社会和道德各个观点对其进行检阅。最受争议的是核能议题;目前就核能的安全性与道德使用更是众说纷纭。

能源使用是种恩惠也是诅咒。在一方面,能源的获取,特别是化石燃料与电力(通常由化石燃料、核能燃料或水力产生)一类的高质量能源资源提供了较高层次的医疗保健、教育和经济成就。另一方面,同样的能源使用也导致了环境与社会的瓦解,并分别以山巅移除、雾霾、酸雨、气候转变、癌症与气喘的形态出现。不过直到最近能源使用才被认为是道德与神学上的议题。核子能源的来到激发了有关能源伦理的议论,但直到20世纪70年代的石油危机和环境保护论的崛起,能源才登堂入室进入宗教与道德的文献中。宗教人士对能源使用的关注体现在他们对能源生产与消费的技术细节,以及能源使用的政治与社会后果的调查研究上。此外,伦理学家在能源使用上也树立了道德定位,基本上源自现存的环境与社会伦理比如对贫困与弱势团体的关怀。由这项工作带头,许多以信仰为本的能源保护运动因而出现。尽管不同信仰的宗教环境保护论者对于能源节约的支持大致站在同一线上,都要求降低化石燃料的使用,有关能源利用的决策过程也都鼓励公正而且大范围的参与,不过在核能伦理的方面则多有争议。

能源的宗教教育

自20世纪70年代中期开始,以信教人士为对象的热门期刊如《基督教社会行动》(*Christian Social Action*),《基督教与危机》(*Christianity and Crisis*),《教会与社会》(*Church and Society*),《从事/社会行动》(*Engage/Social Action*),《国家天主教记者》(*National Catholic Reporter*),《寄居者》(*Sejourners*),《美国天主教徒》(*U.S. Catholic*)以及《证人》(*Witness*)都曾贡献大量篇幅来教育读者关于能源生产与消费的概况。一般性的主题涵盖了能源使用的统计数据、可用能源储备和根据国家或地区的能源消耗比较。比如,美国人口大约是全球人口的5%,却消耗全球25%的能源。在2002年,化石燃料大概占全球市场能源消耗量的82%,极度扰乱环境与人类的健康。化石燃料的提取、加工提炼和使用造成了山巅的移除、雾霾和酸雨,也显著增加了气喘、癌症与其他疾病的比例。根据政府间气候变化专门委员会(Intergovernmental Panel on Climate Change)的数据,人为的温室效应所造成的气候变化中化石燃料占了56.6%(Synthesis Report 2007,36)。后果是,能源使用带来的环境与社会崩溃只会随着气候变化而加剧。宗教著作在能源方面的主要内容一直是在将这些事实更广泛地公之于世。作者要他们的读者能认知能源使用的负面后果。

宗教伦理学家也教导他们的读者关于化石燃料的替代选择,特别是节能与可再生能源来源包括风与日光。有人赞同核能,尽管也有人基于安全与公平议题竭力反对核能利用。最终,对于现存的能源立法是褒贬俱存,不过宗教性期刊一般回避明确的政策分析。

道德与神学

有关能源的宗教性写作,主要焦点是在教育读者能源使用的技术细节,这些文章也就能源为何应该是个道德议题进行探索。迄今,宗教伦理学家视能源为其他环境与社会关心事项的子集,比如生态多样性的损失、水质污染和饥饿。因此,现有的神学伦理学在能源方面倾向于依赖先存的关系假设,即自然、人们、上帝、诸神或人类责任最终极隐喻——或者传统上对贫困与无力群体的关怀如何也能延伸至环境退化所加害的人们身上。

本文仅就不同宗教传统为何希望维系环境和珍惜可持续能源的几项原因做出回应。对环境的关怀也许根源于一种信仰,即神创造了世界或神创造出的世界是美好的,抑或这世界最终是属于神,不是人类的。宗教的环境伦理也可能奠基于所有生命的相互依存、气的流动或是道。相信圣地的存在、神以自然实体形态彰显以及重生也都可能触发宗教信仰者的生态敏感性。这一类的信仰为人类和环境的价值建立了基石,更因为能源使用有益也有恶而激发了一种能源伦理。

宗教传统,包括佛教、基督教、儒教、道教、伊斯兰教与犹太教,在伦理方面都以穷人的需要为优先,因此立足于神学伦理的能源使用讨论可能围绕着对贫困和弱势人群的关注。有些宗教伦理学家因而专注于国家间或一国内实惠的高质量能源分配不均的问题。高质量能源如电力、天然煤气和石油的利用使得熟食、冷藏、涉水卫生、居家的基本供暖与降温成为可能。当妇女和儿童能使用到高质量能源就再也不需要天天花时间捡取柴火和废料为燃料，他们能有更多时间受教育并挣些钱。再者，由于高质量燃料的使用，有机物质就能存藏于田地与森林中，提升作物收益并降低破坏环境的废物排放。使用高质量能源因而促成了人类更好的营养、医疗保健、收入和教育程度同时维护了他们当地的环境。

与日俱增的能源使用显著地造福了贫穷和弱势人群，然而他们也是能源使用负面作用的首要受害者，即使他们并非主要能源消耗者。这些人更可能工作或居住于邻近环境受干扰的地区，比如矿场、提炼厂或公路，也可能是最不堪气候变化的地区。不幸的是，由于信息、资金、时间或政治权力的缺乏，众多的他们难以与如此的问题斗争，也无力选择工作或移居他处。于是，使用最低质量能源的人反倒要承担使用的恶果；如此之关于能源利用优劣的公平性（或不公平性）正是宗教能源伦理一个生成中的焦点。

行动

基于所有这些以及其他更多的因素，宗教人士鼓吹在能源议题方面行动起来。个人或本土的行动主义最为普及而且经常是通过一种节能小贴士的清单来提供动因：使用节能灯泡；增强房屋的隔冷热性能；使用高能效家用电器；步行或使用公共运输；驾驶高能效汽车。

这些行动的倡议虽然早在20世纪70年代的石油危机就开始了，跨信仰能与光（Interfaith Power and Light），由莎莉·宾汉（Sally Bingham）与史蒂夫·麦克·奥斯兰德（Steve McAusland）在1997年创立，当时称为圣公会能与光（Episcopal Power and Light），极引人注目地提升了能源保护的宗教机构数目。跨信仰能与光如今包含了28个国家机构，由超过4 000个会众组成而且代表了美国宗教的横断面：佛教徒；伊斯兰教徒；犹太教徒；福音派、主流和自由派新教；以及天主教徒。跨信仰能与光提供精神支柱、角色典范与技术建言以协助宗教机构节约能源、购买可再生电力或为能源与环境的立法拥护宣扬。

个人或宗教组织在能源节约方面的努力尽管意义重大，若干伦理学家强调光靠个人的改变是不够的；社会整体也应该进行改造。神学伦理学家如詹姆斯·纳什（James A. Nash）、伊恩·巴伯（Ian G. Barbour）和其他人意识到法规是不可或缺的，无论是鼓励分区友好的公共交通运输，提供诱因促进节约保护、可再生能源的发展、使用循环以及让企业因财务动机而减少污染物质的排污权交易系统。为未来世代保存能源与地球却又满足当前的需要，这些措施将是不可避免的。

核争议

大多数宗教环境保护论者在自然保护与化石燃料替代品方面的支持态度尽管一致，有关核能伦理的意见上则一向是大相径庭。正如诸多热门文章对于这项争议的着墨，《核能与伦理》（Nuclear Energy and Ethics）这份由世界基督教会联合会（World Council of Churches）赞助的汇集也刊出不同的核能观点。反对核能的最普遍论调集中于它的安全性。在核能能被使用之前，放射性物质必须安全地被开采出、提炼、制成燃料棒或芯块，接着运送至发电厂。发电厂本身也必须有完善的设计、维护与操作以避免核能电厂的意外事故。除此之外，耗尽的燃料和其他受污染废物必须储存千万年以防止对空气、水和土壤的污染，或对生物群，包括人类的伤害。

这些技术上的考验使得伦理学家心怀质疑，到底能安全无虑地使用核能，而让未来众多世代承担核能废料的处理责任是否合乎道德。环境学家和哲学家克丽丝丁·施雷德·弗雷加特（Kristin Shrader Frechette）观察到连埃及人在过去三四千年间都无法好好地看守他们的陵墓，她怀疑人类如何能经历千万年的战争、自然灾害和社会变迁仍保证核废料（Shrader-Frechette 1991, 182）处理场的安全。

其他人，比如戈登·林斯利（Gordon S. Linsley），一个国际原子能机构（International Atomic Energy Agency）的科学家，声称收纳含辐射的废料是存在有效策略的。林斯利更坚持储存核废料的灾害风险经常是小于有毒化学物质和重金属的储存。如果社会同意接受后者的风险，他认为，就不应该反对相对风险小的核废料。

在核能风险评估上的显著差异一部分源自公众对不由自主产生的、不熟悉的且灾难性的风险，如核能事故更倾向于心怀戒慎，而技术专家则趋于对数据评估的专注。如何在这两种视角间取得平衡是个挑战。

关于长期核废料储存设施的地点选择过程中也衍生出道德的问题。社区是否该接受核废料以及伴随而来的金钱补偿使社区脱离贫穷？

核能在发展中国家的定位也是个争论议题。有些人，例如病理学家卡洛斯·阿拉欧斯（Carlos Araoz）、物理学家本那－西路（Bena-Silu）和核子物理学家诺素（B.C.E. Nwosu）认为核能就发展中国家来说是增加能源使用的安全途径从而提升它们的健康、教育以及经济实力。其他阵营，包括环境流行病学家罗莎莉·伯特（Rosalie Bertell）和阿奇尔·德·卡亚尔（Achilles del Callar）基于安全顾虑强力反对核能。他们认为发展中国家的能源发展应该遵循一条可再生、以环境保护为定向的道路，才不会重蹈先进世界的能源使用困境也避免资本密集的核能所需的债务。这项争议最终仍取决于核能的风险评估以及开发中和发达国家间的公平问题，尤其当发展中国家的短期需求或全球的长期环境两者相抵触时如何决定优先。

当然，能量载体不是在脱离现实外决定的；核能、化石燃料和再生性能源才是选项。在这背景下，核能吸引的支持者对化石燃料造成全球变暖的关切更甚于长期的核废料存储。其他人则不愿意承担核废料的长期风险。关于核能的安全与道德，在宗教伦理学家、环境学家或门外汉之间尚无共识，在近期内相信也不会有。

未来挑战

尽管核能的争议极为广泛，然而保护环境的需要、远离化石燃料以及公平性的关注都是宗教环境保护论者普遍赞成的。未来的能源可持续性将迫使我们在核能道德上、发展中国家和与发达国家的合适能源道路上多加思考。也要关注个人与社会行动的在神学与道德上的重要性。最后，将能源可持续性与超越了创造和公正的神学议题结合，能促进能源可持续性和宗教人士的生活与信仰彻底整合。

莎拉·E.弗雷德里克斯（Sarah E. FREDERICKS）
北得克萨斯州大学

拓展阅读

Araoz, Carlos. (1991). Setting the problem of nuclear energy in the developing world context. In Kristin Shrader-Fréchette, (Ed.), *Nuclear Energy and Ethics* (pp.72–78). Geneva: WCC Publications.

Barbour, Ian G.; Brooks, Harvey; Lakoff, Sanford; & Opie, John. (1982). *Energy and the American values.* New York: Praeger.

Barbour, Ian G. (1993). *Ethics in an age of technology* (1st ed.). San Francisco: HarperSanFrancisco.

Bena-Silu. (1991). Nuclear technology today: Promises and menaces. In Kristin Shrader-Fréchette, (Ed.), *Nuclear Energy and Ethics* (pp.55–65). Geneva: WCC Publications.

Bertell, Rosalie. (1991). Ethics of the nuclear option in the1990s. In Kristin Shrader-Fréchette, (Ed.), *Nuclear Energy and Ethics* (pp.161–181). Geneva: WCC Publications.

Copeland, W. R. (1980). Ethical dimensions of the energy debate: The place of equity. *Soundings*, 63(2), 159–177.

del Callar, Achilles. (1991). The impact and safety of commercial nuclear energy: Perspectives from the Philippines. In Kristin Shrader-Fréchette, (Ed.), *Nuclear Energy and Ethics* (pp.66–71). Geneva: WCC Publications.

Hessel, Dieter T. (1978). *Energy ethics: A Christian response.* New York: Friendship Press.

Hilton, F. G. Hank. (2001, May 28). Energy and morality 20 years later. *America, 184*(18), 18. Retrieved March 25, 2009, from http://americamagazine.org/content/article.cfm?article_id=930.

Intergovernmental Panel on Climate Change. (2007). *Climate change 2007 synthesis report.* Retrieved May 25, 2009 from http://www.ipcc.ch/pdf/assessment-report/ar4/syr/ar4_syr.pdf.

Linsley, Gordon. (1991). Radioactive wastes and their disposal. In Kristin Shrader-Fréchette, (Ed.), *Nuclear Energy and Ethics* (pp. 29–54). Geneva: WCC Publications.

Nwosu, B. C. E. (1991). Issues and experiences concerning nuclear energy and nuclear proliferation. In Kristin

Shrader-Fréchette, (Ed.), *Nuclear Energy and Ethics* (pp.79–88). Geneva: WCC Publications.

O'Neill, John, & Mariotte, Michael. (2006, June 16). Nuclear power: Promise or peril. *National Catholic Reporter*, 17–18.

Shrader-Fréchette, Kristin. (Ed.). (1991). *Nuclear energy and ethics.* Geneva: WCC Publications.

Smil, Vaclav. (2003). *Energy at the crossroads: Global perspectives and uncertainties.* Cambridge, MA: MIT Press.

Tester, Jefferson W.; Drake, Elisabeth M.; Driscoll, Michael J.; Golay, Michael W.; & Peters, William A. (2005). *Sustainable energy: Choosing among energy options.* Cambridge, MA: MIT Press.

United Nations Development Programme. (2005). *Energizing the millennium development goals.* New York.

末世论

关于末世论的学说 ——"世界末日（end-times）"的信仰—— 一向被指控贬低地球而偏颇一个未来的天堂。事实上，末世论的文本与传统较外来的指控更为复杂，对支持与颠覆可持续性的两个阵营都曾经带来启示。

"末世论"这个词语（来自希腊文的 *eschata*，意谓"最后诸事"）指的是宗教与哲学上的学说，内容牵涉到宇宙的最终命运以及人类整体的归宿。虽然有关个体灵魂在死亡后过度命运的推断也能包含在末世论的学说中，世界的整体宿命才是组成末世论的轴心主题。

神圣典籍的来源

尽管大多数宗教对于宇宙的未来都存在些假设，在诸多情况下它们只是种"相对的"末世论，因其所预见的并非历史的极限终点而仅是一次宇宙循环的

相对结束，随之而来的是持续接连不断的宇宙循环。在印度教和佛教中认为，比方说，当世界灭亡的时候，由成长与颓坏构成的宇宙时期也就暂时终止。灭亡之后而迎来重生，这时生长与颓坏的循环时期就再一次开始。相对的，亚伯拉罕诸教（犹太教、基督教与伊斯兰教）对历史的勾勒是呈线性进行的，即当前的时代会来到一个最后终点或边缘（*eschaton*），在此之后本质上全新的改变将会发生。

在犹太教中，有关末世论的文字直到第二圣殿时期（公元前536—公元70）才出现，撰写于第一圣殿时期（公元前1006—公元前587）的圣经内容并未提及"时间一终点"，对于来世也着墨不多。天堂，在这些文献中，是神与它的天使侍从独享的居所而非是对正义之人的赏赐（《诗篇》115：16）。未将人类排除于天堂之外的可能例子有两个存在：

以诺，含糊不清地被神"接走"(《创世记》5：24)，以及伊利亚，清楚地被一阵旋风卷上天堂(《列王记下》2：11)。不过这些例外并非以一种让众人模仿的典范方式呈现。相反的，其他的人类被认为在死后有个共同的归宿(Job 3：11—19)。最经常的是，这个归宿就在示阿勒(sheol)，位于地底下，被形容为黑暗、阴郁、无序但非明显的惩罚场所(《创世记》3：19；Psalms 6：5；Job 10：20—22)。赏罚反倒是由生命中有关长寿、财产拥有、顺利繁殖后代这些方面来体现了。在地球上的时间被形容是珍贵的，人类被鼓励享受并珍惜我们在世界的短暂居留，我们每个人在消失之前所有的仅是有限的一段日子(《约伯记》14；《诗篇》90：10—17)。

在第二神殿时期，犹太人首先受到波斯而后希腊的帝国影响。波斯的琐罗亚斯德教想象一种宇宙善恶两个力量的末世争战，最后以一场行星的大火完结而死后的人在一个改造后的地球上也得以获得再生。希腊的柏拉图主义摒弃体肤的重生而坚持灵魂在天堂的永生。随着时间的推移，这两种观点——单独和各种不同组合——便渗进了犹太思想，也许是因为持续不断的外来势力统治和对内部的失望，盟约上的许诺不得不递延到未来。尽管是延期至时间的终点，这些允诺在很大程度上仍以世俗的角度来设想，而最终所实现的不仅是一个新生的犹太国家，在物质恩赐方面也有绿油油的草原、丰富的收成、充满鱼虾的清净水

源和全人类间与万物间的公平(《以赛亚书》11：3—9；《以西结书》34：14，27；47：7—12)。

耶稣教义中有关神的天国的部分与其他犹太教今日的末世信仰是一致的，也许仅更为强调天国的开始就在当下而其圆满完成也在最近的将来。这份迫切性就信奉者来说，由于他们被钉在十字架上的弥赛亚再度复活并升天至神的右手位置的经验而更具说服力。他们将这个经验理解为末世的先兆，而预期死亡的复活已经来到——这期待中的第二次来临(基督降临)将会伴随而至，建立神在地球上的治理管辖、对于生存与死亡的人加以审判、废除不公正的社会与政治系统并且更新地球与支持生命的资源。随着世代转换而基督降临仍未出现，基督徒将原先强调的、有关在改造过的地球上复活的象征转移至在天国内的精神奖赏。

伊斯兰教的末世论与犹太教和基督教的版本有些特定细节的区分，但三者均崛起于伊斯兰教形成过程中，其跨文化的滋养背景造成它们广泛的相似性。其中包含了一个救世主人物在"世界末日"的出现、死亡的复活、最后审判以及神的全球治理。在《古兰经》中，有关末世的实现描述用的乃是物质的但不受限于地球的字眼。最终极的奖赏被认为出现于永恒的花园中(al-Jannah)"它领域的广泛正如天国和地球领域之广"(章 57：21)。在花园中，一切俗世的享乐将会更加强更完善，这涵盖了清凉的树荫、潺潺而流的河川、华美的房舍、精致的衣衫与

珠宝、有鲜果家禽与美酒的盛宴以及美艳无比的"纯洁"配偶（章 18：30—31；44：51—56；56：1—38）。

现代阐释

当前时期，学者认为生态危机与末世论的期待有其关联。举例说，历史学家小林恩·怀特，声称"人们对生态的态度……深受他们在自然与命运方面的［宗教］信仰影响"（White 1968，84）。无论我们相信"命运"最终是俗世的天堂或是一个美好的天国，地球今天的状态已是价值贬低而变得可以被替代。这个批评激发了在宗教传统中寻回生态智慧的兴趣。不过迄今，此项就末世论——生态学特定关联的持续不断分析主要仍发生于基督教范畴中，也许如怀特所指认，乃是因为改造世界的现代科学与技术崛起于基督教末世论的背景。基督教分析的众多细节也许不适用于其他末世论的传统，但是关于创造的美德以及在面对未来可能性时当前人类有回应需要的一般主张，也能在别处发生。

基督教中，力图否定末世论教条具生态破坏性的阐释方面，尤其着重于耶稣有关神的天国之设想以及约翰的启示录（新约圣经的最后一部）。当耶稣的话语和事工透过生态的注解来分析时，其意指的王国，具有自然翠绿、神的即至以及人类——神——非人类相互作用的特征。比如说，耶稣在荒野中开始他的事工而且多次在荒野中寻求与圣灵相接、精神的智慧与情感安慰（《马太福音》4：1；《马可福音》6：31—32，46；9：2；《路加福音》9：28）。他祈求神来到地球管辖并将神的治理与俗世的关心事项相联系，诸如充裕的食物供给和免受债务困扰（《马太福音》6：10—12）。他向追随者保证神是同时关心人类和非人类生物的（《马太福音》6：26a，28b—29；10：29；《路加福音》12：6，24，27）；会增进自然的丰裕和恢复耗尽的资源（《马太福音》14：16—21；《路加福音》5：4—6）；在物质中揭露圣灵的存在（《马可福音》14：22—24）；呼吁万物之间的和平（《马可福音》4：37—39；6：48—51；《路加福音》10：5）；更揭示出他的信息对于创造的整体是个福音（《马可福音》16：15）。

约翰的启示录也为一种公平而相关的未来提供了类似的范式。撰写于耶路撒冷第二圣殿被罗马帝国灭亡后的一世代，书中同时展现了"已经"压抑的政治与经济系统和"尚未"成型的公平社会。帝国主义和经济贪婪被勾勒为战争、奴役与大范围饥荒的触媒，同时为富有阶层保存了奢华的财物（《启示录》6：6；18）。文字预测了所有这些不公必将导致清水的污染、海洋生命的大量毁灭以及原本丰沃土地的破坏（8：7—11）。这些生态灾难被描述为人们选择的后果，而非神的不动摇意志，文本进而声称"消灭那些破坏地球的人"的时间将会到来（11：18）。相较于这个带毒性的"旧"路径，存在着令人期待的"新"途径——但这途径只有当人类——自然的互助合作能形成时才得以实现（12：6，14，16）。启示录最后就神以地球为家（21：2—3）的乐观展望为终结，救赎与更新带来了地球肥沃的土壤，即便城市中心也绿意盎然，而维持生命之水处处流淌（22：1—2）。

安东尼娅·戈尔曼（Antonia GORMAN）
美国人道主义协会

拓展阅读

Cragg, Kenneth. (Ed. and Trans). (1991). *Readings in the Qur'ān*. London: Collins Religious Publishing.

Keller, Catherine. (1996). *Apocalypse now and then: A feminist guide to the end of the world*. Boston: Beacon Press.

Maier, Harry O. (2002). There's a new world coming! Reading the Apocalypse in the shadow of the Canadian Rockies. In Norman C. Habel & Vicky Balabanski (Eds.), *The Earth story in the New Testament: The Earth Bible, Vol.5* (pp. 166–179). Cleveland, OH: The Pilgrim Press.

Rossing, Barbara R. (2002). Alas for Earth! Lament and resistance in Revelation 12. In Norman C. Habel & Vicky Balabanski (Eds.), *The Earth story in the New Testament: The Earth Bible, Vol.5* (pp.180–192). Cleveland, OH: The Pilgrim Press.

Rossing, Barbara R. (2000). River of life in God's New Jerusalem: An eschatological vision for Earth's future. In Dieter T. Hessel & Rosemary Radford Ruether (Eds.), *Christianity and ecology: Seeking the well-being of Earth and humans* (pp.205–224). Cambridge, MA: Harvard University Press.

Rowland, Christopher. (1982). *The open heaven: A study of Apocalyptic in Judaism and early Christianity*. New York: Crossroad.

Segal, Alan F. (2004). *Life after death: A history of the afterlife in Western religion*. New York: Doubleday.

Werblowsky, R. J. Zwi. (1987). Eschatology: Asian religions. In Mircea Eliade (Ed.), *The encyclopedia of religion* (p. 149). New York: MacMillan.

White, Lynn, Jr. (1968). *Machina ex deo: Essays in the dynamism of Western culture*. Cambridge: The Massachusetts Institute of TechnologyPress.

Wright, J. Edward. (2000). *The early history of heaven*. New York: Oxford University Press.

Ethics Communicative

商谈伦理学

商谈伦理学的发展源自哲学家尤尔根·哈贝马斯（Jurgen Habermas）的研究工作，他认为面对任何道德考验时，最符合道德的途径是需要所有具有理性沟通能力相关方之间进行开明的沟通。若干环境学家意图将这个理论扩展为一种可持续性的伦理学，其方法在于融入未来世代或自然界生物的意见声音；如此的阐述能否继续被视为理性沟通仍存在争议。

如何在可持续性方面做抉择？谁该做此抉择？这些人又该对谁负责？那些无法为自己发表意见的个体，他们的利益与偏好是否在这决策过程中也占有一席之地——未来的人类世代、非人类的动植物、生态系统以及地球本身？这些问题将可持续性议题与商谈伦理学联系起来，此学说是一种道德理论的现代方式，根据德国哲学家尤尔根·哈贝马斯的研究而发展出（b. 1929）。

哈贝马斯指出，道德决断应该以让所有具理性沟通能力的相关方都参与讨论为基础。受到18世纪哲学家康德（Immanuel Kant）思维的影响，哈贝马斯的研究方向是和神学或特殊主义声明无关的普世道德规范。然而与康德不同的是，哈贝马斯强调我们无法期待个人能凭一己之力提出或评判有效的道德范式；相反的，在人际互动和商谈中他找到了伦理的根本。他将伦理道德的标准奠基于公开而自由的沟通，坚持任何的规范准则仅在得到利益相关者不受威胁控制情况下的同意才能视为有效。就伦理道德来说这是种彻底的民主方式，哈贝马斯也表明真实世界中如此包容的沟通也许难以达成，却仍是个极重要的理想。

在可持续性议题上，商谈伦理强调当决策触及人类社群的未来以及人类与环境体系的互动时，身处其中的所有利益关系者在理想上都应有机会做出回应。这就摒弃了任何以专家或政府领导者决定解决方案的管理系统；取而代之，它指出公开的沟通才是最合乎道德的程序，才足以回应当前挑战。依照这些原则，一个环境学商谈伦理学者将促成讨论，使所有赞同我们重塑与外存世界关系的人类进行对话，为未来世代开创一个可持续的社会。

有些环境学家认为哈贝马斯的商谈伦理学有严重局限性。在规范上他强调必须以理性沟通的标准为评估，这就将道德考量局限于具备这种互动能力的对象。未来的人类或非理性生物在此便缺乏道德身份与权利来保护自身，因为依据哈贝马斯的标准他们是无法沟通商谈的。

若干思想家基于此一直努力使商谈伦理学更具适应性，他们声称构建一个包含自然界与未来世代在内的沟通表述是可能的。约翰·德雷塞克（John Dryzek）和乔艾尔·怀布克（Joel Whitebook）指出，生物科学是非人类世界一种有道德启发性的沟通。以另一种视角来看，罗宾·埃克斯利（Robyn Eckersley）认为商谈伦理学的立足点是一种理想而非真实对话，完全一致的是，若自然界与未来世代能够有理性沟通的能力，其相关利益也将与此极为接近。

这些建言为商谈伦理学将未来世代和非人类世界计入考量提供了理论上的正当理由。不过前方之路并非就此平坦：非理性与不在场个体的利益能否在人类的论述中得到充分表达？科学家通过研究调查得以明了自然系统的众多特质；一些精神环境学者相信他们能透过仪式与其他物种进行交谈；也有些想象的声音试图代表未来人类发言。无论这些陈述是否正确或是正当，再怎么说都牵涉了主观判断。而囊括了这些判断的论述是否能被承认是哈贝马斯所倡议的理性沟通呢？

在可持续的决策方面，商谈伦理学提出有力的辩护和程序来支持其民主而公开的方式，然而，我们若期望加入当前理性人类之外的声音，那仍有待更多的改良调适。

凯文·奥布莱恩（Keven J. O'BRIEN）
太平洋路德大学

拓展阅读

Benhabib, Seyla, & Dallmayr, Fred R. (Eds.). (1990). *The communicative ethics controversy*. Cambridge, MA: MIT Press.

Dryzek, John S. (1990). Green reason: Communicative ethics and the biosphere. *Environmental Ethics, 12*(3), 195–210.

Eckersley, Robyn. (1999). The discourse ethic and the problem of representing nature. *Environmental Politics, 8*(2), 24–49.

Habermas, Jürgen. (1990). *Moral consciousness and communicative action (Studies in contemporary German social thought)*. (Christian Lenhardt & Shierry Weber Nicholsen, Trans.). Cambridge, MA: MIT Press.

Habermas, Jürgen. (1993). *Justification and application: Remarks on discourse ethics (Studies in contemporary German social thought)*. (Ciaran P. Cronin, Trans.) Cambridge, MA: MIT Press.

Whitebook, Joel. (1996). The problem of nature in Habermas. In David Macauley (Ed.), *Minding nature: The philosophers of ecology* (pp.283–317). New York: Guilford Press.

Ethics, Environmental

环境伦理学

环境伦理学审视人类对地球与非人类世界背负的责任，是人类20世纪面临的对统治自然以及当前生态危机的一种回应。环境伦理学与传统伦理学的差异在于它不仅对人类进行考量，同时也对生态系统与非人类生命的责任、利益与风险进行考量，从而对我们道德语言中的基本概念与方法提出了新的质疑。

环境伦理学关注的是人类如何与外界互动交流、如何看待非人类生命存在的价值，对涉及文化与生态系统时又如何对存在的问题和可能性做出理解。正当伦理学家、哲学家、宗教家、科学家与决策者力求对人为的环境问题做出回应时，一种全然不同的环境伦理的学术领域在20世纪悄然成型。人类造成的生态变化与针对自然的理论反思自古以来就存在，但将环境议题视为实际的伦理学问题则是新近的创新。这一明显不同的道德反思发展恰恰反映了我们的一项认知，即人类对自然史无前例的支配能力和对地球的冲击，而公认的道德传统以及行动的文化模式也凸显了环境问题引发的困境。

为解决这一环境难题，环境伦理学家对一般公认的原则、概念、隐喻与框架提出批判，并试图建构起新的思维与世界观。这一范畴里有两项中心任务：（1）将环境问题凸显于道德想象力中；（2）针对个人与社会，建立和评判适当的行动模式。

环境伦理学家通常并不关注所有涉及可持续性探讨的社会主题。人权、贫困和经济议题与其范畴仅有次要的关系。一般来说，环境伦理学不直接对它们做出回应，也从未提供一种综合框架来整体地考量社会、经济和生态议题。与此同时，少数在可持续性争论中不太受关注的问题，比如个体动物的道德地位，反而能够在环境伦理学中彰显。无论如何，这一领域不仅在提出质问方面极具关键作用，使任何可持续性框架都不得不予以回应，其发展出的道德论证思路更协助了可持续性的愿景塑造。

最近几十年来这一领域发展迅猛，在许多期刊上都崭露头角，发表了上百份出版物，更创造了环境科学、文学、人类学、心理学、经济学、法律、历史、社会学与政治理论等等之间的跨学术合作。

基本问题

环境伦理学的争议经常再度引出一些元伦理学的问题（与我们道德语言的基本概念与方法相关的问题）：何谓自然？人类如何形成自然界的一部分？自然是人类世界的一部分吗？何谓价值？非人类生命能拥有价值吗？我们能识别出显著人类与其他动物间的道德差异吗？我们该指认出生态与文化产物两者间的道德差异吗（差异性的表达，例如野生/驯养与自然/人为），或者说我们这超越人类世界（the more-than-human world）的观点是一种掠夺式文化的产物并滋养维系着不可持续的社会体系？

要解决元伦理学的问题，也许需要求助一种全盘性的世界观或新的本体论提议（存在的理论）。基于这些问题的根本特质，这一领域成了宗教学家、文化理论学者与哲学家之间蓬勃交流的平台，就现实的特征、生命意义以及人类目的提出质疑。不过这些宇宙学问题的成因出自对一连串迫切危机的思考，有些学者于是争论说这一领域应以现实难题而非理论上的问题为起始。

这一领域的早期研究集中在价值与人类中心主义相关的议题；对承袭的道德规范经常做出批评，指责它们单一聚焦于人类互动与社会福祉，却忽视了非人类生命及生态系统的"道德可关注性"。伦理学家指出，除承袭的道德传统之外，非人类中心路径的选择或者针对传统的补充及延伸也可能存在。因此，内在价值的建构一直是核心任务，一些自然具有的尊严虽与人类利益无关但要求人类加以尊重。一个具备内在价值的实体并不意味着它神圣不可侵犯，但对这一实体应有的尊重将能制约人类的行动。与内在价值相对照的是工具价值，即事物提供人类使用的效用。任何为了自身利益而使用、影响或破坏任何带有内在价值的个体（人、艺术、动物、生态系统等等）时，都必须就其所作所为提出正当理由。这种自然的内在价值的阐释进而阻断了任何关于自然能让人肆意掠夺的假定，如众多资源的开发仅为造福人类，从而要求个人和社会的行动项目必须以适当尊重自然价值为前提。

价值争论中更深入的问题，哪一自然种类和/或系统能具备内在价值（比如个人、物种、群落和生态系统），原因是什么？我们是否应该依据事物本身的美、复杂或稀有这些特质来赋予内在价值，抑或内在价值是根本而不证自明的？自然的价值与人类创造如艺术、城市或精神性的类比文化价值有何关系？哲学家霍姆斯·罗尔斯顿为内在价值提出了最一致而严谨的辩解，他建立的自然主义伦理，围绕着自我肯定价值的有机体、生成有机体并创造价值的进化摇篮,以及人类身为道德媒介的道德认定角色。

内在价值的确认开始了绝对的道德人类中心主义的去中心,但这种人类中心主义认为一切以人类利益为重。众多伦理学家提出非人类中心说的建议以期将其他动物、全体生命或生态系统都划入这一道德群落。有些则建议严格的生态中心框架,框架中生态的完整性凌驾于部分或所有的人类利益之上。在美国,扩张道德群落的计划和生态中心说的伦理经常提及奥尔多·利奥波德(Aldo Leopold)的"土地伦理",它承认"生物共同体"中所有成员的价值,同时视全体的"美丽、稳定与完整"为第一要务(Leopold 1949)。 在欧洲,一项延展生态伦理的计划则通常涉及阿伦·奈斯(Arne Naess)的"深层生态学",重新将人类的自我实现定位于生态关系中,并且在生态系统的背景下诠释了文化形态。

有些伦理学者认为,追求自然内在价值的计划以及非人类中心主义伦理的理由不能成立。他们辩论称,开明的人类中心主义下广泛的生态保护能得到保障,因为与人类全面长远利益息息相关的环境状态也将列入权衡。环境剥削贬低了人类的共同福祉,危及了现存公共健康与政治公平的承诺。人类繁荣兴盛的阐述甚至可证明生态保护的合理性,无论是在精神层面或在与自然美与荒野和谐共存的机会层面。

也有其他伦理学家对环绕价值与人类中心主义的组织争议提出批评。环境实用主义者认为,与其从元伦理学这看似复杂而面临紧急问题时又显得迂回的方式开始,还不如由公共政策的难题着手,进而诉诸文化主流所认知

的道德观,然后在难题上建立共识。实用主义者强调相关问题的广泛与多样性,其范畴涵盖了土地利用(包括资源经营、发展、农业、公园与荒野);海洋区域(包括休闲与商业捕鱼、用水权、海洋生物多样性);人造环境(包括都市区);动物(野生、饲养、外来的、濒临绝种以及基因转换的物种和个体);以及生态系统(由极细微到大至星球)。再者,地理区域也重复了时间的范畴(包含未来世代与历史景观)、增长的人口、科技变革,尤其在能源使用方面最为显著。环境伦理一元化的理论似乎忽略了这一多样性。实用主义者指出,伦理学应从特定的议题开始,将理论和概念视为理解工具,并选取群落中与问题解决最确切的文化价值作为依托。

另有三条途径也强调从生态问题的政治情境开始,但其对自然与人类的主流思维是一个挑战。其一,人权的途径始于对社会善与害的斡旋。在追求实践上,环境公平计划对若干族群遭受不成比例的环境危害记录建档(比如暴露于有毒物质、空气污染、灾难风险与水源稀缺),一般受害的总是贫穷与少数民族/种族。这些计划经常侧重于信息得知、政治参与和生计三方的人权实践以改善环境问题。他们同样也支持环境商品的实体权,比如对清洁用水、生物多样化、健全的栖息地或贴近自然美的权利。

其二,生态女性主义的途径在女性/男性和自然/人类两项关系上探索出一种共同的剥削逻辑。这通常引出批判性的怀疑,认为环境与性别观念的建立同样源自权力关系。在西方语言中,与自然相关的概念(包括地球、土壤以及人体)一般在句法类型上以女性形态

表示，而文化概念（比如理性与科技）则为男性意义的句法类型。在这种存在性别关系等级的语境中，科技力量往往凌驾于地球完整性之上，性别的隐喻更可能展现其间。自然在符号学上的差异以及男女两性的文化和社会阐释可用于建立剥削系统并为其提供辩解，以一项假设为例，人类基于其理性能力与更崇高的目标而享有开发与支配地球的权力。生态女权研究将环境问题融入人格性别化的概念背景中，呼吁建立可替代的人类生态角色，也针对超越人类（more-than-human）的世界试图寻出相对行动的模式。

第三种方式衍生本土住民与南半球（最贫穷和"未发展"的国家多数位于南半球）一些环境学家的创议，对于"自然"是与人类划开来的不同领域而且具有本身价值的一类假设也提出质问。如同环境公平项目，他们可能将环境问题看待成资源的政治冲突或公共健康类的事项处理，但更倾向于暴露生态问题及如何对他们的文化传承构成威胁。他们文化的传统生活方式——包括语言和宗教——可能有赖于与特定土地或生物区的古老关系。

以上三种途径都开始对西方的人格观念提出争辩，并且在道德想象力上展现了人类学的扩张见解。三者都详尽阐述了人类尊严的生态脆弱性，或者说作为人类如何需以自身和生态世界的健全、生命赋予和意义创造的相互关系为依托。

规范性策略

这些与环境伦理学方法与目标相关的基本问题界定出成功的环境伦理应该实现的目标。范畴中的道德策略集中于三个焦点。第一项策略侧重于自然的道德地位，以内在价值来表述。在这一点，围绕自然的相对道德地位，伦理为环境问题提供导向。第二个焦点侧重道德与政治行动的担责形态。实用主义者的问题解决方法在此处是一个例子；环境问题是公众或神信任管家伦理而采取正确的行动的一个契机，这则是代表另一个例子。第三种策略着重人类的生态特质。在这一方面，伦理道德使环境问题对真实人格的生态关联至关重要。一些生态女权运动者和原居民的路线，正是此种策略以及诸多深层生态学形态的代表。

一个伦理学家如何看待环境伦理学初步的策略问题将影响到其对环境问题多项考验的理解。我们对动物、物种、生态系统、地球、过去与未来到底负有什么责任？从义务方面而言，我们首先应该考虑该以个体（人类，动物）还是以整体（生态系统，物种）为优先？个体利益与整个系统或物种的福祉冲突时又该如何把握？

在这一领域中，最后两项问题尤其激起两方阵营的争辩，一方主要关心动物的福祉与权利，而另一方则视全盘生态系统的健全或完整为重。这个矛盾以不同形式出现于公众视角，侵略性物种的争论、捕杀数量过多动物或地区重新引入会威胁家畜的野生动物。一些理论家认为动物伦理与环境伦理是两个不同领域，但大多数伦理学家试图建立起某种尺度或价值的优先等级以期将动物和生态这两者的议题划入同一背景。

一个伦理学者最根本的方法或策略往往涉及建立处理语境问题的方式,然而其如何对问题进行推论则受到诸项道德推理传统的影响。后果论(Consequentialism)——实践善的最大化——便是如此一种传统,而且是最普遍传统之一,在环境问题上尤其依赖市场为本的观点(其中人类效用被视为善)。以责任为本的义务论(deontology)或康德伦理学的传统是另一项,由于强调对内在价值或完整性的尊重,特别受到伦理学家垂青。亚里士多德学派的德性传统、斯多葛学派的世界大同主义以及自然法传统是西方其他道德推理的主要形式,皆受到基督教传统的濡染。较新近的西方传统包括了现象学、过程以及实用主义形态的道德推论。环境理论家对于非西方传统的推理方式极感兴趣,其中包含了原居民和东方的世界观,则是因为他们寻求一种与工业掠夺力的演进关联较少的道德传统。

借助任何传统来处理环境问题,尤其是有塑造掠夺式文化嫌疑的西方传统,面临着另一项关键的方法论难题:道德推论的公认传统能否应对环境问题的复杂性与规模,或者,道德规范是否需要不断推出新的价值、框架、象征与表述呢?这个问题对于宗教群体尤其意义重大,他们的古老传统也许承受着前所未有的社会压力。环境伦理学在这一点受到西方基督教理论的影响,后者塑造了以二元论与人类中心说为前提的文化,从而引起并延续了现代的生态危机。批评者坚持,在这种创造者与创造物有显著区别、并以围绕人的救赎为表述的宇宙论中,衍生出的是一种置自然界于不顾、仅关心人类短视利益的西方文化。因此基督教观点以及任何与其抱有相同世界观的传统,有必要判断是否自身的传统有能力使环境问题取得道德上的理解,哪一项资源最能助一臂之力。

任何环境伦理都涉及两种文化分析。第一,它必须确定文化所承袭的道德观念是否有修改的必要以及其修改的程度,而道德规范是否与社会变革的潮流有关。第二,要判断承袭的道德传统能否且如何应对环境问题的挑战,在一定程度上取决于设定对象。环境伦理学是否该对决策者、哲学家、土地管理者、环境学家或公民有所助益?它能为其做些什么:诠释现代的危机,为政策回应提灯指引,触动社会改革或引导个人行为?

环境问题的全球规模相对于道德行为与社会生活的尺度,为环境伦理学提供了引人关注的地理维度,这点可见于晚近的全球与地方性环境学发展研究。若干环境问题——如气候改变——是地球上不同文化与国家的人类科技力量之汇合所造成的全球效应,就此来看似乎是一种能充分应对的环境伦理也必须是全球的环境伦理,即:能得到大多数或全体文化观点的支持,是问题的制造者与受害者确切相关的某种框架。环境伦理学方面的倡议,比如《地球宪章》(Earth Charter,一项基本道德原则的国际宣言,目的在于建立公正、可持续而和平的21世纪），就企图为全球经验或地球村的道德范畴做出阐释。

　　与此同时，由于环境问题涉及人类与其生态背景的关系，似乎合宜的环境伦理应该将焦点放在结合个人财产、文化财产与生态财产的群落共同体上。地方伦理学，包含农业的、生物区的和环境公平各观点，是根据群落中与土地或栖息地的互动经验以构建一种伦理。地方伦理学经常运用叙事主题与自然文学来阐释环境议题，比如因人类对非人类栖息生物关注度不同而改善或恶化了人类居住地这类的叙事。

　　四种关联社会背景与政治分析的更深层观点也可能进一步阐述了道德规范与社会实践的关系。其一，环境科学与道德质询有何关系，哪项科学具有特别相关性？其二，市场在制造或解决社会问题上扮演什么角色？其三，在生态系统方面，道德规范应如何衡量人类科技（一般被认定是威胁或是前途无量）？其四，环境伦理是否需要政治结构的改变加以配合（它有赖于民主政治或对其提出质疑）？

　　由于环境伦理牵涉的不同学派观点与理论背景的多样化，其最可能被视为一种跨学术、专注于实际问题的平台，就我们最关键的社会制度与文化理念，甚至人类生命的意义提出质疑。在这一层面上，环境伦理是当代学术上最丰富而充满生机的智慧交集点之一了。

威利斯·詹金斯（Willis JENKINS）

耶鲁大学神学院

拓展阅读

Agyeman, Julian. (2005). *Sustainable communities and the challenge of environmental justice*. New York: New York University Press.

Armstrong, Susan J., & Botzler, Richard G. (2008). *The animal ethics reader*. New York: Routledge.

Curtin, Deane. (2005). *Environmental ethics for a postcolonial world*. Lanham, MD: Rowman & Littlefield.

Elliot, Robert. (Ed.). (1995). *Environmental ethics*. Oxford, U.K.: Oxford University Press.

Jenkins, Willis. (2008). *Ecologies of grace: Environmental ethics and Christian theology*. New York: Oxford University Press.

Hay, Peter. (2002). *Main currents in Western environmental thought*. Indianapolis: Indiana University Press.

Leopold, Aldo. (1949). *A Sand County almanac, and sketches here and there*. New York: Oxford University Press.

Light, Andrew, & de-Shalit, Avner. (Eds.). (2003). *Moral and political reasoning in environmental practice*. Cambridge, MA: MIT Press.

Light, Andrew, & Rolston, Holmes, III. (Eds.). (2003). *Environmental ethics: An anthology*. Oxford, U.K.: Blackwell.

Martínez-Alier, Juan. (2002). *The environmentalism of the poor: A study of ecological conflicts and valuation*.

Cheltenham, U.K.: Edward Elgar Publishing.

Merchant, Carolyn. (1992). *Radical ecology: The search for a livable world*. New York: Routledge.

Minteer, Ben A. (2006). *The landscape of reform: Civic pragmatism and environmental thought in America*. Cambridge, MA: MIT Press.

Rolston, Holmes, III. (1994). *Conserving natural value*. New York: Columbia University Press.

Schlosberg, David. (1999). *Environmental justice and the new pluralism: The challenge of difference for environmentalism*. New York: Oxford University Press.

Schrader-Frechette, Kristin. (2002). *Environmental justice: Creating equality, reclaiming democracy*. New York: Oxford University Press.

Shiva, Vandana. (1988). *Staying alive: Women, ecology, and development*. London: Zed Books.

Wirzba, Norman. (Ed.). (2003). *The essential agrarian reader: The future of culture, community, and the land*. Lexington: University Press of Kentucky.

Ethics, Global

全球伦理

全球伦理审视适用于全体人类,包括居住相关的道德义务、职责或责任声明主张。我们日益认识到地球一方的人类能显著影响地球其他生命,对全球伦理的兴趣也就与日俱增,尽管对普世声明的适用范畴仍存在分歧。

伦理学可以视为一种探究何谓对与错、何谓义务或责任的范畴,而全球伦理的范围则在于审视能适用于全球公民的道德主张。全球伦理探索道德规范的本质与理由,以期对所有个人或人类集体具有强制作用。近期对全球伦理兴趣日益增加的因素有以下几项:全球性问题需要全球性解决方案的压力日益增加;全球化的普遍现象;对全球公民与世界主义热忱的苏醒(Dower 2003,3—7)。

新萌发的关注

众多全球伦理的拥护者将世界各地人类之间的新联系视为其热衷全球伦理的起点。人类历史首次出现一种明显迹象,即地球一方的人类能对世界其他地区人类的健康与环境造成剧烈冲击,即使后者和问题制造者之间有着空间与时间上的阻隔。气候变化就是个强有力的实证;同样的例子还体现在高气层臭氧的减少,以及发达国家拖网渔船的过度捕捞,导致贫困发展中国家渔民的生存权益受到侵犯。再者,在2008年下半年爆发的全球金融危机之后,更证实了某个地区肆无忌惮的金融操作甚至能够毁灭地区甚至全球经济。一些有毒物质危害动物和人类:即便是与其发源地相距甚远,有毒物质仍能借着空气向远处播散。地球上地区食品审核不足可能会导致千里之外人们发病。而地球任一大洲核子原料的不当保管可能会给另一洲造成恐怖破坏。在过去,我们对远方贫困人们的责任一向理解为一种善行;如今这种全球化的因果关系可能加诸我们的,则是我们对其他地区人类基本需求所背负的义务。

全球伦理相关的讨论有时会归类于“世界主义”(cosmopolitanism),这一名词经常与全球伦理交替使用。世界主义属于社会/政治哲学，该观点认为所有人类都归属同一领域——即宇宙世界的领域（Dower 2003, 5）。世界主义普遍坚持，所有人类因为共享地球而对彼此都负有责任或义务。

近年来很多问题都诱发了对全球伦理的关注，包括气候变化和生物多样性减少的环境问题、经济崩溃的脆弱性以及源于全球贸易、国际恐怖主义和国际无线电通讯所带来的新相互依存性。全球各地的机构比如伯明翰大学（英国）的全球伦理中心（University of Birmingham Centre for Global Ethics），其研讨的主题涵盖了贫富之间的悬殊、发达国家与发展中国家间相互义务的本质、如何使贸易商定更为公平、全球环境问题破坏者对最无助的受害对象应有的责任、军事干预如何能更有效调控以及国际机构的权力。全球伦理经常关注人权的肯定与执行、自决权的道德基础、国家主义与爱国主义的限度，以及针对人口增长与气候变化，什么样的回应可以在道德上证明其合理性。迁徙与移民则是全球伦理文献中日受瞩目的另一项议题（Santa Clara University 2008）。

批判和支持的声音

对全球伦理的批判一般是凭借相对主义（relativism）和社群主义（communitarianism）的理论进行指责（Dower 2003, 123）。根据相对主义，道德价值因文化和社会的不同而存在差异，无法放诸四海皆准；它经常被视为普世价值的否定。与此相同，社群主义的论点一般认为，道德义务只能加诸个人所归属的社会或群落，因为道德义务萌生于社群中的成员之

间。在其有力论点下，相对主义与社群主义均削弱了全球伦理的主张。如果义务仅存于人们所归属的社群中，全球伦理便无立身之地。然而，近年来相对主义和社群主义却鲜少坚持如此强烈的主张。他们更常坚持认为，尽管多数道德义务的约束力只能延伸至国家、地区或社群，却承认一些道德义务是能扩及至全球的。

如奈杰尔·道尔（Nigel Dower）在《全球公民导论》（*An Introduction to Global Citizenship* 2003, 123—128）一书中所述，全球伦理拥护者提出了以下论据以对相对主义和社群主义做出回应：

● 尽管，事实上并非是所有人都赞同全球伦理原则，但在伦理道德的层面，他们应该接受全球义务。

● 面对一个群体施加于另一群体的暴行（例如西班牙征服者对阿兹特克人的行为），相对论的追随者则缺乏原则性方式加以谴责。

● 即使道德义务源自人与人的社会关系，但并不意味某一地区发展出的道德规范就不能延伸至全球范畴。

● 人类并不只是一个文化群体的成员，而需对各个所属群体负有责任，因此毫无疑问地他们对地球群落也承担义务。

其他对全球伦理的批评则坚持认为，任何全球规范性的价值观实际上是拥护者意图强施于非西方文化的西方道德观点。提出这一论调的人也认为全球伦理的支持者有文化霸权主义之嫌。拥护者则反驳称，尽管采用全球的道德规范教条会在一定程度上变更地方性文化中的道德原则，但并不意味着一个群体不该接受更国际性的准则。换而言之，

当地方团体在其自身的道德准则中不承认接受一种全球义务时，并非克服了其应对其他地球人类承认新道德义务的说明性论据。此外，全球伦理的支持者更否定了相关所有主张基本均出自西方的说法，并指出他们所主张的众多道德原则都是跨越文化仍受接纳的实例。

全球伦理支持者经常担忧现存的国际机构是否足以确保全球道德义务和目标的遵循与实践。基于这一原因，支持者再三质疑目前的联合国机构能否胜任国际人权组织的目标，或者国家是否将部分主权转让于国际机构。世界政府的反对者尤其排拒有关全球道德框架扩张的言论，唯恐牺牲了自由。作为对这一点的回应，全球伦理拥护者经常强调要通过民主过程中获得赞同的议题以改善国际管理的框架。如果全球的国际义务是由民主方式选出的且政府共同认可的，自由的丧失并非必然。

唐纳德·布朗（Donald BROWN）
宾夕法尼亚大学

拓展阅读

Dower, Nigel. (2003). *An introduction to global citizenship*. Edinburgh, U.K.: Edinburgh University Press.

Santa Clara University Markkulla Center for Applied Ethics. (2008). Global leadership and ethics. Retrieved April 27, 2009, from http://www.scu.edu/ethics/articles/articles.cfm?fam=IHRM.

University of Birmingham Centre for Global Ethics. (n.d.). About global ethics. Retrieved April 27, 2009, from http://www.globalethics.bham.ac.uk/aboutglobalethics.shtml.

自然法伦理学

　　人类对自然法的框架的理解是,有天赋能力追求自然产品并自觉有义务这样做。在可持续性的顾虑与自然产品相互协调的限度内,自然法可成为可持续性的支持后盾。不过自然法将人类福祉置于非人类生物与环境利益之上的观点,以及它既无弹性亦无变革的本质可能阻碍了这种关系的发展。

　　自然法伦理学寻求通过对具有普世性而根深持久的人类特质、能力与行动的探索以期揭示并理解道德规范。显然,自然法伦理学——暗喻或明示——以人类本性的理论为依托。大多数自然法理论学家认为,人类同时拥有理性与能力、并能根据道德的原则与规范将本身意愿付诸行动。自然法伦理因而经常提出一种实践理性的叙述,其中强调个人有目的地依循能辨识的道德法则以支配其行动。其中,这种能力与优先事项很多也许能与可持续性的实践一致,但自然法关于人类利益重于非人类生命与环境福祉的观点,可能对以上所述能力与生态系统关怀结为一体造成妨碍。

　　伦理学中对自然法的采用至少于希腊智者时代就已存在(公元前5世纪),并广泛地应用于一系列的宗教与哲学传统中。在接下来的两千多年中,形形色色的人物如亚里士多德(Aristotle)、西塞罗(Cicero)、奥古斯丁(Augustine)、托马斯·阿奎那(Thomas Aquinas)、威廉·奥克姆(William of Ockham)、雨果·格劳秀斯(Hugo Grotius)、托马斯·霍布斯(Thomas Hobbes)、塞缪尔·普芬道夫(Samuel von Pufendorf)以及约翰·洛克(John Locke)均被冠上"自然法思想家"(natural law thinker)的头衔。在今日,自然法中有两种截然不同的路线最引人瞩目。其一,当代法律理论中,约翰·菲尼斯(John Finnis, b. 1940)的自然法路径试图揭示出相对制定法或习惯法(人类制定的法律)更经久不衰且有分量的法规,其目的通常是利用这些自然法规为制定法辩护或对其提出批评。其二,基督教伦理学者,尤其是遵循天主教传统的基督教伦理学者,认为自然法是人类对上帝永恒规律的参与。上帝创造了世界乃是它永恒真理的一种独特实现。人类依从其本性进行生活便是参与了这一实现过程，而随着本性被赋予的便是种通过理性来辨识善进而追求善的意愿。

当代法学理论中，菲尼斯是支持并开展了自然法路径的代表人物。对菲尼斯而言，理性能直接地觉察出不证自明、点出人类价值基本形式的实践原则——换而言之，即自我保存、知识、游戏、审美体验、友谊、"实践理性"（practical reasonableness，以善为目的而有意识地导引特定行动）以及宗教。除了这些价值追求，理性也能辨识出一套实践理性的基本方法需求，以助分辨实践思考的明智与错误、判断行为的合理与不切实际。归纳而言，菲尼斯认为，这些不证自明的原则与方法需求正组成了自然法。

在基督教的伦理学中，自然法观点经常将圣托马斯·阿奎那的《神学大全》（Summa Theologiae）作为例证，这被许多人视为自然法之典范阐述甚至作为定向参考。托马斯（c.1225—1274）认为，法律是种规定或是行动的衡量。所有行为，在人类的范围内，都是怀有目的的追求并依赖深思熟虑和推理。所有人类行为的终极目标都是两方面的：一方面是上帝，即非创造的善；另一方面是幸福，即创造的善，是最终目标的达成与享受。法律指点引导人的行动以带向幸福；自然法，则更独特地指引出与人性相称的行为。对托马斯而言，相称而自然的人类行为包含了善的追寻、保存生命、繁衍、教育后代、认识神的真理与生活于社会的意愿。

任一自然法伦理学的观点都会引发难解的概念性与道德问题。首先，特别是对涉及当代法学理论工作的人而言，自然法的出处或来源显得晦暗不明。尽管法学理论家尝试将自然法定位于理性结构或进化史的基础之上，两者中无一是公认为对人主体有约束力的权威。换而言之，即使人类倾向于依据其天性而追求善，自然法理学家仍需辨析这一诱因来自何处。

自然法观点面临的第二个困境是，人类如何得知或理解自然法的内容，这仍有待提出一种令人信服的叙述，同时对个人理解的局限度或意志扭曲的可能进行探索。有些伦理学家则对自然法路径关于人类的理性有能力洞悉自然法之充分内涵的假设提出特别质疑。

尽管面临的困境重重，自然法伦理与可持续性关怀是可以相辅相成的，原因是，前者坚信人类由于天性使然适于追求有意义的幸福与结果。然而需将几个倾向铭记在心。其一，自然法伦理——其对人性理论的依赖——集中于人类中心的议题。在历史上，自然法的理论从未强调人类与其他生物以及外存环境关系的道德意义。在思考如何维系人类自然福祉这一层面，自然法伦理诚然能提供源源不绝的资源，但若要确保其他自然成员——动物、植物、山、生态系统等等的利益，就显得捉襟见肘了。另一明显倾向是，自然法伦理认为自然法附着于现实是经久不变的。但涉及可持续性的问题是"新"的道德问题，自然法伦理唯有对人类福祉的概念重做诠释才能做出有效回应。

查德·维纳（Chad WAYNER）

弗吉尼亚大学

拓展阅读

Benzoni, Francisco J. (2008). *Ecological ethics and the human soul: Aquinas, Whitehead, and the metaphysics of value*. Notre Dame, IN: University of Notre Dame Press.

Crowe, Michael. (1977). *The changing profile of the natural law*. The Hague, The Netherlands: Martinus Nijhoff.

Finnis, John. (1980). *Natural law and natural rights*. Oxford, U.K.: Clarendon Press.

Haakonssen, Knud. (1996). *Natural law and moral philosophy: From Grotius to the Scottish Enlightenment*. New York: Cambridge University Press.

Porter, Jean. (1999). *Divine and natural law: Reclaiming the tradition for Christian ethics*. Grand Rapids, MI: Eerdmans.

Santmire, H. Paul. (1985). *The travail of nature: The ambitious ecological promise of Christian theology*. Minneapolis, MN: Augsburg Fortress Press.

Evolution

进化论

尽管以竞争性进化过程和达尔文理论为代表的进化科学可能使得串联进化与可持续性的努力付之东流,可持续性的进化伦理能启发一种人类保护自然的责任,即使表面看来这些过程似乎与我们珍惜的人类价值构成冲突。但这项称为进化史诗(Epic of Evolution)的运动正以寻求将美、意义与宗旨注入我们关于宇宙的科学阐释中。

进化和可持续性问题的关系错综复杂。进化与生态两方面的科学知识在评估人类对环境的冲击时至关重要,但如依据进化科学得出人类相关的规范性方针却可能困难重重。达尔文理论应用于社会范畴时引发的负面联想不容蔑视,同时需要注意的是更广的哲学难题,即如何由自然的"存在"为根源获知人类"应该"有的行为。再者,进化论唤起了地球过去与未来的一种长期观点,暗示着人类只是这古老而无时不变自然界的微小部分,无论对其施以破坏或维系都是极有限的。

然而进化与可持续性的关系并不尽是负面。尽管进化过程无疑揭露出自然严酷竞争的一面,但举例而言举例而言,人类社群与社会道德规范并不需要以自然群落为范式。一种可持续性的进化伦理更能启发我们维护自然过程的责任感,即使这些过程似乎与我们珍视的人类价值如合作、对病弱的怜悯或对个人固有价值的尊重相抵触。理解到人类仅是广大而生生不息的自然界的微不足道的成员,并不意味着人类在维护自然时就该放弃这看似徒劳无功而昙花一现的努力。

一项称为进化史诗而发展快速的运动试图将完美、意义与宗旨注入有关宇宙地球的科学性叙事中。相较一般视科学为价值中立,视自然界为无情的机械运作、既无意义亦无玄机的观点,进化史诗将科学诠释为所有地球居住者共同的开创故事。它的拥护者包括了天文物理学家同时也是科学教育家的艾力克·切森(Eric Chaisson),已故的生态神学理论家汤姆斯·伯利(Thomas Berry),以及麦克·道(Michael Dowd)——激励人心的演说者与前任牧师,他们希望能激发人类对自然界的热烈关怀,因为自然界的故事就是我们的故事。这一"新故事"涉及的宇宙饱含着诸多物种的知觉意识。人类与其他有意识的个体共存于一个连续体中(如进化论指出),但我们的特殊感官意识形态也赋予我们独一无二的道义责任以保障行进中的宇宙演化过程能不断持续。这种影响深远的进化观点认为,人类自身或任何动物对于地球有支配权是毫无意义的。这份感悟不应认为是对人类的贬低;相反,它应激发人类对自然的神奇之情及献身的承诺,深切关怀周遭的世界以促成自然史诗的生生不息。

丽莎·希德里斯(Lisa SIDERIS)
印第安纳大学

拓展阅读

Epic of Evolution homepage. (2009). Retrieved July 17, 2009 from http://epicofevolution.com/abouttheEpic.html.

Berry, Thomas, & Brian Swimme. (1992). *The universe story: From the primordial flaring forth to the ecozoic era—A celebration of the unfolding of the cosmos*. New York: HarperCollins.

Chaisson, Eric. (2006). *The epic of evolution: Seven ages of the cosmos*. New York: Columbia University Press.

Dowd, Michael. (2007). *Thank God for evolution: How the marriage of science and religion will transform your life and our world*. New York: Viking.

Sideris, Lisa H. (2003). *Environmental ethics, ecological theology, and natural selection*. New York: Columbia University Press.

地球与泰坦尼克号

生态神学家汤姆斯·伯利（Thomas Berry, 1914—2009）自称为"地球学家"，在其笔下震撼人心地表达出人类对自身行为应担负责任，并成为地球更称职的管理人。文中他谈到人类与地球间关系不断演进的角色，将地球的当前状态（还有我们对它的疏忽）比拟为沉没中的泰坦尼克号。

1912年的4月，泰坦尼克号在跨越大西洋的处女航途中因撞击了冰山而沉没于海。早在触礁之前，航行管控人员就得知前方有冰山的大量迹象。然而航程仍得到确认，更没有人希望更改航向。人们对船只的航行能力怀有毫无边际的信心……发生在这艘"永不沉没"之船的故事对我们来说是个寓言，因为我们总在最迫切极端的情况下才获有精神能量审视当前事态规模的行为方式。相关船只日常运作与乘客的种种事务均需占置一旁以处理更紧急的议题，即船只本身的安好……

如今我们对人类群体的担忧只能借自然界的安好才能解决。除非人类能以支持地球生命系统的行动做出回应，否则地球无法承受人类的存在。我们认为这种较全盘性的观点为宏观相位的伦理学。它超越我们一般涉及个人行为、社群甚至国家行动的道德判断。我们面临的是一种完全不同规模的道德判断。毫无疑问，人类从未被迫做出如此庞大尺度的道德判断，那是因为人类自身危害行动的破坏力从未达到如此强度，造成如此的恶果。

正如布莱恩·斯万姆（Brian Swimme）在其《宇宙的神秘内心》（*The Hidden Heart of the Cosmos*）（Orbis Books 1999）一书中指出，人类借着科学的洞见与科技已形成一股宏观相位的力量，其强度可与冰河作用或过去造成物种灭绝的自然力相比拟。然而我们的责任感或道德判断仅称得上是一种微弱意识。我们有必要发展出一种全然不同的责任范围。

来源：Thomas Berry. (1999). *The Great Work: Our Way Into the Future*, pp.100–101. New York: Bell Tower.

Feminist Thought

女权主义思想

女权主义与环境主义崛起于20世纪下半叶；1980年之前两者之间就已产生关联。在某些文化中，女性与自然存在象征性的关联。全球范围内的一些机构、会议与分析研究都曾声称，如果缺少对女性的公平、正义以及她们在经济和政治方面的成长，就永无可持续发展的可能。这种看法凝聚成一种全球意识，坚持女性与生态之间存在多种关联，有些人将其称之为女性生态主义。

女权主义在可持续性方面的观点广泛而深入，涵盖了来自千万女性与机构的数百项研讨主题，内容也相应地彰显了成千上万女性的看法。并且在一些议题上已存有共识，其他议题方面则各有其观点、方法和策略。有些观点侧重女性公平与权益，视其为可持续发展的道路，其他观点则认为生态健全才是基础。在人种、文化与世界观的多元和议题性质繁复的前提下，无法避免存在这种分歧。

历史上，可持续性的女权主义观点有两个来源："妇女参与发展"（women in development，WID），以及称之为生态女性主义（ecofeminism）的视角。21世纪初，这些观点汇聚融合，多种关注、分析、路径及策略形成交叠覆盖的领域。不过情况并非一向如此。

妇女参与发展（WID）

这一词汇出现于80年代的国际舞台，源自一些关于发展对妇女所产生影响的评估。经过30年的发展，这些针对较低工业化国家的发展议程——当时称之为"第三世界"——很明显并未惠及多个地区的妇女；反而这些计划项目使她们生活更加艰难。类似新时代妇女发展替代选择组织（Development Alternatives with Women for a New Era, DAWN）或妇女权利与发展协会（Association for Women's Right in Development, AWID）的组织声称妇女的许多困境归咎于在发展的观念与过程，以及资本主义和宏观的经济系统中的公平性的基本欠缺。"联合国妇女10周年：平等、发展与和平（1976—1985）"（The United Nations Decade for

Women：Equity，Development and Peace，1976—1985）最终以举行于肯尼亚内罗毕的关键会议结束，会中承认发展议程使妇女彻底失望；因此促成了联合国妇女发展基金（United Nations Development Fund for Women，UNIFEM）的成立。最终，会议的一项文件《内罗毕提高妇女地位前瞻性战略》（The Nairobi Forward-looking Strategies for the Advancement of Women）成为系统性的性别分析、批判与共同愿景的参照点与垫脚石，更为妇女的可持续生活与生计提供了行动策略与指引，对贫穷妇女来说尤其意义重大。

女权主义发展展望

这种女权主义展望源于积极行动者与分析家的经验，他们强调的是一种以人类需要而非金钱利益为诉求的经济和社会发展过程。换言之，即以经济和政治力量的公平机会为基石的发展。要让贫困与受压迫人类享有平等、和平与发展的机会，必须努力让妇女享有同等权利。随着"妇女参与发展"日益增加的努力，多种议题相互交错的情形也日益明显。"妇女参与发展"这一名词随后转变为"社会性别与发展"（gender and development，GAD），其关注范围扩大，以解决女性附属地位的社会及意识形态成因、男女之间不对等的权力关系：妇女权就是人权。实际上，这使得对妇女的暴力施加不再单是私人家暴问题反而升级为一项公共政策议题，并坚称如果妇女遭受压迫则毫无发展可言。可持续性因而有必要应对妇女相关的经济、文化与暴力威胁的问题。

很快，妇女与发展的议程再次得到扩展，

GAD转变发展为WED——"妇女，环境与发展"（women, environment, and development，WED）——随后重点也转移至可持续发展。环境议题在全球性、发展与经济的各种议程中也逐一呈现，联合国世界环境与发展委员会以及发表于1987年的《我们的共同未来》（Our Common Future）或称之为布伦特兰委员会（the Brundtland Report）就是最好的例证。这份报告将可持续发展——"既满足当代人的需要，又不对后代人满足其需要的能力构成危害的发展"——带入政治舞台。它引发了全球对发展的替代范式与战略的企求。可持续发展的呼吁为全球、国家与地方伙伴间的合作与咨询敞开了大门，为政府与公民社会之间搭起了桥梁。也设想将妇女列入其中。

多年来，女性组织在世界各地如雨后春笋般出现。除了以上提及的诸多机构，包括非洲妇女发展与沟通网络（African Women's Development and Communication Network，FEMNET, 1988）；妇女环境与发展组织（Women's Environment & Development Organization，WEDO, 1990）；妇女与环境教育发展基金会（Women and Environments Education and Development Foundation，WEED, 1991）以及妇女参与欧洲发展（Women in Development Europe，WIDE）。目前有数千的非政府组织强调性别、女权主义、发展、环境与可持续性的各方面问题。

这些互通的本国与国际议事方案，其间的活动、研究、讨论会及出版著作数量惊人。由此搭建起的妇女话语权、网络与合作代表着千万女性的巨大努力，也体现了千万妇女在可持续性方面的声音与观点。来自全球

的妇女——比如佩吉·安特罗布斯（Peggy Antrobus），吉塔·森（Gita Sen），罗斯·布雷多替（Rosi Braidotti），费罗敏娜·其欧玛·斯特迪（Filomina Chioma Steady），旺加里·马塔伊（Wangari Maathai），契芙·比西·欧更雷耶（Chief Bisi Ogunleye），和凡丹娜·西瓦（Vandana Shiva）——在这些议题上都曾付出多年的心血。

与此同时，全球范围内的环境问题日益严峻。因此，联合国呼吁对"环境与发展"进行慎重思考。在向多方的公民团体、专家与国家领袖咨询之后，联合国提出一项针对21世纪可持续发展的提议，称之为"21世纪议程"（Agenda 21）。1991年，正值全球为1992年在里约举行的联合国环境与发展大会（United Conference on Environment and Development，UNCED）热身准备时，来自83个国家的逾一千名妇女也对此进行研讨，并提出一项标榜改革派女权主义与生态的替代议程。她们在佛罗里达州的迈阿密举办了妇女促进健全地球代表大会（World Women's Congress for a Healthy Planet），拟出"妇女21世纪行动议程"，内容涉及妇女与发展、可持续性与环境稳定诸议题间的相关性。其重点在于批判问题背后的支撑力量并提出解决方案。序言中表达的意图与分析坦白直接，以下几点即出自序言。

● 我们代表的是……遭受日常暴力侵害与环境破坏影响的千千万万妇女。

● 只要自然与妇女持续受到所谓自由市场意识形态与"经济成长"这种错误概念的剥削，环境保障就永无天日。

● 对于不平等的对待，我们感到义愤填膺。

● 我们再也无法容忍军事机构扮演的庞大角色。

● 我们承诺……赋权于妇女，这是追求平等的最关键且最有力因素。

● 在占有世界半数人口的前提下，我们要求相应的权利，并将我们的看法、价值观、技能与经验引入决策过程。

● 我们深信世界领袖若是欠缺政治与个人意志，就等同基本道德观与精神价值的贫乏，更是对未来世代的不负责任。

文中涵盖了的相关主题广泛，共划分为11个章节并就问题提出具体实证，也列举了各方反应、顾虑以及应该采取的行动。主题内容——每个均都有6至7项独立的行动承诺——包括：民主权；环境伦理与问责；军事扩张与环境；债务与贸易；贫穷土地权/粮食安全以及贷款；人口政策与健康；生物科技与生物多样性；核能与替代能源；科学技术；妇女的消费力量；资讯与教育。

"妇女21世纪行动议程"是首份关于可持续性的国际女权主义宣言，内容主要来自发展中国家，宣言为女权主义与可持续性领域的现状做出极具价值的表述。虽然目的在于影响联合国环境与发展大会及其会议结果，所注入的庞大合作努力、一针见血的分析、可持续性的策略、全球性视野与行动方针却未得到应有的注意。对于这些跨越性别的议题分析，联合国环境与发展大会毫无兴趣甚至如期展开会议。联合国环境与发展大会的官方报告多达900页，名为"21世纪议程"。它列出了有待全球、全国与地方认可的全盘性行动蓝图。尽管在文件中第24章注明

"为妇女采取全球性行动以谋求可持续的公平发展"，也有多项加注参考谈及妇女，但大多数由"妇女参与发展"提供给联合国环境与发展大会的女性研究成果都被省略了。于此之后，情况已有所改观；2009年，大部分发展或环境组织都有专门领域的性别研究与行动。"妇女21世纪行动议程"发挥了不少作用而且定期更新，最近一次为2002年。目前它定名为"2015地球健全与和平的妇女行动议程"（Women's Action Agenda for a Healthy and Peaceful Planet 2015），体现了成千上万女性竭力落实联合国环境与发展大会协议的种种经验。一般来说，来自政治学、国际发展、社会学与女权主义或性别研究的积极行动者或学者抑制了这条通往可持续性的女权主义路径。而存在其中的宗教，即使提及也至多只是陪衬。妇女若是出于宗教原因或教条，激励妇女追求正义、和平或平等，这都未给出清晰的解释。在另一方面，大多钻研宗教的女权主义学者对于这项研究成果并未多加关注。众多女权主义的宗教学者强调从过去发掘妇女心声、重新阐释文本、为女性夺回正义，并面对和抵制男性在宗教经典、组织机构与释义各方面的主控。通往女权主义与可持续性之途若能明显揭示宗教层面，则多为涉及生态女性主义的另一路径。

生态女性主义（ecofeminism）的来源

在同一时期，即70年代以来，另一派女权主义与可持续性发展的声音和观点引入了一套新鲜的关注点进入人类视线，称为生态女性主义。生态女性主义的行动与学术根源来自从事有毒废物处理、健康、媒体、反战潮流、精神性、艺术、剧场、能源、都市生态或环境保护等活动的妇女；拥护者不仅包括理论家，也有积极行动者、教育家、梦想家或社会评论者。1974年法国女权主义者弗朗西斯·德·奥博纳（Francoise d'Eaubonne，1920—2005）首次使用生态女性主义一词，她嗅出了统治自然与女性剥削之间的关联。有些人赞扬此运动为新的女权主义潮流。

妇女对军事扩张、性别、阶级歧视、种族歧视与环境破坏之间的关键联系进行观察。在70年代后期与80年代初，有几本书对生态女性主义影响至深：苏珊·格里芬（Susan Griffin）的《妇女与自然》（Women and Nature），玛丽·戴利（Mary Daly）的《妇科/生态学》（Gyn/Ecology），罗斯玛丽·雷德福·路德（Rosemary Radford Ruether）的《新女性/新地球》（New Woman/New Earth），以及卡洛琳·麦茜特（Carolyn Merchant）的《自然之死：女性，生态，和科技革命》（The Death of Nature: Women, Ecology, and the Scientific Revolution）。这些著作代表了学术界萌芽生长中的生态女性主义研究先驱，尤其在哲学、神学与宗教研究的学术领域最为显著。其他著述——诸如查林·斯普瑞特奈克（Charlene Spretnak）的《妇女灵性的政治：女权运动中灵性力量的崛起散文集》（The Politics of Women's Spirituality: Essays on the Rise of Spritural Power Within the Feminist Movement），斯塔霍克（Starhawk）的《梦想黑暗》（Dreaming the Dark），以及英勒斯特拉·金（Ynestra King）的散文——对于企图将自身、生态与政治上关注整合贯通的女性是极具价值的文献。

研讨会和出版作品为未来远景生态与女权主义的结盟催生了创造性的想象。诸如"妇女与地球生命：80 年代生态女性主义"（Women and Life on Earth: Ecofeminism in the Eighties，1980）和"生态女性主义观点"的研讨会：文化、自然、理论（Ecofeminist Perspectives: Culture, Nature, Theory, 1987），随之出版的选集阐明了生态女性主义的观点：《重构世界：生态女性主义的兴起》[*Reweaving the World: The Emergence of Ecofeminism*，由艾琳·戴蒙德（Irene Diamond）与格劳丽亚·奥林斯坦（Gloria Orenstein）编辑]；斯蒂芬妮·乐蓝（Stephanie Leland）与利奥妮·卡尔德考特（Leonie Caldecott）的著作《挽救地球：妇女为地球生命发言》（*Reclaim the Earth: Women Speak Out for Life on Earth*）以及《抚平创伤：生态女性主义的承诺》[*Healing the Wounds: The Promise of Ecofeminism*，编者朱迪·普兰特（Judith Plant）]。

生态女性主义的词性如此灵活，因而在许多领域都衍生了无数的计划项目。妇女开始发展出生态女性主义的理论和生态女性主义的政治哲学。生态女性主义的视角也由一套相当大的相互关联的关系，逐步转向对过去的深度历史批判，并就适应妇女与地球的可持续未来发展进行文化与理智的分析。生态女性主义者开始将视角集中在较理论性的问题检视上。生态女性主义的专门人士也各以专有方法进行研究并发表著作：哲学方面有卡伦·沃伦（Karen Warren），薇尔·普鲁姆德（Val Plumwood），动物权利方面包括卡罗尔·亚当斯（Carol Adams），伦理学克丽丝·库尔莫（Cris Cuomo），女权主义政治学

方面有格雷塔·加尔德（Greta Gaard），爱丽儿·塞拉（Ariel Sellah），诺尔·斯特金（Noel Sturgeon），社会科学有玛丽·梅洛（Mary Mellor），宗教方面有安·普力马维西（Anne Primavesi），罗斯玛丽·雷德福·路德，伊芳·杰巴拉（Ivone Gebara），卡洛·克里斯特（Carol Christ），以上仅为少数例证。

在 80 和 90 年代，生态女性主义的生命力与视域是显而易见的。积极行动团体、讨论会、学者和社会参与公民共同形成了一种基础，随着时间的推移，我们借着这一基础可使在不同景况中将生态女性主义引为参照。女权主义与生态的相关性也日趋清晰。它并非一个由观念和理想构成的世界，而是伴随时间流逝逐渐凝固的一连串会聚融合。最终，那些从事女性、环境与发展方面的研究者之间的关系，就如此关联起来了。

我们可将生态女性主义理解为一种环形交通枢纽：道路有进有出但并非条条都相交。生态女性主义枢纽的入口点可解释为积极行动与社会运动、学术界、宗教、妇女与发展，或全球女权主义。尽管生态女性主义体现的是一系列的妇女／自然的相互关联，进入交叉口却有三条主要干道：实验证据、对女性与自然的概念／意识形态或文化／象征性关系，以及女性与自然的认识论关联。

实验证据：妇女、环境与发展

实验证据显示环境问题为给世界上大部分妇女带来了不成比例的影响。1989 年之前，联合国就观察到妇女是环境毁损的最大受害者。妇女越是贫困，担子越是沉重。但加重的负担不仅源自环境破坏：劳动的性别分工

存在于大多数认为家庭生计是妇女职责的社会，妇女身为主要的照顾者，一般不得不为家庭成员的粮食与健康负起首要责任。伴随着环境的日益恶化，燃料、食物与水的家庭供应更是困难重重。尤其糟糕的是，经济资源、财产权或经济独立对诸多妇女而言更如登天之难。

生态女性主义者对这捆绑妇女于贫困、生态退化与经济无力的生存状态的社会政治与经济结构加以检视。与这种生态女性主义相呼应的正是多年来妇女、环境与发展工作三者联系成果的整体推进力。可持续性的道路不仅涉及平等、正义，还关系到妇女的经济与政治权。

概念性/象征性联系：女性与自然

生态女性主义的第二条道路便是女性和自然之间概念性与象征性联系的研究，内容主要涉及西方的世界观。这类文化中发展出的观点认为，世界是以等级与二元方式划分的。二元概念的结构将女性与阴柔、身体、性欲、地或自然以及物质归为一类；与男性相关联的则是男子气概、心智、天、超自然以及脱离肉体的精神。二元论的理性/情感、心智/身体、文化/自然、天/地以及男/女等形态，其坚持前者的重要性过于后者。生态女性主义者将此类配对方式称为等级二元论并指出它们扶植了西方的历史、世界观与社会结构中根深蒂固的支配观念。宗教、哲学、科学与文化象征更助长了这种世界观，使得男权对女性与自然的统治显得理所当然。社会形态，包括性规范、教育、管理和经济控制无不反映出这种统治逻辑。宗教对这类世界观的

潜移默化与对这些社会形态的加固增强，尤其是股不容忽视的力量。引向可持续性之路重点便在于分析与重建女性和自然在文化与宗教上的世界观。

认识论的联系：女性的本质

生态女性主义的第三条道路牵涉到女性与自然之间的两种认识论联系：换言之，即两种理解女性与自然知识的亲密性方式。由于环境问题对妇女造成较直接的影响，我们也许能说，女性在面对解决紧迫的环境问题时更有智慧与专长。譬如，在世界的诸多地区，妇女是土地的看管人，与男性相比具有更丰富的农业知识。因此生态女性主义者认为，这些妇女无论在发展实际而理智的新生态范例，或在处理当地的环境问题都会更驾轻就熟。

其他学者则提出另一种认识论的联系。他们认为相对于男性，妇女更"接近"自然和地球，也与生俱来地具有关怀、社区营造、非暴力和地球敏感性的特质。这种女性—自然本质论体现在一些文化与背景中。大多数生态女性主义者以为，女性和自然间的联系乃是基于文化上的意识形态而非实质性的。无论身处何处，妇女若是能对农业和生态系统具有知识专长，并非其天性本质而是她们的生活经验使然。

生态女性主义者在基本假设、女性与自然界关系的本质、生态范式、女权主义路径、环境危机的根源以及目标与手段的各个层面上都存在分歧。他们的变革目标涉及包括从激进的改革到温和改良。他们也借助社会工具，比如视阶级为根本问题的马克思主义分析。

他们可能是黑色人种、拉丁美洲或原居民语境的一部分,人种与民族从而构成认知的关键媒介。他们或许受到自由主义与后现代路线的吸引。甚至可能在其生态学框架中主张环境资源的管理、深层生态学、社会生态学或新的宇宙学。生态女性主义也存在多种释义,有佛教、美国印第安人、威卡教、女神信奉者、印度教、伊斯兰教、基督教、犹太教以及完全俗世的多种版本。生态女性主义的思想与积极行动遍布全球——印度、亚洲、非洲、拉丁美洲,甚至欧洲与北美洲。生态女性主义象征了不同流派的女权主义和相异生态观点下千变万化的组合。一些人赞成将生态观点带入女权主义的理论与实践,也有人认为生态问题的解决务必要加入女权主义分析,从一开始,这两方对二者联系的本质就各持己见。

妇女、环境与发展或生态女性主义?

在 90 年代初,几种具体的矛盾就已浮现。深度的生态女性主义研究显示了西方文化在占据统治地位的意识形态上扎根之深,其核心之一便是对妇女与自然的相互关联的统治权。这份研究尽管揭露了意识形态子结构的问题,却并未清晰阐述改进方法。在阐发生态女性主义理论的富裕发达国家与致力于社会运动中岸谷之变的发展中国家之间通常存在着一种张力。一些生态女性主义者更感兴趣的,似乎是妇女与自然间的历史与象征性关联、甚而所谓理想世界的繁复理论,而非妇女与生态系统的实际苦难。也有人意识到当务之急是应对经济和物质现实,以及处理女性贫困与生态压力的具体问题。那些提供了历史性与理论性分析的人,与其他解决妇女暴力、对污染、农

地丧失、军国主义或全球资本主义起而抵制的人之间,究竟如何互有关联呢?

整个妇女、环境与发展和生态女性主义的领域并不协调。这种不安的情绪随之成为对话的焦点。妇女对于女性与自然界的关系、厌女情节与生态危机等各种议题自有其看法。多数妇女、环境与发展阵营的人对女性议题的关注更甚于环境问题,其他人则与此相反。有些人将精神性与宗教视为轴心,有些认为它们不切题甚至因而心存猜疑。有人因为流派过多而无所适从,其他人则因多元性观点而欢欣鼓舞。也有人士保留了生态—女权主义的关联但另寻表达的词句,例如女权主义生态学(feminist ecology)、女权主义社会生态学(feminist social ecology)、女权主义绿色社会主义(feminist green socialism)、女权主义环境保护论(feminist environmental ism)、环境危机的女权主义分析(feminist analyses of the environmental crisis)以及妇女、环境与发展。

唯有时间与努力最终能促成积极行动者与学者之间的共同合作,从而理解介于文化—象征层次的意识形态分析以及社会、经济、政治与物质各方面困境间的繁复关联。幸运的是,整个过程中,从不缺乏合作共事与挑战问题的意愿。因为议题如此艰巨复杂,任一方式都无法单独解决处理。可持续的未来是全体的共同愿望。

可持续性与女权运动

目前,无以计数的计划项目为妇女、发展、环境与可持续性之间搭起了桥梁。它们有大有小,内容也形形色色。牵涉的范围包含了农业、生物技术、渔业、水、森林或生物多样性。

有的团体处理暴力、全球资本主义、军事扩张与海盗的问题。有些着重理论探讨，有些则诉诸积极行动。有些审视环境破坏的动态，也有些为地方创建可持续发展项目。他们也许仅仅涉及理论或实践的单一层面，亦可能两者兼顾。成千上万的机构为更有社会性别意识的可持续发展分析及落实付出了时间、资金与努力。小型的地方性团体无所不在。大型机构如联合国、世界银行、世界观察研究所（the Worldwatch Institute）和绝大多数的发展组织都正着手回应这些落在女权主义与可持续性交叉线上的课题。

　　涉及可持续发展的女权主义思维反映了社会、政治、精神、经济与生态的变革。正是分析、批判、视域与行动改造了男与女之间、不同文化、人种与动物间以及人类与广大地球村之间关系的形态与模式。每一主题背后都有激烈的争论：无论是跨文化或特定背景的态度方式、理论与社会转变，或关于民主、全球化与可持续性意义的国际对话。一般而言，女权主义与可持续发展间关联的搭建源自疗愈创伤的欲望，而自然与文化、心智与身体、女性与男性、理性与感情、精神与物质、理论与行动，以及最终人类与自然彼此间的分割对立，正是伤口的成因。

海瑟·伊顿（Heather EATON）
圣保罗大学

拓展阅读

Adams, Carol. (2005). *Ecofeminism and the eating of animals: Feminism and the defence of animals*. Sacramento, CA: Black Powder Press.

Association for Women's Rights in Development (AWID). (n.d.) Retrieved April 29, 2009, from http://www.awid.org/.

Cuomo, Chris J. (1998). *Feminism and ecological communities: An ethic of flourishing*. London: Routledge.

Development Alternatives with Women for a New Era (DAWN). (n.d.). Retrieved April 29, 2009, from http://www.dawnnet.org/.

Eaton, Heather. (2005). *Introducing ecofeminist theologies*. London: T&T Clark International.

Eaton, Heather, & Lorentzen, Lois Ann. (Eds.). (2003). *Ecofeminism and globalization: Exploring religion, culture and context*. Lanham, MD: Rowman & Littlefield.

Gaard, Greta. (1998). *Ecofeminist politics: Ecofeminists and the greens*. Philadelphia: Temple University Press.

Gebara, Ivone. (1999). *Longing for running water: Ecofeminism and liberation*. Minneapolis, MN: Fortress Press.

Kheel, Marti. (2008). *Nature ethics: An ecofeminist perspective*. Lanham, MD: Rowman & Littlefield.

Mies, Maria, & Shiva, Vandana. (1993). *Ecofeminism*. London: Zed. *Nairobi forward-looking strategies for the advancement of women*. (1985, July 26). Retrieved on May 9, 2009, from http://www.un-documents.net/

nflsaw.htm.

Ress, Mary Judith. (2006). *Ecofeminism in Latin America: Women from the margins*. Maryknoll, NY: Orbis Books.

Ruether, Rosemary Radford. (Ed.). (2005). *Integrating ecofeminism, globalization, and world religions*. Lanham, MD: Rowman & Littlefield.

United Nations Development Fund for Women (UNIFEM). (n.d.). Retrieved April 29, 2009, from http://www. unifem.org/.

Warren, Karen. (2000). *Ecofeminist philosophies*. Lanham, MD: Rowman & Littlefield.

Women's Action Agenda 21. (n.d.). Retrieved April 29, 2009, from www.iisd.org/women/action21.htm.

Women's Environment and Development Organization (WEDO). (n.d.). Retrieved April 29, 2009, from http:// www.wedo.org/.

Forests

森　林

　　适宜生存的地球状态归功于森林在氧气与碳水平的维持、水渗透、营养物循环与其他的功能。然而人类对森林产物的收成，为开路、农垦与人类栖息而进行的森林采伐，无不威胁到森林所能提供的生态服务。

　　森林大约占据了地球陆地面积的1/3，人类的想象中对它持有一种矛盾情感。人们依赖完好的森林来取得各种生态服务，却同时为了经济利益砍伐森林。在很多故事与传说中，森林或被刻画为友好的希望之地，具有丰富多样的自然资源，或被描述为难以驾驭的荒凉之地，凶猛野兽与灾难隐藏其间。基于这种多方位的态度思考，美国哲学家亨利·戴维·梭罗（Henry David Thoreau，1817—1862）写道，"我提到的西部不过是荒野的另一个名字；我一直想说的是，在荒野中世界的维存才能实现。每棵树伸展纤维以求得荒野中的一席之地。城市不计代价地采伐它。人们为它耕田涉水。来自森林与荒野有着支持人类的滋补品与树皮"（Thoreau 1851 in Nash 1990,38）。

森林的恩惠

　　森林之于人类，是制造过程中原材料的出处和生计的来源。砍伐树林是为了木材也是为了造纸的木浆（超过40%的砍伐木材成为造纸原料）。人们依赖森林以进行打猎和获取非木材产物（比如水果、坚果、蔬菜、香料、肉类、油脂、树液、染料、橡胶、药品以及传统艺术与手工艺品的原料）和牲畜饲料。除了提供物质上的好处，森林也经常是灵感、活力复苏与顿悟的触发之地。

　　森林为无数的野生物种提供了栖息地（全世界雨林中的物种仅有一小部分得到辨认），也为人类带来林林总总的恩惠。有鉴于它们制造氧气并调节水分与碳的循环的基本功能，森林以"地球之肺"为人所知，森林提供了多样的生态系统服务，包括水的汇集与渗透、营养物循环、土壤形成、生命多样性的维护、生物质的生成与分解以及碳固存，以上种种共同创造了并维系着地球上的宜居状态。

人类活动造成了碳排放而导致的气候变化日益受到关注，森林以其碳吸存的基本活动，因其生长过程中能收纳大气中的碳视为意义重大。通过《京都议定书》(Kyoto Protocol, 1997) 的清洁发展机制(Clean Development Mechanism)，发展中国家获得资助并用以植树及维系森林，而对减低温室气体做出承诺的较富有国家，其碳排放因此得以抵消。

森林流失的危机

森林对人类与地球健全的重要性加以确认后，科学家对森林流失的危机提出警告。在1996年，世界资源研究所(World Resources Institute) 估计仅有稍逾一半(53.4%)的原始森林面积(意指8 000年前地球在气候与现今相同的假设情况下森林的估计面积)仍然存在(WRI 1996)。90年代，联合国粮食与农业组织(the U.N. Food and Agriculture Organization) 发布了地球每年森林面积0.22%的流失率数据，最大面积损失来自热带地区。砍伐森林是为获取木材的经济价值、为开拓农耕地以扩展人类的定居点。并且，木料或野生物种的选择性开采、牛群放牧和引水都会造成森林退化，降低土壤肥度与生物多样性，从而减损了它们的生产力。被开采的速度与再生步调相配合的树林的选择性开采，则是可持续的伐木，在某些情况下由于创造了类型更丰富的生态位而可能有助提升森林物种的多样化。此类的开采必须谨慎管控，或是透过科学的森林管理，或是仰赖传统戒律，以确保砍除的步伐不得逾越再生的速度。

森林质量的递减或彻底的面积丧失减少了森林能供应的生态产品与服务。森林的毁坏同时也是一种精神上的损失，因为其减损了生命世界的丰富多彩，更剥夺了人类与多种野生物种密切共存的机会。生物学家爱德华·O. 威尔逊(Edward O. Wilson)以及生态学家史蒂芬·凯勒特(Stephen R. Kellert)提出的亲生命假说(biophilia hypothesis)认为，人与自然界的隽永关系也许是人类机能完善的必要元素。人类幸福有赖于生命系统的完整与一致。人类与自然过程的共同演化塑造了人类的功能与认知。从人类的进化时间看，仅在相对晚近的时期才开始室内生活。鉴于人类与其他物种长期以来的共同进化，人类天生需凭借与自然和自然过程间的紧密关系来达到个人与总体的幸福感。

世界的不同文化中，森林向来代表避难、沉思与慰藉之地，人类在此能避开日常生活的喧嚣而沉思超越时空的真理或是与神祇、圣灵和超自然的力量互动。失去了森林则减少了这种机会，同时也少了欣赏自然之美和领略其振奋人心力量的机缘。在传统与本土文化中，疗伤过程、精神性与世界观经常构成相互盘绕的系统，而疾病在系统中常被视为精神上的不平衡或是干扰。同时，森林消失也阻碍了这些精神上与传统上的治疗行为，因为这一过程中所需的药草一般仅能在森林中找到。

发达国家科学家与决策者最关心的一直是生态多样性、未开发荒野面积与休憩机会的失落，然而发展中国家的积极行动者更加担忧的是，依赖开采木材与非木料森林产品的地区生计要如何维系,同时要防止新殖民主义者的生物勘探与生物剽窃而导致森林资源受到不正当开采。

北美洲、南美洲与俄罗斯有着范围最广的森林面积。位于温暖、低海拔地区的热带雨林,比如南美洲的亚马孙河盆地,具有最丰富多样的生态种类。由于土壤的相对贫瘠,即便清除了树林,作物也难以在土地上生长。依照目前热带雨林的砍伐速度,这些森林在21世纪末将不复存在。分布于北美洲东部与亚洲东北部的温带森林,这些森林地的生产力极高,每英亩的植物收获量是1 800吨(相对于热带森林的185吨),绝大多数的原始温带森林很久以来已被清除。在北美与欧亚大陆最高纬度与海拔地区存在高山林与寒带森林,是最大的陆地生物群落区。降雨量主要是以降雪的形态出现。寒带森林的砍伐面积广泛,若不加限制将有消失之虞。在北半球环绕近北极圈的寒带森林,估计占全球剩余森林面积的25%。因此,尽管众多气候区仍存在森林,但人类为了自身用途不断损耗森林资源已经严重危及了地球全体生命的可持续性。

伊丽莎白·艾利森（Elizabeth A. ALLISON）
加州大学伯克利分校

拓展阅读

Eisenberg, Sheryl. (2004, February). Taking trees personally. *This Green Life*. Retrieved March 29, 2009, from http://www.nrdc.org/thisgreenlife/0402.asp.

Food and Agriculture Organization of the United Nations. (2003). *State of the world's forests, 2003*. Rome: United Nations. Retrieved March 29, 2009, from http://www.fao.org/DOCREP/005/Y7581E/Y7581E00. HTM.

Kyoto Protocol: Mechanisms: Clean development mechanism. Retrieved May 22, 2009, from http://unfccc.int/kyoto_protocol/mechanisms/clean_development_mechanism/items/2718.php.

National Aeronautics and Space Administration (NASA). (1998). Tropical deforestation. *The Earth Science Enterprise Series*: FS-1998-11-120-GSFC. Retrieved March 29, 2009, from http://www.iwokrama.org/library/pdfdownload/NASAdeforestation.pdf.

Rosenzweig, M. L., & Daily, G. C. (2003, June 6). Win-win ecology: How the Earth's species can survive in the midst of human enterprise. *Science 300*(5625): 1508-1509.

Thoreau, Henry David. (1851). Walking. Reprinted in Roderick F. Nash, (Ed.) (1990), *American environmentalism: Readings in conservation history* (3rd ed.),p. 38. New York: McGraw Hill.

United Nations Framework Convention on Climate Change: Kyoto Protocol, Clean Development Mechanism. (Adopted 1997; entered into force 2005). Retrieved May 22, 2009, from http://cdm.unfccc. int/index.html.

Wilson, Edward O., & Kellert, Stephen R. (Eds.). (1993). *The biophilia hypothesis*. Washington, DC: Island Press.

World Resources Institute. (2009). Earthtrends: Environmental information. Retrieved May 27, 2009, from http://earthtrends.wri.org/.

World Resources Institute. (1996). Forests, grasslands and drylands — Forest extent: Forest area (current) as a percent of original forest area. Retrieved August 6, 2009, from http://earthtrends.wri.org/searchable_db/index.php?theme=9&variable_ID=313&action=select_countries.

Fundamentalism

基要主义

　　基要主义者遵循的基本真理一般出自对圣典的直译阐释。一些宗教基要主义者可能反对环境保护论，原因在于其挑战了神至高无上的权威或神为地球制定的计划，甚至因为世俗顾虑转移了对信仰的关注。也有部分结合了反环境保护论与支持自由市场资本主义的态度。然而，文化实践方面反映了生态与社会可持续性的基要主义团体仍是存在的。

　　基要主义①（Fundamentalism）一词的意义承载了众多联想，但其根本是用于形容那些要求恪守一套基本原则、在捍卫原则时某种程度上带有侵略性的团体。这词语通常涉及宗教团体，但有时也用于描述非宗教团体或社会运动。无一明确类型的基要主义是可以适用于为回应现代化（或某种形态的西化入侵）、世俗化（或宗教、宗教真理影响的式微）与宗教多元化冲击而出现于20世纪的各种宗教形式的示威运动——在形形色色的信仰中，它们对传统宗教形态的影响与合法性都构成了挑战。基要主义者认为或意识到其面临威胁的不单是生活方式，也是其所声称的根本真理，这些真理通常基于神圣经典的内容或实践的字面或僵硬解释。基要主义者的立场与保守派或传统的信仰具有牵连，但在强度与严格度上都较其余两者有过之而无不及。

　　由于着重捍卫过去并实现胜利未来，基要主义团体普遍忽略了对可持续性的当代关注，甚或抵制这些潮流。基于其信仰结构中对真理毫不妥协的核心态度，基要主义者一般并不热衷与同一信仰中较自由的流派或拥护不同思想体系的人士进行跨信仰合作。虽然众多竭力于可持续发展的宗教也拥护不同信仰之间的共事，在以圣典为基石的亚伯拉罕教

---

① 　译者注：fundamentalist对于基督教译为基要派，fundamentalism则译为基要主义。

中——犹太教、伊斯兰教与基督教——其基要主义者参与这些努力的机会更微乎其微。

尽管基要主义团体排斥现代与现代化的若干形态，他们并非完全反现代，甚至可能娴熟地运用现代的技术、金融与政治工具。他们对现代生活弃宗教而拥抱科学与自然知识的责难，其实揭露了某种隶属可持续性的认可。讽刺的是，他们对现代化的批判中——对这世界的幻想破灭与随之的精神疏离、占支配地位又多具破坏性的技术定位以及特殊性的泯灭——再加上对已失落或濒临威胁之生活方式的怀想，宗教基要主义者似乎与被称为"绿色基要主义"的人士享有共同理念。

在许多议题上，诸如家庭、女性的地位、宗教在一国的角色、经济体系、科学上的真理以及关怀环境的需要等各方面，鸿沟般的政治差异渲染了宗教基要主义者与宗教环境保护论者之间的关系。总而言之，不同的宗教基要主义者间，其排拒或怀抱全球经济市场的差别态度也会影响这几方面观点。的确，基督教基要主义者在动机上更能与特定的所谓"市场基要主义"产生共鸣，即便面临全球对较可持续经济的召唤，后者仍视经济的新古典派组织方式为神圣不可侵犯。

无论任何地区的任何宗教传统，要辨识哪些人为基要主义者常非易事，除非他们做此声张。打个比方，在犹太教中，有些人坚称极端正统派（Haredi）与卢巴维奇哈希德（Lubavitch-Chabad Chasidim）能被视为基要派（尽管他们对经典的态度有异于基督教的字义主义）而且许多正统派犹太教徒在科学方面带有基要主义观点。但在以色列这情形不再如此泾渭分明，此地的海舍尔环境学习与领导中心（Heschel Center for Environmental Learning and Leadership）同时和"极端虔诚、虔诚与世俗"的各界共事，而正统派间对环境的关注也与日俱增。与此相同，美国的基要派相对于福音派，在基督教的保守程度上又处于什么位置呢？ 一般大众与媒体对这些字眼总是混淆不清；即使是学者也各执其词，他们之中有许多认为基要主义是福音主义的子集。基督教基要派，无论如何，在经典的解读上趋于字面诠释，而且更倾向前千禧年派时代论（相信耶稣会在它的千年统治前来临）。

正如基要主义者，绝大多数福音派教徒在政治与社会方面倾向于保守。那些在美国被称为基督教右翼的人士与其说是福音派信徒倒不如说是基要派，而且他们也并非诸如国家福音派联会（National Asscociation of Evangelicals, NAE）此类福音派机构的成员。虽然福音派教徒对一系列环境议题的兴趣与献身有激增的现象，这一情形在基督教基要主义的范畴内就难得出现，它们的目标是抵制"绿色福音主义"的影响以及重要福音派领导人如乔·杭特（Joe Hunter）、特里·罗宾森（Tri Robinson）神父或国家福音派联会的前任政务副总裁理查德·西兹克（Richard Cizik）对绿色福音主义的拥护。

以基要主义观点看环境保护论和进化

基督教基要主义关注环境课题的实例呈现了其另一种视角。基要派/福音派基督徒之中最早就环境发表意见的人士之一便是弗朗西斯·薛华，他具先见之明的声音，在1970年的《污染与人的死亡》（*Pollution and the Death of Man*）一书中予以传达，对绿色福音派的影响非比寻常。可能在捍卫环境目标上最引人注目的基督教基要派就是派特·罗伯森（Pat Robertson）了，他于2006年的"转变"使他接受了全球变暖的事实，然而这并不完全表示他全心拥护更广泛的可持续性议题。其他揭示了美国基督教基要主义界区域转变的关键标志是，新近的一些重要美南浸信会教徒（并非美南浸信会）就回应全球气候变化之需所做的声明，以及救世军（Salvation Army，可视为或不被视为基要派）组织新近的绿化。尽管如此，基督教基要主义仍有极强烈的反环保倾向，因为各种原因有时显得激烈愤慨。

宗教的基要派对环境保护论也许心怀戒慎，视其为新形态的异教信仰或是一种与之抗衡的宗教。在更保守的基督教基要主义圈，环保论更可能伴有反基督与世界政府（正如在京都和其他国际政府间环保努力下所签署的条约）的隐喻，以上种种都能被解释为世界末日的迹象。形成基要派这种常见的反环保立场的还有其他因素，其一是他们在其信念中坚信，最虔诚的基要派的核心任务是信仰的提升与维护，而过多的世界关怀或俗事参与，只会转移对任务的专注。在这方面基督教基要派更增强来世的注焦，从最初的拯救和来世或天堂的奖赏（从而置这世界于不顾），到神学上末世的迫近，抑或世界末日以及基督的降临。假使世界即将灭亡，则不必担忧环境的需要认知，事实上，地球环境的恶化恰恰与基督教《圣经》最后一部书《启示录》中若干戏剧性的诠释相吻合。创世记经典中有关统治权的严格（相对于宽容）诠释，也许能支持这个观点。这种解读认为地球的丰裕与资源是上帝为人类兴旺、助人类多产与繁殖所提供的支持。若为地球的可持续性顾虑而质疑人口成长或资源消耗，似乎就是对上帝的意旨与命令的质疑。

此外，在亚伯拉罕宗教中，涉及进化的普遍科学对话在其看来直接挑战了对《创世记》以及有关创造者上帝指挥所有俗世进程的字面解读。然而这在基督教范畴中相当真切，对神创论的坚信不疑也在犹太教正统派中起到类似作用，尤其在极端正统派之间，在其中关于地球的年龄是数千年或是数百万年这一问题上，已经出现了巨大的分裂。而伊斯兰教中，例如，一部分的土耳其葛兰运动（Gulen movement）者信奉神创论并且与美国的神创论者共事。

而有关地球的年龄及其如何诞生的观点，涉及基要主义者对神之万能与人类独特性的理解。对海洋的可持续性或全球变暖一类事件的担忧，似乎是对神的控管以及神依据它的宏伟方略修正一切的能力的质疑。此外，以基要主义的角度来看，科学经常被抨击为将人类视为另一种动物（相对于人类和造物的其他部分明显有别而且是按照神的形象而造的），而以人类与其他物种在生物学上的相似性以及人类思维行动的生物学基础（Acton 2007,22）作为指证。由于和科学间的紧张局势，一些人士更激烈抗拒全球变暖的科学共识。然而值得一提的是，基要主义者并不排斥所有科学，甚至经常不辞辛苦地倡导与他们世界观一致的科学，例如在他们与气候变化科学间的争论［奥勒冈科学和医学学院（Oregon Insitute for Science and Medicine）的"全球变暖请愿"（www.oism.org/pproject），列举了上千个质疑气候变化科学的科学家,事实上他们经常从事毫无相关的领域或医学或工程,有些是高中生物学教师,有些则使用假名]。

宗教基要主义与资本主义

与一般人们从这类对于现代化的回应的运动中所期待的相反,基督教基要派(与较温和派)抵制环保论的另一项核心动机,并非出自明确的宗教与神学教条,而是根源于他们对自由市场资本主义至高无上地位的绝对信奉,更普遍相信这个系统奖赏受神赐福的人。这一"健康与财富"的信条受到许多批判,认为它助长了消费主义。对这些宗教和经济的保守人士而言,任何阻挠市场隐形之手运作的力量,正如他们看待绝大多数关于可持续性的法规一样,都是一种威胁(Acton 2007, 60 & 71—110)。众多犹太人也拥护这一观点,比如极有影响力的犹太牧师拉比丹尼尔·拉平(Rabbi Daniel Lapin),他的团体——美国犹太人与基督徒联盟(American Alliance of Jews & Christians)在其网站将"符合自由市场与财产权的环境管理"(Environmental Stewardship Consistent with Free Markets and Property Rights)列举为优先任务之一(www.Rabbidaniellapin.com)。

阿克顿宗教与自由研究所[①](The Acton Institute for the Study of Religion and Liberty)和相关的跨信仰环境管理委员会(Interfaith Council on Environmental Stewardship, ICES),如今称为康沃尔联盟(Cornwall Alliance),正是这类资金雄厚、以信仰为本、自由市场导向、

反"绿色"环保运动的突出实例。这些团体主要攻击被大肆宣扬的"绿色"福音派教徒,例如之前提及的理查德·西兹克。他们与"明智使用"(Wise Use)运动以及运动的反环保法规议程关系密切,同样的还有著名基要主义者、美国基督教右翼活动家,如爱家协会(Focus on the Family, FOF)的詹姆斯·杜布森(James Dobson)和唐纳德·厚德(Donald Holdel),他是FOF的前任主席同时也是前任总统里根当时的能源部长,及后来的内政部长。在由阿克顿与康沃尔联盟制作与发行的影片课程"有效的管理"(Effective Stewardship)中,厚德被列为环境顾问之一。既坚信自由市场资本主义又批评鄙视多项可持续性的重点议题,两种态度间的关联在这些团体的出版物以及维权活动中表露无遗:举例而言,随附《有效的管理》影片课程的小册子声称"这个世界并没有人口过多、人为的地球变暖或大规模物种消失的问题"(Acton 2007, 100)。这些团体的中心人物之一是卡尔文·贝斯纳(E. Calvin Beisner),他被列为康沃尔联盟的全国发言人,也是《花园与荒野的交接点:环境争论的福音派入门》(*Where Garden Meets Wilderness: Evangelical Entry into the Environmental Debate*)一书的作者,书中抨击著名绿色福音派教徒如卡尔文·德威特(Calvin DeWitt)以及福音派环境网络。贝斯那为康沃尔联盟所写、挑战绿色福音派重要文件的撰文之一便是"康沃尔宣言"(The Cornwall Declaration 2007),目的是为回应"福音派照管自然宣言"(The Evangelical Declaration on the Care of Creation)。

① 译者注:阿克顿宗教与自由研究所(Acton Institute for the Study of Religion and Liberty)简称为阿克顿研究所。

康沃尔宣言被派送给37 000个宗教领袖，主张私有财产所有权和市场经济，尽管福音派宣言（Evangelical Declaration, 2000）鼓吹的是"能彰显谦卑、节制、克己与节约的生活方式"以及"敬神的、正义的和可持续的抉择"。两个阵营之间对比的另一实例可见于一封"公开信"，其中的对象是所有签署了福音派气候倡议（Evangelical Climate Initiative）的行动号召（Call to action）人士，"目前这因人类而起的灾难性变暖，因受大力吹捧成为科学共识，我们驳斥其规模、重要性，甚至真实性"（一封公开信 2009）。除了对人类引起气候变化的事实心存怀疑之外，这封公开信也展示了他们之所以忠于自由市场资本主义的复杂逻辑："我们相信提倡经济成长才是智慧之道，部分范围内可通过维持低廉能源达成，总比为抵制潜在全球变暖而造成经济迟缓来得好。还有些附加益处：较富裕的社会比起手头拮据的社会，更有能力与意愿花钱维护与改善环境。因此我们的政策，不仅对人类更好，对其他地球的地区亦然"（一封公开信 2009）。这段引述说明了"市场基要主义"如何成为落实可持续性的绊脚石，在起步时即阻碍了我们对一种可持续经济体系的理解与想象。

基要主义团体和可持续的生活方式

一项名为"我们懂了"（We Get It）的运动对人类活动导致潜在的灾难性气候变化的观念持有怀疑和敌对态度，此运动旨在保护贫困人群，使其免受环境政策的"进一步压迫"而无法实现"上帝赋予的生产者与管理者潜能"［The WeGetIt.org Declaration（n.d.）］，这是较保守的基督教环境保护主义的号召点。然而也有一系列保守派基督教的可持续性行动避免涉入这场气候变化的激烈辩论。许多人以阿米什人（Amish）[1]和门诺派（Mennonites）[2]作为可持续生活的举证，尽管少有人会称其自身为基要派。一些世界组织明确地将关怀贫困问题与促进可持续性两者接轨，包括Floresta，其目的在于教育、协助并构思项目以解决第三世界因滥伐森林造成的恶果，另有Target Earth International，其宗旨是为服务地球、服务穷人。两个组织都于加勒比海与中美洲进行运作。极端正统与正统派犹太教中，犹太牧师拉比那坦·斯里福金（Rabbi Natan Slifkin）是托拉动物园（ZooTorah）组织的概念原创者，这一组织通过开展计划向以色列的保守派犹太人阐明所有动物的重要性。（斯里福金的书于2005年被以色列与美国大约20位极端正统派的牧师联盟列为禁书，因为书中建议犹太法典在进行解读时应依据科学证明的地球年龄。）至于较中立的正统派犹太人，对可持续性的关注也是与日俱增。

众多发展中国家的当地基督教环境运动与神学上对基要主义的描述相当温和，诸如津巴布韦的非洲地球守护教会协会（Association of African Earthkeeping Churches），其会员主要是犹太复国主义者与基督教门徒，还有肯尼

---

[1] 译者注：阿米什人（Amish）是美国和加拿大安大略省的一群基督新教再洗礼派门诺会信徒（又称亚米胥派）或阿门宗派。

[2] 译者注：门诺派（Mennonites）是当代基督新教的再洗礼派，因其创建者为门诺·西门斯（Menno Simons），由此而得名。

亚的浸信会布瑞肯赫斯特环境计划（Baptist Brackenhurst Environmental Program）。以上两个机构都致力于种植百万棵树木及开展可持续的农业耕作，在南非的坎亚计划（Khanya Programme）则着重永续生活设计的技术。尽管这篇文章侧重于基于美国的政治积极的众多基督教基要派，即反对环保论及可持续性最殷切热烈的团体，但在全球大范围的基要主义信仰中，更有不少观点既不关心可持续发展也不对其产生不利影响或阻碍。若干团体为地方性的可持续议题付出努力但在全球争论中维持沉默。也有许多所从事的栽培技术早与美国相比更具可持续性。

劳雷尔·D. 卡恩斯（Laurel D. KEARNS）
德鲁大学神学院

拓展阅读

Acton Institute. (2007). *Environmental stewardship in the Judeo-Christian tradition*. Grand Rapids, MI: Acton Institute.

An open letter to the signers of climate change: An evangelical call to action and others concerned about global warming. (2009). Retrieved June 2, 2009, from http://www.cornwallalliance.org/docs/an-open-letter-tothe-signers-of-climate-change-an-evangelical-call-to-action-andothers-concerned-about-global-warming.pdf.

Beisner, E. Calvin. (1997). *Where garden meets wilderness: Evangelical entry into the environmental debate*. Acton Institute for the Study of Religion and Liberty. Grand Rapids, MI: W. B. Eerdmans.

Bliese, John R. E. (2002). *The greening of conservative America*. Boulder, CO: Westview End Press.

Beisner, E. Calvin. (2006, July 27). A call to truth, prudence, and the protection of the poor. Retrieved April 26, 2009, from http://erlc.com/article/a-call-to-truth-prudence-and-protection/.

The Cornwall Declaration on Environmental Stewardship. (2007). In *Environmental stewardship in the Judeo-Christian Tradition* (pp.7–11). Grand Rapids, MI: Acton Institute. (Also retrieved June 4, 2009, from http://www.cornwallalliance.org/articles/read/call-to-truth/).

Climate change: An evangelical call to action. (n.d.). Retrieved July 13, 2009, from http://christiansandclimate.org/learn/call-to-action/.

Cromartie, Michael & Derr, Thomas Sieger. (1995) *Creation at risk? Religion, science, and environmentalism*. Wilmington, DE: ISI Books.

Daneel, Marthinus L. (2001). *African Earthkeepers: Wholistic interfaith mission*. Maryknoll, NY: Orbis Books.

Evangelical declaration on the care of Creation. (2000). In R. J. Berry (Ed.), *The Care of Creation: Focusing. Concern and Action* (pp.17–22). Downer's Grove, IL: Intervarsity Press. (Also retrieved June 4, 2009, from http://www.creationcare.org/resources/declaration.php).

Kearns, Laurel & Keller, Catherine. (Eds.). (2007). *EcoSpirit: Religions and philosophies for the Earth*. New York: Fordham Press.

Martin, Marty & Appleby, R. Scott. (Eds.). (1993–2004) *The fundamentalism project* (Vols.1–5). Chicago: University of Chicago Press.

Peterson, Anna L. (2005). *Seeds of the kingdom: Utopian communities in the Americas*. New York: Oxford University Press.

Schaefer, Francis A. (1970). *Pollution and the death of man: The Christian view of ecology*. London: Hodder & Stoughton.

Slifkin, Natan. (2006). *The challenge of creation: Judaism's encounter with science, cosmology and evolution*. Brooklyn, NY: Yashar Books.

The WeGetIt.org Declaration. (n.d.). Retrieved June 4, 2009, from www.wegetit.org/declaration.

Wright, Richard T. (1995, June). Tearing down the green: Environmental backlash in the Evangelical subculture. *Perspectives on Science and the Christian Faith 47*, 80–91. Retrieved June 4, 2009, from, http://www.asa3.org/aSA/PSCF/1995/PSCF6-95Wright.html.

Future

未 来

注入于所有文化中的各类神话与预言，正是人类对未来期盼与恐惧的心境的表达。然而，20世纪的最后几十年，一种认知逐渐广为流传，即缺乏可持续的实践，人类行为将日益危害生物圈维系未来生命的能力。

发展的概念中，可持续性理念的到来揭开了文化与未来之间关系的新章节。今日短视的集体行为将危及明日人类的幸福，这一点日益增强的意识激发了前所未有的急迫感，要对挑战做出回应以求理解并塑造未来。可持续性概念的核心是种道德的强制力：生者须交付未来人类一个无缺损世界的责任。这需要现存世代接受一种全盘的观点，权衡当前行为的长期影响并依此做出调整。通过对社会与地球间互赖关系的加以强调，这种系统性框架将道德关怀的范畴伸展至远处地区的人类、至未来的世代以至分隔遥远的物种。

然而，我们生活在永恒的现在，平衡于完成时限与未完成时限的移动边界之上。从当

今的角度来看，我们就如两面神亚努斯，同时凝视背面的昨日与前方的明日，思考着我们走过之路也想象着前方的未知。过去渗透入今日，在有形的自然世界与社会中留下印记，而我们对历史内容与意义的不同诠释，也在无形的观念世界中划下痕迹。未来并不能直接影响事件的流程，因为根据现代科学的基本宗旨，因果关系只能指向前方的时间。

想象未来，影响当前

然而，代表未来的形象，感染了人类的价值观与行动，从而对现在造成冲击，并为社会进化的动力引进了一种目的论的元素。所有浸染于文化中的神话、预言、梦想与噩梦所表达的正是各种共同的期待、希望与恐惧；它们为可能的、值得拥有的以及令人恐惧的期待划出了界限。政治的无为主义与文化霸权之下，盛行的未来形象会更加巩固现存的规范与社会结构；而在社会与文化的变动时期，对未来持有不同的展望则会激励并且合

法化异议团体。

存于现代化之前的宿命论思维认为，个人与团体的命运紧紧联系着超越常人的支配力量。圣贤、预言家与司祭预测宇宙的运行及天意，并就安抚众神提出指导方针，却在世俗的救赎方面少有建言。之后，文化巨变伴随着文艺复兴揭开帷幕，并在启蒙运动时达到顶峰，极大地提高了人类理性、科学与进步的信心。当一切均归因于人类的行动力，人类被认定是自身历史叙事的创造者时，在引导社会进化的元素中，人类共同命运的神学表达形式也逐渐被务实的道德表述所取代。

随着哲学上的剧变，现代化也释放出一股改变世界的强劲动力——快速的技术创新、市场经济、民主以及依法管理的机构——将人口、生产力和消费全部指向指数型的增长曲线。人类对自然的冲击加剧，无止境的人口与经济扩张和一个有限的地球，正走在相互冲突的道路上。20世纪的后几十年里，这种关切日益普遍，即人类行为正对生物圈维系生命的能力构成日渐严重的危害，从而威胁到人类发展的长期前景。可持续性的年代终于到来。

可持续性邀请我们共同地、自觉地筑起未来：为几十年后的世界刻画出合理可信的形象、建立共同的目标，并就整个过程调整当前的抉择与行为。从而展望全球未来对科学与民众想象力构成的挑战。在朝向未来、既浩瀚又错综复杂的可能道路中，仅有一部分能通过逐渐开展的形态、偶然、机缘与人类选择的交互作用而具体化为历史。即便最精密的电脑模式，也不足以正确模拟构成地球整体的社会与生态系统的令人赞叹的繁复。更完善的

模式能降低知识论上的不确定性，却无法排除精密系统固有的不确定性——如关键临界点的分歧以及突然产生的特性。更具意义深远的是，人类系统又附带了一种意志的不确定性：人类尚未做出世界未来所依赖的抉择。这是一种循环往复的局面，我们如对未来的预想将左右我们的决定。

可持续性未来方案

鉴于这种不确定性，可持续性的分析正开展新的途径，以探索未来并为当前抉择提供信息援助。演变中的情境分析领域，普遍应用于创造一系列和历史状况、驱动力、科学知识与历史洞见都能协调一致的连贯叙事。地球未来的最先进方案结合了定量模拟与定量分析，在追踪现今趋势的同时也分支出一系列可能结果。其目的在于激发想象力，以更精准地掌握即将面临的危险和机会，引发讨论并引导决策。

整体而言，可能方案分为三个原型类别：进化的、退化的与革新的。进化的未来随科技、环境和社会的渐进式变化而逐步开展。可持续性的此类进化途径有赖于政府主导的政策以提倡环境友好的科技发展并缓解贫困，但其在实践与政治方面面对挑战，发起的持续运动要足以抵消世界经济扩张的作用。如果进化的决策失败，全球发展可能退化，转而朝向一个更分裂、独裁而纷乱无序的世界。最终，环境控管仍可能强制执行，但剧烈冲突与痛苦将无可避免。

革新的未来预见制度与文化上的根本变革，将发展方向由灾难转移至可持续性。这些方案的立足点是人类的意识与愿望需远离消

费主义与个人主义,转向以人类幸福为重点的
质量层面:个人关系、社区参与、创造性努力
以及对自然的欣赏。要以一种休戚相关的包
容感悟为基石才能使地方与全球的管理变得
更有效率而公正。为呼吁对愿景的关注,可持
续性计划再次点燃古老的希望,即一个有机而
相互依存的地球文明不再是个抽象的心愿,是
求得一个坚韧且适宜居住的未来世界是不可
或缺的。

保罗·拉斯金(Paul D. RASKIN)
特勒斯学院

拓展阅读

Carpenter, Steve R.; Pingali, Prabhu L.; Bennett, Elena M.; & Zurek, Monika B. (Eds.). (2005). *Ecosystems and human well-being. Volume 2: Scenarios* (Millennium Ecosystem Assessment). Washington, DC: Island Press.

Heilbroner, Robert. (1995). *Visions of the future: The distant past, yesterday, today, and tomorrow.* New York: Oxford University Press.

Raskin, Paul; Banuri, Tariq; Gallopín, Gilberto; Gutman, Pablo; Hammond, Al; et al. (2002). *Great transition: The promise and the lure of the times ahead.* Boston: Tellus Institute.

Swart, Rob; Raskin, Paul; & Robinson, John. (2004). The problem of the future: Sustainability science and scenario analysis. *Global Environmental Change*, 14(2), 137–146.

World Commission on Environment and Development (WCED). (1987). *Our common future.* Oxford, U.K.: Oxford University Press.

Future Generations

未来世代

　　未来世代在可持续性相关的讨论中扮演极其重要的角色。部分现代哲学家相信此类争论不必考虑未来世代，因为我们无法保证未来的存在，其他人则强调今日及未来人类的共同性，同为地球居民，都要承袭同一价值系统和自然环境。

　　与未来世代的关系，无疑是当前绝大多数公众争议的核心——不仅在环境保护方面，还关乎基因研究、福利体系甚至教育目的各个方面。可持续性与未来世代问题间的密切关联，早在布伦特兰报告（the Brundtland Report）《我们共同的未来》（Our Common Future）为"可持续发展"做出定义之际就已存在："可持续发展就是指既能满足当代人的需要又不损害子孙后代满足其需要的发展"（WCED 1987）。

　　伦理思想的现代范例在诸多方面都未能充分顾及到伦理的时间维度。与未来世代的道德关系在当代哲学中受到指认并引发讨论，严格来说是个现代问题。这一问题的沿革，一般以18世纪的埃德蒙·伯克（Edmund Burke）、托马斯·潘恩（Thomas Paine）和其他人士之间有关法国大革命（1789—1799）重要性的争辩为起源。当人在其能力所及得以重新决定人类存在的环境，我们与未来世代的关系也就成为一个问题。

　　反对道德争辩中把未来世代看得极为重要的许多现代论证指出，就定义而言未来世代就是不"在"；其不在场表达好恶、不在场缔结条约或维护权利。尚且不谈其中的行为或需要，其存在就叫人怀疑。利益或损害的"折现"，其中涉及时间尺度的经济惯例，在一定程度上能以附加于未来世代的不确定性程度做出解释。此外，英国伦理学家德莱克·帕菲特(Derek Parfit, 生于 1942)提出而众所周知的哲学难题。假使我们采取一种"人—影响"的伦理观点(假设我们认定一种行动或情况,只有当它对某人有好或坏、有益或有害时,才与道德相关),而如果我们也承认我们现在的作为将会,或可能影响未来将存在的某个人,似乎我们与未来的人其实根本无法有道德上的牵连——因为我们的行动并未使特定的人获益或受害(假使我们改变行为,将来出生的人也将是不同的人)。帕菲特和其他人士都曾试图以不同方式绕过这个难题,最值得注意的是(就帕菲特来说)非—人类—影响方式的采纳。

以可持续性的思维为背景来考量未来世代,那些以我们"不知道"未来人类需求为何而坚称无道德关联的论据就无法维持下去了。未来世代,正如政治哲学家欧诺拉·奥尼尔(Onora O' Neill)及其他人指出,在诸多方面与我们能可靠形容出的远方陌生人并无多大区别,他们需要享有足够食物、适宜居住的环境、不受暴力威胁的自由等等。

可持续性的思考对诸多环境伦理学家而言,意味着承认我们彻底改造人类的能力有其局限——因而,正如艾维纳德夏里特(Avener de-Shalit)辩称,未来世代应被承认并纳入我们的群落。培养与未来世代的共同性——不单是共同人性,也是地球这共同定居地——是马耳他大学(University of Malta)国际研究基金会(Foundation for International Studies)的未来世代计划(Future Generations program)宗旨之一。这些成果中尤其意义深远的是众多联合国文件的序言里,将多方面的自然环境,以人类基因组为例,视为"人类的共同遗产"。"人类"一词在此同时具有时间与空间的延展,也有人呼吁特定的未来世代提倡者共同加入国际的环境商议。

在可持续发展争议中,对未来世代的关怀可能一方面被指责为过于人类中心主义,另一方面则被质疑对现存不公义关注不足。我们对非人自然的评价是否仅是传承给"我们的后代"的"资源",而不认为它们具有自身的内在价值? 为"我们的后代"维护资源与现今世界的公平分配,两者间有何关系? 对这些议题的回应方式之一也许就在于思量"可持续"的生活方式及价值系统,而非仅仅考虑资源消耗的形态。未来世代是我们的继承人,不单继承我们的资源同时也继承我们的价值观,我们对他们负有责任,这一层面的意义是不容忽视的。

瑞切·缪尔斯(Rachel MUERS)
利兹大学

拓展阅读

Agius, Emmanuel, & Chircop, Lionel (Eds.). (1998). *Caring for future generations: Jewish, Christian and Islamic perspectives*. London: Adamantine Press.

Auerbach, Bruce. (1995). *Unto the thousandth generation: Conceptualising intergenerational justice*. New

York: Peter Lang.

De-Shalit, Avner. (1995). *Why posterity matters*. London: Routledge.

Kim, Tae-Chang, & Harrison, Ross. (Eds.). (1999). *Self and future generations: An intercultural conversation between East and West*. Cambridge, U.K.: White Horse Press.

O'Neill, Onora. (1994). Distant strangers and future generations. In Tae-Chang Kim and James A. Dator, (Eds.) *Creating a New History for Future Generations*. Kyoto, Japan: Institute for the Integrated Study of Future Generations.

Parfit, Derek. (1984). *Reasons and persons*. Oxford, U.K.: Oxford University Press.

Tremmel, Joerg C. (Ed.). (2006). *Handbook of intergenerational justice*. Cheltenham, U.K.: Edward Elgar.

World Commission on Environment and Development. (1987). *Our common future*. Oxford, U.K.; New York: Oxford University Press.

Gaia

盖 亚

盖亚，希腊的地球女神，如今指的是詹姆斯·洛夫洛克（James Lovelock）于20世纪70年代发展并提出的科学理论。这一理论认为地球被视为一种超级有机体——单一、动态、自我调节的系统。为维系这种自动调节功能，我们必须停止对自然资源的使用与耗尽，不再将自然资源视为仅为人类利用而存在。

英国科学家詹姆斯·洛夫洛克（生于1919年）最初在20世纪70年代发展出盖亚理论，该理论指出地球是一个能自我调节的超级有机体，所有生命与地球表面的其他万物都有着复杂的关联。尽管该理论受到一些科学人士的抨击，洛夫洛克仍以盖亚为理论命名，因为其生动传达了活地球的形象。根据希腊的创世神话《神谱》（Theogony）——由公元前8世纪的诗人赫西俄德（Hesiod）讲述并汇编——盖亚，地球最初的女神，在混沌状态中造出地球。这一过程中她生育了乌拉诺斯（Uranos，天空）以遮蔽及环绕她，并为"神圣的众神"提供居所。接着诞生了山脉与彭透斯（Pontos，海洋）。从苏美尔人到毛利族，虽然形形色色的文化中关于大地女神的神话随处可见，但盖亚的名字已成为地球这活生生而神圣的主体的普遍象征。然而有些人认为盖亚是异教膜拜从而为基督教敌人（尤其那些捍卫一神论观点分割了人类与自然也剥夺了自然其神圣性的人士）。其他看法中最具代表性的是阿尔·戈尔，在他《濒临失衡的地球》（Earth in the Balance）一书中，预见我们在自然界位置的精神回归（以及一种泛宗教观点）将是全球文明对地球应负责任的主要元素。

盖亚理论

随着气候变化意识的提升，盖亚如今已是公认的科学名词，其理论的基础概念是：地球为一个超级生命有机体，由一切生命与大气、海洋和表面岩石间紧密交织而成。地球上出现生命而后欣欣向荣，詹姆斯·洛夫洛克建构盖亚理论是为了说明生命与地球两者的进化如何及为何能融合为一个独立的动态系统。在听取了朋友和邻居威廉·戈尔丁（William Golding）、《蝇王》（*Lord of the Flies*）一书作者的建议之后，洛夫洛克以希腊神话中初始的宇宙女神盖亚来命名这一系统。

盖亚理论阐述了地球维系生命的能力如何源自活有机体（living organism）的多种属性，其中三项为内在因素，而另一项则从外界所获。其一，当一切有机体吸收了自由能并释放含高度熵的废物以维持内部熵的低水平时，它们也改变了周围环境（熵为技术用词，意指仍旧存在但无法被利用的能量）。其二，有机体因生长与繁殖为生命提供一种内在的正面反馈（生命越繁多，也就衍生越多生命）。其三，对特定的有机体而言，每一项环境变量都有相应的有机体最大成长水平或范围。重要的外来（第四）元素则是，有机体不仅改变自身的环境同时也受其限制。

这些因素的共同作用确保了生命体与环境间的反馈，有机生命通过其组成部分间的动态不均衡而得以维系。如此一来发生于有机体内部的变化以及有机体与环境间的关系变化也被嵌入系统中。使系统得以持续的属性出现改变从而抑制了每个有机体的环境——直到任一有机体都可能丧失维系生命的能力从而导致灭绝。由此看来，以全球环境资源利用为依据的可持续性说明需预设地球在某个历史点上达到的可持续状态并非恒久不变的。

盖亚理论在可持续性方面最大价值在于其坚持我们应关注于人类作为地球群落的有机分子的本质地位。这一观点为可持续性考验思索提供一种全面的诠释框架，框架中物质、化学、生物和人类各元素组成了单一、自动调节的系统，而人类生命是系统的一部分。地球维系人类生命的能力于是受到一般环境资源的运作、环境变数和生态系统局限的约束。盖亚理论的首要观点认为，人类生命的自发现象不能独立于地球的自我调节系统之外，亦不能与进化的演进过程切割后单独作为还原分析。盖亚理论在可持续发展方面的结合方式不偏向人类生命而将地球各方面的诉求全数囊括。

盖亚理论的意义

接受了盖亚所谓地球是自动调节系统的观点，也就意味着要摒弃人类对地球物质资源有绝对优先权的声明。要让这些资源于任何物种转为可持续资源，其要素正是限制使用资源：过度使用或滥用都会导致绝灭。事实上，这正说明我们不能理所当然地以为地球和资源的进化与存在只是为了人类的使用与利益。人类例外论的声明毫无疑问地造成了生物多样性的递减，并分别以开发、过度工业化与科技化的形态导致地球资源的萎缩。开发的规模远远超过自然资源恢复或清除的步伐。盖亚理论中有关人类和环境互动的展望——以及人类权利受其他地球伙伴的抑制——意识到生态完整和社会正义两者的不平衡将会带来深远的后果。

这些后果对1992年联合国环境与发展大会会议记录上所列的人群来说特别值得担忧，因为他们受环境退化的冲击最大，最为脆弱也最无力还手：包括妇女、儿童、本土住民和贫困人群。然而在主流的自由市场模式中，维系着发展与不断成长的资源则认为是取不尽用不竭的。凭靠科学、技术以及教育的改善与推广，我们期待晋升至一个比前人遗留的还美好、繁荣的地球状态。不过这份期望的前提需要全球的生物物理环境作为成长的后盾。就盖亚理论而言，这份期望本身就无法持续。

盖亚理论是宗教道德的焦点更甚于科学名词，它展现了一种世界的愿景并开创了可能性，让我们将地球看作神圣的整体加以讨论。这意味盖亚理论的拥护者理解人类在系统中的参与最终需要整体力量的支持：人类生命不能独立于我们所认知的整体生存之外。因此相信盖亚理论之为神圣的人会将盖亚各方面生命的维系视为宗教义务。

安·普力马维西（Anne PRIMAVESI）

伦敦大学

拓展阅读

Lovelock, James. (1991). *Gaia, the practical science of planetary medicine*. London: Gaia Books.

Lovelock, James. (1995). *Gaia: A new look at life on Earth* (rev. ed.). Oxford, U.K.: Oxford University Press.

Lovelock, James. (1995). *The ages of Gaia: A biography of our living Earth* (2nd ed.). Oxford, U.K.: Oxford University Press.

Lovelock, James. (2003, December 18). The living earth. *Nature*, 426, 769–770.

Lovelock, James, (2009). *The vanishing face of Gaia*. London: Allen Lane.

Primavesi, Anne. (2000). *Sacred Gaia: Holistic theology and earth system science*. London: Routledge.

Primavesi, Anne. (2009). *Gaia and climate change: A theology of gift events*. London: Routledge.

United Nations Conference on Environment and Development, 1992. (1997, May 23). Retrieved May 26, 2009, from http://www.un.org/geninfo/bp/enviro.html.

Globalization

全球化

　　全球化的现象有目共睹,关于全球化带来的影响也众说纷纭。这是项有争议的主题；许多人担忧它的负面影响——特别是文化多元性的丧失和全球贸易引起的环境退化加速——然而全球化同时使得全球环境意识的提升成为可能。

　　全球化是个备受争议的概念。根据一般说法,它指的是世界上经济和文化的日趋整合。然而也存在对全球化的不同理解,比如"全球公民"意识的发展或者政治与经济自由的传播蔓延。无论如何看待这一概念,观察者的争论在于全球化有无益处,谁将获益。随着对全球环境变化现象的意识日益增强,全球化的后果和概念上的争辩也愈演愈烈。

　　关于全球化是经济整合的提升的言论,意指越来越多国家和地区经济都加入了为世界经济体系生产的阵营。大约自16世纪到20世纪这段殖民地时期,工业化国家依赖来自殖民地的原材料。这种世界体系引发了一种动力,促使核心与周边国家演变为今日"发达"

与"发展中"国家的一般形态。尽管全球化经常被宣传为20世纪后期才出现的现象,然而经济分析显示,在1880年到1914年期间,经济流量占有全球生产量的比例更高。

　　虽然全球化过程并非今日才发生,当前全球化一词形容的是新的社会现状。社会学家罗兰·罗伯逊(Roland Robertson 1992, 8)将全球化定义为"世界的压缩以及世界是一整体的意识强化"。因此现代全球化的特征是意识和程度的全球化,这可见于世界人类、观念、消费商品、物质资源、旅行、媒体、疾病、有害废物等等的流动与互动,使我们与远方地区有更紧密而广泛的关联。越来越多的人清楚感受到他们的全球性关联,这些关联的意义对于更多人类、地区和国家也益发显著。

　　全球化也意味着一系列跨国组织的发展,如全球贸易协定、联合国以及非附属任何国家的企业。一些研究如萨奇亚·萨森(Sakia Sassen)的《全球化及其不满》(*Globalization and Its Discontents*)指出,民族国家正逐渐变得并无关宏旨。与其同时,核心国家继续对全球体系施展巨大的政治与经济力量。尽管与过去相比参与世界经济体系的地区数目更多,各地的生产率和消费率却极为不等,反映了全球过程的分化与不均。在某种程度上,这是拥护自由贸易的意识形态运动所支持的,认为自由贸易是提升人类生活水平的机制。

正是此类的全球化见解激发了反全球化的社会潮流。反全球化的分析认为,发展中国家试图航行在一个"胜负结果早已决定的世界"而现存体系也偏向支持当前的全球结构(Hossay 2006, 130)。伦敦经济学院的名誉教授莱斯利·斯克雷尔(Leslie Sklair 2000, 348)对这份评价应声附和并建议唯有宗教的反主流文化和环境保护主义才有潜力反制"全球资本主义消费主义"的主宰优势。

不能仅将全球化视为经济现象,在其他方面它也意味着文化和政治的过程。消费物品、媒体画面和观念在这种不均衡环境中的交流导致对文化同质化的戒慎。美国文化(例如无所不在的牛仔裤、可口可乐、美国电视和资本主义个人主义)众所皆知从而人人欲求;西方(意指衍生自欧洲)的制度形式和观念也广为传播。全球化因此可能造成人类文化多元性的丧失。但西方类似代议民主和人权的观念在全球交流中是潜在的正面影响,跨越国界的移民同时形成了压力与互动。再者,文化演变不断的状态加上当地人处事的区别方式,最终可能导致杂交现象而非同质化。对人类文化之多元化、对人类关系、天性、社会制度等模式的多种多样和对比鲜明的感知,均通过全球沟通而增强。全球沟通也迅速地将政治事件和自然灾害传达给远方的人们,有时引发立即回应,正如 2004 年 12 月对印度洋海啸的回响。

全球意识以及全球机构的日益紧密也会造成其环境后果。资源开采,在商品与服务的生产、消费和处置间的距离延长与时间缩短也加大了环境作用。气候变化只是全球性规模的多种环境作用之一。那些不能为温变促成气体负责的人反将承受后果的冲击,从而导致"气候公正"的问题,其概念就是消除与缓和气候变化造成的不均等负担(Roberts & Parks 2007)。污染或化学制品的长距离运输是全球化的另一载体,即使距离生产地遥远的地区都能受到冲击。地区性的生态系统退化并非仅是多种地方作用的累积后果。有些人坚称全球化削弱了地方性知识及对地方的依附,而这两者可能是较少伤害环境的生存方式或有效保护地方环境的必要元素。文化多元性的损失也意味着与地球共存的方式选项减少。然而意识的全球化和增强也可能孕育出"全球公民",能觉察出人类行动正冲击全球环境。在最后的分析中,全球化的概念极受争议而后果也需拭目以待。

伦道夫·哈鲁扎-德雷(Randolph HALUZA-DeLAY)
国王大学学院(阿尔伯塔)

拓展阅读

Bunker, Stephen G., & Ciccantell, Paul S. (2005). *Globalization and the race for resources.* Baltimore: Johns

Hopkins University Press.

della Porta, Donatella; Andretta, Massimiliano; Mosca, Lorenzo; & Reiter, Herbert. (2006). *Globalization from below: Transnational activists and protest networks*. Minneapolis: University of Minnesota Press.

Hossay, Patrick. (2006). *Unsustainable: A primer for global environmental and social justice*. London: Zed Books.

Millennium Ecosystem Assessment. (2005). *Synthesis report*. Retrieved August 9, 2008, from http://www.millenniumassessment.org/en/index.aspx.

Roberts, J. Timmons, & Parks, Bradley C. (2007). *A Climate of injustice: Global inequality, north-south politics, and climate policy*. Cambridge, MA: MIT Press.

Robertson, Roland. (1992). *Globalization: Social theory and global culture*. London: Sage.

Sassen, Saskia. (1998). *Globalization and its discontents: Essays on the new mobility of people and money*. New York: New Press.

Sklair, Leslie. (2000). Social movements and global capitalism. In J. Timmons Roberts & Anne Hite (Eds.), *From modernization to globalization: Perspectives on development and social change* (pp.340–352). London: Blackwell.

GOD

神

西方对神的超然性观念就推动可持续世界的人类行动而言有一定影响。坚信神对地球的维护可能抑制了人类促进可持续性的意愿；一切价值都归属于神的信念也会导致对天地万物的贬低；而意图不带私利以神的眼光来理解世界，又可能形成对未来规划不加评判的态度。

绝大多数的西方宗教以及众多西方哲学家认为，神基本上被理解为超然性的现实，是作为"他者"关系到创造秩序的超然存在。这些宗教（和这些哲学家中的多数人）传统上将与神相关的主题以人类和神圣的关系来呈现，而宇宙的其余部分毫无疑问地仅是次要角色。

以上显示了若干难题和矛盾。据第一个句子而言，要界定"神"而不提及神在理解上有何象征及有何反对，也不谈论神涉及了些什么，是极其困难甚或不可行的。因此神的决定性特征便是，神并非"造物"本身，并作为全然的"他者"并不受时空限制。然而神又被认为与造物存在关系，通常指管理的职责。至于就第二个句子而言，神—人类的优先关系表明，在一般情形下人们倾向于意愿围绕着神来规划其自身存在，于是可能低调看待其与宇宙其他部分的关系。

神的超然性概念为可持续性伦理的落实带来困难。一方面，神存在于物质世界之上和之外的观念，对于自诩以"神的观点"看待现实本质的人来说具有鼓舞的作用，这种观点由于彻底逃脱了狭隘的视角而受到认同。如此一来，有关神的构想往往巩固了我们领悟现实的信心。就真正的客观性而言这也许是必要的，在我们觅寻未受私心感染的知识的范围内，也是大有裨益的。

然而有时，对世界的短暂性理解（比如它的意义、重要性和方向）可能升华为至高的看法。自我于是奋起以促进世界和未来的开展，且将自身理解自然的能力比拟为超然（而博识）之神对小我的明了而洋洋得意。当面临可持续性的问题，这份信心可能不加鉴别地促赶了短暂性的计划，而后傲气地赞扬自身推动历史时所显示的能力。所以在认识论上，"神"所象征的不仅是人类心智的最崇高志向，也是它最危险的倾向。

另一方面，神的超然性也可能给信仰者带来一种感悟，认为造物顺序的真实意义完全衍生自他处，所以不具内在的真正价值。换而言之，所有的真正价值存在于"他界"，简言之就是神。这一观点的坚持者最后将不由地把世界彻底工具化，如此一来世间万物只有当它们对我们或我们的计划有助益时才具有价值，尽管我们计划的目的也许纯然地超脱尘俗。对于自然和天地万物这些既定事实，神似乎能在人类内心激发一种过度的结构性敌意。

或者，这类信仰者会禁不住地选择寂静主义者的逃避现实态度，他们认为一切凡俗事物不过是我们到达真正终点前的绊脚石，而终点基本上处于他界。依据这个视角，神具创造者和治理者的身份，是创世的主人，历史记事应该视神为首要的角色和原动力。当面临可持续性的问题时，个人相对微小的行动力不应无度地提升。神会掌舵历史进程，维系世界直到终点来临。当个人面对可持续性的中途问题，最恰当的回应也许是等待神的答复，这样一来又似乎过度匆促地放弃而缴械投降。因此"神"在伦理上对任何可持续性的道德体系无疑是一种意义深远的挑战。

无论如何，这一切均表示神并非仅仅是种需要克服的困难。对可持续性的基本关注的确吸引了诸多坚信超然神性的人。为了增强并扩展这些信念，在神的理解方式上也许应该暗示着关照世界的神圣任务但不包含支配历史方向和决定历史终点的专有（比如使人类陷入无力的）力量。

众多其他神学道路对神的理解所做的解释不仅足以引发接受可持续性问题的意愿，也激起了适当回应的责任感。不过对许多人而言，神是超然的这一认知将成为暂时性答复的诱因，甚或蒙蔽了解答问题的责任需要。

查尔斯·马修斯（Charles MATHEWS）

查德·维纳（Chad WAYNER）

弗吉尼亚大学

拓展阅读

Bouma-Prediger, Steven. (1995). *The greening of theology: The ecological models of Rosemary Radford Ruether, Joseph Sittler, and Jurgen Moltmann.* American Academy of Religion Academy Series. Atlanta: Scholars Press.

Jenkins, Willis. (2008). *Ecologies of grace.* New York: Oxford University Press.

McFague, Sallie. (1987). *Models of God: Theology for an ecological, nuclear age.* Philadelphia: Fortress Press.

Tanner, Kathryn. (2006). *God and creation in Christian theology.* Philadelphia: Fortress Press.

Green Belt Movement

绿带运动

绿带运动的努力焦点是在非洲和其他地区种植树木,同时通过教育与宣导寻求赋权于非洲社会妇女。有人认为这项生态运动与基督教以及非洲本土宗教有关联,但由旺加里·马塔伊(Wangari Muta Maathai)领导的这项绿带运动,植树仍为首要关注。

2004年诺贝尔奖得主旺加里·马塔伊因其带领的绿带运动而声名远播,通过绿带运动她鼓励当地肯尼亚的妇女种植树木以平衡生态系统。绿带运动(1977年成立)利用植树抗衡水土流失、水源问题和林木资源的损失,在不同层面解决赋权妇女的问题。

马塔伊决心在处理环境问题的同时解决社会正义的困境。这对了解非洲环境退化现状的宗教与生态学者来说是引人注目的行为。举例而言,她利用在肯尼亚植树的革新性行动来吸引对妇女受压制的关注。在《非洲地球守护者》(*African Earthkeepers*)一书中,马丁努斯·丹尼尔(Marthinus Daneel)同样将崛起于津巴布韦族长制农村中一群非洲创始教会(African Initiated Churches, AIC)里的生态神学归源于适应非洲的基督教形式。在这些教会中妇女协助教会的男性领袖种植树木以减少环境破坏。丹尼尔在其分析中融入肖纳人(Shona)的宗教观念,他们经常利用自然的意象来表达与圣灵有关的真理。这种做法加深了人们对地球生命的神圣意识。然而在马塔伊的例证中,妇女同时身为大地母亲的农作物生产者的身份,是应该予以优先考虑的。

如今,人们持续依循马塔伊的指引,成功地在坦桑尼亚、乌干达、马拉维、莱索托、埃塞俄比亚和津巴布韦植树;这些地区基督教和伊斯兰教的教徒都有,各种本土信仰的观念继续存在之外更有新兴的宗教运动。非洲宗教的多元引发了对绿带运动精神层面的质疑。关于宗教团体在运动中的参与,马塔伊并未有任何宗教的蓝图或概念系统以作为说明。马塔伊关心的是行动的路径,尽管从未清晰表示,她却向熟悉非洲的宗教学者提出挑战,期待他们以宗教形式来回应这一人类的困境。与基督教出自同一文明的资本主义经济,自殖民时期以来便是环境破坏的罪魁之一,就基督教在肯尼亚后殖民时代的传播蔓延而言,是对这个世界宗教提出严厉而生态友善的批判的时候了。

伊莎贝尔·姆可纽拉(Isabel MUKONYORA)

西肯塔基大学

拓展阅读

Daneel, Marthinus. (1998). *African earthkeepers*. Pretoria: University of South Africa Press.

Hodge, Joseph Morgan. (2007). *Triumph of the expert: Agrarian doctrines of development and the legacies of British colonialism*. Athens: Ohio University Press.

McDonald, David A. (Ed.). (2002). *Environmental justice in South Africa*. Athens: Ohio University Press.

Mukonyora, Isabel. (1999). Women and ecology in Shona religion. *Word and World Journal, 19*, 276–284.

Green Parties

绿　党

　　绿党的崛起始于20世纪70年代,它提出了生态社会分析以及愿景而成为传统政党外的另一选择。绿党在超过70个国家活跃,其政策以非暴力、社区经济和生态可持续为根据,向来处于政治舞台的前沿。美洲、欧洲、亚太地区和非洲都存在地区性的绿党组织。

　　20世纪70年代,绿色政治以一种全面性的政治分析和展望崛起,将经济与社会议题结合成相关的核心焦点,它破天荒地推出一种生态社会的政治,同时也是首个以“可持续性”定位的政治先锋。后来出现的草根运动,其生态意识的种子早在20世纪60年代便已萌生,所展现的反主流文化引起了对有机食品和无毒产品的需求,也开始以尊崇自然作为道德和精神的实践。20世纪70年代期间,从自由到保守两端的传统政党与政府都无力应对日益严峻的环境危机如空气、土壤和水源的污染,在政治选项上根本地重新定位的需要也益发显得重要。许多国家最早的

绿色运动成员同时清楚地觉察到,现存政党的政策与其引导思想都倾向将不受限的经济成长视为社会弊病的万灵丹,然而代价是自然界和所有的地球生命。

　　20世纪的最后25年,绿党的研究分析和多项问题的解决提议大规模受到主要政党的排挤,然而随着地球危机(全球温度变化和世界贸易组织新近强制实施的“自由贸易”的受害群落)在20世纪90年代后半期的加深,许多绿党的解决方案(如农贸市场和其他以社区为基础的经济、能源效率以及行人友善的都市规划)开始迅速得到主流认同。自20世纪70年代以来,绿党纲领(也称为计划)所鼓吹的项目包括:以社区为基础的经济、地方食品安全和地区性贸易;非暴力;民主振兴;个人责任与社会责任;尊重多元化;以及全球的观点。

　　绿色政治思想的首要框架在于寻求协调一致的分析,以说明什么是能实践可持续的社会又满足自然健全循环中健康人类的需求。

就本身而论,绿色政治思想展现出前所未有的综合性政治,打破了社会主义和资本主义在政治经济上的主导地位,主张自然并非如经济学家宣称已久的"仅仅是外部因素"。为对社会主义高呼的"劳动是一切财富的源泉"做出回应,绿色人士提出"自然是一切财富的源泉",绿色纲领对两者同时专心留意,不以个别议题看待而认为它们是相关的动态元素;这些纲领确认自然是我们存在的立足点,而非"原材料"的仓库。绿色观点的核心展现了对非暴力的道德承诺,拒绝将反复争战的大规模破坏(及获利丰厚的军火交易对战争之推波助澜)或家庭暴力归咎于"人性"。绿党提倡在非暴力的丰富历史及其影响中汲取内容以教育人类,我们才能朝更有智慧的互动方式前进:地球上的和平,与地球和平共存。

缘起和成长

新西兰的价值党是最早以生态社会纲领为诉求的绿党,在20世纪70年代的前半期不断吸引着追随者加入,更于1975年获得全国5%的选票,但随后产生分裂而解除党派。形成塔斯马尼亚绿党的团体的最早聚会追溯至1972年,原在抵制一项水电站项目中大型湖的淹没。英国生态党(后改为绿党)的成型团体于1973年首次召开会议。1979年,瑞士第一位绿党党员获选为国会议员。

1981年,比利时的两个绿党:荷兰语生态党(代表荷兰语的弗拉芒区)和法语生态党(代表法语的瓦隆区)分别在两个立法机构中获得席位。至今全国选战成果最醒目的要数德国的绿党,他们在1983年赢得联邦议会497席中的28席(Spretnak & Capra 1984)。

绿党中历史最长的地区性合作是欧洲绿党联盟(Federation of European Green Parties);32个政党会员于2004年在罗马集会建立欧洲绿党以提升在欧盟议会中的影响力。其他区域性合作还包括美洲绿党联盟(Federation of Green Parties of the Americas,1997年创立于墨西哥城)、亚太绿人联盟(Asia Pacific Green Network,2000年创立于布里斯班),以及非洲绿党联盟(African Green Network)。1992年全球绿色人士在里约首次建立了关系网;全球绿党网络(Global Green Network),在2009年已拥有超过70个政党会员。

绿党的选举成果在极大程度上屈居于本国选举制度是比例代表制(如同德国、比利时和诸多欧洲国家)抑或胜者全获制度(如美国、英国和其他国家)。在前者中,获得5%选票意味着取得立法机构5%的席次;而在后者中,5%的选票最终仍是一无所获。欧盟自20世纪80年代起,一些并非比例代表制的国家允许在选举他们的欧洲议会代表时采用比例代表制;这一开端使得一些国家的绿党人士得以通过选举进入欧洲议会。进入21世纪,欧盟的所有会员国都是以比例代表制选出他们在欧洲议会的代表。欧洲议会中绿党的代表团规模随着与欧洲自由联盟(European Free Alliance)的结盟而扩张,在2007年—2009年的会议上已取得785个席位中的42席。结果显示出欧洲议会中绿党人士发挥了实质性作用,在广泛的议题中引进了环境立法。

在美国,随着介绍新成立的欧洲绿党的《绿色政治:全球的承诺》(Green Politics: The Global Promise)一书的发行,绿色人士也在数月后的1984年举办了全国性的建党会议。会议中决定在创党前成立一个由地方绿色政治团体组成的全国网络，并在全国传播绿色观念的种子。从20世纪90年代开始他们转而致力于州级别的绿党建立。这些绿党于1996年结合为美国绿党，是州级别的联邦政党。2009年5月，美国有158位选任的绿色官员。绿党在促成地方选举的改革上向来扮演核心角色，例如优先选择投票（ranked-choice voting，或instant run-off voting）、市议会的地区选举以及对投票登记的机会不加限制。

查林·斯普瑞特奈克（Charlene SPRETNAK）

加州整合研究学院

拓展阅读

Federation of Green Parties of the Americas. (2009). Retrieved April 2, 2009, from http://fpva.org.mx/docs/english.htm.

Global Greens Charter. (2001). Retrieved April 2, 2009, from http://www.globalgreens.org/globalcharter

Green Party of Canada. (2009). Retrieved April 2, 2009, from http://www.greenparty.ca/.

Green Party of the United States 2008 election database. (2008). Retrieved November 5, 2008 from http://www.gp.org/elections/candidates/index.php.

Spretnak, Charlene, & Capra, Fritjof. (1984). *Green Politics: The Global Promise*. New York: Dutton.

Zelko, Frank, & Brinkmann, Carolin. (Eds.). (2006). *Green parties: Reflections on the first three decades*. Washington, DC: Heinrich Boll Foundation North America.

Hinduism

印度教

　　印度教的诸多概念与应用为印度人提供了可持续性的示范。相信人类和宇宙息息相关；瑜伽的戒律；以及日常的实践多受到莫罕达斯·甘地（Mohandas Gandhi）的自我牺牲和积极慈悲的观点启发，它们导引着印度教徒的生活方式而且确立了印度在全球经济中的未来。

　　要维系可持续的生活方式，印度教中许多概念上和应用上的范式都可引以为鉴。绝大多数的印度教徒居住在印度，是这世界经济舞台上相对较新的成员。他们大多数接近自然大地，生活在以村落为基础而自给自足的经济体系中。有些人或许认为这种生活形态既落后又陈腐，然而由小型农户发展出的农耕方法显然极有效用，维持着

逾半数的印度人口生计。尽管全球化的动力形成了一个不断扩张、丧失农村根源的城市阶级，莫罕达斯·甘地（1869—1948）所传达的印度共和国的建国价值观，印度人几乎无人不晓，甘地相信生活中的自我牺牲与怜悯他人能促成社会和谐。他坚信唯有真正的"自治"，源自自我节制和纪律的意志，才能促进经济与政治的自决。

　　可持续经济体系所依赖的价值在印度人的传统世界观中随处可见。印度模式鼓励人们认知存在人类、自然和动物间的关系网络，进而培植保护地球的敏感性。传统印度教徒重视人体与人类文化的结构以及万物领域间的关联，这点为可持续价值的制定铺陈出一种概念基础。

献祭和可持续性

　　印度教，如同众多宗教，承认为群体利益做出牺牲的需要。梵文中献祭一字是 *yajna*，源自字根 *yaj*，意谓"崇拜、爱慕、尊敬、奉献、

给予"（Monier-Williams 1899, 838）。印度教的献祭模式影响了南亚的文化，这一点在以下三个故事中可见端倪：《吠陀经典》（*Rig-Veda*）中原人（*purusa*）的献祭；《广林奥义书》（*Brhadaranyaka Upanishad*）中马匹献祭（*asva medha*）；以及在《爱达雷耶奥义书》（*Aitareya Upanishad*）中献祭性的宇宙诞生与人类起源的双重故事，每一项叙事都彰显了人类和广大宇宙的牵系，为可持续性提供了基础哲学。

在《吠陀经典》（印度教最古老和受崇敬的经典之一）中有关原人的牺牲，他的躯体被分解，成了社会秩序和宇宙其他构成部分。吠陀梵语的赞美诗中询问道："当他们分解了普茄莎，是分成几个部分？如何称呼他的嘴、他的手臂、他的大腿和脚？"（Lincoln 1991, 7）。随后的回应显示了身体各部位与今日恶名昭彰的印度种姓制度的直接关联："僧侣是他的嘴，战士来自他的手臂；他的大腿成为平民，而侍从是由脚生成的。"在这种社会秩序的规范下，执行最崇高任务的僧侣、医生、律师和教师需具备健全的头脑。土地拥有或政治维稳有赖强壮的手臂。商人、店主和其他从商人士就得活动自如，正如两腿的延伸隐喻所昭示。侍从，这"世上的盐"，则从事农业生产和建筑计划的劳动。这种等级制度反映了人类的生理机能，并赋予人类职务献祭性的认可。公民责任（dharma）于是也具有了宗教意义。

赞美诗的第二部分将人体与浩瀚遥远的宇宙衔接起来：

> 月亮出自他的心智；
> 从他的眼，太阳诞生了；
> 从他的嘴，因陀罗和火；
> 从他的气息，生成了风；

> 从他的脐中出现了大气；
> 从他的头，天滚动成型；
> 从他的脚，出现了地；从他的耳，出现了方向。

通过将人体部位和宇宙元素、天与地、火与风的自然现象对照指认，自我和宇宙同时被赋予神圣性。正如月亮，我们的心智会折射与变化。缺了日光，我们形同盲目。由口中我们表达出意向与欲望，让我们如战神因陀罗一般在世上坚持我们的主张。我们的每一口呼吸既生成空气也依赖它的循环。头牵引我们向上；肚子将我们汇拢集中以利我们的开展；双脚稳固我们于地球之上。耳朵带来平衡和四个空间方向的定位。透过这种献祭性的视角，每一个人终能在宇宙中适得其所。这种牺牲体现了一个人和他在社会与自然中地位的连贯性。

马的供奉始于印度强势国王在位统治的第12年。整整一年间国王追逐一匹被释放到王国东北部的马；他既不理发也不剃须，而且维持独身整整一年，他将跟着马流浪，所到之处都可据为领地。一年之后，这匹马将被擒拿并在明显极令人动容的仪式上被屠宰供奉。原人的牺牲中，其身体部位与更广的领域形成比照，供奉马匹的不同部位在此也有相同结局：

> 唵！实在的，黎明是供奉马匹的头；
> 太阳，它的眼；风，它的呼吸；宇宙的火，它张开的嘴。

> 年岁是供奉马匹的身体；天，它的背；

大气,它的腹;地,它的腹部下方;

一刻钟,它的侧面;半刻钟,他的肋骨;

季节,它的侧面;一个月和半个月,它的关节;

日与夜,它的脚;星宿,它的骨;云朵,它的肉。

沙是腹中的食物;河流是它的内脏。

它的肝和肺是山;植物和树木,它的毛。

东方是它的前半身;西方,它的后半身。

当它打呵欠,就明亮些。

当它晃动身体,就响起雷声。

当它排尿,雨就下了。

声音,的确,是它的声音。(Hume 1931,73)

《广林奥义书》中这段有关牺牲品的叙述,在宇宙的物质层面注入了时间的流逝,使马的脚步与日夜、它的身体与年岁相呼应。在同一文本中的后段,马、人两者的身体部位也并排相对,如同《吠陀经典》中的原人歌(Purusa Sukta)所示。

这种创世过程的另一变异阐述也可见于《爱达雷耶奥义书》中。献祭仪式的进行产生了一股内在的、精神的和创造性的热能称为tapas。这股热力爆裂了原人的身体,于是诞生了宇宙的多个部分。当宇宙各部分形成之后,它们再度汇聚组成人体。

当这个人被施加热力,他的嘴崩裂了,像个蛋。由口中出现的是语言;从语言中,出现了火。他的鼻断落了。鼻孔中出现了气息;气息中,出现了风。他的眼坏了。在眼中,出现了视觉;视觉中,出现了太阳。他的耳朵掉了。耳朵中,有了听觉;听觉中,是月亮的四个部分。他的皮肤剥落了。皮肤中,出现了毛发;毛发中,有了植物和树木。他的心碎了。在心

中有了心智;心智中,出现了月亮。他的肚脐剥离了。肚脐中,出现了下行的气息;下行的气息中,是死亡。他的阳具断了。阳具中出现了精液;精液中,出现了水。(Lincoln 1991,9)

四处分散的人体部位成了自然现象和天体,表达了人类生理和宇宙较大规模运行次序间的密切关系。如布鲁斯·林肯(Bruce Lincoln)、《死亡,战争和牺牲:思想与实践的研究》(*Death, War, and Sacrifice: Studies in Ideology and Practice* 1991, 10)一书的作者指出,这一股向外的驱动力量在无止境的伸展与收缩形态中也有紧缩的时刻:"每一口气息轮番地拆解了身体而创造世界,然后拆解了世界好再创身体。"身体的再创过程如下:

火,成了言语,进入口中。

风,成了气息,进入鼻孔。

太阳,成了视觉,进入眼中。

四个方位,成了听觉,进入耳中。

植物和树,成了毛发,进入皮肤中。

月亮,成了心智,进入心中。

死亡,成了下行的气息,进入脐中。

水,成了精液,进入阳具中。

(Lincoln 1991,9)

身体的献祭(或对身体献祭式、冥想式的关注)导致了宇宙的形成或其内部的实体化。宇宙的牺牲结果创造了人体。我们的身体部位终究将回归并消逝在空气和土地之中。认可了这种关联,我们才能看清人体和宇宙原有同一渊源、同样结局。

印度早期的献祭是剧烈而血腥的,尤其是马的献祭。山羊、水牛和鸡的献祭仍出现在印度的特定地区诸如孟加拉(Bengal)、奥里萨邦(Orissa)和阿萨姆邦(Assam)。来自佛教

徒和耆那教徒（Jainas）的压力以及近来英国的施压，使得动物献祭的情形有所减少，取之以代的是称为普迦（pujas）的仪式，仪式上供奉水果、谷物和鲜花并有长时间的循环祷告和吟唱。

为延续早期记录在上述吠陀经和奥义书中的过程，当代的祭司库马尔·潘达（Kumar Panda）阐述他在奥里萨邦克塔克市（Cuttack）的禅迪寺（Chandi Temple）为供奉一头羊给女神杜尔噶（Durga）而进行准备时，通过和自然的相通将自身化为宇宙的缩影：土地等同于身体腰部以下部位；水以腹部作为表征；火以心作为代表；风即喉咙、鼻和肺；天等同于大脑。潘达声称自己的意识经历了转换而进入杜尔噶的身份认同。经过几个小时的仪式与调节，他眼前出现了闪光，于是和女神合为一体，而水、火和日光间的区别也不复存在（Preston 1985，51，53）。当他成了女神，身体的扩张逾越了自我的羁绊而进入出神状态（Samadhi）的宇宙意识。在仪式中，这种深刻的相通之感不仅触动了在场的祭司，成千上万参与这项年度献祭的人感同身受。

在印度，形形色色的方式让人在简单的仪式中表达献祭，从日常灶火的点燃到门槛艺术的创造或根据月亮圆缺进行的斋戒。在对动物的敬奉方面，不仅有市街上的牛、羊、骆驼和大象，也有个人进食前喂食窗台上鸟类的日常仪式。大型而激动人心的典礼如昆巴梅拉节（Kumba Mela），期间数百万的民众聚集在亚穆纳河（Yamuna）与恒河（Ganges）汇聚的阿拉哈巴德市（Allahabad），这些仪式巩固了社会团体的宗教认同。恒定不变的小型仪式如家庭神龛的祈祷和维系，对个人和家庭都起了稳定作用，也建立起与较宏大自然秩序的联系。

宇宙人、献祭马匹以及宇宙广大力量间的相关性，还有上述供奉女神杜尔噶羊只的现代肢解仪式提供了不同的牺牲模式。这条途径的重点不在牺牲而在于连通性的强调。这些仪式不再唤起过去的破碎回忆或鼓吹改变社会或扰乱个人良知。印度这些丰富的仪式主张人类欢庆宇宙伟大的驱动力量并与其同甘共苦。我们所见的月亮之圆缺带来人类本性的改变、所见的心的温暖反映在家庭之中，牺牲和仪式引导个人走向一个与自然秩序能感同身受的境界。

印度的礼节仪式唤起了一个人的感官身体和宏伟宇宙力量间的最原始连接。印度绝大部分地区仍凭靠着以村落为基础的生计经济而欣欣向荣。通过宗教鼓励的社会义务（法）中周期循环的仪式和牺牲，情感上、文化上和物质上的可持续性终能实现。有些人批评体制的严苛，但在印度文化的可持续性上它提供了一种有效方式，尽管印度曾经历王国冲突、移民潮流和外力统治时期，这包括来自阿富汗而控制印度北部多个世纪的蒙兀儿统治者和殖民行政几乎囊括了整个印度次大陆的英国统治时期。

随着全球化向印度和亚洲其他地区延展，现代化正对仪式和祭祀生活的节奏构成威胁。如今印度自夸有着世界上最庞大的中产阶级，而人口超过一百万的城市有100多个。私有住宅和车辆的数目与日俱增，对污染的意识觉醒也导致印度各处环保团体的出现。

莫罕达斯·甘地提出回归到生活的最基本需要，从而从英国殖民系统的毁坏作用中解脱而出。他不仅纺纱，甚至编织自己的衣裳。他领导的"食盐长征"目的在于对抗英国颁布的盐税，它使印度人对盐的生产和贩卖成为非法，甘地因此协助人民避免了不公平的征税以及对进口商品的依赖。为应对全球经济深陷的困境，印度也许可以由甘地著名的信条中汲取灵感："这个世界足够满足所有人的需要，但不足以满足所有人的贪欲。"

瑜伽和可持续性

印度除了这些与仪式密切相关的传统外，瑜伽的理论和练习在对人类处境与可持续价值的反思上指出一条途径。帕坦伽利（Patanjali），一个极可能生活在大约公元前300年的学者，将这个传统编成法典。瑜伽起源于一系列佛教徒、耆那教徒和印度教徒遵循的伦理价值观：非暴力、真诚、不偷窃、禁欲守身及不占有。甘地也倡导这些价值观，并重新加以诠释以对殖民统治下的弊病做出回应。在可持续性的实践上，必须以非暴力来协助减缓地球上栖息地的破坏以及物种的濒危。真诚则能鼓励知识的更有效传播，例如森林消失、单一作物耕种和全球变暖这些有关资源开发恶果的知识。承认砍伐森林、采集原油和水的挥霍是对地球丰盛资源的劫夺，人类也许会抑制这类破坏性活动。控制了性欲，人口成长率可能得以趋缓。而透过占有物的最少化，人们也将会习惯于基本的生活必需品，一个通往可持续性的要素。

在其他层面上，瑜伽也能帮助培养可持续的生活方式。纯粹、知足、简朴、学习和忠诚的奉行能帮助个人由对外的贪得无厌转向内在的安稳。瑜伽体位（asana）将人提升至与自然交流的境界。呼吸的控制（pranayama）有助于健康。感官的控制带来专注、冥想的能力，使人与自身在自然中的位置产生深刻的相通感。在瑜伽中已经有所成就的人，需求很少而喜乐众多。

印度的现代环境保护主义

类似梅塔（M. C. Mehta）的环保主义者向来赞誉印度的传统环境智慧是极有价值的资源，它们成为可以引导公众支持改善空气品质、解决水源污染和减缓全球变暖的必要措施。他认为：自然的元素如空气和水正被贪婪侵蚀。贪婪追上了我们，让我们披上贪婪的外衣。身披贪婪外衣的人，想去除它以看清真实生命是极为困难的。倘若能获取正确的理解，他们方能遵守法律而且付诸实行。如此我们就能获取可持续的元素。（梅塔的个人访谈，2006年12月11日）

印度教的献祭模式提倡我们与吠陀时代以来就备受颂扬的元素重新接续，要我们认知人类和宇宙秩序间的真实关联。范达娜·席娃（Vandana Shiva），生态学和物理学家，如今是世界上对全球化最尖锐的批评者之一，她指责企业将传统方法智慧转变为"知识产权"来获取经济利益。在种子生产的范畴内，她的积极行动揭露了人类企图操纵自然的肆无忌惮。她通过广阔的历史观点发展出"圈地"分析，即将素来为共有的领域画线分隔并商品化，好让产业和商业力量来加以支配。

生态多样化和知识的"圈地"是一连串圈地行为中的最后阶段，它伴随殖民地的崛起拉开序幕。土地和森林是最早被"圈"入的资源，它们然后从共有的形态转变为商品。随后，水源通过水库、地下水开采和私有化方案也被"圈"入……共有物的消灭对工业革命至关重要，以将原材料源源不绝地供应给产业。（Shiva 2001, 44—45）

深受甘地启迪的席娃倡导她所谓的生活经济。例证之一便是孟买杰出的午餐配送系统，孟买午餐饭盒运送者联合会（Mumbai Tiffin Box Suppliers Association）每日配送175 000份午餐，"不需文件，没有订单，没有上司，而且平均每1千6百万次的递送中才发生一次错误"（Shiva 2005, 70）。这一组织被哈佛商学院选为人类和社会独创性的研究模式。对席娃而言它体现了一种以人为基础的经济，是可持续发展的必要因素，将自决与相互依存融合起来。她对生计经济的倡导将有赖于模式的转换，由企业变更为一种与自然协调，重视合作关系、相互性与互惠的范式。

印度教为可持续的生活方式提供了诸多途径。村落范式在印度仍是主流，在此食物来自本地的作物，大规模制造的产品少之又少，即便服装也倾向于自家纺织。日益增加的都市人口加入了较复杂的全球经济，一些极具远见的立法，特别是压缩天然气用于公共汽车和机动三轮车，则缓和了现代化的危害效应。

要进阶到真正的可持续状态，印度将无可避免地回顾其本身在传统上对人类和宇宙相通的重视，并前瞻未来日益庞大的新一代清洁能源、地方粮食生产以及甘地自给自足模式的进一步创新。

克里斯多夫·基·查普（Chrisopher Key CHAPPLE）
洛约拉马利蒙特大学

拓展阅读

Chapple, Christopher K. (1993). *Nonviolence to animals, Earth, and self in Asian traditions*. Albany: State University of New York Press.

Chapple, Christopher K. (2001). Hinduism and deep ecology. In David Barnhill & Roger Gottlieb (Eds.), *Deep ecology and the world religions* (pp.59–76). Albany: State University of New York Press.

Chapple, Christopher K. (2008). Sacrifice and sustainability. *Worldviews: Global Religions, Culture, and Ecology, 12*(2/3), 221–236.

Chapple, Christopher K., & Tucker, Mary Evelyn. (2000). *Hinduism and ecology: The intersection of Earth, sky, and water*. Cambridge, MA: Center for the Study of World Religions and Harvard University Press.

Fuchs, Stephen. (1996). *The Vedic horse sacrifice in its culture-historical relations*. New Delhi: Inter-India Publications.

Hume, Robert E. (Trans.). (1931). *The thirteen principal Upanisads* (2nd ed.). London: Oxford University Press.

Lincoln, Bruce. (1991). *Death, war, and sacrifice: Studies in ideology and practice*. Chicago: University of Chicago Press.

Monier-Williams, Monier. (1899). *A Sanskrit–English dictionary*. Oxford, U.K.: Clarendon Press. (Available online at http://acharya.iitm.ac.in/sanskrit/dictionary/dict.php).

Preston, James. J. (1985). *Cult of the Goddess: Social and religious change in a Hindu temple*. Prospect Heights, IL: Waveland Press.

Shiva, Vandana. (2001). *Protect or plunder: Understanding intellectual property rights*. London: Zed Books.

Shiva, Vandana. (2005). *Earth democracy: Justice, sustainability and peace*. Cambridge, MA: South End Press.

Hybridity

混杂性

混杂性的概念意指原有所区别的元素经过融汇或结合之后形成新的变异形态。就可持续性而言，这牵涉人类对天生不同的物种或生态系统的人为合并或融合，形成自然界前所未有的新形态。由此掀起的争议集中在自然界到底应该维持原状或应受人类与科技的改变干预。

混杂性在其最根本的意义上意指原先有别的形态或类别的混配或融合——无论是不同的物种、人种、语言类别、文化或传统——而产生新变异。有关混杂性的论述在后现代、后殖民和女权主义的理论中都予以阐释，这种类别和类型学的交融混合被认为克服了原本严格的社会阶级分类模式所强化的社会压迫与支配的恶性形态。

在环保主义和可持续性的理论中，混杂性议题牵涉了天生有别的生物如物种或生态系统，在人为的合并与交融后形成自然的新形态。的确，有些人也许认为混杂性是维系我们贫乏的生态多样性的最后方案。举例而言，由于过去10年来的全球变暖，不列颠哥伦比亚省的森林遭受山松甲虫的严重摧残。2008年3月，不列颠哥伦比亚省的政府官员声称甲虫即将断粮，引起森林复原的困境：倘若森林再次种植相同的植物群，山松甲虫极可能死灰复燃。在这一点促使一些科学家建议引进外来甚至转基因的新品种，更能应付这些新的气候状况（Oosthoek 2008）。当然，就实用层面而言，鲜有人会争辩配种的需要，然而不少环境学家出于对荒野保护的顾虑，担忧将混杂性的后现代论述与言辞带入可持续性的辩论中。毕竟在某种意义上，可持续性的问题与荒野保护尤其息息相关，这就意味要尽可能维持最原始而完整的自然形态与生态系统——一些人唯恐赞扬混配交融的混杂性论述会削弱这一完整性。

起源

混杂性一词源自生物学,意指植物的选择育种,但19世纪时由于此词在人种与殖民论述中的运用而崭露头角。基于种族纯粹的原则,它成为带有轻蔑意义的用词和烙印,强调种族混合的潜在危害作用。根据人种的伪科学理论,混种(或异族通婚的后代)被认为是患病的怪物和畸变,是逾越了人种"自然"界限这一禁忌的结果,所以比最低级的人种还要糟糕。即使此词过去被用为社会排斥与压制的工具,近年来有关混杂性的论述和混种的形容比喻受到后现代主义者的追捧,因为它超越了一成不变的分类与界线,颠覆了它们的合法性也揭露了新的可能性。

后现代主义批评的一个重要特征是意图批判并克服目睹之西方形而上学向本质主义靠拢的根本趋势。受到法国哲学家雅克·德里达(Jacques Derrida)对西方传统的后结构主义解读的影响,后现代主义者主张,上溯自古代希腊的西方思想素来试图将现实的异质性以二元分类的方式概念化并做出表述,例如自然/文化、男/女和心智/身体,其中前者常被视为较优秀并且对后者具有支配权,这巩固了某些社会等级关系与统治形态并使之显得理所当然。德里达因此认为真正解放性的政治应该包含了动摇或颠覆这种二元分类的理论,不仅要展示它们的偶然性更要揭露原本藏于分类之外或分类之间而被隐埋的意义,他称这一方式为"解构"。德里达的解构策略对后殖民理论有着深远影响,这一点可明显见于主要后殖民理论者之一霍米·巴巴(Homi K. Bhabha)的作品中。在他的《文化定位》(*The Location of Culture*)一书中,巴巴坚持不同形态的文化和语言混杂性,例如出现在殖民时期的克里奥尔语(Creole),对于欧洲殖民统治者某些等级的二元对立分类就起了颠覆作用,更塑造了新解放形式的文化表达和认同。

环境争议

然而混杂性的论述被引进环境争议中则一般归功于唐娜·哈拉维(Donna Haraway)这位女权主义理论学家和技术科学的教授以及她著名的半机械人的象征或比喻。在她主题为"赛博格宣言"(The Cyborg Manifesto)的论文中,哈拉维坚持赛博格是一种"自动化生物体,是机械与有机体的混种,不仅是社会现实的产物也是小说中的生物"(Haraway 1991, 149)。赛博格将超越并模糊自然与人造之间僵硬的二分法界限,从而推翻西方形而上学中的本质主义论述并协助我们重新阐明并实现人类潜能。

哈拉维最初提到赛博格旨在批判激进女权思维中其所目睹的某种本质论倾向,即认为女性之为女性乃是生物和有机的而非机械与人为的。若干理论家借用哈拉维的隐喻作为"赛博格环境保护主义"的论证,这是乌苏拉·海斯(Ursula K Heise)所主张的思考方式。这项新理论克服了众多环保主义者与深层生态学家所持的本质论之类假设,即自然与人之间是根本的二元对立二分法，这一理论也为能造福人类与非人世界的新科技潜力拉开序幕。举例而言，海斯建议利用生物技术让已绝种的物种起死回生，也有奉行享乐主义的人认为当务之急便是尽人类科技之所能来根除所有自然物种的苦难（Heise 2003）。

然而批判者指出，在混淆了自然与人造两者间的界限时，赛博格环保主义者似乎敞开了自然界的大门而任其被不受羁绊的科技据为己有。比方说，一片转基因的森林难道不会被奉为混杂性的解放性象征？与此相同，一旦具备了对灭绝物种的再造能力，人类因勤奋努力占有了自然，难道不会得寸进尺不顾对自然物种的伤害，自恃有把握地能在比较"方便"的时候再让它们起死回生？再者，享乐主义者强调的当务之急由于受限于"改善"自然界的伦理强制力，自然的价值似乎被认为有匮乏或缺陷。这点使得保存的问题丧失了意义，毕竟一个有待改善的自然界有何保存可谈。不过诸多环境保护的拥护者辩称，非人自然与人类世界间的相异性正是非人自然的价值所在。换言之，即尊重某些界限而不求超越或掩盖其含义。此外，批评者也指责赛博格环保主义者对科技毫无批判性的理解过于浪漫天真而且不幸地对德国哲学家马丁·海德格尔（Marin Heidegger 1977）的声明未有体认，后者认为科技在本质上是人类对自然界施加意志力、控管和统治的表征。哈拉维则做出回应，她充分理解科技运用在历史上所造成以及未来潜在的压抑和伤害，建议引进适宜的社会女权主义政治论述，在这种文化结构下的等级关系中，妇女基于她们素有的边缘角色对于权力滥用更具敏感性而能以较开放合宜的方式发展科技。不过抨击者指责她忽略了海德格尔的观察，即科技本身不单是中立的工具，它为人类彼此以及人类和世界间如何理解与互动也构建、界定出一定框架。

因此，在可持续性论述中纳入混杂性的后现代说辞，其根本的焦点在于厘清我们对环境危机中"危机"一词的理解并界定出我们的可持续性目标。如果我们认为环境危机在很大程度上意指当前的生存和幸福标准遭受威胁，那环境危机仅仅是一种技术上的问题，可持续性的议题也不过是发展新科技以维系我们生存方式的挑战——人类对生物新混种的开发将是我们利用科技弹药回击环境破坏的又一可能路径。然而，我们对环境危机的理解倘若是非人自然界的消失（或世界并不是人类为自身需要创出的）并且认定可持续性是为求取让非人自然也得以延续的人类生存方式，那混杂性绝非解决方案，反成了我们尝试处理的问题核心所在。

T. R. 寇佛（T. R. KOVER）
天主教鲁汶大学

拓展阅读

Bhabha, Homi K. (1994). *The location of culture*. London: Routledge.

Derrida, Jacques. (1973). *Speech and phenomena: And other essays concerning Husserl's theory of signs.* David B. Allison (Trans.). Evanston, IL: Northwestern University Press.

Haraway, Donna J. (1991). *Simians, cyborgs and women: The reinvention of nature.* New York: Routledge.

Heidegger, Martin. (1977). *The question concerning technology and other essays.* William Lovitt (Trans.). New York: Harper and Row.

Heise, Ursula K. (2003). From extinction to electronics: Dead frogs, live dinosaurs, and electric sheep. In Cary Wolfe (Ed.). *Zoontologies: The Question of the Animal.* Minneapolis: University of Minnesota.

Oosthoek, Sharon. (2008, July 7). Nature 2.0: Redefining conservation. *New Scientist.* Retrieved June 12, 2009, from http://www.newscientist.com/article/mg19926631.400-nature-20-redefiningconservation.html.

The Hedonistic Imperative (n.d.). Retrieved June 12, 2009, from http://www.hedweb.com.

I

Indigenous and Traditional Peoples

原住民与传统民族

原住民——他们将自己理解成为某一特定地区相关而出现或形成的民族——与那些试图排挤他们的非本土居民相比，原住民更具环保意识。本土民族的生活方式把当地生态体系的知识与土地、生态多样化管理的常规聚合到一起，将肯定并刺激身份认同的文化习俗与当地受激励的人联系起来，还将庆祝本土身份认同的宇宙学与自然过程浑然一体。

"原住民"（indigenous）这个术语指固有的、原始的，某地方较早定居的族群。尽管通常认为原住民是边远的少数民族，但是在非洲、南亚、东南亚、中亚、澳洲、太平洋地区、欧亚北部地区和美洲，全球的原住民人口超过了5亿。全球文化中已经在使用"原住民"这一词，各个当地的、部落的和传统的民族在为他们的生存权而努力奋斗时，就使用了"原住民"一词。这一术语并非没有歧义，例如，在印度，主流的、占主导地位的印度雅利安人（Indo-Aryan peoples）将"原住民"称为原生状态；将当地的部落的社会称为"阿迪瓦西"（*adivasi*，印度原住民）或"第一民族"（first peoples）。然而，这种模棱两可的含义承载着一种更深刻的意义——一种对所有传统民族面临的最苛刻挑战的洞见。换而言之，作为完全不同的民族，其可持续性与他们的家园息息相关。因此，"原住民"意指地球上的小规模社会群体，这些社会群体以特殊的语言、代代相传的故事、亲属关系体系、世界观，以及他们与其生活的土地之间完整的关系，共同分享和保存了认知世界的方式。

原住民的代言人将他们传统的生态知识描述为：这种知识融入了他们作为一个民族的生存的社会构架。"生活方式"（lifeway）这个术语是指：稳定不变的、完整的和鲜活的知识。

当代原住民社会的生活方式与他们所居住于其中的生态系统是生死攸关、相互作用的整体。领土与社会、宗教与政治、文化与经济生活之间的紧密联系都是原住民维持、恢复其知识体系的手段。原住民生活方式呈现了历久弥坚的可持续发展的生活模式，列出了特殊动物、植物和矿物质的相关知识，以便保护它们，尽管人们需要利用这些物质作为食物、药材、居所、衣服，或为仪式性活动所用。原住民知识也规定了生态想象或地区与人民之间的深深吸引力，这种吸引力刺激人们维持与生命群体之间的关系。因而，这种知识通常包含一种环境伦理，这种环境伦理或许不成体系，但是其通过仪式性的禁止、禁忌、性别规定和年龄段限定，从而对行为进行明确的限制。

举例而言，传统环境知识（Traditional Environmental Knowledge，TEK）适用于非本土背景的制药业，但是对那些肆无忌惮的外来者所进行的生物剽窃（biopiracy）则所知甚少，这些外来者掠夺了原住民关于当地生命体（bios）的知识。然而，原住民的认知方式并非对工具理性或为完成特定任务的功能性知识所进行的简单描述。原住民或本土的科学认识到世界是某种事物，而不是世界所包含的无生命物体，而且，原住民知识无疑能够客观理解和认识功利主义关系。

正如原住民的知识与以社会身份投入当地事务密不可分，同样地，个体也以灵修之人的身份积极追求与自然界的关系。原住民的认知方式的特征并非主要表现为定量与测量的技术，也并非通过试验方法加以表现，尽管这其中的任何一种技术都不能离开本土知识

进行理解。例如，原住民中的渔民能清晰地观察到随着时间推移而季节性游动的鱼，并规划合适的捕捞方式以确保食物供应。但他们的知识通常与学习经验、个人成就、产卵之鱼相关的神话故事、仪式活动、个人梦境，以及同鱼之间的幻想关系相联系。尽管原住民的知识可以打上"知识"（scientia）或"认知"（knowing）的标签，但它实际上与西方的科学截然不同，它与"哲学"（philosophia）或"爱智慧"更接近。原住民生态知识并非一套简单的务实的生存技巧体系，相反，它是一种智慧的生活方式，作为可持续发展的手段，它强调与地区和当地生态多样性之间的整体关系。

由于原住民知识通常在仪式中加以体现，或通过仪式进行传播，有些人已经将其描述为简单的阈限化、边缘化的秘传知识，甚至认为其没有实际意义。内嵌于复杂的典礼仪式之中的原住民知识并非仅仅是阈限化的，换而言之，这种知识并非进入普通空间之外的非凡空间之中。事实上，相反的情况时有发生，也就是说，这些仪式的巅峰时刻所显现的原住民知识，与诸如祖先或精神力量的离奇呈现之间具有深刻而持久的联系；与普通的事，诸如独木舟制作、园艺、性别角色和治疗活动之间也有深刻而持久的联系。时间作为季节性安排的校准是解释原住民生活方式的关键。这季节性时间，空间、权力和灵魂呈现与另一人产生共鸣，这个人处于原住民知识中的仪式和符号制作背景中。

这种尝试并不是为了浪漫化神秘叙事的原住民知识，也不是为了将其提升为一种纯粹的精神领域——在这一领域，自然被圣化为朝向一种理想化的泛神论之转折。相反，原住民

知识是现有获得授权的世界中一种负责任的生活形式。责任既源于一种有意识的行为，也源于对一些无意识、神秘、天然和强大的事物的强烈回应。因而，原住民知识崇敬个人的反思的行为，当然，这种个人行为并非一种孤立心态，反而通常会理解为一种公共行为——面临未知的宇宙时，怀着精神上的谦卑所采取的负责任的公共行为。原住民中的年长者们仍然希望，所有的民族都能意识到照亮负责任的生活的那种精神启蒙。

正如来自北美洲西南部圣克拉拉普韦布洛（Santa Clara Pueblo）的原住民教育家格雷戈里·卡杰特（Gregory Cajete）所说，本土科学是"一个隐喻，关涉感知、思考、行动的宽泛部落进程的隐喻，并通过人类对自然界的经验开始了解进化。本土科学的诞生，乃基于对自然景观鲜活的、有史书记载的分享。在其核心经验中，本土科学家们利用我们整个身体所有的知觉直接参与自然界，从而获得感知"（Cajete 2004, 5）。想要理解基于原住民生态知识的可持续关系的完整特征，化身（embodiment）是理解的关键。化身的相互关系可能在一个人的个体之人与社会之人身上表现得很明显，在景观之中的生态之人和体现在梦境和歌曲中的宇宙之人身上同样表现明显。

澳大利亚原住民传统中讨论做梦时，通常涉及知识、土地、时间和生活方式。澳大利亚原住民族中，200多种语言中都有"做梦"这个词，"做梦"以多种术语呈现，例如沃皮瑞族（Walpiri）的 *jukurrpa* [①]，阿兰达族（Aranda）的 *altjirra*。梦不仅为每个事物之起源的创造性时刻命名，也为重要的地方命名，为人类的责任关系命名——人类与那些地方的场景、动物、植物和所有自然现象之间的责任关系。澳大利亚南部的纳林杰里（Ngarrindjeri）族将他们的政府系统——或"tendi"——称之为"年长者理事会"，他们将由梦境中获得的特定形式的知识传播给族群。

那么，梦就表达了存在于传统所有权的原住民族中的某些观点。海鹰（MakMak）族属于澳大利亚北部领地的马拉奴古（Marranunggu）语言群组，海鹰族的爱普瑞尔·布莱特（April Bright）在描述"传统所有权"对其母亲而言意味着什么时，她对这种生活方式给出了解释。她说："于我妈妈而言，传统的归国家所有之物就是全部——全部。它是歌曲、仪式、土地、他们自己、他们的家庭——与生命相关的全部。此处的这个地方就是她的心。她可为之生，为之死"（Rose et al. 2002, 15）。那么，海鹰族长者传给她女儿的内嵌于"所有权"中的知识，就不是简单的对私有财产的个人占有，也不是对搜集资料所形成的独立知识体系的个人占有。

---

① 译者注：做梦（*jukurrpa*）是原著民族词汇，被沃皮瑞族（Walpiri）用来形容做梦，也被澳大利亚中部的其他语言群使用。

相反，所有权似乎混合了赋有情感和具体智慧的原住民知识中的各种形态。土地及关于土地的相关知识集中于个体之人身上，并与社会之人、生态之人、宇宙之人交织在一起。

这些共同的认知方式、对世界的关注，以及存在于个体之人和集体之人身上的共通之物，构成了原住民知识中的智慧和特性。因而，毛利人（Maori）学者琳达·杜喜娃·瑞娜·史密斯（Linda Tuhiwai Te Rina Smith）注意到，"族谱图（*Whakapapa*）是一种（毛利人的）思考方式、学习方式、储备知识的方式，也是一种辩论的方式……族谱图也将我们与存在于这个世界中的所有其他事物联系起来。经由族谱图，我们与昆虫、鱼类、树木、石头和其他生命形式联系起来"（Smith 2000，234—235）。这里传播的知识似乎经由特殊的毛利人背景而传扬，但只有毛利人能够决定这种智慧是否比环境诗歌更能传播开来。显而易见的是，尽管这些完全不同的语言群体中有着令人诧异的文化差异，但原住民们共享着生态智慧。原住民的知识体现为团结的、鲜活的经验，其中，信仰、实践和伦理是相互参与、相互渗透的整体。

这一神圣知识所揭示的并非仅仅是过时、老化的认知方式的余烬，而是原住民长者们重新点燃的火苗，以深层次的目的意识指导他们的民众。火苗的隐喻激起人们的直白理解，即原住民生态知识被工业技术的世界观所"抛弃"。但是，火苗仍然使人回想起承诺之焰，所有人都需要恢复生态的认知方式。在我们多重的认知方式中，我们仍面临着再次寻找智慧和可持续发展方法的挑战。

约翰·格瑞姆（John GRIM）

耶鲁大学

拓展阅读

Bell, Diane. (1993). *Daughters of the Dreaming* (2nd ed.). Minneapolis: University of Minnesota Press.

Berkes, Fikret. (2008). *Sacred Ecology.* (2 nd ed.). London: Routledge.

Cajete, Gregory. (2004). *Native science: Natural laws of interdependence.* Santa Fe, NM: Clear Light Publishers.

Grim, John. (Ed.). (2001). *Indigenous Traditions and Ecology: The Interbeing of Cosmology and Community.* Cambridge, MA: Harvard Divinity School, Center for the Study of World Religions.

Rose, Deborah Bird; D'Amico, Sharon; Daiyi, Nancy; Deveraux, Kathy; Daiyi, Margaret; et al. (Eds.). (2002). *Country of the heart: An indigenous Australian homeland.* Canberra, Australia: Aboriginal Studies Press for the Australian Institute of Aboriginal and Torres Strait Islander Studies.

Smith, Linda Tuhiwai. (2000). Kaupapa Maori Research. In Marie Battiste (Ed.), *Reclaiming indigenous voice and vision* (pp.225–247). Vancouver, Canada: UBC Press.

附录

　　我向前看,看到远处有群山,群山上有岩石和森林。在其上的,群山中闪耀着各种颜色上升至天空。然后,我站在群山的最高峰上,脚下的周围是整个环绕的世界。当我站在那里时,我所看到的比我所能言说的更多,我所理解的比我所看到的更多,因为我以神圣方式观看富有灵魂的万物形状,并将所有形状看作必须像以整体生活在一起的形态。

　　　　　　　　　　布莱克·埃尔克(Black Elk)

来源: John G. Neihardy (2008). *Black Elk Speaks: Being the Life Story of a Holy Man of the Oglala Sioux, the Premier Edition*, p.33. Albany: State University of New York Press.

Indigenous Traditions — Africa

原住民传统——非洲

非洲人民面临着在日益全球化和西化的社会中维持独特身份的挑战。他们本土的谚语、节日和占卜传统所关涉的价值观承载了古往今来对祖先的慎终追远和对神的尊崇，也反映了对维持地球上所有生命的普遍关切。

非洲原住民的宗教传统普遍认为，与环境相和谐的生活有助于培养身心健康。就适用于这些传统和价值观而言，可持续发展的问题具有两面性：非洲原住民传统如何在日益现代化的世界中存续，这些传统——尤其是谚语、节日和占卜——如何能帮助其从业者面对可持续生活的挑战。

差异与共同价值观

由于非洲大陆幅员辽阔，非洲的原住民传统植根于不同的习俗和仪式。[尽管非洲词汇中，没有一个词等同于"宗教"（religion），但在非洲，有许多表达仪式和思想的术语都反映了西方"宗教"一词的含义]然而，非洲原住民的大部分传统传承着对至高神（Supreme Being）的崇敬，并且坚信与他们的环境相协调的生活——包括社会生活和个体生活——是维持身心健康的关键。尽管在语言、崇拜模式和用以表达至高神的临在和品质的仪式方面具有相当大的差异，但大部分非洲原住民传统认同其信仰体系中的一个共同架构。这一信仰体系通常被划分为主要和次要信仰。将这些主要信仰按等级划分，包括对至高存在的信仰，以及对神、灵魂、祖先、魔法和医学的信仰。本质上衍生于主要信仰的次要信仰，包括（尤其是）对道德、生死、灵魂转世和最后审判的信仰。

非洲原住民传统典型地具有一神论特点。许多粗心的观察者基于非洲人对神灵的广泛献祭，从而可惜地将这些传统印上"多神论"的标签。深层考察非洲的至高神这一概念，就会发现与上述观点的矛盾。正如宗教研究学者博拉吉·伊多乌（Bolaji Idowu 1973，23）所坚持认为的，非洲的原住民传统遵循着"分散了的一神论"，即非洲人通过众神以接近至高存在；众神本身并不是目的。非洲原住民关于至高神的概念因此并不与多神论的本质属性相通，在此，所有的神都是"平等"的，但承认作为"领导者"的神的存在。无论如何，非洲原住民传统认为众神与至高存在并不平等。事实上，至高神就是他们的造物主，众神只是他的代表或使者。

　　非洲原住民的开拓者，其日常生活的方方面面都弥漫着非洲原住民传统，因此宗教哲学家约翰·姆比蒂（John Mbiti 1982，5）写道："非洲人是出了名的虔诚。"因此我们能够理解，即使在当代社会，许多非洲人信仰的宗教是诸如基督教和伊斯兰教，但他们仍然回归至原住民传统的"范畴"中去寻找生命中困难时刻的解决办法，而"外来宗教"在这一方面似乎并不可行。

　　这些传统的关键和普遍特征是，其不仅形成而且在事实上强化了非洲原住民可持续发展的价值观和世界观。与基督教、伊斯兰教和犹太教不同，非洲原住民传统缺乏成文的经典文献，他们的传统几乎完全取决于口传资源，通过谚语、节日和占卜来传播他们的价值与观点——从古至今，灵活多变的交流形式在维持弥足珍贵的非洲遗产过程中起着至关重要的作用。

谚语

　　非洲谚语常被誉为"智慧之语"，人们也常在生存体验中引用谚语。当为事件、情形讨论和解释修饰丰富的背景时，源自祖先永恒智慧的谚语就用以解决家庭争端。在某些非洲传统中，流传着关于谚语的箴言。尼日利亚的约鲁巴人说："谚语就是一匹马，迅速地把点子带给人。"而祖鲁人说："缺乏谚语的语言就会是没有血肉的骨架，没有灵魂的躯体。"

　　非洲人利用谚语表达对于至高存在的信仰、传授神学和道德的教义，也用以描述人类存在的形而上学维度。关于至高存在的不同方面，存在着许多谚语。约鲁巴人指明神是正义的最终托管者时说："不要与至上神（Olodumare）搏斗，要观看；他是无力防御者的护卫。"加纳和科特迪瓦的阿坎人（Akan）用谚语表达他们对无所不能的神的信仰时说，"如果你想向神诉说，那么就告诉风。"但是不能盲目地将谚语颂扬为可以促进可持续发展的手段。谚语必须被聪明的头脑使用以确保它们能够解决现代社会瞬息万变的、新的挑战。但是，这并不妨碍我们对谚语的认知，即谚语来源于过去、是一种基础，在这一基础之上，我们得以建构现在和未来。

　　在《西方国家和其余的我们》（*The West and the Rest of Us*）一书中，尼日利亚作家兼非洲文学评论家钦韦祖(Chinweizu)告诫人们,当非洲人受到如此多的社会挑战时,当其文化本身通常鼓励采取新策略和机会时,就不要将祖传知识视作"绝对的"——而他仍然强调保持对这种智慧的敬畏和尊重的重要性。钦韦祖(1975,1)的书中包含如下著名段落,这段话是索尔兹伯里的约翰(John of Salisbury)献给沙特尔的伯纳德(Bernard of Chartres)的片段,伯纳德是20世纪法国哲学家,他评论称他那时代的知识分子依赖于古希腊和罗马的伟大思想家:

> 我们就像坐在巨人肩上的小矮人,我们比他们看得更多更远,不是因为我们的视力更好,也不是因为我们更高,而是由于他们以其伟大崇高举起我们并提升了我们的高度。

这个比喻说,谚语本身跨越了文化与时代,但对于那些非洲原住民而言,他们对谚语能产生特殊的共鸣,这些非洲原住民的传统和信仰在没有正式或经典的文本情况下代代相传。在谚语中,可持续发展的概念源于谦虚和耐心地倾听非洲先祖并学习其中的智慧,以便寻求指引,不仅为当下,也为未来寻求指引。谚语也广泛用于促进可持续发展中与非人类之间的关联。例如,许多非洲谚语将动物拟人化,以此来教授传统智慧信息,或传承共同体中的坚韧意志。这类谚语中,为人所熟知的是那些与兔子的狡猾、乌龟的淘气聪明、猴子的机灵和变色龙的机会主义有关的谚语。

节日

非洲传统背景下的节日与公共生活的各个方面相关。他们庆祝人生的重大事件,诸如出生、启蒙、结婚和葬礼,并且会隆重庆祝对诸神的共同崇拜。约翰·姆比蒂指出,节日能为共同体的更新、团结和凝聚力制造动力。有时,节日能起到联结祖先(还有神)与在世之人之间的纽带作用。这一纽带对于族群(社区)一代又一代的存续和可持续发展至关重要。

节日的意义体现在它们所起到的作用——对21世纪非洲的社区和国家日复一日的生活所起的作用。非洲许多国家的政府不仅确认了传统节日的价值,而且实际上还为国家事件的庆祝活动给予强烈的支持。例如,津巴布韦传统的Intawasa节已成为津巴布韦一年一度的国家庆祝节日,伴随着丰富多彩的戏剧、音乐、文学表演和舞蹈活动。

在斯威士兰,举办传统的芦苇节和芦苇舞不再只是为了尊敬国王的母亲——通过收集芦苇来修缮国王母亲的房子;也为了庆祝人们对"纯洁"的信仰,"纯洁"被视为一种道德的社会价值(其特性以年轻妇女必须保持处女的事实为象征)。这样的纯洁满足了众神的要求,通过这种纯洁,土地之上的人类会受到丰产的祝福,也会为了社区的保存和延续而收获繁荣。极具讽刺意味的是,对青春期和节日本身的关注,也引起人们对这个一夫多妻国家中人类生命脆弱性的关注,在那里,艾滋病毒/艾滋病流行很猖獗(据说超过人口40%的人受到感染)。而据中情局世界概况(CIA World Factbook,通过网站www.cia.gov获知)统计,当地人的预期平均寿命仅为31.88岁。

在非洲西部,尼日利亚的奥孙奥绍博节已成为传统节日的缩影,节日的参与者来自世界各地。最初的节日可追溯至18世纪初,当时的奥绍博镇由一群猎人创建。人们崇敬作为保护神和丰产预兆的奥孙河女神。作为报答，奥孙河女神保护市民从而免受富拉尼族士兵（Fulani Warriors）的入侵。像整个非洲的其他节日一样，这些节日通过保护人民的习俗和价值观，从而促进维持民族身份认同，同时这些节日也促进了经济的可持续发展。例如，津巴布韦的 Intawasa 节促使布拉瓦约市成为旅游胜地，创造了就业岗位，并为艺术家的产品提供了有活力的市场。

在诸节日中，可持续发展的动力渗透于舞蹈、歌曲和其他艺术作品等诸如此类的古老庆祝活动的节奏和共鸣中，所有这些活动将当下和过去联结在一起，保护了未来。这种保护在加纳的护林节（Kpalevorgu）①节日中更加明显，加纳退化的林地也受到许多支持可持续发展生活的有远见的国际战略伙伴的关注。非洲西部约鲁巴人通过对各种节日的庆祝，诸如奥科-伊巴丹（Oke-Ibandan）、奥孙（Osun）、奥卢默（Olumo）和奥罗孙（Orosun）的丛林已经被神圣化并受到保护，这样的实践越来越呼吁人们重视已经受到威胁的生物多样性。

占卜

劳拉·格里洛，一位对非洲西部城市的占卜展开诸多田野调查的研究者，她将"占卜"（divination）定义为用于确定未来并对其做出权威宣告的一种技术。然而，格里洛指出，这一定义对非洲占卜的功能并未给出完整的描述。于非洲人而言，占卜或许包括预测，但决不仅限于预测。占卜活动本质上可视为一种诊断过程，以确定生活中各种危机的起因，包括生育、疾病、死亡、经济上的不幸和自然灾害。在诊断之后，占卜为补救危机开出处方。通常经由规定的牺牲，在确保对神圣力量进行有利安置之后——最终的目标是，重新返回个体或共同体的幸福。

为了群落生活的各个方面，或者为实现环保，占卜作为贯彻可持续发展战略的一种方式，已经成为当代非洲社会的核心要素。诸如此类的例子在非洲比比皆是。格里洛强调了在非洲西部社区中两个城市对占卜的使用：为了给未来带来有利的神圣回应，马里的多贡人将占卜当作一种工具；约鲁巴人通过分配个人的和共同的责任，利用占卜培养社会中的道德正直和秩序。可持续发展战略家尼古拉·罗宾斯（Nicola Robins）描述过南非巫医（Sangoma）占卜的转变，从处理传统社会里的农牧挑战转向处理当代个人和社会的精神、社会、经济、教育挑战，甚至政治层面的挑战。

在传统的占卜活动中，仪式所用的客观物品源于自然元素，信徒在保护和保存它们的时候，总是被提醒其神圣性和重要性。圣化小

---

① 译者注：Kpalevorgu festival，意思为护林节，是个传统的宗教节日，一年举行两次。传说 Kpalevorgu 神在猢狲树下巨石显示神谕，可以使草木繁荣滋长，果实累累。为了纪念 Kpalevorgu 神，会在标志着农作季节开始与结束的 5 月和 10 月举行 Kpalevorgu 节。

山、山脉、森林与河流，已经保护了这类自然对象免受退化和滥用。通过占卜，我们能够倾听重要的事物，能决定如何解释不同形式的直觉，并进行献祭——不一定是物理祭品，从而影响人类幸福的整体可持续发展。

面向可持续发展的未来

非洲原住民——其信仰包含研究非洲原住民传统的学者雅各布·奥卢波纳（Jacob Olupona 2006，260）所称的"环境二次利用"——将其传统进行当代实践，从而有助于可持续发展。

在21世纪的世界，谚语、节日和占卜在促进经济、生态、政治、道德、社会和精神的可持续发展等各个方面继续起着关键作用。这些原住民传统有助于确保非洲身份认同的存续，并且更为重要的是，这些原住民传统能够参与推动非洲大陆及其民众的增长和发展这些艰巨的任务。

阿德瑞比格贝（Ibigbolade S. ADERIBIGBE）

佐治亚大学

拓展阅读

Chinweizu, Onwuchekwa Jemie. (1975). *The West and the rest of us*. London: NOK Publishers.

Dorm-Adzobu, Clement; Ampadu-Agyei, Okkyearne; & Veit, Peter G. (1991). *Religious beliefs and environmental protection: The Malshegu Grove in Northern Ghana*. African Centre for Technology Studies World Resources Institute from the Ground Up Case Study Series 4.

Grillo, Laura. (2005). Trajectories in African ethics. In William Schweiker (Ed.), *Blackwell companion to religious ethics* (pp.438–448). Oxford, U.K.: Blackwell.

Malunga, Chiku, & Banda, Charles. (2006). *Understanding organizational sustainability through African proverbs: Insights for leaders*. Rugby, U.K.: Practical Action Publishers.

Mbeki, Thabo. (1988). *The African renaissance: South Africa and the world*. Tokyo: UNU Press.

Mbiti, John S. (1988). *Introduction to African religion*. Oxford, U.K.: Heinemann Educational Publishers.

Mbiti, John S. (1994). *African religions and philosophy*. Oxford, U.K: Heinemann Educational Publishers.

Munoz, Louis J. (2001). *The roots of the West: An introduction to the European cultural tradition*. Ibadan, Nigeria: Book Craft.

Olupona, Jacob. (2006). Religion and ecology in African culture and society. In Rogers S. Gottieb (Ed.), *The Oxford handbook of religion and ecology*. New York: Oxford University Press.

Robins, Nicola. (n.d.). The African spirit of sustainability. Retrieved April 11, 2009, from http://www. enviropaedia.com/topic/default. php?topic_id=258.

附录 非洲的保护问题……及解决办法

土地保护实践，通常被认为是有益的，却对那些最为需要之物——要么是土地上的资源，要么是土地所提供的生活方式——产生消极影响。作者娅伊·妮提娅莫德-佰朵（Yaa Ntiamoa-Baidu）在本章阐释了《非洲雨林的生态和保护：一个跨学科的视角》一书中的非洲人视角。

在西方，受到保护的主要是那些并非即刻需要的资源。非洲地区却要求人们去保护其日常生活所依赖的资源。据称，环境保护是为了人们的利益，但谁真正从森林和野生动物保护中受益呢？是那些为了保护而失去土地，既没有土地资源来维持他传统的生活方式，也无法接触现代的发展以提高其生活质量的当地人吗？是那些生活上需要依靠保护部门维持的林业官员或管理野生动物部门的官员吗？是需要外汇收入以提供城市或市镇居民所消费的设施的政府吗？还是西方世界？——在那里，自然资源在发展的过程中已经遭到毁坏，而那里还需要林业产品来维持人们过度消费的生活方式，但也是在那里，为了全球环境健康、为了保护生态多样性，人们强烈主张保护热带森林。

只有当他们为当地社区提供足够多的益处，整体的加纳和非洲的保护区才会存续下去。因而，对保护区利益进行公平分配是这里迫切需要解决的问题。人类必须为当地社区和发展寻找增加保护区利益的措施。这些措施包括开发合适的农业技术和设施，以便通过提高单位面积产量而不是增加种植面积以提升产出；促进农业实践以鼓励森林保护；饲养受欢迎的或有用的动物，或种植植物，诸如食草动物（grasscutters, *Thryonomys swindetianus*）和咀嚼梗（chewing sticks）。

来源：Yaa Ntiamoa-Baidu. (2001). Indigenous Versus Introduced Biodiversity Conservations Strategies: The Case of Protected Area Systems in Ghana. In William Weber, Lee J. T. White, Amy Vedder, and Lisa Naughton-Treves (Eds.), *African Rain Forest Ecology and Conservation: An Interdisciplinary Perspective*, p. 392. New Haven, CT: Yale University Press.

Indigenous Traditions — The Arctic

原住民传统——北极

北极原住民族认为不同于人类的生命具有灵魂，也对所有生命施行尊崇的仪式。有两种重要观念出自北极原住民的信仰和价值观，这两种观念引起环境学家的兴趣，并与可持续发展相关，即：人类是生态系统中不可或缺的一部分；继续利用资源以维持尊重的关系和照管的传统，这一点尤为重要。

关于北极，目前尚没有公认的定义。《北极人类发展报告》(Arctic Human Development Report)将北极定义为：阿拉斯加全部，北纬60°以上的加拿大北部、加上魁北克北部和拉布拉多省，格陵兰岛，冰岛，挪威最北部的乡村、瑞典和芬兰、俄罗斯西伯利亚的北部。北极人类发展报告中，北极面积为4 000万平方公里，或者说占全球面积的8%，北极的人口约为400万，几乎有一半是在北极的俄罗斯。

北极人

至少从冰河时代起，以及从早在大约4万年前欧洲的北极，人类就占据了北极的大部分地区。当代的北极居民包括原住民人口和新移民。有一些国家，诸如冰岛并没有原住民；其他国家，例如格陵兰岛，大部分人口是原住民；处于加拿大的北极地区则是原住民和新移民各一半；所有其他地区(美国/阿拉斯加、俄罗斯、挪威、瑞典和芬兰)则只有少量原住民。原住民是表现出如下一种或多种特征的人：他们自视为原住民；他们所说的语言与主流社会使用的语言不同；他们的文化与主流社会的文化不同；他们通常是猎人、游牧民或牧民，从而与主流社会相疏离。

第二次世界大战之前，北极的许多社区(族群)过着一种相对自给自足的生活，这种生活方式建立在大家族或亲属团体基础之上，在某些情况下，建立于小的社区基础之上。人们要维持生计，主要靠狩猎、诱捕、垂钓、采集、放牧，以及通过对这些方式收获而来的物品进行交换。这些活动使得人们与自然的联系紧密，这种联系出于两方面的原因而变得极为重要：第一，这是关乎生存的问题，动物是重要的食物,对当地经济而言也举足轻重;第二,传统的生活方式对于维持社会关系和文化身份而言极为重要。例如,捕猎海豹不仅提供了共同享用的食物,也是一种生活方式,更是因纽特文化的一种象征。

第二次世界大战以后,原住民社会受到各种各样的影响。义务教育的引入和永久性村庄的建立,使得原住民很难在这片土地上继续从事季节性活动。二战后,交通运输和通讯以加速发展。摩托艇、雪地摩托车和四轮高性能越野车(ATVs)变得普遍,北极的大多数家庭拥有电视机,这为他们带来新的生活方式和范例。

文化和宗教

自第二次世界大战以来,北极原住民社会发生着急剧的社会和经济转变,而宗教的转型甚至开始得更早。绝大多数北极原住民信仰的是某种形式的基督教。宗教转变的主要时期是18世纪和19世纪。在许多情况下,接受基督教并不意味着一种宗教完全取代另一种宗教。相反,在大多数原住民社会,新的信仰元素与旧的信仰元素相混合,从而导致这种体系仍然保留了某些传统的价值观和信仰。但是因为不同地区间的差异很大,因此很难对其进行归纳总结,甚至在某些情况下,相邻的社区之间也大相径庭。

北极原住民的世界是多样化的。原住民群体之间的交融,以及原住民群体与最近的欧洲移民之间的融合,产生出一种熔炉文化。尽管存在这种融合,但是北极原住民的价值观和信仰因地区不同而存在巨大差异。大多数原住民的前基督教信仰(pre-Christian belief)特征是泛灵论,这种观点认为:人类、动物和植物以及其他一些被西方人认为是无生命的自然现象(例如山脉、泉水、河流和冰川),共享着一种给它们提供能量的精神;他们也信仰有灵性的存在物;更宽泛的信仰是泛神论,其教义认为宇宙与造物主同一。

由于泛灵论居于其信仰体系的核心,大多数原住民认为,人类并不是存在物中唯一能够独立行动的。例如,横跨阿拉斯加、育空和加拿大的不列颠哥伦比亚省的冰川区域圣伊莱亚斯山脉,圣伊莱亚斯山的特林吉特人所述的故事中,冰川有感觉并能做出回应。北极许多人和其他北部地区的民族认为,动物能够决定它们被捕猎(或者不被捕猎)。由于生存依赖的是捕获野生动物和海洋生物的能力,因此猎人与其猎物之间保持配合就相当重要。一些原住民群体的信仰,例如德内族和加拿大的克里族就维持着人与动物之间的相互关系。动物们心甘情愿地将自己献给猎人,但是对人类而言,他们需要维持对动物保持尊重的关系,也需要遵循特定的仪式来观照动物们的灵魂。

在北极的许多地区,人们遵循一些代表着尊重的仪式,在这些仪式中,人们把动物的遗骸归还至自然环境中,以确保生命循环之灵魂的延续。例如,在阿拉斯加的巴罗,合适的做法是把猎杀的露脊鲸的下颚扔回海中。德内族和克里族把海狸的骨头挂在树上,或者将骨头扔回捕猎它们的湖中或河中。其他表示尊重的仪式活动包括:与动物交谈,在捕猎前征求其许可;在捕猎动物或者享用动物时,提供献祭。动物的某些部位对于特定民族而言是禁忌,但这一点对不同原住民而言千差万别。

除了动物之外，由于传统的信仰和实践通常与土地联系紧密，所以某些地区的土地也受到尊重。举行仪式的特定地方可能被认为是神圣的，如某些大山、某处泉水或土地的某些部位。许多地区和文化团体中都发现了圣地，几乎遍布整个北极，例如，俄罗斯的亚马尔涅涅茨沿线地区认定了263处圣地。这些圣地作为国家和国际保护网络中潜在的补充，已经受到世界自然保护联盟的关注。

可持续发展的原则

承认不同于人类的生命具有灵魂，和肯定为表达对生命的尊崇而进行的仪式活动，被视为北极原住民传统的两项原则。这两项原则进一步催生了两种有关可持续发展的核心观念或洞见。第一种观念认为，人类是生态系统的重要组成部分，其他生命则像人类的亲属一样，与人类共享土地。不仅是在北极的人类，许多原住民群体都持有生命皆为共同体的世界观，在这一世界观中，动物以及其他生命都与人类相关。它们是非人类之物，但的确是人的同类。许多本土文化不将人类和自然的关系视为主宰和控制的敌对关系，而看作一种在尊重的相互义务基础之上的共生关系。这是一种非常不同于西方的世界观，西方文化的世界观将外部环境与人类社会相分离，这种世界观导致了自然/文化、精神/物质的二元论，最终生成了人类主宰和控制自然的观念。

所有生命形式与它们的生物自然环境息息相关，在这一点上，原住民文化中的智慧与科学生态观是一致的。北方原住民语言中，

许多习惯于译为"土地"的词（像克里族的 *ashkii*，奥吉布瓦人的 *aski*，德内族的 *ndeh*）承载着远远超出作为自然景观的土地所具有的含义，其含义包括人类在内的生活环境。以生态系统为基础的管理的文献和社会生态体系的文献，包含一种类似于原住民世界观的生态观，即认为人类是一个完整的、相互依存的实体中的组成部分，在这一完整、相互依存的实体中，自然界和人类世界一直是相互维持的。

北极原住民环境伦理中显示的第二种观念或洞见是，在可维持对资源的尊重关系和管理传统方面，资源利用的连续性具有重要作用。利用环境和资源极为重要，这不单是为了获取食物和维持文化，也是一种建构生态知识和相互关系的方式。这类对环境的实践性参与可能是将人类推回至生态系统的基础。它涉及在特殊环境下通过长期经验发展而来的知识、技能和敏感度。

许多原住民称，他们必须利用资源以显示对它的尊重。这是原住民保护伦理学的基础，以便可持续地利用资源。原住民传统的缺失或者强行推行一种保护主义者的伦理，则可能打破利用资源和尊重资源之间的联系。在原住民看来，为了保护资源而不去利用它，这只会对远离这片土地的异乡人有利，从而有悖于原住民的管理职责。北极原住民的经验是，尊重和互惠互利的关系对于照管环境和可持续发展至关重要。

展望21世纪

北极社会同民族政策和全球经济的联系日益密切。急剧的经济、政治和人口变化、资源开发、贸易壁垒，以及动物权利运动，都产

生了极大的冲击和压力。例如,主要由远程大气污染物的传输而造成的北极海洋污染,通过食物链中的有毒物质积累而威胁着食品来源。狩猎、渔业和放牧都受到气候变化的威胁,气候变化影响着动物的分布,也干扰着人们对天气和动物季节性分布的预测。

全球化以及诸如石油及天然气这类原材料的世界市场的波动,会导致经济繁荣与萧条的交替循环,这种交替循环可作为北极经济的特征。北极的大部分社区经济基础薄弱,致使这些社区容易受到其他地方制定的政治和经济决策的影响。北冰洋浮冰的迅速消融刺激了航运活动,反过来会进一步刺激石油和天然气的开发。全球环境变化(如气候变化)和全球化(世界的"收缩")之间的关系正在强化,这种强化性关系导致人类"双重暴露"出有损人类安全的脆弱性。

为应对这一境况,遍布北极的原住民们已经采取多种方法以适应变化。他们追求土地所有权、资源的权利和地区统治权。在争取原住民权利、共同管理资源和承认原住民知识之重要性方面,北极原住民已成为世界领头人。他们正在复兴他们的语言和传统实践,以帮助维持其与环境的联系。

这些努力通常涉及对政治自治权的追求,追求政治自治权是第一步。格陵兰有其地方自治章程。阿拉斯加和加拿大北极人对本土土地权利的要求已经得到解决。挪威的萨米族有其地方管理权。苏联解体后的楚科塔(及其他地方)面临的类似压力已经减缓。伴随着这些变化,许多北极原住民正在经历文化复兴。文化的重申不仅仅意味着重新激活(revitalization)旧的习俗,而且意味着重新发现文化之根,从而在一个日新月异的世界中固守住人民。适应当代的北极生活方式意味着,在传统和变化、原住民文化和西方文化、城镇生活和乡土劳作之间有一种模糊的对立。

菲克瑞特·伯克斯(Fikret BERKES)
马尼托巴大学

拓展阅读

Arctic climate impact assessment. (2005). Cambridge, U.K.: Cambridge University Press. (Also retrieved September 24, 2008, from http://www.acia.uaf.edu)

Arctic human development report. (2004). Akureyri, Iceland: Stefansson Arctic Institute.

Berkes, Fikret. (2001). Religious traditions and biodiversity. In *Encyclopedia of biodiversity, Vol. 5*, pp.109–120. San Diego, CA: Academic Press.

Berkes, Fikret. (2008). *Sacred ecology.* (2 nd ed.). New York: Routledge.

Berkes, Fikret; Huebert, Rob; Fast, Helen; Manseau, Micheline; & Diduck, Alan. (Eds.). (2005). *Breaking ice: Renewable resource and ocean management in the Canadian North.* Calgary, Canada: University of Calgary Press.

Brightman, Robert A. (1993). *Grateful prey: Rock Cree human-animal relationships.* Berkeley: University of

California Press.

Cruikshank, Julie. (2005). *Do glaciers listen? Local knowledge, colonial encounters and social imagination.* Seattle: University of Washington Press and Vancouver: University of British Columbia Press.

Csonka, Yvon, & Schweitzer, Peter. (2004). Societies and cultures: Change and persistence. In *Arctic human development report* (Chapter 3). Akureyri, Iceland: Stefansson Arctic Institute.

Fienup-Riordan, Ann. (1990). *Eskimo essays: Yup'ik lives and how we see them.* New Brunswick, NJ: Rutgers University Press.

Freeman, Milton M. R. (Ed.). (2000). *Endangered peoples of the Arctic: Struggles to survive and thrive.* Westport, CT: Greenwood Press.

Krupnik, Igor, & Jolly, Dyanna. (Eds.). (2002). *The earth is faster now: Indigenous observations of Arctic environmental change.* Fairbanks, AK: Arctic Research Consortium of the United States.

Nuttall, Mark, & Callaghan, Terry V. (Eds.). (2000). *The Arctic: Environment, people, policy.* Newark NJ: Harwood Academic Publishers.

Oozeva, Conrad; Noongwook, Chester; Noongwook, George; Alowa, Christina; & Krupnik, Igor. (2004). *Watching ice and weather our way.*

原住民传统——亚洲

亚洲是世界上最大、人口最多的洲,而亚洲人口的多样性与其地貌景观一样丰富。然而,原住民传统却享有以下共同特征:与土地联系紧密并相信灵魂,尤其是寓居在动物和自然中的灵魂。基于这些因素,本土宗教就巩固和加强了节约和保护资源的传统。

对亚洲数量庞大的原住民少数民族的概括总结非常少。然而,这些少量的概括很重要,尤其对这些少数民族与自然界联系的方式而言很重要,从而鼓励生态保护和保存的实践。所有的少数民族均与他们当地的地貌景观密切相关,而且这些少数民族(新近迁徙过去的民族除外)与他们的土地之间已经存在着非常长久的联系。他们把地貌景观视为充满灵性的事物。爱德华·泰勒(Edward Tylor, 1832—1917),公认的社会人类学领域的奠基人之一,引入"万物有灵论"来描述这些社会(Harvey 2006);这一术语指的是这样一种信仰,即所有的现实存在均由精神或灵魂

所渗透,而且,从某种意义上而言,全部实存是有生命的。灵内伫于山脉、树木、动物和其他实体中,它们需要被崇拜、照顾和关心。这样的灵或许在意识上——而不是在人格上——与人类相像,或者说这些灵是相当不可思议的。它们对人类起作用的方式超越于日常和直接的方式,它们像风或呼吸:看不见、摸不着,却是灵动的、能感觉到的。

最近,对生命力强大之树的灵魂的信仰在亚洲盛行。从欧亚边境到中国西藏和泰国,树木和丛林受到敬拜。社会学家芭芭拉·安德森和E. N. 安德森展开了田野调查,其他学者也展开了此类工作,他们发现"树木信仰"对大多数宗教产生了影响,尤其是对佛教产生重要影响。佛教中,敬畏树木的灵魂通常有利于促进对树木的保护(Darlington 1998)。

那些更有力量的食肉动物也被认为是特别强大的灵魂之化身。狼、熊、老虎、老鹰,以及类似的动物受到广泛的尊崇和敬畏。大多数社会相信"形状变化":动物可以表现为不

同的形式，包括呈现为人，而具有特殊能力的人也能呈现出动物的形态。

在亚洲少数民族群体中，去世之人的灵魂通常视为具有重要作用。许多少数民族群体除了崇敬灵魂，还敬拜诸神，这些神并非寓居于当地有形之物中，而是遥不可及的强大存在物，灵魂和诸神是"超越世俗的"，而不是"超自然的"。这些社会群体中的大多数能区分人类和非人类领域，但是他们所形成的概念不同于欧洲思想中"人与自然"的二分法。

所有的群体均有当地的非正式宗教从业者，他们与诸神和灵魂（包括已去世之人）联络，并与之交流。这种交流通常涉及意识状态的改变——（从宽泛意义上而言）恍惚、出神的状态，或者类似的情形——还需要特殊的仪式，与活着的人交流所不同且更为复杂的交流仪式。在许多社会群体中，宗教人士是巫师，巫师将其自身的灵魂送至超越世俗的存在之域。在其他社会群体中，灵魂"附体"于宗教从业者身上———一种灵媒（spirit medium）。许多社会群体既有巫师，也有灵媒；有时同一个人承担两种角色。有些原住民社会有其牧师：正式的、组织有序的主祭们不需要灵魂附体进入另一种精神状态即可进行调解、主持仪式和开展敬拜活动。

在这些社群中，宗教会激发或加强对资源进行保存或保护的意识，这依重要性而发生变化。马来西亚和印度尼西亚的小型、人口密度低的群体可能很少受到激发去保护资源；有些群体并不展开明显的保护活动；全世界许多小规模的传统社区并不保护生物资源，至少没有积极有效地保护（Hames 2007）。然而，在亚洲，几乎所有的群体至少会作出努力，

许多群体有效地保护着整个圣山和森林。亚洲少数民族的宗教中，无一宗教认为破坏植物和动物的环境是件好事，亚洲和其他地方的开发者和政府官员也是如此。

除以上概况，亚洲原住民中有形形色色的少数民族，这一连串的民族与全世界所能承载的一样多。他们使用的是大相径庭的成百上千种语言，他们居住的环境从北极的海岸到热带的山区；有些人生活于分散的狩猎—采集地带，另外一些人在人口密集的社会中从事集约农业活动；有些人完全是文盲，而其他人则保留了古老的文学传统；有些人拥有遥不可及之神灵的宗教，其他人则纯粹关注当地的灵魂。

所有这些群体均与邻近的或附近的主流文化更接近，而与遥远的少数民族群体的文化更为疏远。相邻群体之间的交流从无障碍，而且，宗教观念和实践通常从当地少数民族传至多数人的群体，反之亦然。关于文化隔离或文化依赖的旧有观念早被抛弃，所以就有了这一信念，即，少数民族保留了主流信仰的古老形式。研究表明，在一特定地区，多数群体和少数群体的宗教通常有着相似的起源，因而，两种群体之间相互影响。

亚洲的少数民族可以大致划分为三大地理区域：北亚（中国北部和亚洲中部的伊斯兰世界）、东南亚和印度次大陆。三大地理区域之外的亚洲少数民族人群包括印度尼西亚和菲律宾的边远群体。

北亚和萨满教

北亚是萨满教的家园：多年来，关于这一主题的经典之作是米尔恰·伊利亚德

(Mircea Eliade)1964年出版的《萨满教：古老的昏迷术》(*Shamanism: Archaic Techniques of Ecstasy*)，尽管亚洲研究更为青睐近年来的资料。萨满教一词源于通古斯语，通古斯语是远古的中国北部人和北极人所说的语言，对于任何一种民间宗教而言，其从业者要进行灵魂出窍都会散漫地使用这种语言。从而，全世界范围内形形色色的人都会一点这种语言，但是精细的学术为亚洲北部和东部的灵魂传送者及其在北美的本土同行保存了这种语言。西伯利亚南部边远的突厥人也是萨满教式的。蒙古斯B. 凯尼恩–洛普桑(Mongush B. Kenin-Lopsan)的《图瓦人的萨满教歌曲和神话》(*Shamanic Songs and Myths of Tuva*，1997)展现出"内部人"对环保思想之细节的极佳解释。

最近时代中践行过萨满教的社会主要是狩猎—采集、钓鱼或放牧的民族，尽管在许多这样的社会中，长期建立起来的农业与这个体系同享共存。历史证据表明，在很早的时期，日本、韩国、中国的西藏和其他地区主要为萨满教式的。中国的古字"巫"，最初的含义就是指巫师，现在可理解为"灵媒"，这一词暗示着宗教中的巨大变化(Waley 1955)。如今，萨满教在日本幸存(Blacker 1986)，它也是许多广为流传的变形故事——诸如狐狸和狸貉（"狸貉"常被误译为"獾"）之类的故事——的终极来源。中国的西藏和其他地区的少数民族也保存着萨满教（例如苗族和缅族）。它通常也为大的宗教吸收，例如西藏最古老的精神传统苯教就对萨满教有所吸收(Snellgrove 1967)。韩国的灵媒关系也明显与通古斯人和蒙古萨满教联系紧密，所以，灵媒(mudang)几乎总是被西方语言文学称作"萨满"(Kendall 1988)。就这几点而言，"萨满"和"灵媒"之间的区别变得很模糊。

巫师通常是疗愈师，他们去另外的世界寻找疾病的起因。如果疾病的起因被视为违反了社会规范和仪式规则，他们就要祈祷和谐的社会；疾病的起因可能源于巫术，在这一情况下，揪出巫师可能会引起社会冲突。巫师之旅是漫长而艰难的(Humphrey 1996)，尤其当整个部落罹患疾病或遭遇噩运时则愈加明显。真实的环境地标和场景被纳入旅程故事中，这些地标和场景可能成为群体共享的疆界的庆祝地，也成为定期旅行时的纪念地。广为流传的是对宇宙中心的"世界之树"的信仰，它扎根于地狱，它的树干在此世（中间），而其冠冕则伸展至天界或天堂。巫师常常在其精神之旅中沿着这棵树爬上爬下。

巫师通常能改变形象，根据需要，他们能以熊、鹰或其他"有力量的动物"的形象出现。变形的故事比比皆是：所有人(humans)和非人类之物皆是人(persons)，所有的存在物相互关联，并常常能够互相转换。人类与世界上其他事物构成的统一体是确定的，社会既包括人类，也包括非人类。

保护与献祭

贯穿整个萨满教世界，宗教为开展保护事业提供服务。适当的仪式、不从自然中索取比个人和家庭急需之用更多的资源，这些都显示出尊重的态度。宗教通常保护土地，尤其保护水源不受污染，因为纯净是对灵魂尊重的主要仪式要求。

另一方面，献祭通常很重要，献祭可能与

牺牲野生物种相关。牺牲野生生物教导人们对它们要有尊重和敬畏，最后很可能引导人们对生物进行保护。蒙古人献祭羊和其他动物，于是留下可能献祭的动物拴在杆子上。西伯利亚西北部的科里亚克人用狗进行献祭，于是将狗拴在类似的杆子上以避免屠宰。早期历史时期，中亚发生过人祭现象；一位领袖去世，需要牺牲领袖的侍从，以便在另一个世界里陪伴他或（很少情况下）她。

蒙古人与萨满教

蒙古人并不是真正的少数民族，因为他们有自己独立的国家——蒙古，但是蒙古人在萨满教方面如此典型，所以应当对其进行讨论。他们使用的是阿尔泰语系中几种联系非常紧密的语言，包括突厥语和通古斯语。绝大多数蒙古人是传统的游牧民（主要放牧绵羊、山羊和马，还有牦牛），但很多人还从事一些农业，一旦可能，所有人都会参与打猎。同许多东亚民族一样，蒙古人将他们的血统追溯至力量强大的动物——以蒙古为例，他们追溯力量强大的动物是灰狼和漂亮的雌鹿的结合（de Rachewiltz 2004）。蒙古人把遥远的、不具人格色彩的天神——腾格里——视为最高权力和最受崇敬的实体，但是他们更多的宗教实践活动针对的是更为直接的灵魂——好的和坏的灵魂。有些群体具有多个天神。生成疾病和噩运的恶灵魂会导致很多问题，巫师就将其灵魂传送至彼岸世界——在这一传统中，巫师通常是男性——以便寻找在何处出了问题［卡罗琳·汉弗莱（Caroline Humphrey）和巫师奥农（Urgunge Onon）1966年合著的《巫师和长老：蒙古达斡尔族人的经历、知识和能力》一书记载了这类活动］。

蒙古人一直保护着当地的森林、山川与河流（de Rachewiltz 2004）。蒙古人对仪式的关注和净化水的实践对保护西伯利亚的贝加尔湖极为重要（Metzo 2005）。许多蒙古人皈依了佛教，佛教没有深刻改变萨满教的实践，但它为敬畏生命增加了新的维度。蒙古人没有放弃狩猎或屠宰动物，但佛教强化了传统的禁令，也就是反对不必要地夺取生命。

日本的阿伊努人

阿伊努人在萨满教方面的典型特征相对较弱，但在语言和文化上具有独特性，他们是日本北部的土著少数民族，主要居住在北海道。直到19世纪，日本人的闯入改变了他们的生活，他们的生活方式是狩猎和小规模的农业，并辅以捕鱼业。他们的生活与当地的动物、植物紧紧绑在一起，并且他们的宗教尊崇动物的权能。传统上，他们会在重大节日（熊节）上献祭熊，也献祭鹰、猫头鹰、狐狸、狼和其他动物，这些动物的捕食能力显示出巨大的精神力量（Brett L. Walker 2001）。渔鹗是一种守护鸟；鲑鱼是一种神圣的鱼，它将自身献给人类作为食物。这类神圣的生物具有神威，是"神"（阿伊努的这个词从日语的"神道教的'神'"派生而来，换而言之，这个词可能与之等同）。在仪式上摇晃的小棍子（inau）通常为灵魂做准备。悠长的、美丽的仪式颂歌向人们诉说着历史，也传达出狼、猫头鹰和熊神、虎鲸、鲨鱼和其他力量强大的动物的需求（Philippi 1982）。阿伊努人的宗教司仪们所起到的最重要作用是疗愈。这些巫师——普遍或通常是女性——在日本和韩国，她们通常是实际祭仪活动中的灵媒。具有祭司职责的男性长者负责其他的仪式活动。

东南亚的原住民传统

向南的地区,萨满教归为庞杂的基于灵魂信仰的宗教,见诸整个东南亚大陆及其东部的大部分岛屿。在此,灵魂出窍通常而言更是精神通灵术而非巫术(中国南部地区的少数民族保留了这两种,并且都喜欢分享史诗和神圣颂歌,这些史诗和神圣颂歌通常用于医治、生育仪式和人生庆典活动中)。很多圣歌大量吸收了与自然和文化主题相类似的元素——或者更准确地说,圣歌吸收了广泛的社会(动物、植物、灵魂、地理现象)和狭隘的人之间的许多元素。

阿卡族和耕种实践

经充分研究的族群是阿卡族,阿卡族属于藏缅语族(Sturgeon 2005)。他们居住在中国、缅甸、泰国和老挝四国接壤处的山区的中海拔区域,他们分布在这四个国家之中。他们以轮换种植并继而以固定型的农业和树木种植来维持生计(轮换种植是一个系统工程,在这一系统中,清理土地、燃烧土地上的植物,以便种植几年混合型农作物,然后有一个休耕时期;种植树木指的是种植提供食物的树木)。直到最近,阿卡人的森林都被保护得很规整;那些地区仍保留大象、老虎和其他"巨型动物"(大型动物,因其受欢迎而使得它们很容易被环保主义者们所关注,而保护运动希望筹集资金或使更卑微的濒危物种受到关注),还有数百种鸟类和小型哺乳动物。森林是灵魂的寓所,有些是非常神圣的,其他的神

圣程度稍弱。特定的树木受到了特别的崇敬。起源和迁徙故事将阿卡人与他们的家园紧密地联系在一起。直到最近,阿卡人在保持着较高人口密度的同时,也通过仪式性地规律地明智利用土地从而保护着他们的自然景观;如今,对这些边界地区施加的政治压力已经对环境产生了毁灭性的影响。最常见的例子之一就是,一个极其复杂的传统生态系统因外界压力而受到侵蚀。文化上具有相关性的萨尼族、拉祜族和彝族在有关自然、森林和环保的信仰方面,具有宽泛的可比性,而这些民族在最近这些年里,也遭受了很严重的环境损失。拉祜族的创世神话中提到了生长于中国西南部的各种各样的植物和动物(Arthur R. Walker 1995)。

在中国南部和亚洲东南部,大部分的少数民族以轮耕的形式维持生计。这种种植活动,需要砍掉小面积的森林并燃烧掉,然后将作物种植在灰烬中,土地上的养分几年就消耗殆尽,这时候,就会砍伐新的森林。通常,这种周期很漫长,每隔25年,这片土地上的树木会再次被砍伐。这种做法,以及更激烈的刀耕火种,已经受到了森林保护者的指责,但大多数民族具有宗教教规以反对过度砍伐。事实上,主要是占人口大多数的文化群体在破坏森林,尤其是大规模的砍伐和出于农业综合企业的利益对森林的破坏。只有少数几个人口数量很多的少数民族和更少量的几个与土地联系紧密的少数民族对森林进行过度砍伐。实际上,尽管存在高密度人口对其进行轮流垦殖的现象,但直到现代还保存了大型森林,可归因于少数民族和人口数量多的民族按照宗教准则进行的管理实践。在上两代人之前,东南亚

与在此提及过的小型社会一起，在支持巨大的、人口稠密的、古老的文明方面具有独一无二的作用，而且还保留着90%的森林覆盖率，这些森林具有很高的生物多样性。

灵魂崇拜活动

贯穿整个东南亚，自然物的灵魂都具有重要作用，而通常树木的灵魂最为重要。神圣的树木和丛林受到不同程度的保护。有些受到绝对的保护，另外一些则砍伐森林以用作燃料、建筑材料，或用以收获水果、藤条和其他商品。树木的这种神圣地位使它们能够免于夷为平地以用来耕种农作物，或者免于遭到全部砍伐，以此来保护当地的木材供应正常。在大多数地区，特定种类的树木——通常为野生无花果树（Ficus spp）——无论在哪里都是神圣的，并且也会受到各种不同程度的保护（在非洲和欧洲，神圣的丛林也具有重要作用，但与东南亚之间的联系则很松散）。山脉是核心的存在，在到处都是火山的印度尼西亚，这些火山山峰具有重大的宗教意义。

动物不太受到崇拜，但通常受到尊敬，与往常一样，力量强大的食肉动物具有不同程度的禁忌，也因身份的不同而受到不同程度的尊敬。在东南亚北部，流传着动物作为祖先的神话；许多群体将他们的祖先追溯至一条狗或者诸如此类的动物。许多少数民族中有牺牲野牛或牛的"功德盛宴"，而那些主持这类盛宴的人会得到社会和宗教的认可。根据亲属关系，参与崇拜的人共享献祭的肉；通常情况下，每个类别的亲属砍下这个动物的某一特定部分。

对于增长和繁育的关注，尤其是对至关重要的大米的关注，几乎是普遍的，很多艺术

成果和仪式均是献给大米和其他主要农作物。与环境保护现象一样，祖先也受到崇拜，尤其在印度尼西亚，婚姻具有广泛的重要性，婚姻不仅仅是使得两个个体结合在一起，而是为了凝聚整个继嗣群（Tannenbaum & Kannerer 2003）。亲属关系既复杂又重要，并经由宇宙学和象征主义而常规性地投射于自然中。

东南亚的许多少数民族宗教具有高度的二元性，在这一亲属系统和其他社会类别中，人类和灵魂、男人和女人、妻子付出和妻子索取之间形成强烈的对比。复杂的宇宙学象征主义将这些二元论投射于宇宙之中，例如，它们通常以神圣地理形态、神奇生物、不同种类的神、服装设计、仪式习俗，以及房屋中的点位加以呈现。民族群体之间的差异显著，从而使这一地区成为世界上最具宗教色彩、最具宇宙丰富性和多样性的地方（Schiller 1997）。

印度次大陆

印度次大陆的所谓部落民族的宗教，如果他们具有宗教信仰，那么这些信仰甚至更具多样性。印度具有世界上为数最多的"部落"民，但对于"部落"特征的唯一真实描述是，未成为完全独立的国家级社会，这一定义始于英国对其的殖民统治。从微小的狩猎—采集型联合体到具有数百万人口的民族群体（诸如桑塔尔族），印度次大陆存在成百上千个部落团体，拥有等级分层的政治系统统治下的复杂社会和大型城镇（Archer 1974）。

印度次大陆是亚洲所有传统的汇聚地。在北部，与藏族有关的群体通常信仰萨满主义的宗教（Snellgrove 1967）；在东部，孟加拉国北部与印度东部的"部落"都是东南亚文化，

向西就逐渐转为更为典型的印度文化。印度
南部的山区是崇拜诸神的民族,这些民族团
体与牧牛、打猎和农业有关。一般而言,这些
"部落"与多数种姓的印度教徒分享着不同等
级的神灵信仰和神圣动物信仰。2 500 多年
来,圣人们将部落神与印度多数人信仰的梵
天、毗湿奴和湿婆这三位神同等对待;部落神
则视为这三位神的化身。各种女神体现了这
三位神的女性气质的各个方面。

　　印度一些专门的原住民部落群体将他们
的灵魂实践活动投注于他们日常生活所特别
关注的方面。印度南部偏远地方非常小的托
达族团体,就是专业制酪业民族,他们让特殊
品种的水牛产奶,而产奶的整个过程是他们宗
教的组成部分。这些乳制品作为样品,代表不
同程度的圣洁(Arthur R. Walker 1986)。

阿富汗—巴基斯坦边境地区

　　阿富汗—巴基斯坦边境的"卡菲尔人"
(阿拉伯语意为"异教徒")是亚洲西部唯一
保留了非亚伯拉罕、非伊朗宗教的群体。他
们是乔治·斯科特·罗伯特森(George Scott
Robertson)1896 年著名的《兴都库什的卡菲
尔人》(The Kafirs of the Hindu-Kush)一书主
要的讨论对象,罗伯特森是隶属印度外事服
务部的随军医生,他对当时被称为"卡菲尔斯
坦"(Kafirstan)的边远地区进行了长达一年的
考察;尽管罗伯特森写道,阿富汗的民族群体
已经皈依了伊斯兰教,但在巴基斯坦的西北
部,大约有 4 000 位卡拉沙(Kalasha)仍然维持
着古老的宗教信仰。

　　他们的宗教以万神殿为中心,这一万神
殿囊括了众神和众女神,包括至高神伊姆拉

(Imra),非常重要的战神吉什(Gish),以及
耕作与丰产女神迪萨尼或迪兹尼(Disani 或
Dizne)(Jettmar 1986)。卡拉沙人对于纯洁的
重视程度很高。女性生活事件,包括月经,就
牵涉复杂的仪式。他们共同享有对树木和湖
泊的崇拜(这些都是通向诸神之门),也共享
对房屋的广泛使用,以作为宇宙的象征。他
们牺牲动物,包括山羊和牛,通常用作功德盛
宴。在各种仪式和许多节日中,唱歌、跳舞是
很重要的。对劳动力的区分——男人负责放
牧和耕种,女人负责教化——受到了宗教式的
维持。动物和自然景观的关系受到仪式上的
规定,但卡拉沙人似乎并未与更宽泛的自然界
有紧密的联系,也不像大部分东亚民族群体与
自然界的联系。这并没有使之免于被旅游机
构和相似的利益集团无耻地传奇化,并且(部
分的结果是)在最不敏感的层面,也没有使之
免于屈从于"发展"。可以引用彼得·帕克斯
(Peter Parkes 2000)对此的著名论断,对于许
多亚洲的少数民族而言,所有其他的事情都是
平等的。

原住民传统所面临的挑战

　　在欧亚大陆的西部,仅有一个少数民族
(卡菲尔人)的宗教传统得以幸存,在那里,亚
伯拉罕的宗教——具体就是基督教和伊斯兰
教——促进了信仰改变而没有倾向于接受当
地传统。形成鲜明对比的是,印度教、佛教和
东亚的主要宗教,像道教、儒教和神道教,一般
都具有高度的包容性,要么不管当地的民族,
要么允许他们保持其信仰,这些信仰是大多数
人的信仰在当地的具体表现。因此,在亚洲东
部和南部,成千上万的当地社区保留着其自身

的宗教。

　　不幸的是，学者对印度次大陆的许多原住民群体知之甚少，而这些地区目前正处于快速的宗教变化之中，人们皈依世界性的宗教也发展迅速。在印度尼西亚苏哈托（Suharto）的独裁统治下，他强制人们改变宗教信仰，苏哈托于1967至1998年在任期间，摧毁了当地的宗教。在20世纪70年代之前，与这个地区不相容的伊斯兰教极端形式已经在印度尼西亚和马来西亚的穆斯林区域传播，给"异端"少数民族带来危险。

　　在这些地区自由地开展原住民传统活动已经几乎不可能，把精神信仰传递下去也是步履维艰，而这些精神信仰长期支持保护地球资源和保护物种。

E. N. 安德森（E. N. ANDERSON）

加州大学河滨分校

拓展阅读

Agrawal, Arun. (2005). *Environmentality: Technologies of government and the making of subjects*. Durham, NC: Duke University Press.

Anderson, Danica; Salick, Jan; Moseley, Robert; & Xiaokun, Ou. (2005). Conserving the sacred medicine mountains: A vegetation analysis of Tibetan sacred sites in Northwest Yunnan. *Biodiversity and Conservation 14*, 3065–3091.

Archer, W. G. (1974). *The hill of flutes: Life, love and poetry in tribal India: A portrait of the Santals*. Pittsburgh, PA: University of Pittsburgh Press.

Balzer, Marjorie Mandelstam. (1997). *Shamanic worlds: Ritual and lore of Siberia and Central Asia*. Armonk, NY: M. E. Sharpe.

Batchelor, John. (1901). *The Ainu and their folk-lore*. London: The Religious Tract Society.

Beyer, Stephen. (1978). *The cult of Tara: Magic and ritual in Tibet*. Berkeley: University of California Press.

Blacker, Carmen. (1986). *The catalpa bow: A study of shamanistic practices in Japan* (2nd ed.). London: George Allen & Unwin.

Bogoras, Waldemar. (1904–1909). *The Chukchee* (2 vols.). American Museum of Natural History, Memoirs, 11. Leiden, The Netherlands: E. J. Brill.

Bogoras, Waldemar. (1917). *Koryak texts*. Leiden, The Netherlands: E. J. Brill.

Bogoras, Waldemar. (1918). *Tales of the Yukaghir, Lamut, and Russianized Natives of East Siberia*. AMNH Papers XX:1. New York: American Museum of Natural History.

Buijs, Kees. (2006). *Power of blessing from the wilderness and from heaven: Structure and transformations in the religion of the Toraja in the Mamasa area of South Sulawesi*. Leiden, The Netherlands: KITLV.

Chindarsi, Nusit. (1975). *The religion of the Hmong Njua*. Bangkok: Siam Society.

Darlington, Susan M. (1998, Winter). The ordination of a tree: The Buddhist ecology movement in Thailand. *Ethnology 37*(1), 1–15. Retrieved May 27, 2009, from http://ccbs.ntu.edu.tw/FULLTEXT/JR-ADM/susan. htm.

de Rachewiltz, Igor. (2006). *The secret history of the Mongols: A Mongolian epic chronicle of the thirteenth century* (Vols. 1–2). Leiden, The Netherlands: Brill.

Eliade, Mircea. (1964). *Shamanism: Archaic techniques of ecstasy* (Rev. ed.). London: Routledge & Kegan Paul.

Elwin, Verrier. (1991). *The Muria and their ghotul*. Oxford: Oxford University Press.

Fitzhugh, William, & Chisako Dubreuil. (Eds.). (1999). *Ainu: Spirit of a northern people*. Washington, DC: Smithsonian Institution, National Museum of Natural History, Arctic Studies Center, with University of Washington Press.

Goullart, Peter. (1955). *Forgotten kingdom*. London: John Murray.

Guha, Ramachandra. (1993). *Social ecology*. Delhi: Oxford University Press in India.

Hames, Raymond. (2007). The ecologically noble savage debate. *Annual Review of Anthropology, 36*, 177–190. Retrieved in May 27, 2009. from http://www.unl.edu/rhames/ms/savage-prepub.pdf.

Hamilton, Roy W. (2003). *The art of rice: Spirit and sustenance in Asia*. Los Angeles: UCLA Fowler Museum of Cultural History.

Harrell, Stevan. (2001). *Ways of being ethnic in southwest China*. Seattle: University of Washington.

Harrell, Stevan. (Ed.). (1995). *Cultural encounters on China's ethnic frontiers*. Seattle: University of Washington Press.

Harrell, Stevan. (Ed.) (2001). *Perspectives on the Yi of southwest China*. Berkeley and Los Angeles: University of California Press.

Harvey, Graham. (2006). *Animism: Respecting the living world*. New York: Columbia University Press.

Huber, Toni. (1999). *The cult of pure crystal mountain*. New York: Oxford University Press.

Humphrey, Caroline, with Onon, Urgunge. (1996). *Shamans and elders: Experience, knowledge, and power among the Daur Mongols*. Oxford, U.K.: Oxford University Press.

Jettmar, Karl. (1986). *Religions of the Hindukush: The religions of the Kafirs, Vol.1* (Adam Nayyar, Trans.). Warminster, U.K.: Aris and Phillips.

Jochelson, Waldemar. (1908). *The Koryak. American museum of natural history, Memoir 10*. Leiden, The Netherlands: E. J. Brill.

Kendall, Laurel. (1988). *The life and hard times of a Korean shaman: Of tales and the telling of tales*. Honolulu: University of Hawaii Press.

Kenin-Lopsan, Mongush B. (1997). *Shamanic songs and myths of Tuva*. Mihály Hoppál (Ed., Trans.). Budapest:

Akadémiai Kiadó.

Lopatin, Ivan A. (1960). *The cult of the dead among the natives of the Amur Basin.* The Hague: Mouton.

Maggi, Wynne. (2001). *Our women are free: Gender and ethnicity in the Hindukush.* Ann Arbor: University of Michigan Press.

Maskarinec, Gregory. (1995). *The rulings of the night: An ethnography of Nepalese Shamas oral texts.* Madison: University of Wisconsin Press.

Maskarinec, Gregory. (1998). *Nepalese Shaman oral texts.* Cambridge, MA: Harvard Oriental Studies 35.

Metzo, Katherine R. (2005, June). Articulating a Baikal environmental ethic. *Anthropology and Humanism, 30*(1), 39–54.

Müller-Ebeling, Claudia; Christian Rätsch; & Surendra Bahadur Shahi. (2007). *Shamanism and Tantra in the Himalayas.* Rochester, VT: Inner Traditions.

Nowak, Margaret, & Stephen Durrant. (1977). *The tale of the Nišan Shamaness: A Manchu folk epic.* Seattle: University of Washington Press.

Ohnuki-Tierney, Emiko. (1981). *Illness and healing among the Sakhalin Ainu: A symbolic interpretation.* Cambridge: Cambridge University Press.

Ohnuki-Tierney, Emiko. (1999). Ainu sociality. In William Fitzhugh and Chisako Dubreuil (Eds.), *Ainu: Spirit of a northern people* (pp.240–245). Washington, DC: Smithsonian Institution, National Museum of Natural History, Arctic Studies Center, with University of Washington Press.

Orans, Martin. (1965). *The Santal: A tribe in search of a great tradition.* Detroit: Wayne State University Press.

Parkes, Peter. (2000). Enclaved knowledge: Indigent and indignant representations of environmental management and development among the Kalasha of Pakistan. In Roy Ellen, Peter Parkes, &Alan Bicker (Eds.), *Indigenous environmental knowledge and its transformations: Critical anthropological perspectives* (pp.253–292). Amsterdam: Harwood Academic.

Philippi, Donald. (1982). *Songs of gods, songs of humans: The epic tradition of the Ainu.* San Francisco: North Point Press.

Rangan, Haripraya. (2000). *Of myths and movements: Rewriting Chipko into Himalayan history.* London: Verso.

Rivers, W. H. R. (1906). *The Todas.* London: MacMillan and Co.

Robertson, George Scott. (1896). *The Kafirs of the Hindu-Kush.* London: Lawrence and Bullen.

Rouget, Gilbert. (1985). *Music and Trance.* Chicago: University of Chicago Press.

Roux, Jean. (1966). *Faune et flore sacrées dans les sociétés altaïques.* Paris: A. Maisonneuve.

Roux, Jean. (1984). *Religion des Turcs et des Mongoles.* [Turkish and Mongol Religion]. Paris: Payot.

Schiller, Anne. (1997). *Small sacrifices: Religious change and cultural identity among the Ngaju of Indonesia.* New York: Oxford University Press.

Snellgrove, David L. (Ed. & Trans.). (1967). *The nine ways of Bon: Excerpts from gZi-brjid*. London: University of London, London Oriental Series.

Shapiro, Judith. (2001). *Mao's war against nature: Politics and the environment in revolutionary China*. Cambridge, U.K.: Cambridge University Press.

Shutova, Nadezhda. (2006). Trees in Udmurt religion. *Antiquity 80*, 318–327.

Sturgeon, Janet. (2005). *Border landscapes: The politics of Akha land use in China and Thailand*. Seattle: University of Washington Press.

Tannenbaum, Nicola, & Kammerer, Cornelia Ann. (2003). *Founders' cults in Southeast Asia: Ancestors, polity, and identity*. New Haven, CT: Yale University Press.

Tylor, Edward. (1871). *Primitive culture*. London: John Murray.

Vainstein, Sevyan. (1980). *Nomads of south Siberia: The pastoral economies of Tuva*. Cambridge, Studies in Social Anthropology, 25. Caroline Humphrey (Ed.), Michael Colenso (Trans.). (Original work published in Russian in 1972)

van Wouden, F. A. E. (1968). *Types of social structure in eastern Indonesia*. Rodney Needham (Trans.). The Hague: Martinus Nijhoff.

Waley, Arthur. (1955). *The nine songs: A study of shamanism in ancient China*. London: G. Allen and Unwin.

Walker, Anthony R. (1986). *The Toda of south India: A new look*. Delhi: Hindustan.

Walker, Anthony R. (Ed.) (1995). *Mvuh Hpa Mi Hpa: Creating heaven, creating Earth: An Epic myth of the Lahu people in Yunnan* (Shi Kun, Trans.). Chiang Mai, Thailand: Silkworm Books.

Walker, Brett L. (2001). *The conquest of Ainu lands: Ecology and culture in Japanese expansion, 1590–1800*. Berkeley: University of California Press.

原住民传统——澳大利亚

可持续发展精神突出表现在澳大利亚土著居民的宗教和哲学中。它强调土地的重要性，并将人类视为更大整体的一部分，这些观点体现在英语中称为"梦"（Dreaming）的世界观。原住民的宗教要求关注所有事物的需要，并指出，那些毁灭已有之物的人，最终必毁灭自己。

英语中没有一个等同的词语可用来描述澳大利亚土著民传统中的核心概念，但是许多原住民使用"梦"这一词也有百年有余，"梦"主要用作名词，用来描述这个世界的特性，以及世界上所有存在物是如何形成它们的形状和联系的。"梦"的含义包括创造、连续性、宗教行为和生态联系。在"梦"这一概念下，可持续发展的精神得到了清晰表达，当然不是用英语词汇来表达。

土著哲学家玛丽·格雷汉姆（Mary Graham）把土著的宗教哲学浓缩为两句主要的格言：土地即律法；在这世上，你并非孤单一人。这两条原则可以理解为原住民关于万物之间联系的伦理和实践。

其中，第二句格言——"你并非孤单一人"——将人类置于更大生命体系的参与者的位置。第一句格言要求人类服从于世界的运作方式；在参与模式里，世界为人类提供了欢乐和庆典。格雷汉姆将这一格言更深层次地阐释为"所有的意义均来自土地"（Graham 2008，181—182），从而发展了这一格言。专注这两条格言所映射的内容，从而进行实践，可持续发展即是这些实践的产物。

梦

在整个澳大利亚大陆，创世故事各不相同。然而，与此同时，这些创世故事都通过梦境中的旅行和行为而联系起来——形态变换着的伟大造物主就在这地球上行走。整个大地的形式是由梦境所造,也因梦境造就而形成差别;梦境产生了存在物并形成不同的国家、语言、民族、物种、文化、植物群落和水源。

梦,一方面是持续的,梦境创造了国家——不是如今人们通常所认为的作为政治实体的国家,而是作为人类的家园、独特的植物和动物之家园的国家,也是维持它们独特生存地貌的国家。自然景观本身就是神圣的地理。另一方面,这一创造出来的世界是短暂的:活的生物、生物之间的关系、维持它们生命的水、活跃的文化形式,以及支撑这个世界的知识,全都是转瞬即逝的。通过具有智慧的生命体(不仅指人类这一类别)的行动,梦境体现着当下的现实。创造的生命持续通过当下时空中的短暂生命形式而完成。

关心国家

"关心国家"(caring for country)是原住民对当代英语所贡献的另一个术语。"关心"这个词涉及关系和责任。人们关心自己的家园,所以,理想情况下,每个国家是由持续的生命、道德行为以及终极意义所构成。自19世纪和20世纪受到欧洲人的殖民以来,在许多地区,土著民关心国家的能力在根本上减弱了。随着人们流离失所,要么被屠杀,要么被驱逐出家园,也因为国家转变为私有财产、转向工业化农业和畜牧业,这个国家因而损失巨大。生态系统可能会迅速崩塌,正如澳大利亚中部所经历的一样,那里有着世界上最高的哺乳动物灭绝率(Johnson 2006,

vii)。它们也可能(或相反地)缓慢崩塌,就像很多其他地方正在经历的一样。很难识别出这种变化,但是在澳大利亚的许多地方,土著民所关注的损失与生态系统中的主要变化之间有着因果联系。

然而,在整个澳大利亚,土著民继续尽他们所能地关心国家。在一些原先的自然保护区,生态系统还是相对地完整,日常生活、仪式活动中也体现着这种关怀,同样也体现在深层次的宗教哲学之中——关系与责任相关的宗教哲学。关心国家是可交流的(communicative)。土著民称,他们的国家召唤他们采取行动:它在传递信息;他们听、闻、看、理解、回应。"国家的召唤"在所有感官层面进行交流,而那些远离他们家园的人则遭受着感官被剥夺的感受,这些感觉如失落、平庸、精神懈怠。海鹰族(Mak Mak)的家园就在靠近达尔文市北部的沼泽和易被水淹的低地平原上,海鹰族的长者凯西·德弗奥(Kathy Deveraux),这样来描述回家的经历:"当你看到鸟儿,看到村庄,你的感觉就回来了。你知道该做什么,该去哪里。"(Rose et al. 2002,1)

可以从知识中觉察到对国家的关心。对他们国家的动植物相关的知识,关于植物对栖息地条件的要求、动物对食物和其他栖息条件的需求,以及如何阐释这片土地上的生命迹象和其他踪迹,许多人对这些的了解和掌握是百科全书式的。尤其是老年人,对于灾难和避难史,对于能够使所有生命形式通过代际繁衍的共生社区,这些老年人保留着深刻的认知。

对生态系统的关怀和养护传达了两种主要的有关这个创造出来的世界里生命繁荣的伦理提议。这些提议会导向可持续发展的生态系统,并且,很多土著民认为,在任何时代和任何地方,这些提议适用于所有人(Neidjie, Davis, & Fox 1985)。第一个提议是,一个国家和这个国家的人民之间应该互相关怀。这一提议强调的是地方之间的关怀和关怀程度,并断言,关怀关系是互惠的。一个人关怀国家就是照料其生存境遇,这样一来,国家就能继续维持活物的生计,包括属于(和照料)这个地方的那些人。第二项提议是,那些毁坏他们祖国的人最终是自取灭亡。这一提议直接随着第一个提议而来,对其他生物之需求的关注遍及整个关怀伦理中。

相关性

生态知识被编入图解、歌曲和故事中;在假定的国家中,大量的神话和仪式清楚地表达了生态的知识。更为复杂的仪式表演则不仅包括歌曲、舞蹈和直接应用于身体的设计,还包括承载这些设计的神圣器物,其中一些是永久性篆刻,也有一些则是绘画。一种植物或动物的图解代表这种植物或动物面向关系进行言说,这种关系是一群人和那些物种之间的关系。与此同时,物或动物的形象也直接关系那一物种:这个形象对作为创世故事一部分的、为那个物种所设定的位置说话,并且在乎那一物种的繁荣。

土著民的火灾生态学就是关心国家的最好例子之一。受梦境和故事所托,土著民

用火的目的是在国家中制造一种块状的马赛克效应,就是在火灾后,从各个层面恢复生长。其效果是为了增加栖居环境的多样化,从而促进生物多样性。从一个国家到另一个国家施行燃烧植被,须符合当地情况。由于火灾生态与当地的状况、燃烧的时机、频率相联系,所以,在整个大陆,组织放火燃烧程度各不相同。对于燃烧的原因,人们的解释各不相同,但狩猎是一个重要因素。燃烧具有相关性:它能提高其他生物的生命质量——通过增加栖居环境的多样化和燃烧干枯的植被,以便有价值的绿色植物生长。与此同时,它也能提升人类的生活品质,不仅通过促进动物的健康——人类会捕猎它们,也让人们更容易地穿行于这个国家。"干净的"国家之美学指的是,这个国家以合适的方式燃烧:受清理而不是彻底摧毁。

阿普里尔·布莱特(April Bright)是海鹰族中的一位长者,他的祖国在整个殖民时代就经历了土著民的持续燃烧,他解释说:"'烧草'事件发生在当草木开始干枯时,潮湿的季节过去之后。这样的事情每年都会发生。国家会告诉你什么时候以及从哪里开始燃烧。为展开这一任务,你必须了解你的国家。但你不会试图燃烧别人的国家。烧草的原因之一是为了拯救国家。如果我们每年不在国土上烧草,就不是在照顾我们的国家。"(Rose et al. 2002, 25)

尊重

4万多年以来,澳大利亚的原住民就居住在——并且照料着——地球上最为干燥的栖居地。在人类栖居时期,气候周期性地变得干

旱或湿润；海水退去又涌来。在遥远的南部地区，冰川使人类远离它。但由于许多生态变化，大陆的大部分地区都持续地有人栖居。在几千年的进程中，人们从国家、生态系统和正在进行的创造活动中发展出一种哲学——宗教式的生态学。梦境就是有关这个现实世界的全部——世界是如何形成，以及如何继续存续下去。人们的宗教生活，正如其经济生活一样，会举国庆祝生命的快乐和完满。

自殖民化以来，土著民和澳大利亚的生态系统遭受了巨大灾难。然而即使在破坏最为严重的地区，仍然保留着负责任的精神。土著民菲尔·沙利文（Phil Sullivan）的家位于达令河（Darling River）—— 一个干旱的地区，灌溉设施匮乏。他讲述了其努力维持人民与国家之间关系的经验，"我们可能会丢失我们的……语言，甚至石刻艺术也可能消失，但我们永远不会丢失藏在我们内心深处的东西——我们与国家之间的精神纽带。外在的事物会消失，但是内在的尊重会持续存在。我们尊重动物以及我们的土地。那就是我所称为的我们最后的防线，最后的防线就是尊重"（Rose，Watson & James 2003，102）。

黛博拉·伯德·罗斯（Deborah Bird ROSE）
麦考瑞大学

拓展阅读

Graham, Mary. (2008, November). Some thoughts on the philosophical underpinnings of Aboriginal worldviews. *Australian Humanities Review, 45*, 181–194. Retrieved January 19, 2009, from http://www. australianhumanitiesreview.org/archive/Issue-November-2008/graham.html.

Johnson, Chris. (2006) *Australia's Mammal Extinctions: A 50,000-year history*. Melbourne: Cambridge University Press.

Neidjie, Bill; Davis, Stephen; & Fox, Allan. (1985). *Kakadu man: Bill Neidjie*. Queanbeyan, New South Wales, Australia: Mybrood.

Rose, Deborah. (1996). *Nourishing terrains: Australian Aboriginal views of landscape and wilderness*. Canberra, Australia: Australian Heritage Commission. Retrieved March 30, 2009, from http://www. environment.gov.au/ heritage/ahc/publications/commission/books/pubs/nourishing-terrains.pdf.

Rose, Deborah; D'Amico, Sharon; Daiyi, Nancy; Deveraux, Kathy; Daiyi, Margaret; Ford, Linda; et al. (2002). *Country of the heart: An indigenous Australian homeland*. Canberra, Australia: Aboriginal Studies Press.

Rose, Deborah; Watson, Christine; & James, Diana. (2003). *Indigenous kinship with the natural world*. Sydney: National Parks and Wildlife Service, New South Wales. Retrieved March 30, 2009, from http://www. environment.nsw.gov.au/resources/cultureheritage/IndigenousKinship.pdf.

附录 国家的原住民诸概念

在考察澳大利亚西部和威尔士新南部的诸民族时，黛博拉·伯德·罗斯受到20世纪哲人伊曼纽尔·列维纳斯（Emmanuel Levitas）的"有营养的土地"之启发，她延伸了自己的定义——关于原住民是如何体验"国家"作为给予或接受生命的地方。"不只是想象的或象征的，"她写道，"国家就是住在其间并与之相处的地方"。

国家在土著英语中不仅是一个常见名词，也是一个专有名词。人们在谈论国家时，与谈论一个人的方式是一样的：他们谈论、歌唱、参访国家，为国家感到担忧、遗憾或憧憬。人们说，国家会知晓，会听、会察觉、会注意、会关照，国家也有悲伤或快乐。国家不是一个普遍的或毫无差别的一类地方，正如有人或许会以"在这个国家花了一天时间"或"去这个国家"这样的语句进行指代。相反，国家是一个有着昨天、今天和明天，有意识的、对生命有决心的鲜活实体。由于这种丰富性，国家就是家园与和平，是身体、心灵和思想的养料，是心安。

来源：Deborah Bird Rose. (1996). *Nourishing Terrains: Australian Aboriginal Views of Landscape and Wilderness*, pp. 7. Canberra, Australia: Australian Heritage Commission. Retrieved October 1, 2009, from http://www.environment.gov.au/heritage/ahc/publications/commission/books/pubs/nourishing-terrains.pdf.

Indigenous Traditions — North America

原住民传统——北美洲

北美洲原住民（印第安人）有一个共同的信仰，即，地球和宇宙中的万物都有灵魂，并且因灵性而焕发活力——尽管单单在美国就有560多个认定的部落，他们对这一论题的看法存在相当大的差异。许多民族认为，土地和水，以及靠土地和水而维持生命或生活在土中、水中的全部生命体都是神圣的，这一信仰通常——但并不总是——适用于可持续发展的生活方式。

美洲原住民（印第安人）如今践行着宽泛的各种各样的宗教传统，由其原来的土著传统到基督教，还有传统和基督教以独特形式融合而成的集合体。注意到这一点尤为重要：北美洲大部分部落的精神领袖并不将他们的实践活动视为"宗教"，相反，他们称之为"精神传统"、"神圣的方式"和"生命的灵性方式"。宗教这个词通常与欧洲、中东和欧美那些建立于神圣经文、先知和一神论基础上的机构息息相关。这与土著民的神圣方式极为不同，土著民的宗教有着与特定场地相关的、以地球为中心的、精神式的伦理和实践，这些伦理与实践基于代际间口耳相传的有关"传统知识"、"自然法则"或"最初的教诲"的教导。

在美国，根据记录，有400万美洲印第安人，562个认定的美洲印第安和阿拉斯加本土民族，其精神传统的范围和多样性非常巨大。在加拿大，根据报道，有1 172 790名土著民生活在居于前六百的第一民族①（如梅蒂斯人和因纽特人）的联合聚居区和疏于保护的社区。在墨西哥，大约有60个完全不同的原住民群

---

① 译者注：第一民族（First Nations），是一个加拿大的种族名称，与印第安人（Indian）同义，指的是在现今加拿大境内的北美洲原住民及其子孙，但是不包括因努特人和梅蒂斯人。

体，他们说着60多种独特的语言。在这三个北美洲民族—国家之间的原住民文化多样性巨大而复杂——巨大是因为其固有的文化多样性（民族的、语言的、哲学的和艺术的）；而复杂是因为传统实践发生着深刻变化，部落需以许多适应性的方式做出回应、适应和抵制大量的殖民主义浪潮，从而引起传统实践的深刻变化。

北美洲原住民宗教和灵性的诉求几乎有一种深不可测的多样性——从加拿大北部的因纽特人传统巫师，到美国西南部大盆地摩门教的派尤特人（Mormon Paiutes）；从美国西南部和墨西哥的雅基族合一的天主教徒，到美国平原上的拉科塔部落跳太阳舞的人；从本土美洲人教会中的信众，到北美主要城市中混血种人（梅蒂斯人、梅斯蒂索人、克里奥尔人）的泛灵论者。就这种庞杂的多样性而言，美洲原住民的精神生活实践可以划分为四组主要的类型：（1）传统信仰；（2）基督教或其他主要宗教；（3）合一信仰——基督教和传统精神实践的独特结合；（4）泛部落种族的信仰——部落间不同的精神信仰、实践和仪式的混合体。本文将专注于第一类，即北美洲的传统精神教导——殖民地化之前的精神哲学、伦理和仪式。

核心概念

依据美洲原住民（印第安人）精神传统在地理、民族、文化和语言方面所具有的多样性，就可以归纳和总结某些始终如一的核心概念。

这些教导起源于口述传统，而现在能够在出版物中找到。在哲学和信仰方面，大多数原住民精神传统都被认为具有整体性和万物有灵论色彩。这些传统源于这一观念，即，精神和物质世界紧密地联结在一起，自然是神圣精神力量的体现。因此，地球和宇宙中的万物——植物、动物、云朵、人类、岩石等等——都有灵魂，并焕发精神活力。这种信仰通常被称为泛神论，意味着宇宙的来源、宇宙本身和自然界（包括人类）都紧紧融合在一起，是神圣的、是精神创造的一部分。这些教导支持这样的观念，即，非凡之物或神圣者既是内在的，也是超然的，这一观念强调内在，优先考虑日常生活中人与神圣者之间更为个人化的亲密关系。

美洲原住民通常将这些教导称作"最初的教诲"，因为根据他们的宇宙论和天体演化论，这些是由创造者或创世时代的造物主们以原住民自己的语言给予他们的最早精神教导。每一种本土语言均起到基础和媒介作用，因为完全不同的哲学、心理学和知识观点通常不可能以西方世界观和英语来表达。这些原始的、口头传授的教诲就像其他宗教所遵循的神圣经文，只不过这些教诲更为口语化、个人化、更具活力。这些口传教诲之中包含着伦理、价值观、教训和世界观，他们阐释了在与其他人以及地球和谐相处的过程中，该如何度过一种精神上健康、平衡和良好的生活。这些精神价值体现在实用科学和观察中，以便维系人类的生存和繁衍，以及维系人类生存所需的一切——食物、水、住所、衣服和药品。为维系这种繁衍，许多本土民族，例如加利福尼亚北部的优洛克部落（Yurok Tribe），就实践着世界重建仪式以如实地"保持地球的平衡"。这些价值观和实践做法在某种意义上也可体现可持续发展，因为它们帮助在特定生态系统与传统家园中的特殊群体维持了他们自身。

美洲原住民中的一种常见精神指引是对宇宙中存在的"伟大力量"（Great Power）和"巨大神秘力量"（Great Mystery）的感知和理解，而这最终还不为人类的心智所知。这种力量提醒人们对生命之礼保持谦卑和感激的态度。在梦境、憧憬、死亡、黑暗和未知之中，就有一种需要崇敬和安抚的"巨大神秘力量"。神秘力量中的价值和对神秘力量的尊重，可以帮助人们意识到，人类是更大的宇宙中生死、创造与毁灭循环的一部分，也意识到崇敬、谦卑和幽默有益于和平的生活。

美洲原住民精神传统中处于核心地位的另外两个相互关联的概念是家族关系和互惠主义。原住民懂得，对于自然界的大家庭，他们就像在一个家庭中一样相互之间具有亲密和私人的联系。人类对食物、水、呼吸和其他的需求，依赖于植物、动物、土壤、气候和阳光为其提供所需的养分以繁衍后代。因此，他们与所有生活于他们当地环境中的生命，尤其与"同族"之间有着全面联系。拉拉穆里族（Raramuri）的人种生态学家恩里克·萨尔蒙（Enrique Salmon）称此为"以家族为中心的生态学"："原住民将其自身和自然都看作更大生态家族中的部分，更大生态家族有着共同的祖先和起源。这种意识，即：只有当人类将围绕在他们周围的生命视为同类时，生命才能在任何环境中存活下去"（Salmon 2000, 1327）。由于人类的生存依赖于自然，人类就必须关爱、尊重、重视自然，并且为那些其他形式的生命和他们的灵魂献祭。例如，当克里族的猎人准备打猎时，他会做出特别的祈祷并给"驼鹿的灵魂"献祭，这样，驼鹿之类就会为了维持猎人和他的家庭生计而舍弃自己的生命。猎人杀掉驼鹿后，作为报答驼鹿生命的馈赠，他会为它唱首歌以使它的灵魂获取安宁，还会为驼鹿献上一种圣草，例如烟草、香草，或鼠尾草，以此作为象征，并切实地感谢这只驼鹿。人们在采集、收集、猎取食物或药物时，对这种互惠关系的强调和践行极其重要，并以很多种方式加以呈现。当交换礼物或与朋友、家庭或传统集市、仪式或集会上的人们进行交易时，互惠关系也得以表现出来。所有民族都鼓励家族关系和互惠主义精神，包括陌生人和不同背景的人。就这一意义而言，美洲原住民的精神传统教授了关于文化多元主义、不同文化间的尊重和互惠经济的重要性。

传统仪式和庆典

根据卡尔·沃尔德曼（Carl Waldman）在《北美印第安人的阿特拉斯》（*Atlas of the North American Indian*）一书中所言，北美洲的宗教传统"可视为两种截然不同文化传统的传播和相互交融的结果，即北方的狩猎传统和南方的农业传统"（Waldman, 67）。动物崇拜、萨满教、仪式疗法和跨物种间的交流是北方狩猎传统的重要特征。南方的农业传统是季节性农业循环的一部分这一精细的耕作循环包括在特定的时间里播种、生长、收割。在这些部落系统中，与隐秘的崇拜形式相比，祭司和宗教机构更正式和层级化。

美洲原住民所举行的许多庆典和仪式（来自一般性传统中的庆典和仪式）都涉及祭品、预卜，以及利用音乐、舞蹈、艺术和植物与动物药品来将一个人的意识从普通状态转化到超自然状态。拉科塔汗屋（Lakota sweat lodge）和太阳舞仪式中强调献祭，由此，人类需要禁食，在酷热、汗水、舞蹈和祈祷中，人类得到净化。禁食常见于很多传统部落，一个年轻人进入青春期仪式并在自然中独自禁食一段时间——通常是4个昼夜，从而寻求一种幻象。这种活动通常称之为预卜。其他涉及集体活动的庆典中，四大元素（气、火、水、土）常被用于特定的歌曲和舞蹈中，从而为祖先、植物、动物或地球的灵魂献祭。一些集体仪式是通过精心编排的集体歌曲、舞蹈和祭品来感谢"玉米母亲"（Corn Mother），美洲和墨西哥西南部的普韦布洛玉米舞（Pueblo Corn Dances）就是例子。墨西哥的惠考尔人利用他们神圣的植物仙人掌作为药物，将另一种意识状态诱导出来，并与看不见的精神和能量进行沟通。

所有这些仪式和庆典都需熟知当地生态和关系网。因此，土地和水，以及靠土地和水而生、在水里和土里生长的生命都被视为神圣性和具有人格性。自然环境必须以一种家族性的和再生的方式得到照料。亚利桑那州的霍皮人在他们的庆典和神圣宗教艺术中使用黏土和染料；因此，数千年来，为了可持续地获取这些黏土，他们必须对地质、土壤和地形具有实用而科学的理解。同样，巫医祭祀（Midé priests）——欧及布威族（Ojibwe）的传统医师，在特殊的治疗仪式上，会利用熊和鲟鱼这两种图腾动物的油。他们必须对这些动物的生命周期、生理阶段、解剖和行为有详尽了解，以便能够在治疗方式中得到、提取和利用这些油脂。就这一意义而言，本土的宗教、科学和艺术合并成为一种整体的生活方式。所有这些仪式会在圣地——当地特定的土地和水域上的圣地——举行。因此，神圣土地和神圣场所的观念对于所有美洲原住民传统来说至关重要。

亲族关系生态学和生态的印第安人

为获取食物、医药、服装、住所、神圣活动和日常营养物，美洲原住民历史上曾实施过粗放以及集约化的土地经营，这种土地经营以克制、牺牲、节制、互惠、感激和庆祝的伦理为指导。由于其围绕着亲族关系和互惠主义的复杂信仰体系，以及有关献祭给自然界的实用表述和行为，美洲原住民通常被称为"第一批生态学家"或"最早的环保主义者"。对于"生态的印第安人"的这一标签，北美印第安人既有赞成，也有鄙视。一方面，在殖民主义彻底打乱其生活方式之前的数千年里，全世界的原住民是唯一能在当地生态系统中过可持续发展生活的群体。另一方面，某些本土团体也过度开采了自然资源，而由于这种过度开采，他们要么迁移了，要么消亡了。无论从哪一角度，它依然被视为一个固定的形象：将美洲原住民标记为生态学家，而不是将他们视为具有不同想法、观念与实践的独立的现代人。尽管许多原住民族已经传达出高度复杂而精细的生态哲学和实践，称"所有美洲原住民都是生态的"，是过于不切实际的、本质主义的（essentialistic）以及成问题的。

宗教自由的斗争和争论

美洲原住民如今面临着对其神圣方式的持续威胁，这些神圣方式诸如：许多部落尽力维持其与圣地之间的关系，并且利用传统的药物和祖传的土地。由于许多非本土民众对本土民族及其精神信仰与实践的误解、成见和歧视，对于美洲原住民而言，宗教自由仍然很难，而且极具争议性。例如，加利福尼亚北部的温图族（Winnemem Wintu）努力保护着他们的圣地以免再次被河坝决堤的洪水淹没。对美洲原住民精神传统的另一威胁是，新时代运动中的"白人巫师"和"塑料巫医"伪造美洲原住民的传统，并举行一些所谓的仪式，向非本土民众收取大量钱财。采掘工业如采矿、伐木、筑坝和为用于军事的工业继续以惊人的速度威胁并破坏着美洲原住民的神殿、墓葬、诞生之地（emergence places）以及起源之地。工业用地、新时代重商主义、文化偏见和无知，以及政府限制，都是威胁如今美洲原住民宗教自由的主要因素。

尽管美洲原住民的宗教自由和精神表达面临此类和其他主要的挑战，如今的美洲原住民继续践行着他们传统的神圣方式。正如欧及布威族（Ojibwe）活动家薇诺娜·拉杜克（Winona LaDuke）所陈述，这些经过时间检验的精神传统所阐释的世界观并不基于征服。这些精神传统所展示的是急需的生态关系和代际责任方面的哲学、伦理学和具体实践。

梅丽莎·K. 纳尔逊（Melissa K. NELSON）
旧金山州立大学

拓展阅读

Beck, Peggy V., & Walters, Anna L. (1988). *The sacred: Ways of knowledge, sources of life*. Tsaile, AZ: Navajo Community College Press.

Caldicott, J. Baird, & Nelson, Michael R. (2004). *American Indian environmental ethics: An Ojibwa case study*. Upper Saddle River, NJ: Pearson Education.

Deloria, Vine, Jr. (1994). *God is red: A native view of religion*. Golden, CO: Fulcrum Publishing.

Deloria, Vine, Jr. (2006). *The world we used to live in: Remembering the powers of the medicine men*. Golden, CO: Fulcrum Publishing.

Graham, Harvey. (2006). *Animism: Respecting the living world*. New York: Columbia University Press.

Grim, John. (1998). *Indigenous traditions and ecology: The interbeing of cosmology and community*. Cambridge, MA: Harvard University Press.

Kelley, Dennis F., & Crawford, Suzanne J. (2005). *American Indian religious traditions: An encyclopedia*. Oxford, U.K.: ABC-CLIO.

Kidwell, Clara Sue. (2001). *A Native American theology*. Maryknoll, NY: Orbis Books.

Martin, Joel. (2001). *The land looks after us: A history of Native American religion*. New York: Oxford University Press.

Nabokov, Pete. (2007). *Where the lightning strikes: The lives of American Indian sacred places*. New York: Penguin.

Nelson, Melissa K. (2008). *Original instructions: Indigenous teachings for a sustainable future*. Rochester, VT: Bear & Company/Inner Traditions.

Niezen, Ronald. (2000). *Spirit wars: Native North American religions in the age of nation building*. Berkeley: University of California Press.

Salmon, Enrique. (2000). Kincentric ecology: Indigenous perceptions of the human–nature relationship. *Ecological Applications, 10*(5), 1327–1332.

Smith, Huston. (2007). *A seat at the table: Conversations with American Indian leaders on religious freedom*. Berkeley: University of California Press.

Sullivan, Lawrence. (1989). *Native American religions: North America*. New York: Macmillan Publishing Company.

Treat, James. (1996). *Native and Christian: Indigenous voices on religious identity in the United States and Canada*. New York and London: Routledge.

Vecsey, Christopher. (1991). *Handbook of American Indian religious freedom*. New York: Crossroad Publishing Company.

Waldman, Carl. (2000). *Atlas of the North American Indian*. New York: Checkmark Books.

Wessendorf, Kathrin. (2008). *The indigenous world 2008*. Copenhagen: International Work Group for Indigenous Affairs.

Indigenous Traditions — Oceania

原住民传统——大洋洲

　　大洋洲原住民的信仰和实践反映出其意识到所有生命之间的相互依存关系。仪式（如夏威夷草裙舞）和动态的概念（如澳洲梦想）赞美了栖息地，并使个体和社区负有赋予生命以力量的责任。西方的资源开发和上升的海平面（使一些岛屿国家遭受被淹没的危险），都是使这个地区生态和文化的可持续发展受到威胁的因素。

　　大洋洲的原住民们既遵循其祖先留下的传统方式，也遵循传教士带来的基督教传统。在这世界的某些地区，原住民生活方式和外来信仰完美结合，而在其他地方，这两者又构建起单独的甚至相互冲突的生活方式。总体而言，太平洋上的宗教风格强调的是社会和生态关系。大洋洲和其他地方原住民的传统环保知识强调的是人和其他生命形式之间的互惠关系；这种给予—索取模式建构了传统的神话和宗教仪式，并影响着太平洋的基督教圣俸拨款。大洋洲地区，从西部的大岛新几内亚（New Guinea）延伸至东部的夏威夷岛和拉帕努伊岛（复活节岛），包括太平洋诸岛和澳大利亚的大陆，这些地区原住民的生活方式受到其多样化环境——从澳大利亚中部的沙漠到新几内亚的热带雨林，再到太平洋中部的珊瑚环礁——的制约。在仪式活动中，人们祈求自身的健康，以及土地、庄稼、动物的完好，而在神话叙事中，他们讲述土地如何形成，人们如何开始栖居于他们特定的领土上，以及社会制度是如何形成的。当下，保持繁育能力和健康，维持祖先传下来的宇宙秩序，这牵涉个人和社会的终极关怀。这个地区自然的多样性与社会多样性相互呼应，包括由酋长领导的社会和有着各种复杂亲属关系模式的相对主张平等的社区。这些与殖民时代引进的现代政治体系相互交融。跨越整个大洋洲，各种各样的精神存在——祖先的魂魄、创世神，以及寓居于树木、水池和特色景观中的灵魂——都被视为这个社会性世界中的活跃分子。随着基督教的引入，三位一体的基督教上帝和基督教圣徒则纳入这个世界。

生态角度的宗教

西方对宗教的经典定义强调的是与上帝或诸神之间的关系，并涉及信仰、实践、价值观和象征物。这些接触宗教的方法可用于探索大洋洲人民的生活方式。但面向宗教的生态取向更好，这种取向将宗教解释为诸多领域经验的联结和赋权（empowerment）。宗教的这种生态取向并不否定其他观点，而是表明宗教意识到了所有生命形式之间的相互依存关系。这样的意识衍生出保护生命和探寻给予生命以力量的行动。而在大洋洲传统中，没有一词能与"宗教"这个术语准确对应，但许多原住民的观念里就包含了宗教的意义。其中有澳大利亚原住民"梦"的观念，以及波利尼西亚和美拉尼西亚部分地区的"玛那（魔力）"（mana）和"禁忌"（tapu）。这三个术语都含有外来的生态思想，源于向太平洋地区进行殖民和传教；这三个术语在当代宗教学者思考其研究主题方面，都有一定的影响。

澳大利亚原住民采用英语的词汇"梦"来表达关于世界起源和正在进行的赋权活动的观念。在某种意义上，它指的是以一种非同寻常的力量开启的新纪元，这种非同寻常的力量就如同从地下或从天空或从地平线上出现的彩虹蛇（Rainbow Snake）。这些具有强大力量的生物塑造了地球，分配了动植物和水的分布，并建构起人类文化。它们自身可称之为"梦"。每一人和每一群体都与特定的梦境有关。神话故事叙述了梦境的所为，仪式活动演绎了梦境并将其力量传播至自然景观进而传播到社会。澳大利亚原住民宗教更关心空间而非时间，在他们自己的"国家"（领土、土地上），人们意识到作为梦中之人所行之路的梦

的踪迹，而且，梦境将有力量之物寓于或使之参与创造性活动之中。从梦的角度而言，人们附属于自己的国家，并与居住于此的所有其他物种共同生活。人们有责任讲述这些故事，并举行仪式，以促进土地、动物、植物和人繁荣发展。人们视其自身为土地的从属者，承担着通过举行仪式来维持土地的责任，而这些仪式是梦境对其指示的。

艾米尔·涂尔干（Émile Durkheim, 1858—1917）等人的著作中，"玛那（魔力）"和"禁忌"这类术语已经列入宗教研究词典，并具有广泛意义[Durkheim 2008（1912），140—152，221—242]。在太平洋，"魔力"是存在物的一种性质，在诸神、灵魂或其他力量的影响下，一个人或物所拥有的、暂时的或永久性的力量。英国圣公教传教士科德林顿（R. H. Codrington, 1830—1922）将美拉尼西亚宗教的特征描述为获得魔力的过程（Codrington 1891, 118—121, 191—193）。玛那所示的是一种力量的具体展现，并且通常可注解为"超自然力量"；而禁忌则意味着限制或抑制力量。通常英语会将禁忌渲染为"忌讳"（taboo）并将其注解为"禁止"（forbidden）。那些被看作危及平民百姓的事物、人和行为被称作"禁忌"（忌讳）。因此，那些灵魂栖息之处具有潜在的危险性，也通常是禁忌。如必须在那些地方从事冒险活动时，例如需要收获水果或坚果，或需要打猎，人们就会举行保护仪式。历史学家和语言学家安妮·萨尔蒙德（Anne Salmond）说，"波利尼西亚词汇像'玛那（魔力）'"、"'禁忌'和'神'（atua）都'高度依赖理论'，相应地，也就很难进行阐释或翻译"。她指出，这些词产生于"一种解释性理论，

这种解释性理论吸取了交配、繁殖和生长的自然经验，并在此基础上发展出一种谱系性描述语言，用于解释各种实体之间（例如，人民；他们的祖先和祖先神；植物和动物；还有诸如星辰、天空、地球、海洋、土地、群山和风这类现象）的关系，也用于解释宇宙本身的起源"（Salmond 1989, 57）。

象征性语言和作品

在大洋洲，大部分原住民既不居住于农村地区，也没有保留与农村社区之间的联系。许多原住民像其祖先一样，通过园艺、打猎、钓鱼以维持自己的生计。在日常生活中，人们使用"普通的"语言进行交流，也从事"普通的"劳动以供应食物。但在保护土地（和海洋）的仪式中，他们操多种语言并结合许多行动以建立起诸多领域之间的有益联系，尤其是与精神之间的联系。每个人都使用象征性语言和象征性作品，而某些社会将其最重要的神话和仪式交托给诸如像医师和牧师的人。例如，正如迈克尔·杨（Michael Young）在《Manumanua的魔法师》（*Magicians of Manumanua*）中讨论的，在巴布亚新几内亚卡尔拉鲁纳（Kalauna）的马西姆社会（the Massim society）中，社区的"保卫者"是世袭的仪式专家，他知悉关于食物的神话，也是他举行消除饥荒和促进食物供应的仪式。在象征性语言中——例如为花园及孩子们的成长所作的祈祷；以及用于治疗和更新的象征性作品中，礼仪专家及受其保护的人为实现平衡和繁荣而努力。

根据各种情况变化，太平洋上的各民族在接受基督教的同时，也调整着传统的仪式，例如草裙舞。早在传教士到来的1820年以前，根据拉卡女神所创立的传奇改编而来的草裙舞——由跳舞和唱歌结合而成——的表演就是为了荣耀神、称颂首领，以及为自然和社会庆祝。草裙舞的歌曲和舞蹈动作唤醒了自然环境——自然山谷、森林与河流，以及蕨类植物、鲜花和水果。草裙舞既描述了人类之爱，也表达了自然的丰收。草裙舞的两性意象触怒了传教士，他们谴责称这是粗野的。草裙舞的传统形式虽然衰落了，但在大卫·卡拉卡瓦（David Kalākaua）统治期间，草裙舞的一种形式——结合了传统与新兴元素的"库依草裙舞"（hula ku'i）得以复兴。为吸引游客，20世纪的草裙舞以一种娱乐形式进行展示，专注于舞者的奇异魅力。自20世纪60年代以来，伴随着夏威夷的文化复兴，随着争夺土地、改造传统林业和农业活动，以及重返波利尼西亚航海事业的兴起，人们重新拾起学习和实践古老草裙舞的兴趣。

环境伦理

宗教为如何在自然界生活提供了指导，这个自然界可能基于太平洋地区的互惠互利伦理，或照料地球的基督教伦理，或者其他术语。太平洋地区的伦理和基督教的方式具有共同基础，都受到当今现实的检验。传统社会既用手工劳动，也用象征性过程以保持其环境中的平衡。但有时候，如在拉帕努伊岛，他们的努力却失败了。直至公元1200年，波利尼西亚人才定居于拉帕努伊岛，他们为了开辟用作农耕的土地而砍伐树木，也用木头运输被称为摩埃（moai）的巨石雕像，摩埃代表他们的神圣首领和神以及社区的团结。对森林的过度破坏导致表层土地的水土流失及农业产量的下降。到了19世纪30年代，对资源的争夺乃至对首领失去信心，导致了战争使双方两败俱伤，也导致社会的陷落。然而，在大洋洲的大部分地区，人们能够适应环境的限制。从波利尼西亚的首领制部落社会，到高地新几内亚的更加平等的社会，盛行的是互惠互利的伦理，但在这一社会网络中，并非人人平等。在首领制社会中，地位较低的人缺乏地位较高之人的特权，而在大多数社区中，人们认为女性次于男性。构成太平洋民族的社会意义的关系网络并非静态的，它们需疗愈仪式与调解仪式提供持续的调整和修正。

两个多世纪以来，由于招募的雇工、捕鲸者、挖矿者、伐木工和生物勘探者这些西方人在太平洋地区的活动，传统的伦理和基督教所宣称的社会公正和生态责任已受到严重挑战。西方人侵入太平洋见证了传统社会生活的深刻转变和严重错位。例如，在斐济(Fiji)，本土的斐济民(Fijians)与印度—斐济民人(Indo-Fijians)之间关系复杂，印第安人在19世纪被带来斐济，他们的后裔在英国建立起来的甘蔗种植园里工作。印度—斐济民既不是穆斯林，也不是印度教徒，而本土的斐济民既信仰基督教，也遵循传统的信仰。与此同时，在新几内亚，许多曾经种植花园并养猪的人，现在通过为开矿和伐木公司工作来挣取工资。太平洋的大多数州里，有一种趋势是依赖资源开发所提供的经济机会。一些领导人抵制跨国公司，责骂它们对圣地的亵渎和对本土劳动力的剥削。而其他人呼吁和解与合作，以便通过谈判达成对双方都有利的协议。跨国提取资源的公司主要关心的是

股东的回报，而不是让当地社区受益，更不是保护环境。

大洋洲的核试验是殖民主义的一部分，这是外来者在其冷战策略中利用甚至滥用这一地区。这一地区核试验赞助者们(英国、美国和法国)根本不在乎居住在偏远地区的原住民的健康，也不顾及可能对环境造成的破坏。从1946年到1958年间，美国在马绍尔群岛(Marshall Islands)的环礁比基尼岛和埃内卫岛(Enewek)引爆了炸弹，1962年又在约翰斯顿环礁(Johnston Atoll)和基里巴斯岛(即圣诞岛)引爆炸弹。1952年至1958年间，英国在澳大利亚南部的马拉林加(Maralinga)和鸸鹋地区(Emu Field)，以及澳大利亚西部沿岸的蒙特贝罗群岛(Monte Bello Islands)展开试验。法国被阿尔及利亚迫使撤离撒哈拉，曾经在1966年至1996年间在法属波利尼西亚展开试验。核试验之初，澳大利亚和新西兰这两股主要势力在核试验事业上与英国结盟。但从20世纪70年代起，太平洋岛屿诸民族、澳大利亚和新西兰兴起了反对核试验情绪，从而致使1985年南太平洋论坛的成员国签署了关于南太平洋无核区的"拉罗汤加条约"(Rarotonga Treaty)。该条约禁止在此区域使用、试验和拥有核武器。条约签署后，随之获得了澳大利亚、库克群岛、斐济、基里巴斯、瑙努、新西兰、纽埃、巴布亚新几内亚、所罗门群岛、汤加、图瓦卢、瓦努阿图和西萨摩亚的批准。太平洋教会理事会(the Pacific Council of Churches)是无核区的积极倡导者。尽管太平洋地区的核试验于1996年结束，但一些地区和人民仍然受到核试验余波的影响。核威胁在持续，例如，运载核

废物穿越太平洋、将核废物倾倒在太平洋环
礁上、在澳大利亚进行铀矿开采。反核武器
的运动要求核试验做出赔偿，记者兼研究者
麦克莱伦（Nic Maclellan）指出，他们"存在
共同的要求，要求拥有核武器的国家：承认
其需要对过去的核试验所带来的健康和环境
影响负责；对过去的核试验地点引进或增加
监控、清理和修复项目；公开他们的档案，允
许独立研究人员接触这些文档，并研究核试
验对健康和环保所产生的影响；补偿以前在
核试验地区工作的劳工、百姓、军事人员，以
及当地社区周边的人们；继续为监控、清理、
修复、补偿和赔偿的相关必要项目提供长期
资助"（Maclellan 2005, 368—369）。大洋洲
的原住民和今天称这个地区为家的定居者之
间，要形成共同的身份认同，成为反对核试验
的重要元素（Mara 1997）。

大洋洲与全球社区

大洋洲目前由独立的民族和国家，以及
诸如美国和法国此类国家外围部分的领土组
成。在大洋洲内部，生活在太平洋群岛的人
和那些生活在更为繁荣的国家——如澳大利
亚和奥特亚罗瓦（Aotearoa）/新西兰或夏威
夷——之人，他们在经济机会方面存在鲜明的
对比。然而，即使在那些地区，本土的公民也
比后来定居之人所拥有的机会更少。就像人
们常说的那样，"在当地与全球之间"，原住民
常常被侵袭。他们的文化和他们栖息地的存
续都危如累卵。全球变暖导致的海平面上升
几乎肯定会淹没一些岛屿居民所栖居的低洼
国家。2008年8月，来自澳大利亚各种不同信
仰团体的领袖与来自太平洋岛屿上不同信仰

团体的领袖结成联盟，共同对澳大利亚政府提
出挑战，让其立即对气候变化采取行动，以便
帮助太平洋上的小型岛屿国家。在一封写给
澳大利亚政府的公开信中，他们表示，由于澳
大利亚对这一严峻形势具有历史责任，澳大利
亚负有道德义务。

就像大洋洲的民族一样，世界上许多地
方的原住民已经目睹了自身的资源被攫取，
并且，他们的生活方式因为殖民入侵而改变。
美国于2007年9月通过的《原住民权利宣
言》（Declaration of the Rights of Indigenous
Peoples）提出了殖民历程所引发的一些问
题。这一宣言陈述了原住民个体和集体的权
利，包括其文化、身份、语言、就业、健康和教
育方面的权利。它宣称原住民拥有维护和加
强其自身文化和宗教的权利，并禁止歧视其
文化和宗教。这一宣言不具有法律约束力，
但无论如何，它代表了在形成原住民和全球
社区之间的关系迈出了重要一步。宗教作为
太平洋地区传统文化的重要组成部分而且基
督教的形式仍然是太平洋地区生活的重要组
成部分——为人们提供了当地以及全球关系
的视角。原住民关于互惠互利的伦理和当代
基督教对社会公正和生态正义的理解，提供
了一些理论框架，在这些框架下，可讨论采矿
和伐木公司的环境侵权行为，以及生物剽窃
问题。希望寄托在大洋洲内的许多宗教团体
身上，他们与这个地区的合作以及他们参与
到全球社区中，就能为保护太平洋地区的土
地和文化做出贡献。

玛丽·N·麦克唐纳（Mary N. MacDONALD）

莱莫恩学院

拓展阅读

ABC Radio Australia. (2008, August 18). Faith groups in Pacific climate change appeal. *Pacific Beat*. Retrieved June 5, 2009, from http://www.radioaustralia.net.au/programguide/stories/200808/s2334303.htm.

Barker, John. (Ed.). (1990). *Christianity in Oceania: Ethnographic perspectives*. Lanham, MD: University Press of America.

Boutilier, James A.; Hughes, Daniel T.; & Tiffany, Sharon W. (1978). *Mission, church, and sect in Oceania*. ASAO Monograph No. 6. Ann Arbor: University of Michigan Press.

Connell, John, & Waddell, Eric. (Eds.). (2007). *Environment, development and change in rural Asia-Pacific: Between local and global*. London and New York: Routledge.

Codrington, Robert Henry. (1891). *The Melanesians: Studies in their anthropology and folk-lore*. Oxford, U.K.: Oxford University Press.

Durkheim, Émile. (2008 [1912]). *The elementary forms of religious life*. Carol Cosman (Trans.), Mark S. Cladis (Ed.). Oxford, U.K.: Oxford University Press.

Emerson, Nathaniel Bright. (1965). *Unwritten literature of Hawaii: The sacred songs of the hula*. Collected and translated, with notes and an account of the hula (rev. ed.). Rutland, VT: Tuttle.

Feld, Steven. (1990). *Sound and sentiment: Birds, weeping, poetics, and song in Kaluli expression* (2nd ed.). Philadelphia: University of Pennsylvania Press.

Grim, John A. (Ed.). (2001). *Indigenous traditions and ecology: The interbeing of cosmology and community*. The Center for the Study of World Religions' Religions of the World Series. Cambridge, MA: Harvard University Press.

Herda, Phyllis; Reilly, Michael; & Hilliard, David. (Eds.). (2005). *Vision and reality in Pacific religion*. Canberra, Australia: Pandanus Books.

Maclellan, Nic. (2005) The nuclear age in the Pacific Islands. *The Contemporary Pacific, 17*(2), 363–372.

Mageo, Jeannette Marie, & Howard, Alan. (Eds.). (1996). *Spirits in culture, history, and mind*. New York: Routledge.

Mara, Ratu Sir Kamisese. (1997). *The pacific way: A memoir*. Honolulu: University of Hawaii Center for Pacific Islands Studies, East-West Center Pacific Islands Development Program.

Meigs, Anna S. (1984). *Food, sex, and pollution: A New Guinea religion*. New Brunswick, NJ: Rutgers University Press.

Overton, John, & Scheyvens, Regina. (1999). *Strategies for sustainable development: Experiences from the Pacific*. Sydney: University of New South Wales Press.

Rappaport, Roy A. (1984). *Pigs for the ancestors: Ritual in the ecology of a New Guinea people* (2nd ed). New Haven, CT: Yale University Press.

Salmond, Anne. (1989). Tribal words, tribal worlds: The translatability of *tapu* and *mana*. In Mac Marshall & John L. Caughey (Eds.), *Culture, kin, and cognition in Oceania: Essays in honor of Ward H. Goodenough* (pp.55–78). Washington, DC: American Anthropological Association.

Strathern, Andrew; Stewart, Pamela J.; Carucci, Lawrence M; Poyer, Lin; Feinberg, Richard; & Macpherson, Cluny. (2002). *Oceania: An introduction to the cultures and identities of Pacific Islanders*. Durham, NC: Carolina Academic Press.

Swain, Tony, & Trompf, Garry. (1995). *The religions of Oceania*. London and New York: Routledge.

Young, Michael W. (1983). *Magicians of Manumanua: Living myth in Kalauna*. Berkeley: University of California Press.

Young Leslie, Heather E. (2007). A fishy romance: Chiefly power and the geopolitics of desire. *The Contemporary Pacific, 19*(2), 365–408).

United Nations. (2007). Declaration on the rights of indigenous peoples. Retrieved April 29, 2009, from http://www.un.org/esa/socdev/unpfii/en/drip.html.

Indigenous Traditions — South America

原住民传统——南美洲

南美洲是生物多样性最丰富的大洲之一，其可持续发展的精神存在于持续性的原住民精神中，这种精神产生于对殖民主义和新殖民主义力量的反抗。殖民主义和新殖民主义不仅威胁着他们的环境，还威胁着他们的文化。

在南美洲，尤其是安第斯山脉地区，在原住民的土地—文化（land-culture）当中，灵性和可持续发展一直紧密交织在一起。土地—文化这一术语指的是这样一种生活方式，其中，原住民的历史和生活都与特定的景观联系在一起。由于原住民将其自身定义为这些人的后代——他们在殖民社会征服和占领那里之前就已经栖居于此，其自然景观的毁坏，或者将他们重新安置在远离他们本土地区的预留区域，这对他们而言，实际上就是对其文化的毁灭。因此，在南美洲的很多原住民看来，保护环境就是保护文化。

这里所讨论的安第斯山脉地区，并非西方殖民主义的理性传统所进行的南北经线方向的划分。就前殖民主义观点和实践而言，安第斯山脉地区是跨区域的，包括西部沿海的低地，一些高地，以及亚马孙地区的东部热带区域低地，亚马孙地区的生态位（ecological niches）与大地母亲（pachamama）的循环过程相互作用。这一地区所称的灵性和可持续发展在本质上与一种特定方式的感知有关，并与过去已经存在了一万年的世界相互关联。这种原住民的世界观在教化体系中得以体现，而在这一教化体系中，人们的土地—文化观已经在精神上持续了几千年，与主流的欧美世界观有着根本上的不同。

土地—文化与殖民地化的对比

南美洲原住民人口的土地（和随之而来的土地—文化）被占领和开发，他们将过去和现在欧美世界的认知与存在方式视为机械的、实证主义的、均质化的、不可持续发展的。在过去500年里，相较于占主导的、殖民主义的世界观，可持续发展的观念是如此异样，这也是我们在人类历史上第一次面临全球的环境、生态、精神、道德和伦理危机的原因。就南美洲而言,可持续发展的精神和精神的可持续性都深深地植根于原住民、他们的世界观和他们居住的土地—文化的永恒性中。如今拉丁美洲的可持续发展蓝图在各种各样土地—文化、语言和宇宙观(世界观)的坚定持有者那里得到呈现、存活和再生,在世界的大多数人中,这种情形或许并不多见。

过去及现在的殖民主义进程对于拉丁美洲的生活、文化、土地、领土和自然资源造成了极大的负面影响,拉丁美洲的总人口大约5.8亿,大部分人生活在城市地区,远离自然、土地—文化,缺乏对空间的觉知。据保守估计,约4 000万人(或不到总人口10%的人)都是原住民。在整个美洲,由于民族—国家的建设,原住民所掌握的总土地面积已大幅度缩减。原住民从其土地迁移,以便为新兴的国家公民及其后代腾出空间,新兴的公民与其后代继承了反映在半球水平(hemispheric level)的殖民主义心态。因此,我们必须注意基于空间(与基于土地相对立)的心态所产生的结果,这就产生了心灵—精神—土地的单一文化。这种从土地和自然分离出来的空间观对原住民根植于特定地区的可持续发展精神以及精神的可持续性构成了极大地挑战。与基于空间的、非可持续发展的单一文化相对立,南美洲的原住民区域继续通过阿伊鲁精神价值来培养文化之地,阿伊鲁是盖丘亚族和艾马拉族(安第斯山脉地区最普遍的两个土著民族)所用的词,其字面意思为"大家庭/社区",但也体现了这样的含义,即所有生命栖居于其公共的场所,也具有共同的价值观。在此,安第斯山脉地区集体生活的核心是:所有可见的和不可见的存在物——例如植物、动物、众神、岩石、山脉、河流和人类——都受到大地母亲的培育和维持。

文化多样性/生物多样性

南美洲是生物多样性最丰富的大洲之一。其可持续发展的精神存在于原住民精神的持续性中,这种精神产生于对殖民主义和新殖民主义力量的反抗之中。南美洲的原住民因而成为促进可持续发展的行动中的一些最重要的参与者。

对于南美洲而言,尤其是安第斯山脉亚马孙区域,本土地区是生物多样性和文化多元的关键。这一地区居住着400多种原住民的民族,每一个民族都有其自身的语言、社会组织和宇宙观。这些民族居住在拉丁美洲那80%的保护区域之中,文化多元与生态和农业的多样性都有高度联系。从西化的角度来说,这些拉丁美洲群体中的大部分都被认为是"农夫"或仅能维持生存的农民,这一西方术语对这样的事实避而不谈:即这些"农夫"促进了这一地区生物和农业多样性,他们是货币利润所依赖的农业产业化的信息之源。几百年来,西方经济已经征服和剥夺了原住民创造的食品安全,这一过程就是世人所知的"生物剽窃"。

可持续发展精神的保留

原住民的政治自治和文化肯定运动是政治参与者和脑力劳动者必要的保护可持续发展精神的一部分。这些运动和组织与原住民社区在 *acompanamiento*(大致可简单地翻译为,"一种学徒式方法")进程中的利益结合在一起,例如安第斯山的农民技术项目(the Andean Project of Peasant Technologies, PRATEC)就与之并肩而行，并促进了对原住民的知识收集和系统化，这种原住民知识基于对可持续的地球（pacha, the Earth）资源的理解之上。安第斯山的农民技术项目是成立于1987年的非政府组织，其支持本土安第斯的"仪式性农业"实践，而这些农业实践已经受到基于以人类为中心的西方工业化方式的挑战，因而，安第斯山的农民技术项目有助于保护这种精神，这种精神本身就受到大地母亲的支持。

西方认识论将经济、社会和政治看作不相关联的概念，原住民至今仍然坚持的传统——公共和集体存在形式的传统，比如阿伊鲁（ayllu）①——将这些概念融入那些能够被恰当地称之为精神的持续性和可持续发展精神之中。对于绝大多数原住民而言，原住民的这种综合型世界观产生于耕种土地的仪式性循环中。如今，通过原住民的族群散居，这种世界观已经扩展至城市之中。几十年来，农夫（或"农夫"式农民）的定义被用来描述这些流离失所的无权势的原住民。更为严重的是，"农夫"一词更进一步地制约并限制了安第斯山脉耕种土地之人，即将其耕作限制为一种封建组织的模式，这种模式是欧洲式的和殖民主义的，并且这种模式贬低了人类的耕作劳动，将其贬低至技术—官僚的、以阶级为基础的、政治分析之上的耕作（runa）。安第斯山脉人民的耕作生活与其他集体中所有活着的有生命之物（及人）之间是平等的。通过持续的、日常的，以及有时是仪式性的交流，安第斯山脉人民与他们得以和谐相处。但原住民已经是其自身历史（在强加给他们的西方等级和性别结构之

外）的积极参与者，并且没有证据表明，当他们从事积极的休养生息活动时，贬损的或有损人格的描述会贬低他们的灵魂。安第斯山脉的所有原住民生活都以作为整体生命的再生为中心，安第斯山脉的文化之中，自然是明显地具有生命的，而不是用于分析的。

盖丘亚族自然秩序

安第斯山脉/亚马孙地区的阿伊鲁—文化实践可以说是以盖丘亚族的"自然秩序"为中心，盖丘亚族人就是从这一"自然秩序"中积累他们的语言、传统知识，或在特定自然景观中进行精神实践。这种盖丘亚族的安第斯山脉/亚马孙式的自然秩序，至今仍然可见，艾马拉和许多其他本土民族都拥有这种自然秩序。其道路——生活方式——横贯了沿海地区、安第斯山脉高低地区和亚马孙地区。依据当代对西方农民通常耕种行为的定义、实践和理解，在这些地区耕种土地的人并非"农民"，盖丘亚族和其他原住民族并不租赁、拥有土地或财产，因此，他们不会对同一块土地或同一作物构成威胁。盖丘亚族/艾马拉族耕种者将其劳作想象为周期性和永久的运动——类似跨领土和跨区域的运动。盖丘亚和艾马拉人（分别为 runa 和 haqi）与 kawsay mama——生存之母，生存之种——以多种方式携同并进，这样，就培养出可持续发展的精神实践之多样性。

世界秩序是一种欢乐的循环模式——所有存在物由精神来维持，以一种椭圆形横向运动的方式，依照所有存在物（on pacha and in place and time）的运动而倾斜，所有存在物栖居于地

---

① 译者注：一种社会集团，以松散的亲属关系为基础的阿伊鲁（ayllu）。阿伊鲁拥有土地。

球之上，并受到大地母亲或者可持续发展精神的保护和庇护。在统一性和多样性方面，这种自然秩序既给作为整体的世界，也为有所区别的世界增添了色彩。自然秩序并不是通过存在（或本质）区分存在物，就像很多西方人对统一和多样性的理解一样，作为一个完整的整体，丰富性体现为所有存在物的欢乐，它们既有区别，又有共同之处。自然秩序也不认为任何具有二元性特征之物就是本质或存在。按照有生命之物和无生命之物之间的区分，例如所有存在物都有生命和灵魂——阿伊鲁，*kawsay mama*，大地母亲和 *pacha*。

西班牙语 *mestizo*（混血儿）一词来源于拉丁语词根 *miscere*，意思是“混合的”。其常见用法是指混合而成的人，或者“部分”西班牙血统，“部分”土著血统，并暗示了分割意识，但这分割意识并未反映盖丘亚人在自然界秩序中的身份认同的本质。对于盖丘亚人／艾马拉人而言，身份认同关涉着发生于循环运动中的“重新组合”，这一循环运动由精神所维持并存续于其中。所有精神存在物的身份认同宁愿由具有共同价值观的完全不同的人的融合所决定，依据平衡法则，在和谐与平衡的可持续发展运动中形成身份认同。*Allin kawsay*，即幸福是众生（阿伊鲁）福利的方式，

在寻求平衡的无穷无尽的循环中，幸福或许可以通过耕种和养育得以实现。这种综合型精神早在印加人（*Inca*）的身上就有体现，他们的角色就是耕种者，正如在 *pacha* 时代的任何人（*runa/haqi*）身上所体现的一样。无论是解放了的殖民地主人公，即共和党的西班牙裔拉丁美洲人，还是作为分裂身份主体的混血儿，他们都不进入安第斯世界之中；安第斯语言回应着重建全体的需求。从这一意义上而言——*mallku* 人（安第斯人的一种，具有监督阿伊鲁人的权威）就是阿伊鲁人——他保护阿伊鲁人，而阿伊鲁人也保护他。*mallku* 人扮演着 *mullu* 人，从一个家庭到另一个家庭，阿伊鲁人行走的方式与母亲们、父亲们相反，而孩子们的福利——据说遵循了种子道路，也被称作 *mullu* ——以便达成阿伊鲁福利，*allin kawsay*。*mallku* 人遵循着 *kawsay mama*（生存之母，生存之种）的道路。这种盖丘亚／艾马拉的方式就是大地母亲的可持续发展精神，就如 *kawsay mama* 的可持续发展精神一样丰富。

蒂尔索·冈萨雷斯（Tirso GONZALES）
英属哥伦比亚大学奥卡那根校区
马利亚·E. 冈萨雷斯（Maria E. GONZALEZ）
密歇根大学

拓展阅读

Andean Project of Peasant Technologies (PRATEC). (2001). *Comunidad y biodiversidad. El ayllu y su organicidad en la crianza de la diversidad en la chacra.* Lima, Peru: PRATEC.

Choque, M. E., & Mamani, C. (2001). Reconstitucion del Ayllu y derechos de los pueblos indigenas: El movimiento indio en los andes de Bolivia. *Journal of Latin American Anthropology, 6*(1), 202–224.

Deruyttere, Anne. (1997, October). *Indigenous Peoples and sustainable development: The role of the Inter-*

American Development Bank (No. IND97101). Washington, DC: Inter-American Development Bank.

Escobar, Arturo. (1995). *Encountering development: The making and unmaking of the third world.* Princeton, NJ: Princeton University Press.

Escobar, Arturo. (2001). Culture sits in places: Reflections on globalism and subaltern strategies of localization. *Political Geography, 20*(2), 139–174.

Gonzales, Tirso A. (1999). The cultures of the seed in the Peruvian Andes. In S. B. Brush (Ed.), *Genes in the field: On-farm conservation of crop diversity* (pp. 193–216). International Plant Genetic Resources Institute. International Development Research Centre, Ottawa, Canada: Lewis Publishers. (Also retrieved May 26, 2009, from http:// www.idrc.ca/en/ev-98735-201-1-DO_TOPIC.html)

Gonzales, Tirso A. (2008). Renativization in North and South America. In Melissa Nelson (Ed.), *Original instructions:Indigenous teachings for a sustainable future* (pp. 298–303). Rochester, VT: Bear & Company.

Grillo, Eduardo. (1998). Cultural Affirmation: Digestion of imperialism in the Andes. In Frédérique Apffel-Marglin with PRATEC (Eds.), *The spirit of regeneration: Andean culture confronting western notions of development.* London: Zed Books.

Grim, John A. (Ed.). (2000). *Indigenous traditions and ecology: The interbeing of cosmology and community.* Cambridge, MA: Harvard University Press.

Gutiérrez Leguía, Benjamín. (2007). La formalización de la propiedad rural en el Perú. Período 1996–2006, lecciones aprendidas. Retrieved June 20, 2008, from http://www.catastro.meh.es/esp/publicaciones/ ct/ct60/60_5.pdf

IAASTD LAC Sub-global SDM. (2008). Retrieved May 26, 2009, from http://www.agassessment.org/

Ishizawa, Jorge and Grillo Fernández, Eduardo. (2002). Loving the world as it is: Western abstraction and Andean nurturance. *Revision, 24*(4), 21–26. Washington, DC: Heldref Publications.

IUCN. (1997). Chapter 2: What is Sustainability? In *Inter-Commission Task Force on Indigenous Peoples. Indigenous peoples and sustainability: Cases and actions.* Indigenous Peoples and Conservation Initiative. Utrecht, The Netherlands: International Books.

Kloppenburg, Jack Ralph. (1988). *First the seed: The political economy of plant biotechnology, 1492–2000.* New York: Cambridge University Press.

Lizarralde, M. (2001). Biodiversity and loss of indigenous languages and knowledge in South America. In Luisa Maffi (Ed.), *On biocultural diversity: Linking language, knowledge, and the environment.* Washington, DC: Smithsonian Institution Press.

MacCormack, Sabine. (1991). Religion in the Andes. Princeton, NJ: Princeton University Press.

Valladolid, J. (2001). Andean cosmovision and the nurturing of biodiversity in the peasant chacra. In John A. Grim (Ed.), *Indigenous traditions and ecology. The interbeing of cosmology and community.* Cambridge, MA: Harvard University Press.

Individualism

个人主义

个人主义表现为不同的形式，但都关注个人的价值和个体自主性的重要性。个人主义强调私有制和自由市场的资本主义，这有利于可持续发展，因为每个人都与资源休戚相关。然而，对此的强调或许会导致为了个人利益而开发利用自然资源和生态系统。

个人主义指的是各种理论和实践，这些理论和实践肯定个人主义的价值，以免个人主义弱化淹没于更大的整体或集体之中，诸如整体主义、集体主义、共产主义、社会主义和法西斯主义。个人主义表现为诸多形式，包括伦理的、政治的、本体论的和方法论上的差异性。在其伦理—政治多样性方面，个人主义会表现为利己主义（与利他主义相对立），利己主义将个体自身作为价值中心；一种

自由主义或无政府主义会限制或拒绝政府的监管；社会契约理论将社会视为由独立自主的个体决定的产物；或者走自力更生之路，尽管这种自力更生并不符合常规标准。就本体论差异而言，个人主义主张个体的不可缩减性现实，而这有时是根据自主理性、自由意志，或人类的生存状况所确定的。个人主义在伦理—政治以及本体论方面的差异性可见于宗教世界观中，比起族群认同或社会阶层，宗教的世界观更多强调典范性的个人（例如佛陀、孔子、老子、耶稣和穆罕默德）。个人主义在方法论方面的多样性表现在社会科学的讨论中，涉及个人的态度和行动而非按照总体架构（overarching schemas，例如统计分析、宏观经济和文化进化）来解释社会现象。各种形式的个人主义通常与伦理—政治的、本体论的和方法论的立场相重叠及结合。

个人主义既给可持续发展带来希望，也带来问题。个人主义可以促进财产私有，也能促进具有自由市场的资本主义，这些方式可以避免生态学家加勒特·哈丁（Garrett Hardin）所称的"共享效应"，因为人们对这些资源缺乏个人的股份（stake，其中共同的或集体的资源都被过度利用或开发）。然而，私有化和撤消管制（deregulated）的市场可能将重要资源分配给富人，也可能为了私人的经济利益而开发利用生态系统。同时，个人主义防范了隐含在整体环境伦理中的"环境法西斯主义"或"生态法西斯主义"模式。但是，不管是只将价值核心关注于人类身上，诸如人类中心主义，还是核心关注个体的生命，诸如环境哲学家保罗·泰勒（Paul Taylor）的生态中心主义，个人主义会导致人们忽视整体生态系统的伦理价值。虽然个人主义会受到整体的或集体主义视角的批评，因为个人主义会致使整体降至其组成部分的位置，但其也促进了自力更生和对个体生物的尊重，从而平衡了整体的和集体主义忽略或利用个体的趋势。

山姆·米奇（Sam MICKEY）
加利福尼亚整合研究学院

拓展阅读

Callicott, J. B. (1999). *Beyond the land ethic: More essays in environmental philosophy*. Albany: State University of New York Press.

Daly, H. E., & Townsend, K. N. (Eds.). (1993). *Valuing the Earth: Economics, ecology, ethics*. Cambridge: Massachusetts Institute of Technology Press.

Dawkins, R. (2006). *The selfish gene*. 30th anniversary edition. New York and London: Oxford University Press.

Hardin, Garrett. (1968). The tragedy of the commons. *Science*, 162, 1243–1248.

Heller, Thomas C.; Sosna, Morton; Brooke-Rose, Christine; & Wellbery, David E. (Eds.). (1986). *Reconstructing individualism: Autonomy, individuality, and the self in Western thought*. Stanford, CA: Stanford University Press.

Taylor, Paul. (1986). *Respect for nature*. Princeton, NJ: Princeton University Press.

附录 公地悲剧

个人主义的思想及其与可持续发展的关系是个复杂的问题,有其批评者,也有其支持者。生态学家加勒特·哈丁在他1968年发表于《科学》杂志上的著名文章"公地的悲剧"中写道:"我们想要给每个人最大限度的好(good);但什么是好?对一个人来说是荒野,而对另一个人来说是容纳数千人的滑雪旅馆。"哈丁主要关心的是人口的增长及其后果,他解释了这个他认为是没有"技术"解决方案的问题。

公地悲剧就以这种方式发展着。想象一个向所有人开放的牧场,可以预料到:每一个牧民都会努力保持尽可能多的牛。这样一种安排可能在几个世纪以来都能得到相当满意的处理结果,因为部落战争、偷猎和疾病会使人和牲畜的数量保持在土地的承载能力之下。然而,最终会迎来清算的日子,换而言之,在那一天人们会实现长期渴望的社会稳定目标。这时候,老百姓内在固有的逻辑便毫不留情地产生了悲剧。

作为理性的存在,每一个牧民都试图最大化自身的收益。或隐或显地,有意或无意地,他会问:"使我的牧群里再增加一头牲畜有什么效用?"这种效用既有消极也有积极因素。

(1)积极的因素是动物增殖的功能。只要牧人卖掉所有增加的动物后有收益,这个积极的效用就是正1(即+1)。

(2)消极的因素是增加的一个动物所产生的额外过度放牧的效应。然而,由于所有牧民共同承担着过度放牧的影响,对任何一个做决策的牧民而言,负的效用只是1的很小一部分。

综合考虑不同的效益,理性的牧民得出的结论是,对他而言,唯一明智的做法是向他的牧群增加一头牲畜,然后再增加一头,再增加一头……但是这一结论由每一分享公用地的有理性的牧民得出。这就是悲剧所在。每个人都被禁锢在一个系统里,这个系统迫使其无限制地在一个有限的世界中增加自己的牧群。如果所有人匆忙地奔向目的地,那就意味着毁灭。在一个相信公用地自由的社会中,每个人都追求个人利益的最大化。公用地自由带来了毁灭。

来源: Garrett Hardin. (1968). The Tragedy of the Commons. *Science*, 162, 1243 and 1244.

International Commissions and Summits

国际委员会和峰会

自20世纪60年代以来，各种类型的国际委员会和峰会在全世界召开会议，讨论可持续发展问题。尽管最初这些会议基于北半球发达国家（the global North，对富裕发达国家的社会经济和政治的划分）并由其政治家们所促成，而随着南半球发展中国家（the Global South）的宗教团体的影响，以及受环境危机干扰的原住民的影响，人们的注意力在逐渐转变。

国际委员会和峰会在明确表述可持续发展的标准上处于核心地位。针对可持续发展的具有争议性的界限问题，在这些国际性场合都对此进行了可能是最激烈的争论，这些场合是单一民族国家、国际政治体、非政府组织、多国参与的发展型组织，以及基层的社会活动积极分子和环保积极分子进行交流之地。对于许多在北半球国家（这一术语用来指富裕的发达国家，大部分国家位于北半球）和工业部门组织而言，这些事件已经使可持续发展在全球伦理方面迈出重大步伐。然而，处于发展中

国家的许多社会边缘人士认为，这些会议为现有的权力不平等继续合法化提供了掩护。在这两种情形下，宗教团体和代表们在国际委员会和峰会以及相关机构中扮演了极具影响力的角色。

可持续发展的早期重点

1966年，世界教会委员会（the World Council of Church，WCC）启动了一个五年计划项目，致力于研究技术产生的影响，包括对环境、对社会的影响。这项研究的结果所形成的报告于1974年在布加勒斯特（Bucharest）为世界教会委员会所接受，并且"接受了大自然是有局限的这一论点，同时呼吁一个既公正又可持续发展的社会"（Chapman 2000，12）。1967年，教宗保罗六世表示支持公平发展，声称"和平的新名字就是发展"（Therien 2005，29）。

在20世纪60年代末——时任美国总统的约翰·肯尼迪（John F. Kennedy）称之为"发展的十年"——在工业化国家的诸城市

中,首次对环境予以关注。科学家们开始更加深入了解大规模农业和渔业造成的影响,了解动植物群的消失,以及对不可再生燃料进行工业化开采的极限。美国首次直接在1969年的一部出版物中论及环境问题,题为《人类的环境问题》(*Problems of the Human Environment*),其中指出"全世界范围的危机……人类环境的危机"(Jolly et al. 2004,125)。

斯德哥尔摩:以增长作为解决方案

与危机相关的这种基调为1972年在斯德哥尔摩举办的联合国人类环境会议(United Nations Conference on the human Environment)铺平了道路,通过表明环境问题与发展中国家的贫困问题直接相关,这次会议第一次将环境危机观念带入国际社会。少数政治代表和科学家得出的结论是,通过经济增长取得的发展是唯一解决贫困的方式,而贫困既会使人类面对环境变化时更脆弱,也滋长人们过度开发当地的资源。这次会议的最重要结果是诞生了联合国环境规划署,联合国环境规划署由会议主席莫里斯·斯通(Maurice Strong)领导,其总部设在肯尼亚的内罗毕。

巴巴多斯宣言和国际经济新秩序宣言

尤其在贫穷的南半球,越来越多的将重点放在社会发展方面。虽然斯德哥尔摩集会强调贫穷是导致冲突和不平等的主要原因,但这次会议也提出了一种由外部发展机构和政府部门推动的激进型增长观作为其解决办法及补救方法。1971年,就在斯德哥尔摩大会之前,世界教会委员会在巴巴多斯呼吁长期反对种族歧视的计划。几个社会学家组成的团体将其视为自身任务,来批评社会科学关注的三个主要焦点:

(1)科学主义"否定任何关系——在学术研究与这些人的未来之间的关系,这些人构成了这类调查研究的客体,从而避免这种关系中包含和暗示的政治责任;(2)否定基于基本原则的修辞性反抗(rhetorical protests)中表现出的伪善(Hypocrisy),这些基本原则在具体情形中巧妙地避免了任何承诺;(3)否定一种机会主义(Opportunism),尽管它可能认识到印第安人目前的痛苦现状,与此同时,它也拒绝任何可能性——通过在已经建立起的秩序中提出'采取行动'的需求,从而改变行动的可能性。"(Wright 1988,373)

人们呼吁这些社会学家关注"第四世界"的人民,这些人已经处于所谓的欠发达国家,他们不仅受到盛行的国际经济和政治力量的剥削,还受到其本国政府的盘剥。

在20世纪70年代早期,一些发展中国家提出了建立国际经济新秩序的宣言(New International Economic Order, NIEO)。据联合国分析师团队中的成员所言,"这一提议的历史重要性基于这样一个事实,即这是真正的第三世界的倡议,很可能是贫穷国家在战后谈判能力最强的时候发起的"(Jolly et al. 2004,121)。然而,"发展中国家提出的最重要的那些提议,几乎都没实现"(Jolly et al. 2004,23)。

第二次巴巴多斯会议于1977年举行,其目标是,将第一次巴巴多斯会议(或巴巴多斯一)所关切的问题与对本土不断增长的呼声结合起来。虽然第一次巴巴多斯会议的参与者主要是社会学家,第二次会议的参与者则主要是原住民的活动家，他们在国际的政治管理体制中留下了其扩张影响力的印记。然而，与第一次巴巴多斯会议相同，这次会议的宣言鲜有或几乎没有付诸行动。最终，巴巴多斯宣言既令原住民失望，也令那些支持宣言的社会学家们失望。

布兰德委员会

发达国家和发展中国家之间关系也受到北半球发达国家的关注。1977年，世界银行的主席罗伯特·麦克纳马拉（Robert McNamara）请求德意志联邦共和国的前总理威利·布兰德（Willy Brandt）组织领导委员会，以便系统分析发展过程中的主要障碍，麦克纳马拉意识到，北半球发达国家和南半球发展中国家之间逐渐增加的对话并未产生实际效果。据联合国参与者所言，布兰德委员会的建议——以《南—北：一项生存方案》（North-South: A Program for Survival）为题而呈现——"最终停留在'伟大的道德责任上'……这些建议与其国民立场一样，也具有国际有效性"，并呼吁"比理性计算更多的价值"（Therien 2005，33）。布兰德委员会对发展中的问题提出了具有四管齐下的解决办法，包括：（1）将资源从北向南转移；（2）全球能源政策；（3）国际食品供应（首创）；以及（4）改革国际机构。

虽然这些想法具有创新之处，但由于委员会的调查结果发布于充满政治冲突的冷战世界，这些想法得到的回报比期望的少。第三和第四世界的活动家与布兰德委员会一次又一次地证实，主流发展模式在大多数情况下并不环保，在社会发展方面也并非具有可持续性。但是这些忧虑要改写成持续增长的经济全球化语言，并融入全球市场中。

安全性和可持续性

1982年，瑞典前总理奥洛夫·帕尔梅（Olof Palme）——也是裁军与安全问题独立委员会的主席——仿效布兰德委员会成立了另一委员会，布兰德委员会主要致力于制定裁减核武器的长期计划，而这一委员会则重点关注短期武器控制问题，也激发了对安全问题的公众讨论。

帕尔梅及其委员会成员建议，在东欧集结苏联远程导弹，这绝不能保障什么安全，而是对冷战国家的安全构成了危害，也是对全球共同体的安全构成危害。他们质疑了长期推崇用公共安全理论来粉饰威慑性武器——核武器的做法，而这种文过饰非的公共安全理论却回避了核冲突的竞争表现形式（Wiseman 2005，46）。20世纪80年代末，尽管在很大程度上被两大冷战国家的最高领导人忽视，但它被形形色色的高级官员秘密接受和采纳，从而使其从大西洋至美国并穿过铁幕而取得成功。回顾起来，帕尔梅委员会的建议得到了冷战双方的采纳，至少以零星的形式得到采纳，但对公共安全问题的认识这一任务则落到民族国家及其中层领导人头上，而不在这一委员会和委员会的拥护者的远见卓识中。

帕尔梅委员会对于可持续发展而言尤其重要，其原因有三。第一，安全与和平经常被宣扬为达成可持续发展的先决条件。应该记住，战争和其他武装冲突属于人类所从事的最为毁灭生态环境的活动之一。第二，这一委员会建构了这类对于全球共同体而言是很关键的公共安全，注意到我们之间的相互依存关系，尤其是核战争相关的问题。第三，它展示了这类委员会在政治方面潜在的广泛影响。

世界环境与发展委员会及通往里约之路

在关于热核战争和遭遇地球有限性的不愉快经历的全球性关注中，联合国秘书长于1983年召集了世界环境与发展委员会。主席格罗·布伦特兰（Gro Brundtland）——挪威前总理——在公开出版的委员会建议（也被称为布伦特兰报告）《我们共同的未来》（*Our Common Future*, 1987）的前言中说，世界环境与发展委员会将会是"第三个也是引人注目的对政治行动的呼吁：在布兰德的有关生存和共同危机规划之后，在帕尔梅的公共安全之后，会迎来我们共同的未来"（Smith 2005，85）。布伦兰特委员会的报告保留了早在15年前的斯德哥尔摩会议上提出的想法，即只能通过扩展技术增加承载量（以给定的资源为基础，特定的生物可以无限期生存的最大数量）以提高发展中国家的生活水平，从而促进经济增长。这一"引人注目的采取政治行动的呼吁"的核心特点就是"可持续发展"这一短语，《我们共同的未来》将其宽泛地定义为"既满足当代人的需求，又不损害子孙后代满足他们自身需求的能力"（WCED 1987，8）。该委员会明确将这项规定与可持续发展的精神维度联系起来："在这一过程中，我们有能力协调人类事务与自然法则，以达到繁荣。这样一来，我们的文化和精神遗产可以支持我们的经济利益和生存需要。"（WCED 1987，1）

1986年——布伦特兰委员会完成《我们共同的未来》的同一年，菲利普王子殿下和世界野生动物基金会（the World Wild Life Fund, WWF）邀请了世界上的6位宗教领袖到意大利的阿西西，讨论如下问题：

- 环境危机何以成为精神和伦理危机……一部分由于……西方和基督教的世界观鼓励物质主义的、二元论的、人类中心主义的和功利主义的自然观念。

- 在这种危机的相同经济和技术思维下，环境组织和政客们都是受害者。

- 其他的世界观和伦理观必须受到尊重，以对抗当前的主导思维。

- 世界的各种宗教蕴含了巨大的人类潜力和精神资源。（Golliher 1999, 1999）

这一有关环保与宗教思想的早期会议产生了两大重要产物。第一，据文化人类学家杰夫·古利赫（Jeff Golliher 1999, 446）所言，这次会议启发于1993年由瑞士神学家汉斯·昆（Hans Kung）领导的宗教大会，从而提出了《全球伦理宣言》。第二，1995年（第一次会议之后的第9年），菲利普亲王殿下、世界野生动物基金会与更多的宗教领袖（这次代表了世界上的九大信仰）在英国汇聚一堂，重新讨论他们的承诺。那次会议，在学者马丁·帕尔默（Martin Palmer）的领导下，世界宗教与环境保护联盟（the Alliance of Religions and Conservation, ARC）成立。世界宗教与环境保护联盟与世界野生动物基金会、世界银行和联合国都保持着重要的工作关系，而所有这些组织都有其关于可持续发展的工作范围。

全球相互联系及道德价值的重要性对于可持续发展的推动而言，在这些北半球的、制度化的场所（换而言之，对已有的世界性宗教、国际环保团体和发展组织）是极为关键的。对整个世界未来的乐观评估有助于支持和保护可持续发展的观念。

里约和约翰内斯堡地球峰会

布伦兰特报告的结论是，联合国发起"一个国际会议……来回顾进展并推动后续所需的跟进安排……从而设置基准并维持人类的进步"（WCED 1987, 343）。1992年，联合国环境与发展大会在里约热内卢举行，这次大会聚集了世界各地100多个国家的元首和成千上万的其他代表（Rist 1997, 188），这样的聚会是当时国家和政府首脑的最大规模的聚会（Baker 2006, 55）。

在准备即将到来的由联合国举办的大会的前一周，有一个世界性会议在卡利奥卡（Kari Oca）——位于里约郊区——举行，即原住民关于领土、环境和发展的大会（也许是为了象征性地强调原住民声音在发展对话中的边缘化）。许多原住民领导人调用"大地母亲"或地球母亲的隐喻，用以宣称他们是"理解自然之人"，并说他们的"反抗、（他们的）力量来自他们与自然之间的精神联系"（Hart 2005a, 1764）。一位来自厄瓜多尔，名叫瓦莱利奥·葛拉法（Valerio Grefa）的原住民活动家指出，他们已经"以一种不同的方案，开始与世界、与联合国分享我们的思维方式、我们的愿景、我们的生活方式。我们不说'环境'，我们说我们生活在其间的精神和物质世界"（Hart 2005b, 1763）。正如奥内达加人（美国东北部六个民族之一）的信仰传承者奥伦·里昂（Oren Lyons）对参会者的提醒一样，"生活是共同体"（Hart 2005b, 1763）。这一替代性峰会吸引了另外大约20 000人到里约。这一里约的峰会，在哲学、政治和地理方面均与联合国地球峰会有所区别，里约峰会强调的是一组不同的问题，包括粮食生产和可替代性经济

与环境状况（Rist 1997, 188, 191）。因此，可持续发展的理论及其主要基准，已经有社会制度和精英的参与和推进，但也遭到亚文化的抵制。支持者们设想的价值观和实践差异很大，而这些价值观和实践是实现可持续发展的关键。

尽管在追求可持续发展方面，总体贡献还存在争议，但里约峰会确实取得了五项重要成果：

1. 赞成《里约宣言》，这一宣言包括27项可持续发展的原则；

2. 支持21世纪议程，这一文件超过800页，为实现可持续发展提供了一系列指导方针；

3. 形成《联合国气候变化框架公约》（United Nations Framework Convention on Climate Change, UNFCCC）；

4. 批准了《生物多样性公约》（Convention on Biodiversity, CBD），这一公约肯定了原住民生态知识的价值，并声明主权国家对他们领土上的生物资源拥有主权（不为美国承认）；

5. 产生了一项森林原则宣言，这份宣言为持续性地利用森林资源构建了大的框架并提供了诸多建议。

在大多数情况下，最终的成果比许多参与者所期望的要少。原因之一是，上述决议不具有约束力，所以各签署国并不承担不服从决议的法律责任。此外，国际层面的谈判通常兑现了附属性原则，而决策和约束性法律的制定则尽可能地留给了最小的（通常是当地的）立法主体。

尽管这次峰会的成果受到批评，但是自会议以来，可持续发展就被视为全球治理中理

所当然的一部分,而以环保为基础精神领域则越来越频繁地补充了可持续发展的需求这一召唤。例如,2002 年在南非的约翰内斯堡举办的地球峰会(有时被称为里约+10)上,环境与宗教学者布隆·泰勒(Bron Taylor)所谓的全球公民的地球宗教出现了。开幕式期间,与会者观看了描述人类出现于非洲的表演,并暗示了人类的过去和未来必须受到有限世界的制约(Taylor 2004, 103)。正如泰勒所说:"它可能是这样一种宗教,在这种宗教中,嵌入更大宇宙的故事中的进化故事培养了尊重生命的观念,也促进了保护和恢复其多样性形式的各种实践"(2004, 1004)。然而,最后约翰内斯堡峰会被形容为:为可持续发展成为一种文化现实做出了贡献,但效果甚微(Kates & Parris 2003, 8066)。

影响和未来的研究

当可持续发展运动的参与者将其目标表达为现行政治和经济力量的替代物时,或者寻求基于人类价值和尊严的全球伦理概貌时,他们常常陷入宗教和灵性的叙事、隐喻和语言困境中。这类修辞策略的情感力量有助于揭示隐含在产生于这些国际委员会和峰会的报告中的价值,也为各种新兴可持续发展伦理提供了支撑和内容。尽管这些委员会和峰会的效力已经遭到质疑,但毫无疑问,可持续发展已经成为一个国际性关注的问题。宗教机构和团体基于为促进持续性转变的叙述,在产生影响和价值方面发挥了重要作用。在很多情况下,最有效的可持续发展计划已经在很大程度上取得了成功,因为他们能够激励地方宗教当局将可持续发展的目标与当地宗教叙事联系起来。并且,当人们在各种各样的场所讨论可持续发展时,从亚文化聚会到国际政治领域,可持续发展常常以明确的宗教式语言表达,或者以一种对非人类世界,甚至对整个宇宙的文化尊重的语言加以表达。在此类情况下,标准的可持续发展叙事在培养社区、关注欲望、增进交流方面,起到了宗教事务的作用 [吸收了由彻德斯特(Chidester)2005 年提供的宗教事务定义]。在未来几十年,这些趋势值得受到更多关注和研究。

卢卡斯·F. 约翰斯顿(Lucas F. JOHNSTON)

维克森林大学

拓展阅读

Baker, Susan. (2006). *Sustainable development*. London: Routledge.

Berkes, Fikret; Folke, Carl; & Colding, Johan. (Eds). (1998). *Linking social and ecological systems: Management practices and social mechanisms for building resilience*. Cambridge, U.K.: Cambridge University Press.

Brandt, Willy. (1980). *North-South: A program for survival*. Cambridge, MA: The MIT Press.

Chapman, Audrey; Peterson, Rodney L.; & Smith-Moran, Barbara (Eds.). (2000). *Consumption, population, and sustainability: Perspectives from science and religion*. Washington, DC: Island Press.

Chidester, David. (2005). *Authentic fakes: Religion and American popular culture*. Berkeley: University of Californa Press.

Davison, Aidan. (2000). *Technology and the contested meanings of sustainability*. Albany: State University of New York Press.

Edwards, Anders. (2005). *The sustainability revolution: Portrait of a paradigm shift*. Gabriola Island, Canada: New Society Publishers.

Gardner, Gary. (2002, December). Invoking the spirit: Religion and spirituality in the quest for a sustainable world (Worldwatch Paper #164). Washington, DC: Worldwatch Institute.

Ghai, Dharam, & Vivian, Jessica M. (Eds). (1992). *Grassroots environmental action: People's participation in sustainable development*. London: Routledge.

Golliher, Jeff. (1999). Ethical, Moral, and Religious Concerns. In Darrell Posey (Ed.), *Cultural and spiritual values of biodiversity* (pp. 492–495). London/Nairobi, Kenya: Intermediate Technology Publications/United Nations Environment Programme.

Gottlieb, Roger S. (2006). *A greener faith: Religious environmentalism and our planet's future*. Oxford, U.K.: Oxford University Press.

Hart, John. (2005a). World conference on indigenous people. In Bron Taylor (Ed.), *Encyclopedia of religion and nature* (pp. 1763–1765). London: Continuum.

Hart, John. (2005b). Indigenous voices from Kari Oca. In Bron Taylor (Ed.), *Encyclopedia of religion and nature* (p. 1763). London: Continuum.

International Union for the Conservation of Nature, United Nations Environment Programme, & World Wide Fund for Nature. (1991). *Caring for the Earth: A strategy for sustainable living*. Gland, Switzerland: International Union for the Conservation of Nature.

Jolly, Richard; Emmerij, Louis; Ghai, Dharam; & Lapeyre, Frédéric. (Eds.). (2004). *UN contributions to development thinking and practice* (United Nations Intellectual History Project). Bloomington: Indiana University Press.

Kates, Robert W., & Parris, Thomas M. (2003). Long-term trends and a sustainability transition. *Proceedings of the National Academy of Sciences of the United States of America, 100*(14), 8062–8067.

Meadows, Donella. (1972). *Limits to growth*. Seattle: Signet Press.

Norton, Bryan G. (2003*). Searching for sustainability: Interdisciplinary essays in the philosophy of conservation biology*. Cambridge, U.K.: Cambridge University Press.

Norton, Bryan G. (2005). *Sustainability: A philosophy of adaptive ecosystem management*. Chicago: University of Chicago Press.

Peterson, Tarla Rai. (1997). *Sharing the Earth: The rhetoric of sustainable development*. Columbia: University of South Carolina Press.

Posey, Darrell (Ed.). (1999). *Cultural and spiritual values of biodiversity*. London/Nairobi, Kenya: Intermediate Technology Publications/ United Nations Environment Programme.

Prugh, Thomas; Costanza, Robert; & Daly, Herman E. (Eds.). (2000). *The local politics of global sustainability* . Washington, DC: Island Press.

Rist, Gilbert. (1997). *The history of development: From Western origins to global faith*. London: Zed Books.

Sumner, Jennifer. (2005). *Sustainability and the civil commons: Rural communities in the age of globalization*. Toronto: University of Toronto Press.

Taylor, Bron R. (2004). A green future for religion? *Futures, 36*, 991–1008.

Thakur, Ramesh; Cooper, Andrew; & English, John. (Eds.). (2005). *International commissions and the power of ideas*. New York: United Nations University Press.

World Bank. (2001). *Making sustainable commitments: An environment strategy for the World Bank*. Washington, DC: Author.

World Commission on Environment and Development (WCED). (1987). *Our Common Future*. Oxford, U.K.: Oxford University Press.

Wright, Robin. (1988). Anthropological presuppositions of indigenous advocacy. *Annual Review of Anthropology, 17,* 365–390.

Islam

伊斯兰教

《古兰经》教导说，人类对地球的管理是一种特权，要求人类有深刻的责任感，因此，在伊斯兰传统中，有许多内容支持真正的环境伦理，这种环境伦理会保护真主创造的万物。自从公元7世纪伊斯兰教在干旱的阿拉伯半岛建立，伊斯兰世界就从法律、经济和伦理角度密切关注水资源管理。

《古兰经》是伊斯兰教个人与公共生活的一切问题的首要权威依据，也是神学理论和崇拜仪式的首要权威依据，《古兰经》讲述的是真主将重任信托天地和山岳（章33：72），但它们因为畏惧而不肯承担责任，人类抓住机会并钻营这种"信任"（amāna），但他们"确是不义的，也是无知的"。即便如此，真主的怜悯指引人类，并使人类能够承担这种信任的责任，尽管在这一过程中，人们也会因其虚伪和不信道而遭受惩罚。然而，《古兰经》明确指出，真主有天地万物的主权（例如2：107，5：120），并且，真主是唯一的归宿（24：42），因此也以其自己的方式相互制约。在《古兰经》中——以及保存在被称为"圣训"（hadith）的文学形式中的先知穆罕默德（570—632）的教导和榜样——有大量篇幅用以构建一种真正的伊斯兰教的环保伦理，这种环保伦理既支持了伊斯兰教在这一方向传统上已取得的成就，也为当代背景下寻求富有创造性的和革新性的解决方案开辟了宽阔的道路。

关于人类对地球的管理，这一特权包含着深刻的责任。《古兰经》也将其他活着的存在物视为"人民或共同体"（被称为"乌玛"，章6：38）。创造物本身，因其难以数计的多样性和复杂性，或许被认为是由神的力量、智慧、仁慈和威严所呈现出的一种巨大的宇宙"神迹"。宇宙万物正是以其存在而赞美神（章59：24；对比64：1）。神之中，有看不见的（有关宝藏的）秘密，除神之外无人知晓。他知道地上和海中的任何事物。不仅知道树叶飘落，而且知其知识：任何一粒处于地球阴影中的粮食，任何一种新鲜绿色或枯萎之物，全都（被记载）有清晰的记录（章6：59）。

根据《古兰经》，创造宇宙是比创造人类更为伟大的现实（章40：57），但人类具有特权去占领甚至比天使更高的位置，或作为神在地上的代理执政者（代理人）。即便如此，人类与所有其他生物共享着共同的物质起源——水（章24：45），人类将回归于其所来之处。人类作为地球代理人的观念受到环境伦理学的诸多批评，主要始于1967年一篇极具影响力的文章的发表，即历史学家小林恩·怀特所写的题为"我们生态危机的历史根源"一文；怀特认为，犹太—基督教传统鼓励人们对自然界的开采，因为圣经宣称人类主宰着地球，从而建立起神人同形同性论，基督教将人和自然区分开来，人是照着神的形象所造，其余的则是"没有灵魂"的自然，这使人类优于其他的生命形式。穆斯林还有犹太教和基督教，不得不面对这一状况所造成的内在问题——历史和当下的全球经济、政治和社会生活中的问题。自伊斯兰教创立以来，既从他们神圣经典的传统，也从他们心理、思想、公共管理和日常生活的习惯中发掘或隐或现的资源，但穆斯林正在反思他们的基本的和经久不衰的宗教教义，并为已经展现出来的环保伦理发掘

明确的或含蓄的神学与道德基础。在这一讨论中，穆斯林的共同信念是，自然没有独立的价值，自然的价值来自神。换而言之，自然确实具有难以数计的价值并且令人称奇，然而依据伊斯兰教，这些并不是其自身产生的，而是伟大的神之创作。

天堂与地球

在《古兰经》中，地球（Earth）这个词被提及了大约453次，而天空（sky）和天堂（heavens）只被提到约320次。伊斯兰教确实认为地球从属于人类，但地球不能受到不负责任地管理和开采。伊斯兰教教义中，有一种强烈的关于地球之善良和纯洁的意识。例如，在斋戒前，如果没有干净的水，就得用干净的尘土或沙子来洗净。先知穆罕默德说过，地球作为一座清真寺，也作为净化的手段，是为他而创造的（暗指是为所有穆斯林创造的）。因此，地球是神圣的；无论在正式的仪式还是日常生活中，它都是人类服侍上帝的适宜场所。在一份截然不同于伊斯兰教世界观的屡屡提及的声明中，罗纳德·里根（Ronald Reagan）的第一任内政部长詹姆斯·瓦特（James Watt）说，根据对世界末日自然秩序毁灭的预言，对环境的管理并非真是一项紧急事务。伊斯兰世界中的那些人因而会回想据说先知穆罕默德已经说过的话："当世界末日来临时，如果有人手里有一束棕榈树发芽，他就应该种植它。"

穆斯林将天堂想象成美丽的花园，《古兰经》中对此有多处描述。在无数

的描述中，天堂是座花园，从那里，纯净的水流淌（anhār）而下。那一景象重复了大约38次，并且大多数时候是作为麦地那地区的缘起之处。如果将地球上的生命视为天堂里永恒生命的预备，那么，对自然环境的关爱照顾似乎是合适的训练，以便死后能在完全平衡、和平与新鲜翠绿的环境中与神以及众天使相伴。穆斯林相信世世代代的人将会在最后审判时于天堂里汇聚一堂，得到救赎的人将会享受一代又一代虔诚的穆斯林的陪伴，那些虔诚的穆斯林已经获得死后的祝福。无论一个人在末日邻近时种一株树，还是为子孙后代的利益投资一种有益于环境保护的生活方式，最终都会达成一件事：通过管理来侍奉神，这种管理体现了《古兰经》在一开始就陈述的、贯穿始终的神之慷慨、怜悯和指引。穆斯林神秘派——被称为苏菲派——爱戴的神圣谚语（这一神圣谚语关注神创造宇宙的理性）宣称："我是隐藏的宝藏，我想要被发现，所以我创造了一些特征以便被他们所知道。"（"神圣谚语"就是神所灵示的话语，但是由先知穆罕默德说出来。）神与他的创造物之间的交流并不随着死亡而结束；相反，根据伊斯兰教的信仰，这种交流于死后才真正开始。在描述世界末日的一段震撼人心的段落里，《古兰经》细述自然界和熟悉的世界的毁灭，之后宣称："当火狱被燃着的时候，当乐园被送近的时候，每个人都知道他所作过的善恶"（章81：12—13）。

水的力量

在《古兰经》的世界观里，水具有最高的意义和价值，正如频繁引用的诗句所指出的："我们所造的一切活着之物都依赖水为生"（21：30；对比25：54；24：45）。在术语mā'中，《古兰经》对水的各种形式和来源的引用大约有63次。尽管对此的引用不如"地球"所出现的总次数那么多（也不如"天空"和"天堂"出现的次数多），但对此的引用通常含有重要的中介意义，而"地球"和"天空"——就如它们的奇妙一样——往往是力量经过的地点和通道，而不是力量本身。水就是力量，确实，它是细胞质的必要条件。同样需要重点关注的是，将水作为所有生命的推动者加以重要引用，在《古兰经》的启示历史上持续了30年以上——从穆罕默德开始他的预言生涯的早期麦加章节，到后来的麦地那时代。期间，在整个阿拉伯半岛已经建立起有关信仰的稳定神权体系和秩序。

神从水中创造了所有生命，并且，随着时间的推移，他以那种必需的液体维持着一代又一代的生命。"我从云中降下清洁的雨水，以便我借雨水而使已死的大地复活，并用雨水供我所创造的牲畜和人们做饮料"（25：48—49）。"你们告诉吧！你们所饮的水，究竟是你们使它从云中降下的呢？还是我使它降下的呢？假若我意欲，我必使它变成苦的，你们怎么不感谢呢？"（56：68—70）。神在《古兰经》中提醒我们："你说：你们告诉我吧，如果你们的水一旦渗漏了，谁能给你们一条流水呢？"（67：30）

依据水对生命而言的重要性，以及水作为神圣供给的主要资源，《古兰经》主要对水进行了讨论。宝贵的寓言性语句保留在穆罕默德言行录文学中，包括许多文献中有关水对人类生活的重要性：及水在个人的、社区的、公民的、农业的、法律和商业方面的重要作用。例如有关第一点——个人——维度,在穆罕默德言行录中,穆罕默德宣称:"那个为其他人提供饮水之人应该是最后一个喝水之人"(Nawawi, reported by Tirmidhi)。穆罕默德言行录中在关于水的公民/社区维度的例子是:"所有的穆斯林在三件事上是伙伴关系——水、草和火"(Ibn Majah & Abu Daud)。在这穆罕默德言行录中,"火"通常被理解为承载火焰的或实用性的木头。另一条穆罕默德言行录勾画出穆斯林们常常重复的一种保护伦理(正如被译为当代沙特阿拉伯的资料):

据说,先知(愿主福安之)经过其追随者萨德(Sa'd)时,萨德正为了祈祷而清洗,先知说:"哦,萨德,这多浪费?"萨德问道:"即使是为祈祷而沐浴也在浪费吗?"先知回答说,"是的,即使你用流动的河流也在浪费。"(*Environmental Protection in Islam* 1994,7)

就先知穆罕默德在礼拜一祈祷之前的自身沐浴净身——无论是为了去除小不洁的沐浴[基本的清洗仪式,小净(wudū')],还是为了洗净大不洁的沐浴[全浴仪式,大净(ghusl)]——来说,《古兰经》称:"但不要浪费。真主的确不喜爱浪费的人"(6: 141)。先知的年轻妻子阿伊莎说,"穆罕默德在简单沐浴时用很少的水,而在全浴仪式中会多用一点点水"。

纵观整个历史,伊斯兰世界从法律、经济和伦理的角度密切关注水资源管理。从伊斯兰的视角来看,无论是在粮食生产和饮用水方面,抑或全体穆斯林在日常生活、净化仪式中

个人和公共的虔诚方面,从清洗一人周围的东西到经历不洁之后和做礼拜之前的沐浴,水都是维持基本的人类生活的关键要素。在正式的礼拜仪式之前,沐浴用水的标准用量十分多,犹太法律学者延伸了对此的讨论,而法律书籍完全用与犹太学者的讨论相比较的方式来处理这一问题。

正如一本被广泛使用的礼拜指南所言,穆斯林用作净化的水,应当是"新鲜、洁净的,如从水龙头,或水井、大海、河流中所取之水。雨水亦可"。有时可能用许多水来洗衣服或物件,以及用来给人清洗,去除较多污垢。去除主要污垢如果通过接触血液或尿液而成为大不洁者,那么此人就必须用水去色,去除味道和气味。如果被一只狗舔过手或者锅,假如发生的话,这只手或锅就必须用水混合一些粉末至少洗六次,在一系列清洗之后,还必须用不混杂粉末的洁净的水另外再洗六次。这种严格的要求有助于我们领会古老的波斯故事,即当一个人在拥挤的集市中行走于其他购物者间时,她感到有潮湿的舌头舔她的手,如果一个人不能确定是什么舔的,那么他会直接说:"安拉乐意的,它是一只山羊。"山羊,像猫一样,并非是大不洁。伊斯兰洁净仪式中对水的使用是冗长而精细复杂的,但在此所举的例子已经显示了水的各种重要性。

伊斯兰教的水资源管理

以《伊斯兰教的水资源管理》为题,已经

出版了一本优秀的论文集。它主要基于1998年11月在约旦的安曼举行的"伊斯兰世界的水资源管理"研讨会(the Workshop on Water Resources Management in the Islamic World)的成果(尽管安曼会议的组织者向全世界发出了邀请,但大部分与会者来自中东)。这次专题讨论旨在回应联合国环境规划署1992年在都柏林、爱尔兰举行的水资源会议,称为"水与环境:21世纪的发展问题";这次会议概述了四项总体目标,即都柏林原则(Faruqui et al. 2001, xvi):

- 水是一项社会福利;
- 水是一种经济福利;
- 应该共同参与和综合地进行水资源管理;
- 妇女在水资源管理中发挥着核心作用。

这本书中提到的一些总体的、经认可的伊斯兰水资源管理原则都包含在此适当的分类中(Faruqui et al. 2001, 1, 22, 23, 24, 25, 27, 52, 53, 87)。

水作为一种社会福利

水是真主的恩赐,也是维持一切生命的必需品。水属于社区这一整体的——没有一个个体可以独有水资源(在容器中的水或有其自然源头的水除外)。水的首要用途是用作饮用水,来维持人类生命、合乎数量和质量要求的水,每个人都拥有对水的这种基本需求的权力。水的第二和第三等用途是为家畜和灌溉所用。

人类是地球上水资源的管家。环境(动植物群)对于水具有强大的合法权利;我们必须减少污染,并对管理者、个人、组织和国家负责。必须以可持续发展的方式管理和使用水资源。可持续和公平的管理最终取决于如下普世价值,诸如公正、公平和关注他者。

水资源需求管理

保护水资源对于伊斯兰教而言至关重要。清真寺、宗教机构和学校应当传播该原则,以作为其他宗教和世俗努力的补充。伊斯兰教允许对废水进行重新利用,只要废水处理能够适用于特定的目的,而且不损害健康。这一话题激发了许多争议,并非所有穆斯林都赞成此事。对于供应、处理、存储和分配水资源,以及废水收集、处理和清理等水资源管理方面允许收回成本,但水的定价必须兼顾公平和效益。

伊斯兰教允许提供水资源服务私有化,但政府必须确保在定价和服务方面的公平。要保证公平是极其困难的,还在进行持续的斗争(例如,在印度尼西亚的首都雅加达,20%的人能用上经管道输送且经过处理的水,而剩下的人——几乎是80%的人口——需要支付他们收入的25%从私人供应商那里购买水)。

整合水资源管理

水资源管理需要与所有利益相关者进行舒拉(shura,相互协商)。所有的民族—国家都有义务与其他民族国家公平地共享水资源(关于水资源共享问题,至今仍存在一些难题;例如,土耳其对底格里斯河与幼发拉底河进行筑坝，可能会导致伊拉克和叙利亚水资源的严重短缺。尤其是伊拉克，已经受到了严重影响）。

　　无论是在伊斯兰国家之间，还是伊斯兰国家与非伊斯兰国家之间，应该整合部门和地区间的水资源管理。前者应就基本的伊斯兰教原则达成一致，而后者则应寻求共识，并遵守公平、公正的国际组织规则。

　　《伊斯兰教的水资源管理》主要强调的是穆斯林公众教育的重要性，即在家庭、学校和清真寺这些最基层的社区生活中，由母亲、教师和伊玛目开展基本教育。在约旦，便衣首领"传达了一项特殊的裁决（专业法律意见），即环境教育是 wājeb，或是一项义务：在这项裁决之下，所有的穆斯林有责任参与环保教育。因此，伊斯兰教提供了一个充满活力的舞台，全体的穆斯林人民均能触及这个舞台——在家、在街道、学校和清真寺"（Faruqui et al. 2001，52—53）。

　　《伊斯兰教的水资源管理》中描述了其他的创举，并承认妇女在各个方面所起的作用尤其重要。这本书的编辑和撰稿者们认为此类创举目前还处于起步阶段。

面对未来

　　穆斯林所面临的最大问题之一便是整个非洲—亚欧地区的人口过剩问题尤为突出，以及从传统农村和农业地区向负担过重、物资耗尽且被人忽视管理的脏乱城市地区进行的大规模迁移。

　　在穆斯林语境下，水资源管理具有十分强大的历史基础，因为自公元 7 世纪伊斯兰教成立于阿拉伯半岛起，众多的穆斯林就栖居于不毛之地的自然环境中。但各地穆斯林的有识之士也日益感到对空气、土地、土壤以及动植物进行管理的迫切需要。如今，在某些穆斯林公民中，保护自然环境的期许和行动主义正在滋生。穆斯林意识到，安拉无意于把受造的人类当作无助的孩子。正如《古兰经》（13：11）所表明的："真主必定不变更任何民众的情况，直到他们变更自己的情况。"

弗雷德里克·马修森·丹尼（Frederick
Mathewson DENNY）
科罗拉多大学博尔德荣誉分校

　　本文的一部分改编自弗雷德里克·马修森·丹尼所著的"伊斯兰教与生态学：寄众望于平衡管理"一此文为哈佛大学世界宗教研究中心举办的一系列"宗教与生态论坛"（FORE）的一部分，原文可查询网站 http://fore.research.yale.edu/religion/islam/index.html。

拓展阅读

Bagader, Abubakr Ahmed; El-Chirazi El-Sabbagh, Abdullatif Tawfik; As-Sayyid Al-Glayand, Mohamad; & Izzi Deen Samarrai, Mawil Yousuf. (1994). *Environmental protection in Islam*, 2nd rev. ed. IUCNWorld Conservation Union, Meteorology and Environmental Protection Administration (MEPA) of the Kingdom of Saudi Arabia, Policy and Law Paper No. 20, Rev. 1994.

Izzi Deen Samarrai, Mawil Yousuf. (1990). Islamic environmental ethics, law, and society. In J. Ronald Engel & Joan Gibb Engel (Eds.), *Ethics of environment and development: Global challenge, international response* (pp. 189–198). Tucson, AZ: University of Arizona Press.

Dobell, Patrick. (12 October 1977). The Judaeo-Christian stewardship attitude to nature. *Christian Century*, pp. 295–296.

Faruqui, Naser I.; Biswas, Asit K.; & Bino, Murad J. (Eds.). (2001). *Water management in Islam.* Tokyo, New York, and Paris: United Nations University Press.

Foltz, Richard C.; Denny, Frederick M.; & Baharuddin, Azizan. (Vol. Eds.). (2003). Islam and ecology: A bestowed trust. In Mary Evelyn Tucker & John Grim (Series Eds.), *Religions of the world and ecology* (pp. xliv, 584). Cambridge, MA: Harvard University Press for the Center for the Study of World Religions, Harvard Divinity School.

Nasr, Seyyed Hossein. (1992). Islam and the environmental crisis. In Stephen C. Rockefeller & John C. Elder (Eds.), *Spirit and nature: Why the environment is a religious issue* (pp. 85–107). Boston: Beacon Press.

White, Lynn, Jr. (1967). The historical roots of our ecological crisis. *Science 155*, 1203–1207.

如果生物学家认为人是地球上生态环境恶化的最大主体，难道不也是人为了自己而悬崖勒马弃绝贪婪并聆听上帝的教诲，保护自己的环境以及地球万物的环境的吗？伊斯兰教对此给出了毅然决然的回答。

穆罕默德·海德·伊赫桑·马哈希

来源：Muhammed Hyder Ihsan Mahasneh. (2003). Islamic Faith Statement. Retrieved October 2, 2009, from http://www.arcworld.org/faiths.asp?pageID=75.

J

Jainism

耆那教

耆那教的一些核心价值观起源于公元前6世纪，在投身可持续发展中，尤其关注现存与永恒的宇宙，最低限度地使用自然资源和非暴力主义。耆那教如今在印度，虽然信众寥寥，但是也发挥着倡导改革环境保护和环保策略的作用。

耆那教起源于印度，距今有2 500多年。它成为少数人的信仰而存续下来，如今在印度约有四百万信奉者，另有几十万信徒散布在全球各地。耆那教所信奉的哲学体现出的一些核心教义与可持续性发展原则相契合。其教导普世与永恒生命形成，并倡导将宗教习俗深植于非暴力伦理之中。耆那教断言现存的宇宙是永恒的并非由神所创造。它强调个体的责任和与环境的持续且密切关系从而来认识环境。它同时也倡导节俭，最低限度地使用资源，尤其是对

被视为过着理想的生活的耆那教修道会成员。

耆那教信仰

大雄·笩驮摩那，耆那教伟大的领袖，耆那教教义由其所创，生活在约公元前4世纪，与佛陀生活在同一时代。大雄·笩驮摩那教导细致入微地观察生命。"洞悉地、水、火、风[①]，地衣，种子和幼芽，他领悟到，如果对万物观察细致入微，就会发现其实它们都充满着生命。"（《阿迦篮伽集》I: 8.I, 11—12）

《阿迦篮伽集》是为人所知的最早的耆那教经典，对不同生命形式语焉既详，并且主张采取不同的方法来进行保护。书云："不能杀害一切呼吸的、存在的、生活着的和有感觉的生命，不能对它们使用暴力，不能虐待，不能折磨，不能驱赶，这是纯粹的、永恒和终极之法。"

---

① 译者注：耆那教认为世界是由不同的实体构成的，实体又被分为两种，即灵魂，它的原初形式以绝对的指挥，能量和极乐的幸福为特性（jiva，命）；非灵魂（ajiva，非命）。灵魂又分为解脱的（moksal）灵魂、受束缚的（baddha）灵魂两种。受束缚的灵魂又分为两种：运动的（trasa）与不动的（sthavara）。不动的生命体拥有最不发达的身体。它们分别生活于由地、水、火、风所构成的四种身体或植物中。

（卷1：4.1）《阿迦篮伽集》言及不仅要防止伤害动物、植物（不去碰它们），对居于地上，水中，火中，空气中的物体亦然。例如，禁止耆那教徒踩踏土地或在水中游泳，点火或灭火或者在空气中拍打手臂。

　　而后期的哲学传统 —— 正如生活在公元5世纪的耆那教哲学家乌玛斯伐蒂（Umasvati），在他《谛义证得经》[①]（Tattvartha Sutra）中所明晰地表达的那样，声称整个宇宙都充满了灵魂，这些灵魂由称为业的物质来权衡。许多这些灵魂都有潜力将它们自己从所有的业力残余中解放自己，获得灵性的绝对知（kevala）[②]；他们由于业的系缚，以新的生命形态不停迁换，业被描述为无法摆脱和形态繁复的。这些生命的形式，既无法被创造，也无法被摧毁。从某种意义而言，其本质不仅仅具有可持续发展性，而且无法被摧毁。然而，他们处于一种动态的、不停的迁换过程之中，进行生命的轮回。为了确保能够获得无上福乐，迈向灵魂的解脱，乌玛斯伐蒂认真倡导遵守五戒：不杀生、不欺诳、不偷盗、不奸淫、无所得。最终，如果有人践行非暴力，达到圆满，所有的业力都会消散，而成就者（siddha）将永居于一切智的（sarvajna）独在（kevala）[③]之中。

　　根据乌玛斯伐蒂（Umasvati）所述，有8 400 000个不同物种的生命形式存在。这些物种是从诞生、存活、死亡、到重生的无始无终的轮回的一部分。每个有机体都孕育着一个生命的力量，生命的力量，或称为灵魂（jiva，命），占据并为粗身[④]带来生机。当肉躯死亡，灵魂（jiva，命）根据有生之年所产生的业的性质再重新寻找新的栖息之所。

　　根据个体的行为，人能够升到天国，或重生为人或动物抑或元素或微生物的生命形式，或作为受苦的人或某种特定的动物降至地狱。

　　耆那教人细心观察，并且描述出诸多他们希望宽厚对待的生命形式。他们根据生命所拥有的数种感官进行分类。地，植物，以及微生物（nigodha），被划分为最低等级，据说仅仅拥有触觉。蚯蚓，软体动物类，具有味觉和触觉。爬行昆虫比单感觉动物多了嗅觉。飞蛾，蜜蜂，以及苍蝇比爬行昆虫多了视觉。耆那教将最高级的桂冠颁给了那些能够聆听与思考的动物，这些动物包括爬行动物，鸟类，以及哺乳动物。耆那教学者们提供了详细的门类繁多的生命形式，通过耆那教的棱镜，向我们呈现了生命形式的全貌。如此一来，他们呈现出预见后世环境理论的生命观，他们关注微生物世界以至细致入微与诸如阿尔多·李奥帕德（Aldo Leopold, 1887—1948）此类的美国环境保护作家产生了共鸣。

耆那教的可持续发展世界观

　　起初，在耆那教和可持续性发展可能并

---

① 译者注：又译为《入谛义经》或《真理证得经》。

② 译者注：绝对知或绝对智（kevala），参见高杨、荆三隆《印度哲学与佛学》，太白文艺出版社，173。获得圆满知识，达到德行圆满，享受着圆满福乐的无上圆满之境，最终实现解脱。

③ 译者注：达到寂静时，就是现出绝对知或绝对智（kevala），也称为独存（solitude），即摆脱了外界牵缠的完满隔绝状态，实际上就是具备了圆满知识，享受圆满之境。参见徐海山主编《古印度简史》，中国言实出版社，202。

④ 译者注：命的位置是通过它一次次迁换不同的栖息所来的。这种迁换就是转生，而其栖息所或是人类或是虫豸或是其他，统称为粗身，轮回的主体。

不存在显然的联系，因为除了关注个体的善行如何提升个体自身灵性的轨迹，耆那教看上去最关注的是提升自己摆脱业的系缚，而并非是在于关注众生。印度教和佛教都批判耆那教只热衷于关注自身，甚至已经落伍了。但是耆那教世界观是唤起有情众生的净土。它说明了物质世界本身包含着知觉，地球能够感知到并且以同样的方式对人类的存在做出反应。动物拥有认知官能，包括记忆和情感，而且，恰恰是这个环绕着众生的世界，感知到他们的存在。一切实体——从我们人类饮用的水，到我们呼吸的空气，支撑我们的椅子，到我们学习时给我们照明的灯光——通过触觉感知我们，尽管我们常常将他们的抚摸，支持，以及给予的营养，视为一种理所应当。根据耆那教传统，人类作为活着的、会思考的有情众生，已经被赋予特殊的任务与机会，培养崇高的觉悟以及道德行为，认知到宇宙充满富有生命力的、存活的、有情众生有被认可和尊重的权利。在这方面，耆那教所主张的有情的理念与可持续发展的道德规范十分吻合。

耆那教在他们具有优势的印度地区传播他们这些少数派所信奉的宗教观念是十分自信的。为了维护他们的身份，需要进行重大的战略性思考并开展行动。卡纳塔克邦许多南部王国都为耆那教提供了保护和庇护，在鼓励素食主义以及反对猎杀（saletore）的公法方面获得了许可。公元 100 至 1300 年间，耆那教在整个该地区产生了深远的影响。古吉拉特邦的北部王国，当鸠摩波罗（1143—1175）统治时期皈依耆那教时，耆那教经历了黄金时代。他鼓励大范围地修建寺庙，在他的耆那教导师金月（Hemacandra，1089—1172）的教导下，他

成了一位素食主义者。他制定了反映出耆那教众生神圣观点的宗教戒律。在印度的中北部，Jincandrasuri II（1541—1613），耆那教僧侣的 Svetamabara Khartar Gacch 宗系的第四个也是最后一个师尊，1591 年游历到拉合尔，在此地，他大大地影响了莫卧儿帝国皇帝阿克巴大帝。阿克巴保护朝圣的耆那教场所，下令不得干扰耆那教的仪式。最值得注意地是，每年都有一周，他会禁止屠杀动物。耆那教发起了不屈不挠的反对献祭杀牲的运动。如今，在印度的大多数邦，这也是非法的。莫罕达斯·甘地，当代印度最著名的领导者，深受耆那教所致力的非暴力理念的影响，在印度从英国获得政治独立的运动中，他正是采纳了这一理念。

一直以来，耆那教徒是在印度境内杰出的生命保护者。数世纪以来，他们倡导发起了保护动物的立法，并对当代印度政府产生了深远的影响。尽管耆那教徒们在禁止献祭杀牲及使印度摆脱殖民统治的斗争中所做出的努力已经在很大程度上取得了胜利，但他们似乎全副武装，来准备迎接由于持续追求快速工业化进程所面临的可持续性发展这一新的挑战。

耆那教环境保护论

耆那教团体已经采取一些措施，包括他们在宗教对话中关注环境问题。L. M. 辛维（L. M. Singhvi，1931—2007），是一名印度的著名法理学家以及议会成员，于 1990 年出版了《耆那教自然宣言》。它引据了大雄的告诫，即严守教规的耆那教一定要尊重这些元素和植物："一个忽视了或者无视地球，空气，火，水，以及植物的存在的人，也无视自身的存在，

因为众生一体。辛维本人也写道，"生命是一种恩赐，在一个充满相互依存的元素的宇宙中互为一体，相互调适与互助"。而且，论及这里有无数的灵魂不停地迁换与转生，他继续写道："即使是金属和石头也不应该被妄自处理。"（1990，7，11）

若干耆那教组织已经投身环境保护事业，视之为遵守非暴力（不杀生）原则的逻辑上的延伸。

在不同的耆那教朝圣地点，例如，在古吉拉特邦的帕莉塔那神庙，在位于马哈拉施特拉邦的埃洛拉，以及在位于比哈尔的Sametshirkhar和巴旺普里园区已经开始实施重新造林工程。位于拉贾斯坦邦的一所已获得资格认定的大学维斯瓦巴拉蒂大学（Jain Vishva Bharati University）在非暴力与和平系开设了一门生态学专业。于1995年12月，该系共同主办了主题为"与大自然和谐共生：存续到第三个千禧年"的会议。会议主题包括环境危机，生态退化，以及无节制消费主义。1998年在哈佛大学举行的会议研究了耆那教和生态的主题，与会者包括耆那教不同教派的代表和学者。这些活动反映出在某些方面对传统的重新聚焦与重新诠释是一种对生态环境担忧的反映：不仅珍视抽象的各种生命形式的多样性，同样对极微生命也是如此。这就要求拥护者基于不杀生的原则，只能从事规定营生类型。

必须值得注意的是，遵守不杀生比起最后的解脱即全知（kevala）这一目标而言，是次要的。从耆那教信仰的终极目标以及耆那教从事的商业所取得的实际结果来看，则可能需要进行批判性的分析以及反思。尽管僧侣和女尼因信仰耆那教而产生的这种生活方式与环境保护的理想相似，但它所追求的却是个体的灵性提升。从某种意义上而言，生态环境保护不过是耆那教众生相互关联为一体的生命观的一个副产物。

就耆那教在家众（Layperson）[①]的生活方式而言，某些习俗——比如素食主义，定期禁食，以及避免使用暴力——可能也会被视为是一种环境保护，并为全球可持续性做出了贡献。但是，因为只伤害单感觉的生物的宗教信仰，一些耆那教人所从事的职业事实上可能有害于环境。耆那教在整个印度境内露天开采花岗岩和大理石。除非进行栖息地修复，伴随着这些矿物的开采，既无益于环境保护，也无益于可持续性。其他耆那教所掌控行业可能会造成空气污染，森林毁坏，以及水污染。鉴于生态科学所显示的新证据表明，必须重新估量工业、商业，以及环境之间的相互联系。要发展耆那教生态商业道德，就需要使耆那教社区进行广泛反思和对已经深入人心的传统进行重构。尽管耆那教社区数量少，但其在印度商界、法律界，以及政治界是极具影响力的。如果耆那教能在环境问题上达成共识，其影响会极为深远。

由于他们对世界的"生命力"的感知力，耆那教强烈支持环境保护运动的理想，随时准备好成为可持续性的倡导者。耆那教遵守非暴力原则已经为尊重众生以及生态系统的生活方式提供了一种范式。因为他们成功地倡导反对肉食、反对献祭杀生，以及他们在开展

---

①　译者注：专业名词，此处不是外行，而是指神职、非出家的耆那教信徒，因此译为在家众。

避免公然使用暴力的事业方面所获得的成功，许多耆那教徒视自己为环境保护主义者。通过重新思考当代行业实践，以及宗教教义和世俗的媒体同心协力地倡导环境保护意识，耆那教传统可能会帮助推动可持续型的经济模式。

克里斯多夫·基·查普（Christopher Key CHAPPLE）
洛约拉马利蒙特大学

拓展阅读

Babb, Lawrence. (1996). *Absent lord: Ascetics and kings in a Jain ritual culture*. Berkeley: University of California Press.

Chapple, Christopher K. (1993). *Nonviolence to animals, Earth, and self in Asian traditions*. Albany: State University of New York Press.

Chapple, Christopher K. (1998). Toward an indigenous Indian environmentalism. In Lance Nelson (Ed.), *Purifying the earthly body of God: Religion and ecology in Hindu India* (pp. 13–38). Albany: State University of New York Press.

Chapple, Christopher K. (Fall 2001). The living cosmos of Jainism: A traditional science grounded in environmental ethics. *Daedalus: Journal of the American Academy of Arts and Sciences, 130*(4), 207–224.

Chapple, Christopher K. (Ed.). (2002). *Jainism and ecology: Nonviolence in the web of life*. Cambridge, MA: Center for the Study of World Religions, Harvard Divinity School, Harvard University Press.

Cort, John E. (1998). Who is a king? Jain narratives of kingship in medieval western India. In John E. Cort (Ed.), *Open boundaries: Jain communities and cultures in Indian history* (pp. 85–110). Albany: State University of New York Press.

Jacobi, Hermann. (Trans.). (1968[1884]). *Jaina Sutras: Part I. The Akaranga Sutra & the Kalpa Sutra*. New York: Dover.

Saletore, Bhasker Anand. (1938). *Medieval Jainism with special reference to the Vijayangara Empire*. Bombay, India: Karnatak Publishing House.

Singhvi, L. M. (1990). *The Jain declaration on nature*. London: The Jain Sacred Literature Trust.

Suri, Santi. (1950). *Jiva Vicara Prakaranam along with Pathaka Ratnakara's commentary* (Muni Ratna-Prabha Vijaya, Ed.; Jaynat P. Thaker, Trans.). Madras, India: Jain Mission Society.

Umasvati, Tatia. (1994). *That which is (Tattvartha Sutra): A classic Jain manual for understanding the true nature of reality* (Nathmal Tatia, Trans.). San Francisco: HarperCollins.

Jordan River Project

约旦河工程

约旦河是世界上最神圣的河流之一，对犹太教、基督教和伊斯兰教而言，意义非凡。然而，如今也是世界上最为濒危的生物区域之一，受到污染、耗竭、农业灌溉引水等问题的困扰。自1994年开始，在生态和平组织（EcoPeace）/中东地球之友（Friends of the Earth Middle East）的领导下，当地非政府组织做出了努力，对于约旦河濒危的意识已经有所提高。

从灵性层面而言，约旦河对全世界的人们意义非凡：按照希伯来《圣经》的说法，穿越约旦河标志着以色列人进入了应许之地；耶稣基督在约旦河受洗，使约旦河成为基督教的圣水；令人景仰的先知穆罕默德之追随者葬于此河岸附近。约旦河谷亦为一个葱蔚润润的生态湿地系统。500 000 000只候鸟从欧洲迁徙至非洲，每年迁徙两次，在漫长的旅途中，约旦河是重要的中途栖息地。

令人遗憾的是，如今，约旦河下游几近干涸。河流90%的水源已经分流到以色列、叙利亚和约旦。自20世纪50年代以来，大量的约旦河水被重新设定路线以便来支持大范围的农业灌溉。处于竞争稀缺水资源冲突中的人们已经顾不得去考虑河流的需求和其生态系统，因为太多淡水被分流，而以色列、约旦、巴勒斯坦污水，被重新设定路线的盐水湖和农业径流是仅剩的流动水域。自1948年起，约旦河谷就成了军事和边境区，禁止对外开放，而知道这一问题尚存的人寥寥无几。

在过去十年中，人们已经逐渐意识到河流枯竭的问题，于近些年，强烈呼吁恢复河流。成立于1994年，以关注约旦河为中心的生态和平/中东地球之友（www.foeme.org），自2001年开始，通过他们的好水之邻项目，与年轻和成年居民一起，和沿约旦河谷地的社区,如约旦、巴勒斯坦和以色列最重要的九个社区的镇长共同开展工作,该项目已经帮助他们认识到自身的责任以及相邻社区的水况,并且已经培养谷地居民达成了以恢复河流为共同目标的共识。在每个社区中,安装了节水设施,学校成了提高水利用率的典范。随着以色列和约旦方面军事的合作,会定期到约旦河进行巡查,这提高了公众关注约旦河况的意识,引发了成千上万的记者签名请愿和抒写约旦河的故事。该项目在取得居民的信任之后,主要致力于通过使镇级领导参与来实现政策改变。镇长看到当地居民义愤,而且,随着新媒体的关注,当地的镇长开始发声并露面,甚至与约旦人、巴勒斯坦人,以及以色列人一起跳入河中,于2007年7月15日共同发出修复约旦河的呼吁。河两岸的镇长已经签署了"理解备忘录",致力于提出解决跨境共享水资源问题的方案。

但是事实上,污水仍然流入河中,这一事实证明"革命尚未成功,同志仍须努力"。渐进的政策措施需要管理,节水,价格改革,以及撤销补贴,这并未引起媒体关注,因此,也得不到高层在政治上的支持。因冲突、竞争,以及文化上的傲慢让约旦河如今已经自食其果,濒临枯竭。为了与非政府组织于2009年3月14日发起的"国际河流行动日"步调一致,中东地球之友呼吁约旦、以色列以及巴勒斯坦政府践行其承诺,修复约旦河下游。如果要修复约旦河,基于可持续发展的灵性上的合作显得十分有必要,至少在让处于中东这多事之地的约旦河谷地居民能够形成和平观念上也算功绩一件。

吉东·兄朗布格(Gidon BROMBERG)
生态和平 / 中东地球之友

拓展阅读

Bromberg, Gidon. (2008, October 12). Let common sense flow. Haaretz. com. Retrieved May 28, 2009, from http://www.haaretz.com/hasen/ spages/1027753.html.

Bromberg, Gidon. (2008, September 18). Will the Jordan keep on flowing? *Yale Environment* 360. Retrieved May 28, 2009, from http:// e360.yale.edu/content/feature.msp?id=2064.

Chabin, Michele. (2007, September). Weeping for the Jordan. *Christianity Today*. Retrieved May 28, 2009, from http://www.christianity today.com/ct/2007/september/12.17.html.

Clark, Mandy. (2009, May 11). The Jordan river is dying. *Voice of America*. Retrieved May 28, 2009, from, http://www.voanews.com/ english/2009-05-11-voa20.cfm.

Friends of the Earth Middle East. (2005, March). Crossing the Jordan: Concept document to rehabilitate, promote prosperity and help bring peace to the lower Jordan River valley. Retrieved March 23, 2009, from http://www.foeme.org/index_images/dinamicas/publications/ publ21_1.pdf.

Tate, Paul. (2007, June 18). Jordan river among world's 100 most endangered sites. *Jordan Times*. Retrieved May 28, 2009, from, http://www. jordanembassyus.org/06182007005.htm.

Walsh, Brian. (2008). Heroes of the environment. *Time*. Retrieved May 28, 2009, from, http://www.time.com/ time/specials/packages/ article/0,28804,1841778_1841816,00.html.

夏天，约旦河下游——加利利下游河流——某些地方是干涸的，这完全是人为造成的问题。下游河流是一条排污明渠，而且，颇具讽刺意味且令人感到悲哀的是，河流靠污水才能保持流动。在大坝之下的水中受洗，也不会有多少灵性上的提升吧。

吉东·兄朗布格（Gidon Bromberg）

来源：Hannah Lodwick.(15 December, 2005). *Makers of Jordan River body lotions not deterred by river's Pollution*. Associated Baptist press. Retrieved October 2, 2009, from http://www.abpnews.com/index.php?option=com_content&tas k=view&id=843&Itemid=118.

Judaism

犹太教

植根于内涵丰富的犹太教神学和法律文献的思想——人类只是由上帝所造的、在地上的临时栖居者，与生俱来的价值观如谦卑、适度与责任感，这一信仰已经体现出对现代犹太人的可持续发展环境理念所产生的影响。诸多新旧传统，例如犹太植树节（Tu B'Shvat seder）以及安息年，都是以举行宗教节日的方式体现出的对环境保护的关注。

纵观犹太教历史，犹太教在发展了神本主义的神学的同时致力于以道德以及律法文献来有效统治人类社会，这同时也被视为是在实现上帝的旨意。在犹太历史早期阶段，在希伯来《圣经》中，人、土地和上帝的关系被概念化为一种契约。这份契约是有条件的，其中人们有义务只效忠于上帝，服从上帝的命令，作为对土地和平和土地肥沃的回报。如果无法遵守这契约，意味着要从这土地上被驱逐。这样，建立在土地基础之上的契约包含了几个重要的律法，强调对土地的管家职责以及感激上帝的恩赐使土地物产丰富。在犹太历史的后

期，那时候许多犹太人并不是居住在以色列的，这些理念被融合到习俗和仪式之中，提醒犹太人其祖先与这片土地的关系，在他们现在所居住的地方这些理念同样也还被采纳。正是这内涵丰富的神学以及律法文献，体现并且影响了现代犹太人关于环境可持续性的观点。

尽管直至20世纪90年代早期，"可持续性"这样的语言才直接用于犹太人的环境保护的著作中，若干理念立即受到了欢迎，一直以来持续成为犹太教主要的价值观，通过这些价值观，犹太环境主义者发现了与传统的可持续性要素的关联：这些要素包括上帝对于创造的主权，人类对于创造的管家职责，代际责任，有节制的消费，共同利益，以及感恩。当犹太人开始动员开展环境保护运动时，这些神学道德观念成为组织犹太人环境保护运动对话的一部分。

早期环境保护著作和其组织

犹太人关于环境的写作始于20世纪

70年代早期，作为对三大事件的回应：小林恩·怀特在《科学》杂志上发表了著名的文章，地球日的创立，以及主要环境立法的诞生。这些都是发生在北美的，因为以色列环境主义兴起于20世纪50年代，并不是作为一种宗教运动，而是作为对可持续发展所做出的世俗意义上的回应（Tal 2002）。因此该文章关注的是最初在美国发展起来的犹太宗教观念中的可持续发展。

第一个主要的犹太环保组织是*Shomrei Adamah*（希伯来语，意为"地球的守卫者"，引用了新犹太出版协会的希伯来文圣经的《创世记》2：15），它始创于1988年。地球的守卫者环保组织（*Shomrei Adamah*）印刷了一些书籍以及教育性的材料，致力于提高犹太人的环境意识。它最成功的活动之一便是普及犹太植树节（*Tu B'Shvat seder*）。犹太植树节是树木的新年，在犹太日历上一个相对比较小的节日，最初是用来指定一天为树结出果实来征什一税。16世纪，犹太神秘主义者开创了以家宴或者礼仪性的聚餐来庆祝该活动，他们用详细的宇宙观体系重新诠释了它。20世纪，犹太植树节被犹太复国主义的移居者作为一种犹太植树节（Jewish Arbor Day）重新引入。然后，逾越节家宴被改造，以便在散居的犹太人间推广。正是地球的守卫者环保组织的创始人，艾伦·伯恩斯坦（Ellen Bernstein），将富有神秘主义色彩的逾越节家宴引入到环境保护主义语境下。这种仪式已经在犹太社区传播开来，犹太植树节事实上已经成为犹太地球日。尽管可持续性这个概念最初没有被引入到逾越节家宴中去，但现在可持续这个主题和实践如今成了逾越节家宴仪式以及礼拜仪式

的重要主题。

1992年，作为美国国家宗教环境互助会的一部分，环境和犹太人生活联盟（COEJL）在美国建立。环境和犹太人生活联盟成为一个在全国各地拥有多个分支机构的组织，常常与有组织的犹太群落结构联系紧密。在它的成立宣言中，环境和犹太人生活联盟（2007）呼吁"动员我们的社区向节能方向发展，减少并循环利用废弃物，还要采纳其他提高环境可持续性的实践"。

环境和犹太人生活联盟的使命宣言也把可持续性与环境正义以及"犹太教的环境管家职责价值"联系起来。自从20世纪90年代，美国主要的犹太教宗派和希伯来语的组织都已经通过了许多环境决议。在这些决议中，采用的是可持续性的语言。这些宣言一直认为，可持续性同犹太神学和道德规范是一致的。

伦理义务

可以说，可持续发展具有两个方面的伦理义务：时间与空间——一个为横向，一个为纵向。横向的义务是针对所有人类和现存的生命：要在地球可以承受的范围内合理地利用资源以求生存。纵向的义务是将这个过程延及未来，换言之，这个义务延及后世的人类及非人类。

这些伦理义务可见于以下犹太人的可持续发展观念基础之上的神学假设。首先，犹太人认为地上及地上所含的一切都由上帝所创造。这个世界产生并非受造于人，也不是只为人才存在的。不管出于何因，上帝创造了地上和地上的生命，人类仅仅为地上的寄居者或者租用者（对照《历代志上》29：11—15）。这种

临时寄居的身份意味着人从哪里来就要到哪里去：从土而出，必要归于尘土。

这些观点在安息年法和禧年法中体现得淋漓尽致。在《利未记》25章（对照《出埃及记》23：10）上帝吩咐以色列人每个第7年让土地歇息一次。在这期间即安息年期间，可以吃地中自长的作物，按照规定穷人也应获得这些出产。在一部称为禧年的律法书中，《利未记》25章亦令每个第50年，所有在那期间卖出的土地要被归还给原主。在这些律法规定结尾处，其曰："地不可永卖、因为地是我的、你们在我面前是旅客，是寄居的"（《利未记》25：23 HB）。在《申命记》15：1—15中进一步补充了安息年法的规定：必须豁免所有的债和释放契约奴。这一理论依据来自：上帝将以色列人于埃及从奴役中救赎出来，他们应效法上帝不再因着债而奴役他们的弟兄以色列人。在《律法书》①中，有代际间责任的观念，其中论及一代有罪会殃及后世（对照《出埃及记》20：5）。

上帝认为创造是"好"的，这揭示着对物质世界的一种积极看法。被造之万物的都是好的，上帝对人类和非人类之生命都有平等关怀和喜悦。这种双重的关怀可见于如《诗篇》104首和148首的经文中。人类、非人类之生命乃至地上的风景在创造中形成了一个共同体。上帝从旋风中对约伯说的话语（《约伯记》38章—41章）表明了一个更为极端的想法：人类并非上帝旨意中的最初对象。

其次，创造是有秩序的（希伯来：seder b'reshit.）。按照经文《诗篇》148首，上帝为秩序的等级结构的中心。然而，平行结构提醒我们，所有生命具有独立性。嵌入《妥拉》中的伦理与清规戒律是对破坏对该秩序的警告。（对照《创世记》第4章，《利未记》）18：27—30）

再者，人类在创造秩序占有特殊的地位并扮演了特殊的角色。在一切创造中，只有人类有权力扰乱创造。这种赋予了对创造的控制的权力，是其他受造物所不具备的特殊特性（对照《诗篇》：8）。该观点通过"人类是按照上帝的形象创造出来的（希伯来语：tzelem Elohim②按着神的样式）"概念表达出来。从其原始意义上说，tzelem Elohim（按着神的样式）意味着，人类是被安置在地上充当上帝的代理人的，通过创造来真实地体现上帝的存在。但是该概念也有伦理意涵，这意味着，人类拥有诸如无限的价值，平等，以及独特性这样的先天禀赋，而且，人类拥有上帝般的能力，诸如力量、意识、关系、意志、自由以及生命。人类应该行使他们的权利、意识，以及自由意志，成为"创造"的聪明的管家。他们应当维持创造的秩序，尽管允许他们在上帝所设定的一定权限内使用上帝的创造（《创世记》2：14）来谋得益处。道德律令的职责适用于人类社会，也适用于整个自然界。

这些神学概念引发犹太教的两种道德价值观：谦卑以及适度。谦卑要求人类承认他

---

① 译者注：也称为妥拉，一般指《旧约》前5卷书。

② 译者注：Elohim：神（伊罗兴）旧约圣经对神的称谓，希伯来原文是复数，却可以理解为单数字，象征着神的威严权能。若该词不是指以色列的神之名称时，则是指异教的"众神"。近代中文译着有用"伊罗兴"这个音译词。参见《基督教圣经与神学词典》，第193页。

们在创造秩序中的地位。"为什么人类在事物创造的秩序中是最后才被造的？所以他们不能骄傲，因为会有人对他们说，'在上帝创造万物时，在你之前，就有了蚋蚊！'"[《巴比伦塔木德》（Babylonian Talmud），犹太公会》（Sanhedrin）38a]。而人类确实有权力操控创造，必须要谨慎行使这种权力，因为人类依赖于其他创造并与其他创造相互关联。公元2世纪，拉比西缅·巴·约海（Simeon bar Yohai）说道："有三种事物在重要性上是等量齐观的。地球，人类，和雨。"早在公元4世纪，拉比利未·本·亥亚塔（Levi ben Hiyyata）说道："这三者在希伯来文中每一个都包含三个字母，来教导我们，没有地球，就没有雨，没有雨，地球就无法持存，没有两者中任何一个，人类就无法生存"（《大米大示①：创世记》13：3）。谦卑呼吁人类要理解所有行为都对地球所产生的后果是具有长期效应的，有必要"轻轻地踩踏地球"，而不是带着强权的傲慢去行为。

适度是对于不必要的消费的一种自我约束。适度是一种积极的价值观，能够增强对生活的感恩之心。"谁是富有的？是知足常乐的人。"（密什那：先贤集4：1）。有关适度的最好的犹太文本之一便是摩西·迈蒙尼德（1135—1204）《八章》，这是迈蒙尼德针对《密什那·先贤篇》所做注释的前言。第四章描述了在两极之间适度的途径，作为对美德的定义。当迈蒙尼德尤其忧心重重地告诉大家为何极端的苦行主义本身不是一种美德，而仅仅是一种达到目的的方式，他的基本原则就理解极端行为对人类的心灵具有何等破坏性，与如今所探讨的可持续性是切实相关的并且是反现代的消费主义文化的。犹太传统从来都不颂扬贫穷，而且一直都把物质上的富足视为来自上帝的恩赐和奖励，但也认为无度地获得财富会危及真正的灵性和道德价值观。例如，中古时期，法国的拉比权威、法兰西犹太裔学者拉希（Rashi）（1040—1105），在为《民数记》32：16所做注释中说道不赞同迦得（Gad）和流便（Reuben）支派关注牛和财富胜过关注他们的孩子。在中世纪，许多犹太社区有禁止奢侈的法令，包括限制穿着奢华以及祝寿花销。人不该在吃喝以及穿着上铺张浪费。（迈蒙尼德《密什那·妥拉②·辨别法》，第5章）

因此，这就很容易理解现代犹太环境保护论如何能在传统的神学范围内接受可持续性的概念的。然而，犹太主义一直都力图在离散的法律行为系统（希伯来文：哈拉卡，halakhah③）内将神学以及伦理观具体化，有一项特殊的律法从一开始就是犹太环境保护

---

① 译者注：*Midrash Rabbah*：大米大示，又译为拉巴米大示，犹太文献用语，是指犹太教法典《米大示》（*Midrash*）的部分，主要收录五经的《革马拉》（*Gemara*）。参见《基督教圣经与神学词典》，第375页。

② 译者注：Torah：犹太人则称它们为《妥拉》，后者常被翻译为"律法"或"律法书"。

③ 译者注：哈拉卡（*halakhah*）：犹太文献用语，可拼写为 *Halakah* 或 *Halachah*，是指自圣经记事年代以来所逐渐形成的犹太宗教礼仪、日常生活和行事为人的律法和典章。《哈拉卡》有别于五经的律法，是专为保存口传传统。这些口传传统在公元1至2世纪开始整理，到了3世纪汇编完成《密什那》（*Mishnah*）。巴勒斯坦和巴比伦的犹太学者对《密什那》的评注称为《革马拉》，《革马拉》和《密什那》合成《塔木德》。参见《基督教圣经与神学词典》，第248页。

论的一部分：*Bal Tashchit*（不要破坏）的戒条（*mitzvah*）①（意为"诫命"）。这条律法，可见于拉比犹太教的传统《妥拉》中，是613条诫命中的一条，是以《申命记》20：19—20为基础的：

当你投身于攻克一个城市的一场战争中，为了占据它，你必须长期围攻它，你不得破坏它的树，向它们挥舞斧头。你可以吃它们所产，但你不能砍伐它们。这片你要撤离的地上的树木在你攻城之前进入围城的吗？只能破坏已知的不出产食物的树木；你可以把它们砍倒，建起攻城装置，对向你发动战争的城市反击，直到战争消停。该律法在后期的犹太法典中得到拓展，包括了禁止对日用品、衣物、建筑物、泉水、食物的肆意的破坏，以及禁止挥霍任何东西（参见迈蒙尼德《密什那·妥拉·国王的法律》以及《战记》6：8，10；Hirsch 2002，279—280）。在现代的犹太环境保护论中，"不要破坏（*Bal Tashchit*）"被认为是对于可持续性生存的主要呼声。

这样，无论什么时候购买什么东西，犹太人有义务对他们真正的需求深思熟虑。在举行张筵庆祝之时，有义务考虑是否有必要在菜看以及装饰上穷奢极侈，同时也有义务考虑节约使用能源以及能源的来源。

在经典的拉比法典中，也有对共同善的坚定承诺。例如：

拉比希蒙·本·约哈伊（Rabbi Shimon Ben Yochai）教导：这可以比作船上的人，他们中的一个人拿出一个钻头，并且在他的座位上开始钻孔。其同船者对他说："你为何这样做？"他对他们说："关你什么事？我不是只在我的身下钻孔吗？"他们回答："因为你在沉船，我们都在船里面！"（大米大示：利未记4：6）

这里还有犹太法典《塔木德》②的律法原则 *geirey diley*（亚兰语，意为"他的箭"）。在该项原则里，声称没有人要故意引起毁坏（《犹太法典〈塔木德·伤害序末门卷〉22b》）时，禁止一个人站在自己的房中随意射箭。这样，人们禁止在有其他人居住的院子里建立污染性的工坊。这项原则还能够适用于维持可持续性，因为我们不能说我们的非可持续性的消费是道德中立的。我们知道，我们用来提取创造我们消费品的资源，以及当我们将其丢弃之时就产生了废弃物，这会对其他人产生危

---

① 译者注：戒条（*mitzvah*）：犹太教希伯来文音译字，名字可以拼写为 mitsvah，指犹太律法的任何诫命、律例、法规和典章。《塔木德》（*Talmud*）共613条戒条，包括248条训诫和365条禁戒。历代均有权威的拉比不断增加戒条的数目。犹太人一般认为履行戒条，就是遵行神的旨意。参见《基督教圣经与神学词典》，第379页。

② 译者注：*Talmud*（犹）《塔木德》（《他勒目》）希伯来文音译字，意即教导、研究、学习，指犹太教法典。口传的《妥拉》。于公元3世纪至5世纪末期间（一般称为塔木德时期），《塔木德》（包括有关《妥拉》的注释）在犹太社群的公民生活及宗教法规方面所发挥的指导作用，可谓仅次于《圣经》（即《旧约》）。《塔木德》由两份历史文献所组成，分别是《密什那》（*Mishnah*，即法规汇编）和《革马拉》（*Gemara*，即《密什那》的注释）。《塔木德》有《巴勒斯坦塔木德》和《巴比伦塔木德》两个版本，分别于公元5世纪中叶及6世纪中叶编成，两个版本并不完全相同，而其中《巴比伦塔木德》所拥有的权威较高。一般所指的《塔木德》就是指《巴比伦塔木德》而言。这是由于编纂《巴比伦塔木德》的拉比，把其他拉比（甚至是巴勒斯坦的拉比）对律法的不同观点和解释也一并收入，这做法使《巴比伦塔木德》有　种逻辑论证的特色。由于对律法有多方面的论证，不同观点的陈述，对散居各地犹太人的宗教生活自然影响较大，故此《巴比伦塔木德》的编校亦自然更为完备。参见卢龙光主编《基督教圣经与神学词典》，宗教文化出版社出版，第515页；以及黄陵渝《犹太教学》，当代世界出版社，第133页至134页。

害。"他的箭"原则建立了责任原则，即使没有人要故意造成危害，即使还远没有开始进行原始的消费行为。

最后，犹太环境保护论已经在犹太礼仪以及仪式行为中努力营造可持续性的良知。例如，犹太人的礼仪中有针对多种不同的场合的大量的祈福：简单举几个例子，吃，庆祝，体验创造的神迹。祷告以及其他祈祷词也帮助建立对上帝对创造所有权的理解。当说出一个祈福，创造了一个神圣时刻，一个神圣的停顿。祈祷还营造了一种神圣意识，使人们从他们自身以及他们的人为环境中超脱出来，感受真正的自然的现象。根据20世纪神学家以及哲学家亚伯拉罕·约书亚·赫施尔（Tirosh-Samuelson 2002, 409）所言，祈祷者创造了一种对控制的超脱，这允许人们"将世界看作对神圣的反映"。然后可能会使得我们将世界视为神所关怀的对象使人实现外在超越并深刻感受到创造。祈祷还对我们所拥有的一切激发感恩之情，以及使人们更加珍惜这个世界上的万物。

犹太教的另外一个重要的礼仪已经被现代犹太环境保护论所利用，便是安息日。通过限制每日工作和活动，通过诸如祈祷、休息，以及庆祝这些积极要素，安息日能够在创造面前激发爱和谦卑感，有助于培养可持续性的生活方式。七日中有一天，人们必须限制其对资源的使用。按照传统，人们步行去参加犹太人集会，只有在无法步行的情况下，才驾车前往。人们不做饭，也不去购物。这一天是用来放松以及进行精神默想的。就像拉比伊斯玛·朔尔斯（Ismar Schorsch）（生于1935年）曾经所写的那样："休息就是在承认我们的有限性。有意的休息是向比我们拥有更强大的力量的神表现一种恭顺。"（COEJL 1994, 20）。

因此，犹太主义持有多种传统的神学理念，价值观，以及行动，现代犹太环境保护运动已经将这些与可持续性价值观紧密联系。越来越多的犹太社区以及宗教团体把这些观点融入日常生活中，成为犹太新年仪式中不变的旋律，并成为犹太教伦理准则。

劳伦斯·特洛斯特（Lawrence TROSTER）

绿色信仰

拓展阅读

Bernstein, Ellen. (Ed.). (1998). *Ecology & the Jewish spirit: Where nature and the sacred meet*. Woodstock, VT: Jewish Lights Publishing.

Bernstein, Ellen. (2005). Shomrei Adamah. Retrieved June 30, 2009, from http://ellenbernstein.org/about_ellen.htm#shomrei_adamah.

Benstein, Jeremy. (2006). *The way into Judaism and the environment*. Woodstock, VT: Jewish Lights Publishing.

Coalition on the Environment and Jewish Life (COEJL). (1994). *To till and to tend: A guide to Jewish environmental study and action*. New York: Author.

Coalition on the Environment and Jewish Life (COEJL). (2007). Retrieved June 30, 2009, from http://www.

coejl.org/~coejlor/about/ history.php.

Hirsch, Samson Raphael. (2002). *Horeb: A philosophy of Jewish laws and observances* (Isidore Grunfeld, Trans.) (7th ed.). London: Soncino Press.

Tal, Alon. (2002). *Pollution in a promised land: An environmental history of Israel.* Berkeley: University of California Press.

Tirosh-Samuelson, Hava. (Ed.). (2002). *Judaism and ecology: Created world and revealed word* Cambridge, MA: Center for the Study of World Religions, Harvard Divinity School, Harvard University Press.

Yaffe, Martin D. (Ed.). (2001). *Judaism and environmental ethics: A reader* Lanham, MD: Lexington Books.

Justice

正　义

　　哲学及宗教经典传统上认为人类,其社会和其机构是缔结在一定关系中定义正义的主体。 可持续发展和环境,作为影响正义的因素,往往是一种潜在的因素而非显在因素。 广义上阐释正义需要建立对低等动物的、环境以及后世的道德地位,对人类命运引起自觉的关注。

　　正义的概念涉及各方之间关系的融洽性。因此,正义牵涉到公平分配的主要问题,亦关系到报偿和惩罚的问题。物质资料和机会的分配,权利与义务的协调,赏罚分明都归入正义的概念之中。尽管人类、团体、机构历史上被视为正义的主体,其他因素将正义的范围延伸到低等动物,自然环境以及后世。 在宗教与神学话语中,上帝或代表神亦被认为是正义的源头活水和手段。

正义的哲学进路

　　正义可以理解为在功利主义框架(其中一个行为的道德性由其结果或价值来评判)和道义论框架(一个行为中的道德内容主要由规则或法律来评判)内同美德等量齐观的一个概念。一个人表现出正义美德则拥有的品格是遵循至善观念的生活习惯。柏拉图,在《理想国》中对正义的定义是,将理想的正义从善的概念中抽象出来,即正义与国家的法律是既相互联系又彼此独立。因此,一个正义的人不仅仅是法律的遵循者而且是止于至善者。然而,善与正义的表述可能是模棱两可的,对于明确遵守关乎正义的民法之善是并无补益的。 遵守民法,即使被视作是非正义的然而也有可能促进国家和平和稳定,这二者也都被视为社会的善。权衡和平和稳定相比正义的重要性而这三者都被视为善之构成要素时,柏拉图之理想的正义而就难求其解了。

　　就特定的国家而言,亚里士多德比柏拉图更强调正义的美德之特异性,尤其是常常会参照某个特定的国家规范。正义是一种特质,既可以适用于个人亦可适用于国家;正义亦为国家治理分配,再分配,救济方面管理的规范。同其他美德一样,正义是一种平衡两极的中庸之道。相形其他如无畏,宽宏这样的美德,正义是荦荦大者,从来都不嫌多。就个人而言,正义应成为在思想与行为上都表现出对法律的尊重并认识到法律有待审订和完善的公民的一种本色。好比一个正义的国家,一位正义者往往会认为理应赏罚分明。亚里士多德的正义的观点难在无法看出赏罚是否分明。除非所有人都有平等的机会立功而避免犯罪——但大多国家并非如此——而赏功罚罪会加剧现存的不公正性。换言之,除非所有人生而平等获得补偿机会来立功而避免犯罪,否则,赏功罚罪会激化不公正性。

从功利主义角度来看,正义需要把善最大化,把负面影响最小化。功利主义法则或者政策,例如,试图为尽可能多的人提供尽可能多的益处。同样,为了达到复兴或威慑的目的,一个国家可能会通过运用功利主义的方法来惩罚。然而,很难为功利主义的正义观去辩护而反驳直观上认为的公平对待每个人,平均分配物品和赏功罚罪。此外,因为可以通过不同的方式来定义善,通过功利主义的方法来实现正义问题重重。善可以被定义为满足一个人欲望,感受喜悦,或者幸福的能力。决定哪种善的定义应该来指导法律或者政策需要否决对善的其他定义。将非理性相关方的善考虑在内会使决策公共事务的程序变得更加复杂。不仅仅对于决定善(植物,低等动物,空气,水,后代等等)的相关方的相关性及包含物,而且如果将其涵盖进来,与人类利益比较的相对价值,以及针对每个相关方对于善的定义,这些都出现了问题。最后,因为功利主义取决于对

一个行为结果的预测能力,那么,事实上,结果证明非预期的可能后果会更加有害无益的。

对于正义的道义论的描述以强调规则,职责,或者权利,而非结果为代表。正义首先是通过程序来进行定义的,而不是最终结果。18世纪哲学家伊曼努尔·康德(Immanuel Kant)以及约翰·罗尔斯(John Rawls, 1921—2002)是严重受到道义论影响的典型。在《正义论》(1999,第一版1971年印刷)中将正义定义为公平。罗尔斯(Rawls)引用康德的绝对命令的观念,其通过不同的构想主张正义的法律是那些理性的人们普遍接受的法律。罗尔斯主张如果理性的人们假借"无知的面纱"来承担原始的岗位,即,意识不到他们自己以及他人的偏见,那么他们将会理性地制定出以下两种正义原则。第一个原则是"每个人都将拥有平等的权利,最广泛的拥有基本的自由,与别人的同等的自由和谐相容。"第二个原则是"安置社会的以及经济上的不平等,这样,预计会对每个人都有利,而且,所有人都会乐业"。(罗尔斯 1999, 60)例如原始岗位以及"无知的面纱",需要人们将政治上理解的正义与包括宗教信仰在内的综合世界观区分开来。20世纪一位有影响力的思想家罗伯特·诺齐克(Robert Nozick, 1938—2002),主张当理性的人们在社会内有意制造不平等时,罗尔斯(Rawls)的"正义论"侵犯了自由的观念。政治哲学家苏珊·莫勒·奥金(Susan Moller Okin, 1946—2004)批判罗尔斯的"正义论"(以及普遍西方哲学)因其假设把自私自利的个体所关心的问题作为理性思考的基础,以及并未考虑关心问题上的利害关系的复杂性,例如在构建社会正义观念中,发现在家

庭内部发生不平等。

宗教观念中的正义

宗教对于正义的论述，尤其是在犹太教、基督教以及伊斯兰教这些亚伯拉罕传统内部，依据对神的刻画，以及以法律和管理为目的宗教经典的应用而异。希伯来经典中将上帝描绘为爱与忌邪或复仇之心并存的神。在《十诫》中（《出埃及记》20：1—17，新标准修订版），上帝说道，"我，耶和华，你的神，是忌邪的神。恨我的，我必追讨他的罪，自父及子、直到三四代。爱我守我诫命的、我必向他们发慈爱直到千代"。十诫中描绘上帝赏罚分明（神的正义）之与社会、机构正义的路径有质的差别，主要是因为上帝和人类的力量的差别。人类理应顺从上帝。如果他们背离上帝的命令而误入歧途，上帝可能不仅仅会惩罚那些有罪的人，也会惩罚其后代。

《新约》中的上帝即耶稣，被刻画为一个具有牺牲精神的、慈爱且仁慈的，然而，也是会发怒、沉思的以及悲伤的神。从《马太福音》、《马可福音》、《路加福音》，以及《约翰福音》四部福音书通过耶稣的教导、医治和受难来刻画耶稣的品格。尽管他能够行超出人类所能及的神迹，耶稣还是屈服于罗马国家的惩罚，通过一种象征性的方式表现出耶稣对人类的仁慈。耶稣事迹的叙事正是通过向一个看似不正义的国家的光荣屈服来展现正义的构建的。

在《古兰经》中，在每个苏拉（《古兰经》章节）前都会将真主描绘为"慈悲和仁爱的真主"，《古兰经》根据伊斯兰传统包括真主的话语，描述了神对人之所行的赏罚，为管理世俗法律事务提供了指南。作为圣令，《古兰经》对法律和管理规定的教导彰显了正义和怜悯的特点。然而，对于当今綦多的穆斯林而言，这些字句可追溯至公元前7世纪，对现在而言已是"不及之法"。例如，鉴于现代废弃奴隶制和解放妇女，经文中对于奴隶，妇女的有关的处理已无关宏旨。对于《希伯来圣经》（《旧约》）和《新约》某些篇章的经文过时的现状同样存在着担忧。

在亚伯拉罕诸传统中，神存在，却让人类的不正义有机可乘，这向我们呈现出了深刻的神正论的问题。受难，不正义，以及罪恶与我们所理解的上帝是仁慈且全知全在的自相矛盾。当无辜的人类（比如幼儿）以及非人类的生命形式（例如动物和树木）受难时，调和上帝与对正义和善良的共识这一任务就需要：要么去接受普世有罪并应受惩罚，要么要让人类的逻辑屈从于神的旨意。

在佛教中，可以将正义含蓄地理解为四谛中第一谛：苦谛。由不正义而导致的苦谛往往与愚痴与贪欲紧密联系起来，两者都是对人类的自况的错误认知的业因。佛教的习俗，尽管不是直接强调正义行为，但是强调具体的行善，以及避免诸如杀生，偷盗，以及淫邪这些活动。僧侣在伦理方面修行，需要正业，正语，正命，这些都表明是行为上的正义同时需要正见以及智慧。

在印度教的习俗中，正义的概念最好还是根据不同语境来定义。传统的多样性——一部分是种姓制度的产物，以及綦多的经文、叙事和神祇都不可偏废，从而无法对正义作出固定的定义。尽管不杀生，或者不伤害的概念，在印度教内，常常是与正义相互关联的，但还是有例外的，被授特权的人包括刹帝利(武士阶级)，与举行动物祭祀相关的吠陀礼仪婆罗门(祭祀阶级)，以及出于种种原因。而被授予特权。被称为行为准绳的 dharma(印度教称为律法)，是以《吠陀经》或者具体文化传统为基础的，强调功德的积累，其同样大部分因人而异。然而，与宗教传统保持内在一致性，正确理解个体在更大的宇宙中所处位置的就具有必要性。因此，正义的行为取决于与个体诸如等级，性别，年龄等相应的责任的履行。

正义与可持续发展

　　哲学和宗教经典传统上认为人类，其社会和其机构是影响融洽的关系、是缔结在一定关系中定义正义的主体。可持续发展和环境，作为影响正义的因素，往往是一种潜在的因素而非显在因素。更全面地阐释正义就需要建立对低等动物的、环境以及后世的道德地位，引起对人类命运自觉的关注。

　　在哲学以及宗教经典来源中暗含了道德生活，人类社会，以及未来的社区的存在这些概念。有关年轻一代的教育的讨论，可见于诸如柏拉图的《理想国》以及亚里士多德的《尼各马可伦理学》，表明社会的持存取决于对未来后代的知识，包括正义在内的美德的培育的教育上。在宗教经文中，例如《创世记》中的创造的故事，地上、植物生命、动物以及人类融入叙事中，这些故事将上帝缔造为造物主，以及道德知识的来源。《创世记》第1章和第2章中对创造的叙述直接和间接地暗示了人类(包括两性之间的)、动物以及植物之间相应的关系。《创世记》第1章叙述道，上帝允许人类对动物"拥有统治权"，人类应该"遍满地面、治

理这地"《创世记》第2章中关于创造的叙述将男人，女人以及环境之间的相应关系设定不同的样板。在该叙述中，上帝首先造了男人，然后又造了女人，作为"帮手"。因为偷食伊甸园的中的一棵树上禁果，结果上帝诅咒了蛇、女人以及男人，让他们以及他们的子孙后代受苦，在地球上劳苦工作，直到永远。女人从孩子出生时忍受分娩之痛，男人必须在田地里劳作，获得吃的食物。在死亡后，人类会重新返回曾经用来造人的泥土之中。

　　哲学文本以及犹太教与基督教所共有的创造叙述中人类中心主义证实了等级制度关系，但是同时也为管家职责提供了来源。从柏拉图到罗尔斯关于正义的哲学论述中，那些理性的人们是决定、施与以及要求正义的主体。该标准常常不包括低等动物以及环境、女人、奴隶，以及其他的边缘化的群体。这些人及事物，在到现代阶段之前，被认为是非理性的，否则也是社会的牺牲品。环境的正义运动描述论证了社会不正义与环境恶化之间的关系。例如，北卡罗来纳州的沃伦县，当该州选择其作为填埋有毒废弃物的集中地点。一系列高度曝光、但是最终却未成功的抗议开始发起，因为这个决定增加了大部分拉美社区穷人处理废弃物的负担而这却是更加富有的白人县城所拒绝的决定。边缘化群体地位与损害环境之间的关系被再一次证实，一家所在地在加利福尼亚州的公关公司1984年出具了《塞雷尔报告》，证明穷困的、未受过正规教育的天主教社区是一个有毒垃圾填埋场的理想地点，因为料他们也没有能力发起抗议运动。2004年的诺贝尔和平奖的获得者旺加里·马塔伊(Wangari Maathai)，注意到环境恶化会何等影

响到女性生活质量，发起了绿带运动，赋权给妇女可以在肯尼亚植树。

正义的框架也要延及低等动物和环境。倡导动物权的积极分子彼得·辛格（Peter Singer）曾从功利主义视角主张以能否感知痛苦作为道德主体的标准。这样拥有神经系统的动物被纳入正义考虑范畴之中，不该用使之痛苦的方式来对待它们。该视角颇具有现实意义，因为它要求愈加考虑到与人类幸福感相关的低等动物的生活质量（诸如肉的消费，因为建造大楼而破坏动物栖息地等等）。然而，辛格（Singer）的功利主义，"精神上无行为能力人"，或者自然界的其他无感受痛苦能力的生命形式，是无法获得任何道德地位的。

正义的构建可能会把道德地位延伸至在环境中的非生命形式，包括子孙后代。非生命的客体通常情况下已经被理解为人类所有者的延伸，它们本身不再拥有道德价值，或者说不再拥有他们自身的道德价值。孩子们，从其从属于父母的意义上而言，他们被理解为客体，对于司法机构（例如国家政府）而言，他们拥有正义的权利，因为期望他们以成人身份参与到社会中。子孙后代，就那些尚未出生但预计在内的年龄群体而言，多为人微言轻，或者对正义根本毫无发言权。

如果，可持续性将成为正义的一个要素，那么，子孙后代以及非生命的实体（例如水，空气，以及矿物）需要被视为是传统人类中心主义利益不可分割的一部分。明晰正义的共时性和历时性的哲学进路更有可能会将可持续性视为正义的一个不可或缺的品质。宗教经文整体上包含一些来源鼓励人类执行对地上的管家职责，但是他们要求除了在传统所关注的正义之外重新进行诠释。因此，正义概念的发展，需要在除了传统的分配、再分配以及惩罚之外扩大范畴。

艾琳 OH（Irene OH）

乔治·华盛顿大学

拓展阅读

Bullard, Robert. (2000). *Dumping in Dixie: Race, class, and environmental quality*. Boulder, CO: Westview Press.

Gottlieb, Roger. (Ed.). (1995). *This sacred Earth: Religion, nature, and environment*. New York: Routledge.

Nozick, Robert. (1974). *Anarchy, state, and utopia*. New York: Basic Books.

Okin, Susan Moller. (1991). *Justice, gender, and the family*. New York: Basic Books.

Rawls, John. (1999). *A theory of justice*. Cambridge, MA: Harvard University Press. (Original published in 1971)

Ruether, Rosemary R. (1996). *Third world women on ecology, feminism, and religion*. Maryknoll, NY: Orbis Books.

Singer, Peter. (2002). *Animal liberation*. New York: HarperCollins.

L

Language

语　言

　　尽管一些早期的文化认为人类的口头语言就是人类优于非人类世界之处，而最近的研究领域——包括生态语言学，生态符号学以及生态批评——却在探索人类语言与自然界的关系。

　　英语单词"语言"源自古法语"tongue（舌头）"，即langue（语言），起初，从转喻关联① 的角度而言是指言语，后来延伸为广义的交流。广义上，交流是所有生命与生俱来的，口头语言尤其传达了自我认知，社会关系，经济活动，以及处理其他非人类和环境方面的信息。就可持续发展而言，现在强调语言在三个主要研究领域的重要性：在整个生物界内人类的口头语言与其他沟通方式存在何种关系；人类语言的多元性与生物的多样性如何联系在一起；以及如何使用特定的语言表达假说、态度和价值观来巩固我们与其他人、非

人类和我们所共有的环境之间的关系？

历史背景

　　各种语言哲学产生于不同的文化与时代，一些语言哲学强调人与非人类交流形式的连续性并公认为它是动植物、天地的交流媒介。而另有一些语言哲学则强调人类语言的独特性与优越性。许多文化中，认为言语的力量源自神并赋予了神秘与不可思议的力量。在《圣经》的创世叙事中，据说世界形成于神的话语，耶和华唯给予了最初的人类——亚当以命名其他万物的特权。中世纪的欧洲人认为自然界充满神迹。至少，就教会而言，早期基督教教义认为"自然之书"是由上帝所写的两个文本之一，仅有以"书中之书"的《圣经》启示才能破译（即《圣经》为上帝所写的另一文本）。然而，诸如主张万物有灵论的澳大利亚土著人的文化认为，万物凭自

---

① 译者注：转喻，是指当甲事物同乙事物不相类似，但有密切关系时，可以利用这种关系，以乙事物的名称来取代甲事物，这样的一种修辞手段。转喻的重点不是在"相似"，而是在"联想"。

身就能交流，近代以前基督教观点往往将非人类实体解释为传达来自神、潜在的恶魔的信息之媒介。自17世纪开始，随着理性主义与人文主义的兴起，交流媒介囿于人类，掌握口头语言被认为是人类高于无声物质存在而独有的心智能力。浪漫主义时期（约1770—1830）该观点遭到了欧洲作家、哲学家的质疑。比如德国哲学家弗里德里希·威廉·约瑟夫·冯·谢林（F. W. J. Schelling, 1775—1854），他认为自我组织，自我转换，自我表现这些能力作为一个有机整体是与生俱来的，人类的语言脱胎于此且依然在受其恩泽。对于浪漫主义者而言，自然是第一诗人（Rigby 2004, 38—45, 102—103）。

迫至20世纪，才开始将交流作为所有生物系统的固有特征进行系统研究。基于进化生物学和冯·岳克斯库尔（Jakob von Uexküll, 1864—1944）提出的生态学以及查尔斯·桑德尔·皮尔士（Charles Sanders Peirce, 1839—1914）提出的符号学的开疆辟土，当前所谓的生物符号学（Sebeok & Umiker-Sebeok 1991）研究表明，人类口头语言与其他形式（化学，基因，动态，面部，声音）的交流之间必然存在连续性，纵然我们大多是在无意识中参与了这样的交流。与此同时，不单是在进化过程中，生物符号学彰显了人类在生产与符号解释学方面的自由创造的水平与日俱增。温迪·惠勒（Wendy Wheeler）于2006年出版的《万物：复杂性、生物符号学与文化进化》中就人类之繁衍生息，社会正义和环境的可持续发展有关的生物符号学含义进行了探讨。

语言学和生态学

德国哲学家约翰·哥特弗雷德·赫尔德（J. G. Herder, 1744—1803）首先推断出语言和环境多元性之间的关系；他认为各民族所栖居的自然界其自然特征体现在不同民族的民族语言与口传文学之中，因而也会随时间而改变（Rigby 2004, 72—75）。近来，一些诸如艾纳·豪根（Einar Haugen, 1906—1994）此类的语言学家指出，作为本土生态知识的重要来源，保护少数民族语言和地区方言至关重要。这使被誉为"生态语言学"的另一新兴领域发展起来。该领域大量的工作是关注殖民地化的消极后果，这些造成了对本土经济与文化的破坏，导致本土语言的流失，兼而使生态系统土崩瓦解以及随之而来的物种灭绝。

生态语言学研究领域研究出：特定语言的使用方式抑或对话构成了假说、态度以及价值观，从而产生了我们与他者（人类，非人类与环境）间的互动。例如，"资源管理"对话强调有关于人际关系与非人世界的两个可疑假设：后者的意义无非在于对人类有利用价值，其本就是或就该任由我们摆布。然而，这个现代而世俗的对话可能会说这是将早期基督教观点一脉相承了：上帝派人来管理地上（《创世记》1: 28, 新标准修订版）并辖制其他万物（《创世记》1: 26, 新标准修订版）。

生态语言学对话分析与深入研究语言与可持续发展的两个领域重合：生态符号学与生态批评。生态符号学吸收了瑞士语言学家费尔迪南·德·索绪尔（Ferdinand de Saussure, 1857—1913）的部分符号学理论，与特别关注人类与/关于自然界交流的生物符号学截然不同。同样地，生态批评在文学研究领域中初露锋芒，关注人类对自然，地方，动物和环境的描绘，从莎士比亚到科幻小说，从浪漫主义诗歌到野生动物纪录片，从《圣经》到《小鹿斑比》（Garrard 2004），从文本到媒体涉猎广泛。文学生态批评从不同的视角来研究该主题：例如，劳伦斯·布伊尔（Lawrence Buell, 1995）已力求证明可能有某些作品可以使我们不再只关注人类世界，而将关注的焦点转向人类之外的世界。另外诸如莱纳德·萨奇（Leonard Scigaj, 1999）已运用里斯·梅洛-庞蒂（Maurice Merleau-Ponty, 1908—1961）的现象学，又如乔纳森·贝特（Jonathan Bate 2000），德国哲学家马丁·海德格尔（Martin Heidegger, 1889—1976）提出了生态诗学理论，提摩太·莫顿（Timothy Morton 2007）这样具有生态批评思想的作家，其观点已开始引入雅克·德里达（Jacques Derrida, 1930—2004）的解构主义哲学。

我们用于与他者（人类，非人类以及我们所共享的明净环境）交流的各种语言对于可持续发展意义重大。再者，我们能够成为非人世界的聆听者，这一能力无非告诉我们：聆听人类世界之外的声音对于这个星球上的未来生命是至关重要的。

凯特·里格比（Kate RIGBY）

莫纳什大学

拓展阅读

Bate, Jonathan. (2000). *The song of the Earth*. Cambridge, MA: Harvard University Press.

Buell, Lawrence. (1995). *The environmental imagination: Thoreau, nature writing, and the formation of American culture*. Cambridge, MA: Harvard University Press.

Fill, Alwin; & Mühlhäusler, Peter. (2001). *The ecolinguistics reader*. London: Continuum.

Garrard, Greg. (2004). *Ecocriticism*. London: Routledge.

Hoffmeyer, Jesper. (2008). *Biosemiotics: An investigation into the signs of life and the life of signs*. Chicago: Scranton University Press, distributed by University of Chicago Press.

Kull, Kalevi. (1998). Semiotic ecology: Different natures in the semiosphere. *Sign Systems Studies, 26*, 344–371. Retrieved May 15, 2009, from http://www.zbi.ee/~kalevi/ecosem.htm.

Morton, Timothy. (2006). *Ecology without nature: Rethinking environmental aesthetics*. Cambridge, MA: Harvard University Press.

Rigby, Catherine. (2004). *Topographies of the sacred: The poetics of place in European romanticism*. Charlottesville: University of Virginia Press.

Sebeok, Thomas. A. & Umiker-Sebeok, Jean. (Eds.). (1991). *Biosemiotics: The semiotic web*. The Hague: The Netherlands: Mouton de Gruyter.

Skigaj, Leonard. (1999). *Sustainable poetry: Four American ecopoets*. Lexington: University Press of Kentucky.

Wheeler, Wendy. (2006). *The whole creature: Complexity, biosemiotics and the evolution of culture*. London: Lawrence & Wishart.

Law

法　律

自20世纪60年代以来，许多国家已颁布并加强了保护环境的法规，对许多国际环境条约也予以采纳，经济现实往往是这些法律的一个部分；许多法律经过成本利益分析，并随财政计划（例如总量管制与交易）及税赋加以实施。

尽管可持续发展被指摘为含义不明，但在国际法已是公认的一条原则，并且几乎"普遍纳为国际惯例法的标准"（Gillroy 2006，13），可持续发展的内容被广泛引援为个别国家采用的环境法标准。

对影响法律与政策的可持续发展的解读

可持续发展的经典阐释最早出现在1987年的世界环境与发展委员会报告中（一般称为《布伦特兰报告》）："能满足当代人的需要，又不对后代人满足其需要的能力构成危害。"1992年6月，通过联合国环境规划署（UNEP）的国际谈判，产生了《里约环境与发展宣言》[①]，并对可持续发展的定义进行了阐述。《里约环境与发展宣言》认识到"我们的家园——地球的大自然的完整性和互相依存性"，并且提出了可持续发展议题下的二十七条原则，以改善环境，保护环境与尊重人权。可持续发展的核心是代际间的公平原则，有义务为人类后代保护或充实必要的资源，但又要为当代人提供足够的资源。代际间的公平原则的重中之重是有义务确保当代社会与国家的正义。《里约环境与发展宣言》解释这一义务包括特别关心发展中国家的经济需求和环境问题（联合国环境规划署 1992，原则六），以及认识到原住民的环境与文化诉求（原则二十二）。生态中心主义者认为物种和生态系统具有其自身价值，并主张要认识到，作为可持续发展的原则，物种间的公平性，但公众讨论与立法对这一原

---

① 又称《地球宪章》（earth charter）。

则的接受度不高（Bosselman 2006）。《里约环境与发展宣言》中与环境法有关的其他物种原则包括：公民参与，包括有机会参与司法与行政程序（原则十）；预防措施（原则十五）；在环境保护中采用经济手段（原则十六）；以及污染者付费（原则十六）。

作为影响环境法和政策的因素，可持续发展有关的义务仍存在基本分歧（Revesz & Livermore 2008）。国际法学者爱蒂丝·布朗·魏伊丝（Edith Brown Weiss）认为当代人有义务将完好如初的自然环境传承给下一代。（Weiss 1989）。我们亦有义务保护资源基础的多样性。应可持续地使用诸如动植物，土地，水和空气这样的可再生资源；应采取更多有效方式保存不可再生资源，一旦将其耗尽或其遭受破坏，提供其替代品以供后代使用。

经济学家罗伯特·索洛（Robert Solow）认为应减少限制性解释：我们的义务"就是以身作则以便让我们留给未来选择的余地或有能力同我们一样宽裕（2000,132）。"

衡量该义务可以如此说："创造福祉是一种普通能力，不是什么特别的东西抑或什么特殊的自然资源（Solow 2000, 133）。"索洛（Solow）承认，我们可能会选择性地保护某些资源——例如，一个物种或景观，因为他们对我们而言其本身有价值，然而，只要我们可以用同等或更大价值的资源将其替代，例如生产能力或技术知识，我们通常可以自由消耗自然资源。索洛

支持将环境保护作为提升可持续发展理念的一种途径，而不要以其他耗费更大的能力的投入方式为代价来换取未来的福祉。当代环境法体现出了可持续发展的这些构成要素。

现代环境或自然资源法

从20世纪60年代末至21世纪，美国和其他国家已经颁布或加强法规来评估政府决策在环境方面的影响，控制空气和水污染，标记了受有毒废物污染的地点，对从农药或其他产品进入环境内的有毒物质和材料进行管理。就在同一时期，许多官家亦颁布或加强了保护诸如物种、湿地、森林和渔场等自然资源的法律。提出跨国或全球环境问题的重要国际条约亦在同期达成，包括《蒙特利尔议定书》（臭氧层物质枯竭）、《巴塞尔公约》（危险废弃物跨境转移）、《拉姆塞尔公约》[①]（湿地和水禽）、《濒危野生动植物种国际贸易公约》（CITES）、《生物多样性公约》（保护生物多样性和可持续使用）、《联合国海洋法公约》（UNCLOS）。在过去二十年，国际社会率先用《联合国气候变化框架公约》和《京都议定书》来处理全球气候变化，该公约于2005年开始生效，包括了首个对发达国家减少温室气体排放具有法律约束力的承诺。

过去40年的国家和国际环境法在很大程度上体现出了污染者付费的原则，该理念正如《里约环境与发展宣言》

---

① 又称国际重要湿地公约。

所述:"污染者在原则上应承担污染的费用"(联合国环境规划署 1992,原则十六)。"

大多环境法强行限制行为者,诸如企业、政府实体或个人排污、排泄或干扰环境,而其必须为遵守这些规定而承担相关的费用。一些法律还强行规定排放危害环境的作用物应承担的赔偿责任;例如美国《综合环境反应、赔偿和责任法》,该法律让当事人承担由其造成的清理环境污染费。污染税反映出向他人征收污染费,从这个意义上说,污染税是规定污染者付费的另一种形式。这些污染者付费的规定通过强行手段令企业和个人来内化环境破坏的费用来推进《里约环境与发展宣言》的原则。一些政府计划采用补助以推动环保目标,给不再污染环境的人补贴。例如,《美国农业法案》,给减少湖泊和河流径流污染的农民补贴。

在20世纪60年代到70年代第一次环境法浪潮中,最受欢迎的方法即是明令规定。管理者规定了控制污染技术或指定每种资源允许污染的程度。允许污染的程度可能建立在可执行的控制技术或期望的环保效果基础之上,比如避免危害鱼类栖息地。而这一方法通常以"命令与控制"为特点,因为它包括了如果违反,针对每个资源,民事危害抑或是刑事执法(控制)的明"令"。某种程度上说,因为针对所提供资源的合规选择非常有限,评论家批评"命令与控制"规定无效且推动了诸如"总量管制与交易"或是污染税这样的以市场为基础的选择(Ackerman & Stewart 1985)。

总量管制与交易,作为一种命令和控制的替代方法近来在环境法中崭露头角,并成为处理全球气候变化所选择的工具。在总量管制与交易制度计划下,立法者为地区或国家(抑或在气候变化背景下的全球)设定了允许的排放限额。排放配额以限定金额的方式发放并可以在规定的资源间进行自由交易;所有资源持有的配额必须至少与其排放量相等。减排相对便宜的排放者可能要负责减排而不是购买配额,反之亦然,减排相对昂贵的排放者可能要购买配额而不是负责减排。而预测的结果是配额会产生最具成本效益的减排调配与期望达到的减排目标一致。《里约环境与发展宣言》支持采用诸如此类的经济手段,纵然,一些评论家批评总量管制与交易通过让污染者购买配额来履行其义务是在不知不觉中破坏了污染者付费的原则(有时贬义地称之为"污染许可证")(Kelman 1981b)。

在美国,全国范围内首次采用环境总量管制与交易的当属减排二氧化硫制度,该制度是依据1990年《清洁空气法案修正案》出台的。该制度已被公认为比预计以更低的成本成功地大幅度减少了二氧化硫排放量。美国环境保护署将总量管制与交易方法推广到其他诸如氧化氮和细颗粒物这样的空气污染物以及污水排放。 总量管制与交易成了国家与国际处理全球季候变化所选择的工具,尽管作为替代的污染物排放税依然有所倡导。《京都议定书》允许让温室气体排放配额在缔约方的发达国家间进行交易(第17条)也为非缔约方的发展中国家将产生的排放量在市场上出售(第12条)提供配额。由《京都议定书》确立的欧盟排放贸易体系(EU ETS),是世界上最大的总量管制与交易系统(Stavins 2007)。美国国内的气候变化立法也似乎很可能会采纳总量管制与交易方法。

对成本效益分析在设定环境法目标方面的作用有激烈的争议。诸如索洛这样的经济学家认为应将福利最大化作为政策的试金石，而不能在保存现有环境资源或环境质量水平上厚此薄彼。其认为资源是可替代的（Solow 1993）。在制定政策的选择中，对于政府规定或其他保护性措施的成本与效益应尽可能予以定量和货币化，当环保边际效益均等或超过边际成本时，这种分析应用于确定环境保护的理想水平。虽然鲜有美国环境法明确地将其法规目标建立于成本效益的合理性之上，一项长期的行政指令需要联邦局一切主要管理行为都附有成本效益分析以便行政管理和预算局（OMB 2007）进行审查。依据欧洲共同体条约第174条第三项，欧盟亦需要对采纳的新规定之成本效益分析进行考量，虽然在制度上不太强调这样的成本效益分析。

作为设定环境和其他公法的目标，成本效益分析遭到的批评可谓形形色色，包括指责它将人或野生动物生命这样的非市场经济商品进行定价是一种不道德的商品化。批评者亦指出成本效益分析正如其本身的特征一样，在美国实施后的结果是造成系统上的监管不足。然而，在查德·雷维兹（Richard Revesz）和迈克尔·利弗莫尔（Michael Livermore）（2008）的《重拾合理性》（*Retaking Rationality*）一书中，他们力辩，通过纠正现行做法中的八项谬误，成本效益法能为可供选择的环保目标以中立的方式提供系统化的评估。

设定环保目标的另一方法是预防原则，这已受到了《里约环境与发展宣言》的国际社会和欧洲的欧洲共同体的认可。这在美国政策审议中却远没有突显出来。《里约环境与发展宣言》声明了一个原则版本：面对潜在的、严重的，或是不可逆转的环境破坏，不能将缺乏科学确定性作为旨在防止环境退化的成本效益法推迟的理由（UNEP 1992，原则十五）。尽管预防原则并未包括其他诸如成本与效益这样的考虑因素，一般认为，相形成本效益分析，要给予环境风险更多的权重（Fogel 2003）。最近一项美国和欧洲环境法规的对比研究指出：欧洲和美国的法规在严格性上并无显著差异，并随时间推移显示出趋同的迹象（Wiener 2003）。

公民参与是与可持续发展实践相结合的一项程序性原则。《里约环境与发展宣言》对公民参与的定义包括公民有机会获得公共机关的信息并且"有机会参与司法与行政程序，包括补偿和补救程序"（联合国环境规划署，1992，原则十）。1996年《联合国防治荒漠化公约》是首个要求影响环境者参与决策的全球性的法律文件（Holtz 1996，第3条）。跨境的《北美环境合作协定》授权公民对未执行环境法的缔约国进行起诉[《北美环境合作协定》（NAAEC）1993，第14条]。在美国，大部分环境法允许"任何人"可以依法对未执行法令的政府抑或是违反法律约束的其他人提起诉讼。

乔纳森·Z. 坎农（Jonathan Z. CANNON）
美国弗吉尼亚大学法学院

拓展阅读

Ackerman, Bruce A., & Stewart, Richard B. (1985, May). Reforming environmental law. *Stanford Law Review*, *37*(5), 1333–1365.

Ackerman, Frank, & Heinzerling, Lisa. (2004). *Priceless: On knowing the price of everything and the value of nothing*. New York: The New Press.

Bosselman, Klaus. (2006). Ecological justice and law. In Benjamin J. Richardson & Stepan Wood (Eds.), *Environmental law for sustainability* (pp. 129–164). Oxford, U.K.: Hart Publishing.

Consolidated Version of the Treaty Establishing the European Community. (2006). *Official Journal of the European Union*. (C321E) 37. Retrieved August 6, 2009 from http://eur-lex.europa.eu/LexUriServ/LexUriServ.do?uri=OJ:C:2006:321E:0001:0331:EN:PDF.

Gillroy, John Martin. (2006). Adjudication norms, dispute settlement regimes and international tribunals: The status of environmental sustainability in international jurisprudence. *Stanford Journal of International Law*, *42*(1), 1–52.

Holtz, Uwe. (1996). *United Nations Convention to Combat Desertification (UNCCD) and its political dimension*. Retrieved September 24, 2008, from http://www.unccd.int/parliament/data/bginfo/PDUNCCD(eng).pdf.

Kelman, Steven. (1981a, January-February). Cost-benefit analysis: An ethical critique. *Journal on Government and Society Regulation, 5*, 33–40.

Kelman, Steven. (1981b). *What price incentives?: Economists and the environment*. Boston: Auburn House.

Kyoto Protocol to the United Nations Framework Convention on Climate Change. (1998). Retrieved September 24, 2008, from http:// unfccc.int/kyoto_protocol/items/2830.php.

North American Agreement on Environmental Cooperation (NAAEC). (1993). Retrieved April 20, 2009, from http://www.cec.org/pubs_ info_resources/law_treat_agree/naaec/index.cfm?varlan=english.

Office of Management and Budget (OMB). (2007, January 18). Executive Order 12866 of September 30, 1993, as amended by E.O. 13258 of February 26, 2002 and E.O. 13422 of January 18, 2007: Regulatory planning and review. Retrieved September 24, 2008, from http://64.233.169.104/search?q=cache:XPW6yuHjeocJ:www.whitehouse.gov/omb/inforeg/eo12866/eo12866_amended_01.

Report of the World Commission on Environment and Development. (1987, December 11). Retrieved September 24, 2008, from http:// www.un.org/documents/ga/res/42/ares42-187.htm.

Revesz, Richard L., & Livermore, Michael. (2008). *Retaking rationality: How cost-benefit can better protect the environment and our health*. New York: Oxford University Press.

Richardson, Benjamin J., & Wood, Stepan. (2006). Environmental law for sustainability. In Benjamin J. Richardson & Stepan Wood (Eds.), *Environmental law for sustainability* (pp. 1–18). Oxford, U.K.: Hart

Publishing.

Solow, Robert M. (2000). Sustainability: An economist's perspective. In Robert N. Stavins (Ed.), *Economics of the environment: Selected readings* (4th ed., pp.131−138). New York: Norton.

Stavins, Robert. (2007, October). *A U.S. cap-and-trade system to address climate change* (Discussion paper 2007-13). Washington, DC: The Brookings Institution. Retrieved September 24, 2008, from http://belfercenter.ksg.harvard.edu/files/rwp_07_052_stavins.pdf.

United Nations Environment Programme (UNEP). (1992). *Rio declaration on environment and development.* Retrieved September 24, 2008, from http://www.unep.org/Documents.Multilingual/Default.asp? DocumentID=78&ArticleID=1163.

Weiss, Edith Brown. (1989). *In fairness to future generations: International law, common patrimony, and intergenerational equity.* Ardsley, NY: Transnational Publishers.

Wiener, Jonathan B. (2003). Whose precaution after all? A comment on the comparison and evolution of risk regulatory systems. *Duke Journal of Comparative and International Law, 13*, 207−262. Retrieved April 20, 2009, from http://www.nicholas.duke.edu/solutions/documents/ whose_precaution_after_all.pdf.

虽然保护生物学还乳臭未干，但正在向理解生物的多样性迈出第一步。它能够识别出作为整个生态系统指标或基础的物种……它能够提供整个地球健康的衡量尺度。当某一生物境的物种其天然种类下降，极有可能该处的土地、空气、水和食物链的相关状况也恶化了。因此，一个健康的环境必然与重要的自然物种的多样性交织在一起。仅有生物个体才既有能力又有责任来反映基本的环境变化。这即是为何生物多样性法会必定成为环境法的核心原则的原因。

威廉姆·史乃普（William J. Snape）

来源：William J. Snape. (Ed.). (1996). *Biodiversity and the Law, p. xxi*. Washington, DC: Island Press.

Liberationist Thought

解放论思想

　　自20世纪60年代,解放论思想是由许多神学家和哲学家为穷苦受压迫者寻求解放发展而来的。包括基督教和佛教在内的若干宗教传统领悟到人与动物压迫与自然界破坏间的相互关系:在他们看来,对环境的不公正正义是与其他形式的歧视是密不可分的。

　　解放论思想描述了来自世界各地的一系列宗教和哲学立场,其旨在从压迫中解放。三种解放论思想即基督教解放神学,佛教解放运动以及动物解放,各个都认同环境和经济的可持续发展不足是造成压迫的根源。

　　基督教解放神学出现在20世纪60年代末的拉丁美洲,在那时神学家意识到欧洲神学已满足不了绝大多数拉丁美洲贫民的条件与需求。秘鲁神学家古斯塔沃·古铁雷斯(Gustavo Gutierrez)在其里程碑式的作品《解放神学》中主张基督教的福音要求教会致力于把人民从贫穷与压迫中解放出来。解放神学的另一个革命性特征在于运用包括经济学、政治学和社会学在内的其他学科进行分析,从被边缘化的群体观点来理解社会现实。解放神学家强调上帝"优先拣选穷人"(天主教的社会教义呼吁人们优先考虑穷人和被边缘化的群体),还指出《四福音书》和《希伯来圣经》描绘上帝表现出对他们的特别看顾。自20世纪90年代以来,巴西的解放神学家主张贫穷亦为一个环境问题:莱昂纳多·博夫(Leonardo Boff)为了彰显上帝对存活的万物的眷顾,欲为穷人扩大选择权,包括选择所有最濒危的物种。艾弗尼·纪伯拉(Ivone Gebara)将"压迫穷人与破坏地球系统这个更大的问题"联系起来(Gebara 1999, 8)。神学家将妇女解放论者的范式用于多个不同情境中,彼此独立而又相互联系的解放神学组成了一个全球家族,它逐渐纳入黑人神学,女性神学,女权主义神学(美国黑人女性主义),以及同为妇女解放论者的南半球(或第三世界的发展中国家)神学。

　　女性神学在解放神学中是最早反映可持

续发展对解放重要性的。在《新女性新地球》（1975）一书中，罗斯玛丽·雷德福·路德认为女性受压迫与自然世界遭破坏之间存在关联。因此，女性解放必然与可持续发展社会的生活相联系。最近，凯伦·贝克-弗莱彻（Karen Baker-Fletcher）断言我们所有生命是相互关联的同时呼吁可持续发展原则。她坚持认为对环境的不正义与社会经济和种族歧视是密不可分的，而这会导致环境种族主义。20 世纪 80 年代新造出环境种族主义一词，形容污染，资源枯竭以及废物处理严重影响了贫民尤其是有色人种所居住的地区。例如，哈莱姆区[①]的二十四块区片的学龄儿童罹患哮喘的比例近达 26%，而美国国家平均发病率为 4%，这比美国国家平均水平高出六倍还多（Pérez-Peña 2003）。尽管罹患哮喘的原因尚未完全查明，医生已发现诸如污染和柴油机卡车毒气这样的环境因素会引起哮喘病发作。贝克·弗莱彻（Baker-Fletcher）认为，认识到生命之神圣性及上帝临在万物，这样的可持续发展观念会向环境种族主义发出挑战。

佛教自由运动与基督教自由神学都共同致力于让人民从社会与经济压迫中解放出来。例如，斯里兰卡的阿里耶拉涅（A.T. Ariyaratne）在 20 世纪 50 年代发起了利益众生运动。该运动将两个观念结合，一个是 Sarvodaya，由圣雄甘地[②]新创的词意思为全民幸福，和 Shramadan 意思为分享个人的时间和劳动的恩赐。为了应对斯里兰卡村庄的贫困，阿里耶拉涅（Ariyaratne）认识到，佛教的根本理念即慈悲不足以让人从压迫中解放出来。阿里耶拉涅（Ariyaratne）开始社区项目，动员人们开展慈善活动。这些项目开始着眼于特定社区的需求，从净水，废弃物管理，到新兴公共建筑。利益众生运动强调满足当代的经济与社会需求的同时要确保后代资源充足。

第三种妇女解放论思想是支持动物解放的哲学立场。澳大利亚哲学家彼得·辛格（Peter Singer），作为动物解放论最著名的支持者指出，关心社会与经济上处于边缘化的人类之解放者亦应关心动物之解放。因为人与动物同样能够感受切肤之痛，辛格（Singer）同其他解放论思想家一致认为要与他者（包括非人动物）共同改变现行做法。辛格（Singer）认为彰显这种团结的最直接的方式便为素食。恰好素食可以促进可持续发展，因为每英亩植物性食物所含蛋白质平均为肉类的十倍。

莎拉·阿扎兰斯基（Sarah AZARANSKY）
美国圣地亚哥大学

拓展阅读

Baker-Fletcher, Karen. (1999). *Sisters of dust, sisters of spirit: Womanist wordings on God and creation.* Minneapolis, MN: Fortress Press.

---

① 美国纽约市曼哈顿岛东北部的黑人居住区
② 原名莫罕达斯·卡拉姆昌德·甘地（Mohandas Karamchand Gandhi），后尊称为圣雄甘地。

Boff, Leonardo. (1995). *Ecology and liberation: A new paradigm* (John Cumming, Trans.). Maryknoll, NY: Orbis Books. (Original work published 1993)

Gebara, Ivone. (1999). *Longing for running water: Ecofeminism and liberation* (David Molineaux, Trans.). Minneapolis, MN: Fortress Press.

Gutierrez, Gustavo. (1973). *A theology of liberation: History, politics, and salvation* (Caridad Inda & John Eagleson, Trans.). Maryknoll, NY: Orbis Books.

Pérez-Peña, Richard. (2003, April 19). Study finds asthma in 25% of children in Central Harlem. *The New York Times*. Retrieved May 28, 2009, from, http://www.nytimes.com/2003/04/19/ nyregion/19ASTH.html.

Queen, Christopher S., & King, Sallie B. (Eds.). (1996). *Engaged Buddhism: Buddhist liberation movements in Asia*. Albany: State University of New York Press.

Radford Ruether, Rosemary. (1975). *New woman new Earth: Sexist ideologies and human liberation*. New York: Seabury Press.

Singer, Peter. (1975). *Animal liberation: A new ethics for our treatment of animals*. New York: Random House.

Libertarianism

自由意志论

自由意志论的特征是以视个人主权、自由和不可侵犯的权利为绝对至上的。关于可持续发展，还尚未形成一个全面的自由意志论观点。自由意志论者更有可能支持可持续发展的社会而不侵犯他人的权利的观点。

自由意志论指以个人主权，自由及不可侵犯的权利至上为特征的一组政治方法或意识形态。左翼自由意志主义者将之与参与经济平等相结合；自由意志主义拒绝一切对经济自由的干扰。

现代主流的自由意志论是自由主义的产物。其最著名的代表人物为穆瑞·罗斯巴德（Murray Rothbard，1926—1995）与罗伯特·诺齐克（Robert Nozick，1938—2002）。

诺齐克从英国约翰·洛克（John Locke，1632—1704）的古典自由主义中汲取灵感。对于大多的自由意志论者而言，个人对自己身体和意志的主权意味着个人自由不受外部阻碍①是绝对至上的（消极自由）。他们反对积极自由（有手段实现生活中的目标）作为政治手段，因为这会产生主张强制他人的生活观（Berlin 1958）。原则上，使自由意志主义与自由共存也是有限度的，其唯一限度（前提）在于不能侵犯他人的个人权利，以及所有参与者都是在知情同意的基础上自愿达成一致意愿的。

个人主权亦包括自我所有权，在约翰·洛克看来——包含个人劳动成果的

① 译者注：自由就是"免于……的自由（Liberty from …）"参见消极自由的概念。原英文为 Liberty from external obstructions，译为不受外部阻碍。

合法权利。例如约翰·罗尔斯（John Rawls，1921—2002），他指出个人先天禀赋（才华与能力）"名不副实"，因而利用这些禀赋而形成的社会和经济差异是不正义的，亦名不副实。按照自由意志论的观点，主权选择利用才华和能力，创造性地追求个人理想的美好生活，不论这些禀赋是否副实，会使得个人对自己的经济与社会成就或失败负责。

自由意志论高度怀疑有关权威的主张，不像无政府主义，它认为未必要排斥国家：认为存在组织化的保护个人权利的空间。

不像自由主义，除了保护生命和财产之外，自由意志论事实上不排斥国家干涉。由希勒尔·施蒂纳（Hillel Steiner）和彼得·瓦伦泰恩（Peter Vallentyne）所代表的相对年轻学派——左翼自由意志主义便是个例外。它强调17世纪末提出的所谓洛克式但书（Lockean Proviso）：由于无人拥有自然，只有当能够留给其他人"充足且良好"的自然资源时，私人占有才算合法（Locke 2003）。利用（及交易）非法获得或生产的商品造成了不均衡性，这亟须纠正。左翼自由意志主义者看到这存在一定的空间来进行重新分配和形成更具有活力的国家。

尽管自由意志论可以为可持续发展提供强有力的支持，但还需彻底重新考虑其本身的概念。关于可持续发展，还尚未形成一个全面的自由意志论观点（Wissenburg 1998）；仅存有对动物权利，污染（Nozick 1974）和自由市场环境主义（Anderson & Leal 1991）碎片化的阐释。基于他们的政治观点，人们会这样一种对可持续发展的评估：一方面拒绝它作为一个社会目标，另一方面又自相矛盾地欢迎它作为一个结果。就可持续发展作为社会目标而言，它可以将国家事务提升至理想状态，但却强加于人，违背个人主权。诸多可持续发展的定义所涉及的观点为自由意志论者所质疑：诸如，基本需求和高级需求间的差异，将动物仅仅作为自然资源，代表尚未出生的后代提出只有个体才能为（选择繁衍）后代负责的（可持续发展）的道德要求。自由意志论者更有可能支持：将可持续发展社会视为社会和自然环境，在这样的环境中个体可以满足需求，包括满足保证未来的孩子有生活选择权的需求——如果不能满足就侵犯了他人的权利。

同样地，自由意志论者抵制任何按照等级制度强制实施的可持续发展政策，但他们能够也会支持立足于个人选择和合法限制个人财产权的政策。因此，自由意志论者似乎抵制污染、不合理获取和低效使用自然资源（可能包括潜在的可回收利用的可再生资源），视之为侵犯个人权利。本着这一精神，他们支持自由贸易，资源私有化和可交易排放权的市场的创建。再者，自由意志主义者中不乏强力支持公平交易的拥护者。最后，左翼自由意志主义者在一定程度上支持将获取自然资源的机会（利益）进行重新分配，以纠正过去的不正义。

马塞尔·魏森贝格（Marcel WISSENBURG）
内梅亨大学

拓展阅读

Anderson, Terry L., & Leal, Donald R. (2001). *Free market environmentalism*. New York: Palgrave.

Berlin, Isaiah. (1958). *Two concepts of liberty*. Oxford, U.K.: Clarendon Press.

Boaz, David. (1997). *Libertarianism: A primer*. New York: Free Press.

Duncan, Craig, & Machan, Tibor R. (2005). *Libertarianism: For and against*. Lanham, MD: Rowman & Littlefield.

Locke, John. (2003). *Two treatises of government* and *A letter concerning toleration* (Ian Shapiro, Ed.). New Haven, CT: Yale University Press.

Nozick, Robert. (1974). *Anarchy, state, and utopia*. New York: Basic Books.

Rothbard, Murray N. (1998). *The ethics of liberty*. New York: New York University Press.

Steiner, Hillel. (1994). *An essay on rights*. Oxford, U.K.: Blackwell.

Vallentyne, Peter. (2007). Libertarianism and the state. *Social Philosophy and Policy, 24*, 187–205.

Vallentyne, Peter, & Steiner, Hillel. (2000). *Left-libertarianism and its critics: The contemporary debate*. Basingstoke, U.K.: Palgrave.

Wissenburg, Marcel. (1998). *Green liberalism*. London: Routledge UCL Press.

M

Meditation and Prayer

默想与祷告

灵性对于可持续发展概念至关重要，它使人们能够观察和欣然接受（与物质世界相对的精神世界）的生命之重。该过程往往受到分心的阻碍；通过祷告和冥想默想可以帮助消除分心。这些行为成了聆听的方式：对于可持续发展至关重要的完美，智慧和慈悲的聆听。

可持续生存的灵性一面，被赋予了生命活力和超越万物自身（陌路与友人，山川河流，群星银河，诸神祇）的强大治愈力（包容并赋有活力）所滋养。它源于福乐而非痛苦。在人类生活中，接受该福乐最大的障碍之一便是分心。

世界诸宗教提供了诸多改善分心的方法。佛教徒的方法是直接从心理上入手。他们将我们的心比作从一个树枝荡到另一个树枝的醉猴，我们中的大多数人，都很难保持平静而不受外界干扰的心。我们以为我们在控制我们的思维，但是，他们说，是思维在控制我们。于是，许多佛教徒劝告人们以日常练习冥想作为培养平静的心灵的方法，使我

们带着较少分心的状态从事日常活动。他们说，通过（冥想）练习，我们能够渐渐地发现我们自己可以更专注、更有效地回应每一个此刻的呼唤。

同样，深受基督教沉思传统影响的基督徒建议养成每天归心祷告的习惯。这些基督徒说，如果我们能够学着哪怕每天早上用很简短的时间"归心（祷告）"，我们慢慢明白，我们的日常生活中上帝临在的直接性。我们认识到当下的每一时刻都是某种形式的圣礼，上帝之光照彻他人的脸庞而熠熠发光，而他们需要我们倾耳聆听。有些人如本笃会走得更远，（他们）说我们可以在其他人身上看到耶稣，（这个其他的人可能是）陌路或友人，（可能）很迷人或令人恐惧。本笃会徒是天主教内部的宗教团体，他们强调聆听是信徒生活的关键方面。耶稣在《马太福音》（25：34—36，修订标准版）中说，"我饥饿时你给我食物，我坐牢时你来看望我"。本笃会徒补充道，"当我需要对某人谈话时，我需要你聆听我"。

此时，聆听是指对所需体验的事情采取的在场、觉察、开放、有效的行为。当然，有诸多原因可以使一个人寻求聆听。而此处所述的聆听的类型是有助于可持续发展的，佛教徒对此最好的阐释即称之为智慧和怜悯地聆听。当聆听他人，并非旨在征服或控制，而是旨在以一种细腻的感情的方式与他人相处，以智慧和慈悲回应他人。我们可以称之为协调或深入聆听。它可以是一种精神，不仅让人感到与他人互相协调，而且可以与动植物，矿物即与周遭的一切协调。我们可以称之为生态聆听。

协调不仅仅是耳朵那么简单的事情。它可以通过触觉、视觉、嗅觉与听觉（声音）产生；它可以通过直觉、想象和理性作为指引。当一名护士为受伤的患者轻轻包扎伤口时，她正在用她的双手在聆听；当一位商人试图助力建造绿色社区，在计算这一商业决策所产生的未来收益时，他正在用他的理性在聆听。有多少种聆听者，就有多少种聆听的方式。

在如此亟须可持续发展的时代谁是聆听者谁是被聆听者？答案是任何对我们说话的人。现代有一些西方人说当然是人类，也仅有人类才可以成为我们聆听的对象。但是众多的可持续发展的倡导者认识到我们可以聆听山川河流、百木与群星、猫与狗等动物。它们可能无法使用我们人类自动或通过正规教育就学会的语言来对我们来说片语只言，但是它们却在我们面前表现出了要被聆听的姿态。祷告与默想的首要价值在于学会聆听与对他们做出回应。

诚然，在许多文化传统中有另外一种重要的祷告，即在祷告中指称比我们自身更强大事物。我们称之为上帝、宇宙、祖先或阿弥陀佛或是克利须那。我可以使用言词、感情、仪式或舞蹈来称呼祂。我们可以从这些事物中寻求积极的回应或我们可能满足于被聆听的陪伴。我们可以视之为一神论（信仰一个神），也可以是多神论（信仰有很多神），一元论（认为现实是统一整体，所有的部分被视为一个系统），或者泛神论（认为一切都是神，与泛神论相反的观点认为上帝是全部）。无论何种情况，指称这一行为在可持续生存中扮演了重要的角色。它是人类情感深度的外化，将我们的内在生命由内转为外，以便我们可以看到我们是谁，我们力图成为谁。

诚然，祷告的内容也颇为重要。 如果我们祷告残杀敌人，破坏地球，或者消灭"异"类，我们的这些希望则与可持续生存的道德标准背道而驰。我更应希望祷告的内容可以有助于行出"灵行在地上如同行在天上的"旨意（改编自最令人记忆犹新的耶稣祷告）。

可持续发展的倡导者认识到认识灵的方式有很多种。如果人们有地上人们相信灵并尚有一息灵性。可持续发展的倡导者认识到：认识灵的方式有很多种。如果人们不信灵，但如果还能感受到我们和地球之间的纽带并欣赏自然之美，就尚有一息灵性。健康的不可知论是生态精神中的生存选择之一。但是即使是不可知论者也可以祷告。甚至，不可知论者在赞美、哀叹，以及惊讶时都会提及宇宙。当不可知论者，以及一神论者、多神论者、一元论者乃至万有在神论者作为祷告者完成祷告时，就在帮助世界添注一份美。

杰·麦克丹尼尔（Jay McDANIEL）

汉德里克斯学院

拓展阅读

Kaza, Stephanie (Ed.). (2000). *Dharma rain: Sources of Buddhist environ-mentalism.* Boston: Shambhala.

May, Gerald. (1982). *Will and spirit: A contemplative psychology.* San Francisco: Harper & Row.

McDaniel, Jay B. (2000). *Living from the center: Spirituality in an age of consumerism.* St. Louis, MO: Chalice Press.

Randour, Mary Lou. (2000). *Animal grace: Entering a spiritual relationship with our fellow creatures.* Novato, CA: New World Library.

Thurman, Howard. (2006). *Howard Thurman: Essential writings.* Maryknoll, NY: Orbis Books.

Ware, Kallistos. (1979). *The orthodox way.* Crestwood, NY: St. Vladmir's Seminary Press.

Millennium Development Goals

千年发展目标

千年发展目标是联合国于2000年为对抗贫穷、不平等和疾病以及促进可持续发展的全球合作而设定的，虽已取得一些进展，但就2015年所要实现的八项具体目标而言仍不断面临着挑战。

2000年9月，为构想支持经济增长的同时可以减少贫困、实现可持续发展的途径，世界各国领导人在联合国高峰会议上进行了会晤。《千年宣言》即为该会议的产物，被189个国家所采纳。翌年，专家们在《宣言》的基础上提出了可量化的、至2015年要实现的八项千年发展目标（MDGs）的具体目标。联合国千年发展目标为：

- 消除极端贫困和饥饿；
- 实现全球初等教育的普及；
- 促进平等并赋予妇女权力；
- 降低儿童死亡率；
- 改善产妇保健；
- 对抗人类免疫缺陷病毒/艾滋病，疟疾，和其他疾病；

- 确保环境可持续发展，发展全球合作关系促进发展。

此外，与联合国开发计划署合作，对目标进行了细分，并对每项发展目标的内容作出规定（联合国开发计划署 2008）。例如，第七项目标（确保环境可持续发展）有四项具体目标。

1. 将可持续发展原则纳入国家原则和方案，扭转环境资源损失的局面；

2. 降低生物多样性的损失，至2010年实现显著降低损失率；

3. 至2015年将无法持续获得安全饮用水和基本卫生设施的人口比例减半；

4. 至2020年，使至少1亿贫民窟居民的生活有明显改善。

从而，使用可衡量的指标能够使国家通过具体目标对进展进行评估。例如，减少生物多样性损失（第二项具体目标）可以通过监控"受保护的海陆面积比例"和"濒临灭绝的物种比例"来进行测量。

将千年发展目标具体化和指标化吸引了许多支持者但也遭到指摘。诚然,具体目标可以使国家对具体目标的进展进行追踪并帮助确定在何处还需要下工夫。规定具体目标可以鼓励政策的形成。当国家的具体目标之进展可以确定,其政策就可以为其他国家做出示范。然而,一些追踪指标(诸如每年感染疟疾的人数,这是第六项——根除疾病这一目标所需的监控信息),其难度是超乎想象的。如果这样,有一部分原因在于:在医疗条件落后的地区收集数据难于上青天。自2000年,有关千年发展目标之指标的数据收集已经增加,然而,尤其对于那些远无法实现发展目标的国家,这样做所需的资金和专家都很短缺。

可是,千年发展目标过于依赖这些难找的数据而遭受指摘,尤其是许多专家赞成将设定的目标模糊一些,将之作为一种道德要求。千年发展目标的伦理基础依托于签署国的各种宗教信仰,因为诸多传统都强调帮助处于困境中的人,而宗教是众生的主要驱动力。但是,《千年宣言》并未直接论及宗教,不过,签署国认为宗教所认同的共同价值观是与发展休戚相关的。这些价值观包括自由、平等、团结、尊重自然以及共同承担的义务。

出于伦理原因,草根运动还支持千年发展目标。此类最庞大的组织之一便是反极度贫困组织(One campaign)(one.org),由240多万美国人和100多个主要非营利组织联合组成。反极度贫困组织旨在教授美国人摆脱贫困、健康、教育和HIV/AIDS方面的知识,提醒当选官员履行寻求国外援助之承诺。它还认识到,诸如全球变暖、缺乏清洁的水供应和卫生设施等可持续发展问题方面对全球最贫困的人口影响尤深。这一无党派的组织包括了佛教徒、基督徒、印度教教徒、犹太教教徒、穆斯林在内的美国人的信仰系统,以及许多的世俗组织。反极度贫困组织成员的当选官员就思而未决的立法问题发邮件,促进人们选举时将贫困和HIV/AIDS问题纳入考虑,并开办了一些教育项目。反极度贫困组织和个人成员与宗教组织结成联盟,因此,近年来,通过布道、宗教教育和祷告会,千年发展目标已经被推进。

截至2008年,一些目标已有长足的进展,其中包括降低极端贫困人口比例、提高初等教育入学率、促进初等教育的性别平等。然而,世界上的许多地区还尚未步入实现诸多目标的正轨上,其中包括扭转砍伐森林率的局面、提高基本卫生设施和降低气候变化率。至2015年要实现千年发展目标尚需增加道德、政治、经济和科学技术支持。诸如为保护环境而设立的最大的基金组织——全球环境基金和联合国开发计划署展开了合作,已经对由非政府和社会组织所发起的8 400多项可持续发展项目进行了资助,成为其他决定帮助促进千年发展计划的机关和组织之典范。

莎拉・E.弗雷德里克斯(Sarah E. FREDERICKS)

北得克萨斯州大学

拓展阅读

About UNDP-GEF. (n.d.). Retrieved May 25, 2009 from http://www. undp.org/gef/05/about/index.html.

Aspirations and obligations: The UN's Millennium Development Goals. (2005, September). *Economist, 376*(8443), 67–68.

The issues affecting global poverty. (n.d.). Retrieved May 6, 2009, from http://www.one.org/us/issues.

Millennium Declaration. (2000, September 8). Retrieved August 12, 2008, from http://www.un.org/millennium/declaration/ares552e. pdf.

The millennium development goals report 2008. (2008). Retrieved March 30, 2009, from http://www.un.org/millenniumgoals/2008highlevel/ pdf/newsroom/mdg%20reports/MDG_Report_2008_ENGLISH. pdf.

Moldan, Bedrich; Billharz, Suzanne; & Matravers, Robyn. (Eds.). (1997). *Sustainability indicators: A report on the projection indicators of sustainable development.* New York: John Wiley & Sons.

One Campaign. (2008). One sabbath. Retrieved May 25, 2009 from http://www.one.org/us/onesabbath/.

One Campaign. (2009). Issue brief: The millennium development goals. Retrieved May 25, 2009 from http://www.one.org/c/us/ issuebrief/762/.

U.N. Millennium Development Goals. (2008). Retrieved August 12, 2008, from http://www.un.org/millenniumgoals/.

United Nations Development Programme (UNDP). (n.d.). About the MDGs: Basics. Retrieved August 12, 2008, from http://www.undp. org/mdg/basics.shtml.

Mormonism

摩门教

尽管耶稣基督后期圣徒教会（摩门教）[1]尚未发出任何有关可持续发展的官方声明，它的宗教经典和近期的制度发展表明其在神圣原则上，是一种与可持续性生存之最高标准相符的信仰。

耶稣基督后期圣徒教会（也称为摩门教或LDs教会）是一个反映现代的宗教，它承认矛盾的固有性，承认世俗与物质以及人类以外各种生命形式的永恒价值。在《摩西书》被视为是对于"创造"的预言式重述——这是对《创世记》故事的补充。其中写道：神在创造所有事物的物质性以前已在属灵上创造它们。正如后期圣徒教会创始人约瑟夫·史密斯（Joseph Smith）教授所教导的，万物包含精神和物质，植物和动物都是"活的灵魂"（摩西3：9）[本文的所有经文均引自三册经典，包括《摩门经》[2]、《教义和圣约》和《无价珍珠》（耶稣基督后期圣徒教会1983）]。他们相信地球会变为天堂，万物会获得永生，其强调属灵内在性的不朽而非属世的超然性。这一教义把维持所有生命形式这一世俗的任务视为神圣的。因而，堕落是偶然的："亚当堕落，才能有世人，成了世人，才能有快乐"（尼腓二书2：25）。摩门教将人类堕落之后的生存状况——生儿育女、吃苦劳作才能将生存视为一种恩典而非诅咒，这刺激了摩门教的经济增长，摩门教还将过去的人丁兴旺视为一种应尽的义务。然而，告诫亚当与夏娃：他们的管家的职责是要劳作以确保所有人类和所有类似的创造享有后世的恩典。现如今，教会鼓

---

[1] 早期翻译为耶稣基督末世圣徒教会。
[2] 耶稣基督后期圣徒教会又称为摩门教。

励成员们根据个人需求和神灵感应虔诚地组建自己的家庭。

教会希望信徒们能将上帝的创造视为一种审美的享受。在亚当知道树上的果子可以食用之前，上帝造树的意图是"可以悦人眼目；而人可以看到树"（摩西3：9）。在对约瑟夫·史密斯的启示中，地上的万物被赠予"可以赏心悦目"[《教义和契约》(D&C) 59：18]。上帝赠予人类生计，然而作为见证上帝之爱——欣赏自然之美的能力可使人激贪厉俗。

主应许养活家庭"足够而有余"，但是他也很清楚"必须按照我自己的方式去做"（《教义和圣约》104：16）。"圣化的律法"包括对资源进行彻底地重新分配，这样便可以缩小贫富差距，"使穷人升高，使富人降低"（《教义和圣约》104：17）。实现该社会目标的关键在于意识到所有权仅仅是人类和世俗的惯例。财产仅仅用于个人和家庭的必需之处，要将余饷捐赠给教会福利系统（其运作无管理费用），以便将当地社区和全世界的穷人进行再分配。这样的财产才是神圣的。这种做法的可持续性取决于在全球将严格遵从适度的消费落到实处，以便于给生态减负并能免费为他人开放更多的资源。约瑟夫·史密斯启示人们只要滥用自然资源，"……世界就处于罪恶中。凡没有需要而杀生流血或浪费肉类的人有祸。"（《教义和圣约》49：20—21）

摩门教在可持续发展的实践上还存在尚未挖掘的潜力，即约瑟夫·史密斯1833年启示的所谓的《智慧语》(Word of Wisdom)（《教义和契约》89）。尽管以禁止吸毒、喝酒，以及

信徒严格遵守而闻名，这种饮食法教导信徒要适度平衡地摄取应季的水果、蔬菜和谷物，少吃肉，并要牢记上帝的恩赐不是人类独享的。当前，明白了食用大量的肉类所造成的负面影响波及环境、动物，以及造成远距离食物运输的成本很高，许多信徒都看到了严格遵守这种饮食法的必要性。

虽然在可持续生活的重要性方面尚未做出官方声明，摩门教教会因以信仰为出发点建造混合用途区域的努力而受到塞拉俱乐部(Sierra Club)①称赞，即"城市溪流中心"(City Creek Centre)，该区域是作为一个绿色能源与环境设计先锋奖(LEED)社区发展项目(LEED是一个由美国绿色建筑委员会创建的国际公认的绿色建筑认证体系)。新教会历史图书馆(Church History Library)符合银牌绿色能源与环境设计先锋奖资格，未来教会礼拜堂将会进行绿色能源与环境设计先锋奖认证。全球能源管理委员会(Global Energy Management Committee)也将监测和评估教会基础设施和全球活动。所做出的这些努力没有通过官方的声明发表以便来敦促教友以更可持续性地生活，而未被广大教友所知晓，由于美国西部落基山区(位于北美，落基山脉以东，内华达山脉和大瀑布以西)的历史遗留的反环境保护主义情绪的影响，摩门教教义在促进可持续性的潜在影响力往往会有所降低。然而，摩门教的教义激励了越来越多的教会成员关注全球环境危机。还有一些其他发展见证了更深刻的"创造"精神，包括摩门教地球管家网站和近期的出版物，尤其是《新创世

---

① 又成为山峦协会。

记：有关土地和社区、管家职责和创造的摩门
教读本——摩门教的自然观》。

乔治·B. 汉德利（George B. HANDLEY）

杨百翰大学

拓展阅读

Ball, Terry B.; Peck, Steven L.; & Handley, George B. (2006). *Stewardship and the creation: LDS perspectives on nature.* Provo, UT: Religious Studies Center.

Church of Jesus Christ of Latter-day Saints. (LDS). (1983). *The Book of Mormon / The Doctrine and Covenants /The Pearl of Great Price.* (*3 vols.*). Provo, UT: Author.

LDS Earth Stewardship. (2008, July 12). Retrieved March 21, 2009, from http://lds.earth.stewardship. googlepages.com/home.

Williams, Terry Tempest; Smart, William B.; & Smith, Gibbs M. (Eds.). (1998). *New Genesis. A Mormon reader on land and community.* Layton, UT: Gibbs Smith.

19 因为，看啊，原野的走兽、空中的飞鸟，以及地上长出来的，都是神制定给人作衣食之用、使人丰裕的。

20 但是神没有让一个人拥有的比另一个人多，因此世界就处于罪恶中。

21 凡没有需要而杀生流血或浪费肉类的人有祸了。

《教义和圣约》49

来源：Church of Jesus Christ of Latter-day Saints. (LDS) [1]. (1983). *The Book of Mormon/The Doctrine and covenants/The Pearl of Great Price. (3 vols.)* Provo, VT: Author.

---

① 耶稣基督后期圣徒教会又称为摩门教。

National Religious Partnership for the Environment

国家宗教环境互助会

国家宗教环境互助会是由四个独立信仰团体组成的协会，其目的在于教导和提倡涉及可持续性及环境正义之议题。除教育对神造地球的宗教关怀和责任感，该团体也重点关注全球气候变化。

国家宗教环境互助会（NRPE）包含了四个宗教伞状组织：全国教会理事会（National Council of Churches，NCC）的生态正义计划，其代表了新教、圣公会、东正教、福音派、历史性美国非洲教会和生活和平（Living Peace）教堂；美国天主教主教会议（United States Catholic Conference of Bishops，USCCB）的环境正义计划（Environmental Justice Program）；福音派环境网络（Evangelical Environmental Network，EEN）；环境和犹太人生活联盟（Coalition on the Environment and Jewish Life，COEJL）。后三者与国家宗教环境互助会同时创立，其合作关系萌生于1990年卡尔·萨根（Carl Sagan）、阿尔·戈尔（Al Gore）、詹姆斯·莫顿（James Morton，纽约市圣约翰大教堂的主任牧师）和众多科学家、宗教领袖与政治家共同提出的科学与宗教联合环境呼吁（Joint Appeal of Religion and Science for the Environment）。这份努力促成1993年国家宗教环境互助会的诞生，由保罗·高尔曼（Paul Gorman）领导，其为当时莫顿的助手。由于资助充分，每一团体连续三年每年获赠25万美元以帮助遍布全国的会众——例如每年生产并寄出13万5 000份的教育性"造物关怀材料包"，每份都迎合不同的信仰传统。这对美国新兴的宗教环境运动来说是个重要推动力。多年来，国家宗教环境互助会团体举办了会议和培训，发展支持度，撰写声明，更为不同的议题制作教育素材、录像带、书籍和敬奉资源。国家宗教环境互助会最初以圣约翰大教堂为家，随后迁往马萨诸塞州的阿莫斯特（Amherst）。截至2009年，高尔曼仍任职行政主管。

除视地球为神之杰作并孕育对地球的宗教敬仰和关怀之外，全球气候变化也是该组织的关注焦点，一方面归因于情势的危急，另一方面其牵涉的正义议题正是所有四个团体所共同关注的。一些国家宗教环境互助会成员刊登了全球变暖危机的媒体广告，为1997年联合国《京都议定书》会谈汇集请愿书，天主教修女更在2003年驾驶混合动力车来到底特律的美国造车厂大门。福音派环境网络对这次活动尤其重视，提出"耶稣会开什么车"的问题，也播放广告，质问"如果神无时无刻与我同在，汽车经销商也不例外吗？"自1999年始，环境和犹太人生活网络以及全国教会理事会的生态正义工作组协调成立了跨信仰气候变化网络（Interfaith Climate Change Network, ICCN），也在20多个州分别组织了不同宗教的气候和能源运动；这类以州为单位的能源和气候变化活动规划如今由称为"跨信仰能与光"（Interfaith Power and Light）的团体着手进行。尽管国家宗教环境互助会在众多受其激励成型的宗教环境团体间并未显得特别活跃，它仍是组成会员一切努力的协调中心，通过领导培训、倡议和大范围的教育努力，其协助推动了跨越宗教的环境运动，在这些方面国家宗教环境互助会扮演的重心角色是值得肯定的。

劳雷尔·D. 卡恩斯（Larel D. KEARNS）
德鲁大学神学院

拓展阅读

Christiansen, Drew, & Grazer, Walter E. (Eds.). (1996). *And God saw that it was good: Catholic theology & the environment.* United States Council of Catholic Bishops.

Gottlieb, Roger S. (2006). *A Greener faith: Religious environmentalism and our planet's future.* New York: Oxford University Press.

Gould, Rebecca. (2007). Binding life to values. In Jonathan Isham & Sissel Waage, (Eds.), *Ignition: What you can do to fight global warm and spark a movement* (pp. 119–134). Washington, DC: Island Press.

Lerner, Steve. (1998). *Eco-pioneers: Practical visionaries solving today's environmental problems.* Boston: The MIT Press.

Morton, James Parks. (1997). Religion and sustainability. In Peter H. Raven (Ed.), *Nature and human society* (pp. 443–454). Washington, DC: National Academy Press.

The National Religious Partnership for the Environment. (2009). Retrieved April 6, 2009, from http://www.nrpe.org.

Nature

自　然

"自然"这一概念在可持续性的讨论上至关重要。此词的诸多含义、形象和应用无不塑造了人类在这世上道德定位的各种意义。对可持续性的臆测也许需借新颖的自然观察角度，其中包括人类与自然互不脱离的非西方模式。

自然是个包罗万象、难以捉摸又极富灵活性的概念，在跨文化和同文化方面均呈现多种意义。的确，基于自然在语言上的广泛运用及其说明上的复杂性，为自然下定义看似缘木求鱼——至少在一篇百科全书的文章篇长中是如此。不过正是这份复杂性使"自然"成为道德想象中无可避免地层面，在可持续性论述的理解上也是重要的分析概念。

尤其在西方文化中，自然常用于确定和区别于人类、文化、人为与科技的范畴。根据西方宗教世界观，自然与精神性、超自然或超然性形成对比。在伦理方面，自然有时意味着一种前道德的存在境界，其间人类主体或对自然叠加价值或赋予目的。任一情况下，自然往往被界定或置于和人类与人类目标对立的一方。

于是有批评指出，自然这一概念正是二元论形成的帮凶，将人类与自然剥离，将文化与生态系统分割。当自然以对比的概念出现，人和文化就得以独立于周遭生存世界外，且往往自视优越。因此正是这种自然概念，或者说它在西方世界的典型套用方式，才会塑造出容忍地球环境恶化以及人的异化的态度。

还有许多批评称，在通往可持续性的道路上必须添入感悟自然的不同角度，要寻找自然的替代象征并对其诠释性功能更灵活运用。有些人则提议再次沉醉自然，找出生存世界的价值、真实性或神圣性。也有人意欲推翻二元化的自然/文化，这通过或将社会和宗教世界纳入生态语境，或凭借对每一人类系统中无所不在的自然力量或生态能动性的追踪得以促成。然而也有人宁愿维系自然的对比概念以强调人类对自然系统和非人类世界的责任。只要落在人类监管的范围内，社会对自然就有管理的义务。

这些提议选项因在运用上不形成与人类、文化或精神鲜明对比的自然概念而备受瞩目。自然可以是，比方说，一个包罗万象的世界，在这世界中人类和其他动物或精神性都得以显现。这神圣之地可称之为生命生成之地，或生存之结构。在一些非西方、本土住民和传统的世界观中，自然这一概念显现于一些偏重描述人类与非人类、圣灵或超人类之间的自反和纠缠关系的故事中。

而在伦理领域，一些自然的概念往往以规范性的运作来支撑一种道德行为能力的框架。自然或能提供原则和价值的基础，另一方面，它是道德行为能力所必须控制、改造和克服的。它有时与"人性"作为同义语使用，于是就分别有具体化、合理性或意志的寓意。它可能涉及任何生物的意欲之物，也可以是对罪恶存有的矛盾欲望和倾向。尽管形态诸多，任一情况下的自然概念无不为了支持并协助调整一种道德框架，以成为行动者在抉择与行为上的参考。

因此自然在伦理系统中的规范性功能与背景世界观、现实构想以及散漫的系统相应。那些世界观和概念的日常使用决定了自然人类的自我理解；它们让人类适应本身所体现的存在以及地球本为道德领域的事实。当自然优先于其他准则（例如理性、法律、经典、传统和公益）的次序确立之时，也就建立了自然在伦理中举足轻重的地位。

可持续性的观点一般也带有某些隐含的自然观念以及自然如何对道德行为能力起着至关重要作用的暗示。阐述和评价这些蕴藏的观念在文化批判上是一项核心的诠释职责。尽管只是阐明这众多含义、隐喻和自然概念在公众讨论中的使用，但对可持续性议题的辩论澄清都有极大助益。

威利斯·詹金斯（Willis JENKINS）
耶鲁大学神学院

拓展阅读

Cronon, William. (Ed.). (1996). *Uncommon ground: Rethinking the human place in nature*. New York: W. W. Norton.

Evernden, Neil. (1992). *The social creation of nature*. Baltimore: Johns Hopkins University Press.

Rolston, Holmes, III. (1994). *Conserving natural value*. New York: Columbia University Press.

Worster, Donald. (1994). *Nature's economy: A history of ecological ideas*. Cambridge, U.K.: Cambridge University Press.

关于需要自然

以下截自《保护自然价值》(*Conserving Natural Value*)的段落中,哲学家和环境伦理学家霍姆斯·罗尔斯顿三世道出自然在人类现代生活中的重要性及意义。

美国人唱着《美丽的美利坚》,为紫色山峦的壮丽及大洋延伸至另一闪烁大洋的果树平原的辽阔而欢欣鼓舞。开拓边界的人们一旦征服了荒野,随即爱上了其定居下来的土地。也正如《俄克拉荷马!》音乐剧中所唱,"我们深知我们属于这块地,而我们所属之地是伟大的!"在所有为了生计与日用品而移居城市的人群中,众人真心希望定居"郊区"以更接近乡村,一个没有完全都市化而绿树成荫的地方,一个与篱笆小路、红雀、山茱萸以及野兔为邻的地方。我们珍惜我们的家园山丘、我们的河流、我们的海湾、我们的乡村道路。房产中介用所谓的"设施"来称呼我们的"日用物",但是实际上是自然才融进我们的文化中。我们要求城市有绿带,远眺能见山峦,要公园、海边和河岸、海岬、海角、岛屿、森林,甚至要荒野,包括沙漠、冻原和沼泽,好能探访。多数人都会认同乡间;的确,我们对城市的喜爱往往不如我们对成长乡土情感的浓厚。

来源: Holmes Rolston III. (1994). *Conserving Natural Value*, pp. 9–10. New York: Columbia University Press.

Nature Religions and Animism

自然宗教和泛灵论

自然宗教将宇宙视为一系列存于生物间的相互关系，包含人类和人类之外的非人类生物。奥吉布瓦人的世界观认为即便与石头都能建立关系，所以石头是生物。这是泛灵论的实例。关于人类应改变多少才能让地球得以延续，由于观察者和参与者对自然宗教的不同诠释也就导向了观点的迥异。

"自然宗教"一词意图将一系列无组织的宗教活动加以归类，这些宗教的核心在于颂扬自然或视自然为神圣。这种对自然的强调仅仅有助于分辨其他以神为焦点或以自我为中心的宗教。举例而言，一神论宗教的参与者往往尝试调整自身的生活方式、欲望、希望和憎恶以配合其敬仰之神的好恶。由神衍生出的教条是至高无上的。如新纪元运动，以自我为中心的宗教是自我知识和自我幸福的渐进提升。任何事物都能成为实践者的工具，以助其开发真正的潜力。与这些潮流相比，"自然宗教"有种共同的认知，即人类（团体或个人）附属于更广阔的世界或宇宙背景。这个背景经常界定为共有的或相关的：世界因为众生追求和谐而生机盎然。它要求人们调整自己的生活以期谦恭往来。自然宗教含蓄地，但有时也明确地质疑任何将人类与其他生物分割，甚至人类优于其他生物的观念。一些自然宗教可能主张逆转现代普遍的人类至上现象的观点，甚至坚信人类存在或活动的递减将会造福其他生命。自然宗教最常见的是参与和承担任务，以追求在归属、往来、关系与和谐方面有本土意义的形式。

了解"自然"一词既意义繁多又明亮纯粹极为重要。它可能意味最好情形下的真、美以及真理或许只能在城市外的"那边"、在乡间的荒野才得以寻觅。这通常很浪漫，即使结局是激进的行动主义，因为它需要一套将人类文化和人类之外自然分割的二元分类，并将"荒野"设想为纯朴的生态系统(未受人类干扰)而非形形色色人类活动——如狩猎采集和先前人口的种族灭绝——的后果。"自然"也可作为整个广阔世界或宇宙的参照,通常强调所有生物和群落的价值。这种"自然"包容了人类以及人类的不同栖息地,无论是城市、乡村,是永久还是短暂等等。不过,"宗教"为"自然宗教"带来的贡献之一体现在它神话了地球的呼吁——自然凭其自身就值得我们的崇拜、尊敬、关怀、担责以及可持续关联。自然宗教中道德的当务之急包括限制人类为自身利益独占地球的资源和效用的权利。自然宗教中世界的神圣性不在于将地方、人或行动分离切割或者不等看待。相反,在对人类行动、建设、欲望和扩张上深思熟虑的限制订定中,我们才得以窥见神圣性。一些自然宗教家也许同样会指出,对于其他物种或个体的活动或扩张性也有或应该有其限度。但几乎唯有人类才能如此大规模颠覆世界的动态生态系统,认清了这点,人类在野心或可能性上自我设限的诱因才得以强化。

"自然宗教"是一涵盖性术语——包罗万象,并且也值得大加辩驳和讨论。它能包容多种新颖的、自称为异教传统的德鲁伊教(Druidry)、威卡教(Wicca)以及异教(Heathenry);各种种族重构(挪威、立陶宛、希腊和其他传统);和其他一些折衷性的宗教形式,其主题皆在发展当代尊崇地球的精神实践。它也几乎悉数囊括了原住民宗教。这一词在运用上极具启发性,与偏重超然现实的宗教有分别,不过这不意味如此标示的宗教就带有西方式的"自然"概念或者文化/自然的二元论。

人类该改变行为吗?

值得注意的是,观察者和参与者对"自然"和"自然宗教"的评价大相径庭。近几十年这两个词语同时受到日趋正面的价值断定,但在圣灵和人类两者的权威与中心性上则有对比的反差。宗教历史学家凯瑟琳·阿尔巴尼斯(Catherine Albanese)和环境与社会伦理学家布隆·泰勒(Bron Taylor)对这种游移不定的评价做出出色的探究和讨论。简而言之,那些深信人类处于进化过程顶端或者人类是造物管理者的(不同)观点的人,往往坚持将人类由关注焦点中移开是天真甚或谬误的,世界也不会因为人类习惯的彻底改变而受益。自然宗教家一般对此不以为然,认为人类为自身和世界正迫切需要改变行为。

到底要改变多少?如何实现改变?应优先考虑谁的?这几项议题造成了所谓"深绿"和"浅(或淡)绿"自然宗教学者(与其他人)的分歧。许多人认为最深绿元素(依据泰勒所述)是一种险恶的反人类倾向,他们往往坚持若要生命欣欣向荣,人类的幸福利益不必予以考虑。对某些(极端)生态行动主义者例如"地球优先"的积极分子而言,在需要维系的思考上,世界大多数的非人类生物才是焦点所在。自认为"深绿"的自然宗教体现在人类的仪式和冥想上,意图透过不同于人类的生物角度去思考和行动。一般来说，它们的努力成果不仅降低了人类分离主义的最恶劣影响同时企求其他物种的幸福，毕竟它们的存在可能丰富了人类生命。与此同时，"浅/淡绿"生态学（通常是他人贴上的标签）包含这样一种环境保护主义，其代表对人类生存的确是或可能不可缺少的物种或生态系统。比方说，解救雨林是为了寻找治疗癌症的秘方或是因为其碳汇集和氧制造的角色。暗、深和浅绿的运动和个人从事类似的宗教行为，尤其在仪式和冥想方面，尽管它们在行动主义和公认的政治路线上各持己见。

泛灵论

在这些广泛趋势下，泛灵论一词在学术观察家和自然宗教信仰者间渐受瞩目。它曾被认为与牛津大学第一位人类学教授爱德华·泰勒（Edward Tylor, 1832—1917）提出的宗教理论有关联。在他撰写的两册《原始文化》（*Primitive Culture*）中，泰勒表示宗教意指相信灵魂和精神，并解释这是一种古老但仍普遍的谬误，为若干日常经验做出不实的阐释。一个人假若梦见了死去亲人或眼见遥远地方的生动景象，他们或许以为这显示人的精神能跨越死亡，而灵魂也能脱离肉体从而获得正常感官无法察知之情事。泰勒深信宗教——是灵魂和精神对宇宙生机的误解——在展现人类理性与科技优势的现代科学之前自会逐渐式微。这种泛灵论的理解迅速受到质疑，如今它一般仅以早期人类学的推论实例作为引用。而有关自然宗教和可持续性的讨论，说明有些人对世界构成元素的价值取向更倾向非经验或精神性的理由而不在乎实体存在（任一类

事物）的固有原因。

当泛灵论以另一种使用形态出现，它的重要性才得以彰显。第一，最初有些人借泛灵论一语道出自身的体悟，即世界是由生命组成的群落而人类仅为其中一部分。世界生动活跃了起来，泛灵论有效地归类了诸多型态的自然中心世界观和生活。其二，研究不同原住民的学者与现代自称为生态行动主义者的异教徒也发现这一词语极具价值。他们经常引述伊尔文·哈洛威（Irving Hallowell）的研究工作及其在加拿大中南部贝伦斯河（Berens River）与奥吉布瓦人（Ojibwa）共处的心得。

泛灵论和奥吉布瓦人

奥吉布瓦语的文法在本质上是泛灵论的，无论是无意或仔细斟酌的话语和关系，人们试图在一个不仅包含人类的群落中学习并实践合适而可持续的行事方法。在奥吉布瓦[和所有的阿尔贡金（Algonkian）民族]语言中，有生命物与无生命物在文法上存有不同的表达形式，但雄性、雌性与中性物之间则无差异。当名词指代有生命的人类，则会增添一个词尾，表示无生命物的名词则无。表达有生命人类行动的动词与施加于非生命物的行动动词也有分别。打个比方，约翰·尼克斯（John Nichols）和厄尔·奈洪（Earl Nyholm）两位研究者的报道指出，在明尼苏达州的奥吉布瓦语言中 *asin*（石头）一字的复数形式是 *asiniig*，将石头归类为文法上的有生命物。从而产生疑问，这是否仅仅为文法上的特异（有些类似法文中将桌子归类为雌性）？奥吉布瓦人是否认为文法上有生

命的石头等同于有生命的人？他们难道对石头说话，或者在行为上以不同方式揭示其与石头建立或维系关系的意愿？伊尔文·哈洛威曾询问一个奥吉布瓦老人，"我们所见周遭的石头是否都是活的？"老人回答道："不！但有些是"（1960，24）。他曾在一个围绕帐篷的萨满仪式中，目睹一块石头跟随吟唱的主导人后面。传说另一位极有权力的主导人有块大石头，每当他在石头上敲三下，石头便会开启以便其取出一小包草药为仪式之用。有人告诉哈洛威，曾经有个白人商贩在挖掘土豆田时找到一块看似过去极为重要的石头。他找来了另一个仪式的主导人，让他跪下来与石头对话，问石头是否来自别人的仪式帐篷。据说石头否认了。能活动、馈赠礼物以及对话是产生关系的生物或人（person）生命本质的三个指标。

哈洛威强调，石头根据自身意志行事并非关键所在（尽管这个声明极不寻常），重点是其在关系上的介入。就奥吉布瓦人而言，有意思的问题事实上不在于"我们如何知道石头是活的？"反而是"如何才是人类（或任何物种）互相联系的适切方法？"这点不仅对于人类（humans），甚至于石头、树木、动物、鸟、鱼和所有可被认为是人（person）的生物都再真切不过。人透过特有方式与其他人产生关系而为人。其行动上的亲密、意愿或恭敬与否可能程度不一。敌意既然属于关系的一种，他们也会做出咄咄逼人的行为。唯有当生物能与他者连成关系时才能归类为"人"。与这点

截然不同却极为有趣的是大多数欧洲衍生文化中的本体论理解，亦即做人乃是基于内在的本质，是个别人类的一种自我意识。泛灵论对当前思想和惯例中有关人类与世界的主流信念形成挑战。如果说泛灵论者寻求的，是在构成他们本土、地区和全球环境（"自然"的诸种意义）的众多关系中做一个懂得尊重的参与者，他们当然有义务关照人类和人类之外邻居的需要。

泛灵论者坚持的理念是，世界的构成有异于一神宗教理论中所述。根据其见解和论据中有关人类与所有生物间的联系与依赖关系，它质疑现代科学的失职，指其未能严肃看待这些见解与证据。以宗教的术语而言，人类是世界的共同创造者。用较科学的方式表述，我们是当前进化过程的组成部分。在这两个领域中，我们对世界持有的愿景都不能安逸而浪漫。人类以及所有物种皆有义务关照他者的需要，不能在不受罚或无系统性惩罚的情况下傲慢地为一己之利行动。亲缘和共同进化的关系敦促我们停止进行仅为人类私利的实验（实验室中或广大世界里）——更遑论只造福少数人类的实验了。正如期待未来50万年中的每一个人能完美地保护世界使其免受放射性废料之害是有悖道德的，仅为一代人微不足道的利益延续极端的消费形态而危害个人或群体也有悖道德。

在诸多泛灵论的原住民群落中（我们必须意识到它们是由多种共同和相竞争的、特定

和多样化的、紧密程度相异的物种间关系所构成），熟练的专家能在需要时解决难题。不牺牲其他动植物生命，人类将无法生存，更别提繁荣茁壮，倘若要这些生物如人类般受尊重，对它们施加暴力时就必须（1）个别对待，且（2）谨慎减轻暴力。在人类和这些其必然会伤害有时也施加侮辱（例如随意或轻易地加害）的生物间交涉的人们，我们称为"萨满祭司"（shamans）。这一词衍生自西伯利亚的文化族群，通常应用于世界上不少的冥想高手（尽管使用上亦需谨慎）身上。

自然宗教和可持续性

　　自然宗教信仰者，特别是泛灵论者，多半认为现阶段的人类消费无法持久。他们可能进一步主张这样的观点，任何形态的消费都应顾及其他人类和非人类的价值与需要，包括当前和未来世代。对这群人而言，可持续性便是以崇敬之心和负责之态度以建立合适的关系。尽管有些自然宗教信仰者认为人类可有可无，世界少了人类也许更美好，但绝大多数仍坚信人类是生命群体中的必要参与者。后人类世界可能归因于大规模的毁灭，形成对其他生命的严重打击，然而这世界绝不可能因人种断绝而受惠。朝泛灵论意识的彻底调整可能是一盏引路灯，提醒人类自身是这个关系紧密世界中的主要参加者，并迅速断绝人类的傲慢虚伪与分离论调和随之而来的过度消费与污染。众多环境教育者和活动分子察觉到萨满祭司的仪式和冥想策略极具价值，它们将人们重新导向一种神圣物质世界，在这世界中礼物经济[互惠的特殊日常仪式，正如罗纳德·格莱姆斯（Ronald L. Grimes）令人心动的鼓吹]之于全体生命，将有望成为真正的可持续。

葛兰姆·哈维（Graham HARVEY）
开放大学

拓展阅读

Albanese, Catherine L. (1990). *Nature religion in America: From the Algonkian Indians to the New Age*. Chicago: University of Chicago Press.

Grimes, Ronald L. (2002). Performance as currency in the deep world's gift economy: An incantatory riff for a global medicine show. *ISLE: Interdisciplinary Studies in Literature and Environment*, 9(1), 149–164.

Hallowell, A. Irving. (1960). Ojibwa ontology, behavior, and world view. In S. Diamond (Ed.), *Culture in history: Essays in honor of Paul Radin* (pp. 19–52). New York: Columbia University Press. Reprinted in Harvey, Graham. (Ed.). (2002). *Readings in indigenous religions* (pp. 18–49). London: Continuum.

Harvey, Graham. (Ed.). (2003). *Shamanism: A reader*. London: Routledge.

Harvey, Graham. (2005). *Animism: Respecting the living world*. New York: Columbia University Press.

Nichols, John D., & Nyholm, Earl. (1995). *A concise dictionary of Minnesota Ojibwe*. Minneapolis: University of Minnesota Press.

Plumwood, Val. (2002). *Environmental culture: The ecological crisis of reason*. London: Routledge.

Taylor, Bron. (Forthcoming). *Dark green religion*. Berkeley: University of California Press.

Tylor, Edward B. (1871, 1913). *Primitive culture* (Vols. 1–2). London: John Murray.

何谓宗教自然主义？

宗教自然主义，不同于自然宗教，它企图开拓现代科学对世界认识的精神性——以及对自然的核心理解。因此它不是在改造旧传统（如一些新异教传统），是脱胎自宇宙学、进化论，甚而神经科学一类科学的新精神性理解。例子可参考唐纳德·克罗斯比（Donald A. Crosby）的《一种自然的宗教》[*A Religion of Nature*（SUNY 2002）]或是乌苏拉·古德纳夫（Ursula Goodenough）的《自然的灵性深处》[*The Sacred Depths of Nature*（Oxford 1998）]。

惠特尼·鲍曼（Whitney BAUMAN）

New Age Spirituality

新纪元精神

尽管新纪元和可持续性代表两种不同运动，两者间却有着不可忽略的重叠。它们皆有强烈的未来取向，对人类的本性与潜力也有大体正面的评价。然而并非所有新纪元运动的追随者都关心环境可持续性，他们坚持的若干信念甚至可能羁绊了在社会可持续性和经济可持续性两方面的发展。

新纪元运动是一连串松散相关的实践、价值观和信仰，于20世纪60、70年代开始在英国和美国汇聚成型，并于随后几十年间继续流传。词语本身揭示了众多信徒的信念，即人类进化的新时代即将到来或已悄然开始。实践者各有不同追求，但多数对健康、灵性和自我探索怀有兴趣，也重视起源于"传统"（一般是非西方）宗教或私人机构而非宗教权威的知识与修行实践。有些派别对科学，特别是量子力学显示浓厚兴趣。众多新纪元圈中极具影响力的作者——包含了费杰夫·卡普拉（Fritjof Capra），肯·维尔伯（Ken Wilber）和戴维·玻姆（David Bohm）——在科学和精神性的关系上都有广泛的论述。

尽管新纪元和可持续运动有所不同，在参与人员和理念的层面上两者重叠较多。举例说明，除卡普拉，著名人士如戴维·铃木（David Suzuki）、埃克哈特·托利（Eckhart Tolle）、布莱恩·史维姆（Brian Swimme）、保罗·霍肯（Paul Hawken）和汤姆斯·伯利（Thomas Berry）对两个领域的追随者都有举足轻重的影响力。然而，有鉴于被冠上"新纪元"名称的行为、理念与实践不胜枚举，其和可持续性之间也就不存在单纯直接的相关性。更贴切的说法是，两者间有接续点也有中断处，揭露出一种乐观却明显模拟两可的传统。

在环境可持续性方面，一些新纪元的派别提倡环境行动主义，并强调全盘性思考、与自然的和谐以及 "威力点"（power spots）如英国的格拉斯顿伯里（Glastonbury）和美国的沙士达山（Mt. Shasta）的精神重要性，与地球是个活有机体的主张一样（称为盖亚理论），这一类关注赋予运动的部分环节明显的"地球"基调。的确，新纪元的观点鼓舞了绿色和平（Greenpeace）之类的激进组织以及不少公开的地球友好的耕种或园艺团体，包括田纳西州的农场（The Farm）、苏格兰的芬德霍恩生态村（findhorn）和弗吉尼亚州的佩兰德拉（Perelandra）农场。其他在社会层面较不活跃的派别则对于环境问题之外的上师、通灵和疗法注入更多心血，在行为和道德规范上他们可能对环境的可持续性毫不关心。可见有些新纪元派别明显认真地考量环境可持续性，其他则宁愿将他们的精神能量集中于别处。

在社会可持续性方面，新纪元运动同样也态度暧昧。就整体特性而言，它带有个人主义趋势，提倡对个体真理而非社群价值的探索。再者，基于运动本身明显的白人中产阶级性质，它极少聚焦种族和阶级不平等一类问题的解决。新纪元的流行理念诸如吸引定律（Law of Attraction），宣称人们的思维能主宰自身的现实，能削弱造成不公正状况的系统性和结构性力量，从而认定受害者才是问题的症结所在。新纪元这种对负面现实的否认倾向（除非情况被视为有助于灵性提升）似乎叫人怀疑它是否有能力应付世上的社会问题。暂且撇开这些缺点，相当一部分新纪元运动辞令侧重推动积极的社会改变。举例说，《宝瓶同谋》（The Aquarian conspiracy 1980），这本一般被视为新纪元信仰的精髓陈述，所表达的中心寓意是，对人类潜能的衍生见解能促成彻底而有利的社会变革。新纪元对积极思维力量的强调因而有助于推动社会可持续性的努力，但也可能成为重要绊脚石。

新纪元运动在经济可持续性方面也同样模棱两可。诸多批评都指责其为肤浅的消费者现象，认为它的个人主义和一厢情愿地将其他文化的灵性资源据为己有，使得新纪元运动成为破坏性资本主义的使者（即使是披着因果报应的外衣）。相对地，这项运动的适销性——其形成了所谓"健康和可持续的生活方式"营销部门的骨干——至少为其凝聚了一定的经济影响力。当众多新纪元运动追随者都偏好环保产品时，他们也许处于有利地位，能透过皮夹子的力量推动可持续性的发展。

一些新纪元运动的理念因此相互交错同时也滋养着进行中的可持续性对话。基于两者强烈的未来导向以及对人性与人类潜能大致的正面评估，如此的密切关系并不令人讶异。若是两者间无全面交集也不足为奇：如同绝大多数的社会运动，新纪元也不均一，同时朝多个方向移动演变，于同样游移不定的可持续性道路之间，两者时而疏远，时而趋近。

罗宾·格罗布斯（Robin GLOBUS）
佛罗里达大学

拓展阅读

Bloom, William. (Ed.). (2000). *Holistic revolution: The essential New Age reader*. London: Allen Lane.

Ferguson, Marilyn. (1980). *The Aquarian conspiracy: Personal and social transformation in our time*. New York: G. P. Putnam's Sons.

Heelas, Paul. (1996). *The New Age movement: The celebration of the self and the sacralization of modernity*. Oxford, U.K.: Blackwell.

Pike, Sarah M. (2004). *New Age and neopagan religions in America*. New York: Columbia University Press.

York, Michael. (2005). New Age. In B. R. Taylor (Ed.), *The encyclopedia of religion and nature* (pp. 1193–1197). London & New York: Thoemmes Continuum.

我们这时代的危机，如今益发明显，是当前进化过程的必然原动力。一旦我们认清了自然的变革力量，我们将明白自然是我们强大的盟友，我们无须惧怕也不必予以征服。我们面临的问题也是我们的机会。

玛丽琳·佛格森（Marilyn FERGUSON）

来源：Marilyn Ferguson.(1980). *The Aquarian Conspiracy: Personal and Social Transformation in Our Time*, p. 25. New York: G.P. Putnam's Sons.

Nonprofit Organizations, Environmental

非营利环境组织

绝大多数的非营利组织都发展于20世纪60年代。如今它们的数目数以万计——或者更多——非营利组织的工作重点不仅是生态，也涵盖健康、宗教和社会正义等各个层面。它们的使命基本不变：提升对环境现状的意识；或游说政府付诸变革；或致力维护环境。

20世纪60年代之前，唯一存在的较大型非营利组织是塞拉俱乐部（Sierra Club，创立于1892年）。自20世纪60年代的环保运动以来，个人与团体由大体为草根阶层的组织起步，组成了上千个免缴税、不以营利为目的的机构。这些团体以非营利形态组织具有特定主题（例如水污染）的讨论会、游说政府部门或直接以行动境（例如清洁整治河川）维护环境。

以全国环境保护为使命的美国非营利组织包括美国自然资源保护委员会（National Resources Defense Council）、美国人道协会（Humane Society of the United States）、塞拉俱乐部和国家野生动物联盟（National Wildlife Federation）等强大组织。也存在地方性的非营利组织；有致力于特定目标诸如以健康为目标的非营利组织——环境健康联盟（Environmental Health Coalition）此类的非营利组织。同时也有以州和城市为基础的非营利环境组织。换而言之，非营利组织已经深入公民生活的各个阶层。

非营利环境组织的最新加入者是那些处理因性别、种族或经济因素致使特定群体遭受压迫的组织，其中包括女性地球联盟（Women's Earth Alliance）、多样性与环境中心（Center for Diversity and the Environment）以及绿带运动（Green Belt Movement）。除此之外，新成立的非营利组织因应环境顾虑而协助贫困和低收入群体竭力开创绿色就业。这些混合型的非营利组织结合了社会正义和环境两个议题。它们有时被称为生态正义组织。其中之一的全民绿色组织（Green for All）在全国倡议针对贫困人士的绿色培训项目和就业，企图在替代能源的使用转换上助以一臂之力。

根据非营利组织自然资本研究所（Natural Capital Institute）的创始人保罗·霍肯（Paul Hawken），非营利组织的数目在今天已经超过3万而且还在继续增长中。如果再计入面向环境议题的本土住民与社会正义组织，这一数字将达10万以上。自然资本研究所决定对这些组织及其成长进行追踪，建立一个开源软件的数据库，以利国际社会对环境非营利组织及其支持者的搜寻，并提供与其对话的机会。它完全受社区驱动（与维基百科极其类似），称为聪明的地球（WISEREarth），名称取自世界社会与环境责任指数（World Index of Social and Environmental Responsibility）的缩写。WISEREarth是这类以非营利环境组织为分类的数据库先驱，涵盖了44项主要类别和数百项较细的分类。农业与耕种、商业与经济、全球气候变化以及可持续性发展与水源皆是44项主要类别的部分内容。对所有环境非营利组织的起源与发展提供讯息追踪仅为数据库的部分使命。另一目标是构建一个沟通平台，让非营利组织分享各自的最有效实践和关注点并协调合作。

环境运动的最新团体则数环境性宗教非营利组织。况且它们在成员数目上扩张迅速。早在20世纪70年代已有不少个人以写作和教育来敦促宗教对环境问题的关注，但实质的进步直到80年代后宗教性非营利环境组织的形成才出现。非营利组织于90年代在美国如雨后春笋般崛起，例如宗教与生态论坛（Forum on Religion and Ecology）、福音派环境运动（Evangelical Environmental Movement）、弗洛瑞斯塔（Floresta）、国家宗教环境互助会（National Religious Partnership for the Environment）、宗教森林保护运动（Religious Campaign for Forest Conservation）、圣公会力量与光明（Episcopal Power and Light）、环境和犹太人生活联盟（Coalition on the Environment and Jewish Life）以及地球部（Earth Ministry）。全球各地崛起的非营利组织则包括了中国的安徽绿满江淮环境发展中心（Green An Hui）、英国的世界农场动物福利协会（Compassion in World Farming）以及印度的九种基金会（Navdanya）。

接下来的10年间，更多宗教性非营利环境组织纷纷成型，有绿色穆斯林（Green Muslims）、全国教会理事会生态正义工作组（National Council of Churches Ecojustice Group）以及绿色瑜伽协会（Green Yoga Association）。再生项目（The Regeneration Project）所获得的巨大成果凸显了宗教团体对环境信息和实践的快速响应。项目开展于旧金山，最初称为圣公会能与光（Episcopal Power and Light），之后变身为跨信仰能与光（Interfaith Power and Light），现今与超过28个州域进行项目合作，在美国、加拿大和欧洲，它所代表的会众、寺庙、犹太教堂和清真寺的数目达2千以上。随着我们着手应对全球的气候变化，这些源于宗教的非营利环境组织无疑将于未来几年内茁壮发展。

艾琳·M. 哈林顿（Eileen M. HARRINGTON）
旧金山大学

拓展阅读

Bingham, Sally G. (Ed.). (2009). *Love God, heal Earth: 21 leading religious voices speak out on our sacred duty to protect the environment*. Pittsburgh, PA: St. Lynn's Press.

Hawken, Paul. (2007). *Blessed unrest: How the largest movement in the world came into being and why no one saw it coming*. New York: Viking Penguin.

Jones, Van. (2008). *The green collar economy: How one solution can fix our two biggest problems*. New York: Harper Collins.

Lorentzen, Lois. (2000, November-December). Paradise Paved. *Sojourners, 29*(6), 28. Retrieved April 9, 2009, from http://www.sojo.net/index.cfm?action=magazine.article&issue=soj0011&article=00112.

Nonviolence

非暴力

在诸多哲学和文化的传统中可持续性与非暴力的观念具有相通性。实际上,非暴力的实践可谓是通往可持续性的道路。尽管我们一般认为这种相互关系可溯至印度的政治和精神领袖莫罕达斯·甘地,同样的例子在更早期世纪却已有迹可循。

印度的社会行动者莫罕达斯·甘地最常被引述的,无非是其前所未有的、坚持唯有通过非暴力才能导向可持续性的信念。甘地倡议以积极、非暴力的抵制来还击殖民地压迫,他称之为不合作主义(satyagrahi)。此词也经常译为非暴力的力量,意指非暴力的抵抗是积极的。正如字面意思,他解释说:"satya(真理)出自 sat,是'成为','存在'的意思。"(Gandhi 1996,36)Satyagrahi 就是一个锻炼以积极、非暴力方式抵抗的人,他凭靠的是"真实—力量"或"精神—力量"因为"……人缺乏认识绝对真理的能力,所以也无法胜任惩罚的工作"(Gandhi 1996,50—51)。既然人的理解经常支离零散,我们就有必要以非暴力方式行动。我们是真理的觅求者,并非无所不晓,人类以其所处位置将永远无法得知暴力是否正当。对于甘地,Ahimsa 意谓针对一切生物的心灵与身体,甚至——如其强调——昆虫的完全非暴力。

甘地于1917年6月17日在邻近阿麦达巴市(Ahmedabad)一手打造了精神社区萨巴马蒂静修院(Sabarmati Ashram),堪称今日所谓可持续生活方式的典范。他在当地教导的原则之一便是避免浪费的重要性。甘地曾因信徒为取得楝树上三片叶子折断整根树枝予以谴责。甘地说道:"这是暴力。我们应该拔取所需数目的叶子并向这棵树表示歉意。你却折断了整条树枝,这是浪费而失当的。"(Lal 2000,204)

甘地受到多种传统浸染,印度教是其中之一。比什诺伊人(Bishnois)信仰,一个以印度西北地区拉贾斯坦沙漠为基地的印度教宗派,经常被认为其实践了可持续生活方式。一个名为马哈拉吉·占巴吉(Maharaj Jambaji)的宗师在15世纪末创立了这一教派。他提倡29个原则(比什诺伊意思是 "29"),包括全面禁止砍伐苍翠树木。这些戒律不仅反映了宗教愿望,也是维系脆弱的生态系统的健康的实用原则。

将可持续性与非暴力衔接的启示在历史上不胜枚举——佛教、印度北部的契普克(抱树)运动、以印度为本营的自我就业妇女协会(Self Employed Women's Association, SEWA)以及利益众生运动在斯里兰卡广泛的发展组织,这些仅是少数例子。

部分归因于这些先驱者的启迪,同时也受到当前全球变暖和物种灭绝之类迫切议题的激发,如今很多绿色组织将可持续性的目标与非暴力的实践相结合。值得一提的是2001年4月在澳洲堪培拉举行的全球绿色会议(Global Greens Conference),来自全球的绿色运动对一份涵盖6项基本原则的宪章做出承诺:生态智慧、社会正义、参与式民主、非暴力、可持续性以及对多样性的尊重。可持续性上的承诺包含了富人的节制消费以使全体人类共享世界资源、注重生活质量而非物质数量的多寡、经济转型的刻不容缓,在新经济中 "……生产消费商品以及服务的环境成本才能完全反映在市场价格中。" (Charter of the Global Greens 2001)

不论是甘地或当前的绿色人士,还有全球为可持续地球发展贡献心力的各式各样的组织,他们的主旋律之一都在于以一种多样但全盘的方式理解可持续性。可持续性涵盖了科学与生态两方面的智慧、以生活质量为展望的经济以及性别、种族和本土住民议题的各个层面。正如甘地主张非暴力的必要是因为人非神,现代的绿色行动分子也往往坚持认为,这些致力于共同目标的多元团体之需,是将基于有意识的非暴力合作为基础的更加呈现水平分布的权力结构来取代目前暴力多发的垂直权力结构。

迪恩·克亭(Deane CURTIN)
古斯塔夫阿道尔夫学院

拓展阅读

Charter of the Global Greens Canberra 2001. (2001). Retrieved March 2, 2009, from http://www.global.greens. org.au/Charter2001.pdf.

Curtin, Deane. (1999). *Chinnagounder's challenge: The questions of ecological citizenship.* Bloomington: Indiana University Press.

Gaard, G. (1998). *Ecological politics.* Philadelphia: Temple University Press.

Gandhi, Mohandas. (1996). *Selected political writings* (D. Dalton, Ed.). Indianapolis, IN: Hackett Publishing.

Lal, Vinay. (2000). Too deep for deep ecology: Gandhi and the ecological vision of life. In Christopher. K. Chapple & Mary Evelyn Tucker (Eds.), *Hinduism and ecology: The intersection of earth, sky, and water* (pp. 183–212). Cambridge, MA: Harvard University Press.

我们应该像对待自己一般对待自然。我们不该伤害自己；我们不该伤害自然。伤害自然就是伤害自己，反之亦然。

一行禅师

来源：Thich Nhat Hanh. (1988). The Individual, Society, and Nature, p.41. In Fred Eppsteiner(Ed.), *The Path of Compassion: Writings on Socially Engaged Buddhism. Berkeley*, CA: Parallax Press.

Order and Harmony

秩序与和谐

　　自古以来的西方思想素有一种观念预设，相信自然界有其内在的秩序和平衡。达尔文通过他的进化论对这个观念提出质疑，促使进化论者将征服自然视为道德要务。近期思想所得的结论认为，生态系统看似无序的相互依存网必须加以维护才能保存全球生物圈的完善。

　　一种渗透着西方哲学与文化传统的观念认为自然界有其内在的秩序和平衡。这一见解的基础假设是物体、有机体或物种各具基本天性并以有序相依的关系和谐共存。于古希腊人，且根据不少古典思想，这份秩序与平衡隐含在现实的结构中。后来的基督教神学框架将这些认知融入他们对神的教条与旨意的看法中。两方的核心观念都认为尽管自然界看来随机紊乱却呈现一种根本的不变秩序和良性和谐，这是生存其中的人类应该尊重与遵循的。任何对这根本秩序和平衡的干扰都会引发纷乱、暴力、疾病和抗争。

　　达尔文的进化论通过理论上指出一个

人如何能够有设计而无须设计者挑战了这种永恒自然秩序与良性平衡的古老观念。进化论认为我们在自然界所见的任何平衡或秩序无不是求生存前提下的剧烈、无休止且混乱的挣扎后果，这一过程中物种既未定型亦不恒久且不断变异使自身更具竞争优势以在生存之战中胜出。因此，即便过去人类世代认为自然界体现的是种永恒、有益的秩序而人类行动应力求与之协调，但根据进化论的新阐释，自然受制于一股混沌的动力，就提供人类道德秩序的根基而言其毫无助益。这点引起许多人，包括杰出的达尔文进化论者托马斯·亨利·赫胥黎（T. H. Huxley）的主张，他指出人类的道德行为不在遵从自然，反该积极与之抗争。的确，在《天演论》（*Ethics and Evolution*）中，赫胥黎认为科技与工业对自然的转变、改造以及人类对自然的占有几近成为一种道德要务。

　　当今这一时代，人类的科技成果如此斐然，许多人暗示这不单对非人自然界的长期健全构成威胁，人类世界也可能难逃灾难。事实上，众多生态学家与环境学者认为，面对环境污染以及我们自身的资源渴求，人类对环境造成的冲击规模已经达到令生物圈濒临崩溃的程度。相较于19世纪后期到20世纪中期的普遍共识，当时普遍认为环境充其量是自然物种与有机体互相争夺优势的中性活动场地，近期生态科学的理论和实证见解——包含动态平衡和营养动力学之类理论——主张生态系统中的不同元件与因素，生物性或非生物性，其相互依赖和牵缠交织的生态关系远较先前的理解更为密切。在许多情况下，这一关系网确保生态群落中一定程度的稳定与均衡。再者，生态系统本身并非自我关闭的孤立系统，它们与其他生态系统以及整个地球的生物体系同处在相互依存的关系网中。然而，尽管这些相互依存的网络为生态系统提供一种稳健的安定和均衡，但生态学家警告这并非永恒不变。大量生成的温室气体和其他形态的污染、人类工业活动与资源需求共同造成的生态多样性消失皆会导致这些系统的瓦解，形成极为严峻的生态与环境危机，使人类生存岌岌可危。这一切促使许多人提出告诫，要人类抑制对自然环境的索求并多关注整体自然界的健全和存续。

生态学家丹尼尔·波特金（Daniel K. Botkin），近来在他的著作《不调和的和谐与不属于任何人的花园》（*Discordant Harmonies and No Man's Garden*）中指责生态学的主流范式，依照他的阐释，主流范式即生态系统是个稳定、封闭且内在调整的系统。波特金认为这一观点以及众多环境学家对观点的全心信赖，在本质上启发于且源自西方有关自然秩序和平衡的古老"迷思"。他进一步假设生态学中崛起的新典范是，生态系统其实要开放得多而且处于永无休止的颠覆性变动状态。无论如何，波特金本人也受到不少生态学者的非议，例如布莱恩·切克（Brian Czech），批评他基本上将生态学的主流认同视为假想敌，也质疑波特将观点呈现为一种针对20世纪90年代以来便广受认同的典范观念的极端新考验。

然而，这些生态学争论中似乎绝大部分都重点强调差异而非实质的意见分歧。倘若一方选择关注生态过程中较动态的层面而另一方强调它的稳定特质，两方其实都不否认它们同为生态系统的根本特征。如此看来，自然的新形象应该同时结合并接受动态与安定、混沌与秩序。这既不是古典希腊与基督教思想中自然的恒久规律，亦非19世纪进化理论中动态混乱的原子秩序。与日俱增的是，人类好似陷在依赖自然和强力互动所交织成的更大网中，以至于如环境危机所示我们却不知道自己正处于危险中。

T. R. 寇佛（T. R. KOVER）

天主教鲁汶大学

拓展阅读

Botkin, Daniel. (1992). *Discordant harmonies: A new ecology for the twentyfirst century*. New York: Oxford University Press.

Botkin, Daniel. (2001). *No man's garden: Thoreau and a new vision for civilization and nature.* Washington, DC: Island Press.

Czech, Brian. (2001). Straw men in "No Man's Garden." *BioScience, 51*(3), 250–255.

Glacken, Clarence J. (1967). *Traces on the Rhodian shore: Nature and culture in Western thought from ancient times to the end of the eighteenth century.* Berkeley: University of California Press.

Huxley, Thomas Henry. (1902). *Evolution and ethics: And other essays.* New York: D. Appleton and Company.

Irvine, William. (1963). *Apes, angels and Victorians: The story of Darwin, Huxley and evolution.* New York: McGraw-Hill.

Lovejoy, Arthur Oncken. (1964). *The great chain of being: The study of a history of an idea* (30th ed.). Cambridge, MA: Harvard University Press.

Worster, Donald. (1994). *Nature's economy: A history of ecological ideas* (2nd ed.). New York and Cambridge, U.K.: Cambridge University Press.

Paganism and Neopaganism

异教和新异教

异教和新异教涵盖了颂扬与崇拜自然的当代灵性修行和宗教。异教徒敬重其自身与自然以及一切地球生命间的神圣关系。这种以地球为本的灵性原则孕育了其可持续的生活方式,也为可持续性伦理的讨论与表述奠定了基础

异教或新异教①信仰通常用于形容现代一系列以世界为根据且赞颂自然的灵性修行和宗教。在可持续性的语境中需要回应两个问题:其一,异教信仰如何支持可持续性? 其

二,异教徒在可持续生活方式的实践上达到何种程度?

关于如何定义异教和异教在多少程度上属于自然宗教的争议从未间断。这篇文章将异教与众多同样赞美自然,纪念或庆祝生死过程、季节变迁和月亮循环的灵修归纳在一起。

现代的异教信仰有多种形态,最普遍的便是巫术崇拜、最初的威卡教(Wicca)传统、德鲁伊教(Druidry)和折中的异教信仰。较少见的形态有女神灵性(Godess spirituality)、阿

---

① 译者注:Paganism:具体而言,原来指的是中世纪的边缘信仰或者说前基督教信仰,例如北支日耳曼信奉的至高神奥丁神或者女巫行萨满术这种古老的信仰,这些信仰亦可见于西伯利亚和北美诸民族。文中所说的德鲁伊教历史可以从克尔特人专职祭祀德鲁伊说起。德鲁伊是主持祭祀仪式的祭司,其权势非常大,因而这一时期的克尔特人的宗教可以称为"古德鲁伊教"。这些德鲁伊主献祭,司占卜,施咒术,祛病禳厄。古德鲁伊教在提比略秉政期间(14—37)被取缔。在不列颠地区,古德鲁伊教在基督教传入后渐趋衰落。因而,可以说,这些边缘信仰在基督教化后被天主教和基督教新教的宗教裁判所判为异端。不过,这些古老信仰尚有遗存,随时代发展,出现了Neopaganism(新异教),有了新兴宗教的形态,例如新德鲁伊教(Neo-Druidism or Neo-Druidry)。综上所述,对于Paganism的译法就会存在分歧,有些学者认为译为异教,此译法比较常见。有些译者则认为这种译法是用基督教的视角将非基督教徒视为"异教徒"。如果明确界定,以基督教语体系异教则是指基督教之外的宗教信仰,因此包括伊斯兰教、佛教等其他非基督教的世界宗教。而文章中的Paganism指的主要是前基督教的古老信仰,具有地方性色彩的古老信仰遗存,实际并不包括伊斯兰教、佛教这些宗教,故而很多学者或译者认为应该将Paganism译为"胚根教",这样比译为"异教"更贴切,那么Neopaganism则译为新胚根教而不译为新异教,但该译法还未正式被采用过。出于综合考虑,译者还是采用了传统的译法Paganism(异教)Neopaganism(新异教)。

萨神族信仰（Ásatrú）[①]（挪威胚根教）、萨满教（Shamanism）以及重建主义（Reconstructionist）传统。异教徒一般为多神论者并崇拜无所不在的神祇（物质世界固有的或依附其间的诸神），坚信地球的神圣而且信奉"万物皆有生命"的泛灵论信仰。

可持续性伦理

异教信仰对自然的礼赞为可持续性伦理的扎根提供了沃土。理论的研讨直到近年才开始，也许因为异教以修行而非信仰起家。不过，一些异教提出了一种伦理，内容研讨的细节和影响虽各有千秋，它们的共同基调却都在于关系。

由英国科学家詹姆斯·洛夫洛克（James Lovelock）提出的科学主张，即地球是个单独有机体的盖亚理论，很早就对异教伦理起了作用，最初通过奥伯伦·瑞文哈特（Oberon Zell-Ravenheart 1971）传播，随后经由极具影响力的英国威卡教徒如多琳·魏连德（Doreen Valiente）以及斯图尔·法拉和珍妮特·法拉（Stuart & Janet Farrar）得以发展。瑞文哈特于1962年创立了世界异教教会（Pagan Church of All Worlds）。多琳·魏连德对早期英国的传统威卡教有深远影响，而斯图尔和珍妮特法拉为同一信仰撰写了多本广为流传的著作。较近时期，追求与人类之外生物之间尊重关系的泛灵论信仰也重新受到重视：艾玛·瑞斯多欧（Emma Restall-Orr）的德鲁伊教关系伦理、道格拉斯·爱奇（Doglas Ezzy）与地方之间的"亲密关系"、汤姆·范杜伦（Thom Van Dooren）的"神圣群落"（Sacred community, de Angeles, Restall Drr & Van Dooren 2005）以及斯塔霍克（Starhawk）以体系为基础的模式无不强调这个原则。

尽管深层生态学和生态女性主义影响深远，但其他的理论视角也颇有收获：女权主义理论家卡洛·克里斯特（Carol Christ）求助于过程哲学，其承认"所有生物相互接连于生命网络中"（Christ 2003）；希薇·萧（Sylvie Shaw 2004）通过生态心理学来理解自然的精神力量；斯塔霍克逐渐借用朴门永续设计（permaculture principles）原则学习设计能模拟自然体系的人类系统。生物区域主义（Bioregionalism）是另一股重要的影响力：查斯·克里夫顿（Chas Clifton）强调异教徒必须"认识自己处于地球的位置"（1998），而生物区域泛灵论（bioregional animism）——人的宗教和文化起源关系到土地或生物区——就从位于美国和加拿大西北部的卡斯卡迪亚（Cascadia）生物区域发展成一项全球运动。

异教信仰中普遍且一致的可持续伦理则以神圣关系为根据，至于如何维系这种关系仍有待厘清。

正在进行可持续实践？

对异教徒生活方式的深入研究并未得出定论：尽管瑞吉娜·史密斯·奥博勒（Regina

---

① 译者注：Ásatrú是由关于北欧Ása神明和trú（意为"忠诚"或"信仰"）构成的。因此，Ásatrú意为"阿萨神族的宗教"，信奉阿萨神族（Aesir）或译为阿瑟神族。阿萨神族和伐娜司神族（Vanir）都是挪威神话中的神族。阿萨神族和伐娜司神族曾鏖战。阿萨神族宗教的小团体信徒如今遍及了斯堪的纳维亚和北美洲。参见晓虹主编：《北欧神话故事》。

Smith Oboler)于 2004 年的调查显示美国异教徒的可持续行为高于平均水平,但这一结论因其他因素而无法令人信服。芭芭拉·戴维(Barbara Davy)认为异教徒中仅有少部分人在环境方面表现积极,这一结果并不令人意外:跟大多数人一样,异教徒也尽其所能履行其道德原则但往往力不从心。不过异教的文化历史在某些层面上可能与可持续伦理相抵触。一些人声称,隐微论(esotericism)鼓励异教徒将“自然理解为一种象征”而不求亲身体验的做法可能形成矛盾(Davy 2007)。斯塔霍克则断定,异教信仰倡导可持续生活方式的潜力有赖其扎根于“真实的地球上,而不仅在于我们的抽象意念之中”(Starhawk 2005)。

这样一种脚踏实地的精神性萌发自体验认知。真正的关系有待时间培养也需要细心观察,因此斯塔霍克的“地球积极行动者训练”(Earth Activist Training)融合了永续设计课程以及以地球为本的精神性。艾德里安·哈里斯(Adrian Harris)的神圣生态学(Sacred Ecology)强调了直觉的体知,苏珊·格林伍德(Susan Greenwood)则注意到“连接的一体感”(2005)能通过舞蹈或打鼓自然生成。哈里斯随后指认出更多此类的“连接过程”,包含出神状态、仪式以及生态心理学中的荒野效应理论(2008)。

异教原则尽管极力支持可持续的生活方式,教条的内在丰富潜力并未总能在实践上如期发挥。无论如何,异教徒在可持续性伦理的开展上日益加入行动,以探究其灵修如何最能启发可持续的行为。

艾德里安·哈里斯(Adrian HARRIS)
信仰、灵性与社会改革项目

拓展阅读

Christ, Carol P. (2003). *She who changes: Re-imagining the divine in the world.* New York: Palgrave.

Clifton, Chas S. (1998). Nature religion for real. Retrieved August 5, 2008, from http://www.chasclifton.com/papers/forreal.html.

Davy, Barbara J. (2007). *Introduction to Pagan studies.* Lanham, MD: AltaMira Press.

de Angeles, Ly; Restall-Orr, Emma; & Van Dooren, Thom (Eds.). (2005). *Pagan visions for a sustainable future.* Woodbury, MN: Llewellyn Publications.

Ezzy, Douglas. (2005). I am the mountain walking: wombats in the greenwood. In, Ly de Angeles, Emma Restall-Orr, and Thom Van Dooren, *Pagan visions for a sustainable future.* Woodbury, MN: Llewellyn Publications.

Greenwood, Susan. (2005). *The nature of magic: An anthropology of consciousness.* Oxford, U.K.: Berg Publishers.

Harris, Adrian P. (2008). *The wisdom of the body: Embodied knowing in eco-Paganism.* (PhD thesis). University of Winchester, U.K.

Oboler, Regina Smith. (2004). Nature religion as a cultural system? Sources of environmentalist action and rhetoric in a contemporary Pagan community. *The Pomegranate: The International Journal of Pagan Studies, 6*(1), 86–106.

Restall-Orr, Emma. (2005). The ethics of Paganism: The value and power of sacred relationship. In, Ly de Angeles, Emma Restall-Orr, and Thom Van Dooren, *Pagan visions for a sustainable future*. Woodbury, MN: Llewellyn Publications.

Shaw, Sylvie. (2004). At the water's edge. In Jenny Blain; Douglas Ezzy; & Graham Harvey (Eds.), *Researching Paganisms*. Walnut Creek, CA: AltaMira.

Starhawk. (2004). *The Earth path*. New York: HarperCollins.

Starhawk. (2005). Pagan politics, Pagan stories: An interview. In Ly de Angeles, Emma Restall-Orr, & Thom Van Dooren, *Pagan visions for a sustainable future*. Woodbury, MN: Llewellyn Publications.

Van Dooren, Thom. (2005). Dwelling in sacred community. In, Ly de Angeles, Emma Restall-Orr, and Thom Van Dooren, *Pagan visions for a sustainable future*. Woodbury, MN: Llewellyn Publications.

Zell-Ravenheart, Oberon (under the name of Otter G'Zell). (1971, July 1). Theagenesis: The birth of the goddess. *Green Egg, 4*, 40.

Peace

和　平

当学者探讨如何实现和平，即可持续生存的根基时，他们关注的是社会、经济和环境三个维度。理论学家承认三者都具备有效而重要的观点可支援可持续的和平，尽管各自的建言大异其趣。

环境的可持续性和政治冲突的处理关系密切。当学者探讨如何实现可持续的和平，他们多会将研究聚焦于关系的三个维度上：社会维度、经济维度和环境维度。在研究中他们审视每一维度中的关系网络。

三个维度

社会维度关乎我们与他人的关系。经济维度的焦点在于围绕着生产关系。最后，环境维度审视人类与其他生物圈之间的关系。可持续的和平意指各种关系在三个维度中的结构布局允许一切有机体的安适生存却又不危及未来世代的生活质量。冲突能为一项指标，表示在三个维度中某些事物偏离了可持续性的必要途径。

尽管任何有关可持续性的结论都有待时间考验，我们仍能倚赖一些特定指标作为试金石以检验一个系统是否能持续到未来。这些指标包括：生物多样性（环境）、真实成本会计（经济）以及社会资本与公民社会（社会）。

生物多样性意指存在生态系统中的一系列非侵入性的生态多元。真实成本会计（或定价）是当市场中一项产品的价格真实反映了产品生产与消费为社会和环境带来的成本。高社会资本可由密集、包容和交叠的社会网络得到验证，网络呈现出互信的规范以及普遍的互惠。

从事和平研究的学者对这三项指标做出分析，并针对具有弱点的维度加以发展甚至干预，以重新安排或展开关系来促进公民社会、真正成本会计或生物多样性的维系。至于在实现此类可持续指标的最适当方式方面，和平研究的学者间存有巨大鸿沟。这些分歧可约略归类成三个观点：保守派观点、管理派观点以及激进派观点（Humphrey 2002）。

三种观点

保守阵营强调以个人为定向的自由市场途径才是可持续性的确保机制。这一观点的持有人趋向关注个人教育或意识宣传活动，并且任由市场决定可能出现的关系种类。举例而言，这一模式中的现代理论学者辩称石油相关的环境危机并不存在。他们声称高价位的石油终究会激发出新的选择，新的关系也将继而崛起。

这种保守模式视冲突为不同价值观之间，无论是经济或文化层面的一种变迁的过渡阶段。冲突是"适当"和"不宜"的文化价值的冲撞，而且只有当冲突直指因果关系时才会具有实质意义。一旦价值观不妥的公民受到再教育或不当体系的拥护者消失殆尽，冲突自然不复存在[有意思的是，以个人为定向的环境教育运动（诸如循环使用运动）以及政治学家塞缪尔·亨廷顿（Samuel Huntington）的文明冲突观点都属于保守模式，后者预见因宗教与文化分歧而非国家间的意识形态摩擦造成将导致猛烈的冲突]。

属于管理阵营的社会理论重点在于确认个人与企业承担它们行动的真正后果。这个模式坚持自由市场就长期来看是无法持久的，原因是个人和团体将无时无刻不追求他们所作所为的正面结果而将负面作用强加于他人。加勒特·哈丁的《公地的悲剧》（*The Tragedy of the Commons*）为英国公共用地时代的趋势提出有力实证。简言之，在一个由群体承受负面后果（长期）而个人享受好处（短期）的体系中，所有个体将宁愿选择短期利益而不顾长期稳定。

管理派理论学者认为当团体在负面影响的承受力上达到一个临界点，便会造成极大的冲突。为避免这种冲突，模式的支持者设立机制来强制组织与个人接受其行动的全面后果，无论是正面或负面。这可能是一套针对个人的奖励或惩罚、不同形态的社会压力或政府干预——强制的法规、劝诱性的赋税减免或者能监控行为并对违规者施以惩罚的机构如国家环境保护署。不幸的是，当这一机制充分介入时，往往冲突已升级至针对负面后果的成因表达阶段。在正常的冲突循环初步阶段，受压迫团体的成员或其他代罪羔羊会遭受暴力和侵犯，冲突的缘由反倒不一定凸显。

归纳为激进派的社会理论学者对民主资本主义体系的可持续性假设持有怀疑态度。他们坚信一个要凭靠生产踏车的不断运作才能存活的体系最终是难以为继的——无论社会或环境方面。在社会竞技场上，这些理论学者坚持认为竞争使个人或组织不得不进行"欺骗"并将负面恶果推给他人，结果无可避免地会导致权力的集中。他们认为环境的败坏迫使边缘化的个体起来反抗，而社会体系在竞争环境中企图维持成长也益发变得权力集中，足见冲突难以避免。这一派观点中的干预策略倾向以零增长经济为取向，支持权力分散以及整个体系的推翻或淘汰。

未来的解决方案

哪一组理论最适用于可持续性的实践难以通过实证加以检验。理论学家承认，基于社会与环境的高度整合及繁复本质，这三类理论尽管在促成可持续和平的建议上大相径庭却各有道理。投身于社会干预复杂关系中的实用主义者偏好在每一组分类里汲取元素加以综合。举例说，实用主义者可能赞同激进模式对成长取向的经济所提出的风险加以批评，但也承认资本主义体系带来了前所未有的幸福水平。或者他们可能认同保守派理论学者，主张自由市场的压力是重要的解决方案，但也承认任随团体和个人将行动的负面后果强加于他人或环境就社会来而言极具诱惑力。因此，实用主义者更倾向在干预的模式间维系一种平衡，鼓吹可持续成长但权衡资源开发与未来潜力的维护，承认个人选择与企业责任的重要

性，但不忽略政府和社会提供诱因与劝阻的必要性以遏止欺骗或不可持续的行为。最终，无论针对社会冲突或社会需要，实用主义者的焦点问题是：公民社会是否得到支持？真实成本会计是否显而易见？然后，也许是最重要的，生物多样性是否得以维持？

特伦斯·占奇（Terrence JANTZI）
东方门诺派大学
阿伦·齐世博（Aaron KISHBAUGH）
弗吉尼亚州辛格思葛兰市独立学者

拓展阅读

Hardin, Garrett. (1968). The tragedy of the commons. *Science*, 162, 1243–1248.

Humphrey, Craig R.; Lewis, Tammy L.; & Buttel, Frederick H. (2002). *Environment, energy & society: A new synthesis*. Belmont, CA: Wadsworth Books.

Huntington, Samuel. (1997). *The clash of civilizations and the remaking of world order*. London: Simon & Schuster.

Gilligan, James. (2001). *Preventing violence*. New York: Thames & Hudson.

Pilgrimage

朝　圣

开展一趟精神之旅，或朝圣，在历史上向来是不同宗教信仰者的仪式。他们通过身体和情感与神圣之地的联系而得到满足。这种介于生命体、圣灵和生态系统资源间的连通理念让朝圣与可持续的生活方式产生了共鸣。

朝圣是为求满足感的一种精神旅程或探索，其目的地经常是一处圣地。圣地可能是地方神祇所在之地、宗教历史上重要事件的发生地、烈士牺牲之地或宗教创始人的生平居所。这一英文词源自拉丁文中的"*peregrinus*"，意指"流浪者"，而"*per agrum*"，意指"穿越田野"。词语中反映的是一种自古以来地理位置和神圣运行间形成的错综复杂的关系。在这层意义上现代朝圣无论在概念或实践上都能引发对地球的可持续生活方式以及对生态系统关怀的关注：朝圣暗喻的尊崇与奉献能提升人类对栖息地、对共享栖息地的生物和对赋予生命的自然资源的互通感。

朝圣在诸多原住民文化和世界主要宗教中极为普遍。耶路撒冷吸引了所有亚伯拉罕教的朝圣者，佛教徒、印度教教徒、耆那教教徒和苯教（西藏最古老的本土宗教）追随者视喜马拉雅山脉的冈仁波齐峰（Mount Kailash）为圣地。与圣地仍有紧密联系的现代基督徒也成群结队地前往罗马的圣骨匣或法国的鲁尔德朝拜。世界上规模最大的年度朝圣，麦加朝圣，是伊斯兰教的五大支柱（职责）之一，它要求每一个有能力的回教徒至少在一生中去麦加朝圣一次。

20世纪的文化人类学家多次尝试将朝圣归纳分类。维克多与伊迪丝·特纳（Victor & Edith Turner）认为朝圣是种"阈限（liminoid）"，或过渡经验，过程中朝圣者离开成型的社会体系并在途中组成平等的"共同体（communitas）"，或"一种社会的反结构"（Turner & Turner 1978，250—251）。约翰·艾德（John Eade）和麦可·沙诺（Michael Sallnow）在《质疑神圣性》（Contesting the Sacred）书中挑战特纳的communitas概念，认为其（部分地）过于理想化或遥不可及。赛门·寇尔曼（Simon Coleman）与约翰·艾德检视旅行的"在路上"层面，强调多种宗教传统朝圣过程所牵涉的活动并称之为"动力学的仪式"（Coleman & Eade 2004）。

特纳与特纳（1978，7）在朝圣与神秘主义间察觉到一种关联。"假使神秘主义是内在的朝圣，朝圣便是神秘主义的具体化。"如此的关联意味一种宇宙论，主张圣灵与自然毫不疏离，充斥在景观、举动和身体中。这种自然界的互联性是众多本土宗教的风貌之一，它们的创始神话来自大地母亲而且今日仍以忠诚和崇敬之心坚持可持续的生活方式。菲尔·柯西诺（Phil Cousineau）的《朝圣的艺术：探索者的神圣旅程指南》（*The Art of Pilgrimage: The Seeker's Guide to Making Travel Sacred*）建议"追随我们的精神罗盘并让我们的鞋底触及世界的灵魂"（O'Reilly & O'Reilly 2000，xv）。

朝圣对于可持续性的积极影响可见于诸多描述，记载这些精神之旅如何提升了人们对人类、非人类生物、圣灵与我们生态系资源间关系和平衡的感知力。然而与此同时，朝圣一词日渐被套用以世俗的含义——去旅行以此缅怀一个文化偶像，举例而言，把极受欢迎的文化中心称为"观光客的'麦加'"——朝圣寻求满足感的意蕴深远。又如2008年10月在圣何塞阿帕塔多和平村的恩典朝圣（Grace Pilgrimage to the Peace Village of San Jose de Apartado），并非以宗教旅行为出发点，它是受内战蹂躏的哥伦比亚的一种社会行动主义；目的是协助村民在生态、技术和社会各层面朝一种有尊严且可持续的未来努力。

朝圣的负面冲击——世上的许多宗教圣地均受交通、污染和旅游业需求的困扰——提醒了朝圣者（以及兴致勃勃的观光客一类人士）要留心进行"穿越田野"的旅程，竭力减低人类在地球整体的生态足迹。

西格里杜尔·古德马斯多提尔
（Sigridur GUDMARSDOTTIR）
雷克雅未克学院

拓展阅读

Coleman, Simon, & Eade, John. (Eds.). (2004). *Reframing pilgrimage: Culture in motion.* London: Routledge.

Cousineau, Philip. (2000). *The art of pilgrimage The seeker's guide to making travel sacred.* Newburyport, MA: Red Wheel.

Eade, John, & Sallnow, Michael J. (1991). *Contesting the sacred: The anthropology of pilgrimage.* London and

New York: Routledge.

O'Reilly, Sean, & O'Reilly, James. (Eds.). (2000). *Pilgrimage: Adventures of the spirit.* Palo Alto, CA: Travelers' Tales.

Timothy, D. J., & Olsen, Daniel. (Eds.). (2006). *Tourism, religion and spiritual journeys.* London: Routledge.

Turner, Victor, & Turner, Edith. (1978). *Image and pilgrimage in Christian culture: Anthropological perspectives.* New York: Columbia University Press.

Place

地　方

　　"地方"这一概念繁多且林林总总；在什么是具有社会和环境意识的生活形式的研讨上它提供了洞见。许多环保倡议者坚信，了解地方是实现环境可持续性发展的关键元素——而且在社会和环境可持续性的协调上，以本土、社区或地方为基础的方式要有效得多。

　　"地方"相关的著作不仅种类繁多、范围广而且涉及多种学术。其范围涉及从现象学研究的"地方感"至文化分析的"地方意义"，以及政治经济学中关于地方与地方在生态、经济网络中的定位以及地方在国家、地区和全球体系中话语流通的种种详细研究。学者与思想家如艾德华·凯西（Edward S. Casey）、提姆·克瑞斯威尔（Tim Cresswell）、戴维·格伦瓦德（David A. Gruenewald）和卡拉·传特曼（Carla K. Trentelmans）都为地方的研究贡献良多，创出多种专门术语和相关概念如地方感（sense of place）、地方依恋（place attachment）以及地方认同（place identity）。"地方"在定位

上也涉及其他概念，例如社群、场所、领域与全球化以及全球本土化（glocal）这一合成名词。

　　地方对可持续性的意义重大的基本论点是，一个人对所处地方的了解是种极深刻的体验过程，有助个人和社会团体在安适生活的追求上孕育所需的知识与关怀，换言之，具备社会与环境意识的态度。北美的农民—哲学家—诗人温德尔·贝瑞（Wendell Berry 1972）将这一观点做成总结："一个人若是缺少对自己地方的复杂知识和因这份知识滋生的地方忠诚，这一地方无可避免将被草率地使用，最终遭到破坏。"从这一角度来看，地方之所以重要正因为知识、价值观与行为被认为与语境有着紧密关系。

何谓"地方"？

　　尽管地方是空间性的，地方和"空间"却有所区分。除非人赋予空间意义，否则空间不是地方。约翰·艾格努和 J. S. 邓肯（John Agnew & J.S. Duncan 1989）指认了地方的三

个关键层面：地点（vocation）、场所（locale）和地方感（sense of place）。地点（location）是地图上一个固定的地理坐标。场所（locale）是空间的配置方式——是塑造了相互作用的具象材料的特质。地方感（sense of place）是地方的情感维度。空间在人赋予其意义之前不能称为地方。通过这些物质与情感层面人们将空间转化为意义深重的地方。罗伯特·萨克（Robert Sack 1993）认为，地方性的建立受到三个领域的支配：物质世界（包括筑建的与自然的物体、非人类与人类），社会世界（包括社会、经济、政治、种族、阶级、性别和官僚体制）以及有意义的领域（观念、价值观以及构成心智力量的信念）。

地方是个特定的、有差异的地点，而且对某人来说有特殊的认同。地方是人类对一地点的构建，地方的成型有赖人类对地点本身的主观经验，而不是单纯地占有，就好似地方就具备这单一要素。与一地方有牵连的价值观也会相应地多样，其强度也因受认定的程度不等而有差异。

社会科学领域中一个可靠的研究团体曾经对富含意义的场所在助长"地方感"的作用上进行调查。人文主义地理学者于20世纪70年代开始采用这一观点以克服对地方物质特征的过分重视（Relph 1976；Tuan 1977）。此概念得到肯定并为美国政府环境保护署在其以社区为本的环境推广指南中予以采用（U.S. EPA 2002）。可以说，地方感能提升一个场所在经济上与情感上的价值。建筑师、观光推展者和规划人士无不在工作上诉诸地方感。绝大多数的早期研究强调在一个地方"扎根"或长期居住是孕育地方感的关键所在。如此假

设在今日仍然普遍，即便有批评认为每个人都有其独有的地方感；地方不单拥有一种身份或价值，居住的时间长短会触发不同的地方感，而非"正确"的地方感。

一个相关的概念是无地方性（placelessness），用以描述无特色且相对同质而与他处毫无区别的地方。这些地方可能是主要城市外围随处可见的购物商场，可能是速食连锁店或者新建的标准化（且建筑风格单调）住宅开发。我们可以辩说，这些地方对经常出入其间的人可能带有特殊意义，但无地方性空间的一个前提是这类地点可轻而易举地为另一地点取代。无地方性地方的价值因而是短暂的，一旦出现环境破坏，人员与生产过程就会移转他处。

地方感的研究在文化地理学中尤其广泛，然而在心理学、人类学以及在较小程度上，社会学也都认同地方感或类似观念。举例说，社会和环境心理学家，偏向研究对地方的眷恋或个人将"特殊地方"融入自我身份认同的习惯。社会学家往往专注社会空间中的社会关系、这些社会关系的意义之建立和关系发生场所间的妥协。无论是否有意，这些我们可称为"地方营造"过程的地方特征与价值是可以磋商与操纵的。

近期的学者开始强调特定的地方和地方感如何与其他地方以及较大规模环境互有关联（Cresswell 2004；Escobar 2001；Massey 1997）。即便若干现代环境问题是全球性的，它们在各地展示形态的多样性可能意味深长。好比全球的温度升高，由于北半球生态系统较低弱的恢复力使其所受冲击较大。对全球的环境现象的留意，也许反直觉地，能证明全球化论述中的趋势普遍化显然有其局限性。换

而言之，尽管一个地方会因发生在地球他处的现象蒙受影响，然而独特的人民、文化和地方针对这些全球性力量又有繁多的再表述，意味全球化与其说导向无地方性不如称之为是一种混杂生成的过程。人类学传统强调文化经常具有地域性（Feld & Basso 1996；Escobar 2001）。正如人类学家克利福德·格尔茨（Clifford Geertz）写道："没有人居住在笼统一体的世界上。"（Feld & Basso 1996）艾斯可巴指出，在与外来接触的重组过程中对地方特征的留意（包含人们如何建立地方感以及将社会关系本地化）能为人类生活的理解带来丰富可能性。这种全球—本地的混杂生成被称为"全球地方化"（glocalization，Robertson 1992）。

就这一论点而言，要培养环保生活方式的能力，最关键阶段便是重新建立与本土地方，包括本地文化、生态与经济的关系。批评指责现代教育抽象化了自然界，将知识和语境脱离而未能让知识依附在特定的社会及生态情境中；教育对地方和直接经验的忽视助长了科技对世事的掌控。环境教育学者戴维·欧尔（David Orr）认为另一条途径"便是再次发现并回归我们的地方和地区，在当地寻得食物、生计、能源、疗愈、娱乐和节庆"（1994，147）。一种替代的、有地方意识的教育将能反制疏离并协助环境关怀的增长（Gruenewald 2003）。

尽管如此，评估政治、经济与文化力量对独特地方的冲击是至关重要的。政治生态学领域检视的是地方逐渐被推进全球资本主义生产行列的过程（Peet & Watts 2004）。"小即是美"的民主思想学派声称，合理化但盲目的政治经济势力将摧毁特定地方的可持续性，而本土化的公民社会正是一剂解药。众多学者和积极行动者坚持环保由本土起步，因此需要以地区为基础的本土经济和地方分权政治。美国蒙大拿州资深政治人物同时也是市长的丹尼尔·凯米斯（Daniel Kemmis），对以地方利益为优先的政治和经济写道："若缺乏思维上的转移，将抽象、无地方性的市场（market）概念取代以本土化、独特化的市集（marketplace）观念，这种经济发展将无以实现。"（Kemmis 1990，92）这类建言与生物区域主义的哲学极其类似（McGinnis 1999）。生物区是通过生态或物理角度而生成的地点——比如一个分水岭或一个群落交错区（诸如索诺拉沙漠）——人类在生物区的文化是凭靠"在地方上生活"而塑造的。许多以地方为写作基础的作家不费力地描绘一种理想化的过去，毫无顾忌地声明他们对可持续性的提议就是恢复土地利用的古老传统和人类—地方的亲密关系。

最后，将焦点汇聚在地方上可以提升对生态因素及其对外关系的关注，避免独重某一地点的人类过程。环境保护的实践将人类关系延伸至社会空间之外，进一步纳入生态进程和物体以及人类与非人类间的关系。这也包含现代如文化/自然之类二分法的推翻。人类的领域并不独立于生物物理的范畴而是完全整合其中，人类同时规划出制度性与象征性方式以让成员理解这一环境并与之产生互动。这是地方概念对环境可持续性的贡献。

"地方"的问题

不同于文章前段关于"地方"的单纯但有时浪漫的理论建构，"地方"这一概念也问题重重。"地方"是在众多关系中建立的（Cresswell 2004；Massey 1997）。地方意义与地方依恋因个人和社会团体不同而异，有时相去甚远。举例而言，伐木业或矿业的纷争往往使地方上两个团体针锋相对（尽管未公开承认的跨国资本经常牵扯其中）。这是不同地方感之间的真实冲突。

地方是一种历史性的构建，但地方的意义不单由历史构成。尤其在这瞬息万变的时代，不能不假思索地以古老方式看待与土地之关系。再者，这些传统也许是神秘记忆传说的重组而非真实历史。对这以地方为本的观点的另一项批评便是地方的界限性。我们可以称之为"狭隘主义"——一地胜过另一地——或者说特定的地方感（往往偏向其历史意义）较其他元素更合理正当。地方也可能极具排他性，那些在人口较密集中心寻求匿名生活的人就是实证，紧密关系带来的社会压力在这些地方获得了缓解（Young 1990）。

地方这一概念是"模糊难辨"的。强调生物区域主义有助个人认知居住地的特质但仍存有不少疑难。第一，地方的界限由于划定人之不同也会出现差异。又如多琳·马赛（Doreen Massey）指出，所有地方在生活方式的维系上所需的重要物品无不依赖其他地方供应。重新组构生活方式使一地方能自给自足就是否认这些真实的相通相连。要了解一个特定地方却不将这地方纳入它与其他地方的语境和关系中是不可能的。更有甚者，现代生活方式再也无法回归到那种"靠土地生活"的旧日田园景象。北美文化异动不断——其他文化亦然——城市化进程在全球范围内日益加剧。为寻求工作，人口由农村向外迁移，全世界有一半以上的人口如今居住在城市，造成严重的社会脱节。最后，旅游、沟通和媒体将遥远地方展现在我们眼前。结果是，意识通过经验同时遭受去地方化和扩张。地方如今处于较广的地理区中，于是当环境和社会问题超越本土范畴时，本土性的理解对问题的成因后果可能做出误判。

多琳·马赛在全球地方感的概念化上，指明"将地方与社群附会地相提并论"是一问题（1997, 321）。社群是一冗长复杂的概念，但在本篇研讨背景下的如下这点就足够了，社群无须定位在一地点便能存在，但光凭地方无法生成社群——细想政府的住宅计划便是一例。相同的，我们可说帮派和民族主义运动皆具有强烈的地方或地域感以及获得特殊地方社群认可的社会结构。马赛相信在现代动荡的全球化世界中，地方感的鼓动能规避不安全感与变动。如果确实如此，这将巩固对地方的本质论意义或"真实"意义的追求，地方界限性或狭隘主义的保守回应也将取代进步和开放的观点。换而言之，对地方的眷恋不一定导向进步的价值观或环境意识。

强调以地方为本能否造就出一群更有环境意识的民众、环境价值或可持续行动是一道真正的难题。这种观点可能为"别在我家后院"（Not in my back yard, NIMBY）的症状所扰，地方明显地被用以抵制不受欢迎的土地使用，例如危险工业。"别在我家后院"反对行动可能导致受抵制项目迁移至另一资源较少而无力反抗的社区。相对于这种狭隘的"别在我家后院"伦理，环境伦理学家布莱恩·诺顿（Bryan Norton）和布鲁斯·汉浓（Bruce Hannon 1997）补充了较地方意识更全面的"别在任何人的后院"（not in anyone's back yard, NIABY）伦理。他们声称，众多本土性可持续伦理的积累可形成环境决策中一种有效、以地方为基础的途径。

结论

地方营造极具复杂性。地方营造的项目无法完全排除控制、压迫或不公。地方营造也寻求为特殊地方在与较大范畴(如省份、地区、国家)和其他地方的关系中定位。地方的构建是持久的项目,意味着完成的期限毫无界定,过程时而飞快时而停顿,而且论争不断,尤其当不同参与者各显神通为他们赋予地方的多种价值交涉协商。地方营造因此是个人的也是集体的,是论述的也是物质的,是社会的也是生态的。正如社会参与者身份的形形色色,与特定地方的构建有关的价值观亦然。

由于地方的意义多种多样而针对地方的行动也可能涉及多个层面,仅仅涉及地方的自觉性似乎不足以成为环保或社会风气的依托。尽管如此,地方仍是环境可持续性的重要概念,别处不说,仅是行为就有赖特定地点以付诸实行。地方依旧是行动的实验场所,在此,可以履行价值观而不考虑政治、经济、文化、现象学以及其他影响。

伦道夫·哈鲁扎 – 德雷
(Randolph HALUZA-DeLAY)
国王大学学院(阿尔伯塔)

拓展阅读

Agnew, John. A., & J. S. Duncan. (Eds). (1989). *The power of place: Bringing together geographical and sociological imaginations*. Boston: Unwin Hyman.

Berry, Wendell. (1972). *A continuous harmony: Essays cultural and agricultural*. New York: Harcourt Brace Jovanovich, Brace Books.

Casey, Edward S. (1997). *The fate of place: A philosophical history*. Berkeley: University of California Press.

Cresswell, Tim. (2004). *Place: A short introduction*. Malden, MA: Blackwell.

Escobar, Arturo. (2001). Culture sits in places: Reflections on globalism and subaltern strategies of localization. *Political Geography, 20,* 139–174.

Feld, Steven, & Basso, Keith H. (Eds). (1996). *Senses of place*. Sante Fe, NM: School of American Research Press.

Gruenewald, David A. (2003). Foundations of place: A multidisciplinary framework for place-conscious education. *American Educational Research Journal, 40*(3), 619–654.

Kemmis, Daniel. (1990). *Community and the politics of place*. Oklahoma City: Oklahoma University Press.

Massey, Doreen. (1997). A global sense of place. In Trevor Barnes & Derek Gregory (Eds.), *Reading human geography: The poetics and politics of inquiry* (pp. 315–323). London: Arnold.

McGinnis, Michael V. (Ed.). (1999). *Bioregionalism*. New York: Routledge.

Norton, Bryan G., & Hannon, Bruce. (1997). Environmental values: A place-based theory. *Environmental Ethics, 19*(3), 227–45.

Orr, David. (1994). *Earth in mind: On education, environment, and the human prospect*. Washington, DC: Island Press.

Peet, Richard, & Watts, Michael. (Eds.). (2004). *Liberation ecologies: Environment, development, social movements*, 2nd ed. New York: Routledge.

Relph, Ernest. (1976). *Place and placelessness*. London: Pion. Robertson, Roland. (1992). *Globalization: Social theory and global culture*. London: Sage.

Sack, Robert D. (1993). *Place, modernity and the consumer's world: A relational framework for geographical analysis*. Baltimore: John's Hopkins Press.

Trentelmans, Carla K. (2009). Place attachment and community attachment: A primer grounded in the lived experience of a community sociologist. *Society and Natural Resources, 22*, 191–210.

Tuan, Yi-Fu. (1977). *Space and place: The perspective of experience*. Minneapolis: University of Minnesota Press.

United States Environmental Protection Agency (EPA). (2002). *Community culture and the environment: A guide to understanding a sense of place*. (EPA 842–B–01–003). Washington, DC: United States Environmental Protection Agency.

Young, Iris M. (1990). *Justice and the politics of difference*. Princeton, NJ: Princeton University Press.

何处是乡间？

《这件事本身》(The Thing Itself)，一个对现代生活中真实性追求的沉思，作者理查德·陶德(Richard Todd)在书中描述乡村景色——"井然有序的乡村，"他继续写道，是人们唯一还能"紧抱无阶级分别的田园景色美梦"的地方。

伴随我驱车前往我实际居住的那个小镇的主要道路上，尽管道路宽广但行车不多，我们飞快前行。事实上路面宽广，你真要问我的话，是前代人错误的工程项目产物……车行中仅有偶然出现的房子映入眼帘。这些房子、老房子，是景色中让人感到愉悦的有机元素，路两旁几栋科德角式房子，19世纪的农房……我住在这个我欢欣地称为"乡间"的地方。

何处是乡间？……在我们的印象中乡间是纯洁、传统和单纯的蕴藏处；是现代化的敌人。但毫无疑问现代化随处可见，而且大半时间我们并不介意。19世纪屋子中的电脑——就这件事而论，帮了奶牛棚一个大忙：电脑让它们能持续营运。旅途中我们驾驶着一辆新型卡车，科技的卓越产品。这一切不协调，假使它们真叫不协调，似乎也不如景色上的不对称让人心烦意乱。现在我们正接近一栋在一瞬间后也将消失的房子，一栋"错层农场屋"（名字暗示其来自异地，不过这种形式的房子当然也不属于农场）。它似乎被人自市郊连根拔起后丢在这儿……

诸多珍视环境的乡间居住者无时无刻地为这些事情忧心忡忡，企图向自己证明他们的栖息之地是乡村。我们如老鹰般监视着任何可能来自市郊的入侵。

来源：Richard Todd. (2008). *The Thing Itself*, pp.69, 70–71, and 83. New York: Riverhead Books.

政 治

　　可持续性已成为全球的政治话题。无论在政府法规、国际协议、基层与直接行动，或是宗教语境等各个方面，当前政治与可持续性的衔接深入普遍，肯定了可持续性的显著意义。

　　可持续性和环境保护在20世纪末跃升为全球政治的议题——来自地方、国家以及国际阶层政府的理论和行动——然而可持续性与政治很早便困扰着远古伟大思想家了。亚里士多德在《政治学》著作中主张共同利益应该是政治生活的目的。他承认共享的政治生活有其难处，其中之一牵涉到人们为了自身利益照管自己拥有的财产，却"对众人的共同财产不屑一顾"（Aristotle 1986, 29）。这一难题也就是众所周知的"公有地悲剧"。

　　加勒特·哈丁在1968年《科学》（Science）期刊的一篇著名文章中直面这一考验。哈丁预期这种对地球公有地的寄生性对待方式将会招致悲剧后果，声称强制可能是解决之道。哈丁并不支持来自地方、国家或国际的官僚政府胁迫；他倡议一种互相制衡，由人们重新评估自身的需要及其与共有资源间的关系。"公地的悲剧"为如何照管地球的公有地提出了重要的政治难题，涉及海洋、大气层、河川与陆地。在政治与可持续性的理论建立上，另一条路径是重新评价个人权利的逻辑。政治学家罗宾·埃克斯雷（Robyn Eckersley）认为不能将个人权利从它们的生态与社会背景中抽离。个人权利也该考虑到公民的生态福祉。举例而言，一个人不仅拥有隐私和言论自由的权利，同时也该有享受健康环境的权利（Eckersley 1992, 136—137）。

国际政治

　　可持续性议题方面最引人注目的政治发展也许是国际协议的出现。为应付环境危机，联合国大会委托一个由政治和环境专家组成的国际团体提出报告，以作为全球议程的拟定根据。1987年，布伦特兰委员会［Brundtland Commission，根据格罗·布伦特兰（Gro

Brundtland）命名，她是前任挪威部长，也是在公众健康和可持续发展方面的公认领袖］提出一项为广泛引用的可持续性定义："人类有能力使发展具可持续性——确保发展能满足当前的需求而不危害未来世代满足他们需求的能力"（WCED 1987, 8）。为使可持续发展成为可能，委员会声称，必须存在一种政治意志和愿景来促使政策的生态面与经济、能源和农业层面一样列入考量。正如个别的政策和机构再也无法有效解决可持续发展的问题，政府的单边行动也行不通了。

《蒙特利尔破坏臭氧层物质管制议定书》（The Montreal Protocal on Substances that Deplete the Ozone Layer）明显证实在共有资源方面政治责任的共享是不可或缺的。地球大气中的臭氧层吸收了绝大部分阳光中对地球生命有潜在危害的紫外线（Ultraviolet, UV）。臭氧层的破坏导致紫外线的作用明显增强，科学家认定其为皮肤癌的成因之一。20世纪80年代中期，科学家开始将用于制冷和喷雾剂的（chlorofluorocarbons, CFCs）与臭氧层的破坏做出关联。议定书的签署国同意停止生产氯氟化合物以及其他破坏臭氧层的物质。自协议于1989年生效之后，臭氧层逐渐回补并预计在2050年之前恢复原状（EPA 2008）。

《联合国气候变化框架公约》（U.N. Framework Convention on Climate Change）的《京都议定书》是一项国际协议，致力通过温室气体的减少以限制人类对环境变化的冲击。气候变化意指特定地区平均气温的长期改变。气候变化有时也以"全球变暖"的名称出现，因为感受到的平均气温变动往往是温度提升。气候变化的潜在影响是灾难性的；包括海平面的升高、沙漠化以及物种灭绝。一般认为气候变化的最大元凶是温室气体的增加，尤其自工业革命开展以来化石燃料燃烧所造成的二氧化碳水平增高。京都议定书呼吁发达国家抑制二氧化碳和其他温室气体的增生，然而发展中国家（包括中国、印度和巴西）仅仅被要求监控及报告排放速度。尽管182个国家签署批准了协议书，美国在签署之后并未予以批准。美国虽然是世界主要温室气体排放国之一，至今拒绝批准议定书的原因在于它认为发展中国家也同样应该被要求降低二氧化碳排放量。美国坚称配合协议书的要求将使美国在和中国与印度这些不受排放限制的新兴经济的竞争中处于弱势地位。

可持续性已经成为一些政党的组织纲领。第一个绿党为抗争核能而于20世纪70年代末期在德国组成。环境议题虽然引导着绿党的问政平台，社会正义的潜在问题，包含种族、性别和经济正义，以及扶助基层的民主机构也广受绿党关注。当前绿党在欧洲、北美洲和大洋洲的地方和国家两个层面上同时运作。绿色人士近期也在肯尼亚、伊朗和巴基斯坦发起组织。

直接的政治行动与公民不服从

有关可持续性的政治问题也可通过直接的政治行动加以解决，其中包括草根组织及公民不服从。草根组织意指处于地方层级而非中心的政治活动，最佳典范便是肯尼亚的绿带运动（Green Belt Movement），这一活动种植了逾3 000万棵树，协力恢复自然环境及倡导和平。这项活动的开展，旨在给人们提供工具以便其满足基本需要也保护其当地环境。植

树减缓了土壤侵蚀与沙漠化,生产了人类和动物的粮食,提供燃料和建筑材料,供人遮阳也美化了环境。活动的发起人旺加里·马塔伊(Wangari Maathai)在2004年荣获诺贝尔和平奖。在她的获奖演说中,马塔伊说明绿带运动的核心在于良好管理、资源的可持续经营以及和平三者之间的紧密关系。随着人们体悟种树与改善生活质量的关联性,马塔伊坚信,人们也会开始明白自己有享受洁净健康环境的权利,进而将这些人权与其他物种的权利衔接起来。

公民不服从是另一形态的直接政治行动。它表达一种自觉的违法行动,目的是为引起对不正义法规或政策的关注。公民不服从(civil disobedience)一词经常认为是由亨利·戴维·梭罗(Henry David Thoreau,1817—1862)提出,他在1848年一篇名为"反民主政府"(Resistance to Civil Government)文章中解释政府征收的人头税乃为支援美墨战争和逃奴法,因此拒绝纳税。梭罗指出违反法律是因为"无意培养对法律,甚至对权利的尊重。我认为有权利服从的唯一义务是随时都能做我认为正确的事"(梭罗 1983, 387)。在此公民不服从的自我矛盾隐约可见:个人为抗议不公正法律而违法,但接受其自身的行动后果。公民不服从的中心特质就是宣传及非暴力。基本上,反对者公开宣传其计划以昭示众人违法乃是基于道德信念。公民不服从是非暴力的,因为他们认为非暴力能减低违法的负面效果并可避免在违法过程中妨碍他人的自由。

20世纪规模最大的公民不服从行动也许是莫罕达斯·甘地带领的印度独立运动。他

创始的"不合作主义"(satyagraha)方式,是追求善良和真理的执着而坚定的非暴力。尽管当时可持续性的概念于甘地而言不如今日普遍,他提倡一种以社群为基础的发展范式,由于人们在本地生产所需物品,对地方的环境影响一目了然也易于管理。自由和自立是甘地对印度独立展望的标志。

1930年的食盐长征体现了甘地对印度人掌握基本食物生产的坚持以及他对不合作主义所作的承诺。英国殖民政府于1882年宣布食盐生产的独占权并征收盐税。甘地选择盐税为抗争焦点是因为食盐的战略与象征意义:印度家家户户使用食盐,但盐税在不同程度上冲击最赤贫的人,尽管食盐制造容易但被殖民政府规范为触犯法律。甘地组织了一次历时23天、从他的家乡至海边的长征,以抗议英国对食盐生产的掌控。长征开始前,甘地对英国高官公开他的计划,计划的细节也在传媒报道中广为流传。甘地表示倘若印度人得以合法生产食盐他愿意暂停长征,但英国官员对恳求的置若罔闻使得长征最终得以成行。千千万万的印度人追随甘地的长征以抗议英国的食盐垄断。长征来到海边之后甘地便着手制作食盐,从而以善良之心触犯了法律。甘地与其他数千人都在长征之后遭到逮捕,但整个国家就此唤醒了。

甘地的公民不服从和不合作主义哲学在崛起于20世纪70年代印度北方的契普克(抱树)运动中继续发扬光大。这项运动企图阻止国家政府砍伐喜马拉雅山区森林。采伐森林导致环境退化,包括土壤侵蚀、泥石流和失衡的水源。由于妇女负责在森林中筹集燃料与食物,不仅眼见森林滥砍而且受害最

深。妇女为防止森林砍伐起而抗议，她们围绕树木，有时环抱它们以妨碍砍伐。运动的名称源自印度文，意谓"拥抱"或"依附"。契普克（抱树）运动经常被称誉为是抱树人（tree huggers），即形容环保积极行动者一词的起源，运动的灵感来自甘地的非暴力模式以及他对可持续性的献身。抱树运动的积极分子希望保护自然界的健全，其实也是他们生计的维系所在。在1980年，抱树运动成功地说服政府颁布一项禁伐喜马拉雅山区森林绿树的15年禁令。抱树运动虽然在今日不如以往积极，它仍持续启发着当代的积极行动者。

政治、宗教及可持续性

政治积极行动者甚至政府机构在涉及可持续性议题的政治参与上，皆诉诸宗教的价值观与规范等重要资源。马来西亚政府以伊斯兰教的标准作为城市规划和经济发展的导向。伊斯兰教是马来西亚的官方宗教，这个国家正经历迅速的城市化以及随之而来的绿带森林采伐、土壤侵蚀及集水区的破坏。当前不完全的发展策略被称认为现今生态问题的根源，政府于是求助于伊斯兰教教义来倡导人类与环境间的一种协调关系。马来西亚总体规划与发展信条（Malaysian Total Planning and Development Doctrine）强调*Ihsan*的观念，此词意指"善行"，它认为发展规划不能只顾人类需要，还要考虑所有生物需要。信条也极重视*khalifa*，即"代治者"或"管家"，描述神交付并约束人类代神执行的职责。在《古兰经》中，神召来亚当并将之任命为代理人，让他遵照神的意愿照管神的一切造物（《古兰经》2: 31）。

泰国的政治积极行动者萧素乐（生于1933年）在其"亚洲的替代政治"呼吁中诉诸佛教教义。急速的工业化、城市化以及日益增加的农业生产无不导致森林滥伐。1961年，泰国仍有53%森林覆盖率，这个数字截至1998年降至25%。这一时期，泰国的农业性质发生了急剧变化。原来自给自足的耕作方式转向经济作物的耕种，导致农民在市场波动下深受其害，并迅速债务缠身。为逆转这一潮流，萧素乐根据佛教的中心教义"四圣谛"（Four Noble Truths）列出了"精神的绿色议程"。四圣谛坚持世间存在苦难，苦源自贪、憎与妄想，要检视苦的成因我们才能理解它的共性进而力求变革。萧素乐认为当前泰国的发展和环境政策便是妄想谬见，将人类视为生命体的最极致形态并以人类中心视角傲视天下。这一妄想也蒙蔽了佛教基本教义中另一相互依存的真理，即万物间互赖共生的本质。萧素乐声称以佛教视角为出发点的发展概念才能认清"自然万物间的互赖共生关系"的深刻真理（2005, 76）。

政治对于宗教规范的引援往往颇受争议，原因在于政治参与者就宗教标准在政治讨论上适用与否各持己见，而在宗教传统教条或原则所能支持的公共政策上，宗教人士间的立场也不尽相同。美国的背景正是凸显了这两类矛盾的实例。美国宪法第一修正案为宗教自由提供两部分保护，其一是保护宗教组织不受政府干预，其二是禁止国家支持任一特定宗教的信仰或习俗。与美国自由派政治哲学同步一致的一项传统就是在公开辩论中排除宗教理由。这一立场的最著名代表人物是约翰·罗尔斯（John Rawls, 1921—2002），他公开指出，公民要参与政治讨论就必须求助于公共理性，即"本质与内容公开、并且通过政治正义的社会观点所表达的理想与原则"（Rawls 2005, 213）。罗尔斯承认完备性学说（不仅指宗教，还有非宗教的道德学说）在政治争议中的引入，但人们必须展示其信念也是公共理性的支持观点，即每一公民同样可能具备的。尽管罗尔斯的立场获得众多政治理论学家的一致赞同，福音派基督徒在政治上的扩大参与对罗尔斯的观点造成考验。

20世纪80年代，政治保守且以白种人居多的福音派基督徒成为美国一股新兴政治势力。千禧年后的十年间，自称是福音派基督徒的乔治·布什（George W. Bush）得以两次获选总统，福音派教徒可谓是决定因素。众多的福音派教徒同意布什总统观点，认为环境议题最好交由自由市场机制处理，也宣称气候变化的近期声明毫无论据。不过这十年间的中期福音派人士开始反思这些立场。其中的代表人物是理查德·西兹克（Richard Cizik），他是国家福音派联会（National Association of Evangelicals, NAE），著名游说团体的领导人。他受人类影响气候变化的科学解释说服而提出一种"万物照管"的神学观点，倡导其认为是圣经要务的环境保护。西兹克提到了神召唤亚当让他照管伊甸园（创世记2：15，新标准修订版）以及承诺神将摧毁那些破坏地球之人（启示录11：18）的圣经段落。然而西兹克的"万物照管"这一概念在福音派团体的领导层中仍然备受争议。其他福音派的重要领袖不同意圣经中有环境保护的明确使命。

尽管美国的例子展现的争论是，经文根据或传统资源是否可以或应该鼓励环保实践与可持续发展，而印度有关纳马达河大坝项目的争执则描绘了可持续性一词如何成为政治争论的核心。纳马达河是印度第三大河流，流经几乎1 300公里的森林与农地，有2 500万人以其流域为家。大坝项目的工程始于20世纪80年代初期。项目支持者宣称大坝将为上游数百万人提供饮水，协助旱灾频繁地区农民灌溉并为缺乏可靠电源的村落供应电力。反对者指责项目对农村贫困人群的抗议置之不理，这些人赖以为生的是河流现有的形态与流量，大坝项目将导致超过20万人的迁徙。反对者进一步指出，河流现有的水坝已经导致疟疾感染人数的剧增，180米宽的巨大淤泥囤积阻断了河流通道而且造成牲畜搁浅死亡。人们再也无法航行河上探望亲友，群落生活也受到扰乱。尽管两方阵营对美好生活以及发展的价值与目标各有愿景，但其立场的捍卫却同时诉诸可持续性。由此看来，纳马达河大坝项目所揭露的，是可持续性一词在修辞上的灵活性及其如何被用来支援一项会破坏生态系统导致千万人流离迁徙的大型项目。

莎拉·阿扎兰斯基（Sarah AZARANSKY）
圣地亚哥大学

拓展阅读

Aristotle. (1986). *The politics* William Ellis (Trans.). Buffalo, NY: Prometheus Books.

Badiner, Allan Hunt. (Ed.). (1990). *Dharma gaia: A harvest of essays in Buddhism and ecology*. Berkeley, CA:

Parallax Press.

Baviskar, Amita. (2004). *In the belly of the river: Tribal conflicts over development in the Narmada Valley*. New York: Oxford University Press.

Dalton, Dennis. (1993). *Mahatma Gandhi: Nonviolent power in action*. New York: Columbia University Press.

Doherty, Brian, & de Geus, Marius. (1996). *Democracy and green political thought*. New York: Routledge.

Eckersley, Robyn. (1992). *Environmentalism and political theory: Toward an ecocentric approach (Environmental Public Policy Series)*. Albany: State University of New York Press.

Foltz, Richard C. (Ed.). (2005). *Environmentalism in the Muslim world*. New York: Nova Science Publishers.

Foltz, Richard C.; Denny, Frederick M.; & Baharuddin, Azizan. (Eds.). (2003). *Islam and ecology: A bestowed trust*. Cambridge, MA: Harvard University Press.

Gottlieb, Roger S. (2006). *A greener faith: Religious environmentalism and our planet's future*. New York: Oxford University Press.

Iqbal, Munawar. (Ed.). (2005). *Islamic perspectives on sustainable development*. New York: Palgrave MacMillan.

Rawls, John. (2005). *Political liberalism. Expanded edition*. New York: Columbia University Press.

Roy, Arundhati. (1999). *The cost of living*. New York: Modern Library.

Sivaraksa, Sulak. (2005). *Conflict, culture, change: Engaged Buddhism in a globalizing world*. Boston: Wisdom Publications.

Thoreau, Henry David. (1983). *Walden* and *Civil Disobedience*. New York: Penguin Books. (Original works published 1854 and 1849)

U.S. Environmental Protection Agency. (2008, August 25). Ozone layer depletion—science: Brief question and answer on ozone depletion. Retrieved May 29, 2009, from http://www.epa.gov/ozone/science/q_a.html.

World Commission on Environment and Development. (1987). *Our common future*. New York: Oxford University Press.

Population

人　口

　　地球的人口数量自1960年以来已增加了一倍多，预计于21世纪中期将达到三倍。与此同时，日益强大的科技力量加剧了人类在地球上的集体生态影响，导致生态环境及生物多样性的丧失、生态系统退化以及全球气候变化。伦理学家在如何开发可持续发展新典范的问题上仍未达成共识。

　　要实现更长远的生态可持续性，人类将不得不变更其繁殖、生产与消费形态。地球的人口数量自1960年来已经由30亿增至逾60亿人口，并预计在21世纪中期到来之前骤增至90亿。同时，日益强大的科技力量加剧了人类对地球的集体生态影响，导致生态环境和生物多样性的丧失、生态系统退化以及全球气候变化。

　　本文主要审视人口和消费议题的道德层面，以描绘人口现状为开端随后勾勒出主要争议点，并局部关注北美的基督教伦理学者如何进行这一讨论。近年来生态破坏在一定程度上可归因于少数富裕多数贫穷现象的研讨，这大大唤起了对这些议题的道德关怀。尽管所有研究均显示，到目前为止绝大多数的生态破坏是由地球上最富裕公民的过度消费生活方式与具有环境危害的科技引起，由穷人造成且与日俱增的环境退化如今也日渐引发注目。举例说，现今的中国比美国排放更多温室气体，即便中国的人均排放量未及美国人均的八分之一。本篇文章的第一部分将首先简单地对重要人口信息和人类繁殖的影响趋势以及地球的生活质量进行汇总。第二部分举例出关键的伦理议题以及争议中主要人物的相关观点。

当前的人口状况

　　根据联合国的最新预测，全球在2008年大约67亿的人口数量将于2050年时达到92亿，增加25亿。这一人口成长几乎全部集中于发展中国家。尽管发达国家的人口预期在这一期间维持在12亿的水平，落后国家的人口将由2007年的8亿翻升至2050年的17亿，其他的发展中国家则由2007年的46亿达到2050年的62亿。以目前的增长率来看，世界每年增加7 800万人口，几乎相当于埃塞俄比亚的全国人口（UN 2007）。

全球的人口现状存在悖论。目前情况就统计上来说是再理想不过，但以实际的人类生活来看却从未如此糟糕。由于国际的计划生育和发展努力，全球人口的年增长率成功地由2.06%的高峰数字（1965到1970年间）降低至2007年的1.17%（联合国2007）。除此之外，欠发达国家，总生育率（total fertility rate, TFR）由1960年的6.0%个孩子降低至今天的2.8%，足足削减过半，迫近2.1个孩子的更替水平（Population Reference Bureau 2008）。

遗憾的是，基于众多发展中国家年龄结构的巨大改变，降低的人口成长率和生育率由于人口惯性的现象依然造成了人口激增。结果是，自1950年后在社会发展方面的重大投入被同一期间翻升一倍的世界人口削弱不少。可悲的是，即使人均收入、食物供应、医疗服务、饮用水等方面的统计比例都有改善，贫穷、饥饿、疾病缠身和缺乏饮用水的人群实际数目却创历史新高。根据世界银行2008年估计，世界人口的五分之一，即14亿人，过着每日少于1.25美元的赤贫生活。

面对世界人口增长在2050年超出92亿的可能性，专家预期全球经济将需要达到3%到5%的年成长率以满足100亿人口的需求和期望。问题是，20世纪经济成长的爆发导致规模惊人的环境退化。生态学家警告，地球将无法承受世界经济另一轮5至10倍的扩张，一些学者认为——除非富人大举改变他们破坏性的生活方式——人类也许已经逾越地球承受力的极限。

全球物种灭绝的惊人速度和随之而来的生物多样性丧失也许是这一现象最鲜明直接的证据。土地退化、森林采伐和全球变暖也体现了人类对地球一切生命体的威胁。尽管将这些生态问题全数归咎于人口成长既不公允也不正确，但高人口成长率无可置疑地使情况加剧，未来甚至起关键作用。然而仍需强调，人类的生态冲击不仅取决于我们的人口数量，也受消费水平和我们投入货物生产的科技种类的影响。尽管有些问题的确深受人口成长影响，其他困境则主要是低效率的生产技术与不负责任的消费水平导致的恶果。

关键人物和主要议题

全球人口的剧增在国际论坛引发了不少关注以及间或地恶毒争论。冲突的核心指向众多发展中国家共有的观点，即发达国家过度关心人口成长引起的生态危机，不够重视自身过度消费造成的威胁。他们正确地指出，人类社会的生态冲击不能仅以生育率衡量，也该考虑消费形态和生产方式。于此，任何关于人口成长的讨论皆不能缺少对消费的道德反思也就益发明显。

在宗教伦理领域，对人口和消费两者间关系的积极强调直到晚近才出现。最初一代的反思是为回应当时提出的极具争议的"治疗类选法"（triage）或"救生艇伦理学"（lifeboat ethics）观点（Vaux 1989; Wogaman 1973）。这一期间对消费问题的道德反思包括重视较简朴的生活方式以及对资本主义相对严苛的批判，后者可见于美国罗马天主教主教的主教信"人人享有经济正义"［Economic Justice

for All（全国天主教主教委员会 1986）]。在
人口和消费问题上最具意义的全盘反思来自
对"成长的极限"的争议（史蒂弗斯1976和
1984）的探索以及"可持续发展"或"可持续
社会"概念研究（Engel & Engel 1988；Cobb &
Daly 1989）。

　　人口政策这一范畴在1974至1994年间
发生重大变更。20世纪60年代拙劣而具侵略
性的政策以失败告终后，这种以人口控制和避
孕技术为焦点的方式逐渐遭到排斥，取而代之
的是在背景较广的发展政策中纳入人口计划，
以及在更小程度上妇女的生育权与健康。这
些重大的政策变更绝大部分被编制成文，出现
于1994年9月在埃及开罗举行的联合国国际
人口与发展大会（United Nations International
Conference on Population and Development）
的《行动纲领》这份标志性文件中。它呼吁
摒弃狭隘，将以人口数字、人口目标和避孕实
施率为焦点的数量研究，转向对妇女的权利赋
予、生育权以及改善所有人类生活的大范围质
量关注。

　　在过去，伦理学家评估内容泛及各类诱
因、抑制作用和强制形态的人口政策，其方式
是检视这些政策对四项基本人类价值的影响
作用：自由、正义、社会福利以及安全或生存。
虽然对特定人口政策的可靠道德评估涉及对
所有四项基本价值的深思熟虑，伦理学家在这
些价值的优先排序上却存在意见分歧。例如，
有些人将社会福利和安全/生存摆在更根本
的自由和正义两种价值之下。伦理学家如罗
纳德·格林（Ronald Green）和丹尼尔·卡拉
汉（Daniel Calahan）相信在取得共同利益上，
致力于自由和平等的最大化远比侵犯人类尊

严的强制手段来得有效（Calahan 1976；Green
1976）。有些伦理学家采行的观点则完全与此
背道而驰，他们强调，缺少确保一般福利和安
全的根本措施就无法感受自由与正义的价值。
麦克·贝尔斯（Michael Bayles）和詹姆斯·葛
斯塔福森（James Gustafson）则赞成为了当前
与未来世代的共同利益而限制一定的个人
权利也许是有必要并且无可非议的（Bayles
1980；Gustafson 1984）。

　　这种主要道德价值观的优先次序分歧
也反映在较近时期人口议题的道德反思上。
遵循格林与卡拉汉的观点，罗斯玛丽·雷德
福·路德也认为将人口问题纳入范围较广
的社会与经济正义的背景中讨论是至关重要
的。通过衔接人口和消费两个议题，路德声
称，"富人的高消费"与"多数人的低消费"并
非互不相干而是相互依存的两个现实，全球
经济体系是这一现象的始作俑者，造福了少
数富人却危害了贫困大众。路德更坚信人口
政策的另一重要维度是将改善妇女地位以及
在道德行为能力方面赋权于妇女也视为目
标。不以改善妇女地位和道德行为能力为优
先使命的政策不仅侵犯了妇女权利也无法取
得成果。路德宣称，避免世界人口加倍成长的
最佳手段便是解决贫困与父权制的双重挑战
（Ruether 1992）。

　　约翰·柯布（John Cobb Jr.）是较晚近的
人口与消费问题探讨中另一位重要人物。在
消费方面，他竭心提倡概念基础和可行政策
以实现较公正、和平与可持续的世界（Cobb
1992；Cobb & Daly 1989）。柯布最独特的贡
献之一是他大胆、极"圣经"式的声明，即西方
工业国家"崇拜"无止境的经济成长。当透过

公民宗教的棱镜进行观察，我们不难理解在处理消费问题上为何如此难以捉摸而棘手。柯布辩说消费议题不仅牵涉消费习惯也关乎信仰仪式。不过柯布最重要的贡献是他与赫门·戴利（Herman Daly）在《为了共同利益》（*For the Common Good*）一书中极力勾勒出的一种另类发展形态，它不仅公正、有参与性而且生态可持续，而且要求我们对当前人类的生产、消费与繁殖形态做出革命性的变更。

人口方面，约翰·柯布在他与查尔斯·比尔其（Charles Birch）的1990年共同著作《生命的解放》（*The Liberation of Life*）中为人口政策构思道德基础。与路德属同一阵线，柯布建议在发展过程的较广语境中看待人口成长，也认为较低生育率的真正关键在于妇女生活的改善。在此，柯布强调"正义和可持续性恰好重合"（Birch & Cobb 1990）。然而书中就他与赫门·戴利在《为了共同利益》书中的争议性提案只字未提，内容只是建议政府施行"可转让生育配额计划"，对父母分发生育权证并允许他们任意在公开市场使用或出售。

如同柯布，詹姆斯·纳什（James Nash）在其名为《珍爱自然》（*Loving Nature*）的书中阐述了类似的现实情绪。字里行间，纳什始终将人口与消费两议题的处理相衔接，将它们称为"人类中心帝国主义"的表征（Nash 1991）。纳什表示，在一个道德充分并以抑制人口增长为目标的政策中，节育应担起核心角色，他也强调道德充分的人口政策必须成为提升社会经济正义和可持续发展的更远大目标的一部分。他反对国际上对生育权以及《联合国人权宣言》的日益重视，纳什认为人类没有生育繁殖的权利，尽管有不被强迫生育的权利。在

其关于人权和人类环境权的关系论述中，纳什辩解，"安全和生存权总会限制了其他公民的行动自由"（Nash 1991, 50）。由此可见，纳什为了生态安全的考量支持对人类生育自由的设限，并将这种行动阐释为生态正义。

不足为奇的是，一群天主教领袖和神学家在人口和消费问题的争论上也扮演举足轻重的角色。梵蒂冈代表团在开罗举行的联合国国际人口与发展大会上便发挥了重要作用。梵蒂冈反对"生育权"、"母亲安全"一类名词，认为其有赞成堕胎的隐喻。在对梵蒂冈观点的回应中，天主教圈的人口争议至少分裂为两个阵营。有些人，包括法兰西斯·基斯林（Frances Kissling）和丹尼尔·马奎尔（Daniel Maquire），认为梵蒂冈的观点在本质上厌恶女人而且无可救药地崇拜父权制（Kissling 1994; Maquire 1993）。马奎尔曾经与其他学者合作，钻研其他世界宗教内的节育和堕胎权利（Maquire 2001 & 2003）。天主教神学家如查尔斯·克然（Charles Curran）和西恩·麦克多纳（Sean McDonagh）也质疑梵蒂冈对人工避孕方式的反对，并指出当政策导致初生儿的较高死亡率、贫穷和环境退化时，梵蒂冈"支持生命"的立场是否还能站得住脚（Curran 1985; McDonagh 1990）？最后，莫拉·安·莱恩（Maura Ann Ryan）和约翰·施瓦兹（John Schwartz）也曾尝试将人口政策的道德反思框架置入天主教社会训导的较广语境中。

虽然许多人赞同路德对社会与经济正义的并重以及对改善妇女生活的强调（Martin-Schramm 1997），可能许多人和路德共同拥有了信心，相信为满足穷人需要重新设计的发展

政策和为提升妇女地位构思的社会改造最有可能达成全球人口稳定的目标。其他人可能支持柯布的见解,认为必须使用新的可持续发展典范以取代失败的经济增长的发展范式。直到我们试尽一切选项而且以失败收场,否则人口计划中任何形式的关于强制的讨论都可能令人难以忍受,尽管周密监控的鼓励方案也许是可行之道。

詹姆斯·马丁-施拉姆

(James B. MARTIN-SCHRAMM)

路德学院

拓展阅读

Bayles, Michael D. (1980). *Morality and population policy*. Birmingham: University of Alabama Press.

Callahan, Daniel. (1976). Ethics and population limitation. In Michael D. Bayles (Ed.), *Ethics and population*. Cambridge, MA: Schenkman.

Cobb, John B., Jr. (1992). *Sustainability: Economics, ecology, & justice*. Maryknoll, NY: Orbis Books.

Cobb, John B., Jr., & Birch, Charles. (1990). *The liberation of life*. Denton, TX: Environmental Ethics Books.

Cobb, John B., Jr., & Daly, Herman E. (1989). *For the common good: Redirecting the economy toward community, the environment, and a sustainable future*. Boston: Beacon Press.

Coward, Harold, & Maguire, Daniel C. (Eds.). (2000). *Visions of a new Earth: Religious perspectives on population, consumption, and ecology*. Albany: State University of New York Press.

Curran, Charles E. (1985). Population control: Methods and morality. In *Directions in Catholic social ethics*. Notre Dame, IN: University of Notre Dame Press.

Engel, John Robert, & Gibb Engel, Joan. (Eds.). (1988). *Ethics of environment and development: Global challenge, international response*. Tucson: University of Arizona Press.

Green, Ronald M. (1976). *Population growth and justice: An examination of moral issues raised by population growth*. Missoula, MT: Scholars Press for Harvard Theological Review.

Gustafson, James M. (1984). *Ethics from a theocentric perspective* (Vol. 2). Chicago: University of Chicago Press.

Kissling, Frances. (1994). Theo-politics: The Roman Catholic Church and population policy. In *Beyond the numbers: A reader on population, consumption, and the environment*. Washington, DC: Island Press.

Maguire, Daniel C. (Ed.). (1993). Poverty, population, and the Catholic tradition. In *Religious and ethical perspectives on population issues*. Washington, DC: The Religious Consultation on Population, Reproductive Health, and Ethics.

Maguire, Daniel C. (Ed.). (2001). *Sacred choices: The right to contraception and abortion in ten world religions*. Minneapolis, MN: Augsburg Fortress.

Maguire, Daniel C. (Ed.). (2003). *Sacred rights: The case for contraception and abortion in world religions.* New York: Oxford University Press.

Maguire, Daniel C., & Rasmussen, Larry L. (1998). *Ethics for a small planet: New horizons on population, consumption, and ecology.* Albany: State University of New York Press.

Martin-Schramm, James B. (1997). *Population perils and the churches' response.* Geneva: World Council of Churches.

McDonagh, Sean. (1990). *The greening of the Church.* Maryknoll, NY: Orbis Books.

McFague, Sallie. (2000). *Life abundant: Rethinking theology and economy for a planet in peril.* Minneapolis, MN: Fortress Press.

Nash, James A. (1991). *Loving nature: Ecological integrity and Christian responsibility.* Nashville, TN: Abingdon Press.

National Conference of Catholic Bishops (NCCB). (1986). *Economic justice for all: Pastoral letter on Catholic social teaching and the U.S. economy.* Washington, DC: United States Catholic Conference.

Population Reference Bureau (PRB). (2008). *2008 World Population Data Sheet.* Retrieved May 22, 2009, from http://www.prb.org/Publications/Datasheets/2008/2008wpds.aspx.

Rasmussen, Larry L. (1996). *Earth community, Earth ethics.* Maryknoll, NY: Orbis Books.

United Nations Department of Economic and Social Affairs, Population Division. (UN). (2007). *World population prospects: The 2006 revision*, Highlights, Working Paper No. ESA/P/WP.202.

Ruether, Rosemary Radford. (1992). *Gaia & God: An ecofeminist theology of Earth healing.* San Francisco: HarperSanFrancisco.

Ryan, Maura Ann. (1994). Reflections on population policy from the Roman Catholic tradition. In Laurie A. Mazur (Ed.), *Beyond the numbers: A reader on population, consumption, and the environment* (pp. 330–340). Washington, DC: Island Press.

Schwarz, John C. (1998). *Global population from a Catholic perspective.* Mystic, CT: Twenty-Third Publications.

Stivers, Robert L. (1976). *The sustainable society: Ethics and economic growth.* Philadelphia: Westminster Press.

Stivers, Robert L. (1984). *Hunger, technology, and limits to growth.* Minneapolis, MN: Augsburg Press.

Vaux, K. (1989). *Birth ethics: Religious and cultural values in the genesis of life.* New York: Crossroad Press.

Wogaman, P. (Ed.). (1973). *The population crisis and moral responsibility.* Washington, DC: Public Affairs Press.

Poverty

贫 穷

　　尽管全球平均收入水平居高且持续成长，仍有数亿人类一生处在极度贫困中，承受因贫穷带来的低平均寿命、社会排斥、疾病侵扰、文盲、依赖以及事实上的奴役状态。每年因贫穷造成的死亡数目大约是1 800万人，自冷战结束以来这个死亡总数已达到3亿6千万人。

　　数亿人口陷入赤贫的泥沼并受到各种疾病的侵袭，虽然同样的疾病在地球较富裕地区仅会造成微不足道的伤害。地球固有的多样性与自然美——它的资源、生态系统、大气层与气候——原可避免，却都以惊人的速度遭受退化。三种祸害——贫穷、疾病和环境退化——彼此息息相关不只因为它们来自共同祸源，有些人认为（换而言之，全球化往往形成了富裕的发达国家和发展中国家之间的对抗关系），也因为它们加剧了彼此的恶化现象。极度贫穷的人们对于疾病和环境退化尤其敏感，他们的身体和心智由于营养不足、不洁净的水、衣物和庇护所的欠缺、恶劣的卫生状况

以及不健康的工作与生活环境已饱受摧残。极度贫困的人面临这些危害时也最无力反抗，他们无法通过医疗保健或迁移，无法寻求法律途径或政治动员来保护自己。在这种局面下，疾病与环境退化腐蚀了人们的创造力与赚钱潜力而加剧了贫穷，更常见的是，盛年时便夺走他们的生命，削减了整个家庭的收入。

　　贫穷和疾病也使环境问题雪上加霜，一般来说穷人无法对自身行为的长期环境冲击做出周虑的考量。穷人负担不起节能和低污染的烹饪方式，被迫不顾环境成本，使用他们触手可及的燃料。不可否认，每个穷人造成的环境破坏远低于一般较富裕人口，但就每一单位的收入而言，来自穷人的环境破坏反而高出许多。这点也暗示着其他情况不变，因为收入与财富的较均衡分配可避免极度贫穷，在环境方面就比过度失衡的现状更可取。考量中更具长期意义的另一层面是：赤贫人口无法抑制生育，他们面对未来的严重不确定性，对其孩子能否长大成人毫无把握，若孩

子无一幸存，自身能否安享天年也不得而知。正如实验显示（Sen 1994），极度贫穷和较快速的人口成长有着因果关系，反过来又成为环境退化的主因。因此根除极端贫穷是尽早让人口数量趋向平稳、最好低于100亿的一项合理有效策略。

这两种关系——共同因果和相互强化——显示对这三种苦难中任一项有所担忧的人都应该在理智上和政治上合作，共同构思并落实能解决所有问题的策略。例如，构建一种能提供新药物发展诱因的制度机制，敦促药物创新者放弃对任何专利权保护产品的高价索求，并以产品的全球健康效果为基准的奖励酬劳作为取代。让先进药物能以最低的合理成本迅速供应于所需之地，在危害穷人的疾病上激励研究开发，鼓舞药物创新者对新发明的实际健康影响继续追踪——这些都是非营利组织全球健康激励机制（Incentives For Global Health）的健康影响力基金（Health Impact Fund）计划中的目标——这些能可观地削减贫穷和全球疾病的负担（Hollis & Pogge 2008）。或是考虑采用一种"全球资源福利"，为资源消耗和污染附上价格标签，因此不仅有助于减缓环境退化，所生成的一连串收益也能用于降低贫困——例如资助健康影响力基金（Pogge 2008，第8章）。类似的改革机制显示，任何可持续性的伦理都有必要集中且协作地应对世界的贫困问题。

世界贫困：说明与责任

尽管全球平均收入水平居高且持续增长，仍有数亿人类一生都处在极度贫困中，承受因贫困而导致的低平均寿命、社会排斥、疾病侵扰、文盲、依赖及事实上的奴役状态。每年由贫穷造成的死亡数目大约是1 800万人，自冷战结束以来这一死亡总数已达到3亿6千万人（WHO 2004，120—125）。

问题虽然严重，诸多政治学家和社会正义学者却认为可以解决。世界银行对贫穷所下的狭窄定义是每月人均生活费用低于2005年38美元在美国的购买能力。倘若我们将这购买力增加一倍至每月人均76美元。数据显示，在2005年，64.4亿人口中的31.4亿人将生活在贫困中（Chen & Ravallion 2008，表格8）。依据市场汇率，全体穷人仅消费了全球产品的1.3%，只需要再增加1.1%即可脱离狭义的贫困。相对地，发达国家占世界人口的15.7%，却享有全球79%的产品（世界银行2006，289）。发达国家有着高于贫穷人口190倍的人均国民收入，许多关注全球正义的人士相信，只要富足国家尝试就可完全消灭贫困——事实上，这一愿望10年前即能实现。

不过，一些人认为富有国家的人民惯于低估世界贫穷之严峻和持久状态，认为其是少数慈善资助的工作。部分因为一些经济学家的合理化阐释，许多人相信极端贫困是微不足道或正在消失中的问题，也可能会认为贫穷之所以持久完全归咎于地方因素。这些常有的偏见稍微值得着手应对。

尽管全球贫穷人口的总收入不是很少，差额形成的严重后果却难以想象：9.63亿的人类营养不足（UNFAO 2009），8.84亿缺乏安全饮水，25亿人欠缺适当卫生设备（WHO & UNICEF 2008，30和7）。大约20亿人得不到基本药物，10亿人口没有适当庇护所，16亿人无法使用电力（NIH 2009 & UN Habit 2009）。

7.74亿左右的成人不识字而且超过2亿的5到17岁儿童在家庭之外为薪资付出劳力——往往在艰难困苦的情况下：成为士兵、娼妓或仆佣，或者从事农业、建筑、纺织或地毯制造（ILO 2006）。

极端贫困并没有迅速消失。生活在低于每月人均相当76美元购买力的人数与25年相比有所增加（Chen & Ravallion 2008，表格8）而营养不足的人数甚至在近期的金融危机之前就呈上升趋势（FAO 2009）。面对当前全球平均收入的稳健增长，这种持久的极端贫穷源于全球不平等收入的迅速增加。在经济合作与发展组织（Organisation for Economic Co-operation and Development, OECD）的富有国家中，人均家庭最终消费支出（2000年的恒定美元）在1984到2005的全球化期间增加了59.4%（UNFPA 2006）。同时期较贫困的另一半人类情况则更加糟糕，贫穷人口的实际（调整的购买力）消费支出提升了不到10%。

对穷人的危害

着手消灭贫穷需要呼吁对极端贫困对穷人造成的危害以及贫穷问题的规模与成因关注。一般围绕贫穷的道德争论涉及协助境外穷人的道德义务的迫切性。有些人认为这些义务的理由薄弱，相信若不施以帮助也非罪大恶极。反对这一观点些哲学家辩称，"我们的积极义务是迫切和苛刻的"（Singer 1972；Shue 1996；Unger 1996）。其他人如利亚姆·墨菲（Liam Murphy 2003）则捍卫一种中间观点，根据这一观点我们的积极义务虽在迫切范围内但不过分苛求。当然，我们有积极义务解救人们使其免受贫困的生命威胁。不过当更紧迫的消极义务也产生作用时，过分关注这些积极义务反会误导我们：使人类不暴露于生命危害的贫穷中的义务以及让他们避开可直接归咎于我们自身的伤害的义务。

不少社会和政治理论家认为贫穷是富裕国家加诸世界众多人口的持续伤害，也相信看起来富裕国家绝大多数公民对这项指控难以置信。根据这一观点许多人将如此多人类尚未享有基本人权的情况称为悲剧——也承认他们应该付出更多——却极少为这一灾难承担起更积极的责任。这些理论家一致同意，如果他们果真如此，发达国家文明而世故的公民将犯下最严重的违反人道罪。每周的死亡人数超过2004年印度洋海啸的受害人数，而每三年，这数字更达到第二次世界大战的死亡总数，包括集中营和古拉格。

这一观点引发了问题与道德困境。面对收入与财富如此惊人的不均，富裕国家能采取什么行动以减轻境外的极端贫困？富裕国家的10亿公民，眼见有其他三倍多的人处身赤贫，如何在道德上有资格享用79%的全球产品？要认知介于富足与极端缺乏间的极度不均便要负起举证的责任：富人必须说明如何在穷人一无所有时自身能有道德资格享受这般丰裕。两种常见视角为这项权利提供了支撑，但两者同时受到关注社会正义、环境政策和全球化的学者质疑。

考验之一：真实历史

许多人相信现有的极度不均能通过对其演进过程的参考获得合理解释。比如，在勤奋、文化、社会制度、土壤、气候或运气上的差异。不过当前的极端不均实际上在动荡历史中不断加剧的事实使得这类理由站不住脚。绝大部分的不平等早在殖民时代就已生成，当时的富裕国家统治着今日世界的贫穷地区——将人们当牛群般买卖、破坏他们的政治制度和文化、夺取他们的土地和自然资源然后把产品和习惯强加于他们。

有些人回应称，过去殖民强权国的人民不能为他们先人过去的作为负责。不过许多人也会提出反驳，认为这无法说明今天这些公民如何能坚持享有过去罪行的果实，或者有权享受这些国家在后殖民时代以来占尽先机的优势，一切好处都让他们得以使用最有利其自身的方式塑造世界，并持续地在穷人呱呱坠地起时就对其进行掌控。富裕在历史上的崛起道路其实削弱了其任何道德索求的正当性——特别是面对那些在同一历史进程中被推进极度匮乏状态的人。

考验之二：全球的制度规划

另一条思索极度不均的正义性的途径在于反思导致不均的制度性规则。利用这一视角，我们能证明一种经济秩序和所生成的分配状态的合理性（不顾历史考量），方法是将它们与可能的社会体系选项和随之形成的分配概况相比较。诸多广义上而言是后果论和契约论的正义观念正是这一视角的体现。但在对受影响方描述、评估当事方处境好坏的度量标准以及如何将这些关乎幸福的讯息汇总成全面的评价则存在异议。这些观念对于经济制度如何在现代局势下理想地塑形也毫无共识。不过我们可以绕开这些争议，只要这些观念一致同意，当一种经济秩序可预见地会导致大规模而严峻的人权藐视时——如盛行于封建时代俄罗斯和法国的农奴制度与强迫劳动——便是不公正。这点对基本上属后果论与契约论的正义观念的认同人士而言是一项考验：当一种全球经济秩序定期地引发贫困匮乏的情况，我们如何能为维系一部分人的巨大经济优势允许这经济秩序的强行实施，尤其在另一可行的制度选项下，这类严酷而普遍的贫困可以不再持续。

一些经济学家因忽视了若干因素而认为现存的全球制度秩序与无法根除的极端贫穷毫无关联，也认为国际上形形色色的国家因素就足以说明贫穷为何持续困扰这些地区。一旦撇开这种解释性的民族主义，许多人会发现全球因素与极端贫穷的持久不退息息相关。世界贸易组织的协商中，富裕国坚持通过关税、配额、反倾销税、出口信贷以及对国内生产商的巨额补助来维系自身市场的不对称保护。在众多理论学家看来，这种保护主义明白表露了富裕国坚持并指挥其他市场开放接收其商品的伪善（Pogge 2008, 18—23）。这严重阻碍了最穷国家及地区的出口机会。假使富裕国家废除对贫穷国进口的保护主义障碍，贫困国家的人民将深受其益：千千万万人类从此摆脱失业的困扰，薪资水平会大大提升，每年的出口收益也将增加数十亿元。

相反地，对保护主义的批评指出，富裕国家对全球不成比例的污染贡献和资源消耗这些外部效应从未进行支付，反为他们的智慧财产索取数以千万的费用。如果全球穷人在这些污染性活动中有任何受益的话也是微乎甚微，他们在保护自己健康和自然环境从而不受这些污染冲击（例如由海平线升高引起的水灾）方面是最无力的一群。类似"全球资源红利"（global resources dividend）的改革机制以成立保护穷人免受污染之害的基金，同时通过外部环境效应的并入来缓解现有的污染活动。

应对未来的全球贫困

这里讨论的两项考验都集中于同一假设，即全球穷人对一部分世界富裕人口有令人信服的道义申索之权，当富裕国家通过拒绝穷人在道德资格上应享有的和急需的也极大地导致了穷人的匮乏。

这一观点坚持，一旦明白全球制度秩序和无止无休的极度贫穷间的因果关系，秩序的不公正、它的强加于人也就显而易见：一小簇全球精英——富裕国的公民以及在资源丰富的发展中国家中握有政治与经济权的人们——正强行实施一种全球性的所有权谋划，他们将世界的自然资源占为己有并根据互利的条件彼此分派。对这些原则的思考显示，要重组世界经济，终止对穷人的排斥并达成生态可持续性，可能通过谨慎而关怀的改革途径实现。

汤姆斯·帕格（Thomas POGGE）

耶鲁大学

拓展阅读

Anand, Sudhir; Segal, Paul; & Stiglitz, Joseph. (Eds). (forthcoming). *Debates in the measurement of global poverty*. Oxford, U.K.: Oxford University Press.

Chen, Shaohua, & Ravallion, Martin. (2008). The developing world is poorer than we thought, but no less successful in the fight against poverty. World Bank Policy Research Working Paper WPS 4703 (2008), 34. Available at econ.worldbank.org/docsearch.

Food and Agricultural Organization of the United States (FAO). (2009). Number of hungry people rises to 963 million. Retrieved Augsut 13, 2009, from www.fao.org/news/story/en/item/8836/icode/

Hollis, Aidan, & Pogge, Thomas. (2008). *The health impact fund: making new medicines accessible to all*. New Haven, CT: Incentives for Global Health.

International Labour Office (ILO). (2006). *The end of child labour: Within reach*. Geneva: ILO.

John E. Fogarty International Center: United States Institutes of Health (NIH). (2009). Summary of the NIH Representatives Meeting. Retrieved August 13, 2009, from http://www.fic.nih.gov/programs/international/forum/2009/summary_mar2009.htm

Murphy, Liam. B. (2003). *Moral demands in nonideal theory*. New York: Oxford University Press.

Pimentel, David.; Westra, Laura.; & Noss, Reed F. (Eds). (2000). *Ecological integrity: Integrating environment, conservation, and health*. Washington, DC: Island Press.

Pogge, Thomas. (2004). The first UN millennium development goal: A cause for celebration? *Journal of Human Development, 5*(3), 381–385.

Pogge, Thomas. (2008). *World poverty and human rights: Cosmopolitan responsibilities and reforms* (2nd edition). Cambridge, U.K.: Polity Press.

Sen, Amartya. (September 1994). Population: Delusion and reality. *New York Review of Books*: New York.

Shue, Henry. (1996). *Basic rights: Subsistence, affluence and US foreign policy*. Princeton, NJ: Princeton University Press.

Singer, Peter. (1972). Famine, affluence and morality. *Philosophy and Public Affairs, 1*(3), 229–243.

Unger, Peter. (1996). *Living high and letting die*. New York: Oxford University Press.

UN Habitat. (2009). Urban energy. Retrieved August 13, 2009, from www.unhabitat.org/content.asp?cid=2884&catid=356&typeid=24&subMenuId=0

UNFPA State of World Population. (2006). Indicators. Retrieved from /www.unfpa.org/swp/2006/english/notes/indicator_tech.html

World Health Organization (WHO). (2004). *World health report 2004*. Geneva: WHO.

World Health Organization (WHO) & United Nations Children's Fund (UNICEF). (2008). *Progress on drinking water and sanitation: Special focus on sanitation*. New York and Geneva: UNICEF and WHO. Available at www.wssinfo.org/en/40_MDG2008.html

World Bank. (2006). *World development report 2006*. New York: Oxford University Press.

Pragmatism

实用主义

实用主义，一个19世纪70年代发展于美国的哲学派别，主张知识与真理的获得和变革都来自人类与自然的互动。实用主义强调个人协调适应周遭的自然和社会环境，促成了环境可持续性伦理的发展。

"实用主义"是同时出现在通俗语言和学术论述中的跨界哲学名词之一。在日常、非技术性的使用上，"实用"通常暗喻一个人对成果取得的关注更甚对崇高原则或教义纯正的遵循。以最不讨人喜的方式表达，实用主义成了政治权宜的同义词，这种理解道出了实用主义与诚信正直间的鸿沟。尽管实用主义的通俗含义在多方面与它的哲学性措辞平行对应，后者却比一般理解的常识用法更显复杂（在知识论上和伦理上皆然，换而言之，同时涉及知识的本质以及道德标准的体系）。

历史根源与哲学维度

哲学领域中的实用主义传统在历史上可追溯至"形而上学俱乐部"（Metaphysical Club），一个历时不长、在19世纪70年代早期聚会于马萨诸塞州的剑桥的哲学讨论团体。它的会员包括第一代实用主义哲学家如查尔斯·桑德尔·皮尔士（Charles Sanders Peirce, 1839—1914）和威廉·詹姆斯（William James, 1842—1910），他们试图重建起能与达尔文及后笛卡尔世界观一致的哲学概念与方法（观点要求摒弃固定不变的本质与未经审视的真理）。随着哲学家约翰·杜威（John Dewey, 1859—1952）的著述在20世纪初的面世，古典实用主义传统也达到巅峰状态。杜威的"工具主义"版本实用主义尤其引人注目，它企图对有关伦理、社会和政治的迫切议题做出哲学分析。

实用主义对学院哲学的影响力到了20世纪40年代日趋式微且被新兴的逻辑实证主义和逻辑经验主义光芒掩盖，后两者更关心逻辑和语义学的正规研究。不过这期间实用主义在学院哲学中并非完全黯然失色，毕竟准实用主义的理念继续存活在分析哲学家如威拉德·范·奥曼·奎因（Willard Van Orman Quine, 1908—2000）和鲁道夫·卡尔纳普（Rudolf Carnap, 1891—1970）的研究工作中，他们有时被称为"分析式实用主义者"。此外，从20世纪70年代开始，实用主义在哲学领域出现了惊人复苏，这次的重生主要归功于一群"新实用主义"哲学家的工作，如理查德·伯恩斯坦（Richard Bernstein）、康奈尔·威斯特（Cornel West）、希拉里·普特南（Hilary Putnam）、尤尔根·哈贝马斯（Jurgen Habermas）和极重要的理查德·罗蒂（Richard Rorty）。

由于实用主义的知识异质性（过去和现在），要为这传统提出一种有意义的整体归纳显得困难重重，尤其在主要的新实用主义者和古典实用主义者的谱系连接上。举例说明，有些现代的新实用主义者摒弃了大量历史实用主义的哲学性外部标志；罗蒂对杜威实用主义的后现代改造众所周知，他企图一笔勾销杜威为科学和为实验探究的逻辑在形而上学和知识论上的承诺献身。为了使事物分类更加复杂，实用主义抓住了哲学之外的学者——举一些例子，包括诸如法律、文化理论、历史、政治、宗教和经济在内的多种多样的学者的想象力。哲学上，实用主义是通过一套松散连接，与真理、意义、探索和价值相关的理论加以界定。皮尔士首先提出的"实用主义准则"—此概念意指要适当地确立对观念或实体的一种信仰就必须先探寻信仰的实际效果——为哲学实用主义提供了基本的入门逻辑，然而我们能察觉到部分可辨识的努力和概念开始在细节上充实这一传统了。

实用主义范畴中最重要的哲学举动之一是排斥基础主义，换而言之，实用主义否认（传统的理性主义者和经验主义者共同的看法）知识和信念必须建立在一类特定、不变且无须辩解的基本信念上（比方说，在某种意义上不言而喻或不辩自明）。由于质疑这类基本真理的存在，杜威一类的实用主义者摒弃传统哲学的"寻求必然"转而拥抱较具实验性和可错性观点的知识。换而言之所有信念——即便我们认为已受过去经验证明的信念——都是可批评、修正和取代的。不过对实用主义者而言，反驳这种知识的基础锚定并不需要掉头转向怀疑主义。正如哲学家希拉里·普特南指出，同时身为可错论者和反怀疑论者的概念也许是实用主义最独特的认识论见解了。

另一项实用主义的特征是它反对所有形态的哲学二元论（如心智和身体，本质和外貌，等等）。实用主义者相信对人类生存的元素做出过度尖锐、充斥形而上学意义的区分不但不得要领，也经常有害思维。与自然主义学者相同，实用主义者强调人类经验在物质世界与社会的根本延续性。这方面的投入也使实用主义者否定了任何存于事实和价值间的本体论分隔：实用主义者侧重以人类经验事实为依托的经验主义观，在何谓善或对（或者恶或坏）的道德声明上这些经验能够提出证明——由于经验的增加，证明永远有被推翻的可能。

实用主义者同时重视人类实践的范畴（相对于理想的范畴）。实用主义是种极为积极和再造的哲学，它脱胎自实际经验，并随着个人与群体在困局当前调适改善与外在自然的关系过程中成型。经验信念和道德原则因此成为社会实验和社会适应的工具。实用主义者完全支持以多元的观点看待价值与善。个体来自不同地方而且在极大程度上受到不同传统和经验的塑造——新的伦理处境和问题情境也无时无刻不出现——要在如此复杂的变迁中严守任一项道德原则或规定,实用主义者认为是痴人说梦。

最后,在实用主义中,群体的认知、道德与政治这三种价值极受推崇。查尔斯·桑德尔·皮尔士与杜威之类学者拥抱群体,认为群体的制度能解决复杂的科学和社会问题。他们相信,若能协调合作,一组多元的"探究者"(可能包括专家、公民或两者)与单一且被自身独有看法与偏见阻碍的个人在事实确定和问题解答上更具优势。对皮尔士来说,他试图将实用主义发展为一门科学的形而上学,长远看来,真理终会在有组织之实验性探究的理想运作中揭露出来。杜威有着自己的理解,这种协作/科学探究的理想化观点正彰显了他的所谓"社会智力"(social intelligence)方式。杜威对这一过程的撰写以自然科学与技术科学中成功的探索形式为依据,衔接于民主的政治文化。这种带有开放、宽容、言论自由和其他民主美德特质的民主社会秩序将使社会智力的运作更为有效,换而言之,它促进自由与合作性的探索以及社会问题的集体解决。然而对杜威而言,群体也是道德观念的核心,其体现一种交流沟通与社会的理想,在理想中所有参与集体经验的个人都为共有的价值观和民政事务的管理贡献所能。

"环境实用主义"的崛起

尽管第一代的实用主义者对保育或环境保护着墨不多,但其对哲学自然主义的献身巩固了人类—自然的连续性概念,加之实用主义者如杜威强烈反二元论的态度,给出一种我们可能认为是人性自我的"生态"观点,相信个人乃完全纠缠在较广阔的自然与文化—历史体系中。同样,实用主义要求个人和谐地适应周遭自然和社会环境(不强调物质支配或科技掌控),意味着一种以非人自然为定向、类似我们今天称之的"可持续性伦理"。

即使皮尔士、詹姆斯、杜威及其学术盟友未将自然世界视为关乎哲学的主题给予更明确的关注,20世纪早期的主要先进环保主义者与规划者如李波提·海德·贝利(Liberty Hyde Bailey)、刘易斯·芒福德(Lewis Mumford)、班顿·麦凯(Benton MacKaye)与奥尔多·里奥波德(Aldo Leopold)的研究中却可瞥见一种基本上为实用主义敏感性的特质。他们之间纵然存有分歧,这些学者一致强调(如同实用主义者)人类经验在环境中的重要性及其在塑造和改变信仰与价值中的角色。此外,他们接受环境价值观的多元化(将自然的工具性价值与内在价值同时划入),在美国景观的妥善规划和保护以及人类群体的事务间,尤其他们在热心公益和公民社会复兴两方面建立起若干重要的连接。实用主义环保学者和改革规划者强调对自然须持有的敬畏之心和人类适应自然条件之必要,也该有一种存在于杜威和其他人的成熟实用主义中的道德约束感与谦逊感。

20世纪90年代,环境哲学家针对环境伦理意图采用更实际更具政策导向的途径,开始将实用主义的理念和方法引入论证中,哲学实用主义与现代环境保护论间的衔接因而成为学术界的关注焦点。环境实用主义者排斥环境伦理中非人类中心论的主流哲学焦点。这门"以自然为中心"的哲学对人文主义的价值系统及其为环境政策与实务提出的辩解心存疑虑，非人类中心论被环境实用主义者指责为同时犯了形而上与知识论的谬误，它宣称这种哲学姿态难以激励公民和决策者支持强力足够的环境政策议程。环境实用主义者相信广泛的人文主义、经验主义、多元主义，尤其是皮尔士、詹姆斯和杜威传统中的实用特质，在环境保护方面提供了更令人信服的哲学背景。一些环境实用主义者例如班·明提尔（Ben A. Minteer）和罗伯特·曼宁（Robert E, Manning）也声称这一传统与社会及政治的核心承诺更为一致，例如公共协商和稳健民主文化的维系。

实用主义除了重塑了不少环境哲学的论述外，近年来在环境的政策、政治与科学各层面的多项重要计划中也曾被引为论据。举例说明，法学家丹尼尔·法伯尔（Daniel A. Faber），就曾为环境法律和规定中的实用主义视角辩护，这些法规拒绝过去对决策工具如成本效益分析的传统依赖，进而采用较为动态、眼光长远及多元化的环境决策方式。同样地，环保鼓吹者泰德·诺豪斯（Ted Nordhaus）和麦可·谢伦伯格［Michael Shellenberger，是备受争议的《环保主义的死亡》（Death of Environmentalism）散文和2007年后续出版的《突破》（Break Through）一书作者］——批评美国环保主义过于负面且受制于"限制政治"，提议用较开明而改良形态的实用主义环境保护论加以取代。最后，美国生态学会（Ecological Society of America）在2004年的

"愿景宣言"中倡导一种生态的新科学研究议程，意图将生态研究直接衔接成为社会与政策的当务之急，原因是不断加剧的城市化和伴随而来的生态系统负担。这一崭新的"实用主义生态科学"承认人类能动性是环境体系的一部分并寻求加以管理，并在某些情况下，有创意地构思生态服务以实现可持续未来的使命。

实用主义、可持续性和自然的虔诚

近期的环境哲学中，企图结合实用主义与可持续性理念的最重大尝试之一要数布莱恩·诺顿（Bryan Norton）在其2005年的著作《可持续性：一种适应性生态系统管理的哲学》（Sustainability: A Philosophy of Adaptive Ecosystem Management）中的阐述。他在书中支持以一种综合科学与价值的论述来主导跨越环境科学、政策与管理三领域的可持续性讨论。这样一来，他将环境问题重新定义为语言上的失误（非道德上的失败）并借助语言与沟通的语用学为环境哲学制定一套新的议程。在发展适应性管理的哲学原则以作为实践生态-社会可持续性的实用工具上，诺顿明确表达了一种基层实验的知识论，一种方法论的自然主义观点，其中经验信念和环境/社会价值观同时受制于一种集体探索与集体适应的共同过程。

实用主义的宗教维度——在当代的新实用主义讨论中经常受到忽视——可能对可持续性的道德和哲学层面的更充分理解至关重要。举例而言，根据杜威的宗教写作，自然条件被视为人类理想的根本来源，也是后来世代必须承担起维护责任的财产。1934年，杜威

在其未得到应有评价的《一个共同的信念》(*A Common Faith*)一书中,把尊重社会与物质环境称为"自然虔诚"(Natural Peity),是使人类价值和经验的条件得以成立所应持的一种态度,而非傲慢的人类中心主义。杜威的自然虔诚理念为人类经验中基本上是工具主义观点的自然增加了一种重要的理想主义特质,有助于将古典实用主义的审美和宗教元素带入环境可持续性的时代。

班·明提尔(Ben A. MINTEER)

亚利桑那州立大学

拓展阅读

Anderson, Elizabeth. (1998). Pragmatism, science, and moral inquiry. In Richard W. Fox & Robert B. Westbrook (Eds.), *In face of the facts: Moral inquiry in American scholarship* (pp. 10–39). Washington, DC: Woodrow Wilson Center and Cambridge University Press.

Bernstein, Richard J. (1992). *The new constellation: Ethical-political horizons of modernity/postmodernity*. Cambridge, MA: MIT Press.

Brint, Michael, & Weaver, William. (Eds.). (1993). *Pragmatism in law and society*. Boulder, CO: Westview Press.

Bromley, Daniel W. (2006). *Sufficient reason: Volitional pragmatism and the meaning of economic institutions*. Princeton, NJ: Princeton University Press.

Dewey, John. (1986). *A Common Faith*. In Jo Ann Boydston (Ed.), *John Dewey: The Later Works, 1925–1953*: *Vol. 9. 1933–1934* (pp.1–58). Carbondale: Southern Illinois University Press.

Farber, Daniel A. (1999). *Eco-pragmatism: Making sustainable environmental decisions in an uncertain world*. Chicago: University of Chicago Press.

Feffer, Andrew. (1997). *The Chicago pragmatists and American progressivism*. Ithaca, NY: Cornell University Press.

Festenstein, Matthew. (1997). *Pragmatism and political theory: From Dewey to Rorty*. Chicago: University of Chicago Press.

Gunn, Giles B. (1992). *Thinking across the American grain: Ideology, intellect, and the new pragmatism*. Chicago: University of Chicago Press.

Haack, Susan. (2004). Pragmatism, old and new. *Contemporary Pragmatism 1*, 3–41.

Hamner, M. Gail. (2003). *American pragmatism: A religious genealogy*. Oxford, U.K.; New York: Oxford University Press.

Light, Andrew & Katz, Eric (Eds.). (1996). *Environmental Pragmatism*. London: Routledge.

Menand, Louis. (2001). *The metaphysical club: A story of ideas in America*. New York: Farrar, Straus, and

Giroux.

Minteer, Ben A. (2002). Deweyan democracy and environmental ethics. In Ben A. Minteer & Bob P. Taylor (Eds.), *Democracy and the claims of nature: Critical perspectives for a new century* (pp. 33–48). Lanham, MD: Rowman & Littlefield.

Minteer, Ben A. (2005). Environmental ethics and the public interest: A pragmatic reconciliation. *Environmental Values 14*, 37–60.

Minteer, Ben A. (2006). *The landscape of reform: Civic pragmatism and environmental thought in America.* Cambridge, MA: MIT Press.

Minteer, Ben A. (2008). Pragmatism, natural piety, and environmental ethics. *World Views: Global Religions, Culture, and Ecology 12*, 179–196.

Minteer, Ben A., & Manning, Robert E. (1999). Pragmatism in environmental ethics: Democracy, pluralism, and the management of nature. *Environmental Ethics 21*, 193–209.

Nordhaus, Ted, & Shellenberger, Michael. (2007). *Break through: From the death of environmentalism to the politics of possibility.* Boston: Houghton Mifflin.

Norton, Bryan G. (1991). *Toward unity among environmentalists.* Oxford, U.K.: Oxford University Press.

Norton, Bryan G. (2005). *Sustainability: A philosophy of adaptive ecosystem management.* Chicago: University of Chicago Press.

Palmer, Margaret; Bernhardt, Emily; Chornesky, Elizabeth; Collins, Scott; Dobson, Andrew; Duke, Clifford; et al. (2004, May 28). Ecology for a crowded planet. *Science 304*, 1251–1252.

Posner, Richard A. (2003). *Law, pragmatism, and democracy.* Cambridge, MA: Harvard University Press.

Putnam, Hilary. (1994). *Words and life.* Cambridge, MA: Harvard University Press.

Schellenberger, Michael, & Nordhaus, Ted. (2004). The death of environmentalism. Retrieved March 25, 2009, from http://www.thebreakthrough.org/images/Death_of_Environmentalism.pdf

Precautionary Principle

预防原则

　　20世纪后期以来，不少国家与机构采用预防原则作为决策的主导结构。它指出，当人类和环境的健康受到威胁时，无须等到结论性或明确的科学实证的提出即可采取行动。目前欧洲联盟已经广泛执行这一原则。

　　一般认为预防原则起源于德国的谨慎原则（Vorsorgeprinzip），可译为关注或预见人类行动的可能后果。预防原则在20世纪80年代中期出现于公共讨论，欧洲决策者开始援用这一原则来界定出有意义的监督框架，以控制新科技和新产品的引进。这一切都在跟进整个20世纪70年代美国一连串极不寻常的立法成功，促成管控空气和水源质量、有毒物质以及有害废弃物的环境法律得以颁布实施，联邦和州政府机构也采用了定量风险评估程序。其中的法案包括《资源保护和回收法》（Resource Conservation and Recovery Act 1976）、《有毒物质控制法》（Toxic Substances Control Act 1976）以及《洁净水法案》（Clean Water Act 1977）。

　　在国际方面，预防原则于1984年的第一届国际北海保护会议（First International Conference on the Protection of the North Sea）中首次提出；它同时随后促成欧盟成立《马斯特里赫特条约》（Maastricht Treaty, 1992），也伴随较先前的元素出现在1976年《巴塞罗那公约》（Barcelona Convention against Pollution in the Mediterranean Sea）的内容中。最后，在1992年联合国的环境与发展大会（UNCED），非正式名称为里约地球峰会（Rio Summit），预防原则被列为会议报告即《里约环境和发展宣言》（Rio Declaration on Environment and Development）的第15项原则，原则指出："为了保护环境，国家将尽其所能广泛采行预防原则。在严重或不可恢复的损害威胁下，不得以欠缺充分的科学确定性为由，推迟符合成本效益的措施以防止环境破坏"（联合国环境规划署1992）。

　　尽管预防原则在欧盟普受肯定却迄今在

美国仍不得人心,私营企业和主要贸易组织间更是强硬反对以这种监督方式引导其商业活动。如何解释这种横跨大西洋的分歧?要理解这种国际贸易中管理僵局的来龙去脉,就必须探究两种监督文化间不同的道德标准和世界观哲学。

尽管早先针对环保的立法行动,美国监管部门能较不犹豫地接受以风险评估和风险管理原则来解释环境与公众的健康,例如,给制造工厂发出污水排放许可。相反,欧洲官员认为风险评估程序不足以管控商业行为中的有毒物质和有害产品,特别当这些产品乃进口自世界其他地区或于当地制造。他们倾向于认定这些新引进市场的产品背后缺乏对产品可能环境冲击的充分知识或适当评估。在总体的监督方针上采取预防原则对于众多欧洲决策者来说因此更具吸引力。

2007年6月,以预防原则的概念基础为立足点,欧盟施行了一项划时代的监督体系,称为化学品注册、评估、授权和限制法规(Regulation, Evaluation, Authorization and Restriction of Chemical Substances, REACH)。这项欧盟指令简化了私营产业用以评估和管理化学物质的生产、使用和行销的流程,同时提供安全信息给会员国的使用者。自从Vorsorgeprinzip在20世纪70年代早期成为德国环境法规的基本依据之后,全球其他国家的司法和监督程序都曾将这原则引为参考。

尽管预防原则的基本概念尚未在美国生根苗壮,一些州政府和地方政府已经在决策过程中采用它的根本原则。《预防原则的翼展声明》(The Wingspread Statement on the Precautionary Principle)是1998年由一群科学家、环境学家、决策者和律师在威斯康星州拉辛市(Racine)一次会议中构思而出的。声明指出,"当一种活动对人类健康或环境造成威胁,即使在科学上未能充分证明其因果关系也该采取预防性措施"。早在1989年,马萨诸塞州就施行了《减少有毒物质使用法》(Toxic Use Reduction Act, TURA)为州内产业提供规划工具,帮助它们自动减少有毒物质的生产、使用和排放;这一方式并不要求对危害作用的确定性提出科学举证。2003年,旧金山市通过了一项预防原则法令,内容明定"……缺乏因果关系的科学确定性不足以构成理由延缓防止环境恶化或保护市民健康的措施……只要存在合理的担忧因素,预防原则就要协助降低危害。"

A. 卡林·阿赫梅德(A. Karim AHMED)
国家科学与环境委员会

拓展阅读

Massachusetts Precautionary Principle Project. (2009). Retrieved on July 12, 2009, from http://www.sehn.org/ pppra.html.

Montague, Peter. (2006, March 16). Getting beyond risk assessment. *Rachel's Democracy & Health News*, (846). Retrieved on July 12, 2009, from http://www.precaution.org/lib/06/prn_alternatives_to_qra.060316.htm.

O'Riordan, Timothy, & Jordan, Andrew. (1995). The precautionary principle, science, politics and ethics. Retrieved on July 12, 2009, from http://www.uea.ac.uk/env/cserge/pub/wp/pa/pa_1995_02.pdf.

The precautionary principle. (2005). Paris: UNESCO. Retrieved on July 12, 2009, from http://unesdoc.unesco.org/images/0013/001395/139578e.pdf.

The precautionary principle and environmental policy. (2000). *International Journal of Occupational and Environmental Health*, (6). Retrieved on July 12, 2009, from http://www.sehn.org/pdf/ppep.pdf.

San Francisco adopts the precautionary principle. (2003, March 19). Retrieved June 2, 2009, from http://www.rachel.org/en/node/5656.

United Nations Environment Programme (UNEP). (1992). Rio declaration on environment and development. Retrieved on June 2, 2009, from http://www.unep.org/Documents.Multilingual/Default.asp?DocumentID=78&ArticleID=1163&l=en.

Wingspread statement on the precautionary principle. (1998, January). Retrieved June 2, 2009, from http://www.sehn.org/wing.html.

Process Thought

过程哲学

过程哲学将生物圈（及宇宙整体）拟想为一种由形形色色的动态主体构成的群落，群落中所有主体都应赋予一定程度于自身的内在价值和于他人的工具价值。过程哲学在不同学术领域间起到的介导调和作用——使一种与我们生物圈命运的合作、问题解决性息息相关的冒险历程成为可能——本质上便是实现可持续性的宝贵工具。

过程哲学指的是一套涉及极广的论述，主要在于哲学和神学方面但与物理学、生物学、生态学、心理学、教育理论、性别理论和经济学的多个领域都有交流。其共同的灵感来源是英国数学家和逻辑学家阿尔弗雷德·诺尔斯·怀特海（Alfred North Whitehead，1861—1947）的哲学理论与思辨形而上学理论。过程哲学运动对生态学思维和实践的发展素有经久不衰的影响。过程哲学坚信我们在最基本层面所发觉的现实并非恒久的实体，而是过程中诸事件在彼此关系内部整合后的显现，随后"消亡"成为后继事件的（潜

在）影响作用。它与传统"物质形而上学"的疏离助长了一种对机械唯物论的全盘批判，后者正是现代科学的最重要依托。它的替代选项——怀特海所称的机体哲学（philosophy of organism）——试图在现代的两种宇宙学原理中取得平衡：一种是动态的、有创造性的自发行为，让世界从一个时刻到下一时刻已不尽相同，另一种是缠结相连的秩序，确保世界复杂结构的连续性。过程哲学的主要目标之一是在现代世界观中最根深蒂固的二分法（或怀特海所称的"分叉"）特征中架起桥梁，包括物质与精神、事实与价值、自然与文化、理性与美学，以及硬科学与人文。其有关宇宙相依存的生态愿景和它促进积极的跨学科对话的哲学能力——尤其在科学与人文之间——使这门理论成为无论在环境、社会或经济方面回应可持续议题不可或缺的框架。

主要思想家和理念

在生命的后期，怀特海来到哈佛大学，创

出一门部分受到美国实用主义者(主要是威廉·詹姆斯和查尔斯·桑德尔·皮尔士)和柏格森(Henri Bergson)的生成(becoming)哲学启发的独特哲学思想。怀特海较晚期的研究绝大部分是对当时一些最前沿的科学发展的积极哲学回应,包括相对论,尤其是它对衡量事物的一种纯粹中性、客观的框架的观念质疑;量子力学,当时正发觉物质最细微结构的间断和无法预测的跃动;以及进化生物学,描绘新的、复杂的"有机体"结构如何从一个无法再简化的较简单基础中"出脱"而成。对于怀特海而言,这些洞察力的结合似乎削弱了牛顿的还原论理想,即主张一切现象最终都能还原为独立、基本的物质粒子,并以遵循规律的机械方式行动。尽管怀特海欣赏现代科学的唯物经验主义,认为其独特和有效的抽象概念模式有着功能强大的应用,但要作为一种全盘的世界观来协调较大范围的目标、价值观和关系则有如杯水车薪。怀特海尤其担忧其对心智和价值的角色说明不具说服力。

怀特海的另类形而上学模式说明所有具体的、现在的事实都是通过一种生成[共生(concrescence)]的过程而存在,过程中包括接受(物理的)阶段和自我创造(心理的)阶段。这种事件(event)哲学[也称为现行机缘(actual occasions)]构成了称之为生态形而上学的理论,它指出,没有任何单元的存在能和它赖以生成的环境分割。我们以为恒久的实体或生物事实上是现行机缘贯穿时空的聚结(社群),而且与其他社群形成的无穷尽蛛网里环环相扣。因此在某种意义上,"我们是谁"的最根本意义就在于"我们的关系",尽管透

过这些关系我们未来如何转变和转变为何也得考虑可受价值左右(尽管微乎其微)的一些开放与自由因素。鉴于此,即使创生生成有着不等"强度",宇宙间的每件事物——有机或无机,有意识或无意识——都可理解为"体验"(或"享受")一种自我创生、关系性的生成。基于此过程哲学经常被认为与泛心灵论(pan-psychism)的学说一致,不过泛经验主义(pan-experientialism)的标记也许更为妥切,原因是怀特海及其追随者坚信,虽然一切事物都有经验(他对"心理"的重新定义在此起了一定作用),但并不表示事物都具有意识。

查尔斯·哈兹洵(Charles Hartshorne),一位在哈佛深受怀特海影响的哲学家,进一步推广了怀特海模式的有神论蕴意,在他将过程哲学引入芝加哥大学后的多年期间,在哲学与神学方面出现了多位有力支持者。约翰·柯布,哈兹洵的学生,将过程神学引入深度发展并协助在克莱蒙特神学院(Claremont School of Theology)创立"过程研究中心"(Center for Process Studies)。过程神学植根于怀特海对神的"两极"(di-polar)理解——如同现行机缘——神同时创造并接受两极:神的"原初性"(primordial nature)便是宇宙间更新或创生进程的基础,而神的"后效性"(consequent nature)使其接受整个宇宙的现状。因此神为创造所开启的可能性与神对宇宙现有状态的内在"感受"是连成一体的。过程神学与传统有神论的切割体现在其明确否定了全能之神的教条。由于神的力量是通过劝诱方式展现而非强制,生物因此天生具有真正的(非虚幻)自由,未来也真实地是开放的——对神亦然。

在诸多质疑神学传统的人类中心教义（例如，人类得神肯允支配自然的观念）且试图重新概念化人类对其他万物所负道德义务的生态神学派别中，过程哲学发挥了关键作用。约翰·柯布的写作使过程神学与哲学展开了与其他领域间的对话，如环境伦理、进化生物学［参见《生命的解放》(*The Liberation of Life*)，与查尔斯·博奇(Charles Birch)合著，书中同时对两方面做出探索］，以及经济学［参见《为了共同利益》(*For the Common Good*)，与赫门·戴利(Herman Daly)合著］。柯布因此成为过程哲学与可持续性议题间跨学术接触的重要人物。

过程哲学与可持续性伦理

过程哲学一开始便认定关系为首要——任何事物唯有首先通过动态的相互依存过程才算存在。在这一框架中，人类的现实和非人类情境间不可能有过分单纯的二元分割。如此看来，"环境"作为我们非人类情境的描述符号，只要它听起来像是表达人类文化的外部背景，其适切性就将遭受过程哲学的怀疑。同样，过程哲学也将抨击那些相信人类生命因其在文化、语言和/或自我意识方面的能力而被赋予某种本体论的、形而上的或神学的特殊地位的观念。这并不是否认人性的独到之处，而是将人类历程置入一个较宏大的宇宙背景，使人类能悠然自得展现独特的创生。假使世界每一事物都能在某些程度上有价值驱动的、关系性的"经验"，生命的崛起以及随后的人类意识就不会如反常现象般地引人注目，反能会认定为"活"宇宙朝内容更繁复、关系更密切的方向运行的环节之一。尽管这较大规模的运行在某些有限的意义上可形容为"有目的"，却明显摒弃了任何宇宙宿命论、黑格尔主义或其他影射。

过程哲学肯定了自然主义的宇宙观，相信人类的创造仅是一切自然固有的自我创生表现，这点使过程哲学朝向一种人类与其他自然界间的"伙伴伦理"行进。过程哲学认为，现代西方文明近年来惯于将非人类生态语境视为纯粹的外在资源库存而予以客体化并进行工具性利用，这不仅不实际，是谬误，更极度难以维系。过程哲学将生物圈（和宇宙整体）相对地拟想为一种由形形色色动态的主体构成的群落——群落中所有主体都应赋予一定程度于自身的内在价值及于他人的工具价值。（这与上述怀特海的"事件"哲学一致，即每一现行机缘不仅就其自身来说是独一无二、无法取代的事件，对所有后续的事件也具潜存作用）。

过程哲学对物质形而上学的质疑，在主要西方思想传统中以个人主义为中心的现象上起了批判作用。这不表示对自由主义关于个人本身即目的之评价的拒绝；过程哲学承认每一生物都有其内在价值。更确切地说，它承认若是少了繁复的关系模型为依托这一价值则毫无意义。唯有在非人类的价值和能动性能受到肯定的关系背景下，自由（政治或其他方面）才得以孕育茁壮。依此方式，过程哲

学能在自由主义的"权利本位"伦理视角上补充以较为社群主义的强调，坚持民主和自由此类理想的前提是培植真正由多种生物共享的世界。仅以个体的面对面交流互动来描述对他人负有的责任并不恰当。将责任看成一种由多元的不同主体间共享的流畅互惠网也许是更佳的理解方式。

围绕可持续性的争议经常左右为难于互相排斥的两个立场——一种是人类中心视角，毫不掩饰地置人类生命于其他万物之上，意图"管理"资源使资源能够维持人类生活；另一种是生物中心（或生态中心）视角，就生物圈的不同生命形态它提议给予同等的道德关怀，也许是当作维护生态健全的要务之一。芭芭拉·姆拉卡（Barbara Muraca）是一位意大利学者，她的研究工作集中于过程哲学对可持续性论述的贡献，曾指出过程哲学可在这两极化立场间指引"第三类方式"：过程哲学与生物中心论在生物群落整体健康的全面努力上立场一致，也承认面对自然的极端多元，援用任何有意义的"平等"概念都会困难重重。过程哲学因此有助于实用工具的发展，为组建和维系共有世界的这一个共创过程中所出现的冲突主张起到协调作用。虽然过程哲学肯定每一生命的主观能动性和内在价值，对生命无可避免地要凭借侵占其他生命的行为来维持生命的事实（怀特海所用的字眼为"生命是抢劫"）却毅然地不抱幻想。然而，这并不意味盲目认同适者生存的原则。例如，怀特海就直言批判了偏好不变环境中的竞争这种进化模式的主导地位，认为其蒙蔽了生命的更重要之事物，也就是通过合作过程共同创造互惠环境。尽管如

此，怀特海承认，牺牲特定生存实体以利其他生存实体的生成是自然过程中无法避免的环节，通过这一过程宇宙才得以产生价值和强度。

部分过程哲学思想家，包括约翰·柯布，为此曾建议根据特种生命形态与他者的相对内在价值定出区别等级。这些内在价值的"等级"涉及一定生命形态在融入生成变化中的复杂度与力度水平。（少有人会怀疑为解救一个人类生命消灭病毒的明智举动，举例而言。）纵然过程哲学偶因这看似反平等主义的观念受批驳，应将这一策略理解为面临生命中无可回避的道德困境时一种有限的、务实的回应——它既不受平等主义启发的相对主义的束缚，也不为绝对的人类中心论所引诱。这一伦理的任何务实应用都必须全盘地以较大生命（及社会/经济）群体的健全为起点。如此一来，基于生命都被认为是较广生物圈健全的一部分这一点，过程哲学将力图平衡不同生命的需要，其方式也许和奥尔多·里奥波德（Aldo Leopold）的《土地伦理》（Land Ethic）有些相似。同理，过程哲学可能会偏离对地球过程的完全不干预理想（如若干较激进生物中心环境思想家所表达），进而寻求在人类及其非人类伙伴间筑起建设性联盟，尽可能地为更多生命提升生活的可持续性。

过程哲学及可持续经济

约翰·柯布和赫门·戴利的共同著作《为了共同利益》为可持续经济理论带来突出的贡献。立足于"过程"的观点，作者主张经济理论重要的一致性应是"社群中的人

们"而非"市场中的个人"。现代经济聚焦于个人利益并认为其是唯一值得考虑的驱动力量，粗暴地将人类生活从社会/公共层面中"抽离"。柯布和戴利建议较小地区应该尽量在靠近消费的地方多加生产其需要的产品。这一经济策略的目的在于扶植地方社群自力更生，从而能将他们的精力再投入所属最近生物区的健康。

过程哲学倚重怀特海的哲学词汇，部分词汇对一般读者来说难免深奥生涩又具技术性，因此间或被归类为过度抽象——甚至神秘晦涩——的理论性研究，无法其对伦理和政治多少实际助益。过程哲学这一形象可能未预料地遮蔽了其最具潜力的贡献领域——调解不同学科间的方法论差异的能力，为我们生物圈的共同命运促成一种更广泛的、协力的、问题解决性的行动。来自多种多样学术领域的思想家，为了不同目标将过程洞见纳入他们研究中的事实则体现了这一力量。假使有关可持续性的交流对话教了我们些什么，那就是当我们处理任一方面的世界问题时——无论是环境、社会或经济——绝不能撇开其他方面不顾。过程哲学提出一种概念框架供我们思考各层面上的关系"牵连"（不管是社会的、生物的、政治的、审美的），进而对整体的健康做出回应而不是试图将其定格或简化为单一、静态的模式。人类文明当前的消费形态和行为无法维系地球上的生命，这日益明显的形势使过程哲学在思考和问题解决上全面化却开放的对策终将被证明极具价值。

卢克·B. 希金斯（Luke B. HIGGINS）

德鲁大学

拓展阅读

Cobb, John B. (1972). *Is it too late? A theology of ecology*. New York: Bruce Publishing Col. (Revised Edition, Denton, TX: Environmental Ethics Books, 1995)

Cobb, John B & Birch, Charles. (1990). *The liberation of life*. Denton, TX: Environmental Ethics Books.

Cobb, John B. & Daly, Herman E. (1989). *For the common good*: *Redirecting the economy toward community, the environment, and a sustainable future*. Boston: Beacon Press. (Updated and expanded edition, 1994)

Kearns, Laurel, & Keller, Catherine. (Eds.). (2000). *Eco-spirit: Religions and philosophies for the earth*. New York: Fordham University Press.

McDaniel, Jay Byrd. (1995). *With roots and wings: Christianity in an age of ecology and dialogue*. Maryknoll, NewYork: Orbis Books.

Muraca, B. (2005, Spring-Summer). Welt, umwelt, mitwelt: Cultural, natural, and social world as complex intertwined field of internal relations: The contribution of process thought to a general theory of sustainability. *Process Studies, 34*(1), 98–116.

Stengers, Isabelle. (2002). A 'cosmo-politics'—Risk, hope, change. In Mary Zournazi (Ed.), *Hope: New*

Philosophies for Change (pp. 244–272). New York: Routledge.

Whitehead, Alfred North. (1978). *Process and reality, corrected edition.* David Ray Griffin and Donald Sherburne (Eds.). New York: The Free Press.

Whitehead, Alfred North. (1997). *Science and the modern world: Lowell lectures, 1925.* New York: Simon & Schuster.

Property and Possessions

财产和所有物

财产和所有物具有环境上与精神上的重要寓意。一些宗教推崇无须过量身外之物的生活——也有人认为所有物乃神的恩典应待之以敬畏之心——并相信这些价值观之间的衔接造成了较低的环境冲击。

个人或团体拥有或者使用的财产和所有物——物质项目（包括土地）——具有重要的环境意义。土地的所有和使用影响土地的生态，尤其当土地所有人的抉择涉及土地的耕作、保存或开发。其他所有物的拥有和使用，从衣着与食物到车辆与家具，无不影响着环境，因为这就意味着为制造和维系这些所有物的资源使用，加上废弃时对环境再次造成的冲击。

财产和所有物在精神方面也意义深长。诸多宗教建议将身外之物最小化，对贪婪和饱食类恶习提出劝诫。就其他宗教而言，物质丰裕意指神圣的恩典，一种需以敬畏和感激之心使用的礼赠。有关财产和所有物的讨论所引发的问题将于后续段落一一审视；不同宗教传统对这些问题各有其独特的回应方式。

私有财产正当吗？

绝大多数的传统教导世界万物是神圣的赠礼，旨在造福全体人类（对某些传统而言，也要造福非人类）。私有财产，以其物品分配的不均衡现象看来，与全体共享的理想相去甚远。众多传统教导私有财产不符自然也非神之创建，却是种必要之恶。在犹太教中，土地最终属于神，只不过根据神的计划分配给神的子民。基督教的托马斯·阿奎那（Thomas Aquinas，1225—1274）讲授说，私有财产协助不完美的人类负起管理职责并避免因财产分享而难免发生的口角争执，所以尽管不完善，却是情有可原。伊斯兰教接受私有财产，但告诫不要积聚私人财富。更确切地说，应该通过施舍或经济活动将财富得以流通，从而最大化对群体的帮助。

有些传统关注私有财产的非理想本质，

焦点在世界的神圣所有。印度的吠陀经敦促所有物的集体拥有和公平分享，因为人类仅仅是造物的管理人非真正主人。许多本土住民不认为可以拥有土地，而宁可相信它是所有人必须共享的家园。再者，伊斯兰教存有种"公共财产"的观念，指的是属于整个群落的资产，如河川、道路、森林、桥梁和牧原。它们不能为私人所占有，相反地，是大家共同照管的。

财产该如何分配？

许多宗教传统都关心财产的分配问题，尤其是关乎人类基本福祉的物质。不少传统回避拥护所有人的绝对物质平等，宁可鼓吹全体的充裕与合理的公平交易。根据绝大多数传统，穷人有充分理由（凭其为人的身份）要求接收足够的物质财产以维系有尊严和健康的生活。许多传统坚持，造物主创造世界使每个人的基本需要都能够也必须得到满足。人类的任务就在于分配物质以完成这一使命。

一种极普遍的财产再分配方式便是施舍，这是一种自愿捐献给穷人或宗教机构的近乎国际性的惯例。根据犹太教惯例，庄稼收割或其他收入的百分之十应捐献于礼拜堂祭司来资助礼拜堂庆典、宗教工作人员和穷人。希伯来经典也描述重新分配的循环周期，说明土地依神的计划以及根据禧年的律法每50年就要重新分配。尽管犹太社团中禧年的土地重分配不复存在，但存有这项记载的经典迄今仍被奉为神圣著作之一，因是神对圣洁的描绘备受崇敬（《利未记》25，27）。

早期基督教经典提到以募捐帮助较贫困的会众。基督教义称穷人是有福的，因为耶稣将自身与穷人视为一体；富人有义务帮助穷人就好似对耶稣施舍（《马太福音》25：31—46）。一些早期基督徒实践财产的共同分享。许多基本神学家，尤其是亚历山大的克莱门（Clement of Alexandria，150—211）和圣约翰·克里索斯托（John Chrysostom，347—407），教导有能力的基督徒必须以施舍济贫。此外，阿奎那也指示既然造物旨在公平地养育所有人，那么在迫切的情况下偷盗生活所需无可非议。

在伊斯兰教义中，天课（*zakat*）是伊斯兰教五大基柱，或基本功课之一：一定比例的财富和生产必须捐给穷苦、残障、处于困境中之人士和宗教工作人员。在伊斯兰国家，这一形式的捐献由政府掌管支配，欧洲在16世纪和17世纪时期也曾有相同情况。

其他宗教各有不同形态的救济和财产再分配。佛教鼓励*dana*，即慷慨给予，视之为实践对财产无执的途径。佛教僧侣常以托钵形象出现，凭靠从信徒领受而来的布施维生。印度教徒通过对寺庙和圣徒的食物和其他捐献也可积累功德。

禁欲主义有何价值？

有些宗教传统支持禁欲主义，提倡摒弃感官欲乐和奢华形态的节制生活。反之，也有传统排拒严苛的禁欲主义。举例而言，犹太教承袭了轻微的禁欲传统。犹太教的神向受选的子民应允一个溢满鲜奶和蜂蜜之地、一个舒适丰裕之土作为其忠诚的回报（出埃及记3：8）。犹太教中由生产性工作和休息圣日构成的独特周期源自安息日（Sabbath）的奉行，在一周一次的休息日中，信徒停止生产以从事精神性活动。与其说这定期停息的传统是种克己的禁欲，不如称其为对生产性工作的设限（因此也限制财产和所有物），从而以应有的灵性角度看待它们。

基督徒试图仿效拿撒勒的耶稣（大约公元前2年—公元36年），他带着有限的家当四处漂泊，请求追随者也放弃随身之物好跟随他（马可福音 10：17—31）。耶稣的范例却模棱两可：他看似清贫却胃口极好，甚至获得了"馋嘴和醉汉"的名声——不太像个禁欲主义者（《路加福音》7：34）。基督教经典中将过多的财产和所有物视为精神上的危害，正如愚昧财主相关的寓言所述，富人将农产物收藏为财富不委托给神因而面临了灵性危机（《路加福音》12：16—34）。基督教机构对于财富的态度变得坦然自在，辩称财富是神的礼赠。尽管如此，改革者——从做出清贫誓约的基督教修士和修女到再洗礼派教徒，还有基督教社会主义者——都呼吁较简朴、禁欲的生活方式。虽然基督教的禁欲特质强烈，但那些认为俗世财富是神之恩典表征的教义也同样重要。马克斯·韦伯（Max Weber，1864—1920）以其影响深远的论点指出，资本主义的利益追求和奢华所以在欧洲萌芽极大程度多亏了基督新教的一些特质。

伊斯兰教在财产和所有物方面并无强烈的禁欲倾向。先知穆罕默德（Muhammad，570—632）劝告追随者不要从事修道士般的苦行。反而敦促他们选择可口的食物但在食量上要适可而止（《古兰经》5：87—88）。穆罕默德自身是个有诚信的商人，后来成为户主既拥有也出租房产。伊斯兰教对于财富和物质安逸持有正面态度，只要通过有道德的途径取得并且适当地与他人分享自身财富。

悉达多·乔达摩（Siddhartha Gautama，公元前563—公元前483），后来成为著名的佛祖，随处行住而清贫。他放弃奢侈的皇家生活踏上追求启蒙的旅程，不过他拒绝极端的苦行方式，试图找出"中庸之道"。佛教僧侣和尼姑生活相当简朴且身外之物不多。一身家当不过三件袍子且拖钵乞食，有什么吃什么且毫无怨言。就佛教而言，基本关注是内心对财产所持的态度：一个人如果能不眷恋财产，就可寻得通往 matannuta，或适量财产和所有物的道路。

耆那教在苦行和简朴方面的承诺尤其引人注目。耆那教僧侣是严格的素食者，放弃身外之物和舒适生活，小心翼翼不伤害任何有生命之物，即便是微不足道的昆虫。印度教也以其竭力实践禁欲和简朴身家的圣徒著称。不过并不是所有印度教徒都要遵循苦行生活：印度教也承认有形材、性爱和律法（dharma）或者法律认为值得追求的目标。尽管通过精神修行求得由物质存在的羁绊中解脱是最终极目的，在印度教中却不是唯一目的。

其他的东方传统企求在极端禁欲主义和放纵之间找出折中之道。锡克教的宗师宁愿过着家庭生活而不成为四处漂泊的智者；他们教导说，救赎，取自于克己和放纵间的平衡。

儒家和道家,呼应自然的平衡,也教授克己与纵欲间的平衡。

何为财产眷恋的危险?

大多数宗教赞同所有物破坏好的精神修行的可能。犹太教曾针对偶像崇拜提出警告——赋予其"物"而非神至高无上的地位。基督教认为贪婪和好吃之类恶习有损心灵,是对这世界的物质而非精神价值的一种扭曲欲望。希波的奥古斯丁(Augustine of Hippo,354—430)阐述一个人"使用"财产和"欣赏"财产(因为拥有它而欣喜)间的差异。他认为只有神才能受到欣赏;所有"较次要"的事物仅能作为使用,成为获取更重要产品的工具途径;否则便有偶像崇拜之嫌。

佛教徒坚信受苦源自无节制的欲求,对破除执着的修行以减少欲求才能减缓痛苦。根据佛教徒的观点,一切掠夺和贪婪皆是取悦自我的徒劳尝试,是得寸进尺的且终究为妄想。根据佛祖的观点,欲望追求,如饮盐水越饮越渴。屈从于无度的欲望使一个人形同"饿鬼",即佛教传统中有着巨大、空洞的胃和可怜的针孔般大的嘴:永远饥饿,从不满足。

其他传统同样唾弃贪婪。儒家视贪婪为社会结构的断裂,是一种牺牲他人利益的放纵追求。社会必须保护较贫困和较弱的成员:真正有雅量的领导者会扶助有匮乏之人而不只顾自我赞扬。印度教徒竭力实践不执着(aparigraha)即无占有欲:贪婪就是否认世界为神所有的事实也显示了信任的缺失。正如莫罕达斯·甘地的一句名言,地球提供给我们的资源财富足以满足每个人的需求,但不足以满足每个人的贪欲。

权力如何影响财产?

对本土住民而言,财产与所有物的主题勾起了许多人在殖民势力统治期间可能遭受的剥削体验。众多本土住民所有物遭到殖民帝国征收人员的洗劫。许多人由于和殖民者或其他掌权人间的争执或者欺诈性交易失去了部落的属地、葬地和其他财产。全世界的本土住民都曾经被系统地驱逐出他们的土地:这种不单是财产也是集体认同感的丧失为诸多社群带来的毁灭性后果。一些人被视为财产,受其统治者的支配且形同奴隶。同时构成原住民团体争议议题的,是药用植物的知识和培育这类智慧财产权的疑问。越来越多的医学研究人员由这些本土对植物的见解中汲取"新"复方以应用于药物,引发了这类知识的使用许可和补偿问题。

妇女也向来被视为财产:几个世纪以来,许多妇女从事着非自愿的家庭劳动。在历史上,婚姻一直是种政治、经济和社会的安排,目的是将妇女的劳力与繁殖能力以财产形态在不同社会团体间进行交易。若干宗教传统为纠正这个缺失,主张妇女平等。在这方面伊斯兰教不容忽视,它是第一个明确地赋予妇女财产权和继承权的宗教传统(《古兰经》4:11—12)。其他宗教,特别是正统派犹太教和传统印度教,在不少经典出处都可寻见对妇女财产拥有权和继承权的破坏。

财产、所有物和环境

土地所有权与相关概念对环境的影响非同小可。伊斯兰教的公共财产(此词意指托管的共同资源）相对于个人的、可随意支配的私有财产往往会区别对待。原住民的土地所有权观念——拒绝个人占有土地的任何合法声明——有助于提醒我们土地的超然价值无法封装于任何财产观念中。犹太教、基督教和印度教一类传统坚信神乃造物之主，从而支持管理职责的概念。根据一些印度教作家，与其破坏自然资源人类更应寻求以可持续的方式"获取"地球的丰富资源。

佛教的不杀生教条，或不伤害，也可应用于环境关怀。佛教徒坚信所有生命相互依存，认为任一轻微举动都可能间接伤害其他生物。于此，众多的佛教徒主张最低限度的肉食，对其他类型消费的后果也要有警觉意识，以期最小化对环境和社会的有害作用。犹太教奉行安息日，一周一日为休息、进修和祈祷而抑制工作，对环境也有潜移默化的作用。更少的工作及更多的祈祷换来的是较简单的生活及对地球较小的影响。

一般而言，尽可能减少过多身外之物的生活方式和环境的低度冲击间有强烈的关联。但如许多宗教传统主张，拥抱造物的丰裕也意义深重。成为自身财产的称职管理人且对自身的适当财富心存感恩，也许是好的环保实践解答。

劳拉·M.哈特曼（Laura M. HARTMAN）
伊利诺伊州奥古斯塔那学院

拓展阅读

Alam, Mohammad Manzoor. (1996). *Perspectives on Islamic economics*. New Delhi: Institute of Objective Studies.

Augustine, St. (1997). On Christian doctrine (D. W. Robertson, Jr., Trans.). Upper Saddle River, NJ: Prentice Hall.

Bokare, M. G. (1993). *Hindu economics: Eternal economic order*. New Delhi: Janaki Prakashan.

Clement of Alexandria. (1980). Who is the rich man that shall be saved? In A. Roberts (Ed. & Trans.), *The Ante-Nicene fathers: Translations of the writings of the fathers down to A.D. 325*. Grand Rapids, MI: William B. Eerdmans.

David, J. E. (2003). Exploitation of indigenous knowledge. *Religion and Society, 48*(4), 79–88.

Fletcher, Joseph F. (1947). *Christianity and property*. Philadelphia: The Westminster Press.

Garnsey, Peter. (2007). *Thinking about property: From antiquity to the age of revolution*. Cambridge, U.K.: Cambridge University Press.

Kaza, Stephanie. (Ed.) (2005). *Hooked! Buddhist writings on greed, desire, and the urge to consume*. Boston: Shambhala.

Knitter, Paul, & Muzaffar, Chandra. (Eds.) (2002). *Subverting greed: Religious perspectives on the global economy*. Maryknoll, NY: Orbis Books.

Habiger, Matthew. (1990). *Papal teaching on private property, 1891–1981*. Lanham, MD: University Press of

America.

Oubre, Alondra. (1996). Plants, property, and people: Should indigenous peoples be compensated for their medical plant knowledge? *Skeptic, 4*(2), 72–77.

Parel, Anthony. (1979). Aquinas' theory of property. In A. Parel, & T. Flanagan (Eds.), *Theories of property: Aristotle to the presen,* (pp. 89–111). Waterloo, Canada: Wilfrid Laurier University Press.

Schumacher, E. F. (1975). *Small is beautiful: Economics as if people mattered*. New York: Harper Colophon.

Schweiker, William, & Mathewes, Charles. (Eds.) (2004). *Having: Property and possession in religious and social life*. Grand Rapids, MI: William B. Eerdmans.

Sharif, M. R. (1996). *Guidelines to Islamic economics: Nature, concepts and principles*. Dhaka: Bangladesh Institute of Islamic Thought.

Tamari, Meir. (1987). *With all your possessions: Jewish ethics and economic life*. New York: The Free Press.

Weber, Max. (2005). *The Protestant ethic and the spirit of capitalism* (T. Parsons, Ed.). London: Routledge.

Wilson, Rodney. (1997). *Economics, ethics and religion: Jewish, Christian and Muslim economic thought*. Basingstoke, U.K.: MacMillan Press.

Wogaman, J. Philip. (1986). *Economics and ethics: A Christian enquiry*. London: SCM Press.

Wheeler, Sondra Ely. (1995). *Wealth as peril and obligation: The New Testament on possessions*. Grand Rapids, MI: William B. Eerdmans.

R

Racism

种族主义

　　土著民族在重建环境治理的可持续性实践中贡献良多。种族与族裔还一定程度地影响了某些导致生态恶化的企业及政治决策。从美国处理危险废弃物设备的选址到南非石油化工厂的建造，各种族和族裔群体所承受的环境负担却并不均衡。

　　当使用资源的相关政策和惯例，危及某一文化的生活方式，损害其身份延续的能力时，或者当各群体因环境负担不同，所受影响不一，或在决策制定过程中被忽视了时，那么正义的伦理原则，特别是环境正义必须得到申明。在全球，现代工业社会的环境负担与种族及少数族裔紧密相关。诸如炼油厂，装配厂，采矿业，及制造业，和污染的废弃料，特别是有害、有毒及放射性废弃物，这些不成比例地严重影响少数族裔。因此，环境种族歧视是环境正义必须涉及的一个关键概念。

　　80年代以来，特别是美国的几项重要研究，已经很好地记录了环境负担与种族和/或少数族裔之间的相关性和因果关系。1987年，基督联合教会种族平等委员会（the United Church of Christ Commission on Racial Justice）发表《美国有毒废物和种族》（*Toxic Waste and Race in the United States*），这是一项在全国范围内，对商业及非商业危险废弃物处理设施安置地的研究。研究总结道，种族是此类设施设置地的主要指标。各种对选项研究的回应性研究提出了涉及该研究中的社区历史、人口测量工具以及对这种不公正安排的补救的人口统计的关联分析。随后，《有毒废物和种族》（*Toxic Waste and Race*）特别就测算技术和历史因素予以反复研究。最初研究20年后，第三版研究报告就种族与危险废弃物处理设施安置地之间的相关性得出了相同的结论，并且事实上自最初研究以来，种族集中化和环境影响的状况加剧了。若把生产中不可持续的其他工业活动要素与废弃物纳入到对更为具体的有关危险废弃物处理设施的考量中，那么，无可争辩的是，美国的相关措施对待少数族裔是不公平的。

因此，环境种族歧视和可持续发展问题相互交织。当某个特殊群体，因其种族和/或民族特性，在缺失适当的社会和政治权益的情况下，不公平地承担了不成比例的环境负担，就会对文化和环境的可持续发展平添一份威胁。所以，在制定政策、转变价值观及改善行为的过程中，应视种族主义或其他形式的歧视是实现可持续发展转变的一个根本障碍。

在整个后殖民政治世界，本地文化系统和土著社区的遭遇同美国的研究发现相当类似。2002年，安大略省皇后学院的发展研究中心主任大卫·麦克唐纳（David A. McDonald）的研究显示了南非资源开发实践中环境种族歧视的普遍程度。尽管，美国和南非之间种族的特定概念不同，但在资源管理、不可持续的石化工业，以及被边缘化族群未得到适当环境保护中，环境种族歧视的现象仍然可见，即使环境正义权确已写入后种族隔离宪法。今天，种族主义制度模式和习惯性歧视的遗留问题继续通过一个复杂的网络侵入土著社区，挑战着对有效地可持续实践至关重要的一些传统环境知识、文化表达和认同，以及环境遗产。比如，澳大利亚原住民向联邦生态学家传授可持续火灾管理知识，就是颇有助益的。

类似的，菲格罗亚（Figueroa）报告新墨西哥州的伊斯帕诺社区已经恢复了他们的传统放牧方式，证明传统方式比目前企业和政府的牧养方式在环保方面更具可持续性。在全球层面，具有种族和族裔传统的土著群体和弱势群体，在提升产业发展，尤其是与其富裕的同伴们在应对荒漠化，粮食安全和气候形态过程中，不成比例地背负着气候变化的环境负担。联邦及地区政府对卡特里娜飓风的紧急应对，以及对该地区，特别是新奥尔良的非洲裔美国人的影响，即是环境种族歧视遗留问题涉及可持续性对话的一个实例。在育空的赫舍尔岛（Hershel Island of the Yukon）和南太平洋的图瓦卢岛（Tuvalu Island of the South Pacific），由全球变暖而导致的海水上涨，危及整个土著的生活方式。人类文化正变得不可持续，因为地域自身无法抵御气候变化。由此，环境难民的数量正急剧增加，可持续发展问题需要对重新安置流离失所者进一步考量，涉及保留其文化知识和生活方式，而不威胁原有居民的（环境和文化的）可持续发展。

罗伯特·M. 菲格罗阿（Robert Melchior FIGUEROA）

北得克萨斯大学

拓展阅读

Cole, Luke W., & Foster, Sheila R. (2001). *From the ground up: Environmental racism and the rise of the environmental justice movement*. New York: New York University Press.

Figueroa, Robert Melchior. (2001). Other faces: Latinos and environmental justice. In Laura Westra & Bill E. Lawson (Eds.), *Faces of environmental racism: Confronting issues of global justice* (2nd ed., pp.167–184). Lanham, MD: Rowman & Littlefield.

Figueroa, Robert Melchior. (2008). Environmental justice. In J. Baird Callicott & Robert Frodeman (Eds.), *The encyclopedia of environmental ethics and philosophy, Vol. 1* (pp. 341–348). Farmington Hills, MI:Macmillan Reference.

McDonald, David A. (Ed.). (2002). *Environmental justice in South Africa.* Athens: Ohio University Press.

United Church of Christ Justice and Witness Ministries. (2007). *Toxic wastes and race at twenty: 1987–2007.* Cleveland, OH: United Church of Christ.

Westra, Laura, and Lawson, Bill E. (Eds.). (2001). *Faces of environmental racism: Confronting issues of global justice* (2nd ed.). Lanham, MD: Rowman & Littlefield.

Whelan, Robert J. (1995). *The ecology of fire.* Cambridge, U.K.: Cambridge University Press.

种族与环境

环境正义因人而异。与其他种族成员相比,全球许多人正不成比例地遭受着环境恶化;他们对环境危机的反应也不尽相同,正如作者格雷格(Greg Ruiters)所写。

关注环境种族歧视是重要的,至少有三个原因。首先,它挑战了这样的观点,即在南非绿色政治超越了种族和意识形态。大多数黑人不仅要面对极其不同于白人所面对的一系列环境非正义状况,还要应对那试图击垮他们的不同斗争。更积极的方面是,对种族的关注,其自身即是一种具有深刻感知的抵抗形式,如同迈克·多尔西(Michael Dorsey)就美国处境所论,围绕环境种族歧视的行动证明了(1)黑人对环境议题有兴趣;以及(2)黑人环保团体有组织技能和动员能力,使其与白人环保团体分离开来。环境反种族主义有潜能去帮助人们拒绝他们日常生活受压迫的现实,突显能够从抵御环境和自身退化的组织活动中获得自信与尊严。

来源: Greg Ruiters. (2002). Race, Place, and Environmental Rights: A Radical Critique of Environmental Justice Discourse. In David A. McDonald, (Ed.), *Environmental Justice in South Africa*, p. 116. Athens: Ohio University Press. 同时引用: Michael Dorsey. (1998). Race, Poverty and Environment. *Legal Studies Forum* 22, 1, 2, and 3.

Responsibility

责 任

关于人类可持续发展的责任,这一主题复杂且仍存争议。可以肯定的是,如果人类要生活在一个可持续发展的世界里,就必须承担一定形式的责任。

有关可持续发展的问题同人类——无论是个人还是集体——为其行为所承担的责任紧密相关。如果对自然及社会资源不负责任地消费,耗费,开发和采掘,且毫无意愿和措施去维持这些资源,那么,地球的生态系统将变得愈加不利于人类及非人类的生命。无责任地滥用人的各种力量(经济的、政治的、科技的),我们将永远无法实现一个可持续的未来,并很可能导致社会崩溃。从伦理学上来说,需要澄清的是责任的理念,及其与可持续发展的关系。

道德责任涉及行使权力和行动问责,以及对情势和人的响应,这些情势和人与区分行为和关系道德与否的准则有关。责任的所有这些方面都是重要的,并且存在争议。若没有一定的权力及由此为世界带来改变的能力,落实责任无从谈起。然而,落实是复杂的,因为它依赖于要么把责任归结于自身,要么归于他人。例如,大多数情况下,企业是法律实体而非具体个人,正因此,企业不可作为同个人一样的道德主体,那么能够将环境危害的问责(accountability)归咎于企业吗?"主体"概念的含义部分取决于对变化的情势和其他生命——无论是人类还是非人类——的有意识的响应能力。于此,不明确的是非人类(如一个企业或民族国家)能否具有"意向性"。此外,以怎样的准则来区分道德或不道德的行为和关系也存在道德争议,它是普遍义务,上帝的意旨,社会利益,美德,还是其他准则? 总而言之,责任的各方面(权利,问责,负责任的个体,道德规范)颇具争议;难怪涌现出了不同的责任理论。有些思想家关注于权利问题,有些关注于问责(accountability),还有的关注于对他物的响应模式。类似地,关于责任的准则,即界定负责任的行动和关系的价值和规则，也仍继续争论，一个强健的责任道德准则必须包含各个方面，同时，还提供了将其与某一道德准则相连的路径。

对可持续发展的关注对上述主要的责任观念构成了新挑战。随着人类力量的大幅度提升，借由现代科技改变世界，人类的活动既可触及遥远的未来也可对全球产生当下影响。科技及其他形式力量的增长显示出意料之外的行动后果难以确定。这些事实影响着责任的归属与问责。主体能否对后果难料的行动承担起责任？大多数环境受损是集体行为（例如，民族国家，企业）的结果，谈论问责有意义吗？伴随着新生力量产生的改变环境结构和生活形态的科技力量也带来了关于负责任行动的价值和规则的新问题，以至不再能仅凭"自然"来判断什么应被认为正在蓬勃发展，或者什么应由我们负责。也就是说，如果人类现在可以改变自然界，那么有关负责任的行动与关系的价值和规则必须从责任自身条件而来。既然巨大的全球动力正在改变社会和地球环境，那么，谁是"我们"？最后，为何"我们"要为维持一个未知且不存在的未来承担责任？

根本问题在于，为什么要承担责任？鉴于对未来可持续发展的威胁，答案是双重的。首先，任何回答都暗含了对道德准则的承诺或拒绝，也就是说，或者承诺引导个体和社会的行动及关系以促进不同形式生活的完整，或者相反拒绝道德原则。然而，由于未来的生活依赖于当前的政策和行动，显然，有必要去积极地承担现存的责任。义务产生的原因在于，这是前人遗留并托付给我们负责任地使用力量的必要条件，并由强制继承使其继续。有些思想家把这责任概念化为强制令，以确保责任的条件可以持续，并保证了可持续发展的要求。为了对地球负责，可保障生活的自然及社会环境必须是可持续性。

对这一根本问题的第二个回答是，如前所述，这论述巧妙地概念化了道德的复杂性和力量的模棱两可。鉴于人类力量正日益形塑着全球现状的结构，为了确保一个可持续的未来，责任的道德原则是有必要的。

威廉·施韦克（William SCHWEIKER）
芝加哥大学神学院

拓展阅读

Habermas, Jurgen. (2003). *The future of human nature.* Cambridge, U.K.:Polity Press.

Hans, Jonas. (1984). *The imperative of responsibility: In search of an ethics foe the technological age.* Chicago: University of Chicago Press.

Schweiker, William. (2004). *Theological ethics and global dynamics: In the time of many worlds.* Oxford, U.K.: Blackwell.

恢 复

　　尽管，生态恢复汇聚众多学科，不过在致力于恢复受损及退化的生态系统的过程中，它被视为一种显著的社会的、伦理学和精神的实践，有助于建立人与自然趋于合作的、可持续的关系与价值观。当公众参与进来，就其提倡"生态公民权"而言，恢复具有了内在可能的民主。

　　生态恢复旨在恢复受损或退化的生态系统，大部分源于人类以往的活动。现代生态恢复科学（称作恢复生态学）涉及不同领域和学科：保护生物学、地理学/景观生态学、湿地管理、适应生态系统管理和土地资源开采的恢复（Higgs 2003）。恢复项目范围广大，各有不同，包括以下事例：在中西部重新引入高草草原生态系统（tall grass prairie）；沿海岸湿地重新种植本地的海滩草类和海草；在西北部，恢复鲑鱼的溪流和水域生态环境；在主要城镇区域，投入数百万美元用于修复

湿地，林地，及过去工业棕色土壤地带的土地。考虑到减缓气候变化和健康再生的能力、自我维持的生态系统，恢复实践被视为生态可持续发展不可或缺的全球任务。

　　除了作为一项重要的生态实践，恢复还被视为一项意义重大的涉及社会、伦理和精神的实践，有助于建立人—自然趋于合作的，可持续的关系与价值观。通过具体活动和恢复受损土地的经验——例如，重新恢复，重新种植，拔除，修正地形——人们能够在不同方面与自然，特别是本地自然再次相连。通常，当公众参与到恢复实践中，恢复具有了内在的民主潜能，借此能够去倡导环境哲学家安德鲁·赖特（Andrew Light）所称的"生态公民权"，或具体地域的"管家"。国际发展和环境正义的学者，包括詹姆斯·博伊斯（James Boyce）强调生态恢复致力于通过授权个人参与改变公共环

境以促进人类与环境的福祉来建立民主。并且,恢复工作可以在社会上进行象征性的仪式活动,通过产生与自然及其恢复工作相关的更重大的意义,再次连接人与自然(Van Wieren 2009)。

不过,公众参与并不总是出现在恢复工作中,恢复工作也不总是被认为对可持续发展贡献良多。早期,例如哲学家罗伯特·埃略特(Robert Elliot)和艾里克·卡茨(Eric Katz)担心修复会成为开采自然资源的企业授权开发自然的正当理由(Elliot 1982),或成为人类主宰自然不加掩饰的一种形式(Katz 1992)。既然,我们在地球上露天开矿,就能让它回到过去,重建山顶,重植树木,重新引入动物,重新开凿湖泊与河流,或者,如艾略特和卡茨这般怀疑者担心理性化的消失。后来,考虑到土著居民在许多地区的居住(和恢复)远早于欧洲定居者或当代的恢复工作,一些恢复专家开始着重关注于恢复生态系统至其"原初的"状态。近来,随着项目愈加为科学技术知识所主控,实现目标需要大量科学技术知识或者工程设计投入,一些恢复专家担忧于恢复实践所承担的"科技漂移"风险(Higgs 1997,2003)。

为了应对这种担忧,学者们已经表明,"好"或"优秀"的恢复应需要多方面考量,而不只涉及科学技术。就此而言,好的恢复,将力求恢复实践涵盖历史、社会、文化、美学及道德层面的参与(Higgs 1997)。此外,恢复实践被认为是道德的。在一个恢复项目中的任意阶段,只要可能,就会有志愿工作者的参与。这种参与被视为最大化了恢复的潜能,为社会创造出社会及道德价值(即公众参与爱护环境),和自然价值(即生态健康)。

格莱特·范·韦尔伦(Gretel VAN WIEREN)

耶鲁大学

拓展阅读

Light, Andrew. (2000). Ecological restoration and the culture of nature: A pragmatic perspective. In Paul H. Gobster & R. Bruce Hull (Eds.), *Restoring nature: Perspectives from the social sciences and humanities.* Washington, DC: Island Press.

Light, Andrew. (2005). Ecological citizenship: The democratic promise of restoration. In Rutherford H. Platt (Ed.), *The humane metropolis: People and nature in the 21st century city.* Amherst: University of Massachusetts Press.

Van Wieren, Gretel. (2008). Ecological restoration as public spiritual practice. *Worldviews 12*, 237–254. Boyce, James K.; Narain, Sunita; & Stanton, Elizabeth A. (Eds.). (2007). *Reclaiming nature: Environmental justice and ecological restoration.* New York: Anthem Press.

Elliot, Robert. (1982). Faking nature. *Inquiry, 25,* 81–93. Higgs, Eric S. (2003). *Nature by design: People, natural process, and ecological restoration.* Cambridge, MA: MIT Press.

Higgs, Eric S. (1997). What is good ecological restoration? *Conservation Biology, 11*(2), 338–348.

Jordan, William R., III. (2003). *The sunflower forest: Ecological restoration and the new communion with nature.* Berkeley: University of California Press.

Katz, Eric. (1992). The big lie: Human restoration of nature. *Research in Philosophy and Technology, 12,* 231–241.

Sacrament

圣 礼

　　早期圣礼的含义与对造物主本质的理解传递了自然界存在神的意识。尽管，后来西方基督教把该词限定为教会所规范的仪式，不过，有些基督徒的观点已经回归，认为所有受造物都可成为自然的圣礼。这一精神意识与其他信仰和世俗人文主义传统一起，提倡具体的保护活动和地球可持续发展。

　　圣礼，一个源自基督教的概念，对社会福祉与环境的可持续发展问题，具有广泛重要的当代意义。就基督教传统而言，对不同类别圣礼的深化理解与仪式表达，显著影响了基督徒与上帝，与地球家园，以及彼此的关系。几千年来，圣经记忆并更新着有关与神的相遇及仪式的知识，形成了演变着的不同圣礼观念。在21世纪，对于有些人而言，圣礼所包含的已不只是以教会为基础、由神职人员主导

的仪式，当地球被视为与神圣联系交流的主要原初地，地球也成为一个圣礼。于是，自然和教会的圣礼都可以提供重要精神资源，去继续可持续发展。这种新的理解，关乎基督教信仰和地球福祉，补充以其他信仰传统的观点和世俗人文主义者的发展思路。这些团体所共享的观念或能促成联合保护行动，并显著推进全球可持续发展。

早期含义

　　几千年来，圣礼一词在基督教教义中渐已意味着神圣结构中的一场宗教庆祝仪式，而非原始自然中的超然体验。对圣礼最早的神学描述来自希波的奥古斯丁（354—430），他强烈地意识到上帝存在于宇宙中。奥古斯丁把圣礼定义为不可见恩典的可见表达，这一理解为宇宙中神圣的中介和经验留出了几乎无限的数量和种类。基督教拉丁教会很快就

收回了奥古斯丁对圣礼的慷慨，并把圣礼限定为七个由教会定义和管理的宗教仪式（洗礼，坚振，告解，圣餐，婚姻，圣秩，傅油）；对此，新教改革者减少到只剩洗礼和圣餐。在基督教东方教会，受修士、神秘主义者、殉道者、忏悔者马克西穆斯（Maximus the Confessor，580—662）思想的影响，圣事礼仪的举行保留了对宗教仪式与神创世统一性的深刻意识。马克西穆斯叙述了上帝之道（Logos）与不同逻各斯（Logoi）之间一场持续的对话，上帝创世之道存在于宇宙中的每个部分。马克西穆斯把宇宙描绘为创世之道披着的一件斗篷（这一比喻将会在20世纪萨莉·麦克法格（Sallie McFague）有关宇宙是"上帝身体"的隐喻中得到完善），或者上帝内在的情境与启示。西方基督教远离奥古斯丁对圣礼的定义，在理解上形成了一次显著的转变：不再视自然与仪式为上帝的基本经验。个人借由宇宙在自然中的神圣时刻，不再被视为圣事的体验。这体验仅限于群体与个人的仪式参与，一般由神职人员或其代表在教堂中进行。现在，"神圣空间"通常意味着由人建造，由神职人员侍奉的建筑物区域，它取代宇宙作为神圣之地，因上帝存在而具有启示性和神圣性。

宾根的希尔德加德（Hildegard of Bingen，1098—1179）与亚西西的圣方济各（Francis of Assisi，1182—1226）短暂恢复了创造作为圣礼的西方基督教思想。音乐家、药理学家、诗人、作家及神秘学家希尔德加德，在她的著作《神之功业书》（*Book of Divine Works*）中，反思了马克西穆斯，把上帝描绘为一个炙热的力量，点燃了生命中的每一个火花，渗透于宇宙万物；凭借信仰，人可以在宇宙万物中看到上帝。巡回布道僧侣、神秘学家亚西西的方济各，在他的《万物的颂赞歌》（*Canticle of Creation*）中，用语言来庆祝无生命之物，以音乐来庆祝有生命之物；他呼唤所有的受造物赞美上帝，以诗意的圣礼承认上帝的启示。

创造作为圣礼

最终，圣经教义和基督教神学为恢复早期圣礼的创造意识提供了基础。《天主教会教理问答》（*Catechism of the Catholic Church*，1997）中承认了创造的启示方面（而非圣礼），即教导说上帝借由可见的创造向人们言说。但是，《教理问答》把圣礼限制为特定有效的恩典标志，它们由耶稣确立，其仪式由教会管理。在此之前，在《地球重生》（*Renewing the Earth*，1991）中，美国天主教会的主教们走得更远，称人们在自然中与造物主相遇，并感知"圣礼的宇宙"，它呈现了上帝存在的可见标志；这般经历能够激发人们照顾自己的地球家园。当代天主教神学家表达了补充性的观点：在《地球之梦》（*The Dream of the Earth*，1988）中，托马斯·贝瑞视自然世界为神存在的首要启示，并称物种灭绝破坏了这种存在。在《盖亚与上帝》（*Gaia and God*，1992）中，罗斯玛丽·雷德福·路德称生态告知伦理和灵性、万物之间彼此联系，并认为物种灭绝如同撕去了生命之书中的一页。约翰·哈特在《圣礼的公共空间》(*Sacramental Commons*, 2006)中称圣礼的宇宙被地方化于圣礼的公共空间,在其间,启示之地与启示时刻令人们体验圣灵的存在,牢固他们与神圣存在的关系,促使他们关注并承诺保护自然与友好关系。

重新认识到所有受造物都可成为圣礼,具有深远的理论意义和现实意义。当地球被视作圣礼的公共空间,灵性与可持续发展结合在了一起。作为自然的圣礼,宇宙可以是上帝的启示、神内在的一个标志和象征,当它未受污染、被负责任地共享和使用、并在它的地球栖息地上维持着生命共同体的不断发展,它是神无形关怀的有形表现。圣礼仪式的元素——面包,果汁或者酒——需要纯净的、符合环境可持续发展的自然圣礼:由干净的土壤和纯净的水,生长而成的有机大麦和葡萄。圣礼的自然意识有助于当下和后代对圣礼地球的可持续保护。

在地方和全球整体生态系统中,生物和非生物的可持续发展具有更大的可实现性,不同传统的有神论者和世俗的人文主义者就此提出了相似的观点。在有神论者中,创世故事与其他有关神的存在或神圣的大地母亲的叙事构成了宇宙的系统。在世俗人文主义者中,生物学家爱德华·O.威尔森(Edward O. Wilson)书写并言说了保留"创造",从而分享了一个之前主要使用在圣经和其他古老宗教传统中的术语。

尽管,"圣礼"是一个特定的基督教术语,但它对创世内在价值表达欣赏,对创世工具价值赋予感激,以及对创世神存予以声明,所有这些通过某种形式的其他理解互为补充。从而达成对自然美,所有生物以及人类群体的共同尊重;承认一切生命相互联系彼此依存,对地球的自然物资("资源")的需要;促进生态正义;以及精神感知力(虽然它是被界定的)的更新。这些价值的增长将促进人类群体的福祉,可持续地保护地球物种,节约使用地球的自然物资和空间,最终创造一个可持续的地球社会。

约翰·哈特(John HART)
波士顿大学

拓展阅读

Armstrong, Regis J., OFM Cap.; Hellmann, J. A. Wayne, OFM Conv.; & Short, William J., OFM. (1999). *Francis of Assisi: The Saint*. Vol. 1 of *Francis of Assisi: Early Documents*. New York: New City Press.

Berry, Thomas M. (1988). *The dream of the earth*. San Francisco: Sierra Club Books.

Fortini, Arnaldo. (1981). *Francis of Assisi* (Helen Moak, Trans.). New York: Crossroad.

Hart, John. (2006). *Sacramental commons: Christian ecological ethics*. Lanham, MD: Rowman & Littlefield.

Hildegard of Bingen. (1987). *Hildegard of Bingen's book of divine works* (Matthew Fox, Ed.). Santa Fe, NM: Bear.

Louth, Andrew. (1996). *Maximus the Confessor*. London: Routledge.

Maximus. (1985). *Maximus confessor: Selected writings*. In George C. Berthold (Trans.), *Classics of Western*

Spirituality. New York: Paulist Press.

McFague, Sallie. (1993). *The body of God: An ecological theology*. Minneapolis: Fortress Press.

Ruether, Rosemary Radford. (1992). *Gaia and God*. San Francisco: Harper.

U.S. Catholic Bishops. (1991). *Renewing the earth: An invitation to reflection and action on environment in light of Catholic social teaching*. Washington, DC: United States Catholic Conference.

U.S. Catholic Bishops. (1994). *Catechism of the Catholic Church*. Washington, DC: United States Catholic Conference.

Wilson, Edward O. (2006). *The creation: An appeal to save life on earth*. New York: Norton.

生态主保圣人的"万物的赞颂歌"

　　亚西西的圣方济各，原名方济各·波尔纳道奈（Francis Bernardone, 1181/82–1226），天主教教会尊称他为动物和生态的主保圣人；他最著名的一次布道是讲给小鸟儿们的。基督徒们正又把对自然的赞颂作为一个圣礼。下文即是圣方济各的"万物的赞颂歌"，也被称作"太阳弟兄赞歌"。

　　至高、全能、美善之主，赞颂、光荣、尊敬及一切的称扬皆应属于你；至高者，只有归属于你是适当的，谁也不配呼号你的名。

　　我主，愿你因着你造生的万物，尤其是因着太阳兄弟而受赞颂，因为你借着太阳造成了白昼，并给我们光明；

　　太阳是美丽的，并且发射出巨大的光明，它是至高者你的象征。

　　我主，为了月亮姊妹星辰，愿你受赞颂，你造生了它们于天上，它们光明、珍贵和美丽。

　　我主，为了风兄弟，又为了空气、白云和晴朗，以及各种气候，愿你受赞颂，因为借着它们，你使你的受造物，得到扶助。

　　我主，为了水妹妹，愿你受赞颂，它是非常有用和谦逊，珍贵和贞洁。

　　我主，为了火兄弟，愿你受赞颂，借着它，你光照了黑夜；它是英俊愉快的，劲健而有力。

　　我主，为了我们慈母般的大地姊妹，愿你受赞颂，它负载并照顾我们，它生产各种不同的果实和色彩缤纷的花卉和草木

　　我主，为了那些因着你的爱而宽恕别人，并且忍受疾病和困苦的人们，愿你受赞颂。

来源：Francis of Assisi（2006［1225］），*Canticle of creation*, John Hart, *Sacramental Commons: Christian Ecological Ethics*, pp. 28–29. Lanham, MD: Rowman & Littlefield.

Sacred Texts

宗教经文

有时,可持续发展实践的动力来自对宗教经文的回应,特别对于宗教团体而言,经文即是信仰和行动的基本指示。

宗教经文是权威的宗教文本,有些宗教可能拥有数千卷独立文本。每当有人提及宗教经文,可能就会想到《薄伽梵歌》(Bhagavad Gita)和《古兰经》。这些都是经典的范例,但是它们没有充分显示出可归类为"宗教经文"的文本的多样性。这些文本唤起奉献,辅助于仪式活动,界定信仰,阐明道德准则。有些经文被认为来自神或神的使者的启示,其他经文则解释了与超自然启示无关的人类起源。

阐释宗教经文

在分析宗教经文是如何言明可持续发展时,认识到不同宗教之间的差异是十分重要的。对于某些新兴宗教团体,生态文学的经典之作[例如,加里·斯奈特(Gary Snyder)的诗]可以作为宗教文本。另一方面,更多"世界宗教"的保守分支则倾向完全依赖一部限定的正统经文为指导。

一旦某个宗教文本被赋予权威性,就会出现诠释学的问题(对文本的阐释)。诠释学的方法有助于表明当代问题是怎样与宗教经文相关联起来。"可持续发展"是一个现代理念,而许多宗教经文都已经历经几百甚至上千年。因此,大多数宗教经文并不直接关切可持续发展的现代概念。正因如此,有些宗教信徒声称环境保护主义与其宗教身份无关,或者认为,环境保护主义应被表达为从属于一个传统信仰体系。另一方面,这些不同宗教的信徒认为宗教经文强烈倡导可持续发展。这些情况表明,宗教团体就如何阐释他们的宗教经文都做着重要的选择。

宗教经文中的可持续发展

假设宗教经文事实上都与可持续发展相关,那么宗教经文进一步讨论该主题的例子有哪些?

宗教经文影响我们理解可持续发展的一条路径是通过它们提出的总体世界观。例如，道教经文《易经》提出一个整体观，强调"无为的行动"，即"无为"。学者们认为这种整体观及其对相互依存的强调与当代生态观类似。印度教和佛教经文常常强调不杀生，或"不伤害"并崇敬众生。不杀生可能就包含了把可持续发展作为基本精神的需要。某些基督教，伊斯兰教，犹太教经文的一神中心论可解释为，作为上帝所拣选的管家，关注可持续发展。

宗教经文也提供了故事去丰富我们对世界意义理解。例如，叙事可能表征了创造、神及人类之间的正确关系。宗教一般强调在人类，神与自然之间需要一种宇宙和谐。《梨俱吠陀》（印度教的一部宗教经文）探讨了神与物质世界之间的相互关联。这可能意味着通过与世界的恰当关系来关照神。相似的，某些宗教（不是全部宗教）在其宗教经文中分享了创世的叙事。创世叙事解释了世界的起源，秩序与目的。对于众多犹太人，基督徒和穆斯林而言，《圣经》认为创世归于神。叙事表达了在神的有序世界中人类的位置，一如《创世记》认为人是宇宙的管家。就整体而言，宗教经文可能相互矛盾。有的文本表明人类区别并高于自然；例如，在《创世记》中，人类被吩咐要繁衍并"征服大地"。相反，如霍皮族及其他土著宗教群体，仪式性地代代相传的故事则强调整个宇宙互相关联（不过，这个例子会引出口述是否可以被认作"文本"的问题）。

有人把相关隐喻和象征解释为一种途径，显现出宗教经文可如何促进可持续发展的实践。例如，当人口中的绝大多数从事农耕并生活在"土地附近"，本地资源储备由于过度使用而崩溃，自然遭破坏或疏于照顾都是灾难性的。所以，宗教经文有时会使用源于农耕、乡村生活和资源采集的隐喻，指出人类对于他们所照顾的土地和动物应承担的具体责任。例如，犹太教和基督教的经文为所有受造物，包括土地设置了一个安息日。对收割的限制和管理也旨在公正并公平地分配耕地和其他土地。同样，一些穆斯林也把先知穆罕默德的话语解释成，为了整个群体的利益而倡导限制对某些土地的使用。

挑战

并不是所有的宗教团体都能在他们的经文中找寻到支持可持续发展实践的正当理由，这引申出一个问题：就当代环境议题而言，这些经文的相关性是什么？与之相关的问题是许多宗教经文被用于仪式和教理，那么这样的使用如何促进或阻碍可持续发展？在许多宗教传统中，宗教经文的阐释蕴涵巨大潜能去推动可持续发展倡议，但其前提仍是遵循解释学的原则，即关注于对于自然世界的其余部分，宗教经文如何促成了或多或少的可持续发展的不同态度与行动。

弗雷斯特·克林格曼（Forrest CLINGERMAN）

北俄亥俄大学

拓展阅读

Chapple, Christopher K., & Tucker, Mary Evelyn. (Eds.). (2000). *Hinduism and ecology: The intersection of earth, sky, and water*. Cambridge, MA: Harvard University Press.

Cohen, Jeremy. (1989). *"Be fertile and increase, fill the earth and master it": The ancient and medieval career of a biblical text*. Ithaca, NY: Cornell University Press.

Habel, Norman C. (Ed.). (2000). *Readings from the perspective of the Earth* (*The Earth Bible Vol. 1*). Cleveland, OH: Pilgrim Press.

Kaza, Stephanie, & Kraft, Kenneth. (Eds.). (2000). *Dharma rain: Sources of Buddhist environmentalism*. Boston: Shambhala.

Miller, James; Wang, Richard G.; & Davis, Ned. (2001). What ecological themes are found in Daoist texts? In N. J. Girardot, James Miller, & Liu Xiaogan (Eds.), *Daoism and ecology: Ways within a cosmic landscape* (pp. 149–153). Cambridge, MA: Harvard University Press.

Ozdemir, brahim. (2003). Toward an understanding of environmental ethics from a Qur'anic perspective. In Richard C. Foltz, Frederick M. Denny, & Azizan Baharuddin (Eds.), *Islam and ecology: A bestowed trust* (pp. 3–37). Cambridge, MA: Harvard University Press.

Santmire, H. Paul. (1985). *The travail of nature: The ambiguous ecological promise of Christian theology*. Philadelphia: Fortress Press.

Suzuki, David, & Knudtson, Peter. (Eds.). (1993). *Wisdom of the elders: Sacred native stories of nature*. New York: Bantam Books.

Sacrifice

献　祭

在西方、儒家和佛法的宗教及伦理思想中，传统的献祭模式可把实际暴力转变得更加积极，但是，后现代消费导向的社会已经失去了这种意识，即献祭能够导致更伟大的美好；自私贪婪的暴力驱使人类行动。通过重获献祭意识及由此而得的良心，或许可以实现环境及文化的更加美好的可持续发展。

献祭一词意指宗教仪式活动，以及人类为了更伟大的美好而放弃当前利益的行动方式。过去，犹太和希腊传统曾包括了以动物献祭为形式的血腥祭品。基督教代之以圣餐礼，提升人类良知，促使人们遵守道德准则。由发展可持续生活方式的需要而构成的当代挑战，可以从献祭的传统中汲取灵感从而形成资源管理的合理模式。

神学家丹尼斯·基南（Dennis Keenan）把献祭定义为"在通向超越真理的最重要时刻，经历（自己或别人的）遭受痛苦或死亡的一个必要过程"（2005，11）。有鉴于全球变暖，资源减少，物种灭绝，超越的真理已经为"难以忽视的真相"（inconvenient truth）所替代，即在追求"好生活"的过程中，人类行为已变得贪婪具有破坏性。献祭实践如何可能使人类文化远离那样的行径，并实现可持续的生活方式？

在英语中，献祭一词意指使成为神圣的（拉丁语，facere sacre）。纵观世界历史，这通常发生在杀死动物或人的宗教仪式情境中。这个过程令早期人类学家着迷，促使亨利·休伯特（Henri Hubert）和马塞尔·莫斯（Marcel Mauss）在他们1899年的研究著作《献祭的本质和功能》中写道："献祭是一个宗教行为，通过一个受害者的奉献，会改变那个完成它的道德人的条件"（1964，13），这表明献祭确定了那献祭实践之人的变化，并形成了（影响）更大的社会功能。法国著名社会学家涂尔干（Emile Durkheim）假设在宗教的社会创建中，以及由此在人类文明中，献祭发挥着整合功能。

献祭的传统模式

西方文明中献祭的核心故事可以从三个源头中搜集：希伯来圣经；欧里庇得斯根据有关狄俄尼索斯(或称巴克斯)，即葡萄酒和狂欢之神的希腊神话所作的戏剧《酒神的女祭司》；和新约。在第一个叙事中，上帝要求亚伯拉罕献出他的头生子。在第二个故事中，狄俄尼索斯的女信徒(被称作酒神的女祭司)，在崇拜仪式中，受神的驱使徒手杀死野生动物或家畜，也会在狂乱的时候，杀死年轻的底比斯国王彭透斯，因为他否认狄俄尼索斯的神性。第三个叙事引致耶稣受难。

随着叙事的推进，每一个献祭所带来的后果显现。希伯来圣经故事中，上帝命令亚伯拉罕代之以动物，宽恕了其子。在那古希腊戏剧中，暴力逐渐失控，并且尽管狄俄尼索斯的女信徒们后悔于她们的行为——信徒之一是彭透斯的母亲——彭透斯已遭四分五裂，无法起死回生。耶稣之死产生了救赎神学和默观耶稣遭受的痛苦与死亡，伴之以反思和忏悔自身之罪，并导致改正和宽恕的教义。亚伯拉罕的故事显示了从暴力到人性怜悯的转变；《酒神的女祭司》警示人们具有偏离理性并以暴力冲动去追逐猎物的潜在能力；耶稣的故事为从他人(罗马士兵)的错误中学习和改变个人行为提供了框架。根据涂尔干，所有三个实例都具有为维系社会秩序的道德律令。

根据历史学家及哲学家勒内·吉拉尔(Rene Girard)，在献祭的历史中，暴力扮演着核心角色。他认为献祭，通常是指一个替罪羊"用以保护整个团体免受自身暴力的侵害……团体中充斥的各种纷争导致献祭祭品之人被消灭"(1977，8)。在其世界历史和人类文明的研究中，吉拉尔发现了宗教与暴力之间无可辩驳的联系，认为献祭行为"限制了相互间的暴力并赋予团体以结构"(1977，317)。对于吉拉德而言，基督信仰成功地化解掉暴力的力量和魅力。丹尼斯·基南得出了相似的结论，引用法国哲学家伊曼纽尔·列维纳斯(Emmanuel Levinas)的说法："献祭需要为了他人而存在。"基南指出献祭引发爱德(agape，古希腊表达不同方面"爱"的词语之一)，他将其定义为"(由于)某人不健康的，想要违背律法的罪恶欲望(而)献祭的献祭"(2005，75)——无私之爱带来社会稳定。通过参与基督教的圣餐礼，忆想起耶稣的情感与爱，人得到救赎。通过行为效仿把基督教的教训融入个人中，在耶稣更伟大的生平中看到自身的罪恶，个人内在的暴力可以消解。以效仿基督来代替模拟的暴力欲望，人得以改正。

在一个相对简单的时代，为限制人类的无度，通过宗教仪式和遵守戒律来化解紧张的范式，遍及欧洲大部分地区，以及世界上那些受到欧洲殖民和皈依基督教的地区。(国家)权威通过法治向人们施加一系列诫命，社会得以持续。在东亚，也形成了类似的社会规范，即遵守儒家礼法，同样，在南亚则是遵守法(印度教、佛教、耆那教、锡克教)。伊斯兰教效仿犹太教的道德准则，依旧认为政体不能分离于宗教价值观；对穆斯林而言，献祭的终极行为即顺服真主的旨意。即使在启蒙之后的世俗世界，尽管宣称社会规范完全基于理性和自然法，事实上却充满了献祭实践的实例，由此，社会达至平衡。一个例子即认为个人为了共同利益而献祭个人自身需要，就是公民社会的基本原则。

17世纪科学方法产生，首先与之关联的是技术，然后是资源开发，最后是市场的完善，结果形成了贪婪的新宗教，神学家约翰·科布（John Cobb）称之为"经济主义"。随着技术进步，资源开发的直接后果已变得模糊滞后。执迷于人的舒适，却很少或根本未顾及环境的真实成本，已形成了典型的偶像崇拜的现代形式。这包括过度关注个人的社会地位和身体形象，过度消费，以及不惜一切代价延缓死亡的欲望。文化犬儒主义和绝望也可以被视为18世纪欧洲启蒙运动的成功产物或副产品，同时也是传统道德秩序的崩溃。相对主义及后启蒙的动荡不安强调人类的至高无上，这些人类关联着对技术进步的武器的使用，诸如导致19世纪和20世纪大规模暴力冲突的自动火炮、芥子毒气、核武器。这也促使自20世纪后期，并延伸至21世纪，人的价值和意义在舒适的驱动下平庸化。随着个体主义的兴起以及对团体利益关注的缺失，鼠目寸光的状况显现，令献祭失效。

在过往，模拟暴力的献祭仪式帮助消除对鲜血的饥渴，确立了稳定的社会秩序。献祭帮助平息仇恨。仇恨激化暴力的愤怒导致杀戮，大规模有组织的杀戮导致战争。亚伯拉罕、彭透斯和耶稣的故事帮助人们不去滥杀他人。尽管随着现代性的产生，献祭规则的效果正在逐步缓慢地消散，但其经久的教训却有助于促成一个转折，从而远离那难以抵御的暴力——这些暴力令20世纪上半叶成为人类历史上最暴力的时期。但是，对于人类的贪婪而言，只有彻底地重新诠释，亚伯拉罕、彭透斯和耶稣的故事才能成为道德寓言。贪婪不同于暴力。它引致破坏的一个有别的滞后形式。

这种破坏可见于自然资源开采，地貌与生态系统的退化，以及思想的殖民化，即产品必须被消费的制造观念。

今天，我们因贪婪的痼疾而遭受苦难，这痼疾源自佛教禅宗哲学家大卫·洛伊（David Loy）所说的"市场的宗教"（religion of the market 1997, 275—290）。战争仍在世界各地酝酿，尽管20世纪上半叶那巨大的破坏很可能（希望）不会再重现。然而，由于过度高效的资源开采，污染，一个患上自闭症的自然世界，对外部效应（例如，垃圾处理、有害碳气体）的承认的缺乏，以及政治意愿欠缺的后果，已将人的生命置于危险境地。从亚伯拉罕、彭透斯和耶稣的故事中汲取的告诫，为人类提供了途径去形成一个有效的政体系统，它具有明确的特殊策略去平息人类在历史长河中的暴力倾向。但是，杀婴、激情犯罪及宗教和/或政治迫害，这些反人类的而非期望中的行为无法构建超乎人类关注的蓝图。献祭的故事在犹太的—希腊的—基督教的—伊斯兰教的连续中需要发展出一个当代模式去保护动物、女性及地球本身。我们需要一个新的献祭模式去应对贪婪的暴力。

后现代思想

有关献祭的后现代思考或许得益于其他文化中被迫应对富余（abundance）的经验。美国西北部的印第安人，特别是夸扣特尔人（Kwakiutl）享受着超级丰富的环境资源，充裕得难以言说的食物、木材和动物皮毛。这个地区的人民并不通过战争，而主要通过冬节（Potlach），向邻近部落赠予大量财富，解决人类生活剧情中不可避免的周期性紧张。夸扣特尔人并未把物资留给自己,而是赠予他人,以深远的方式去应对人类趋于竞争,易挑起冲突的阴暗面(在冬节的仪式上,各个家族并非通过所拥有的物资多于邻居,来显示自身的社会地位,而是互相竞争看谁赠予他人的财富更多。这与美国"紧跟攀比"即持续增加的炫耀性消费传统形成了鲜明的对比)。过去几十年,我们的销售机构已令市郊进一步扩张,汽车文化蔓延到亚洲,理所当然的还有食品,特别在发达国家,只需要个人收入的小部分就可以获得大量食品。这并非在鼓励过量饮食,只是消费大众一直以来被劝导要更多消费。在美国,一如有些人所说,爱国主义已经退化至购物。

随着增长在我们身上达到极限,随着对全球变暖问题更全面的认识,以及对燃料和食品费用不可避免的显著调整,从过度追求的意识形态到认可献祭与自然保护主义作为主要价值观的转变正在进行。在过去的三十年间,献祭在发展过程中呈现着消极意义,很少有观念认为献祭可能带来最终受益。(献祭)过程的第一部分——正如韦氏词典所定义的"放弃,毁坏先前有价值的东西"及"为了少于预估的价值,而放弃某些东西"——掩盖了对这(整个)过程的理解,即它能带来"更大的价值"。当代人没有对食品定量配给的回忆,以及在第二次世界大战期间,美国人献祭付出的记忆(例如,舍弃尼龙丝袜、以人造黄油代替黄油,等等)。但是变化已经产生。个人已

不再简单地从杂货店的货架上拿取商品,购买汽车也已不再根据款式和颓废的风格或高性能的"选项",在购买过程中,个人重新开始深思熟虑,良心与道德判断重新又起作用。健康检查影响个人身体,并使人们对工厂式农耕的恐惧日益增长,人们正在改变他们的食物选择。考虑到人体在超大车辆中通勤的长时间所受社会和物理影响,石化燃料对全球气候模式的影响,人们开始改变对生活方式的预期。在交流这些问题方面,两个基于网络的动画以形象的容易理解的形式,显得特别有效:针对工厂式农耕的"畜牧帝国"(The Meatrix)和针对消费文化软肋的"东西的故事"(Story of Stuff)。社会学家,诸如罗伯特·普特南(Robert Putnam)与朱丽叶·肖尔(Juliet Schor)已经指出由购买主导的文化造成了人类联系的缺失(the loss of human connectivity)。

可持续发展可见诸献祭的各个方面,意味着人类必须采取直接行动去纠正现代的无度。圣餐礼象征耶稣被钉十字架的暴力,它培育人类良知,并促成改正与和解。

献祭与可持续发展

杀死山羊、彭透斯和耶稣,为欧洲与北美提供了一种献祭模式,即为了更伟大的美好,放弃某物。就环境恶化而言,更伟大的美好应是在可持续经济体系内的一个更洁净的环境。正如山羊、彭透斯和耶稣放弃了他们的

生命，现代人被要求放弃他们生活方式中伤害环境的方面，这涉及诸多。首先，人们需要承认能源消耗对地球的伤害，导致污染和全球变暖。第二，人们需要与这些问题产生关联感，这会激发他们的道德良知。第三，政治领袖必须关注并提供法律去改正由浪费的生活方式所造成的有害的无节制。在当前的全球化经济中，需要变化去促成转变，从不可再生能源，如石油到可再生资源，如风能和太阳能，从有害于健康的食物到健康的，从导致萎靡不振的隔离式活动到促成连接与福祉的社区营造活动。摒弃坏习惯需要伴之以替换策略，以避免经济和社会动荡。重建献祭的健康意识，对于促使能源和经济政策有效变化至关重要。这种献祭模型召唤良知回归，反思过度消费的罪，并下决心形成新的良知和有度。

反思献祭

托马斯·贝瑞，一位被称为"地球历史学家"的神学家，通过可持续发展原则为修正献祭观念提出了具体建议。他的主要观点是献祭行动具有建设性，为增强个体与社会及宇宙更大力量之间内在连接意识提供了新办法。贝瑞视地球为启示的主要载体、人类共同繁荣的情景，以及走向自我认知的唯一道路。在《伟大的事业》(*The Great Work*)中，他写道：

> 只有地球成为一个生机勃勃的星球，地质结构和生物表现的形式难以计数，我们才能观察到整个自然世界。只有地球在对于创造而言，保持流变与因循是必需的。宇宙（建立在地球上），一个创造分布不均衡的弧度空间，对于建立

和遵守宇宙秩序完全封闭，也能充分敞开，以使自然创造过程继续。

对于贝瑞而言，这地球就是献祭过程的体现。为了继续活着，人们必须超越自身并回归到认识地球的伟大。一切与自然的相遇都可被视作神圣的，因而具有启发性，从地球质朴之美，到人类贪婪与剥削造成的伤害现实。在消极层面上，对世界之美的献祭，并没有成为通往超越的入口，却完全迎合了市场导向的价值观。贝瑞在《21世纪的宗教》(*Religions in the 21st Century* 2009, 117)中写道：

> 显然，自笛卡尔以来的4个世纪，我们已经失去了基本的感知力：对持续新生的自然界，及其惊奇、美丽和亲密感，对于它以本地季节性物资来回馈我们对土地的热爱与关怀。我们本应愿意摧毁所有这些由工业社会带来的虚幻富足。

贝瑞提出了若干建议，去恢复人与地球的平衡关系，包括基础科学教育，摒弃把地球完全作为人类无限使用的自然资源的观念，一个有所改进的法律体系——涉及生态系统保护，和对商业工业企业力量的遏制。为了更简单的生活，通过"献祭"现代科技和消费主义崇拜，我们会回到一个奇迹世界，实现贝瑞的话："我们与事物更深层现实的沟通。"我们追寻必然的超越真理定会把我们带入返回地球的旅程。

贝瑞的建议以献祭模式为基础，承认微观反映宏观。一个小小的举措也将或好或坏地波及更大的系统。如果一个人

拥有一辆高性能的汽车，却选择骑自行车而不是开车，他或许会被看作是个怪胎，并被批评为古怪。反之或许也可能，他人会欣赏并模仿他的选择。一个人的献祭或许是另一个人的毒药，也或许是其灵感和变化的源头。环境哲学家霍姆斯·罗尔斯顿（Holmes Rolston）声称地球本身就是个十字架——就字面义而言，意味着"十字架式的安排和塑造"，但是罗尔斯顿以此来反映达尔文的自然历史是对古典宗教的主题即死亡与重生的回应——在其中进化的过程体现了献祭的形态。

未来的思考

为了形成各事物经济的，政治的，心理的和精神状态的可持续性，人们应该接纳并参与新的献祭模式。不要把物资和服务的高成本视为惩罚，新的献祭模式会帮助人们重新感知当下，并恢复活力。当食物变得更加昂贵，它就变得更加珍贵。同样，旅行，无论为了工作抑或娱乐，不仅需要仔细考虑成本，更要考虑到对碳的产生所造成的巨大影响。个人身份不再受制于对物的获取与操控，而能够凭借与他人的连接，与启示的来源，即地球村（the Earth community）的连接来确定。总之，虽然献祭的智慧会因不同文化情境而有所差别，但作为一个概念和实践的资源，它承诺为了个人的、社会的和经济的可持续发展，去激发人们采取必要的行动。

克里斯多夫·基·查普（Christopher Key CHAPPLE）
洛约拉马利蒙特大学

此条目的较早版本可见于《世界观点：全球宗教，文化和生态》[*Worldviews: Global Religions, Culture, and Ecology*，volume12, issue 2/3（2008）]

拓展阅读

Bailie, Gil. (1995). *Violence unveiled: Humanity at the crossroads*. New York: Crossroad.

Bell, Catherine M. (1997). *Ritual: Perspectives and dimensions*. New York: Oxford University Press.

Berry, Thomas. (1999). *The great work*. New York: Random House.

Berry, Thomas. (2009). *Religion in the 21st century*. Introduction by Mary Evelyn Tucker. New York: Columbia University Press.

Cobb, John. (1999). *The Earthist challenge to economism: A theological critique of the World Bank*. New York: St. Martin's Press.

Durkheim, Emile. (1915[1965]). *The elementary forms of religious life*. New York: Free Press.

Girard, Rene. (1977). *Violence and the sacred* (Patrick Gregory, Trans.). Baltimore: Johns Hopkins University Press.

Hubert, Henri, & Mauss, Marcel. (1964). *Sacrifice: Its nature and function* (W. D. Halls, Trans.). Chicago: University of Chicago Press. (Original work published 1899)

Keenan, Dennis King. (2005). *The question of sacrifice*. Bloomington: Indiana University Press.

Leonard, Annie. (n.d.). The story of stuff. Retrieved April 22, 2009, from http://www.storyofstuff.com/.

Loy, David R. (1997). The religion of the market. *The Journal of the American Academy of Religion*, *65*(2), 275–290.

McKenna, Andrew J. (1991). *Violence and difference: Girard, Derrida, and deconstruction*. Urbana: University of Illinois Press.

Putnam, Robert D. (2000). *Bowling alone: The collapse and revival of American community*. New York: Simon & Schuster.

Schor, Juliet. (2000). *Do Americans shop too much?* Boston: Beacon Press.

Strenski, Ivan. (1997). The social and intellectual origins of Hubert and Mauss's theology of ritual sacrifice. In Dick van der Meij, (Ed.), *India and beyond: Aspects of literature, meaning, ritual and thought* (pp. 511–537). London: Kegan Paul International.

The Meatrix. (n.d.) Retrieved April 22, 2009, from http://www.themeatrix.com/inside/.

Science, Religion, and Ecology

科学、宗教和生态

科学，及其自然选择与平衡理论，与宗教，及其对土地永远流淌着"奶与蜜"的圣经描述，皆认为自然永远新生。二者都优先考虑增长及其带来的丰盈。当21世纪我们的环境危机挑战这些概念时，科学家教导我们维系环境，《圣经》管理的动机提醒我们要珍惜地球的生物多样性，并为创造而欢庆。

生命在不断的灭亡中持续更新：这是自然进化史和基督教信仰的共同主题。自然界经历演变，生态系统的应变机制已经过数千年的考验，有时保持稳定，而有时历经变化。随着人类生活的发展，传统一神教对定居于应许之地的永久感出现了，尽管，《圣经》作者承认生命短暂。对生态系统的健康和整体性的关注也在变化。人类现在可能站在历史的破裂点——如同一些人所认为的那样，面临着自然的终结。生态管理，及其对保护自然资源和发展技术的科学关注，延续着圣经管理的观念。问题的关键在于是否寻求可持续发展或者可持续生物圈（sustainable biosphere）。

一个动态持久的地球

在理论与实践中，科学与宗教面对环境可持续发展的担忧。这两种世界观都遭遇一股历史动力（即，变化的各种力量）重叠作用于周期性的稳定状态上。自然进化史表明自然选择，以适者生存的方式运作于历经巨大时间间隔中增量的变化。这促成了永久的变化，物种获得新技能，发现新的生存空间，并向不断变化的环境迁移。

相比之下，间断平衡理论认为化石标本证明了数百万年的相对静止，被较短暂的极速变化所打破。生物学家也提及进化的稳定策略。自然选择推动变化，但如果没有稳定的生态系统，自然选择就无法产生突变，为迫在眉睫的生存提供可靠选择。在过去的很长一段时间，自然界常常是"持续不变的"。批评者不认为这种自然平衡有利于偶发事件、开放的生态系统、动力和变化。在有序连续的生态系统中干扰制造出一幅拼凑景致。生态系统有各种应变能力，但如果干扰变得过大，稳定性就会陷入无序的沼泽。平衡与非平衡表示一定范围的两端，真正的生态系统介于两者之间，依据分析的水平和范围去观察一端或另一端。在人口和物种多样性，或社群组成方面，生态系统在限制范围内接近稳定状态，能够显示可预测模式。当发生异常干扰，它们会被取代，而非恢复到之前的模式，然后，融入新的平衡中。

极有可能的是，原本已稳定的过程和结果会变化，生物接受自然选择，适者生存；不合适的走向灭绝，并且，已遭破坏的生态系统崩溃，为更稳定的所取代。生态系统的适应力经历数千年检验。最终，它们不仅具有稳定性还拥有动态更新的能力。诸多总体特征重复；许多局部细节变化。生长和发展模式是有序、可预见的，这足以令生态科学成为可能。这一生态系统内的自然，曾经蓬勃独立，几千年来与人类共同延续，却在过去的百年间遭受与日俱增的危险——对生态系统的健康、整体性、稳定性和性质构成威胁。

对于地球的结构和进程，传统一神教产生了更为固定的叙述，恰当地设置了原初的"开启"创始，由此所经历的变化微乎其微。面对死亡，雅各"聚集子孙"，嘱咐以色列："你父亲所祝的福，胜过我祖先所祝的福，如永世的山岭，至极的边界"（《创世记》49：26，中译和合本）。生命是持续的奋斗，所以，为了弥赛亚来临，或者于基督徒而言，弥赛亚再临之时，

救赎降临，而萌生希望。但是对于地球的历史进程，如果以色列遵守戒命，上帝说："我就使你们在这地方仍然居住，就是我古时所赐给你们列祖的地，直到永远。"（《耶利米书》7：7）

圣人和先知知晓生命的短暂，世人如"野地的花"，"经风一吹，便归无有。他的原处，也不再认识他"（诗103：15—16）。他们却也知晓可持续性，寻见为上帝所应允之地"使他们和他们的子孙永远得福"（《申命记》5：29）。这听起来确实很像可持续发展。

生命永恒循环，在不断的灭亡中新生，这是自然进化史和基督教信仰的共同主题。虽然，新生命源自旧生命的传统重生观念所针对的上千年的历史跨度已经被当代科学扩展到几十亿年，科学与宗教都认为地球生命已经历长期持续和更新。

许多科学家认为，即使可持续性处于危机，自然也不会被消亡，不过自然维持生命的能力可能会遭受不可弥补的损害。自然没有终结，永远也不会。人类依赖自然维持他们的生命。人类利用自然资源；可能会破坏自然系统，并令其退化。但如果人类被排除出这个方程式，自然力能够并将会返回。自然总是存在于过去，现在和未来。

其他较悲观的科学家认为，地球上的人类正处于历史上的破裂点。欧洲—西方的文明是遍及全球的自我毁灭的、蔓延的和触发式的破坏——气候变化和生物多样性减少。到现在，技术领域介入生物领域中。由此，技术领域将会膨胀冲破这些限制。地球正处于后进化阶段、后生态阶段。下个千年将会是

"自然终结"的时代。这个新时代是人类世（Anthropocene）。这着实将我们置于历史的连接处，为了继续可持续发展，我们应该做些什么？

监护和管理

关注环保政策的科学家们，常常呼吁生态管理。这吸引着那些认为有必要客观理解生态系统、有必要开发应用技术的科学家，和那些愿意为人类谋利益的人类学家。共同的生态系统及/或管理的政策将会在系统范围层面运行，想必是为了生态系统及其衍生物的永久可持续发展。

"完善的科学管理"与视自然为"自然资源"的观念相关联，虽然，"管理什么"这一问题总是理所当然地认为与人类利益相关，但至少"完善的科学管理"认同"尊重自然"。基督教伦理学家指出，世俗词语"管理"（manage）是早期神学词语"管家"（steward）的替代。亚当被安排在花园里"修理和看守它"（《创世记》2：15）。他们可能会补充说，"托管人"是一个比"管家"更好的模式，因为管家管理主人的利益，而"托管人"被要求照管那些托付于他们之物。

环境科学以微妙的方式来显示自然进化。科学家们描述秩序、动态的稳定性、和生物群落的多样性。他们描述彼此依赖性，或者谈论健全与完整性，或这些群落的适应力或效能。科学家们描述生物在其生存环境中的改变适应。他们把生态系统描绘成繁荣的，自我管理的。严格地说，这些都只是描述性用语；不过却已往往具有准评价性。生态学有点像医学，具有治疗目的，寻求欣欣向荣的健康。神学家可能认为这些用语听起来像是对《创世记》所描绘的美好土地，或者以色列的应许之地的世俗纪念。

宗教与科学必须仔细地划分各自的领域。在《圣经》中查询技术生态学（technical ecology）是错误的［例如，处理人口规模与承受力关系的沃尔泰拉方程式（the Lotka-Volterra equations）］。但是，生态学则是一门原生科学。自然土地上的居民，生活全然融于本地生态环境中。希伯来人了解他们的自然环境，播种者在他劳作范围内播种，等待种子的生长、收割。亚伯拉罕（Abra ham）和罗得（Lot），后来的雅各（Jacob）和以扫（Esau），分散他们的牛群与羊群，因为"那地容不下他们共同居住"（《创世记》13：2—13；36：6—8）。现在生态学家们称，这些游牧民族的规模超过了环境承受力。他们充分明了在第7年让耕地休息以更新。

可持续发展需要人类生态学，人文生态学，并要求对人性比对野性有更深入的认识。诚然，如若人类对他们改变了的自然系统的必然后果一无所知，他们也就无法知道正确的行动方式。但是，必须要求更多。"以色列啊，你要听，要谨守遵行，使你可以在那流奶与蜜之地得以享福，人数极其增多，正如耶和华你列祖的神所应许你的"（《申命记》6：3）。这并非土地耕作或科学，而是《圣经》的先知们所洞察的伦理。更深刻的表述是，除非人们学会正义仁慈地使用土地，就不会有智能的人类生态学。土地不会为所有人流淌奶和蜜，除非并且直到"公平如大水滚滚"（阿摩斯书5：24）。

增长的极限

几个世纪以来，西方宗教和西方科学都在推移极限。在这方面，人类比其他物种更具天赋。一直以来，我们秉持着一个根深蒂固的信念，一个人应该期望富裕并为此而奋斗。基督教信仰带来了"丰盈的生命"；杜邦公司倡导"化学让万物更优，让生活更美好"（better things for better living though chemistry）。一个强调精神；另一个突出生活的物质方面。不过，科学与宗教结合为人们提供食物和庇护，使他们健康，并提高生活水平。

我们已经在我们的人权观念中确立了自我发展的权利和自我实现的权利。为此，宗教活动家与传教士，一如经济学家和发展科学家那样为这些权利而奋斗。但是，现在我们已经意识到，这种范围扩展至所有人的平等主义伦理，造成了一个不可持续的世界。当每个人在应用科学的帮助下追求自己的利益，消费逐步升级。当每个人在福音关爱的呼吁下，追求他人的利益，消费仍然升级。这令人焦虑，无论科学发展抑或宗教关爱，它们是否足以应对我们现在所面临的各种全球问题。全球性威胁要求可持续性发展对增长予以限制。

新千年全球议程主要关注的四个问题是：不断增长的人口，不断增长的消费，愈加严重的战争后果，以及日趋恶化的环境。科学使人口和消费能够不断增长，如同技术之于战争，而结果是产生一个退化的环境。宗教促使人口增长，或对此立场不明；它们使人类发展伴随着消费增长；对于环境保护，它们常常摇摆不定。所以，在现阶段，人口，消费和环境都不是可持续的。以"正义，和平，和创造的完整性"为主题的世界基督教联合会，已经更多地关注于限制人口和消费增长，而不只是保护环境。

可持续发展？可持续的生物圈？

最好的模式是可持续性的，但如果有人问什么是可持续的，有两个焦点。首选的答案是：可持续的发展。当人类面临极限，他们需要找到一个可持续的增长模式。这样的责任看似简单紧迫；科学家，发展者，社会福音活动家，和传教士对此态度一致。可持续发展有益，只是因为它是一个广角镜头，一个导向性理念，方向明确，包罗万象，（也是）联盟层面的政策，设置了目标，界限，允许以多元化战略去实现。科学可以贡献出最好的（例如，转基因食品，二氧化碳检测，和科学模型和数据），宗教也可以贡献最好的（例如，农业布道，控制消费增长的讲道，等等）。

（他们）基本确信发展的轨迹大体上正确——但是热情的发展者迄今未能认识到环境的有限性。科学家们可以教会我们如何维系环境，但是，我们需要管家的（或者，更好的托管人的）动机才能获得成功。那些喜欢认为自己是科学家的经济学家，可能会评论道"增长的经济"是唯一在理论上，实践中可取的经济，甚至是唯一可能的经济。他们不喜欢"无增长的经济"，但现在却强调"绿色经济"。

由联合国支持的《千年生态系统评估》（*Millennium Ecosystem Assessment*），规模庞大，涉及来自近百个国家的超过 1 300 名专家，开篇说道："这个评估的核心是一个严峻的警告。人类活动正令地球的自然功能变得紧张，再也不能想当然以为这行星生态系统的能力足以维持后代"（《千年生态系统评估》2005,5）。

不过，可能还有另一个焦点："可持续的生物圈"。生态学家坚持认为，"可持续的"这一用语既非经济的，也非环境的。美国生态学会声称："当今人类所面临最重要的唯一任务是实现一个可持续的生物圈"（Risser, Lubchenco & Levin 1991）。"可持续发展"的根本缺陷是它只是视地球为一个资源。

可持续生物圈模式基本确信，目前的"发展"轨迹根本有误，因为它将不可避免地被那些总是试图推移限度之人的野心喂养过头。环境不是以巧妙技术去制服和征服那些不理想或不可避免的约束。相反，自然是价值多元的矩阵；许多人，甚至大多数都不参与到各经济交易中。我们希望维持大自然提供的不胜枚举的其他价值（例如，生命供给，生物多样性，地方感）。评估地球的好坏并不在于可以挤出多少滴入人的嘴巴的牛奶和蜂蜜。

"可持续生物圈"的模式要求经济运行于有品质的生活"内"，在一个品质优良的环境中——干净的空气、水，稳定的农耕土壤，有吸引力的居住环境，森林，山川，河流，农业土地，公园，荒地，野生动物，可再生资源。这个质量环境决策需要整个社会的参与，包括它的科学家和有信仰的人民。社会需要发展，但必须学会在其自然承受力内生活。更多的人要珍惜地球的生物多样性，为创造而庆祝。于此，科学与宗教相互补充，教导我们如何维系家园，这个我们赋予承诺的地球，世界的应许之地。

霍姆斯·罗尔斯顿三世（Holmes ROLSTON III）

科罗拉多州立大学

拓展阅读

Attfield, Robin. (2003). Environmental ethics: An overview for the twenty-first century. Cambridge, U.K.: Polity Press.

Burkhardt, Jeffrey. (1989). The morality behind sustainability. *Journal of Agricultural Ethics, 2,* 113–128.

Daly, Herman E., & Cobb, John B., Jr. (1999). *For the common good: Redirecting the economy toward community, the environment, and a sustainable future.* (2nd ed.). Boston: Beacon Press.

Millennium Ecosystem Assessment. (2005). Living beyond our means: Natural assets and human well-being: Statement from the board. Washington, DC: World Resources Institute.

Risser, Paul G.; Lubchenco, Jane; & Levin, Simon A. (1991). Biological research priorities—a sustainable biosphere. *BioScience, 41,* 625–627.

National Commission on the Environment. (1993). *Choosing a sustainable future: The report of the National Commission on the Environment*. Washington, DC: Island Press.

Norton, Bryan G. (2005). *Sustainability: A philosophy of adaptive ecosystem management*. Chicago: University of Chicago Press.

Rolston, Holmes, III. (1996). The Bible and ecology. *Interpretation: Journal of Bible and Theology, 50*, 16−26.

Rolston, Holmes, III. (2003). Justifying sustainable development: A continuing ethical search. *Global Dialogue, 4*(1), 103−113.

Shamanism

萨满教

尽管,很难对萨满教及萨满予以准确的定义,不过,不同文化间却存在一致性。一般来说,萨满代表人类和非人类的世界之间的中间人,在其与自然的"灵魂"接触过程中,试图保持与自然世界和谐,即使算不上"可持续的管理"。

萨满教作为一个学术名词,既澄清也阻碍了我们去理解可能被称为宗教的某些土著和史前实践。萨满可以治愈疾病,诱发疾病,与灵魂说话,或者被灵魂附身,或前往另一世界,以超自然方式寻找把戏(game),改变意识进入一种忘乎所以的状态。但是,不能认为涵盖全部,甚或具有代表性,应认识到定义是存疑的。对于萨满和那些以知识化界定他们的术语——比如治愈、巫术、灵魂,(意识的)改变状态(altered state),(灵魂)出行(journeying)和忘乎所以(ecstasy)——都被填塞了诸多意义,并且表达更多的是观察者和观察者对萨满的期待,而非萨满自身。虽然,很难对萨满教及萨满予以准确的定义,不过,不同文化间却存在一致性。一般来说,萨满代表人类和非人类的世界之间的中间人,在其与自然的"灵魂"接触过程中,试图保持与自然世界和谐,即使算不上"可持续的管理"。

名称的起源

萨满一词(发音为SHAYmuhn, SHARmuhn,或SHARmahn, 没有公认的发音),源自多个西伯利亚民族,包括鄂温克人在内所使用的通古斯语。英语化的"萨满"发音变为šaman或sama:n。鄂温克人并不使用书面语,也不使用总体上涵盖全部萨满巫师所行的术语。当基督教传教士开始把西伯利亚各民族作为皈依对象时,需要反对一个异教来界定自身,该词经过俄语得以标准化,逐渐为西方使用。至18世纪,德语shamanen和英语的shamanism已得到广泛使用,由于在西方人看来萨满巫师的活动是怪异的,萨满教成为作为"他者"的拜物教。当探险家穿越全球与新的民族相遇,各种土著宗教的活动都被认为与萨满教相关。

萨满和萨满教

现在,萨满教普遍用来指称药师(medicine men)、巫医(witch doctors)、治疗者(healers)、巫师(socerers)及其他为了某些社会所认可的任务与灵魂接触之人。这一术语提供了一致性和特殊性,逐渐在各文化中得到使用。但是,此类使用易令人误以为萨满教作为宗教具有与萨满不相干的世界观。相反,存在萨满和这些以泛灵论,或者"万物有灵的"本体论(存在方式)与认识论(认识方式)为工作基础的男人女人,他们作为中间人,在人类与非人的人类有时也被称为灵魂之间行动调解达成和谐。但是,灵魂一词对精神/物质二元论的划分存在争议,未必为社会所承认。为了容纳文化的独特性,除了敏锐地对待土著本体论,突出萨满"实践活动"的多样性也很重要。或许使用词语的复数形式(shamans and shamanisms)比其单数形式(shaman and shamanism)更好。

新萨满 (Neoshamans) 和绿萨满 (Green Shamans)

萨满教在新时代(New Age)践行者,异教徒及其他另类兴趣团体中,具有重要的影响力,或许最好称之为"新萨满教"(Neoshamanisms)。对于众多对萨满教感兴趣的人来说,萨满代表了土著治愈者,在与自然神灵的接触中,他们对自然界进行着可持续的管理。更普遍的看法是认为土著群体与自然相处和谐,而萨满的与众不同则在于其拥有这种气质超凡的精神翅膀。这种西方观点把"萨满"收为己用,使他们的实践活动远离本土万物有灵的环境——在这种有灵论环境中人与非人的关系是沟通达成的,扭曲并转向全球化的元叙述(meta-narrative,一种过于简单化的全面解释)中——在这种元叙述中萨满是环境的守护人。尽管小型社会对地球资源的影响要比西方国家小得多。但传统的刀耕火种式的农业,例如人们在亚马孙的所作所为,以及有关史前人类可能已在世界各地猎杀一些大型动物至其灭绝的证据,表明人类能够对自然造成无法弥补的损害。不过,这并非否认与自然的原始约定对现代世界仍具有重要性与相关性。

萨满和泛灵论者

在许多土著群体中,泛灵论者认为世界中满是"人"(people),其中只有一些是人类。存在着人类和非人类的人,比如,石人,树人,和鱼人,而萨满的作用就是维持人类与非人类间的和谐关系。比如,泛灵论在亚马孙是掠夺性的。正如世界满是人,所以为了生存有必要去猎杀其他人。或许可以这样说,一直以来,人人都在一系列同类相残的关系中蚕食他人。泛灵本体论试图实践暴力却不受惩罚,由萨满调解达成良好关系,但是人类的行为却总是去侵犯非人类。于是,萨满的任务便是通过"调整沟通的方式",使其能够"看到其他人所行",或者实现与其他人的沟通和恢复和谐。

萨满与可持续发展

虽然,原始的史前生活方式不一定是"绿色的",但是他们以尊重、关系的方式对待世界,以及群体不仅限于人类的理解,为西方人尝试如何令生活成为受尊敬的、相关联的、可持续的提供了切实可行的指导。可持续的生活需要人类恭敬地与自然世界约定,而不是把它当作开采资源。人类并非"山之王"，不过只是多彩生命世界中的一个形式。

罗伯特·J. 瓦立斯（Robert J. WALLIS）
里奇蒙德美国国际大学伦敦分校

拓展阅读

Atkinson, Jane Monnig. (1992). Shamanisms today. *Annual Review of Anthropology, 21,* 307–330.

Harvey, Graham. (2005). *Animism: Respecting the living world.* London: Hurst; New York: Columbia University Press; Adelaide, Australia: Wakefield Press.

Harvey, Graham. (Ed.). (2002). *Shamanism: A reader.* London: Routledge.

Harvey, Graham, & Wallis, Robert J. (2007). *Historical dictionary of shamanism.* Lanham, MD: Scarecrow Press.

Humphrey, Caroline, & Onon, Urgunge. (1996). *Shamans and elders: Experience, knowledge, and power among the Daur Mongols.* Oxford, U.K.: Oxford University Press.

Hutton, Ronald. (2002). *Shamans: Siberian spirituality and the Western imagination.* London: Hambledon.

Narby, Jeremy, & Huxley, Francis. (Eds.). (2004). *Shamans through time: 500 years on the path to knowledge.* London: Thames and Hudson.

Price, Neil S. (Ed.). (2001). *The archaeology of shamanism.* London: Routledge.

Taylor, Bron R., & Kaplan, Jeffrey. (Eds.). (2005). *The encyclopedia of religion and nature.* New York and London: Continuum.

Thomas, Nicholas, & Humphrey, Caroline. (Eds.). (1994). *Shamanism, history, and the state.* Ann Arbor: University of Michigan Press.

Wallis, Robert J. (2003). *Shamans/neo-shamans: Ecstasy, alternative archaeologies and contemporary pagans.* London: Routledge.

Shinto

神 道

神道，史前时代出现的一种日本宗教传统，认为人类，灵魂（神明kami）与自然互相和谐关联。神道信徒，敬畏这种先天的联系，遵循仪式与神明交流，神明则显现在众生与各自然形式与现象中。神道世界观对世界的自然环境抱以尊敬的态度，因此巩固了其保护并珍惜资源的可持续生活方式。

神道，日本的本土宗教，是日本民族信仰与仪式的共同表现。尽管，神道断断续续地受到其他宗教传统的影响，诸如道教（特别是阴阳理论），儒教和佛教，它仍然形成了自己的世界观，即人、神明（灵魂）与自然是如此的亲密以至于"凡人、神与自然形成了一个相互和谐的三角形关系"（Earhart 2004, 8）。关于神道世界观，及其隐含的对自然与和谐的崇敬的讨论，能够提供道德与伦理、哲学的角度，甚至每当世界面临维系、保护及重建

自然资源的重要意义时，提供可持续性的实践讨论。

尽管，神道的许多方面——诸如泛灵论、多神论、萨满教及信仰融合——时常被强调是"日本独特的"，但它们并非为日本或神道所独有；相反，它们是东亚民间宗教的特点，并且在一定程度上具有世界其他宗教的特点。

所以，当把神道描述为土著且独特时，特别是描述其与自然的关系时，需要十分谨慎。

神道可分为三个流派：神灶神道（*jinja-shinto*）、教派神道（*kyoha-shinto*）和民间神道（*minzoku-shinto*）。神灶神道起源于原始时期，今天仍然有80 000个神灶作为崇拜场所而存在。神派神道在19世纪形成了13个门派，每个门派基于其各自教义进行宗教活动。民间神道基于对神鬼的民间信仰，包含了各不相同且零散的实践，比

如灵魂附体,萨满治愈和占卜。

词源

需要强调"神道"一词,包含了两个汉字,分别意指神或神灵,及路或道路,所以,神道通常被译为"神之道"。日本历史上最早出现该词时,是用来指向天上及地上神灵祭拜的土著仪式体系。神或者神明的概念是神道崇拜的核心,并且遍及日本文化的各个方面。18世纪思想家本居宣长(Motoori Norinaga)对神明做了广为认可的如下定义"总体而言,神明首先指那些我们在古典文献中所看到的天地间各方面的神明,及神社所供奉的那些灵魂(*mitama*)。它还指所有令人心生敬畏的东西——当然有人,还有鸟、兽、草、树木,甚至大海和群山——他们拥有世界上不易发现的最高级力量。于此'最高级'不仅意味着最高尚的,最好的,最具生殖力的,也可以是邪恶怪异的,因为东西原本如此,只要他们能够激发不寻常的敬畏力量,也可被称为神明"(Motoori 1968,125)。

自史前时期,神明至少已与两层意义相关:死者的灵魂和自然的令人敬畏性。虽然,前一意义强调人类与神明之间的亲密程度,后一意义表明自然与神明之间、自然与人类之间的相互关系。

自然中的神明

《神道百科全书》(*An Encyclopedia of Shinto*)中,神明被归为两大范畴:文化神明和自然神明。文化神明可再分为三个子范畴:1)特定社会群体所崇拜的社群神明;2)与人类生活特定方面相关的功能性神明;及3)人类神明,被当作神明来崇拜的历史人物。

获得承认的自然神明的范畴是自然"异常"的力量或特性,可再分为两个子范畴:天体神明和陆地神明。天体神明,是被神化的天体和气象现象,包括太阳、月亮和行星及风雷。地质形态、物理进程,以及植物与动物则构成了陆地神明,包括了大地、高山、森林、岩石、海洋、河流、岛屿、松树、杉树、柏树、蛇、鹿、野猪、狼、熊、猴子、狐狸、野兔、乌鸦和鸽子。动物神明通常与自然物理现象的神明相关联,并被认为是此类神明的显现,而植物神明常常令人印象如此深刻,使其很容易与"异常"的力量相关联。

神明,栖息于自然物体或自然现象中,令人心生敬畏之情,使人类感受到存在着非比寻常的力量。换而言之,神明只有借助于自然物体来显现自身,否则仍不可见。所以,神明是以具体的形式,而非抽象的或概念的形式来显现自身。园田实(Sonoda Minoru)指出,"正是它自身"(*onozukara*)唤起敬畏感,成为被人尊崇的神明(Sonoda 2000)。例如,稻米之神(*kokurei*)是最重要的一位神明,因为,无论是神的领域还是人的领域,它都是生命之源。同样,如《延喜式》(*Engi shiki* 927,延喜时代的一部律令条文)中所记祈祷仪式表明的,古代日本法庭为保护水田的神明、森林河流之神明、水源的神明设定特殊的节日。《常陆国风土记》(*Hitachi-kuni fudoki* 公元8世纪,常陆国大名的官方记录)讲述的故事中表明,古代人视野生动物为神明,如蛇,当他们开垦稻田时就会崇拜它们。

现代语言学认为,神明一词与kuma(角落,旮旯)和kumu(隐藏)相关,原指高山和峡谷——水之源——的精神气质。由此，多山的日本民族开始尊崇隐匿于森林和高山中的神灵为神明，并将这山水转变成生机勃勃的宇宙，人类、神明与自然在其间和谐共生。

众多神明

这种和谐可能源于日本的宇宙进化论，其中，并不存在造物神，但众多神明却一个接一个的陆续产生。依据神道神学的两部重要文献，《古事记》（*Kojiki* 712）和《日本书纪》（*Nihon shoki* 也被称为《日本纪》*Nihongi* 720）中所记述的日本神话，自然现象，其自身即是神明后代。这在有关夫妇神伊泽奈奇与伊泽奈美（Izanagi and Izanami）的神话中十分鲜明，他们一起孕育出日本的八个岛屿和其他各个神明。或许值得对比的是，日本古代神话中所描绘的繁衍（宇宙产生于生殖）与犹太教—基督教的创世。正如《古事记》和《日本书纪》所反映的，宇宙产生于生殖，特别强调了一个概念生殖力（musuhi），这是众生与生俱来的，而宇宙产生于创世，则是建立在上帝是唯一的造物者，是创造的超然起源的观念上。

日本神话也表明，神明的增加与人及土地之间密切相关。事实上，神明被统称作"八百万神明"（*yaoyorozu no kami*），意指一个多神的世界。尽管，经过中世纪和现代早期，与佛教和新儒教共同发展出神明唯一的神道教义，神道的多神特点却从未丢失。

神社和森林

考虑到神明与自然（尤其是高山和树木）间的亲密关系，无怪乎多数神社建于森林中。古老的庙宇（神社）是自然中的常见之物，如同一片小树林，一个树木繁茂的山丘（山林）。事实上，神社一词也可解读为小树林（mori），表明神道神社原本是因神明居住而神圣化的小树林或森林。

《日本书纪》中记录了一则神话，风神素戈鸣（Susanowo）是一位暴力多变的神，但也是一位文化英雄，以他自身的头发创造了树（例如，雪松，柏树，樟树）并向他的孩子教授如何最好地使用不同种类的树木。此外，他让他的孩子们播撒种子，把日本列岛变成了绿色的森林之地。这则神话显示了古代日本在培育及保护森林方面的付出。从古代至现代早期，统治者和地方统治者尊重神社和森林，继而给予保护。

神道与稻米

神道也与稻米相关。对于大多数日本人来说，稻米是神道不可或缺的要素，具有深厚的民族意义。稻米与米酒是神道祭坛上典型的祭品。用以标志神社边界或者神明存在的神圣绳索（注连绳，*shimenawa*），通常以稻草制成。插种秧苗，食用每年的收成还是皇帝重要的礼仪仪式。神道的起源可以追溯至公元前 1 000 年的中期，那时日本刚刚确立水力稻田农耕。

《古事记》和《日本书纪》详细叙述了有关陆地女神被杀的神话，她们死去的身体成了稻米和其他珍贵的农作物。这些海奴韦莱式（Hainuweletype）的神话——指（印尼的）韦马莱人（Wemale）的创世神话，少女海奴韦莱牺牲自己成为人血与椰树枝汁液的混合体，结果生长出块茎植物，成为印尼人饮食中的主食——表明农业允许人类脱离自然环境实现社会自治，并创造出由人予以控制的新环境。神道中的稻米仪式表明日本社会通过培植自然并将其转变为生机勃勃的环境，来建构一个宗教性的宇宙，而它象征了神道与日本列岛环境间的内在关系。

日本的自然观

在神道节日（祭典 matsuri）中也可发现这种内在的关系。诸如春祭时，被普遍视作神明祖先的山神（yama no kami），降落乡村变身为稻谷神（ta no kami），帮助人们种植生产稻米，在秋祭时，伴随着收获，稻谷神返回至山上，重新变作山神。正如列举所显，生殖与再生，和周期性的种植与收获自然地关联起来。这样的自然与灵魂观，加之人类通过敏锐地感知自然与凡人的转瞬即逝而得到强化，极易令人产生人类的内在本质的观念。由此，神道所必需的祛除"污染"（kegare）的驱魔和洁净仪式，可被视为重建神明、人类和自然之间秩序与平衡的方式。

如果自然的生命（自然充满生命）的表达含着万物有灵论的观点而"生命的自然"（所有自然皆可视为一个生命整体）的表达暗含着自然的泛神论。那么日本民族的世界观则由两个截然不同的层面构成，并自远古至现代彼此互相渗透。上述日本文化中对自然的神话和宗教表达，已经形成了日本人的自然观。日本人认为自然和谐有序，所有的自然之物——山与河，岩石与树木，雷与花，风与虫——皆可被

视作活的神明，它们共同构建了和谐的宇宙。

在日本，神道及其他宗教传统历来认为自然是内在神圣的，因此，认为外在美与内在均衡间的对应一致是不言而喻的。由于视自然为神圣的，日本人从不认为自然会伤害或敌对人类。他们偏爱嵌入自然的生活方式，参与具表现性和仪式性的活动，比如插画，茶道，文人艺术，禅画，所有这些改编了或代表了自然的某些元素。于是，在日本历史上具有重要的宗教和美学意义的自然，成为包含了神明与自然的理想化世界的一种抽象概念。

讽刺的是，日本人，因其"对自然之爱"而早为人知，却不得不见证近代自然的破坏（并且有些人应不同程度地予以负责）。德川幕府（Tokugawa Shogunate）（1600/1603—1868）时期，佛教与新儒教得到支持，随着它的倒台，明治政府（1868—1912）意图以神道作为国家支持的宗教，既可统一新的民族国家，又可重新确立天皇的象征性权力。在政府的严格控制下，"官方神社"的数量有所限定，许多地方神社被毁。1945 年第二次世界大战结束后，快速的工业化和城市化改变着地方社群的生活，变化更为剧烈。另一方面，由于战后土地改革，要求众多神社建筑改为他用，比如学校，神社变得岌岌可危。

20 世纪 60 至 80 年代，经济快速增长，严重破坏环境，但是，自其后，基于泛灵论的世界观，神社森林和神明山的宗教宇宙观已重获认可。因此，越来越多日本国内外的人正关注于神道作为"生态宗教"的潜力。

宫本太郎（Yotaro MIYAMOTO）

关西大学

拓展阅读

Asquite, Pamela J., & Kalland, Arne. (Eds.). (1997). *Japanese images of nature: Cultural perspectives.* Richmond, U.K.: Curzon Press.

Breen, John, & Teeuwen, Mark. (Eds.). (2000). *Shinto in history: Ways of the kami.* Honolulu: University of Hawaii Press.

Brinkman, John T. (1996). *Simplicity: A distinctive quality of Japanese spirituality.* New York: Peter Lang.

Earhart, H. Byron. (2004*). Japanese religion: Unity and diversity.* (4th ed.). Belmont, CA: Thomson/Wadsworth.

Ellwood, Robert. (2008). *Introducing Japanese religion.* New York: Routledge.

Hartz, Paula R. (2004). *Shinto.* (Updated ed.). New York: Facts On File.

Havens, Norman, & Inoue Nobutaka. (Eds.). (2001–2006). *An encyclopedia of Shinto.* 3 Vols. Tokyo: Institute for Japanese Culture and Classics, Kokugakuin University.

Inoue Nobutaka. (Ed.). (2003). *Shinto: A short history.* New York: Routledge Curzon.

Kamata Toji. (2000). *Shinto towa nanika: Shizen no reisei wo kanjite ikiru.* [What is Shinto?: To live feeling the spirituality of nature.] Tokyo: PHP Kenkyusho.

Kasulis, Thomas. (2004). *Shinto: The way home.* Honolulu: University of Hawaii Press.

Miyake Hitoshi. (1995). Nihon no minzoku shukyo ni okeru sizen-kan. [The idea of nature in Japanese folk religion.] *Shukyo Kenkyu* [*Journal of Religious Studies*], *69*(1).

Motoori Norinaga. (1968). *Kojikiden, Vol 1.* [The complete works of Motoori Norinaga, (9 vols.)]. Tokyo: Chikuma-shobo.

Nelson, John K. (2000). *Enduring identities: The guise of Shinto in contemporary Japan.* Honolulu: University of Hawaii Press.

Sonoda Minoru. (1987). The religious situation in Japan in relation to Shinto. *Acta Asiatica, 51.*

Sonoda Minoru. (1995). Shizen fudo to shukyo bunka. [The religious nature of a social-ecological system.] *Shukyo Kenkyu* [*Journal of Religious Studies*], *69*(1).

Sonoda Minoru. (2000). Shinto and the natural environment. In John Breen & Mark Teeuwen (Eds.), *Shinto in History: Ways of the Kami.* Honolulu: University of Hawaii Press.

Sonoda Minoru. (2005). *Bunka to shiteno Shinto.* [Shinto as a culture.] Tokyo: Kobundo.

Sonoda Minoru. (Ed.). (1988). *Shinto: Nihon no minzoku shukyo.* [Shinto: Ethnic religion of Japan.] Tokyo: Kobundo.

Ueda Kenji. (1991). *Shinto shingaku ronko.* [Consideration on Shinto theology.] Tokyo: Daimeido.

Sikhism

锡克教

锡克教信仰与生态思想相适宜：受造物是神的体现，人类必须学会与一切和谐共存。自20世纪90年代，生态意识有所提升；此外，锡克教对环境危机的回应还包括，锡克教生态组织和全球组织已开始以信仰为基础的合作计划。

锡克一词，意指真理的学生。15世纪，锡克古鲁上师拿那克于旁遮普邦创建锡克教；另有10位古鲁上师追随他。古鲁上师拿那克认为自己既不是穆斯林也不是印度教徒——尽管，受影响于这两个传统——并且时常讲道反对宗教不宽容。依据《阿底格兰特》（*Guru Granth Sahib*），锡克教经典包含了古鲁上师拿那克及其他10位古鲁上师的言论，所有的受造物都是神的体现。基于这般信仰，许多人认为锡克教本质上具有生态智慧，即神的智慧遍及所有受造物，且人应该与受造物和谐共存。人类是世界上"神有意识的"存在，遵循神的戒律（bukam）就意味着，人类的精神准则应以与神的其他受造物和谐相处为目标。这些戒律归纳于《锡克教的行为准则》（*Rehat Maryada*）。其中一条涉及环境的戒律与食堂"琅加"①（langar）相关，这间社区厨房每天在谒师所（gurdwara）提供一顿免费餐食，通常为素食。一起用餐是一个机会，能使人不仅认识到应与他人互相依存——没人会转身离开食物——也意识到一个人的滋养正是来自神的其他受造物。

当代锡克教环保主义（environmentalism）可

---

① 译者注："琅加"（*Langar*），免费食堂在旁遮普语中被称为"琅加"（*Langar*），这个概念由锡克教创始圣人那纳克（Guru Nanak）提出。在琅加，不论种族地位、宗教信仰，都能获得一顿热腾腾的饭菜。

回溯至锡克教的"特蕾莎修女"巴格特·普兰·辛格·姬（Bhagat Puran Singh Ji, 1904—1922），她为减轻人类遭受的苦难而贡献一生。她除了服务于旁遮普的临终之人和残疾之人，还写作演讲关于水土流失和环境污染的危害，从而令患者与"患病"的环境之间联系起来。

最近，1999年全世界的锡克教团体聚集一堂，庆祝从当下开始的一个三百年周期的开端，并称其为"万物的周期"（Cycle of Creation，锡克教以300年为一个周期来计算时间）。这个周期将聚焦于锡克教与自然的关系。

其效果是，现在，众多锡克教团体聚集并组织起来去解决环境问题。生态锡克教（EcoSikh），即是一个此类组织，通过与锡克教环保人士、宗教与教育锡克教理事会（Sikh Council on Religion and Education, SCORE）、宗教与环境保护联盟及联合国开发计划署（United Nations Development Programme, UNDP）合作，去解决锡克教环保主义中的五个主要领域：资产、教育、媒体与宣传、生态双生（eco-twinning）和庆祝。《创建您的生态锡克5年计划指南：为了地球的时代改变》（*Guide to Creating Your EcoSikh 5-Year Plan: Generational Changes for a Living Planet* 2009）概述了锡克教社区为了保护环境可以采取的行动。除了提高资源意识，促进环保努力，比如绿色食堂琅加，他们还提出了"生态双生"的概念。就其最宽泛的含义而言，"双生"意指两个具有共同特点的团体，为了实现共同的目标而联合的关系；生态双生促成了南亚谒师所与世界其他地区，特别是第一世界国家谒师所的组合，认为这些姐妹社区关注，具体到其所处位置的环境问题，并通过财政和教育手段互相支持。确切而言，许多环境问题是全球化的，因此，这将有助于不同团体发现他们与地球的关系。

虽然有关锡克教与生态的学术研究尚显稀少，但仍存有一些著作。毫无疑问，由于全球锡克教社群（大约23万个）继续关注于"万物的周期"，并且更广泛的世界社群认识到锡克教生态思想的有益影响，这一研究将会得到发展。

惠特尼·A. 鲍曼（Whitney A. BAUMAN）
佛罗里达国际大学

拓展阅读

Alliance of Religions and Conservation (ARC). (n.d.) ARC and the faiths. Retrieved July 7, 2009, from http://www.arcworld.org/faiths.htm

Alliance of Religions and Conservation (ARC); Sikh Council on Religion and Education (SCORE); & United Nations Development Programme (UNDP). (2009, June 22). *Guide to creating your EcoSikh 5-year plan: Generational changes for a living planet*. Retrieved July 9, 2009, from http://ecosikh.org/wp-content/uploads/2009/06/ EcoSikhPlansforGenerationalChangeGuidebook.pdf.

Dwivedi, O. P. (1989). *World religions and the environment*. New Delhi: Gitanjali Publishing House.

EcoSikh. (2009). Retrieved July 7, 2009, from http://ecosikh.org.

Lourdunathan, S. (2002, September). Ecosophical concerns in the Sikh tradition. Retrieved July 9, 2009, from http://www.sikhspectrum.com/092002/eco.htm.

Narayan, Rajdeva, & Kumar, Janardan. (Eds.). (2003). *Ecology and religion: Ecological concepts in Hinduism, Buddhism, Jainism, Islam, Christianity, and Sikhism.* New Delhi: Deep & Deep Publishers.

Singh, David Emmanuel. (Ed.). (1998). *Spiritual traditions: Essential visions for living.* Bangalore, India: United Theological College.

锡克教的新战斗：环境

自15世纪，整个锡克教在印度陷于四面楚歌，对环境的关注成为锡克教信仰内在的一部分，锡克教相信受造物是神的体现。20世纪90年代后期，锡克教徒开始着手解决当代环境问题，动员为了恢复地球资源而战。彭马田（Martin Palmer），宗教与环境保护联盟现任秘书长，讲述了锡克教计算时间的传统是如何促成事态的变化的。

锡克教的时间是以300年为1个周期。1999年，锡克教徒进入了他们的第三个周期。前两个周期在开始时即被命名，尽管名字只是受启发于每一个新周期开始前的事件，它们也仍塑造了这个周期的精神。例如，1699至1999年被称为"剑的周期"，因为，17世纪后期，锡克教徒为其生存而与入侵印度的莫卧儿皇帝们战斗；锡克教徒不仅为自身，更为保护所有孱弱易受伤害者而决意斗争。"剑的周期"以一场发生于旁遮普邦的可怕内战而结束，那时，锡克教武装分子试图建立一个独立国家，印度政府击溃了他们。

来到1999年，锡克教领袖们对于下一个300年，期待一个完全不同的主题。此时，宗教与环境保护联盟正与锡克教就土地管理发展和能源替代计划进行着密切合作。通过我们的讨论，把新周期命名为"环境的周期"（Cycle of Environment）或者"万物的周期"（Cycle of Creation）。整个锡克教群体都同意"万物的周期"，并且现已定下为期300年关注环境的承诺。这究竟意味着什么呢？是的，初期的一个得益是，寺庙把树苗作为祝福的象征，赠予敬拜者，而不再是粘牙的甜食。据估计，每年会分发出10万株树苗，在未来会成为树林和花园。宗教能够做出这样的承诺，因为，他们思虑深远，并且积累了这样的丰厚历史经验。

来源：Martin Palmer with Victoria Finlay. (2003). *Faith in Conservation: New Approaches to Religions and the Environment*, pp. 30–31. Washington, DC: The World Bank.

Simplicity and Asceticism

简朴和禁欲主义

可持续发展要求人们简单地生活，无须任何我们意在获得的额外之物。由此，衍生出禁欲生活，它通常涉及某种形式的自我否定。不过，禁欲主义有助于个人重新考虑消费主义在生活中的作用，使生活变得更具精神性和富有同情心，并认识到自身对地球的责任。

一个可持续发展的世界需要人们以简朴或创造性节俭的精神生活。这种节俭在于爱护物质财富，使用它们而非抛弃它们，欣赏它们。这种节俭是指，在生活中，以明智的态度尊重物质事物；事实上，我们可以认为它具有强烈的唯物主义。节俭并不意味着吝啬；那些以创造性节俭的方式消费的人往往比那些专注于炫耀性消费的人更慷慨。创造性的节俭具有快乐和虔敬的特质。

想象一个男人，他拥有一件自己亲手制作的家具：一把制作精良的椅子。他看管它，维修并好好地使用它，无须以新型之物代替。或许他可以买一把新椅子，但他喜欢他的这把旧椅子。这人拥有健康的物质观。或者想象一个女人，她在当地市场购买新鲜种植的蔬菜。她仔细检查蔬菜，以确保它们看起来健康，然后付钱。她仔细地检查，正是有意识消费和创造性节俭的一个例子。她关心她吃的食物。让我们假设，她回家，准备一顿晚餐，而且邀请朋友们来享用。她花时间准备食物，接着，客人到达，他们慢条斯理地享用了这晚餐。这般共享受晚餐，毫无急促，也体现了健康消费。这迥然不同于在快餐店的消费。它不必匆忙不安，它具有创造性而非强迫性，它是精心安排的而非贸然仓促的。

除了创造性节俭，如果人们拥有一项每日的灵性实践，无论是祷告、冥想、园艺、散步、游泳、玩音乐，或骑自行车等，一个更具可持续性的世界或可实现。几乎所有的实践活动都可成为灵性的，只要内容无害，并且实践它的人试图使它成为灵性的。禁欲主义源于希腊语词 *ascesis*，它涉及体育训练。禁欲实践有助于训练身心对生活满足，不过，这只是理论上。

可持续发展的倡导者可能认为这些实践，有助于一个人超越基于自我的欲望和一时冲动，令他或她能成长为一个更加明智和富有同情心的人，轻松地生活在地球上，与他人温和相处。

禁欲实践有时并不令人愉悦，比如，人们进行晚间祷告，或者他们需要守斋很长一段时间。这样的修行或许有助于一个人克服自我主权。守斋的人们或许会发现，这令他们更能意识到平凡生活与自然世界的辛酸与美丽。不过，禁欲主义也可以变得更温和。它可以是，诸如园艺和散步之类的活动，令一个人注意力更加集中，由此，这人便可以在地球上轻松地生活，与他人温和相处。

除了帮助人们变得更明智和富有同情心，禁欲实践也可被视为是对如今征服人类的消费主义世界观的抗议。当社会充斥着受市场驱动的价值观，比如竞争和执着于地位，当更多其他诸如同情及尊重动物的社会价值观被忽视时，消费主义出现。它的一些实质性后果是炫耀性消费、浪费性消费和过度消费。作为一种意识形态，消费主义告诉人们，通过购买越来越多的商品，他们会感到满足；它教导人们，他们自身的价值，借由他们作为商品的吸引力和他们拥有多少钱来衡量；它以人们拥有的物品来界定他们的地位；它会告诉他们，他们首先是消费者，然后才是公民。由此，消费令私人利益高于公共利益，有酬劳的工作比家庭更重要，且有薪水的工作是唯一值得去做的工作。

当诸如这些市场价值主导社会，事物分崩离析。雄心勃勃变得比成为好人更重要；有吸引力变得比为善更重要；物质上的成功变得比成为一个好家长、好邻居和挚友更加重要。消费主义的社会代价是个人主义过度，忽视家庭和社会，过分注重金钱，不由自主忙碌的生活方式，并且当生活只剩下物质时，空虚感随之而来。致力于创造性的节俭，进行禁欲修行的根本意义在于帮助人们更好地确定，生活不能简化为物，因为所有物——即便是椅子和食物，以及人与其他众生——都是宇宙本身这一个更深层礼仪的鲜活表达。这个礼仪在消费主义文化中被遗忘，当人们以创造性节俭这更深刻的唯物理念生活时，会记起并庆祝这礼仪。

杰·麦克丹尼尔（Jay McDANIEL）
汉德里克斯学院

拓展阅读

Brinkman, John T. (1996). *Simplicity: A distinctive quality of Japanese spirituality*. New York: Peter Lang.

Edwards, Tilden. (1977). *Living simply through the day: Spiritual survival in a complex age*. New York: Paulist Press.

Flood, Gavin. (2008, Winter). Asceticism and the hopeful self: Subjectivity, reductionism, and modernity. *Cross Currents, 57.*

Kaza, Stephanie. (2005). *Hooked!: Buddhist writings on greed, desire, and the urge to consume.* Boston: Shambhala.

Kelly, Thomas R. (1996). *A testament of devotion.* New York: HarperCollins.

McDaniel, Jay. (2008, Winter). Mei's invitation: A gentle asceticism for Chinese and Americans. *Cross Currents, 57.*

Rasmussen, Larry L. (2008, Winter). Earth-honoring asceticism and consumption. *Cross Currents, 57.*

Sin and Evil

罪与恶

亚伯拉罕的宗教把对上帝存在与上帝意志的背离称为罪。由于这些宗教认为上帝在道德上是良善的，所以，罪与恶——不当地伤害众生——紧密而又复杂地联系起来。如果，个体与社会的实践威胁到可持续发展，考虑到推定不当性及潜在的有害影响，所以认为它们是有罪，恶的，或者兼而有之。

若远离道德、生态，或宗教戒律，人类将会威胁到地球资源与其居民，因而，词语罪与恶，或有助于阐明可持续发展问题。

罪

罪，应受惩罚的不义，违背上帝的旨意，或有违圣洁。虽然，罪是一个宗教概念，它也指破坏人类生命和环境，并因此与道德范畴重叠。由此，罪，自然而然地意味存在一个道德完美的、却可能遭人类背弃的上帝，并主要是一个犹太教、基督教和伊斯兰教的概念。

术语"罪"的单数与复数形式，通常指向不同现象。单数形式的罪，形容对上帝信仰的基本缺失，或可意指能够操控人性与世界，反对上帝的力量。复数形式的罪是指彼此独立的应受惩罚的行为、思想和疏忽，它们违背了上帝的意志。这种区分并不代表宗教与道德间的差异，因为，罪的单复数形式皆可指向信仰或道德，或二者兼而有之的败坏。

"原罪"是一个明确的基督教教义，声称由于第一对人类夫妻不服从上帝而堕落，结果现今的人类出生于罪。借由解释所有后继者因原罪而有罪，并因此继承了犯罪的倾向，这教义支撑着基督教的观点，即人类不可能摆脱罪或负罪感。然而，由于缺乏历史可信性（因为，对罪的所谓惩罚——辛劳，苦难和死亡——一直都是人类经验的一部分）和道德上的不确定（因为，它涉及先天有罪），原罪已遭质疑。

"结构性的罪"（structural sin）的概念，把罪归咎于社会制度和实践，为基督徒提供了一条途径，去坚持他们的主张，即，人类犯罪的无可避免性与应受惩罚性，而无关于原罪教义的相关问题。结构性的罪指应受惩罚的不义的社会制度，它迫使所有参与其中者迈入罪恶。于是，结构性的罪解释了人类罪的必然性，因为它认为不公正的经济，政治和文化设置将会形塑人们，并将其嵌入其中。但是，不同于原罪，结构性的罪并非天生，因为人们出生于它，而非随它降生。同样，在结构性的罪的情景中，个人依然有罪，因为个人把不义的社会制度永久化，而这正是这些制度塑造着个人的特质。然而，对结构性的罪的确认，并不是由近来有关意识到原罪教义的不足而引发的当代创新。相反，在所有三个亚伯拉罕宗教经文中，结构性的罪一再遭受谴责，并反映出对人类关系特质的赞赏。

恶

恶，不义的伤害危害众生。通常区分以自然的恶（由客观的自然力量造成的痛苦）与道德的恶（负有责任者的邪恶活动及由此所造成的痛苦）。这种区别不应被过分强调：有时，人类或许只是自然动力；相反，当道德主体有义务避免自然的恶时，由自然动力造成的恶可能在道德上应受到谴责。

罪与恶，密切而又复杂地联系在一起。所有道德上的恶都是有罪的，并且罪与恶皆全然反对上帝与善。不过，罪，并不总是恶的（考虑下邪教的不当），自然的恶也不必定有罪。

罪与恶，构成不同的神学问题。罪，破裂上帝与人类之间恰当的关系，明确阻碍与促成救赎的正义的上帝的共融，因而，它对救赎的前景形成挑战。亚伯拉罕宗教，借由承认上帝不仅毫无理由地宽恕了人类——由此，消弭人类的罪行并恢复与上帝的关系——而且，通过修正他们罪的倾向，改造了他们——由此，使得人类能够忠于上帝。

恶，挑战着笃信亚伯拉罕上帝的合理性，因为，如果上帝是善的，祂①一定想要铲除恶，如果上帝是万能的，祂必须能够拆除恶，然而，恶存在。尽管否认恶的存在会消除这种困境，亚伯拉罕宗教却反而试图调和恶与上帝的存在。诉诸自由意志可能是这样做的一个办法，因为如果道德上的善依赖于自由，而自由继之以恶的可能性，那么，只要道德的善依赖于自由，恶的存在就并不违背上帝的大能和善。任何成功的神正论——试图通过在道德层面对为何一个完美全能的上帝会允许恶的存在予以充分解释，来证明邪恶存在的合理性——或许也能缓解气氛。这类解释一般认为，可能最好的世界包含恶，故而，调和恶的存在与上帝的存在，但他们继而提出一个问题，一个我们有如此多恶的世界，是否还是可能最好的世界。

弗雷德里克·西蒙斯（Frederick SIMMONS）
耶鲁神学院

---

① 译者注：祂专指神的第三人称代称。

拓展阅读

Augustine. (1984). *City of God* (Henry Bettenson, Trans.). New York: Penguin Classics. (Original work published 412–418)

Farley, Edward. (1990). *Good and evil: Interpreting a human condition*. Minneapolis, MN: Fortress Press.

Gutierrez, Gustavo. (1988). *A theology of liberation: History, politics, and salvation* (rev. ed.). (Caridad Inda & John Eagleson, Trans.). Maryknoll, NY: Orbis.

Hick, John. (2007). *Evil and the God of Love* (2nd ed.). New York: Palgrave Macmillan.

Niebuhr, Reinhold. (1996). *The nature and destiny of man: A Christian interpretation: Vol. I. Human Nature*. Louisville, KY: Westminster John Knox.

Spirit and Spirituality

精神与灵性

环境灵性产生自许多世界宗教中古老的传统主题，但对精神和灵性的当代认识的发展将伴随着环境危机对一个可持续发展的未来的威胁。这些主题中至少有一个长期方面仍然存在：即使在无情且未经思考的政治、经济、思想力量面前，对精神现实性的承诺依赖于拒绝对人的能力再抱有希望，以超越过去，创造人的完整生命。

精神和灵性的概念，最好置于本体论的（指人之身份的哪些方面是我们为人所必需的问题）和心理学的现实性讨论语境中理解。我们通过主张精神的现实存在性，否定现实可简化为物质，从而声明存在具有基本道德及"精神"意义。我们谈论"精神"的含义并暗示，比如，就社会习俗、私欲、快乐或力量而言，人的生命没有得到正确理解。这两种情况都表明，我们所主张的比我们所否定的，在某种意义上更高尚，更重要，也更真实。讽刺的是，这种说法在相反观点得到广泛认可

的文化语境中展现。我们声称，人类有精神，因为，主流世界观待其为消费者、民族或种族群体的成员、参与合同的公民，或基因密码和生化结构的产物。我们强调灵性的重要性，因为，主流世界观理所当然地认为，赚钱、购买物品、声名显赫和强大或"享乐"就是生活的全部。

环境的灵性

在可持续发展的危机面前，精神与灵性已成为必不可少的概念，因为，许多人认为危机根本上是精神的。借此，他们认为，人类对维系这个星球上生命网络条件的非理性破坏，及对无数物种的毒害，皆源自根本上对我们最高价值及期望的误解。这是一个深刻的精神错误，需要一个深刻的精神变化，这样说具有两个关键点。

首先，我们必须考虑环境危机的范围。简单的技术手段无法完成。必须质疑并改变引

导商业、教育、科学、政治和宗教（以及其他一些社会系统）的基本信念和价值观。其次，我们必须审视以下前提：进行必要的改变并非要主张反对我们自身利益的价值观。通常，精神价值观被理解为德行的形式，在实践时，实际上可以使我们更幸福，更有满足感，与此同时，也更有益于我们周围之人的幸福与满足感。具有精神性，并不是为了一个与我们所需无关的理想而牺牲自身，而是去发现需要的真正本质，并为了满足它，摆脱虚幻、依恋和坏习惯。

在许多方面，环境灵性建立在世界宗教长久的精神主题之上。例如，佛教灵性，十分强调克服对财产的依恋。在当代环境著作中，已经发展出以佛教为导向的对消费主义的批评：传统佛教认为物质占有导致不满，并批判了通过逛购物中心来界定社会秩序而产生的环境的和生理的后果（Kaza 2005）。伊斯兰生态神学家已经谴责新生的一类"精英，他们过度消费，过度生产，并通过消耗环境助长了环境危机。"这样的行为会导致全世界的不公正，也违背了伊斯兰的基本美德，即"有尊严的保留"（hay'a, Ammar 2003, 287—290）。佛教和伊斯兰教这两个例子都表明了一条共同原则：环境灵性具有涉及政治和社会问题的精神探索的鲜明特征。由于，环境破坏是复杂的全球社会体系的产物，抵制这种破坏，在精神上需要对该体系有所了解和旨在对抗它的战略决策。因此，环境灵性是社会精神行动主义莫罕达斯·甘地和小马丁·路德·金的自然继承人（Gottlieb 2003a）。

环境健全和可持续发展的精神性举措

的一个优势是，它能够给予更多，而不只是简单地反对破坏环境的活动，比如消费。由于，灵性最终并非自我牺牲，而是持久地真正的满足，精神导向的环保主义者指出了多种不同方式，借此，人类幸福的其他形式可以取代消费的暂时性与成瘾性。例如，犹太精神思想家和坚定的环保主义者拉比迈克尔·勒纳（Michael Lerner）强调了安息日的理念，这天禁止挣钱或花钱，及大范围使用机器："把这天奉献给欢乐，庆贺，幽默和愉悦。不必理会担忧……一周一天，不用试图改变、塑造和改造这世界。以欢乐、庆祝、敬畏与好奇来回应这天。向宇宙的奇迹和神秘敞开自己"（Lerner 2002, 300—301）。

环境灵性的另一个维度——不仅非常明确地植根于本土传统，而且也根植于亚伯拉罕宗教和世俗环境保护主义中——涉及一种感性，在其中自然界拥有它自己的精神主体。于此，我们不仅把大自然作为礼物来欣赏，通过发扬精神美德，如节制欲望，来保护它，作为这个星球的公民同胞，我们与它相融。就本土传统而言，正如一位美洲土著环保活动家所言，"我们的自然环境存在着一个深刻的精神领域，没有它（以保护本土美国人土地）的战争将不值得去斗争"（Small 1994）。总的来说，"世界各地的土著人都视自己为生物群体的成员，与之共存的其他生物是树木，鸟类，溪流，或岩石。其中，许多是神圣的，而受到敬畏和保护"（Gadgil & Guha 1995, 91）。正因为自然具有精神，在我们与它的关系上，自然成为精神性的是恰当的。最起码，这会带来关心、尊重、感恩、有节制地使用资源。这也需要大量的互动知识——这知识不是源于机械式的

还原，而是基于不同物种间互为尊重的交流
（Nollman 2002）。

本土和传统观念

虽然人类控制自然，或者至多，把地球当
作上帝的礼物予以看管的观念，一直以来主要
都是西方宗教理解人与自然之间关系的解释
语境，不过仍然存在其他的、尽管被边缘化的
传统视角。《古兰经》称每一个物种都是"跟
你们一样，各有种族的"（6：38，原文误写为
29）。《圣经·诗篇》（如诗19和96）不仅因大
自然证明了上帝的大能和慷慨而歌颂它，更体
现了大自然以其自身的方式去歌颂上帝的能
力。一则米德拉什（Midrash，犹太教的解经寓
言）甚至称，自然的所有部分都遵循着其自身
的《妥拉》①（犹太教《妥拉》），一如犹太信仰
者们遵循他们自己的。这就确认了一个普遍
的、却也时常遭背离的一个感受，即人类存在
于一个活着的、有意义的同胞世界。

精神与灵性的词汇出现在各宗教传统
中是颇为自然的，在过去的二十几年，渗透
于新生态神学的著作中，也并不令人惊讶，
不过，它还广泛存在于显然是世俗环境运动
中（Gottlieb 2006，第6章）。美国绿色和平组
织的一位公共发言人表示，"绿色和平组织
的工作人员广泛认同，这项工作是典型精神
性的，虽然，它的含义因术语的变化有所不
同"（Childs 1999，50）。21世纪针对主要环
保思想家和团体——从自然资源保护论者
如约翰·缪尔（John Muire）和西格·奥尔森
（Sigurd Olson），到大维权运动（large activist
movements）——的一项调查，揭示了这一"工
作"的"精神"维度至少具有三个基本特征。
首先，通常认为所关注对象是所有生命，而不
只是某些特定社会群体的利益。尽管，反对破
坏性政策是运动的一个关键部分，仍然存在一
个理念，即最终的目标是为了"每一个"——
所有人，所有生物，地球整体的健康。第二，工
作的动力是庆祝存在，而非对压迫或不公正
的愤怒。这是奉献，而不是仇恨，期望着珍惜
与滋养，而非颠覆或倾倒。第三，对精神或宗
教方面的明显运用。人们经常争辩道保护荒
野是为了"一处精神的、神秘的或宗教的相遇
之地：在此处，去体验神秘、道德重生、精神复
兴、意义、合一、统一、奇迹、敬畏、启发、或与其
他受造物的和谐感……"（Nelson 1998，168）。

环保组织把保护自然界当作一个"神圣
的信任"来谈论。在一则电视广告中塞拉俱
乐部（Sierra Club）加入美国全国教会理事
会（National Council of Churches），一起呼吁
美国人把北极自然野生动物保护区作为"受
造物"的一部分予以保护。环境正义运动
（environmental justice movement），看起来是最
以人为本和中坚政治的环保主义形式，把承诺
"我们精神上相互依存于我们大地母亲的神圣
不可侵犯性"作为其第一个指导原则。

精神性实践

最后，我们必须考虑精神实践的维度。几
乎所有的灵性形式——无论是否与传统的宗
派相一致——承认孕育精神，尤其是在面对倾
向于否定精神的社会现实时，需要全神贯注和

---

① 译者注：《妥拉》，原义为教义、训诫、指引。

勤奋。以祈祷、冥想、仪式和研习经文来集中思想，培养冷静的态度，把人类意志引向终极现实，那是所有灵性道路的基础。

作为对环境危机的精神意义的回应，已经产生了形式上或传统或新颖的各种仪式（Gottlieb 2006，第七章；Gottlieb 2003 b）。数以百计传统和新近形成的仪式的范例已出现。传统教会通过为地球祈祷来表达自己的内疚和自责，并在改变自身的过程中寻求上帝的帮助。例如，在尼日利亚石油资源丰富的奥格尼半岛，壳牌公司的运作已经摧毁了自然景观以及人类社会，一位基督教牧师引领着他的羊群，祈祷道，"但愿在我们的社区不会发现石油。的确，主呀，让我们房屋和农场下的石油远离我们。"作为津巴布韦南部普世植树造林运动的一部分，一位引领植树圣餐礼的基督教主教向一株幼苗演说道，"耶稣基督创造万物统一于他内。我不会砍其他的树。通过你，树，我向所有我砍伐的树木忏悔"（Daneel 2001，185）。在更大的环境中，美国全国教会理事会和美国天主教主教理事会已经向成员们发送出成千上万的数据包，为地球日服务提供资源，包括祈祷、仪式，把教友与自然重新连接起来。

在更独立和折中的精神性领域，或许最为人称道的创新来自乔安娜·梅西（Johanna Nancy），一位佛教徒，同时也是深层生态学家（即，认为环境保护主义的扩展超出了人类纯粹的利益），和澳大利亚热带雨林活动家，约翰·席德（John Seed）。作为其"一切生物工作坊"（All Beings workshop）委员会的一部分，参与者们用几个小时去想象自己是生命网络中的某些非人类成员：一条河，一只水獭，一棵枫树。接着在一次极端的，富有想象力的跨物种移情作用的试验中，他们形成一个"理事会"，向其他人报告，对于人类，他们有什么悲伤的、希望的或说教的话语。

由于，环境危机如此严峻地挑战着几乎全球经济和世界文化的各方面，对于精神和灵性的当代理解将呈现出新的和不可预见的形式。不过至少精神与灵性的一个古老方面依然存在。对于精神现实的不屈承诺，即使在无情且未经思考的政治、经济、思想力量面前，仍相信于拒绝放弃人的自由。去相信我们是精神的，去相信我们也可能成为其他一切，也就是说，无论我们已经成为什么，我们都可以成为其他。于是，在精神与灵性意义上，他们仍然是人类最好的机会，不仅是为了面对过去的真实，更为了在未来创造一个新的真实。环境灵性，至少提供一丝丝希望，即宗教能够停止对个人救赎，或者对特殊群体独有真理的狂热依恋；以及政治能够避免成为小而有组织的、目光短浅的利己主义陷阱。精神的政治与政治化的精神都能够成为有远见的尝试，促成个人、全球与宇宙的和谐共融。

罗杰·S. 戈特利布（Roger S. GOTTLIEB）
伍斯特理工学院

拓展阅读

Ammar, Nawal H. (2003). An Islamic response to the manifest ecological crisis: Issues of justice. In Roger

S. Gottlieb (Ed.), *This sacred Earth: Religion, nature, environment* (2nd ed., pp. 285–289). New York. Routledge.

Childs, Christopher. (1999). *The spirit's terrain: Creativity, activism, and transformation*. Boston: Beacon Press.

Daneel, Martinus L. (2001). *African earthkeepers: Wholistic interfaith mission*. Maryknoll, NY: Orbis Books.

Gadgil, Madhav, & Guha, Ramachandra. (1995). *Ecology and equity: The use and abuse of nature in contemporary India*. London and New York: Routledge.

Gottlieb, Roger S. (2003a). *A spirituality of resistance: Finding a peaceful heart and protecting the Earth*. Lanham, MD: Rowman and Littlefield.

Gottlieb, Roger S. (2003b). *This sacred Earth: Religion, nature, environment* (2nd ed.). New York. Routledge.

Gottlieb, Roger S. (2006). *A greener faith: Religious environmentalism and our planet's future*. New York: Oxford University Press.

Kaza, Stephanie. (2005). *Hooked! Buddhist writings on greed, desire, and the urge to consume*. Boston: Shambhala.

Lerner, Michael. (2002). *Spirit matters*. New York: Walsch Books.

Nelson, Michael P. (1998). An amalgamation of wilderness preservation arguments. In Michael Nelson & J. Baird Calicott (Eds.), *The great new wilderness debate* (pp. 154–198). Athens: University of Georgia Press.

Nollman, Jim. (2002). *The man who talks to whales*. Boulder, CO: Sentient Publications.

Small, Gail. (March 22, 1994). The search for environmental justice in Indian country. *Amicus Journal*.

Stewardship

管家（制）

自圣经时代起，管家（制）就与环境的可持续发展相关。管家（制）的理念为宗教集会、生态学家、环保组织、政客以及企业所接受和讨论。管家（制）包含对自然资源的可持续利用，对环境的悉心关照，并把地球当作家庭，与其他人及其他物种恰如其分地共享。

"管家（制）"（stewardship）这个词来自古英语单词"stiweard"，现在拼写为"steward"，意指此人受命管理或监管一个房子或者一个大府邸。管家也可能要承担房产、土地、王室或行会的责任。管家服务于他人：一位国王，一位业主，一个组织或一个社区。"管家制"可以有一个明确的宗教语境，比如，管理和分配由上帝提供的财富（Trumble 2002, 3026）。该词用于现代语境中，含有许多原初的意义，包括服务他人的利益、认真管理自然和财政资源以及确保住民与客

人的安全与舒适。管家（制）唤起地球是个家庭的形象，这个家庭，不仅有我们与其他人共享，还被所有生命有机体共享，甚至包括野生动物、树木和微生物。

管家（制）与环境可持续发展间的关联起源于《圣经》，尽管，这一观念已广为流传于公众，甚至政客中。但讽刺的是，英王钦定版或"授权"版《圣经》，在有关耶稣的比喻中使用"管家"一词，却不在任何有关描述创造地球、伊甸园或人类直接照顾植物与动物的《圣经》章节中使用该词（Staff of Thomas Nelson Bibles 2002）。环境管家（制）是一幢奠基于古代的现代建筑。《创世记》第四十三章，《律法》描述约瑟的兄弟们在饥荒时来到埃及。约瑟让他的家宰（即管家）把食物和银子放在他们的口袋里。家宰还给他们

水洗脚，又给他们喂驴。《马太福音》第二十章，葡萄园主，作为上帝的隐喻，让管事的（即管家）付工钱给守信的工人。《路加福音》第十二章42节，辨识出了忠心有见识的管家，他会向仆人们分粮，尽管《路加福音》第十六章表扬了精明的管家，他通过免除债务，讨好于欠他主人债的人。或许《提多书》第一章7节最直接适用于当代基督教语境，它宣称基督教的主教须是上帝的管家，举止温和无可指责，不贪"不义之财"。基督徒们把管家制的概念特别运用于处理会众财务，或负责管理个人财务，即为慈善或宗教的目的留拨出资金（Staff of Thomas Nelson Bibles 2002；Coogan，Brettler，Newsom & Perkins 2007）。

基督徒已经把管家作为上帝仆人的角色，与《创世记》中描述依据上帝的形象创造人类的篇章（1：26），和上帝把亚当置于伊甸园中，"使他修理看守"（2：15）的篇章关联起来（Coogan，Brettler，Newsom & Perkins 2007）。这些章节意味着人类应该成为地球的管家，使用上帝所提供的，不过是为了上帝的利益。健全的管理包括：对邻居的关爱、保护受造物的美丽、保护困苦贫穷者、对待地球如同它属于上帝。

词语"生态"与"经济学"皆源于希腊语的"oikos"，意为"房子"（house）或家庭（household）。新约圣经经常使用oikos一词，来表明家族、血统、种族，及那些虔敬的或者管理得当的家庭。宗教及非宗教环保主义者都认为管家（制）的模式体现了对oikos，或者地球之家，以及地球资源经济的精明管理（Morrison 1979，

283—284）。理想的管家会把深思熟虑的决策制定、责任心、慎重管理、公益之心，运用于生态、家庭、国家利益的平衡问题上。

管家（制）和可持续发展

环境管家（制）通常与可持续发展概念相关联。尽管可持续发展的讨论涉及不同领域——从联合国到美国国会，商企公司，到高中——但是，到目前为止，一个被普遍接受的关于这个词的定义含混晦涩。环保主义者沙拉德乐乐（Sharad LeLe 1991，608）指出"可持续发展的概念起源于可再生资源的语境中，如林业或渔业，随后，作为一个宽泛的宣传口号，被环保运动采纳"。起初，职业资源管理者试图以"可持续的"来意指收获资源（harvesting resources），它们可以通过再生、休整或者繁殖（比如，牧场，人工林，或地下水）进行自我补充，或者如太阳能和地热能，可以比人类更为长久地持续。可持续的环境管理实践可以供给食物、水、能源、建材不只几年，而是几个世纪。理想状况下，可持续发展的政策和战略会把多产的农场、渔业和蓄水层留给子孙后代享用。可持续发展观念很容易涉及注重环境保护意识的组织，如绿色和平组织和塞拉俱乐部，因为公众认同这点，即维护自然资源开采的经济活力是重要的。

不过，显然，非营利组织不是可持续发展的唯一倡议者。尽管，（价值）数十亿美元的公司，如主要的石油公司，已遭受环保团体的抨击责

难,他们以自己对可持续发展的定义予以回应。埃克森美孚在2007年公司的企业公民报告中,表明其政策致力于"以保护环境和协调我们所经营地区的社区环境和经济需要的方式,在世界各地开拓业务"。报告称,公司承诺"通过以对实际环境影响弱化为零为目的,与合乎科学、合理实效的方案,改善我们的环境状况"。尽管,埃克森美孚的目标——把人为环境影响的程度降低到零——的实际可能性或遭质疑,埃克森美孚仍是众多考虑其当前实施战略是否可以持续几十甚或数百年的资源型公司之一。美国国家科学基金会(U.S. National Science Foundation 2009)支持研究可持续的工程系统,它"支撑着人类福祉,也与可持续的自然(环境)系统相协调"。这些系统为人类生存提供着至关重要的生态服务。自然资本的长期活力对于人类所致力于的诸多领域至关重要。

管家(制)与可持续发展相协调。因为,二者都要求长期的、计划得当的经济管理,也都旨在为整个地球之家或者社区给予持续性。这两个概念常常合并起来成为一个在环境行动或政策领域更为稳健的模型。IBM公司(2008)发布的"白皮书",呼吁可持续能源生产商业战略和企业对"环境照管"的承诺,相信可持续增长与企业社会责任是一致的。为了促进21世纪环境的可持续发展,环境伦理学家已提出了一个全面的生态方法,它建立在我们社会三个主要方面上,通过促进经济的、社会的

和环境的管家制的政策制定和环境立法得以落实。因此,成功地在国家层面促成管家制和落实环境可持续发展政策,取决于不同社群对资源利用的利益、经济增长和社会福利的调和一致(Barrett & Grizzle 1998)。只有通过把环境的可持续发展理解为一个对各方欲望有意识的综合,地球的健康才能伴随着有目的的经济利益蓬勃发展,我们社会的各个方面也将能够真正繁荣。

宗教与环境的管家(制)

在20世纪50年代,福音派神学家开始出版有关管家(制)一般主题的全面著述(Sheldon 1950)。60年代早期,亚瑟·皮科克(Arthur Peacocke)把该术语引入有关宗教与科学之间关系的讨论中,至70年代,管家(制)"成为新教基督徒试图服侍上帝和上帝受造物时,最常建议的环境保护主义道路"(Fowler 1995, 76)。1980年,加尔文基督教学术中心的研究员出版了由神学家罗兰·威尔金森(Loren Wilkinson)主编的《地球守护者:自然资源的基督徒管家》(*Earthkeeping: Christian Stewardship of Natural Resources*)。该著述及其修订版有助于向以信仰为基础的大学的学生和福音派教会传递管家(制)的理念,"为了受造物行使代理统治"(Wilkinson 1980, 308)。道格拉斯·约翰·霍尔(Douglas John Hall)最终形成了一系列神学计划,提出在一个死亡和罪恶所主宰的世界中,管家是理想的呵护

生命的基督徒（Hall 1986）。犹太人，包括生物保护协会的创始人大卫·艾伦菲尔德（David Ehrenfeld）加入有关环境保护的圣经基础的对话中，一如罗马天主教徒所行，他们强调管家（制）与社会正义间的重要关联（Ehrenfeld & Bentley 1988；Jegen & Mano 1978）。

一直以来，宗教的一个重要主题是，地球并不是人类所拥有的财产，却恒久地属于上帝，因此，人类应设法显现上帝的利益，包括照顾贫困者，与他者共存。对于后代，及所有上帝的受造物，管家（制）具有照管和供给的作用。管家制的合理运用，纠正了对某些圣经篇章的错误解读，比如《创世记》第一章26节，有的翻译为使人类"主宰地球"。世俗与宗教管家（制）的倡导者们都确信，管家制是所有人的责任，而我们却总未竟履行。管家（制）欢庆自然的美丽和奇观，以及人类对一个得到良好照顾的环境的依赖（Fowler 1995；Berry 2006）。

批评与成功

已有环保人士批评管家（制）太过关注对资源的使用，也太过乐观于对当前环境开发的经济策略。照此，它看上去与中产阶级价值观达成了一致。借由认同人类发挥了重要的创造作用，或者对管家（制）有神圣的召唤，基督教的管家观念也可视人类与他们的环境相分离，不过，一些环保人士并不认同人类是独特的，或试图克服强调人类独特性的二元论观点（Fowler 1995, 78）。

不过，一个成功的管家（制）模式，应得到以《圣经》为根本的信仰之人，从温和派到保守派，包括基督教福音派的广泛接受。它的议题包含家庭护理和经济安全，与信奉《圣经》伦理的宗教实践者高度相关。管家（制）也可为宗教环境伦理学提供一个有吸引力的基础，即强调上帝的终极权威。

尽管，对于环境保护而言，管家（制）已经成为一个普遍模式，但半个世纪以来，复杂的讨论仍在继续。遗传学家罗伯特·J.贝瑞（Robert J. Berry 2006）就基督教环境管理，以及对各种环境问题的评论汇集了一本全面的书籍。贝瑞的文集既涵盖了管家（制）模式的弱点，也提出潜在的新建议，包括为深受重压的渔业的海洋安息日，和对承受过量化学影响的农业土壤的净化。神学家麦克·诺斯科特（Michael Northcott 2007）引用了历史上基督徒所奉行"精心的管家（制）"，包括与贫困者分享资源，与此同时分享可持续的住所、食物生产、能源经济，作为一条途径去解决当下的问题，即富裕国家对增加大气中温室气体水平的过度贡献。诺斯科特（2007）所呈现的两个观念都鼓励普通公民采取行动，这些行动可能会抑制迫在眉睫的全球气候变化。管家（制）已成为一个重要的模式，体现了对长期的环境利用、保护和尊重的恰当态度。今日，它总是与对可持续发展的倡议相结合，其理念为宗教会众、生态学家、环境组织、政治家，以及公司企业所接受和讨论。

苏珊·鲍尔沃尔·布拉顿（Susan Power BRATTON）
奥斯汀·库克-林赛（Austin COOK-LINDSAY）
贝勒大学

拓展阅读

Barrett, Christopher B., & Grizzle, Raymond E. (1999). A holistic approach to sustainability based on pluralistic stewardship. *Environmental Ethics, 21*(1), 23–42.

Berry, Robert J. (2006). *Environmental stewardship: Critical perspectives, past and present.* London: Continuum Publishing.

Coogan, Michael D.; Brettler, Mark Z.; Newsom, Carol A.; & Perkins, Pheme. (Eds.). (2007). *New Oxford annotated Bible with the Apocrypha, augmented third edition, New Revised Standard Version.* Oxford, U.K.: Oxford University Press.

Ehrenfeld, David, & Bentley, P. J. (1985). Judaism and the practice of stewardship. *Judaism: A Quarterly Journal of Jewish Life and Thought, 34,* 301–311.

ExxonMobil Corporation. (2007). Corporate citizenship report. (Brochure). Retrieved April 19, 2009, from http://www.exxonmobil.com/Corporate/files/Corporate/community_ccr_2007.pdf

Fowler, Robert Booth. (1995). *The greening of Protestant thought.* Chapel Hill: University of North Carolina Press.

Hall, John Douglas. (1986). *Imaging God: Dominion as stewardship.* New York: Eerdmans/Friendship Press.

International Business Machine Corporation (IBM). (2008). Improving business responsibility through smart energy and environmental policy. Retrieved April 18, 2009, from http://www.935.ibm.com/services/us/cio/energy/assets/ee_feature_offer_wp.pdf.

Jegen, M. E., & Manno, B. V. (Eds.). (1978). *The Earth is the Lord's: Essays on stewardship.* New York: Paulist Press.

LeLe, Sharad. (1991). Sustainable development: A critical review. *World Development, 19*(6), 607–621.

Morrison, Clinton. (1979). *An analytical concordance to the Revised Standard Version of the New Testament.* Philadelphia: Westminster Press.

Northcott, Michael. (2007). *A moral climate: The ethics of global warming.* Maryknoll, NY: Orbis Books.

Sheldon, Joseph. (1992). *Rediscovery of Creation: A bibliographic study of the Church's response to the environmental crisis.* American Theological Library Association Bibliography Series, No. 29. Metuchen, NJ: Scarecrow Press.

Staff of Thomas Nelson Bibles. (2002). *Compact Holy Bible King James Version (KJV), containing the Old and New Testaments.* Nashville, TN: Thomas Nelson Publishers.

Trumble, William R. (Ed.). (2002). "Steward" and "Stewardship." *Shorter Oxford English Dictionary*, Vol. 2, N–Z, 5th edition. Oxford, U.K.: Oxford University Press.

U.S. National Science Foundation. (2009). Environmental sustainability (program page). Retrieved April 18,

2009 from http://www.nsf.gov/.

Wilkinson, Loren, (Ed.). (1980). *Earthkeeping: Christian stewardship of natural resources*. Grand Rapids, MI: William B. Eerdmans.

Wilkinson, Loren, (Ed.). (1991). *Earthkeeping in the '90s: Stewardship of Creation*. Grand Rapids, MI: William B. Eerdmans.

Subsistence

生　存

　　生存，原住民族的传统世界观，包含其与土地及所有生物之间精神上充满敬意的关系。人类学与社会学对生存的定义，为"发达民族"提供了一个在基本生存（subsistence life）之上的优越感；他们并不认为所有的文化都是生存文化。对于可持续发展和人类的未来，生存世界观有着重要的意义。

　　在更为古老的生存概念中，存在着可持续发展的源头，并且这概念有助于把当代可持续发展的讨论置于生活方式和世界观的现代语境中。生存，不只涉及针对消耗基本资源的实践策略；它还激发起丰富的智力和精神形态。为了充分理解这一点，必须明确界定生存一词的共同定义。

人类学和社会学中的生存

　　人类学，一般把生存定义为一个社会获取食物的方式。这个定义把生存限定为一个经济术语，并且的确，许多人类学家会谈及"生计经济"（subsistence economy）。对于观察者而言，这一生存定义似乎颇为合适，他们观察生活在土地上的村民，探究自给自足生活（subsistence life）中最为可见的部分。比如，在阿拉斯加，许多人仍然追求一种自给自足的生活，非本地的一般民众和学者可能会称（这种）生存就是"狩猎、捕鱼、和浆果采摘"（本文提供了阿拉斯加土著群体的具体实例，来概括总结自给自足的生活）。

　　社会学时常把生存与维持生存活动的技术联系在一起，且有的社会学家会把一个文化的整个社会结构与其对技术的使用联系起来。社会学，特别是生态进化理论（the Ecological-Evolutionary Theory, EET），依据文化的技术"级别"对文化归类。这种语境中的生存技术，是指获得食物和生活基本必需品的必备工具。

最早期的文化被称作"狩猎者和采集者（hunters and gathers）的（文化）"。使用更高技术的第二级（文化）由"简单的园艺家（horticulturalists）"构成，在他们之上的是"复杂的园艺家"，而更高级的文化则被称作"农耕（agrarian）的（文化）"，当代（文化）的级别（第十级）被称为"工业的（industrial）"。这些级别代表了一个愈加优越的层次结构，社会自狩猎采集式的生存逐步发展。对于这些分层，有的学者代之以其他术语名称，但是，最高级的、最复杂的、最先进的文化似乎总是西方的市场文化，仿佛这种文化为了支持"现金经济"或"工业经济"已经切断其生存之根。当代非本土文化及西方词典时而会称，生存之人（subsistence people）生活在"仅仅维持生存的水平"上。

这般分层列表的价值在于，它们并未明确否认自给自足的生活是自古至今所有文化的基础。它们的负面影响在于未能明确指出无论何处，所有文化仍然是生存文化。无论刻意与否，这样的列表为西方提供了优越感，并导致西方"发达"文化向那些仍自给自足地生活之人显示傲慢。这列表使得社会忘记他们都还是狩猎者与采集者，就是说，较之因纽皮特（Inupiat）及尤皮克（Yup'ik）爱斯基摩人的文化或者原住民文化，其文化并不更加进化与成熟。"发达"文化的成员，并不狩猎，捕鱼，采摘浆果，他们驱车前往最近的超市来获取食物。购买食物造成假象，即原住民们的生存与土地维系在一起，而现代的市场文化则并非如此。尽管，"发达"文化中的许多人不再直接采集食物，并且可能对食物的生产与来源一无所知，他们对于土地的依赖仍然强烈，只是不那么明显直接。

生存与原住民

原住民从对生存的不同定义开始，并且在谈论它时，他们使用的词语更准确和全面。大多数原住民族给自己的名称意指"（这）人"，"真正的人"，或者"此地之人"。一个例子是尤皮克爱斯基摩人族群的传统族名应是"*Kuskokwagmiut*"。后缀"*miut*"意指"人"，与词干"*Kuskokwag*"结合，整个单词的意思就是"库斯科昆姆河人"（people of the Kuskokwim river）。在原住民对自身与土地的意识中，人与地方被联结在一起，且这联结已深深地植根于他们的语言中。直至最近，原住民部落并不认为自己是一个"文化"，而是一个"民族"（a people），人类学家安·芬奴普－里奥丹（Ann Fienup-Riordan）写道，"三十年前，我从未听说文化一词出现在阿拉斯加西南部"。"而如今，它挂在了每个人的嘴边。"对该词的使用，伴随着尤皮克人被迫"保护并再现过往的活动，以抵御同化的压力"（Fienup-Riordan 2005, xiii）。

文化是一个可能适用于非原住民生活的词语；它深深根植于西方语言文化中，与当代许多词语，包括邪教（cult）、农业、有教养的（cultivated）、文雅的（cultured）。后两个词语已经意指受过教育的和成熟的，而且失去了与农业、土地、宗教和神圣相关的描述性意蕴。

阿拉斯加村民描述生存即为"我们的生活方式"，或者会说，"生存就是我们的生活"。对于他们而言，生存不只是狩猎，钓鱼和浆果采摘，不只是为了寻获食物的一系列策略、活动或技术，这不过是所涉范围更为宽广的世界观的部分。哲学、神学、历史、文学、生物、水文、地质、道德、习俗、关系、亲属关系模式，以及音乐、舞蹈、雕塑艺术、绘画和讲故事都只是村民在谈论生存时其所含意义的部分。生存包括一个高度理智化的和丰富的精神生活，这些精神生活分散在每一个行为中。现代文化把这些分割成不同学科，赋予它们以独立的角色。在本土著民自给自足的生活中，一切都是相关的，每一关系，无论是与他人的，抑或是与自然界的所有其他存在形态，都是关系之中的一个关系。芬奴普－里奥丹写道，"生存的意识形态"（the ideology of Subsistence 2005, 235）：

> 对比社会与自然的现代分离，尤皮克人对非土著人的核心观点是，他们的信仰，所有人的——包括动物和 *ircenrraat*（动物与人的灵魂）——本质上是相关的。此观点最为深邃的一个表达是一句众所周知的谚语，*Ella-ggug allamek yuituq*，不同地翻译为，"人类栖息于世界，各民族都是其一"，或更为字面化的，"这世界只有人，无他"。

因为，在尤皮克传统习俗中，所有民族，鱼类，鸟类，动物，植物和地形都具有人格，凭着尊重以滋养和维护与他们的关系。对于由乌鸦或所有其他神秘生物所创造的传统之人而言，尊重是关键。

文化人类学家 A. 奥斯卡·卡瓦格雷（A. Oscar Kawagley）在提及他自己的尤皮克爱斯基摩人（Yup'ik Eskimo）传承时，写道"他们是被大乌鸦创造的"，"所以，他们怎么可能比其他动物，植物和土地更好，更高级呢？"（1995, 31）世界观所孕育的这传统，随着生存的整体观念分散遍及开来。它向外体现在制作工具中，舞蹈中，捕捉鱼、野味和鸟类的仪式中，故事的讲述中，对青年人的教育中，甚至体现在给孩子取名中。

生存与可持续发展间的联系

对于现代工业化的西方文化，可持续发展已成为一个重要的词，尤其在过去的二十年，已经开始呼吁可持续的环境、产量可持续的渔业和木材、可持续的社区、可持续的经济。然而，没有多少人呼吁一个可持续的文化，尽管，愈发清楚地是，我们并没有一个可持续的文化，且恐怕似乎更糟的是，我们甚至不可能是一个可持续的物种。我们见证着地球上矿物燃料的耗尽，河流与湖泊的日益污染，含水层被抽干的速度快于其自我修复。我们身体中携带的有毒负担急剧增加，而孩子们的身体正承受着比其父母身体所受更为严重的有毒负担。

当我们认识到，地球的表层土壤，或者由于我们使用有毒化学药剂已变得贫瘠，或者流失殆尽，这情况就变得更加复杂了；气候变化已经打乱了气候模式；食品不再含有 30 年前的营养价值，而所谓的第六次物种大消亡则正在加速。甚至，我们曾经为之祈祷、舞蹈、恭敬鸣谢的雨，也已经成为一位酸性敌人，因为我们还没有采取足够措施来控制工业烟雾和汽车尾气的排放。缔造一个可持续的文化，已经成为紧迫的现实。

　　这困境产生自现代文化，而非这片土地上的本土著民。我们只是开始隐约意识到，我们的文化并未远离我们的土地，也不会如我们过去认为的那样，免受滥用土地后果的影响。我们所创造的科技并不能令自然如我所愿地改变，自艾萨克·牛顿爵士（Sir Isaac Newton，1643—1727）时代以来，我们似乎一直试图让科技产生这样的作用，却显然促成了我们正面临的问题。另一方面，原住民们的自我延续比西方文明长数千年。如果把时间延展些，我们的西方传统可以追溯 3 000 年。考古学可以追溯阿留申人（Aleut），爱斯基摩人（Eskimo)和阿它帕斯坦人（Athapaskan） 到 14 000 年 前。当知识愈加丰富，科技更为先进的社会经受失败，危及我们所有人时，是什么使原住民们继续存在？这些原住民们一定知道某些我们西方人尚未习得的东西。

　　玛丽·伊芙琳·塔克（Mary Evelyn Tucker），一位耶鲁大学的宗教生态学者，她在《儒教与生态》（*Confucianism and Ecology*）中并未提及生存，但她的评论完美地描述了现代的"发达"文化认识自然界的方式："自然被看作是一个'资源'来使用，而非所有生命的一个'起源'来尊重"（Tucker & Berthrong 1998，189）。不要诋毁那些生活在"仅及生存水平线"上之人，我们或可知道，为了形成一个可持续的文化，我们可能不得不改变我们的世界观，使之更紧密地衔接于恪守传统之人奉行千年的观念。

　　我们迈向可持续发展的步伐，始于我们认识到，所有文化都是生存文化，却不是所有文化皆可持续。我们的现代文化对土地及其所有"万物"的依赖，一如古代中国人所言，一如任何曾经生存之人那般，尽管我们似乎已经变得无视于这事实。石油地质学家们游走四处，如同土著驯鹿猎人尽可能多地狩猎采集。现代地质猎人若是失败，将会丢掉工作，食物变得贫乏，饥饿蔓延大地。我们的工业化文化仍未能尊重土地；相反，我们为了自身的利益而利用土地。我们视大自然为一种资源，并滥用它，直至它拒绝再支持我们。现在我们该如何应对？

　　成功时，自给自足的土著猎人并不认为是他的技能击倒了鹿；相反，他感谢鹿，把自己献给了他。若鹿没有被击倒，土著猎人会认为他对鹿的忠诚失效了，他会审视自身去发现他如何冒犯了这个他赖以为生的动物。我们在更现代的文化中，攫取自然资源，留下"发展"残骸，为我们的高超技能而欢庆。为了把西方发达文化转向可持续发展，自然要求我们承认我们当代的文化也是一个生存文化；它要求我们抛弃傲慢，检视自身行为，并向恪守传统之人学习智慧，那是能够给予我们未来与自然的相处之道。

　　生存的实现，从未一劳永逸。我们每日都在创建着它，就在我们决定如何与他人，与其他物种、土地及其所有属性，还有与围绕我们四周的空气与水相处时。如果，我们决定给予自然的每一个元素以它应有的尊重，我们还可能创造一个可持续的文化。如果，我们继续视自然为我们所有，予以利用，那么，我们为能够生存和幸存的时间设立了一个可辨的极限。可持续发展深深地植根于生存概念，这概念比西方文明更古老。它对世界观的依赖，一如它对技术的依赖。人类的共同任务是每一天维系好我们的生存之道，去创造一个可持续的文化。

加里·霍尔托斯（Gary HOLTHAUS）
岛学院艺术系

拓展阅读

Bernard, Ted, & Young, Jora. (1997). *The ecology of hope: Communities collaborate for sustainability*. Gabriola Island, Canada: New Society.

Berry, Thomas. (1990). *The dream of the Earth*. San Francisco: Sierra Club Books.

Cajete, Gregory. (1994). *Look to the mountain: An ecology of indigenous education*. Asheville, NC: Kivaki Press.

Chamberlin, J. Edward. (2003). *If this is your land, where are your stories? Finding common ground*. Toronto: Alfred A. Knopf Canada.

Colburn, Theo; Dumanoski, Dianne; & Myers, John Peterson. (1997). *Our stolen future: Are we threatening our fertility, intelligence, and survival? A scientific detective story*. New York: Plume Books.

Fienup-Riordan, Ann. (1990). *Eskimo essays: Yup'ik lives and how we see them*. New Brunswick, NJ: Rutgers University Press.

Fienup-Riodan, Ann. (Ed.). (1996). *Agayuliyararput: Kegginaqut, Kangiit-llu [Our way of making prayer: Yup'ik masks and the stories they tell]*. (Marie Meade, Trans.) Seattle: University of Washington Press.

Fienup-Riordan, Ann. (2005). *Wise words of the Yup'ik people: We talk to you because we love you*. Lincoln: University of Nebraska Press.

Holthaus, Gary. (2006). *From the farm to the table: What all Americans need to know about agriculture*. Lexington: University Press of Kentucky.

Holthaus, Gary. (2008). *Learning native wisdom: What traditional cultures teach us about subsistence, sustainability, and spirituality*. Lexington: University Press of Kentucky.

Jackson, Wes. (1994). *Becoming native to this place*. Lexington: University Press of Kentucky.

Kawagley, A. Oscar. (1995). *A Yupiaq worldview: A pathway to ecology and spirit*. Prospect Heights, N J: Waveland Press.

McKibben, Bill. (2006). *The end of nature*. New York: Random House.

Morrow, Phyllis, & Schneider, William. (Eds.). (1995). *When our words return: Writing, hearing, and remembering oral traditions of Alaska and the Yukon*. Logan: Utah State University Press.

Nasr, Seyyed Hossein. (1996). *Religion and the order of nature*. New York: Oxford University Press.

Nelson, Richard K. (1983). *Make prayers to the raven: A Koyukon view of the northern forest*. Chicago: University of Chicago Press.

Schweitzer, Albert. (1953). *Out of my life and thought: An autobiography*. (C.T. Campion, Trans.). New York: New American Library.

Snyder, Gary. (1974). *Turtle Island*. New York: New Directions.

Tucker, Mary Evelyn, & Berthrong, John. (Eds.). (1998). *Confucianism and ecology: The interrelation of heaven, Earth, and humans*. Cambridge, MA: Harvard University Center for the Study of World Religions.

World Commission on Environment and Development. (1987). *Our common future*. Oxford: Oxford University Press.

为了使用的生产 VS. 为了交换的生产

生存经济体，时常欢迎向西方社会及其现金经济学习的机会。但是，采纳西方的农业实践，小型农业村庄必须放弃的不只是农耕方法，经常对其不利。社会人类学家斯蒂芬·古德曼（Stephen Gudeman）在他的书中探讨了巴拿马的这种情况，《农村经济的困境：一个拉丁美洲农村从生存走向资本主义》（*The Demise of a Rural Economy: From Subsistence to Capitalism in a Latin American Village*）。

我有一则有关拉丁美洲农村经济的故事，其最简单的情节是关于一个巴拿马小村庄的人们为了适应新的农作物甘蔗，而放弃种植水稻和玉米的经过。但是，农作物的变化所带来的不只是农业实践的重组：甘蔗的引入，代表着从自给自足的农耕向经济型农业的转变，而这一农业重新定位，本身就预示了村民经济的全面转型。因此，更广泛地说，我的故事是关于一个处于过渡时刻农村经济体，夹在两个相互竞争的组织形式间——为了使用的生产和为了交换的生产……对于地方经济的叙述，必须超出其名义上的地理边界，沿着时间与空间展开。于是，我的故事是关于一个自给自足的经济体：为了探其根本，还需追问它是如何在不同经济体的边缘上产生并维持，最终，并入更大的体系。

来源：Stephen Gudeman. (2004). *The Demise of a Rural Economy: From Subsistence to Capitalism in a Latin American Village*, p. 1. From the series *Routledge Library Editions: Anthropology and Ethnography, Volume 1 of South America*. London: Routledge. (Originally published 1978).

Sustainability Theory

可持续性理论

可持续性理论试图优先考虑并整合社会对环境及文化问题的回应。一个经济模式旨在维持自然资本和金融资本；一个生态模式旨在寻求生物多样性和生态健全；一个政治模式旨在能够实现人的尊严的社会制度。在文化变革的过程中，宗教陷入了象征、批判和动机方面的争论。

就其字面基本含义，可持续性指随着时间的推移，维持一定实体、后果及过程的能力。农业、林业管理或财务投资被视为是可持续的，意味着其活动不会穷尽它所依赖的物质资源。对于"可持续性"一词的类似使用，涉及所依赖的社会条件，比如，一个和平条约，一项经济政策或者一项文化活动皆可被称为是可持续的，只要它不会耗尽一个政治群体所给予的支持。随着对可持续发展一词愈为普遍的使用，其概念指出了环境问题危害经济、生态及社会体系健康状况的途径。

全球范围内，可持续性的政治挑战提出了一系列基本问题及综合目标。通过关注经济与社会系统的生态依存，可持续性表明了由人类活动所引发的环境退化与全球环境问题构成对人类的危害之间互为影响。由此，可持续性概念提出了一个严酷的基本问题：人类活动能否成功地维持其自身及目标，而不会穷尽它所依赖的资源？

这问题关注于人类活动对地球的影响，及其随时间推移的持久性。从而，这会激发对人类全社会行事方式与目标的反思。诸如生物多样性的消失与气候变化这样的问题，表明了人类力量所及范围与它的风险规模。减轻其影响与风险，似乎需要对诸多人类系统进行改革——金融、政治、生产、能源、交通，甚至是沟通和教育。然而，这些改革可能会复杂化国际社会的其他目标，如消除极端贫困和保护人权。如何对这些重叠利益予以优先排序？

当然，由可持续性引发的对相互关系的思考，明确了这些目标依赖于生态条件；从长远来看，克服贫困不能对立于保护生物丰富多样性。可持续性的现实挑战是找到特定的方式去实现那些符合相互关系的不同目标。随着时间的推移，其中可能会维持（或发展出）对所有人而言都品质适当的生活。由此，可持续性概念面临一个新的社会道德问题：什么必须可持续？什么商品可能会因人类系统的急剧扩张而受危害？哪些商品必须得到保护？必须奉行哪些目标？这样行动的共同基础是什么？

在特定机构内，团体目标及其与生态和社会系统的关系，会把这些实际问题置于一定情境中。对于一所大学，可持续性可能主要在于如何管理其精神和物质系统，这不但与其预算相关，而且也相关于它的公民精英意识与教育使命感。对于一个企业，可持续性或许意味着如何能预见生态、经济与社会制度的自反性对市场条件的影响的时效性能够长于季度或年度报告所覆盖的。

于是，在地方和全球层面，可持续性引向对人类与生态系统复杂且相互的实践关注。在解决多个全球性问题时，经济健康、生态完整、社会正义及对未来的责任必须被整合到一个连贯持久的、道德的社会视阈中去考量。可持续性所涵盖的范围和前瞻性眼光，使其在观念上具有吸附力，在政治上受欢迎。可持续发展可以用以支持或反对气候条约，支持或反对自由市场，支持或反对社会支出，以及支持或反对保护环境。寻找一个标准定义似乎难以实现。

所以，有批评者因可持续性的概念毫无意义，或至少太易受竞争观念的影响以致无益于政治，已将其搁置。但只要这些不同意见总体上承认人类与生态系统之间的互利，它们也

就反映出随着时间的推移，那些历时而维持的东西的实质差别。因此，可持续性为一场新的道德与政治辩论创造了重要的话语舞台。正是由于这些因素是如此迫切重要，我们应该期待观念与概念分歧的多样性。

辩论什么应该持续，这一事实的发生，作为实践政治问题表明了人类责任的新维度，反映了危机的新情况。20世纪，人类科技与经济力量如此急剧扩张，以致子孙后代的命运与其他诸多生命形式的生存如今要受制于政治决定。诸如由人类造成的物种灭绝，或显著的人为改变地球生物圈，这些以前不可想象的影响表明人类与自然其他领域的关系及与自身未来的关系中的重大转变。然而，20世纪也见证了一个国际社会的形成，其各机构致力于真正的企望，即在所有国家，穷人摆脱贫困，基本人权得到保障。人类责任的承认也扩展于时间范围上（即，对子孙后代的义务），于空间规模上（即，对地球生命过程的考量），和文化范围上（即，所有国家和民族共享的伦理）。

布伦特兰及其后

1972年，由罗马国际智囊团俱乐部发布的一份报告《增长的极限》（*Limits to Growth*），令可持续性的理念得到公众关注。1980年，由自然保护国际联盟（International Union for Conservation of Nature）发起的、联合国环境规划署和世界野生动物基金会合作参与的世界自然保护战略（World Conservation Strategy），致力于将可持续性树立为国际行动的标杆。随后，通过世界环境与发展委员会1987年的一份报告《我们共同的未来》——它以其

主席,挪威前首相格罗·哈莱姆·布伦特兰(Gro Harlem Brundtland)的名字而通常被称为《布伦特兰报告》,"可持续发展"(sustainable development)一词在国际公众中得以凸显。该报告提出一著名定义:"可持续发展是既满足当代人需求,又不损害后代满足其自身需求能力的发展。"(WCED,1987,43)

对于许多组织和机构而言,这种形式或与之接近的解释仍然是一个行动定义。有人批评《布伦特兰报告》定义把可持续性与发展过于紧密地结合起来,过度关注人的需求,而忽略了其他生命。不过,《布伦特兰报告》已激发起对可持续性的国际公开辩论,由此产生许多可供选择的其他定义。

本文关注于"可持续性"(sustainability)的概念,因为它除了表示"可持续发展"(sustainable development),还代表其他相关但不同的术语,如"可持续社区","可持续资源管理","可持续生计"或"可持续社会"。首先,我们思考可持续性自身,从而,可以更好地理解它是如何被用以定义及修改其他概念和活动。

我们已经看到,可持续性之所以成为一个宽泛模糊的观念,正是由于它把社会的生态依存带入了与社会的经济和政治制度的道德关系中。一个对此关系意义的早期表述,是1974年《可可优克宣言》(Cocoyoc Declaration,一个由联合国主办,在墨西哥召开的研讨会的成果)声称,可持续性应把人的需求的"内在限制"与地球资源的"外在限制"结合起来。可持续性作为一个观念,最初使用于1975年世界基督教联合会(World Council of Churches,WCC)的一个节目"公正,参与性与可持续的社会"(just, participatory, and sustainable society),以帮助全面应对相关环境和社会问题。对于世界基督教联合会而言,可持续性可能恰与现行的发展过程相抵触,并重新排序经济和政治的优先事项。

任何对可持续性的呼吁,会考虑到人类与生物物理系统间的互相作用,并假设这些系统存在限制条件,建议对社会及生态问题予以整体性的回应。通过关注人类社会制度的生态根植性,可持续性观念缓和了人道主义者与环境目标之间的紧张感。事实上,有人坚持认为人类系统与生态系统的利益协调一致是正确的设想。注意到全球环境问题威胁着人类未来的前景,有人认为可持续性的问题本质上就是有关子孙后代的问题:我们究竟亏欠未来什么?这一思路意味着,我们至少应该维持那些我们子孙后代维持自身所需要之物。

但是,确定我们对未来亏欠什么,涉及道德优先的挑战:是否未来对资金的需要胜于社群?需要美胜过机遇?谁的未来——人类的未来?所有物种的?地球的?更重要的是,把可持续性沦为对后代的义务,是对这些义务与当代需求之间关联的忽略。当然,在寻求对全球问题给予持久回应的过程中,可持续性是一个时间上具有前瞻性的观念,但它并没有因为包括当代问题(如克服极端贫困),而减少对未来的思考。正如《布伦特兰报告》定义所表明的,可持续性必须寻求一种方法来平衡现在与未来之间的义务。

因此,可持续性的论述和辩论,希求在一系列生态关联的全球责任中,梳理出各关系与优先次序。借由关注对多种物资处于危机和地球社群面临共同隐患的伦理论辩，可持续性明确地球社群将会失去什么，推动我们去思考必须维持什么。

可持续性模型

我们必须维持什么？对这问题的回答，有时可区分以"强"和"弱"。"强的可持续性"把优先性给予保护生态物资，比如物种存在或特定生态系统的功能。"弱的可持续性"无视维持任何特定好的具体义务，而只信奉一个总的原则，以使我们的后代不逊于我们。例如，就保护原始森林而言，强的观点可能主张保护，即使它需要先前的发展来为后代增加机会。一个弱的观点会考虑成熟森林带来的各种益处，并会试图就发展创造的价值而言，衡量这些益处的未来价值。

在环境伦理学中，这两种观点松散地，但并不完全地对应于生态中心立场（以生态为中心）与人类中心立场（以人为中心）。生态中心的观点要求道德决定应从其自身利益来考虑生态健全的益处，而非仅基于人的利益。人类中心的观点认为人类系统依赖于丰富的生物多样性，或者认为人的尊严需要触及自然之美，从而产生出强的可持续性观点。

还需注意的是，即使伴有丰厚的利润前景，弱的观点也不一定会认同耗尽自然资源。只要子孙后代的机会还有赖于一定的生态环节（例如，可呼吸的空气），某些生态物质就总是比其使之可能的经济发展更具价值。

还有第三条思路：为务实的中间派观点所提出，虽然，我们可能没有义务来维持任何特定的非人的生命或生态过程（强的观点），我们也不应该假设所有未来的机会是可以互

相比较的（弱的观点）。道德和政治哲学家布莱恩·巴里（Brian Barry, 1997）认为，为子孙后代保留一些机会，需要特定生态物质的持久存在。例如，为了人类适宜的生活，决定是否需要古老森林，取决于这森林是保留存在的。这一思路有效地指出，为了有关可持续性的持续争辩得以继续，我们必须维持这些条件。

哲学家汉斯·乔纳斯（Hans Jonas）提出另一条务实思路，人类机构的新权力会全面危及其自身条件，必须要有一个新道德为了人类生存采取负责任的行动。或许可持续性既不是一个关于自然内在价值的强势问题，也不是一个创造机会的弱势问题，而是一个关于使得我们的物种存在的务实问题 (Jonas, 1984)。那么，可持续性就是一个关于维持适宜的生存的问题。

批评者从两个角度反对这种务实思路。一方面，它看起来太人性化：无论对古老森林，还是对北极熊生存构成的威胁，在这一务实观点中都不具有优先性。另一方面，它看起来还不够人性化：把可持续性降低到物种生存，可能会导致不平等和贫穷的继续。实用主义者可以回应道，如果可持续性的优先次序取决于有关什么维持着我们的争论，那么当然可以认为，古老森林和北极熊的生存，一如公正的社会与兴旺的邻居，同样维持着人类精神。或许，正确的设想是，适宜的人类生存仅仅意味着生物多样性与极端贫困的终结，容许物种大量消亡将终止人类做选择，而辩论也将终结。

显然，到目前为止，可持续性理论已经变得过于复杂，难以归类于二元对立的术语，如

"强的"或"弱的",以及"生态中心的"或"人类中心的"。我们可能反而认为,就可持续发展而言,每一个模式都对必须予以维持的构成元素做出了优先排序。这些模式——经济的,生态的,政治的——并不相互排斥,还时常综合彼此,优势互补。不过,区分它们,有助于理解可持续性的其他概念。

经济模式

经济模式提出,以资本形式来维持契机。按照经济学家罗伯特·索洛(Robert Solow)所设定的经典定义,我们会认为可持续性是个投资问题,即,我们须以利用自然资源的回报去创造同等或更高价值的新机会。尽管基于其他理由,在贫困者或环保上的社会支出或许合理,但它剥夺了这项投资,也就对立于可持续性的承诺。

不过,基于另一资本观点,或许会呈现出不同的经济模式。赫尔曼·戴利(Herman Daly 1996)及其他生态经济学支持者认为,如果,我们假定"自然资本"并不总是可与金融资本互换,那么,为未来保留机遇,就需要强势的保护措施,来保护生态物质,并维持自然限制下的经济运行。这些因素互补构成生态模式。

从不同角度来看待机遇和资本之间的关系,为贫困者的支出可被视为一种对未来的投资。依据经济学家阿马蒂亚·森(Amartya Sen)的名言"发展即是自由"(Amartya Sen

1999),我们为今日之穷人创造机会,就是为未来创造机会,因为更多的机会将会推动更大的发展。在这一可持续性的政治模式中,维持未来的机遇,需要现在就投资于个人尊严。这种方式完善了政治模式。

生态模式

生态模式提出要维持生物多样性和生态完整性。也就是说,并不视机遇或资本为可持续发展应加以关注的重点,而是直接着眼于生命世界的健康(Rolson 1994)。在这个模型中,主要有两种方式来决定哪些生态物质应予以维持。从人类中心的观点来看,重要的自然资源、生态系统,以及人类系统所依赖的再生过程应予以维持。从生态中心的观点来看,物种因其内在价值而应该得到维持,而生态系统作为生物的世代繁衍而具有内在价值。在政策方面,如前所提,强弱观点可能会相交。

政治模式

政治模式提出要维持实现人之尊严的社会制度。这种模式所关注的是,危害人之尊严的本地及全球环境问题,专注于维持人类完整生活的环境条件。环境正义和公民环保主义体现了这种模式的一种策略;借由关注威胁人类生命的环境中介,它们指出必要的生态物质或可持续的环境管理计划(Ageyman 2005)。该模式的其他策略,如农本主义或深层生态学,涉及人类良善的更实质构想。最终,这模式建议通过生态成员,来维持实现生态人格、公民身份,甚或个人信仰所必需的文化条件(Plumwood 2002;

Wirzba 2003）。

　　政治模式的一部分认同实用主义者的方法和建议，即，我们必须继续开放讨论可持续性的状况。这一观点认为，维持民主协商的政治制度，需要有效地维持生态和经济物品，以及政治物品，比如程序性权利。不过，请注意，这些物品的质量与数量皆由政治制度的需求来控制，因此，政治制度也就制约了可持续性的承诺。

宗教观的作用

　　20世纪及21世纪的许多思想家，他们在不同领域的讨论中，包括宗教传统、神学观念和精神实践的讨论外，都就可持续性有过辩论。如果，可持续性已经显现为一个复杂多元的道德观念，为何还要涉及宗教？

　　或许，精神承诺激励着变化，或许，宗教团体为文化转型行使着有力的权威。或许，全球化的经济与科技系统根源于一个深受宗教影响的道德意识。在这一观点下，有意义的文化变革有赖于重新思考宗教的根源，对某些宗教态度的批判，从而更新文化世界观的维持力。

　　在可持续性的论辩中，另一有关宗教作用观点认为，宗教隐喻和精神实践对解释生命的复杂性并给予全面的回应，具有独特的能力。如果，可持续性的一部分挑战是在更广义的世界观上理解人与自然之间的相互关系，那么，宗教可能拥有有益的资源。如果普遍的环境恶化，意味着人之为人是异化于地球上的其他生命，那么，精神实践可能有助于治愈这种分裂，并协调人类及其生态网络。

　　对于一些团体而言，可持续性的危机为宗教的更新或精神复兴提供了机会。当然，在世界各地及众多文化和传统中，已见证了宗教变化的新形式和团体试图理解并回应于生态挑战、在精神层面的积极行动。《地球宪章》(The Earth Chapter)，地球宪章推进委员会(Earth Charter Initiative)的权威文件（完成于2000年），为了激发共同的神圣价值和呼吁人类融入与地球社区的亲密关系，从许多传统和运动中绘制出一个全面计划。

　　由于，社会越来越多地在决定什么值得维持、并对什么维持了它们的问题予以阐明方面遭遇挑战，宗教思想遂进入有关可持续发展的公共辩论。此类问题，有一种自相矛盾的深度；尽管，它们探寻的是体面生存的道德最低限，回答它们却招致对维持我们之物的全面反思。对于许多人而言，一个好的答案必须指向宗教的——指向精神的、神圣的、上帝、爱、信仰或恩典。

　　因为，可持续性要求人类承认依赖生态的简单事实，它可以引发我们去反思我们最昂贵的价值观、最根本的信仰及我们个人的习惯和我们支配一切的世界观。21世纪，为了应对可持续性的挑战，个人和团体一样都在摸索道路，去探索可持续性精神——从创建新礼仪，比如"众生大会"(Council of All Beings，该工作坊旨在缓解人们对鲜活的地球的疏离感)，到复兴古代价值观，比如，尊重上帝的创造物。

威利斯·詹金斯（Willis JENKINS）
耶鲁大学神学院

拓展阅读

Agyeman, Julian. (2005). *Sustainable communities and the challenge of environmental justice*. New York: New York University Press.

Barry, Brian. (1997). Sustainability and intergenerational justice. *Theoria, 45*, 43–65.

Daly, Herman E. (1996). *Beyond growth: The economics of sustainable development*. Boston: Beacon Press.

Daly, Herman E.; Cobb, John B.; & Cobb, Clifford W. (1994). *For the common good: Redirecting the economy toward community, the environment, and a sustainable future* (2nd ed.). Boston: Beacon Press.

Jenkins, Willis. (2008). Global ethics, Christian theology, and sustainability. *Worldviews: Global Religions, Culture, and Ecology, 12*, 197–217.

Jonas, Hans. (1984). *The imperative of responsibility*. Chicago: University of Chicago Press.

Meadows, Donella H.; Meadows, Dennis I.; Randers, Jorgen; & Behrens, William W. (1972). *The limits to growth: A report for the Club of Rome's project on the predicament of mankind*. New York: Universe Books.

Norton, Bryan G. (2005). *Sustainability: A philosophy of adaptive ecosystem management*. Chicago: University of Chicago Press.

Plumwood, Val. (2002). *Environmental culture: The ecological crisis of reason*. New York: Routledge.

Robinson, John. (2004). Squaring the circle? Some thoughts on the idea of sustainable development. *Ecological Economics, 48*, 369–384.

Rolston, Holmes, III. (1994). *Conserving natural value*. New York: Columbia University Press.

Sen, Amartya. (1999). *Development as freedom*. New York: Random House.

Solow, Robert M. (1993). Sustainability: An economist's perspective. In Robert Dorfman and Nancy S. Dorfman (Eds.), *Economics of the Environment* (pp. 179–187). New York: Norton.

The Earth Charter. (2000). Retrieved April 30, 2009, from http://www.earthcharterinaction.org/content/pages/Read-the-Charter. html.

Wirzba, Norma. (2003). *The paradise of God: Renewing religion in an ecological age*. New York: Columbia University Press.

World Commission on Environment and Development (WCED). (1987). *Our common future*. Oxford, U.K.; New York: Oxford University Press.

T

Technology

技 术

　　有关技术与可持续发展的讨论,提出了一些问题:技术是如何成为不可持续发展的一个原因? 技术是能够服务于可持续发展目标,与其他工具同样便利的中立工具吗? 或者,技术是超出人类控制的,甚或控制着人类命运吗? 以及,技术是能够秉承可持续发展精神、重新谈判的复杂政治安排吗?

　　可持续发展问题不可避免地与技术问题相关。虽然,可持续发展的概念陷入了复杂的理论辩论,人们普遍认为这些概念可以而且应该引导社会和个人带来积极的现实变化。这些实际变化必然涉及技术变革。

　　然而,在这点上,基本认同破裂,问题繁多。技术究竟是如何成为不可持续发展的原因? 可持续发展是否需要工具和技术退回至前工业化时期? 或者,可持续发展需要一个后工业革命,就是说,在形式上代之以生物技术和纳米技术? 事实上,新旧技术的差别是否有助于谋求可持续发展? 简单、微小和局部性是否是可持续技术的属性? 可持续技术的关键

是否是科学与资本主义? 可持续技术的观念实则是否融贯?

　　对这些问题的回答,揭示出,如同可持续发展,技术是一个有争议的概念。可持续发展其本质所负载的价值,存在争议,且已评论得过多。然而,技术虽已蔓延于现代生活中,技术的概念却很少得到必要的关注。因此,在细究技术与可持续发展间的联系之前,有必要对技术观念所具有的各种意义予以更清晰的认识。

何为技术?

　　政治理论家兰登·温纳(Lander Winner 1977, 10)认为,技术已经"变得意味着任意一切;因此,它也将沦为毫无意义"。这种说法似乎无法令人信服,因为,描述技术产品及技术工序的物理细节相对容易。不过,一位物理学家与一个孩子可能会对手机给予不同的描述,争辩手机不是技术,似乎并无意义。然而,更为困难得是,给出一个有关技术的类属的或

系统的定义。究竟是什么，令手机、奶酪、避孕药、寺庙和克隆羊都可归类为技术？

工具主义

简化对技术解释的一个常用方法即区分非现代化与现代化的技术。字典借助这一区分，把技术定义为"物质或工业技艺的科学研究"（《牛津英语字典》1989）。技术是科学研究的说法表明，虽然技术的对象和过程易于描述，事实上，这种物质性对于技术含义而言无关紧要。由这一说法得出技术价值中立的假设；它们是自身缺乏意义的工具。在这种工具主义解释中，现代技术是应用科学；非现代技术则被认为是对局部的、非科学的知识形式的应用，所产生的是初级技术。

反工具主义观点产生。例如，某些情况下，现代技术存在于科学解释和工程实践之前。在另一些事例中，科学家们直到最近才能够解释非现代技术中所包含的知识，比如，斯特拉迪瓦里小提琴或土著医学。的确，工具主义的解释总能提供对技术知识的准确描述，不过，它仍旧无视技术的经验。尽管，工具主义在科学、经济学和政策领域主导着对技术的理解，技术经验在文化领域则提出了更具普遍性的、迥然不同的解释。

决定论

许多有关技术的有影响力的文化解释，可被归于"决定论"的标题下。决定论的解释认为技术，至少部分地，超出人类控制。有些决定论者解释得更为激进，认为技术，只是部分地为人类所控制。对于有些人来说，随着技术显现为人类进化的规律，认为技术担负着人类命运的想法令人振奋；对于另一些人而言，随着技术愈加显现得非人性化和非自然，这种想法是令人痛心的。还有许多人仍然模棱两可，认为技术的影响力在人类事务中有好有坏。

决定论无视科学的逻辑，声称人类所做之物，有其自己的命运，可以从人类的仆人变身为主人。不过，技术决定论根植于技术在日常生活中纠缠不清的物质关系。尤其是由技术所引发的矛盾情绪中，因为，第一板斧既容易劈柴，也容易引致复仇。就此而言，技术与塑造了人类价值观的欲望和恐惧密不可分。例如汽车，可以从工具的角度解释为热力学第一定律的应用或一个工厂生产组装线上部件的总和。但是，作为截瘫患者的移动工具，或社会地位的象征，或者气候变化的原因，汽车可以既作为中介又作为工具，占据人的生活体验。

挑战之下的技术

20世纪见证了深刻的技术变革，始终强调技术进步对于改善人类生活的重要性。然而，技术前景的悲观写照也是这个时期反复出现的特征。奥尔德斯·赫胥黎（Aldous Huxley，1894—1963）的《美丽新世界》（*Brave New World* 1932）和乔治·奥威尔（George Orwell，1903—1950）的《1984》（*Nineteen Eighty-Four* 1949）设想了技术反乌托邦，电影"摩登时代"（Modern Time 1936）中查理·卓别林（Charlie Chaplin，1889—1977）在工业化机器大生产中的"小流浪汉"形象，则激起了许多共鸣。虽然有些不确定，但同样令人不安的是，近来，设想未来由技术统治的主题为科幻电影所青睐，比如，

"2001：太空漫游"（1968），"银翼杀手"（1982）和 "黑客帝国" 三部曲（1999—2003）。

伴随着决定论在流行文化与艺术领域的显现，在20世纪第1个2/3阶段，一个小规模，却持续增多的学者在学术活动中挑战工具主义的主导地位。虽然，工程师和科学家仍然是官方的技术权威，历史学家刘易斯·芒福德（Lewis Mumford, 1895—1990）、哲学家马丁·海德格尔（Martin Heidegger, 1889—1976）、批判理论家赫伯特·马尔库塞（Herbert Marcuse, 1898—1979）、非专业神学家雅克·埃吕尔（Jacques Ellul, 1912—1994）及其他众人，为技术在20世纪最后几十年中成为社会科学和人文科学的一个公认的主题铺平了道路。不过，这些学者为免受来自决定论的非难，提请人们注意现代技术所造成的哲学挑战及其在之后环保主义者对技术不满情绪中的影响力。

发展与可持续性

自20世纪60年代末产生以来，可持续性的当代观念就与技术的工具论解释、决定论解释及哲学解释联系在一起，产生了技术变革的许多不同议程。此类观念具有重要的历史前提，比如，18世纪欧洲管理森林和渔业的传统。今天，有关可持续性的观念仍然反映了20世纪中叶的独特情况。在经历了两次世界大战及十二年的经济萧条之后，后二战时期的特点是经济与人口前所未有的增长，及殖民帝国的分崩离析。虽然，资本主义民族国家与社会主义民族国家争夺政治和军事霸权，不过，他们都认同工业化是社会的发展路径。

技术革新已能使战争全球化，又成为发展全球化的核心。的确，战后诸多重新界定富裕社会中家庭生活的技术，如电视、塑料、飞机、电脑，都有其军事起源。然而，在20世纪60年代和70年代，政策与公众信心对发展规划有所动摇，引发有关规划是否可持续的争论。这动摇源自两个主要原因。第一，显而易见，虽然富裕国家的经济增长强劲，但是人类的大多数仍继续生活在极度贫困中。第二，在富裕国家，生命科学家所收集的证据，以及环保运动的宣传促使人们广泛关注自然正在无可挽回地被技术破坏。雷切尔·卡森的（Rachel Carson, 1907—1964）《寂静的春天》（*Silent Spring* 1962）和1972年由罗马国际智囊团俱乐部（the international think tank Club of Rome）发布的报告《增长的极限》（*Limits to Growth*），在众多描述全球环境危机迫在眉睫的出版物中尤为突出。

新卢德环保主义

对战后发展的信心丧失与技术，也与自然密切相关。以决定论对技术的疑虑（和哲学的批判）为基础，20世纪60年代和70年代呈现出对技术的反感，许多环保运动在北美、西欧和大洋洲发展迅速。这种反感与两个有影响力的观念相关。首先，对荒野的新浪漫主义观念，在环境运动的主要城市选区中极具吸引力。荒野，被理解为未遭技术染指的自然领域，为众多环境保护主义者奉为神圣。保护荒野远离技术，特别是显眼的人造物比如道路和建筑物的努力，导致抗议与冲突反复发生。的确，通常正是以技术的缺席，而非生态准则的存在，来定义荒野。其次，全球生物圈的观念强化了这样的观点，地球是小的、脆弱的、相互关联的，而且承受着被规模过大的、残酷的、永不满足的技术形式所侵吞的危险。把地球描述为有限的、非永生的，甚至一个有机体，有利于人们意识到技术能够摧毁生命本身。

对现代技术表现出极大反感的环保主义者，经常被称为新卢德分子，涉及19世纪早期的手工业者，他们通过破坏新机器及其他方式，试图阻止英国中部的工业化。在有影响力的环保作家中，被确认为新卢德运动成员的有爱德华·阿比（Edward Abbey, 1927—1989）、温德尔·贝瑞（Wendell Berry 生于1934年）、比尔·麦吉本（Bill McKibben 生于1961年），以及柯克帕特里克·塞尔（Kirkpatrick Sale 生于1937年）。

尽管，许多新卢德分子对技术变化的政治反应微妙，破坏技术的简单方式就已迎合了环保主义者中有新闻价值的少数人，由戴维·福尔曼（Dave Foreman 生于1947年）联合创办的激进组织"地球优先"（Earth First），因其"猴子扳手"破坏机器的行为而声名狼藉。更一般的是，重要的生态运动与激进的环境哲学家相关，如挪威的阿伦·奈斯（Arne Naess），声称技术令人类疏远于大自然。尽管，坚称"简单的方法，即是丰富的结果"，也提倡切实可行的战略，如生物区域主义、自给自足、与荒野相遇，重要的生态学家很少基于技术来讨论所支持的实践。但是，这样的讨论一直以来体现为激进的环境保护主义形式，涉及发展问题胜过自然问题。特别值得注意的是与E·F·舒马赫（E. F. Schumacher, 1911—1977）相关的"适当技术运动"（appropriate technology movements），与穆雷·布克金（Murray Bookchin, 1921—2006）及伊万·伊里奇（Ivan Illich, 1926—2002）相关的"生态无政府主义运动"（ecoanarchist movements），与范丹娜·施瓦（Vandana Shiva, 生于1952年）及他人相关的反全球化运动（anti-globalization movements）。

缩小的星球

虽然，20世纪60年代和70年代，诸多环境运动强烈批判技术，它们却也在许多方面亏欠于现代技术。例如，荒野的新浪漫，普遍依赖于汽车的性能，把偏远地区纳入周末可达的郊区和城市，依赖于摄影及其他形式更为复杂的野外装备。新的全球意识同样严重依赖于摄影和运输，20世纪60年代从太空发回的"蓝色星球"的图像，正是冷战期间太空竞赛的副产品。更一般的是，提升对一个紧密联结的全球生物圈的关注，同步于通过交通和通信系统建立一个紧密联结的全球技术圈。在对核毁灭前景的妥协中，许多生活在70年代、快速缩小的地球村的人们的思想不可避免地转向可持续性问题。

普罗米修斯式的环保主义

20世纪80年代，法律、经济、官僚及专业机构已开始着手于环境问题，使之成为主流媒体熟悉的焦点。1987年布伦特兰委员会（Brundtland Commission）出版报告，《我们共同的未来》（*Our Common Future*），标志着可持续发展观时代的到来。这份报告也标志着以高技术解决环境问题的环保主义形式兴起。

环保主义者坚信，技术发展得尚不足以

被称作是普罗米修斯式的,这涉及希腊神话中的神普罗米修斯,他非法给予人类以神圣的技术力量。新卢德环保主义者强调自然有限,而普罗米修斯环保主义者与布伦特兰委员会观点相同,即可持续发展的理念意味着"技术现状和社会组织所施加的不是绝对的限制,而是局限"(WCED 1987, 8)。20世纪90年代,克服技术限制的努力体现以生态能效,这是由1992年新成立的可持续发展世界商业理事会(World Business Council for Sustainable Development)引入了的一个概念。尽管,获取了新的影响力,这个概念与未来学家理查德·巴克明斯特·富勒(R.Buckminster Fuller, 1895—1983)所提出的"再生加速化"(emphemeralization)原则密切相关,20世纪30年代他提出公式:"能效=用更少做更多 ∴ 能效加速化(Efficiency EPHEMERALIZES)"(Fuller 1973, 259)。

普罗米修斯式的环境保护主义有助于在环保运动与商界之间建立稳固的联系。经济学家、工程师和企业家率先主张通过一些策略,如非物质化(减少每个生产单位的物质投入)、脱碳(减少对化石燃料的依赖)和脱毒(减少对有毒物质的依赖),生态创新可以从资源使用与废物产生中分离出物质财富。环保技术人员利用生物学和生态学的隐喻,已开发出工业生产模型。资源代谢和产品生命周期的研究现已全面展开,它致力于通过交流输入与输出,连接工业流程,来建立工业生态系统。

20世纪90年代中期,可再生能源倡导者艾默里·洛文斯(Amory Lovins生于1947年)和他的同事提及生态效益中"因子4"增长的前景,这一增长声称在令财富翻番的同时资源使用减半。然而,1999年,他们具有里程碑意义的书籍《自然资本主义》(Natural Captialism)出版,洛文斯及其他作者宣称,只要商业意识到生态效益是维持盈利能力和竞争力的途径,即可实现"因素10"的增长。对于技术如何能够令财富和环境质量同时提升,从而确保可持续性,技术人员通常解释以枯燥的工具主义理论。不过,在巴克敏斯特·福乐(Buckminster Fuller)看来,《自然资本主义》的作者们,及其他支持资本主义与环境保护主义融合的有影响力之人,以技术自主进化的热情解释,对新卢德环保主义的消极决定论给予了回应。《连线》杂志创始人凯文·凯利(Kevin Kelly, 生于1952年)的《失控》(Out of Control 1994),凸显了这一决定论。这本书据说是电影《黑客帝国》全体演职人员必读之书,声称"……生命领域与制造领域"注定要合一(Kelly 1994, 2—3)。

生物技术

21世纪初,技术问题时常使有关可持续性的讨论两极化。虽然,技术人员以专业语言讨论科学与工程的细节问题,新卢德分子和普罗米修斯的情绪,却在政治与文化、界定技术与可持续性之间关系的博弈中具有影响力。尽管有许多此类博弈,但是有关技术在可持续未来中所扮演角色的争论中,对生物技术的争执一直以来突出鲜明,因而,对其进行考量。

关于生物技术是否是一项可持续技术,支持者认为,人类发展生物技术已有千年,现代生物技术在本质上与古代植物育种或酿酒没有不同。进而,若没有过往的生物技术,人类就永远不会在成为猎人和采集者后继续进化，且若无新的生物技术，人类在21世纪喂养超过100亿人口将注定无望。除了在农业和水产养殖业现有的改进，支持者指出，通过对漏油及其他受污染地的生物恢复，生物技术已在环境管理方面做出了重要贡献。对于可再生能源的发展如生物燃料和氢燃料，生物技术也被吹捧为具有至关重要的作用。虽然，在公开辩论中，这种务实的观点是常见的，仍有一些支持者转向哲学，认为自然进化本身就是基因工程的一种形式。他们指出，基因物质本质上是可延展的，并且物种边界本质上是动态的。结论是在自然更加充分发展的道路上，现代生物技术是又一步，这些支持者认为，人类天生就有自我意识，因此，有道德义务使用生物技术去实现可持续性。

对于反生物技术者而言，直接操纵基因物质，特别是跨物种转基因的现代尝试，是不自然的，没有先例。该观点使一些人认为，创造和重新设计生命的尝试，违背了存在的基本道德规律：事实上，他们企图"扮演上帝"。关注更务实者认为，生物技术是建立在科学还原论的形式上，它对复杂的生命系统的理解存在缺陷，带来巨大的风险，特别是一旦转基因生物进入生态系统时。有人指出，生物技术与基因物质的所有权集中的企业会产生政治风险。这些批评者认为，饥饿的困境在20世纪蹂躏了如此多人的生命，至今仍在蚕食800万个生命，其原因在于富国和穷国之间资源分配不均，而并非缺乏食物。虽然，有批评者认同生物技术能在未来食品安全方面发挥作用，但他们指出，受全球资本主义控制，生物技术扩大了贫富之间的差距，是对琐碎而非基本的人的需求的回应。

技术未来的争论

尽管，许多人认为早期涉及这场争论的那些人论述立场模棱两可，哲学上深层次的分歧却梗概出技术解决环境问题的很多争论。技术工具论的解释对于这些分歧并无多大意义，却通过如下事实令许多技术人员困惑，即提高有关新技术科学的公众认识的努力并无助于解决公共争论。与此同时，决定论者对技术救赎的渴望和决定论者对技术只会带来诅咒的畏惧，强化了这些分歧。

展望未来，纳米技术将会成为生物技术在技术与可持续性辩论的中心。关于一个非常广泛的技术可能性，包括对纳米级（即1米的十亿分之一）材料的运用，纳米技术被认为预示着一场材料革命。许多这些新材料已经存在，比如纳米管（一种碳纤维）以其自身重量一小部分，就数倍于钢的强度。事实上，有人认为，与信息技术与认知科学一道，生物技术和纳米技术正在"融合，显然以更快的速度，一步步地，……迈向一个更高的技术水平，（由此）全世界所有人将有可能实现繁荣而不必消耗必不可少的自然资源"（Bainbridge & Roco 2006, 2）。虽然表现为从大量可再生能源中提供一切，从而极大地延长人类寿命，这个最新的一系列技术演进的愿景带来了强大而未经考验的欲望和恐惧。可以预见，在关于可持续性的持续且极重要的争论中同样强烈的欲望和恐惧，足以满足反对者。

埃登·戴维森（Aidan DAVISON）

塔斯马尼亚大学

拓展阅读

Allenby, Bradley R. (2005). *Reconstructing Earth: Technology and environment in an age of humans*. Washington, DC, Covelo, CA, and London: Island Press.

Bainbridge, Williams Sims, & Roco, Mihail C. (Eds.). (2006). *Managing nano-bio-info-cogno innovations: Converging technologies in society*. Dordrecht, The Netherlands: Springer.

Davison, Aidan. (2001). *Technology and the contested meanings of technology*. Albany: State University of New York Press.

Ellul, Jacques. (1964). *The technological society*. New York: Vintage Books.

Fuller, Richard Buckminster. (1973[1938]). *Nine chains to the moon*. London: Jonathan Cape.

Hawken, Paul; Lovins, Amory B.; & Lovins, L. Hunter. (1999). *Natural capitalism: The next industrial revolution*. London: Earthscan.

Heaton, George R.; Repetto, Robert C.; & Sobin, Rodney. (1991). *Transforming technology: An agenda for environmentally sustainable growth in the 21st century*. Washington, DC: World Resources Institute.

Heidegger, Martin. (1977). *The question concerning technology and other essays* (W. Lovitt, Trans. and Ed.). New York: Harper and Row.

Kearnes, Matthew; Macnaughton, Phil; & Wilsdon, James. (2006). *Governing at the nanoscale: people, policies and emerging technologies*. London: Demos. Retrieved May 22, 2009, from http://www.demos. co.uk/.

Kelly, Kevin. (1994). *Out of control: The new biology of machines*. London: Fourth Estate.

McKibben, Bill. (2003). *Enough: Staying human in an engineered age*. New York: Times Books.

Mills, Stephanie. (Ed.). (1997). *Turning away from technology: A new vision for the 21st century*. San Francisco: Sierra Books. Noble, David F. (1999). *The religion of technology: The divinity of man and the spirit of invention*. Harmondsworth, U.K.: Penguin.

Sale, Kirkpatrick. (1995). *Rebels against the future: The Luddites and their war on the industrial revolution, lessons for the computer age*. New York: Addison-Wesley. Schumacher, Ernest Friedrich. (1973). *Small is beautiful: A study of economics as if people mattered*. London: Abacus.

Shiva, Vandana. (1993). *Monocultures of the mind: Biodiversity, biotechnology and agriculture*. New Delhi: Zed Books.

Tokar, Brian. (Ed.). (2001). *Redesigning life? The worldwide challenge to genetic engineering*. Melbourne, Australia: Scribe Publications.

White, Damien F., & Wilbert, Chris. (Eds.). (2009). *Technonatures:Environments, technologies, spaces and places in the twentieth first century*. Waterloo, Canada: Wildfrid Laurier University Press.

Winner, Langdon. (1977). *Autonomous technology: Technics out-of-control as a theme in political thought*. Cambridge, MA: MIT Press.

World Business Council for Sustainable Development. (2000). *Eco-efficiency: Creating more value with less impact*. Geneva:WBCSD.

Theocentrism

神本主义

神本主义通过设定神是一切价值的中心，视人类与非人类一样，从而避免如人类中心主义，及其他方法所产生的对可持续性的挑战。但是，神本主义也可以被认为在搁置可持续性，借由声称上帝希望我们使用所发现的资源，甚至将其消耗殆尽，因为上帝会在必要时提供其他资源。

神本主义视神（希腊文：*theos*）为道德价值、生存及/或知识的核心基础。因此，实现可持续性的神本主义方法是肯定神是所有价值和意义——人类发现于自然界中的——的基础。有些主张认为只有神具有真正价值，全部创造属于上帝。所有其他实体通过其与神的关系而具有相对价值。

作为一个概念，神本主义常常被拿来与其他试图探寻意义所在或自然价值的观点相比较。有的方法以环境或所有生命的总系统（即生态中心主义和生命中心主义）来定义价值，而另一些则专注于人或个人（即人类中心主义和自我中心主义）。虽然，这些其他方法

运用于宗教和非宗教的情境中，神本主义世界观的宗教性却是鲜明的，总是包含对世俗理性之于环境的批判。在一神教（特别是基督教）中时常发现，神本主义强调环境伦理学的基础是神学与精神的理据。例如，创世起源的故事一再解释说，"神看着［所造］是好的"。对于基督徒和犹太人而言，神的这个价值表达，意味着对神的爱导致了对受造物（人类和非人类一样）的尊重。

神本主义观点的一个优势是，他们提供了一个方式，超越了在有关可持续性的讨论中时有产生的特定二分法。例如，依据神学理论对全部价值分类，神本主义绕开了人类文化与非人自然间关系的一些争论。神本主义强调人类与其余受造物之间的亲密关系，而非专注于差异。同样，神本主义试图克服当下使用与未来需求之间的两难选择。因为，神被定义为既是永恒的，也是价值中心。神本主义方式认为神是过去、现在及未来中，平衡人与自然的价值的中介。评估对资源的

未来需求与当下使用,取决于神如何秩序化或创造这宇宙。然而,这样的优势凸显了神本主义潜在的难题。最令人关切的是过分强调精神而损害物质世界的可能性。除非神不知何故被固定在物质世界,神本主义会引发这样的想法,即在支持精神价值时低估物质世界的价值。在这种情况下,神被概念化为仅仅为了人类与神的使用而创造这世界。借由声称上帝希望我们使用所发现的资源,甚至将其消耗殆尽,因为上帝会在必要时提供其他资源,可持续性被搁置一旁。

弗雷斯特·克林格曼(Forrest CLINGERMAN)

北俄亥俄大学

拓展阅读

Hoffman, Andrew J., & Sandelands, Lloyd E. (2005). Getting right with nature: Anthropocentrism, ecocentrism, and theocentrism. *Organization & Environment*, *18*, 141–162.

Northcott, Michael S. (1996). The flowering of ecotheology. In Michael S. Northcott (Ed.), *The environment and Christian ethics* (pp. 124–163). Cambridge, U.K.: Cambridge University Press.

Time

时　间

三个自然现象，或者不可逆时间的测定计——热力学的，精神生物学的，宇宙论的——一并帮助解释自然世界中进化、显现以及老化的速度。宇宙在不断扩大，地球上的孤独感日渐增加，让人类在空间中感觉无足轻重，但我们对在地球上营造一个可持续的未来负有责任，这可令我们最终具有重要意义。

可持续性是一个浸渍时间的词。可持续性的本质暗示着时间的持续。需要时间来实现可持续性。为平衡那些激活可持续性的退化与再生的力量，时间设置了步伐。

时间本身是我们认识和理解有关运动、变化和过程的人为的抽象概念或解释。亚里士多德通过设定时间是运动的计量，概括了这些基本观念。这些观念成为一些时间学者，其中包括物理学家斯蒂芬·霍金（Stephen Hawking）引列出的三个自然现象的基础，这三个自然现象最清楚

地体现了时间的不可逆转性，由此，可被看作是时间的测定计。这些测定计是进化、显现和老化速度的描述符，表征了自然世界的行为。每一个以其自身的方式，影响并预示着可持续性的本质。测定计有：（1）热力学计，基于自然趋势，达到由被称作熵的物理测量的更混乱状态；（2）精神生物学计，基于复杂性、组织和信息的增长；（3）宇宙论计，基于宇宙的膨胀。

热力学计

热力学计运作的例子，反映了更为混乱的演变，或者熵的增加，显而易见于无处不在的日常生活中。溅出的牛奶无法收集回玻璃杯中；食品在冰箱里放置过久，不可食用；一个基础水平的解释是物理课堂上一个由来已久的演示，盛水容器中的一滴墨水，在玻璃杯中均匀地分散，再也没集中为一点。

特别与地球可持续性问题相关，最为

明显的例子是,在南极与格陵兰岛冰块的融化。水分子在一块块的冰晶体中,有序的几何排列,降解为分子更无序地分布,成为液态水。虽然在遥远将来的某个时刻,融化可能会停止并逆转,但是,对于活在这个世纪的人,若把这个过程当作一个无情的滴答作响的时钟,实则是一个警钟,只是它的钟声似乎过于含蓄而未被听到。还存在一些其他此类时钟,包括北极熊消失的威胁。

从物理角度来看,以上所有的降解过程表明了达到热平衡状态的自然趋势,其特征在于,在最大熵或无序状态时,所有的物质温度相同。

精神生物学计

另一方面,活存的尘世的自然由"远离平衡的过程"激活,即为了它们的生存与生长,与它们的环境交换物质和能量。在运作中的此类过程,遍布整个植物与动物物种界。这引发了对时间的精神生物学计的思考。

自从约3 500亿年前,细菌生命首次出现,该测定计已开始运作。细菌,最微小的活细胞,明显表现出有目的性的流动、协调一致的集体行动和生存成长中的复杂精密。正因如此,在一个持久的试验一和一错误的通向复杂更高级过程中,它们是初级者。每一级,尽管依赖于其先前所具有的基础,仍然呈现出全新的属性和能力。虽然,这是事实,细胞、植物和动物都会死亡,但这也是一个物种整体性地生长,且更为重要的是复杂性与信息广泛普遍地增长,而这关联于精神生物学的箭头。

每一个新的有机体出现,比上一个更复杂,想来是节奏断续的进化时钟里的一下嘀

嗒。到目前为止,人类是热力学角度最不平衡的现象,可认为是最晚的,但可不会是最后一次的嘀嗒。去模糊地想象一种生物形式,其能力远远超过那些进化现阶段所显现的,这种想象并未超越人类的想象力。

推动热力学计和精神生物学计的过程是连续性的关系。正是一些生命形式的死亡或腐烂,为延续生命提供能量与营养。因此,在真正意义上,这两个测定计背后的现象是相互依存,也同样必要于地球的可持续性。

特别是,若非为了这个持续的相互依存,现代科技的发展和维护将是不可能的。相关科技的具体特点是基于低温的原子钟,目前,它可以测量时间精确于10的16次方(即,10^{16})之一。也就是说,这些时钟的误差仅为6 000万年1秒。对于地球的可持续性而言,这样的时机至关重要。例如,这个时钟的精确度,对全球定位系统(GPS)而言是绝对必要的,现在对于维护现代生活则是非常重要的。它也可能是在抵挡小行星或陨石撞击地球的关键。

宇宙论计

现代科技已经令有关宇宙论计本质的知识地不断增加成为可能,它基于宇宙的膨胀。虽然,自20世纪20年代末,宇宙正在膨胀已为人所知,不过,1998年观测到它正在以越来越快的速度膨胀。目前认为这是由于重力的一个未知属性导致,称为暗能量,它是一种斥力而非引力。当这种加速继续,越来越多的星系会退出视域,由此,几十亿年后,只有那些存在于本地星系群中的星系可以被观测到。这样的前景虽然在遥远的未来,却是对我们宇宙巨大孤独的一个遥远预兆,甚至在目前的宇宙时

代,也可能要比普遍意识到的更为孤独。

地球时间的独特性与可持续性

要充分认识地球的孤立程度,应该形成对其独特性的认识,并深刻理解由它的可持续性所赋予的无限价值。

地球可能是独一无二的,这主要基于在寻找外星智慧(Search for Extra Terrestrial Intelligence, SETI)过程中的已知信息。就严谨的科学观察而言,寻找外星智慧始于1960年。尽管,可观的努力包含非凡细致的科技巧思,却未能发现有关信息。

即使外星智慧确实存在于宇宙的某个地方,人类可能也永远不会真正知道。这是因为他们在根本上被光的有限速度186 000英里/秒所隔离。一个智能的文明能够存在于百万光年,甚至十亿光年以外,可能永远无法被有效地观察到。

更重要的是,地球及其在太阳系中的位置所具有的那些显著特点,绝无仅有地有利于生命。它的轨道基本是一个圆,其直径恰在一个适当的维持生命的温度范围内。质量适中的月亮,其运动稳定了地球轴线角度相对于轨道平面的角度,促成了季节的时间规律。质量巨大的木星则令最具破坏性的彗星与小行星远离朝向地球的路径。行星运动理论专家评论道,这些特点如此非凡地组合在一起是极其罕见的现象。

使得生命有幸继续的特殊环境的列举,还包括从地壳板块的出现及其运动,为人类科技给予铁及其他金属供给源,到水和氧气的出现时机,到全球物种灭绝的时机,使人类不可思议的生物进化成为可能。当超过百数的太阳系外行星被发现,其中无一接近地球的特殊属性,尽管,继续探寻外星智慧的计划仍然非常重要,其结果却似乎越来越可能趋向负面。

无论怎样,就天文观测已发现的信息而言,地球无疑是可持续发展的独一典型的例子——几乎令人难以置信的可持续发展,所历经时间数十亿年,硕果累累,终归于它的实现。

精神的角度和未来的时间

此外,随着有关地球孤立的天体物理证据的积累,价值必须着眼于可持续性,以及为了持续而搁置时间,逐渐令人信服。愈加多的表明未来可持续性脆弱的科学证据,清楚地指出维护地球需要人类承担重责。

事实上,这个责任可能比普遍意识到得更加深刻。众所周知,如果人在宇宙中是孤独的,那么,在真正意义上,他们所承担的有效责任,就人类生活的有限性和光速的有限性而言,不过是针对宇宙意识,或者人类接近它的那部分。以天文学家爱德华·哈里森(Edward Harrison)的话说,"我们思考自身的宇宙"(1985, 1)。所以,尽管,地球相比宇宙其余部分的微小,使人类在空间中似乎显得微乎其微,但他们在时间中却可以极其重要(Fagg 2003, 109)。

宇宙的这个情况,伴以对地球未来忧虑的加重,对宗教想象力和精神资源提出了深刻的挑战。其中,与这类资源相关且最有影响的是耶稣会学者皮埃尔·德日进(Pierre Teilhard de Chardin)的工作。正如人们所知,在1955年去世之前,他富有想象力地构思出基督教《圣经》的宇宙论与物理宇宙学的整合。他视宇宙为沿着他称作的青睐轴(a favored axis),

向愈加复杂的连续进程而进化。这进化的发展从无生命物质，到有生命的物质或生命，到反思（人类和意识），到人类的社会，随之可能是基督的社会，并最终到达欧米茄点（omega point）即救赎的目的，这可能与耶稣的第二次降临相关。

因此，德日进设想了一个指向时间的过程，包括所有涉及三个时间计的概念：热力学的、精神生物学的和宇宙论的。更重要的是，他提供了一个精神维度去理解这些测量计所描绘的时间的不可逆转性。激活这个维度正是德日进的观点，即所有物质在似有生命的或前意识的互动中都是有生气的。他说，关键在于精神移动缓慢到足以被看见，并发现生命与非生命之间不明显的界限。生命不会进化，除非无生命的物质拥有潜在的生命——也就是，如果不是它早已具有生命原始初期的某种形式。

总之，德日进谈到事物的内在（within the things）即自然所有元素的一个内在方面。这种看法显然与道教的宗教哲学相适宜。道是柔和的无处不在的力量，把无声的活力带到自然世界。这是回归和谐的恢复之方，男人与女人带着拥抱自然而充满活力的宁静。

这回归的方式与如今可持续发展的问题如此相关，它能为所信奉的信仰而催化，因为信仰传播着个人的时间经历。换句话说，无论有意识还是无意识，都需要信仰，去相信人们正在经历的时刻将会伴之以下一时刻。信仰必须发挥共同的作用，以回应时间的束缚，它正变得愈加明显，并且直接影响地球未来的可持续性。也就是说，信仰必须激励现代技术的充分开发，以实现可持续性，事实上，它必须培育一种认识，现代技术的主要目的在于无限的未来。

劳伦斯·W. 法格（Lawrence W. FAGG）

美国天主教大学

拓展阅读

Coveney, Peter, & Highfield, Roger. (1990). *The arrow of time.* New York: Fawcett Columbine.

Davies, Paul. (1995). *About time.* New York: Simon and Schuster.

Drake, Frank, & Sobel, Dava. (1992). *Is anyone out there?* New York: Delacorte Press.

Fagg, Lawrence. (2001). A comparative study of physical and religious time concepts. In Marlene P. Soulsby & J. Fraser (Eds.), *Time: Perspectives at the millenium.* Westport, CT: Bergin and Garvey.

Fagg, Lawrence. (2003). *The becoming of time.* Durham, NC: Duke University Press.

Harrison, Edward Robert. (1985). *Masks of the universe.* New York: Macmillan.

Hawking, Stephen. (1988). *A brief history of time.* New York: Bantam Books.

Teilhard de Chardin, Pierre. *The phenomenon of man.* New York: Harper and Row.

Tragedy of the commons, The

公地的悲剧

加勒特·哈丁1968年的文章"公地的悲剧"认为,人类为了经济收益过度开发共同拥有的自然资源——如海洋和大气。不过,哈丁的主要关注点是,在最根本的公地(地球)上,未受抑制的人口增长将导致环境和人类的悲剧。

1968年一位名叫加勒特·哈丁(1915—2003)的加州大学圣巴巴拉分校的生物学教授,在著名杂志《科学》上发表"公地的悲剧"。"公地"是指自然资源和环境资源,为某种形式团体或公共所持有;"公地的悲剧"概述了哈丁的论点,即固有的经济诱因促使人们过度开发这些资源,致使其最终毁灭。在当代环境文学中,哈丁的观点已成为最有力最引人注目的思想之一。超过百数的环境与公共政策相关的文集已再版他的论文,且最近与管理公地相关的论文中的参考文献包含了超过37 000条对它的引用(参见第237页上边栏条目"个人主义"对此文的摘录)。

哈丁的论文以一个非常古老且简单的公地例子开篇:为一群农夫共享的牧场。每位农夫都有在牧场上牧养越来越多牛的动机,因为他会获得每增添一头牛放牧的全部收益。但是,对公地的损害(体现为由过度放牧引致的牧区退化),由所有的农夫共同承担。"悲剧存在其中",哈丁写道,"每个人都被系统封锁,(令)他在一个有限的空间去无限地增加牧群"(1968,1244)。

哈丁继而在论文中确认并探讨了其他类似的例子,包括海洋渔业、大气和国家公园。不过,他的警告主要关乎人口增长:容纳人类的地球环境能力是最根本的公地,以及把"公地"当作人口增长不受抑制的滋生地,对其肆无忌惮地自由"使用",将不可避免地导致环境与人类的悲剧。

哈丁及他人已指出，共有资源的管理问题，历史悠久。事实上，亚里士多德对公共（the common）概念表现出最初的兴趣，他写道，"为最多人所共同的，却最少得到关注"。19世纪，威廉·劳埃德·福斯特（William Forster Lloyd）和托马斯·马尔萨斯（Thomas Malthus）提出了关于公共的第一个"现代"表达；二人的著作针对不受制约的人口增长问题及其相关看法，即地球无法维持数量巨大的人口。有关公共最初的"科学"调查，可追溯至20世纪中叶，以对海洋渔业的需求和捕捞不断增加，与渔业随之而来的持续下降为背景。"公地的悲剧"被不断运用到一系列当代环境议题中，包括全球气候变化，其措辞甚至已经延伸至非环境问题，如教育、医疗和网络空间。

学者们界定出"公共财产资源"的几个特点。首先，顾名思义，资源的所有权是共有，通常为多人所有，他们拥有使用资源的独立权利。第二，获取资源的支配权，会因几个原因而产生问题，其中包括资源的规模或区域、它的普遍特征、它的迁移性质，或者它的政治不妥协。第三，一位用户使用资源的程度会对其他用户的使用能力产生不利影响。除了传统的公共财产资源，从中获取有形资产（如饲料、鱼）与无形利益（如享受），也存在"相反的"公共资源，污染就沉积在共有资源如海洋和大气资源中。

哈丁认为，并不存在管理公共权，从而最终避免悲剧的"技术"解决方案。例如，更有效的技术将只能延迟对一种更永久解决方式的需要。唯一真正避免公地悲剧的解决方案，只能在哈丁的言论中发现，"彼此同意的互为胁迫"（mutual coercion mutually agreed upon），即，社会行动旨在规范和限制使用公共财产资源。关于限制使用资源，适用于所有可能的用户，或者所有（或至少大部分的）赞同限制的用户。例子包括限制海洋捕鱼的数量、排放到大气中的污染量以及国家公园允许的游客数量。哈丁暗示，最重要的社会行动是对家庭规模，或者他所谓"自由繁殖"的限制。在合理化这种限制的过程中，哈丁认为，"自由是对必然的认识"（他将之归因于德国哲学家弗里德里希·黑格尔）；只有通过建立机制，确保环境保护和我们的终极幸福，我们才能够去追求更高的个人和社会期望。

罗伯特·E. 曼宁（Robert E. MANNING）

佛蒙特大学

拓展阅读

Feeny, David; Berkes, Fikret; McCay, Bonnie J.; & Acheson, James M. (1973). The tragedy of the commons: Twenty-two years later. *Human Ecology, 18*, 1–19.

Greco, Gian Maria, & Floridi, Luciano. (2004). The tragedy of the digital commons. *Ethics and information technology, 6*, 73–81.

Hardin, Garrett. (1968). The tragedy of the commons. *Science, 162*, 1243–1248.

Manning, Robert. (2007). *Parks and carrying capacity: Commons without tragedy*. Washington, DC: Island Press.

Ostrom, Elinor; Burger, Joanna; Field, Christopher; Norgaard, Richard B.; & Policansky, David. (1999). Revisiting the commons: Local lessons, global challenges. *Science, 284*, 278–282.

Ostrom, Vincent, & Ostrom, Elinor. (1977). A theory for institutional analysis of common pool problems. In Garrett Hardin (Ed.) & John Baden (Ed.), *Managing the commons* (pp.157–172). W. H. Freeman & Company.

Unitarianism and Unitarian Universalism

一神论派与一神普救派

　　一神论派成立于16世纪的匈牙利，关注于理性、理智思维、科学和哲学。欧洲已经开始发展一神论生态神学。在美国，一神论大多回避环境保护主义，但是一神普救派已经发展出与环境相关的人类神学，并以他们的指导原则促进尊重"一切相互依存的网络"。

　　16世纪宗教改革期间，一神论派由匈牙利的费伦茨·大卫（Ferenc David）建立，传播至世界各地，在美国有一个小分支。其神学不同于许多基督教新教主流教派，一神论派不相信三位一体论或耶稣的神性。一神论派声称信仰理性、理智思维、科学和哲学。

　　一神论派扎根于18世纪的美国东北部。其中，最有名且受尊敬的一神论派信徒是于1836年写作《自然》一书的拉尔夫·沃尔多·爱默生（Ralph Waldo Emerson）。爱默生的事业将他置列于美国早期杰出环境哲学家殿堂。

　　1961年，美国一神论教会（American Unitarian Church）与美国普救派教会（Universalist Church of America）合并形成一神普救派教会（Unitarian Universalist Church），总部设在马萨诸塞州的波士顿。一神论派与一神普救派认为他们是属于两个不同的教派，尽管，存在成员重叠的情况。在美国，一神普救派的成员人数居多。

　　一神普救派已发展出人类与环境关系的神学，并借由它的七项原则予以传达。第七项原则，"尊重一切我们身居其中，相互依赖的网络"，体现了对生态系统的关注；该原则已成为一神普救派（Unitarian Universalist，UU）环境神学的基础。2002年，一神普救派还为他们在美国的会众，制定了切实可行的"绿色"认证项目。认证过程中要求会众和保护区提供以生态基础的宗教崇拜教育，并表现出对环境正义和可持续生活的关注。自这一项目实施，已有超过59个一神普救派会众被认定为"绿色保护区"（Green Sanctuaries）。

另一方面，尽管拉尔夫·沃尔多·爱默生为之贡献，一神论派的环境神学却鲜为人知。比如，生态和环境都未纳入美国一神论派原则中。事实上，20世纪90年代，一神论派的一些神学家表示，一神论派教会没有把环境作为关注问题，是因担心这会把神学淡化为世俗主义信仰。

在美国以外，一神论派是一个具有相当重要性的自由宗教运动。一神论普救派国际理事会（International Council of Unitarians and Universalists），一个由一神论派、普救派和一神普救派组织参与的网络，其成员涉及许多欧洲国家，包括爱尔兰、英国和匈牙利，以及澳大利亚、新西兰、南非和加拿大。在欧洲，一神论派已经开始发展生态神学。1994年，位于伦敦的一神论派总部，出版了"地球与自然的一神论观点"，其中，一些神学家反思了人与自然的神学关联。在英国，一神论派于1990年建立了"一神论派地球灵性网络"（Unitarian Earth Spirit Network），以强调对发展生态神学和实践的支持的必要。这个网络的信条，包括：（1）敬畏自然的整个神圣实体，它通过形式和力量的无限多样性已启示我们；（2）不断演进崇拜身体、心灵和精神的创造性方式；（3）承认异教的精神观点与人类寻求自我认知与终极意义完全一致；并（4）鼓励对直接关系到以自然为本的信仰与哲学的社会问题采取实际行动。如今，"一神论派地球灵性网络"与总部设在美国的"一神普救派异教盟约"建立联系。

未来，可持续发展的讨论必定会得益于世界各地一神论派的参与，他们将继续呼吁生态神学的发展，以及一神论普救派的参与，其指导原则是促进"一切相互依存网络"的尊重。

艾琳·M. 哈林顿（Eileen M. HARRINGTON）
旧金山大学

拓展阅读

American Unitarian Conference. (2007). Retrieved May 8, 2009, from http://www.americanunitarian.org/.

Dorris, Robert E. (2007). *A Unitarian perspective*. Frederick, MD: PublishAmerica.

Palmer, Joy A. (Ed.). (2001). *Fifty key thinkers on the environment*. London: Routledge.

Small, Fred. (2009). Ecology, justice, and compassion. Retrieved July 13, 2009, from http://www.uua.org/visitors/uuperspectives/59580. shtml?time010.

Tomek, Vladimir. (2008). Environmental concerns: Unitarian responses. Retrieved May 8, 2009, from http://

www.religioustolerance.org/ tomek12.htm.

Unitarian Earth Spirit Network. (2009). Retrieved May 8, 2009, from http://www.unitariansocieties.org.uk/ earthspirit/index.

Unitarian Universalist Association of Congregations. (2009). Retrieved May 8, 2009, from http://www.uua. org/.

The Universe Story

宇宙的故事

　　宇宙的故事，旨在描绘我们宇宙中日益复杂的转变——从气态能量到第一个生命形式，到人的意识——与托马斯·贝瑞及布赖恩·斯威姆所著同名书密切相关。这个故事创建了一个迎接21世纪挑战的框架：地球环境和大约140亿年宇宙进化过程中，作为人类以一种有意义的方式重新连接我们人类的生命。

　　"宇宙的故事"一词，通常与托马斯·贝瑞及布赖恩·斯威姆（Brian Swimme）所著同名书相关，不过，它泛指目前试图从当代宇宙学和物理学的角度讲述有关存在的故事。斯威姆和贝瑞认为，我们需要一个故事，它包含了整个宇宙，从伟大的"喷射而出"到当代，旨在解决人异化于"自然"的问题，以及继而导致的生态问题。

　　然而，它发生于世界的开端即大爆炸或其他情况，在大约140亿年后，其残余继续回荡四周。亿万年来，燃烧着喷涌而出的气态湍流的能量——火球、黑洞、超新星、恒星、星系、陨石、彗星、小行星带及行星——进入无垠太空。大约50亿年前，我们的宇宙（通过空间并四向扩大的众多漩涡之一）内出现了一个太阳系，伴之以我们称为家的行星。

　　最终，约700万年前，当条件变得适宜，地球活了。太阳的温暖，丰富的水，恰当的分子环境，宇宙的故事开启了一个全新篇章。植物世界急速扩张。生命形式从单细胞进化成多物种，为人类，女人和男人的发展做好准备。维持生命所需的一切一应俱全。

　　许多人因受宗教传统的教导，或自文明曙光以降的个体感知，把神圣的造物主置于宇宙故事的核心。有信仰的人可能不同意我们有关宇宙起源，及我们人类起源的具体叙述，但是，不论我们怎样选择解释我们是谁，我们是如何走过来的，以及我们如何生存，与宇宙产生及其演变发展相关的物理问题仍不容忽视。

　　身处地球上的我们，与宇宙的故事及其环境有机相连。粒子与能量波，在我们物理世界的每一个方面，处于持续运动中，包括我们之间来回流动。宇宙满足着我们的诸多需求，包括清洁的空气和水。我们不应再视这种慷慨为理所当然。并不存在我们认为无限的元素，也不应再持续地浪费地球资源。在《宇宙的故事》的结尾，贝瑞和斯威姆提出了未来我们星球进化之路上的一个分岔。我们人类可以选择迈向"科技新生代纪"（technozoic era，迅速发展的科技时代，在我们的地球系统上正带来进一步的妥协），或者"生态新生代纪"（econozoic era，生态意识的时代，将会基本朝向可持续的生活发展）。

地球的福祉与我们人类的福祉密切交织在一起。可持续发展的相互关系，对于确保子孙后代拥有足够的资源，至关重要。只有态度和行为的根本转变，从无度消耗到精心地养护和补充，才能实现这样的伟绩。我们必须消除任何不利于环境的影响，选择使用可再生资源，并把可持续发展的精神，塑造成我们这一代的传统和特点。

米里亚姆·泰蕾丝·温特（Miriam Therese WINTER）

哈特福德神学院

拓展阅读

Hawking, Stephen W. (2002). *The theory of everything: The origin and fate of the universe*. Beverly Hills, CA: New Millennium Press.

Steinhardt, Paul J., & Turok, Neil. (2007). *Endless universe: Beyond the Big Bang*. New York: Doubleday.

Swimme, Brian. (2001). *The universe is a green dragon*. Rochester, VT: Bear & Co.

Swimme, Brian, & Berry, Thomas. (1994). *The universe story: From the primordial flaring forth to the ecozoic era—A celebration of the unfolding of the cosmos*. New York: HarperCollins.

世界著名的宗教学家托马斯·贝瑞，他曾写道"宇宙是物体的团契，而非事物的集合"，与数学宇宙学家布赖恩·斯威姆合作了《宇宙的故事》。该书带领读者经历了从时间之初，"现实的初始"，那时"亿万粒子在泡沫中产生"，直至人类意识的开端。

创始的力量产生了宇宙。原本永存于整个时间的所有能量作为单一的量子——一个非凡的礼物——爆发。如果，在未来，星星和蜥蜴以其自身光芒而闪烁，那么赋予它们以力量的超自然能量与时间之初所产生的相同。

宇宙中不存在独立于宇宙创始的力量。宇宙的每一事物都根源于此。甚至时空本身也瞬间产生自现实初始中晃动翻腾着的泡沫。泛着白沫产生的亿万粒子，每一粒都源自这量子真空，现实的初始。

宇宙的产生不只是发生在时间中的事件。宇宙产生的同时时间也开始了。诞生宇宙的力量场，其本身的产生也并非时空事件，而是特有的矩阵，其中产生了能够使时间事件在空间中发生的条件。尽管，创始力量在150亿年前产生了宇宙，力量场却不仅存在于那一时刻，而是宇宙过去、当下及未来每一时刻的条件。

来源：Brian Swimme & Thomas Berry. (1994). *The Universe Story: From the Primordial Flaring Forth to the Ecozoic Era — A Celebration of the Unfolding of the Cosmos*, p. 7. New York: HarperCollins.

Utilitarianism

功利主义

今天，成本效益分析已成为制定环保条例及决策中必需的一部分，而它则根源于功利主义。该理论建立在这一原则上，即，道德行为往往会为最多数带来最大利益。功利主义对人类应如何恰当对待动物的观念形成也有所影响。

功利主义体现了道德理论的一个支脉，它们可能是最著名的一系列目的论伦理学，它是这样一门学科，即行为的结果或者目的决定了行为是否道德。如同所有目的论道德理论，功利主义截然有别于道义论的道德理论，后者依据行为是否符合规范（例如，尊重人）来区分行为道德与否，而不依赖于行动的结果或目的。不同于其他诸多目的论理论，功利主义具有很强的经验性（观察或经验相关的）倾向。功利主义避免形而上学的推断、先验论、自然法理论或自然权利理论，旨在通过衡量利益之于成本的演算（通常从幸福的角度来衡量），来弥补经验事实和规定标准之间的间隙。

起源，从边沁到密尔

自古以来，各类功利主义被提出并争论不休，英国哲学家，社会改革家杰里米·边沁（Jeremy Bentham，1738—1842）在其著作《道德与立法原理导论》(*Introduction to the Principles of Morals and Legislation*)中给予功利主义以经典的现代表述。尽管，这一表述最初并非源自边沁，不过，他采纳——并以系统伦理框架为基础——这一原则，即道德行为往往为最多数人带来最大的幸福。边沁把幸福等同于快乐，没有痛苦。他认为，每个人的幸福同等重要。对此，他有名言："每个人都是一个人，且只是一个人。"边沁的表达在许多重要方面，为随后的功利主义思想家勾勒出了轮廓。首先，功利主义始终坚持强调平等——每个人都只算一，而非多。其次，功利主义试图聚集并最大化幸福。边沁强调快乐相对于痛苦的享乐主义计算，有力地促成了现代成本效益分析。不过，后来的功利主义者，如下所述，拓展了他们对快乐构成的理解，或者完全放弃对快乐的关注，而转向喜好的满足。

如同边沁，哲学家和经济学家约翰·斯图尔特·密尔（John Stuart Mill, 1806—1873）—— 一位边沁的追随者，他的父亲是边沁的同事——认为"远离痛苦的快乐和自由，是最终唯一值得拥有的"（Mill 2002[1863], 239）。他还同意，"(在)自己的与他人之间的幸福，功利主义要求（个人）如同一位无私公正的观察者般严格公正"（2002[1863], 250）。密尔发展了边沁的享乐功利主义，不只关注快乐的数量更关注其质量——区分出不同类型的快乐。密尔认为"更高能力"的快乐，如智力、想象力和道德情操，本质上优于身体的快乐。这个结论是基于观察到"人类拥有比动物胃口更高的能力"（2002[1863], 240）和这一共识，即只有个体拥有评判的能力——那些经历过这两种快乐之人。这种幸福与快乐观点，显然扩展，并分层条理化了边沁的论述。这似乎也令密尔的幸福观接近于至少希腊快乐主义（eudaimonia, "人类欣欣向荣"）的某些概念；密尔在讨论更高级的快乐（2002[1863], 240—242）时，多次提及思想的希腊源头，特别是伊壁鸠鲁和斯多亚学派。

不过，密尔的幸福观念与希腊人的理解之间仍存在的关键区别，后者认为，之于快乐主义，美德不可或缺（而并非工具）。对于密尔，不同类型的快乐的质的差异源于经验知识（根据观察和经验），而并非如快乐主义之于亚里士多德和斯多葛学派那般，是人性的理想。密尔的论文《论自由》（On Liberty 2002[1859]）有助于澄清此点，并预计了功利主义道德理论的发展趋势。密尔关注于个人的自发行为和自我引导，而非对于某些理想的自我构成。正如他在《功利主义》中所写："人类是大赢家，彼此忍受着看似最有利于他们自身的生活方式去生活，而非强迫以对其他人看似最有利的生活方式去生活"（2002[1863], 15）。密尔接着写道（2002[1863], 97）："只要个人行为只关系到个体利益，而不涉及他人，就不必对其行为承担社会责任。"将权力正当地施加于文明社会的任何成员，其目的是为了防止伤害他人，密尔写道（2002[1863], 11）。个人应自由地依据自己的喜好生活，只要他并未妨碍其他人也这样做。个人的生活并不以人性的理想来塑造，而是由自身喜好。可以说，这一阐述已将功利主义的道德理论的重心，从快乐引至喜好的满足，一个更广泛的概念。例如，追求真理，可能是一个重要的兴趣，却与快乐关联暗淡。"喜好功利主义"（相对于"享乐功利主义"）认为，个人的任意喜好，而不只是会带来快乐的喜好的实现，总是有益于那人的（并由此增加了这人的"效用"utility）。

对功利主义道德理论最持久和尖锐的一个批评是，该理论未能明确个人权利不容侵犯，即使为了更大的益；对最多数人最大的益，是以集体性语词来表述的，这意味着允许在有害于部分的条件下实现益。例如，循着边沁经验论的偏好，他认为"权利"（right）一词，离开效用（utility）毫无意义，离开律法无法存在（2007［1789］，图7，224）。在法国大革命期间，他所发表的对《人权宣言》（*Declaration of Rights*）的一篇评论文章中，边沁写下了鲜活的名言："自然权利，不过是些废话；自然且不可动摇的权利，则是些修辞废话，是踩在高跷上的废话"（2007［1789］，227—228）。对于边沁而言，权利就是"法律的孩子"（2007［1789］，731—733）；它不是"自然地"存在，也绝不是不可剥夺的。对于功利原则背离自然权利有力且反复的一个批判出现在费奥多尔·陀思妥耶夫斯基（Fyodor Dostoevsky）的小说《卡拉马佐夫兄弟》（*Brothers Karamazov* 1880），它提出了一个道德问题，如果要实现一个完美的社会是要以不断折磨一个孩子为代价，是否还值得。厄休拉·勒奎恩（Ursula Le Guin）在短篇故事《离开欧麦拉的人》（*The Ones Who Walk Away from Omelas* 1973）中，再现了这一主题，一个社区的繁荣依赖于一个孩子必须经受痛苦、黑暗和污秽；市民们随着年龄的增长了解此事，有人离开，不再回来。

密尔在谈论功利主义的公正时，针对这个问题，强调道德准则的重要性。他称（2002［1863］，296）："对于某些阶级而言，公正是代表道德准则的一个名词，这些道德准则关乎人类福祉的基本要素……而且，我们已知的公正理念的本质概念，即，个体的权利，意味并证明了它是更具约束力的义务。"最重要的道德规则（和与其相关个人权利）是禁止人类彼此伤害，并要求人类互相推动实现每个人应得的。虽然，他同意边沁，这些"权利"终究是以功利为基础的，但是，密尔对道德准则的强调预示着成熟的"规则功利主义"（rule utilitarianism）

的随后发展。传统的"行为功利主义"，以效用原则（或最大的益）直接评估每一个人的行为，"规则功利主义"对于行为的评估则依据规则，如果普遍遵循之，就会为最多数人带来最大的益。

密尔是否认为自己是位"规则功利主义者"，有待商榷。这想法似乎很可能是他早期不成熟的想法。例如，在主张以道德准则来定义公正和个人权利后，密尔质疑，就现代意义而言，他的思想是否应该被归类为规则功利主义，他坚持"所有人都应被视为拥有平等对待的权利，除非某些获得公认的社会权宜之计要求相反"（2002［1863］，300）。由此，他破坏了他所主张的任何形式个人权利不可侵犯的观念［有关规则功利主义最早的明确形式，请参阅文后的延伸阅读部分所列出的理查德·布兰特（Richard B. Brandt），约翰·罗尔斯（John Rawls），乔·乌姆森（J. O. Umson）的作品］。

功利主义与环境

对于解决紧迫的环境问题，功利主义拥有显著的资源。由于功利主义旨在中立于什么可算作利益，且只是通过聚集去追求效用或利益最大化，因此，功利主义的成本效益分析演算（the utilitarian calculus of cost benefit analysis）已成为一个强大的决策工具。毕竟，至少在理论上，政策制定者可以根据公众利益，自由决定什么将被算作成本，什么算作利益。比如，成本效益分析经常被用来讨论环境监管和如何进行监管。这些计算，通常货币化成本与效益，为有助于制定环境决策提供了一个相对清晰简单的算法。

显然，成本效益分析的源头存在于功利

主义道德理论，且这种分析通常被视为一个中立高效的决策工具。但是，在制定影响环境和非人类生物的决策时，对于成本效益分析的一个持续批评是，因为它必须以通用指标（即金钱）去比较成本和效益，所以，它无法正确评价生物，生态系统或物种之类的事物。由于，受关注的环境问题无法轻易地纳入演算，它们被系统地贬值了——至少在有些人看来如此，例如，有些人认为生命具有成本效益分析无法掌握的内在价值，或者有些人对人类中心主义必然的思考方式——把"成本"和"利益"简化为金钱——予以回避。确定何为"利益"何为"成本"，通常并不简单——而且如何评估双方的价值还要更加复杂。很难赋予许多成本（例如，生命、生态系统或景色的损失）和利益（例如，对人类健康、生态系统健康或景色的保护或改善）以货币价值，因此，相较于那些已经货币化的成本（例如，建设开发，或合规措施的表面成本）或者已货币化的利益（如，就业机会的创造），这些成本和利益可能被忽略或低估了。

功利主义与动物权利

不过，有趣的是注意到除了有力的分析工具，功利理论也有助于诸多民族形成有关人类应该如何恰当地与其他动物相处的观念。例如，边沁是一位给予动物以道德考量的早期支持者，他认为动物所遭受的痛苦与人的痛苦相似。他的理由是，有关道德的问题不在于动物是否能思考或讨论（如果这样，也应排除诸如人类婴儿），而在于动物是否会遭受痛苦。比较动物与奴役的待遇，边沁坚称"这天将要到来，其他动物受造物可获得那从未曾从它们手中收回、而是被暴政之手夺走的权利"（请注意，2007［1789］，311）。密尔也认为功利主义的道德标准被界定为"规则和戒律，通过遵守之"，"不只是［人类］，只要事物的本质允许，整个有情众生"的幸福生活或可得以保证（2002［1863］，245）。

现代功利主义中主张从道德上计算动物利益最有影响力的声音来自动物权利活动家彼得·辛格（Peter Singer）。他的基本论点简单，并且完全建立在功利主义基础之上。充分引用边沁之后，辛格认为（2002［1975］，7）："边沁说，我们必须考虑到所有拥有痛苦或享乐能力的存在之物的利益，边沁一点也不会随意排除对任何利益的考量……痛苦和享受的能力是拥有利益的先决条件，是在我们可以有意义地谈论利益之前一个必须满足的条件。"请注意，辛格认为受苦的能力是拥有利益的先决条件，并且我们应设法减少痛苦，或者等同地，最大限度地满足利益，他混合了享乐功利主义（快乐最大化/痛苦最小化）和喜好功利主义（喜好或利益最大化地满足）。

辛格继续，如果一个生物能受苦，那么，在道德演算中，拒绝对其所受痛苦予以考量的道德理由就不存在。"公平的原则要求其所受痛苦可以等同于任何其他生物遭受苦难——只要可以进行粗略的比较即可"（Singer 2002［1975］，8）。每个生物的利益具有同等的利益计算和相似利益计算。面对（1）利益的道德演算，（2）事实是，作为一个现实问题，把动物作为食物大规模饲养，而不对其造成巨大的痛苦，大概是不可能的，并且（3）事实是，我们生活在人口稠密的世界，需要大规模的食物生产,辛格认为以效用原则为基础,最符合道德的合理路线是成为一个素食主义者。

利益 VS 个人

　　辛格的观点并不是严格意义上的"动物权利"观点。正如哲学家汤姆·雷根(Tom Regan 1985)所指出的,功利主义的立场并不主张因个体的内在价值而给予不同个体以权利——如大多数主张动物权利的观点所倡导。功利主义关注一个个体的利益满足,而并不首先关注个体,利益就是利益。不过,功利主义与动物权利观点仍然都关注个别生物。从道德上考量较大的整体,如物种或生态系统,即使可能,也只能通过关注个体的镜头。对某些人而言,这就是一个显著弱点,因为,如此多的环境问题是系统性的,而关注的只是这类"整体"(Callicott 1980)。虽然,功利主义缺乏资源去直接考虑"整体"(且,通常不会因个体的社会关系而视其为构成的)的道德价值,不过,这种观点也不是没有资源去解决广泛的系统性环境问题。例如,辛格在他最近的一本著作《我们吃什么的道德准则》(*The Ethics of What We Eat*)中认为,关注动物个体的福利,对诸如有机农业、自由贸易、饮食当地化和工厂化养殖这种广泛的系统性问题具有涟漪效应。

　　功利主义道德理论的平等主义(相似利益应同样计算)和集合性(利益或幸福的满足应该最大化),对通过成本效益分析影响环境政策,以及支持从道德上计算动物的利益,提供了资源。然而有趣的是,很难明白,如果,动物的利益,以及地球上其他生命形式的利益(这是极难以货币来计算)成了演算中的一部分,如何才能维护成本效益分析的精确性(其中,成本和效益通常被货币化)。

弗朗西斯·本佐尼(Francisco BENZONI)
美国第四巡回上诉法院

拓展阅读

Bentham, Jeremy. (2007 [1789]). *An introduction to the principles of morals and legislation*. Mineola, NY: Dover Publications, Inc.

Brandt, Richard B. (1959). *Ethical theory: The problems of normative and critical ethics*. Englewood Cliffs, NJ: Prentice-Hall.

Callicott, J. Baird. (1980). Animal liberation: A triangular affair. *Environmental Ethics 2*, 311–338. Reprinted and revised in Callicott, J. Baird. (1989). *In Defense of the Land Ethic: Essays in Environmental Philosophy* (pp. 15–38). Albany: State University of New York Press.

Mill, John Stuart. (2002 [1863]). *Utilitarianism*. In *The basic writings of John Stuart Mill*. New York: The Modern Library.

Mill, John Stuart. (2002 [1859]). *On liberty*. In *The basic writings of John Stuart Mill*. New York: The Modern Library.

Pollan, Michael. (2006). *Omnivore's dilemma: A natural history of the four meals*. New York: Penguin Books.

Rawls, John. (1955). Two concepts of rules. *Philosophical Review 64*, 3–32.

Regan, Tom. (1985). *The case for animal rights*. Berkeley: University of California Press.

Singer, Peter. (2002 [1975]). *Animal liberation*. New York: HarperCollins.

Singer, Peter, & Mason, Jim (2006). *The ethics of what we eat: Why our food choices matter*. Emmaus, PA: Rodale.

Umson, J. O. (1953). The Interpretation of the moral philosophy of J. S. Mill. *Philosophical Quarterly 10*, 33–39.

value

价　值

　　目前，有关可持续性的诸多讨论，其中心在于什么才是有价值的评论，它形成了人类归属于自然的重要性的一种回应。尽管，讨论中涉及多种价值——例如，内在的、外在的、工具的——每一个对于社会如何接近并实现可持续性，都发挥着作用。

　　价值（value）意指品质、物理实体、感觉、经验或观念的有用性（worth）。我们的价值观通常与我们所认为的"好"相关。在制定道德决策的过程中，人们的价值观直接影响到他们的选择。不过，不同类型价值观的存在，引发潜在的道德困境。价值观的多样性影响着许多可持续性的讨论：比如，一个可持续的实践可能具有道德价值，也可能被认为具有经济价值，或两者兼而有之。因此，价值争论——以及如何评判对不同价值的诉求——位于可持续发展的核心。

自然的内在价值

　　几乎所有人都认可，一些事物比其他一些更有价值。但是，我们如何区分 A 相对于 B 的价值？要回答这个问题，一些环境伦理学家探究自然是否具有内在价值。内在价值是指事物本身的价值，无关任何评估或与其他事物的关系。

　　深层生态学者（这些学者为了促使价值观转向与自然的血缘关系，强调众生的互联和基本亲缘关系）等人认为自然具有内在价值（Rolston 1988；Naess 1973）。如果自然——从树木到生态系统——具有内在价值，那么它就具有不为有用性或我们的看法所决定的客观价值。进而，这一立场产生了道德主张：自然的内在价值需要我们呵护自然。诸如促进生物多样性和野生保护的事宜，就自然的内在价值而言，是合理的道德义务。在这些伦理学者看来，可持续发展是我们回应自然的内在价值的责任；存在的可持续性中也存在内在价值。

　　环境实用主义者（他们在伦理学和哲学中，以实用主义的传统见解，从理论争论转变为以实践导向的回应）及他人挑战内在价值的存在。首先，一些人认为内在价值的概念没有考虑到一个事实，即所有价值都有关系（Morito 2003）；只有当某人或某物重视，价值才显现。因此，内在价值不可能是独立的或固有的。其次，评论者指出，环境伦理学以数种不同方式使用术语内在价值（O'Neill 1992）。结果，内在价值的理论有时在某些方面，混合不同含义或者表达得含糊其辞，从而导致更多问题。不过，这些观点仍然认为自然和可持续性拥有价值。

自然中价值的其他类型

内在价值不是影响我们决策的唯一价值类型。外在价值假设某一事物有价值，只是因为外在于它的某物判断它具有价值。例如，人们判定橡树是有价值的，因为它的多种用途：遮阳、木材、燃料，等等。如果，内在价值是事物所固有的，那么，外在价值就是源自事物本身并超越之的价值。相关的一个概念是工具价值。在这方面，具有工具价值的某物，作为达到目的工具而拥有价值，而内在价值被界定为某事物最终的价值（道德或其他）。于此，我们或可认为基于其效用，自然具有价值。外在的和工具价值的观念有时与主观价值相关，主观价值取决于某人或某物对价值的承认。内在价值批评者及其他人认为，对可持续发展最有说服力、最强有力的论辩往往在于其保护自然的工具价值。举例来说，人们并不会争辩净化空气的内在价值，而可能会论证风能对人类个体及群体的健康和经济利益。

内在的、外在的及工具价值的深层讨论则是另一区分：价值可被归纳入数目不定的各领域，如美学的、经济的或本体论的。不同区分可能产生不同的价值类型。某些可持续性实践可能因其具有经济价值而被判断为是合理的。例如，安装地热供暖的决定可以仅仅通过衡量其经济因素得以确定。其他人则从道德层面看待可持续性的价值，这意味着，当有关可持续发展的决策被认为是最具道德价值的决策时，这决策就是合理的。在这种情况下，我们可能会使用公共交通，仅仅因为那是正确的，即使某些情况下，更费时且不方便。最后，某些事物可能被认为同时具有不同类型价值。于是，以本地物种来美化环境，就道德适当（准则）和美学价值而言是合理的决策，即使它比其他选择更加昂贵。

可持续发展，价值观和价值论

可持续发展的倡导者总是在特定的、聚焦于生态的价值系统之下行动。这些价值系统影响着可持续发展的讨论方式。当自然与可持续社区被认为具有价值，是什么影响了我们的信念和行动？由于我们的价值观，我们应具有怎样的义务和责任？我们如何处理相互冲突的价值观？

有关界定和区分价值范畴的哲学领域被称为价值论（Axiology）。可持续发展引发了一些价值论问题，特别是既定的可持续性选择是如何与我们认为最重要的价值观相关联。不过，由可持续实践而形成的价值观有时会与社区成员所具有的价值观产生冲突。例如，可持续发展的农业可能因其对公众健康的积极影响而得到重视。但是，这可能会与其他价值观产生冲突，比如在饥荒地区，为了最大化提升粮食产量而使用化学农药和化肥的价值。

价值冲突可以发生在至少两个方面。首先，不同个人或团体所持有的价值观之间会存在冲突。有人认为可持续发展比不可持续实践带来更大的经济、道德和社会价值。这可能会与那些容忍不可持续观念和实践、根深蒂固的不同价值观产生冲突。在某些情况下，它也可能会与通常并不矛盾于可持续发展的价值观冲突，比如人权价值观。第二，我们可能会认为非人类存在也可以进行评价。生态系统——以及地球本身——也与价值相关。因此，人类以及非人类的价值系统之间出现冲突，尤其当各价值彼此联系等。如若人类发现利用树木作为燃料的价值，但树木并不这样认为，那么由谁决定哪一个是适当的，又基于怎样的理由？

正如我们所见，我们的价值观——我们发觉其是有价值的——是一些论辩的中心。可持续发展体现了在社会中价值是如何以及在何处被确定，以及这样的价值需要什么责任的转变。价值问题也是许多实践和道德决策的最前沿。例如，生态复原与保护区所提供的价值是否相同？社区规划的首要重点是什么？"生态知识"——即，我们周围的自然世界的科学、人文及传统知识——怎样影响着我们制定决策？可持续发展所给予的价值观是如何表现政策决策的？这些及其他问题表明价值观的概念与可持续发展如何相互影响。

弗雷斯特·克林格曼（Forrest CLINGERMAN）
北俄亥俄大学

拓展阅读

Lachs, John, & Kohak, Erazim. (1991). A dialogue on value. *Journal of Speculative Philosophy, 5*(1), 1–24.

Light, Andrew, & Rolston, Holmes, III. (Eds.). (2003). *Environmental ethics: An anthology*. Malden, MA: Blackwell.

McShane, Katie. (2007). Why environmental ethics shouldn't give up on intrinsic value. *Environmental Ethics, 29*, 43–61.

Morito, Bruce. (2003). Intrinsic value: A modern albatross for the ecological approach. *Environmental Values, 12*, 317–336.

Naess, Arne. (1973). The shallow and the deep, long-range ecology movement: A summary. *Inquiry, 16*, 95–100.

O'Neill, John. (1992). The varieties of intrinsic value. *The Monist, 75*, 229–237.

O'Neill, John. (2001). Meta-ethics. In Dale Jamieson (Ed.), *A companion to environmental philosophy* (pp. 163–176). Malden, MA: Blackwell.

Rolston, Holmes, III. (1988). *Environmental ethics: Duties to and values in the natural world*. Philadelphia: Temple University Press.

Vegetarianism

素食主义

素食主义正在为世界上越来越多的人所奉行，其原因各有不同，涉及宗教、道德、伦理、健康和环境。据研究，以肉食为主的饮食需比素食要更多的土地、能源及水资源，并且肉类生产和过度捕捞已被证实与环境退化相关。

素食是指限制肉类（包括肉类副产品）、鱼、家禽，在某些情况下还有蛋的饮食。素食主义者的一个团体，绝对素食主义者（Vegans）奉行更严格的饮食，拒绝所有动物类食品，包括乳制品和鸡蛋。有些素食者和绝对素食者还拒绝使用动物制品，如皮革、羊毛、蜂蜡及羊毛脂。根据定义，素食者禁绝所有肉类、家禽和鱼类，但实际上，素食主义的解释是广义的。有些自我设定的素食者戒肉，却吃鱼类或家禽；另有人自称为"弹性素食者"（flexitarians），遵循素食为主的饮食，但在某些场合吃肉。素食主义的实践和解释往往与个人选择这种饮

食的理由相关联。

个人与团体奉行素食饮食的原因各种各样，包括道德、对环境与可持续发展的关注、宗教及健康。一些宗教传统，尤其是那些源自亚洲的，已经主张素食超过两千年；例如，众多印度教徒和佛教徒，出于宗教原因不食肉。当代美国，许多素食者选择这种生活方式，出于健康或道德原因，涉及对动物福利或可持续发展的关注。今天，餐厅菜单与大学食堂反映了这一选择正日益流行，大多数餐馆和机构即使不强调这样的选择，也可以适应素食者的要求。

直至19世纪，素食主义主要影响于亚洲，或者小众人群，比如西方基督复临安息日会（Seventh Day Adventists in the West），以及各类共识社区（intentional communities）。一些基督教修道院社区和灵知派①，如法国中世纪的卡特里派教徒（Cathars）遵循这样的饮食，

---

① 译者注：Gnostic sects 灵知派也译作诺斯替教派。

但素食主义并不普遍。1847年,素食协会在英国成立,不久以后,在荷兰和德国成立分会。这些组织积极工作,通过公开讲座,分发印刷材料,推动素食主义。杰出的俄国小说家,圣雄甘地的启发者,列夫·托尔斯泰伯爵(Count Leo Tolstoy)写道:"消费动物食品,显然是不道德的,因为,它要求我们做出违背道德情操的行为"(Tolstoy 1897, 20)。人们由于道德和环境问题而越来越多地践行素食。

宗教维度

多数宗教传统都会涉及素食问题,并包含特定形式的素食,即使只是定期斋戒。某些宗教传统的信徒,特别是那些有禁欲和修道院(经历)的,认为肉会抑制人的精神追求,允许食肉、激起情欲是不纯净的。限制食肉也源于有关对待动物的道德标准,尽管,在某些情况下,健康和/或经济关注也是促成因素。

亚洲传统

所有源自印度次大陆的传统,印度教,佛教,耆那教,每一个都不同程度地奉行着素食主义。其宗教及神学基本前提是,不论这些生命是人类、植物或动物,亦不论这行为是否有意为之,伤害其他众生都是为自己累积业绩[业(Karma)指行为及行为的后果]。个人因为产生自欲望和激情的举动或行为,特别是暴力行为,会积累业力,导致烦扰。业影响个人现世和来世的生活条件,而行为,特别是暴力行为,把个人限制在生和死的图圈中,或称之为轮回。非暴力主义(Ahimsa),避免伤害众生是减少个人业力累积的方式,所以是选择素食主义的一个理由。

印度教

印度教或许拥有最为大众化的素食主义团体,但印度传统并不要求个人是素食者,甚至居多数的印度教徒,也非全部都是素食者。社会经济条件,种姓地位状况,教派分歧,以及个人意愿都会影响印度个人的饮食选择。婆罗门种姓(祭司阶层/种姓)是典型的素食主义者,遵守严格的饮食准则。对于刹帝利种姓(武士和统治阶层)而言,食肉有利于唤起战斗所必需的激情、愤怒和力量,所以这些人不太可能是素食主义者。素食者的确享有较高的地位,所以低种姓者通常通过奉行素食以获得种姓地位。一般,工作与动物副产品相关的种姓者,如皮革制革工匠,相较于那些与职业不涉及动物产品的种姓者,其社会地位更低。

印度教徒把不食肉作为非暴力实践,或非暴力的一条途径,因为暴力与食肉和杀戮相关,会增加个人的业债。对于印度教徒,不杀生是个人实现对家庭、社会和神法(Dharma)或义务的一种方式。印度教传统中,与食物相关最严厉的禁令涉及宰杀牛,并且吃鱼或家禽的印度教徒通常禁食牛肉。印度教徒尊崇牛,它在印度教神话、饮食、礼仪和道德中至关重要。许多印度教徒视牛为"母亲",她不断奉献自我,并且牛对南亚许多人的生存经济必不可少。牛提供的物质,如酥油(纯黄油)、牛奶、酸奶和牛粪,这些对仪式、食品和燃料很重要。

对于甘地,保护牛是其道德和宗教哲学的一个关键因素。他是一个虔诚的印度教徒,并认为牛是神圣的。甘地认为牛代表了"神无声的全然创造"(the whole creation of god),意思是牛代表了人类和非人类的生命,它们不

能保护自己，因而值得人同情（Gandhi 1958，65；Parel 1997, 54—5）。一旦了解到，即使在印度，为了提升牛奶产量，奶牛仍遭受虐待，甘地本人就戒饮牛奶。尽管这一做法并不典型。不过，甘地并没有禁止使用皮革，只要牛不是因为这一目的而遭宰杀。

佛教

对于许多佛教徒而言，素食主义是一个重要的宗教和道德实践。实际中，素食主义因教派而有所差别；例如，大乘佛教提倡素食，而小乘与密宗佛教则没有。在欧洲和美国，许多西方传统的佛教皈依者成为素食主义者。

佛教徒应戒决伤害任何形式的生命，佛教五戒之一。这项戒律并没有具体规定佛教徒不应吃肉，而佛祖本人也从未要求吃素。例如僧尼，他们靠乞求布施生存，必须心怀感激食用施舍给他们的。悲悯一切众生是佛教的两个核心之一，因而会有如此多的佛教徒放弃食肉，因为消费肉类被视作残忍。大乘佛教徒，追随菩萨道——成佛的法门——必须为了一切众生主动怀有慈悲心。《本生经故事》（*Jataka Tales*）描绘佛祖前生为不同的动物，反映了佛祖成佛之道，教导所有的生命都是神圣的，而杀害动物就等于杀人。

耆那教

耆那教传统起源的时间大约与佛教相同（公元前6世纪），奉行相似的，但更加严格的反对伤害各类生命的戒律。耆那教传统是严格的素食主义者，限制还延伸至植物和昆虫。耆那教徒的饮食以蔬菜、水果、谷物和牛奶为基础，不包括根茎类蔬菜，如洋葱、土豆，它们是死于收获的。许多耆那教徒采取预防措施，比如过滤水，以确保他们不会无意杀害水中仍活着的生物。耆那教传统强调禁欲主义作为脱离轮回的途径，并且奉教者严格遵守饮食和生活习惯，意味着最小化对其他众生的暴力伤害。

亚伯拉罕传统

圣经传统或亚伯拉罕传统，并不强调素食主义，尽管，这些传统中的某些团体倡导素食。犹太教与伊斯兰教传统都包含严格的饮食规则去规范动物屠宰和食用肉类——分别是科谢尔饮食法则（kosher）和清真食品（halal）——这些规则要求宰牲时应避免动物不必要的痛苦和折磨。作为一种一神教的亚伯拉罕传统，塔法里运动（Rastafarian movement）的信徒接受了不同形式的素食主义。有的遵从希伯来圣经的饮食限制，避免贝类和猪肉，而其他人避免所有肉类，作为一种和平主义。

犹太教

许多犹太教学者认为，依据《创世记》，上帝希望人类成为素食主义者。"神说：'看哪！我将遍地上一切结种子的菜蔬，和一切树上所结有核的果子，全赐给你们作食物'"（创1：29 中文和合本；ASV）。在理想之境，伊甸园中，亚当和夏娃吃上帝所提供的种子和果实。根据《塔木德》，后来人类被准予吃肉，是对欲望和罪恶的妥协。古希伯来人主要食素，不过，这样的饮食更多是出于经济原因，而非宗教；例如，在农牧社会中，动物是劳动和牛奶所必需的。

基督教

多数基督徒会以解释《圣经》经文来支持食肉。许多早期基督徒食素的理由是禁欲,他们认为食肉会引发激情,但是,到罗马帝国时期,食肉已成为主要的生活方式。除了定期斋戒,很少基督教团体提倡素食主义,但也有一些罗马天主教修道院有所要求,如卡尔特修会(Carthusian Order,1086年成立)和西多修会(Cistercian Order,1140年成立),戒决食肉是禁欲主义生活方式的一部分。

天主教和东正教教堂的神职人员与教友出于精神原因定期守斋。天主教教友被建议星期五和四旬期期间守斋,其他时间不必采纳素食。这种素食与部分斋戒是出于禁欲的原因,而并非出于对动物福利的道德关注。

基督教信仰团体中,基督复临安息日会一直是倡导素食最积极的一员。其创始人之一怀爱伦(Ellen White,1827—1915)是一个素食健康改革者。大约50%的基督复临安息日会信徒是奶蛋素食者,饮食以植物、谷物和种子以及乳制品,包括鸡蛋和牛奶为基础。基督复临安息日的素食主义既是以圣经教导,也是以人类健康为基础。基督复临安息日信徒相信人类的整体性,以及所有饮食都应荣耀上帝,且要保持身、心、灵的健康。

伊斯兰教

素食主义在伊斯兰传统中影响不大,部分是由于在中东沙漠气候下生存,食肉是必需的。根据伊斯兰传统,穆罕默德对待动物慈悲,并称在麦加动物不应受到伤害,不过,这种对待方式并没有转化为食素的饮食。今天,大多数穆斯林食肉,且一些伊斯兰学者拒绝素食主义,因为个人不能禁止真主允许的东西。苏菲的一些成员是素食主义者,因为它提升了悲悯之情,并且戒除食肉净化身体有利于精神追求。

宗教对于工厂化养殖的回应

在美国和欧洲,人们日益关注动物的道德地位,工厂化养殖条件的信息披露促使许多人避免或减少肉类、鱼类、家禽的消费。美国人道协会(The Humane Society of the United States)强调动物福利与宗教伦理之间的联系,并正在以宗教传统编撰他们有关信仰与工厂化养殖的声明(美国人道协会2009)。"养殖动物人道关爱组织"(The Humane Farm Animal Care)是一个通过动物的人道待遇认证,以改善农场动物生存状况而创建的非营利性组织。该认证的要求包括动物不应饲养在笼子——或箱子——的环境中,不得饲养以抗生素和激素。一些"弹性素食者"限制对动物及鸟禽的肉类和家禽消费,有利于人道可持续地饲养和宰牲。

类似的道德关注,促使犹太教和伊斯兰教学者与教徒重新考虑分别涉及犹太洁食与清真饮食规则的动物福利。今天,一些犹太学者及实践者从《妥拉》中寻找对食素的饮食的认可。而令动物免受不必要的痛苦的训诫也必须兼顾饲养动物的条件,由此,在工厂养殖条件下生产的肉类不再被视为符合犹太洁食。同样,由于在工厂条件下,动物没有得到人道待遇，生产的肉并不符合清真规范，一些穆斯林拒绝食肉。

可持续发展的关注和环境维度

犹太教与伊斯兰教的回应，表明了工厂化养殖是不利于环境且不可持续的做法。犹太学者提及"不要破坏"（*bal tashchit*）原则（你必不浪费），告诫人们不要浪费。对于穆斯林而言，工业生产的肉类可以被认为是非清真的，或应被禁用的，因为它的生产导致环境恶化。犹太人和穆斯林引证了照顾地球的规定，而工厂化养殖则违反了这一原则。

这些回应符合最近有关肉类生产和过度捕捞以至环境加速恶化之间关联的研究。2006年，联合国粮食与农业组织（Food and Agriculture Organization of the United Nations，UNFAO）发布了《牲畜的巨大阴影：环境问题与选择》（*Livestock's Long Shadow: Environmental Issues and Options*），严厉控诉畜牧业。这份报告认为畜牧业是环境问题，如气候变化、土地和水资源退化和生物多样性丧失的主要原因。这项研究及其他认为，以肉类为基础的饮食比以植物和奶制品为基础的饮食，需要更多能源、土地和水资源。美国与欧洲以肉类为基础的饮食，和亚洲国家对肉类日益增长的欲求，把需求置于土地与地球生态系统之上，即使不是不可能，也是难以满足的。这些担忧已经促使许多人要么少吃或根本不吃肉，或者只食用来源是可持续的、人道的肉。对可持续渔业的类似担忧，包括对（鱼类）物种，如箭鱼的过度捕捞，以及社会和环境对养殖海鲜的有害影响，已经促使许多人改变了海鲜的消费模式。

A. 惠特尼·桑福特（A. Whitney SANFORD）

佛罗里达大学

拓展阅读

Gandhi, Mohandas K. (1927). *Young India 1919–1922*. Ann Arbor: University of Michigan.

Gandhi, Mohandas K., & Bhave, Vinoba. (1958). *Sarvodaya* [*The welfare of all*]. Ahmedbad, India: Navajivan Publishing House.

The Humane Society of the United States. (2009). Animals and Religion. Retrieved June 19, 2009, from http://www.hsus.org/religion/.

Iacobbo, Karen, & Iacobbo, Michael. (2006). *Vegetarians and vegans in America today*. Westport, CT: Praeger.

Marcus, Erik. (2005). *Meat market: Animals, ethics, & money*. Ithaca, NY: Brio Press.

Parel, Anthony J. (Ed). (1997). *Gandhi Hind Swaraj and other writings*. Cambridge, U.K.: Cambridge University Press.

Rosen, Steven. (1997). *Diet for transcendence: Vegetarianism and the world religions*. Badger, CA: Torchlight.

Schwartz, Richard H. (2001). *Judaism and vegetarianism*. New York: Lantern Books.

Shabkar Tsogdruk Rangdrol. (2004). *Food of bodhisattvas: Buddhist teachings on abstaining from meat*

(Padmakara Translation Group, Trans.). Boston, MA: Shambhala.

Singer, Peter. (Ed.). (2005). *In defense of animals: The second wave*. Malden, MA: Blackwell.

Steinfeld, Henning; Gerber, Pierre; Wassenaar, Tom; Castel, Vincent; Rosales, Mauricio; & de Haan, Cees. (2006). *Livestock's long shadow: Environmental issues and opinions*. Rome: Food and Agriculture Organization of the United Nations. Retrieved on April 23, 2009, from http://www.fao.org/docrep/010/a0701e/a0701e00.htm.

Tolstoy, Leo. (1897). Quoted in Clubb, Henry S., (Ed.), *Food, Home and Garden*. Vol l, New Series. Philadelphia, PA: Vegetarian Society of America.

Virtues and Vices

美德与恶习

美德（比如同情心和克制）被定义为有教养的认知情感习惯（cognitive-emotional habits），使人们能够在不同的情况下做出恰当的反应。与之相反，恶习（比如肆意地漠视与贪婪）所养成的生存与行为方式，导致伤害，包括不公正和环境破坏。美德的培养在所有本土和世界宗教中发挥作用，对可持续生活方式至关重要。

作为一个物种，人类已经进化出显著的能力，在颇为多样的自然与社会环境中生活迁移。这种适应性，在生物学上，通过认知和情感处理的可塑模式而形成，也被称为习惯。认知情感的习惯，使人们能够在不同情况下反应恰当，通常被称为美德（例如，尊重、勇气、同情心和克制）。在任意特定情境中，怎样才是适宜的，取决于文化上对美好生活的清晰设想。这些规范性设想，总是涉及个人幸福与社会福祉间的平衡。当人们的认知

情感习惯合乎社会与生态全面繁荣设想的标准，他们的美德往往有利于可持续的生活方式。

在儿童早期，美德经由经验完善。一旦形成，便产生可靠的思想行为模式，持续一生。例如，那些尊重其生态区的人往往关注自然节律、其他生物以及它们之间的相互作用。这样的人比其他人更容易察觉有害的变化，并在必要时采取保护措施。有关气候变化的早期预警来自因纽特（inuat）①人，他们对北极区域的深切尊敬——对他们来说，尊敬因纽特人或宇宙的精神主宰——让他们在主流气候科学证实之前就通过冰的变化发现变暖的趋势。

美德，宗教与可持续发展

作为群体性动物，人们通常在社会文化的情景中培育美德。在那里，他们不仅可以得

①　译者注：原文有误，应为inuit，译为因纽特人。

618 第 1 卷 可持续发展的精神

到指导与同伴的反馈,还有制度化的经验法则与个人及社会福祉的模式,帮助其微调他们的认知情感习惯。而维系美好生活的社会文化支柱,总是嵌以宗教神话与仪式。

美德在所有本地和世界宗教中发挥作用。例如,所有的宗教传统皆鼓励信众养成慈悲心与克己心,但是,就养成慈悲心与克己心所涉内容,每一个宗教传统会通过自己的故事、实践与楷模予以独特的解释。所以,比较跨宗教传统美德,涉及观察"差异中的相似性与相似性中的差异"(Yearley 1990, 1)。许多宗教信仰和习俗促使人们养成警醒的美德,觉察地球整个生命群体的需求,包括现在与未来。宗教赞同的典型"可持续性美德"有好奇、谦虚、敏感、专注、谨慎、创造力、勇气、节俭、勤奋、执着、感恩、宽容、尊重、关心、同情、耐心、公正、克制、希望和智慧。通过鼓励人们养成这些传统美德,并警觉于地球生命的需要,宗教促成了可持续发展不可或缺的一个方面:个人协调生活繁荣的边界条件(boundary conditions),涉及生态完整,经济健康,人的尊严与社会公正。

恶习,宗教与可持续发展

当人们刻意培养的认知情感的习惯,阻碍或破坏了全面繁荣,则其存在及行动方式通常被称为恶习。人们往往为了有限目的,如个人财富,习得或形成这样的习惯。恶习总是源自极端行为,对于反馈无动于衷,比如过度消费,肆意侵

略,或极度漠视。结果,危害总是跟随恶习而来,包括社会不公和环境破坏。

众所周知,宗教一直以来指责恶习是个人之罪。因缺失敬畏而产生的罪是心灵、情感和身体的疾病,都需要灵性治疗(spiritual healing)。越来越多的世界宗教明确需要灵性治疗,作为对持续侵犯地球上复杂生命的边界条件的一剂灵丹妙药。

不过,作为易犯错的人类体系,宗教也会强化其追随者恶习的习得。1967年,当加州大学洛杉矶分校的历史学家小林恩·怀特发表《我们生态危机的历史根源》(*The Historical Roots of Our Ecologic Crisis*),宗教与恶习之间的关联成为激烈争论的议题。在这篇文章中,怀特把现代环境问题追溯至基督教支持剥削自然的态度,取代了前基督教泛神论所形成的谦卑。怀特的文章所引发的争论,促使许多宗教信众参与到对自身传统模糊状况的批判性反思中。在寻求灵性治疗,以及培养可持续性美德的方法中,宗教信众逐渐发现宗教间对话与合作的帮助。

与此同时,宗教实践者也可能对表现为恶习的各类行为意见不同。例如,消费主义行为,就有各种解释,可以是恶习的一种表现,也可以是合理的。许多罗马天主教徒视消费行为是贪婪的象征。依据教会传统,贪婪是七宗罪之一,使个人放弃救赎。罗马天主教会鼓励信众养成与简单慷慨不同的美德,协调他们与造物主,与所有受造物的需要。与此相反,许多发展中国家的五旬节派基督徒把

消费主义行为看作其正当的权利。他们信奉所谓的成功福音（prosperity gospel），认为个人的财富象征了神的奖励伦理。同时，他们相信神意会去处理财富的可持续性影响。

尽管历史上宗教机构及运动并不总能塑造可持续的个人习惯，今天，大多数宗教却仍以此为目的。人类认知情感—习惯从有害的转变为对生态与社会适宜的，这对于实现可持续发展的目标，即便不是唯一的，却是必要的条件。在世界大部分地区（世俗化的少数地区正成为例外），宗教的参与也是改变这些根深蒂固习惯的必要条件。

哲学伦理学中的美德与可持续发展

美德与恶习在一些古老的哲学流派，包括古印度教、佛教、儒家、柏拉图主义、亚里士多德主义、斯多葛派和基督教的思想中，发挥着核心概念的作用。在中世纪晚期，亚里士多德的德性伦理学通过穆斯林、犹太教和基督教思想家（尤其是阿尔·安萨里、迈蒙尼德和托马斯·阿奎那）创造性使用，成为中东与欧洲的主要思想。当18世纪启蒙思想家提出权利与效用的概念，美德伦理学在西方哲学话语中几乎全然消失。但是，至20世纪尾声，学院派哲学家重拾对培养美德的兴趣（也称作德性伦理 *aretaic* ethics，来自古希腊语 *arete*，意为美德）。今天，诸多学术努力在于厘清调整德性伦理学的关键概念。

20世纪的最后25年，环境伦理学成为哲学探究的焦点。这方面的讨论最初沿着道义论（基于道德义务）或后果论（consequentialist）的路径展开，不过，后来扩展涵盖了德性论路径。作为一个分支学科，环境德性伦理学

（environmental virtue ethics，EVE）致力于界定蓬勃发展的可持续途径及阐明符合美德、反对恶习的一般与具体特性。尽管，一些传统的德性伦理学流派已陷入狭隘的人类中心主义，环境德性伦理学则视角宽广，从开明自利（enlightened self-interest）到生态中心平等主义（biocentric egalitarianism）（Sandler & Cafaro 2005）。

美德与社会转型

从历史上看，德性伦理学更多地关联于保守主义，而非社会转变。社会系统的稳定部分取决于个体品质，如诚实、尊重、合作与克制。因此，与现实利益攸关的权力精英及其知识分子，倾向于鼓励或迫使公民形成此类性格特质。但是，当一个社会制度不公正，公民道德的强制性教育对真正美德的养成就会作用甚微，因为，那将进一步削弱个人及社会的发展。因此，对权威的美德清单——殖民主义、性别歧视、种族歧视、物种歧视，及其他社会精英系统——的学术解释确保了批判的观念。

在不可持续的社会环境中，培养真正的个人美德可能表现得激进。培养美德对于基层抵抗有着关键作用。以印度为例，印度人尊重生命的美德，体现在保存种子的实践中，激发出种子非暴力运动（seed satyagraha movement），成功地抵制了（基于甘地的非暴力活动）孟山都（Monsanto）基因改造下获得专利的无菌种子，保护了自身利益。类似地，土著精神对待非人类自然的态度，激发所谓另类全球化运动的许多参与者，反对占主导地位的全球化新自由主义模式，因为它是不可持

续的。

在主流环保运动中，美德培养作为社会变化的一个驱动力，相比较舆论压力、法律改革和财政措施，最初很少受到关注。但是，经过几十年的努力，这些宏观措施都显示出其局限性。如今，主流的环保主义者和决策者越来越认识到与个人转变相一致的重要性。希腊东正教普世牧首巴尔多禄茂（Bartholomew）、教宗本笃十六世及其他精神领袖，都激励着可持续美德的培养，现今，他们被广泛认为是推动社会实现可持续转型的主要领导者。

培养美德

从实践角度来看，培养个人美德是由价值导向的生物调适的一种形式。通过实践和习惯化，人们能够形成稳定的、适应环境的处理认知情感的模式。在遗传的、语境的与传记的可能性的特定范围内，人们可以塑造性格工具，以满足他们同时对个人及社会发展的深化理解。例如，慷慨的培养一般需要经常练习给予。通过他人的反馈与观察他人的反应，人们学着去调整赠送的时机、措辞以及姿势，以使他们的礼物显得真正合适。

人们需要社交网络，如家庭、朋友、同事，甚至是虚拟社区，以培养美德。虽然，公司一直以来被认为支持以个人与社区发展为代价换得经济利益，他们也能够为培养美德，包括可持续性美德，提供社会基质（social matrices）。这通常发生在当企业形象的基石——包括核心价值观和楷模，目标与衡量指标、奖励和激励机制、办公礼仪规则、网站架构、流程设计，以及企业品牌——被精简化，以支持可持续发展的目的。如同所有复杂的社会系统，为了培养可持续性美德，商业基质需要数年成长。

如烹饪、园艺和吹奏长笛之类的活动也是人格形成的摇篮。人们从事这些蕴含文化信息的生产活动，必须培养完善必要的美德，如注意力和创造力。例如，音乐家学习仔细倾听自己的声音，并依据音乐的需要予以调整。当合唱时，音乐家们也学着倾听并回应他人的声音，调节个人的急缓轻重，令他们可以真正地顺应流动的旋律。通过经常练习，如注意力和创造力的艺术特质，可以使其成为第二天性，并有利于在任何其他生活环境下美德的培养。

在神经科学工具的帮助下（例如，通过功能性磁共振成像），对培养美德方式有了解，可予以进一步的检验、精简和补充。比如，人的信任力，作为可持续性美德，与慷慨和希望一样至关重要。最近的研究表明，信任能力因催产素水平的上升而得以继续，这种神经活性激素，最为人所知的是其在劳动中的作用（Zak 2008）。这意味着，人们可以通过参与适时的、已知能够提高催产素水平的社会活动，如触碰（包括按摩，舞蹈）、美容（包括头发编织）和共餐，来促进自身以信任为基础的美德的培养。此外，由于许多辅助的神经回路是在早期母子关系中形成的，保护这一关系形成过程的社会结构与政策，就直接相关于日后在生活中培养以信任为基础的可持续性美德。

美德培育的精神

从精神层面看，个人美德的培育常被形容为成圣的过程。那些试图感知恩典迹象之人，在其生活中，总是"遭遇"许多内在和外在的礼物，令其美德增长。同时，他们强调自身经验，即成圣也需要净化，这可能会是一生的斗争。对于，去塑造和平衡这些基本的动力与情感，比如勇气（克服恐惧）、节制（疏导欲望）、谦卑（膨胀的骄傲），就美德培育而言，这点尤其如此。作为如此深刻的个体旅程的集体记忆，最虔诚的传统认为美德的培养是跌宕起伏的过程，其间，成长终究显现，但不是作为人类的技术产物，而是作为礼物。

修道院传统特别倾向于保留并发展对培育美德途径的理解。例如，本笃会（Benedictine）僧侣所立下的三个愿，在各自领域，支持着美德一生的蓄养。"恒常"愿（stabilitas），支持着应对个人挑战所必需的毅力。"自新向善"愿（conversio morum），支持通过日常点滴，发展形成一种新的生活方式。"顺从"愿（obedientia），支持聚精会神地聆听正在发生的，并明辨如何应对。一千多年来，

这三条指导原则一并显现了它们在培养德性方面的价值，无论是在修院之内还是之外。今天，在本笃修士、罗马天主教徒和其他为修道院灵性所吸引的人中培育美德，它们仍显示出作为精神支柱的希望。与这一趋势并行的是，人们愈加有兴趣于佛教践行正念、不杀生（非暴力）及慈悲的方式，并意识到这些习惯使人产生可持续的生活方式（Thich Nhat Hanh 2008）。无所不在的跨文化与宗教美德培育，向那些寻求建立一个全球可持续发展伦理之人提供了丰富的精神—伦理的通用语言。《地球宪章》——由一个独立的全球委员会所编写的一份文件，提出建立一个更加可持续的21世纪所需要的原则——以简明的号召"爱护地球与彼此"（序言，《地球宪章》2000），表达了对美德培育易理解的呼吁。

洛克·凡·温斯韦恩（Louke van WENSVEEN）
荷兰德文特学院[1]

拓展阅读

Earth Charter. (2000). Retrieved April 28, 2009, from http://www.earthcharterinaction. org/invent/images/uploads/echarter_english.pdf.

Hursthouse, Rosalind. (2002). *On virtue ethics*. Oxford, U.K.: Oxford University Press.

Newton, Lisa H. (2002). *Ethics and sustainability: Sustainable development and the moral life*. Upper Saddle River, NJ: Prentice Hall.

Sandler, Ronald, & Cafaro, Philip. (Eds.). (2005). *Environmental virtue ethics*. Lanham, MD: Rowman & Littlefield.

Thich Nhat Hanh. (2008). *The world we have. A Buddhist approach to peace and ecology*. Berkeley, CA: Parallax Press.

---

[1] 译者注：荷兰德文特学院（Academia Vitae）是荷兰德文特市（或译为代芬特尔市）的一所文科学院。

White, Lynn, Jr. (1967, March 10). The historical roots of our ecologic crisis. *Science, 155,* 1203–1207.

Yearley, Lee H. (1990*). Mencius and Aquinas: Theories of virtue and conceptions of courage*. Albany: State University of New York Press.

Zak, Paul J. (2008, June). The neurobiology of trust. Scientific American, 88–95.

Waste

废　物

一个社会产生的废弃物透露着许多关于它经济、道德和环境的选择。来自富裕的以消费为导向的社会的大量废弃物，对全世界的生态和文化产生不利影响。虽然，消费品的削减及其保留期的延长对制造废物量的影响最大，废弃物再利用的策略，也将对可持续发展产生积极的影响。

废弃物，可宽泛地定义为对于使用者而言不再具有目的的物品，或者生产剩余的副产品。可以这样认为，任何物品的生产都会产生某种废物。欧盟环境委员会指出，"投入市场的任何资源迟早都会成为废物，任何生产活动都会产生某种废物形式"（欧盟 2005）。美国环境保护署资源保护和回收办公室（Office of Resource Conservation and Recovery）同样指出，任何生产和消费都会产生废物（EPA 2009）。但是，这些定义并不完整，因为它们没有涉及废物产生的根源，以及我们在文化和道德上与废物的关系。

事实上，垃圾填埋场中很少一些填埋物，可被认为是彻底的废弃物，即，完全无用的材料。除了消费品的生产和消耗，社会收集和处理废物的方式是废物问题产生的主要原因。参观垃圾填埋场或中转站，揭示了一个社会对那些生产者或消费者不再需要的产品与材料的潜在态度。见证了大量纸张、木材、塑料、地毯、金属及其他"一次性产品"被装载到拖拉机挂车，运往填埋区、焚化炉，甚至卸载到驳船上，运往其他地方，令人更容易相信美国仅以世界人口的4.6%，就产生了1/3的废物。

废物与工业生产

对"废物"这一词语更详细地探究，显示了词语本身与我们对它更深层文化假设的关联。全面审视"废物文学"，产生了对词语和思想的关联性分析，这些语言和思想如忽视、破坏、无用地花费、无用地消耗、浪费、破坏和消磨。这些含义丰富的语词，强调了废物与过度消费的现实，它们回溯过去，面对未来。由于全世界经济与环境条件，比如化石燃料廉价时代的终结、全球变暖和自然资源过度开采，当前的"废物"形态正在发生改变。

从历史上看，由几乎所有发达国家成员创造的大量废物，被局限在大片都市地区内，而大多数人却并不了解废物。直至20世纪，几乎没有什么是废物，这部分是基于这样的事实，大多数人不能提供任何东西去浪费。每一件物品，一旦运用于其主要用途，就会为了其他目的而重复使用，因为大部分物品不是工业生产的。并且，由自然产物如木材、金属或棉花制造的物品往往更为耐用，且很容易改造成另一物品。在农村或小城镇，商人会购买使用过的纺织品去填充被褥或床垫，以及烹调剩下的骨头去塑成工具。在20世纪之前，塑料都不可用，直到19世纪末20世纪初，在大多数家庭，废纸篓并非固定的家庭用品。

最早至20世纪中叶，工业生产才可能创造出制造廉价、购买廉价、更换廉价的物品。随着家庭收入中位数开始上升，拥有更多个人物质商品作为财富象征的欲望也在膨胀。大量废弃物及其相关问题的产生，与发达国家和经济体的高消费（hyper-consumerism）直接相关；废物处理与世界各地的社会和环境正义有许多联系。密集的资源开采，使得消费成为浪费方式，直接与栖息地遭破坏、物种灭绝、气候变化及人权相关。控制这些有害元素开始于在消费品的生产、供应和消费过程中减少废物的效能。废物的生产、储存和处置会对环境、经济与社会产生很多负面影响，但同时也提供了许多机会，比如作为经济与社会积极因素的再使用和循环。

废物的分层结构

用于评估废物流的结构，被称作废物分层结构（The waste hierarchy）即通常所说的"减少，再使用，再循环"（reduce, reuse, recycle）。对于制定商品消费与处置的可持续决策，这一分层结构可作为指导。废物分层结构的第一步是"减少"，或减少某物品或资源的消耗。这个想法与节约资源密切相关。阻止浪费，是节约资源最有效的方法，因为这样就没有资源必须被开采、精炼、运输或消耗，也就无须能量消耗。若此，例如消费者减少杂货塑料袋的使用量，那么，不必进行石油萃取和精炼，塑料袋也就不会成为废物。接下来是"再使用"。通过重复使用物品或购买耐用品，就能把该物品中的能量固存于它的整个生命周期。重复使用塑料食品袋，就能防止使用新袋子的能量消耗。结构的最底层是"再循环"。再循环提供了许多益处，是处理物料的最佳方式，否则这些物料将被置于填埋场，或最终成为垃圾。尽管，再循环具有益处，再循环的物料仍需要投入很多能量去收集和处理材料。收集塑料食品袋,再加工成另一种材料,需要许多能量。更好的选择是,在第一环节就不造成浪费,为未来节省最多量的资源。

不受规制的废物与环境正义

迄今为止,有些废物种类基本上不受规制,并且直到最近,经由分类系统的裂缝,遗漏在外。不受规制的废物常常行不从径,并最终成为路边或填埋场的不利因素,其生命的终结远非人们所认为的那样。这些废物流非常难以管理,而管理不善所带来的后果超出了过度消费与满溢的填埋场的影响。电子废物(e-waste)与餐厨垃圾,是最容易出现在不受规制的废物的物理、伦理与环境方面。有趣的是,这些问题的解决方案,存在于废物分层结构的相对简单性中,同样也说明了如何把一个不利因素(liability)重新改造成益处。

电子废弃物或电子垃圾,包括过期或不再使用的电子产品,如电脑、手机、电视机、遥控器和音乐播放器。电子废物是一个很好的例子,一连串的材料堆积于废物管理、工业和政府中,并激增成为目前正在解决的问题。关于电子垃圾的实际统计数据不尽相同,但国家安全委员会(the National Safety Council)估计,仅2003年,就有380万台家庭电脑需要处理。这仅仅是对家庭电脑的统计,并未计算商业与教育用途或其他类型的电子垃圾。尽管,在很多地方禁止垃圾填埋,每年仍有超过3 300万吨的电子垃圾被丢弃在垃圾填埋场。计算机与其他电子元件包含许多材料,需要首先被处理、精炼、制作成产品,并最终陈列得如同我们购买的任何其他

产品。生产现代电子产品需要数量惊人的资源(据估计,生产一台新电脑,总共需要1.8吨资源),此外,它们含有许多有毒物质,如铅、镉、汞、多氯联苯(PCBs)、聚氯乙烯(PVC),以及少量的铜,金,以及其他可以被提取出售的金属。老式的显像管显示器包含超过八磅的铅,铅是一种神经毒素,已被证明会导致一系列严重的身体疾患。

在电子垃圾成为社区与废物管理人员的问题之前,大部分物品都储存在人们家中的衣柜、车库或拐角,因为没有人知道除了把它们置于市政的或商业的废物流,在垃圾填埋场或焚烧炉中处理,如何处理它们。当这些物品被置于垃圾填埋场,就会把化学物质释放入土地与水资源;当它们被焚化时,则会把化学物质释放到空气中。然后,这些有毒污染物会渗入生活在垃圾填埋场或焚烧炉附近社区的空气与水中。在美国,第一个行动就是禁止垃圾填埋场与焚烧炉排放这些及其他有毒物质。有些州要求,消费者不再使用的电子产品,应全部被回收。

绝对禁止电子材料进入垃圾填埋场的回应是电子材料进入"灰色市场",出售给废品收购商和承运商,然后运到其他国家进行处理或提炼出少量铜及其他金属。这种"有毒物质贸易"导致了20世纪末、21世纪初,最严重的环境不义情况之一。这些废料的目的地大多位于欠发达的亚洲、非洲和东欧国家,在那里还不存在严格的环保法规。受利益的欲望所驱使,灰色市场上的中间商把废料销售给垃圾收购商,他们或者把废料倾倒入湖泊或海洋中,或将其大量堆积在社区附近,而社区没有足够资源来对抗有毒物质的倾倒。然而,更多

时候，贫困村民和儿童会亲手拆解这些废料以提炼出少量仍可销售的材料。拆解工经常掀开显示器，抽取铜线圈，让自己直接接触铅；大量以乙烯基绝缘的铜丝，经焚烧产生大量毒烟被周围的人直接吸入。拆解过的电子材料的废弃物，同样被大堆地丢弃在村庄或城镇附近，在那里继续渗入水与土壤中。在美国和欧洲，即使强制回收电子材料，预计有毒贸易仍将继续，因为，据受委托的电子垃圾回收项目估计，大多数社区与政府尚未准备好处理大量的电子材料。

不过，电子垃圾问题产生的另一反应，则表明了审视我们的消费及通过废物分层结构处理废料的价值。当然，缓解电子垃圾问题最好的办法是以某种方式说服厂商延长其产品的可用寿命，或者说服消费者，更长久地间保留他们的设备。有许多非营利组织与地方组织，接收电子材料，重新组织并翻新，尤其是计算机，那些不需要或者没有能力自己购买最新科技的人可以再使用它。在许多情况下，可用的电脑被送到欠发达国家的学校和机构，使其能够使用科技。这些组织不仅提供翻新电脑，以低廉价格出售给公众，并建立电子产品陆上回收中心，那里提供就业岗位，技能培训和社区教育资源。

餐厨垃圾：变"废"为"宝"

餐厨垃圾提供了又一个例子，以表明我们的废物如何成为不利因素，抑或潜在资源。餐厨垃圾由未使用的生食、已烹煮过或制备好但未食用的食物（后者被称为"残羹冷炙"）构成，并且按重量计，餐厨垃圾是总废物流的第三大组成部分。食品包装与加工外带餐食也是餐厨垃圾流的一部分，尽管，并不直接把它计算在餐厨垃圾统计信息之内。2000年，美国环保署报告，每年有超过960亿磅的食物被浪费并弃于垃圾填埋场。除了生产及分配食品需要大量能源与石化燃料，浪费食物也会导致气候变化。当餐厨垃圾进入废物流，经过填埋区它释放出甲烷，作为温室气体，它的效能23倍于碳。尽管，环境正义并不直接相关于食物处置，由生产者与消费者所浪费的食物都导致的显著后果是，普通美国家庭丢弃的大部分食物通常可以为本地或全球人使用。据环保署，所采购食品的25%最终在垃圾桶里，亚利桑那大学的一项研究估计，家庭食物的浪费率达50%（Jones 2004）。

当一个社会把食物置于垃圾填埋场，也就意味着将资源投入到水槽中，它们将永不再现。食品形成于最基本的自然资源；自然分解把内在于植物与动物中的营养物质，返回给土壤。从土壤循环中移除这些营养物质，并把它们埋葬于垃圾堆填区，会耗竭掉土壤适耕性，打破粮食生产与生活所依赖的自然循环。农民早就明白把农业废料制成堆肥，成为丰富的腐殖质，营养土壤的价值，事实上，有很多美国家庭在后院堆肥餐厨垃圾及其他绿色废物。

生活在大城市，向将产生的餐厨垃圾堆肥提出了挑战。人口密度根本不允许人人都在后院堆起一个制肥堆，而且大量食物浪费来自商业领域,那里不具备处理大量餐厨垃圾的能力。许多大城市现在把定期研究、收集及堆肥餐厨垃圾作为一种机制,以减少垃圾堆填区的压力,适应国家的回收任务,并从曾被认为是臭烘烘的讨厌物、腐烂的食品中创造一项经济而又环保的资源。

废物与社会

人与废物的关系深长而久远。这可能是我们最少考虑或研究的社会领域,但这本身也透露了许多关于一个社会的价值观,以及如何看待自身。"垃圾人类学"(Garbage anthropology)告诉我们,当一个社会增加财富,同样也在富裕的幻想中制造更多浪费;贫穷社会视一切为资源,甚至富裕社会的废物。一些过去的文化和社会根本不理解废物的概念,因为,所有的资源都应使用并再使用。社会废弃什么,又如何处理废物也显示了其道德、经济与环境的抉择。

显然,影响废物流最有效的方法是减少物品消费的数量。当物品不必一定购买,所有负面的外部环境因素才能得以避免。购买耐用的或重复使用的商品,或保留物品长久些,就会回报以更持久的能量,那是生产,回收使用或处置所需。正如本文实例所表明的,任何所认为的垃圾不利因素,都可以转化为一个社区或社会的资源。关键在于重新建构与废物的当下关系,它存在于,从我们称之为废物的材料中提取所有资源、原初的与人的能量,及尚未开发的潜在的能力中。

米迦勒·D. 西姆斯(Michael D. SIMS)
俄勒冈州尤金独立学者

拓展阅读

Commission of the European Communities. (2005, December 21). Taking sustainable use of resources forward: A thematic strategy on the prevention and recycling of waste. Retrieved July 28, 2009, from eur-lex.europa. eu/LexUriServ/LexUriServ. do?uri=COM:2005:0666:FIN:EN:PDF.

Gerrard, Michael. (1994). *Whose backyard, whose risk? Fear and fairness in toxic and nuclear waste siting*. Cambridge, MA: MIT Press.

Hawkins, Gay. (2006). *The ethics of waste*. Lanham, MD: Rowman & Littlefield.

Jones, Timothy. (2004). Using contemporary archaeology and applied anthropology to understand food loss in the American food system.

Retrieved July 28, 2009, from http://www.communitycompost.org/ info/usafood.pdf.

Leonard, Annie. (2005). The story of stuff. Retrieved April 20, 2009, from http://www.storyofstuff.com/.

McDonough, William, & Braungart, Michael. (2002). *Cradle to cradle: Rethinking the way we make things*. New York: North Point Press.

Porter, Richard. (2002). *The economics of waste*. Washington, DC: Resources for the Future.

Rogers, Heather. (2005). *Gone tomorrow: The hidden life of garbage*. New York: New Press.

Royte, Elizabeth. (2005). *Garbage land: On the secret trail of trash*. New York: Little, Brown.

United States Environmental Protection Agency (EPA). (2009). Retrieved August 12, 2009, from http://www.epa.gov/epawaste/.

Water

水

许多宗教中，水具有转化的力量，从罪恶和污秽的观念，到纯洁并成为神圣的一部分。琐罗亚斯德教（Zoroastrianism）保护赋予生命的元素，因而严禁污染圣水。但是，在印度教中，有仪式，比如把骨灰或尸体投入河中以救赎，实质上污染了圣洁的河流，矛盾的是，机械性地净化河流却使其更不圣洁。

就宗教或宇宙论的角度而言，始终存在着善与恶，或者宇宙与混乱力量的战斗。"纯洁"表示"完满"，而"不纯"则被视为"缺乏完满"，"完满"意味着敬虔，而不纯则是缺乏分享神性，或分离于神性的纯洁。因此，祛除不纯、罪恶、污秽意味着战胜混乱，从而创造宇宙。祛除不纯是一个过程，经由圣水把不洁转变为洁净，宇宙得以重新创建，身心的罪恶被销毁。由此，相信宇宙再生，圣水有能力湮灭各种可能使河水物质不洁的污染物，因为，这是一个目标和义务，去战胜并减少宇宙中的罪恶、不纯和污秽。神圣的河流是宇宙的机器，

把不洁转变为纯洁，如果它们不具备这种能力，那么严格来说，就不再圣洁。

圣水

有关纯洁和不洁的信仰中，圣水是独一无二的。而大多数其他圣物必须得到保护，以免触及物质和仪式的不纯洁，因为，玷污神圣之物是一个亵渎行为，特别在印度教中，当然世界其他宗教亦是如此，水在转化不洁之前，恰恰具有体现和承受不洁的功能，并由此，保留有物质和仪式的纯洁。在水的世界，琐罗亚斯德教对水纯洁的崇拜与保护是个例外，而在犹太教、基督教和伊斯兰教中，无论是浸礼（mikvah）、洗礼或祈祷前沐浴，水都是用于洗去仪式中的不洁。因此，这后三个世界宗教共享着同一个潜在逻辑，神圣的水冲走了仪式中的不洁与罪。然而，与印度教相比，在这些宗教中水只扮演了个小角色。所以，无孔不入的水净化各类精神与肉体不洁的信仰，吊诡地导致了一种情况，其间，河流与水体被故意污染。

这并非亵渎，而是圣水的神圣性、净化力的逻辑结果，由此，对圣水的信仰，在一个世俗世界里，可能成为可持续发展的问题，而不是解决方案。

印度教徒与琐罗亚斯德教徒

所有宗教，认为水具有各种不同的神圣特质和精神属性。例如，印度教，作为"水的宗教"具有独特的地位。2001年，历史上迄今为止，世界上最大一次人口聚集就发生在印度阿拉哈巴德（Allahabad）的"大壶节"（Kumbh Mela festival）上，位于恒河、亚穆纳（Yamuna）河及神话中的地下萨拉斯瓦蒂河（Sarasvati River）的汇流处。大壶节是一个为期42天的朝圣节，每12年举行一次，据估计，当年总计会有约50万—70万朝圣者参与朝圣节。1月24日，宇宙中最吉祥的日子，在这天20万至25万人之到河流中以圣水沐浴。所有来到阿拉哈巴德的朝圣者只有一个目的：在圣水中清洗掉自己的罪恶，为即将到来的死亡准备。

污染物转移至圣水；圣水的特质是洗去罪恶与仪式中不洁的能力。逻辑上，抑或实际上，其结果都是洁净奉献的水被精神的不洁或身体的污秽所污染。在其他处境中，污染圣洁即是亵渎，但无关于水或圣河。水的净化仪式包含一个过程，其间，个体信徒从精神与身体上污染神圣，却净化了他或她自身。玷污圣水是可能的，因此，宗教之于可持续发展与生态环境，不仅是解决方案，也会成为问题。印度教中最神圣的一些河流，却也是污染最严重的。这看似矛盾，却凸显了表征圣洁的结构特性和内在实质，以及圣水为何且如何可以特定的方式用于特殊的目的，而其他宗教物品却不

可为之。

传统上，"神圣"引发敬畏、崇拜、令人惊叹的现实体验和超越个体的强大力量。大体上，就水的污染与对生命元素的保护而言，最环保的宗教是琐罗亚斯德教（祆教）。琐罗亚斯德教保护赋予生命的元素远离污秽，污染圣洁即是亵渎。虽然，大多数人对一切不洁都用之以水，琐罗亚斯德教则保护河流本身的洁净。早在公元前5世纪，希罗多德就指出，"他们从来不会以他们身体的分泌物（尿液或唾沫）玷污河流，甚至也不会在其中洗手；他们也不会允许其他人这样做，因为他们对河流极深的崇敬之情"（Herodotus I.139）。不洁的水不能饮用或栽培，并且当水用于净化时，它只能作为二级净化剂。水不能用来作为主要的清洁剂；以水洗去污垢和不洁，是让水接触恶魔的不洁，被视为十恶不赦的罪。不洁净之物必须用牛的尿液清洁，以沙或在阳光下干燥，之后，可以用水最后清洗。琐罗亚斯德教徒作为游牧民族，对水的这种极度崇敬之情，一直被认为是在亚洲干旱草原上放牧牲畜的适应性结果。在那里，一切提升人与动物福祉之物，都被视作珍贵而受崇敬，需予以保护远离不洁与污秽。在这种情况下，对水的信仰可以促进可持续发展与保护环境免于污染。

另一方面，印度教中圣水被赋予其他的特质与目的。在印度，恒河是最神圣的河流，汇集了所有河流的神圣性。连接大地与上天的恒河，流淌着"长生不老的花蜜"；死去火葬最为吉祥之地，就是位于瓦拉纳西（Varanasi）的恒河沿岸。每年约有4万印度教徒在那里火化，从而穿越轮回之河。与精神实体相关的恒河母亲，如此神圣而强大，即使是瓦拉纳西

最小的水滴也能洁净信徒,解脱亡者,且瓦拉纳西恒河的圣洁,自古以来就能令人摆脱生死循环。

成千上万亡者的骨灰,沉浸于此河流,来自印度各地的朝圣者,带着他们已故先人的骨灰来到瓦拉纳西。把骨灰沉浸于圣河,污染了水体,但是,从宗教角度来看,这个仪式是确保得救所必需的。在神圣的恒河,水葬或沉浸尸体,也是葬礼仪式的内在组成部分。官方报告估计,每年有1 000至2 000具尸体浸于这河中,但实际数字可能更高。加之生活垃圾与污水,河水一直处于可怕的污染状态。20世纪80年代,几百只食肉龟被放入河中,以解决漂浮在瓦拉纳西恒河里腐烂尸体的问题,并就是否应该把鳄鱼重新引入河中,作为一个解决浮尸问题更持久的方案,进行了讨论。1989年,电力火葬场的开业被认为是防污染方案中必不可少的部分。由此,宗教可能规定了这样一种仪式,这仪式以净化个人为基础,但却污染了同一条最终应净化他人的河流,仪式活动已经污染了至圣河流的水质。

在尼泊尔,最神圣河流的污染也变得如此严重,以至朝圣者们在他们的仪式中和重大节日里不能使用水。巴格马蒂河,恒河的一脉支流,流经帕斯帕提那神庙。对于尼泊尔的印度教徒而言,这是最神圣的地方,在那里,每年有数千亡者被火化,但污染河水的却不只是葬礼仪式。2002年之前,这圣水是生活污水、工业废水、农业污水及其他污染的污水。这条河唯一神圣的是它的名字,而不是在实际生活中,所以必须采取行动。解决方案是,2002年的湿婆节(Shivaratri festival)位于上游的寺庙污水处理厂开始机械地清理河道。有了这个针对物理污染的工程解决方案,河水从黑色污泥流变成光泽透明的河流,但它给信徒留下了一个问题:河流依然圣洁吗,或只是纯净?

物理纯净与仪式纯净相关,但是,对于物理纯净的改善并不一定提升精神纯净。虽然,在引入污水处理厂之前,河水污染太过严重而无法用于仪式,但是,这条河仍然被认为是神圣的,只是处于恶化状态。由于机械清洁的介入,神圣的逻辑受到挑战。巴格马蒂河被认为是尼泊尔最神圣的河流,因为它有净化信徒脱离罪恶与人类污染,却仍然保持纯洁的能力。神圣的河流,之所以神圣,在于它有力量与能力,凭其神圣的特质,消灭精神与身体的不洁。人们把罪与污染物转移至河流,河流作为神圣圣洁的实体,把污染转变成的纯净,由此,河水也就依然纯洁。如果河水无法把不洁转变为洁净,这将被视为这条河已经失去圣洁的证明。当工程师介入并洁净了受污染的河水,而这本应由它自己完成,无数信徒会认为河水的纯净只是水质上的,而非仪式上的。

要理解神圣河流有能力把不洁转变为纯洁的基本信念,必须考虑到水的流动特性。河流作为水通过清洗,把污垢带走,洁净身体。洗澡使身体的外部变得干净,与之非常相同的过程发生在圣浴(holy bath)的时候,通过身体向内,灵魂得到纯化。在印度教,道德品质是表征的,并通过圣浴,冲洗掉罪恶,转移到河里。因此,圣河背后的逻辑是水具有把不洁转化为纯洁,从而接受并湮灭精神不洁的能力,这就是从混乱中创造宇宙的过程。这种逻辑也已扩展到了对河流内物理污染的处置,因为流动的水把污染物带走,河水似乎依然纯净。因此,一条圣河,被认为有力量把各类污染转变为洁净的，这使人们把各种污秽转移入河流，对污垢与污物的生活垃圾处理，并不被视为对圣水及象征神圣之物的宗教亵渎。

圣水与可持续发展

总之，宗教传统中水的圣洁与神圣性并不能保证水不被污染。事实上，由水提供的精神"清洁"可能是进一步污染的源头。至于可持续发展，敬畏水的圣洁或神圣，需要跳出纯粹自我净化的角度，而多从所有生命净化的角度予以反思：水、河流、湖泊、溪水或大海就变成了一个刻度表，显示着人类是如何敬畏其他自然水世界的。

泰耶·瓯耶斯提格阿德（Terje OESTIGAARD）
卑尔根大学

拓展阅读

Boyce, Mary. (1984). *Zoroastrians: Their religious beliefs and practices*. London: Routledge & Kegan Paul.

Douglas, Mary. (1994). *Purity and danger*. London: Routledge.

Herodotus. (1996). *Histories*. (George Rawlinson, Trans.). Hertfordshire, U.K.: Wordsworth Classics of World Literature.

Oestigaard, Terje. (2005). *Death and life-giving waters: Cremation, caste, and cosmogony in karmic traditions*. Oxford, U.K.: Archaeopress.

Otto, Rudolf. (1973). *The idea of the holy: An inquiry into the non-rational factor in the idea of the divine and its relation to the rational* (John W. Harvey, Trans.). London: Oxford University Press. (Original work published 1923)

Parry, Jonathan P. (1994). *Death in Banaras*. Cambridge, U.K.: Cambridge University Press.

Tvedt, Terje, & Oestigaard, Terje. (Eds.). (2006). *A history of water: Vol. 3. The world of water*. London: I.B. Tauris.

Tvedt, Terje, & Oestigaard, Terje. (Eds.). (2009). *A history of water: Vol. 4. The ideas of water from antiquity to modern times*. London: I.B. Tauris.

White's Thesis

怀特论题

1967，学者小林恩·怀特发起基督教对创造和助长环境危机负有责任的辩论。他认为《圣经》给予人类统治自然世界，并使人类凌驾于其他受造物的观点，被解释为对基督教的攻击。他的理论催生了宗教与生态学研究领域。

1967年3月10日，当小林恩·怀特所作"我们生态危机的历史根源"发表在《科学》杂志上，他无法预料这会成为特定领域——现在称为生态神学（ecotheology），更广泛地称作"宗教与生态"——的叙述开端。有关这一主题的几乎所有主要研究，都会出于这样或那样的原因引用怀特，他理应纳入该领域。然而，对于怀特的回应，以及他所建构的该领域的方法和视野，已经开始转变。总体而言，对怀特的论文主要有三种回应——即所谓歉意的、建设性/批判的和同情的。不过，也还有许多其他类型（例如，Scharper 1998；Fowler 1998；Oelschaleger 1994）。

小林恩·怀特是一位中世纪历史学家，特别对技术在历史中的作用感兴趣（Hall 1987）。他的基本观点是，"基督教，尤其是西方的基督教，是世界上最人类中心主义（anthropocentric）的宗教"（White 1967）。他继续在刊登于《科学》上的文章中指出，这是由于基督教的上帝是一位远离的超验神。既然人类被认为是上帝在地球上的代表，那么他们在地球上就无法像在家中。许多科学家与宗教研究学者旋即接受了怀特的批判，但却很少有人接受他的进一步观点，即我们或许也会发现宗教传统中有反对破坏生态的思维与行为方式。例如，众所周知，他称亚西西的圣方济各是生态守护神，从而承认，在基督教的众多传统中也存在呵护生态的传统。

三条路径

对于怀特论点的一类回应是条歉意的路径。其间，大部分宗教学者（主要是基督教的）着手就林恩·怀特的批判捍卫基督教（后来也包括其他宗教）。这类回应者指出，怀特歪曲了基督教；他们声称《圣经》中的讯息整体而言即是一种管家制，最近被称为"创造关怀"（creation care, DeWitt et al. 1994）。其典型方式就是淡化《创世记》中"统治权"（dominion）的隐喻，并夸大创世叙事，其中亚当和夏娃是世界的管理员或管家。这类回应的另一个重要方面是，相同的责任通常被归咎于现代科学和现代资本主义/消费主义。换而言之，这种回应拒绝怀特，捍卫基督教，并把手指向别处，主要是科学、世俗主义与经济学。

第二类回应是条建设性的批判路径。此路径——宗教学者，科学家和少数环保主义者采取的——接受怀特的论点；承认基督教对环境危机负有责任，也认识到宗教思想和语言必须是解决生态危机方案中的一部分。宗教与生态论坛的文集，《世界宗教和生态学丛书》（*World Religions and Ecology Series*）即属于此路径。美国前副总统戈尔予以很好的总结，他提出，环境危机的核心是一场精神危机（Gore 1992）。承认宗教在促成危机与解决方案中都具有作用，是歉意的与同情的路径之间的一个中间地带。换句话说，正如许多人认为的，承认人类是宗教性的，所以我们不能忽视人之为人的宗教意义。另一方面，宗教传统并非一贯正确；他们是由人类建构，并在不同历史时期一再重建。在此路径上，可重新研究基督教教义，比如创世（Moltmann 1993）或基督论（MeFogue 1993），从而帮助治愈人类—地球的关系。或者作为一名科学家，建议审视宇宙学（Berry & Swimme 1994）或进化论与生态学（Goodenough 1998），从而产生新的宗教。

最后，第三条是同情的路径。依据这一回应，宗教是负有责任的，人类必须反对宗教或者进入某种后宗教阶段，或拒绝那种把宗教考虑在内的环境保护主义。很少有宗教学者会始终沿循此条路径，但它勾勒了环境保护主义与科学的发展叙事，尤其是在美国。类似于在创世与进化之间建立的争斗叙事（毫无疑问错误的二分法），这条路径认为关爱环境与宗教信仰之间只能择一。相反，在歉意的路径中，宗教被认为是无可责难的，因为它一直是绿色的（或至少对宗教"正确"的解释是绿色的），而在这些路径中，宗教不是绿色的，也不能要求它成为绿色。这种态度的一个好（但极端的）例子是罗纳德·里根（Ronald Reagan）的内政部长杰姆斯·瓦特，他称可以砍伐国家森林，因为这会加快耶稣的再临。尽管，这些直接的言论可能比事实更传奇，不过审视瓦特的政策，表明了他的基督教信仰（他在判断时严重依赖）大胆地拒绝任何形式的环境保护主义。从科学/环境的角度来看，这种思维类型已经导致环保主义者与保守的基督徒（或其他宗教信徒）之间出现了裂痕，现在正在弥合。这条路径最近的支持者们，现在被称为"新无神论者"，如理查德·道金斯（Richard Dawkins），他们相信宗教对地球有害(Dawkins 2006)。这种非此即彼路径假设,已经导致双方阵营的误解:环保主义者被视为无神论者,基督徒被视为不关心地球的基要派。

被忽视的视角

作为"宗教与生态"叙事的发起人,林恩·怀特存在一个问题,即把起源置于西方基督教内,并扩展到其他宗教传统。这可视作帝国主义在许多出于善意的学者与宗教民族身上的效应。换句话说,林恩·怀特与印度的契普克(抱树)运动(chipko movement)或中国佛教环保主义可能并无实在关联,然而,至少在西方,他仍然被视为开启宗教与生态讨论之人。不过,这叙事可能应仅限于"基督教与生态"甚至"西方基督教与生态":于此,犹太教传统、东正教传统与西方基督教,不能混为一谈。最后,林恩·怀特可能引发了对基督教的错误描述。不是所有的宗教思想一直是生态的吗,它

不是一直形塑着我们对待土地的态度吗?在林恩·怀特之前,除了亚西西的圣方济各,在基督教思想历史中,还有其他"爱地球"的例子,从抱树的凯尔特僧侣到法国耶稣会士德日进(Teilhard de Chardin, 1881—1955),他倡导从进化论与宇宙论的角度来理解上帝与基督。但最重要的是,始于怀特并为基督教忽略的事实:任何宗教传统都未预言我们当代的生态危机,因为,现存的宗教传统中没有哪一个始于我们今天所生活的全球化科技世界。换句话说,基督教——任何与之相关的宗教——可能是有责任的,但我们面临的当代危机更是关于对人类事实上是自然世界的一部分的深刻意识。由此,宗教(旧)传统将进行改革或被剔除,新的传统将在使我们的"宗教"思想更具可持续的努力中建构起来。至少,这是宗教与生态的希望。

惠特尼·A. 鲍曼(Whitney A. BAUMAN)
佛罗里达国际大学

拓展阅读

Berry, Thomas, & Swimme, Brian. (1994). *The universe story.* San Francisco: HarperCollins.

Dawkins, Richard. (2006). *The God delusion.* New York: Houghton Mifflin.

DeWitt, Calvin B. (Ed.). (1994). *Earth-wise: A biblical response to environmental issues.* Grand Rapids, MI: CRC.

Forum on Religion and Ecology. (2004). Retrieved May 15, 2009, from http://fore.research.yale.edu/publications/books/book_series/cswr/ index.html.

Fowler, Robert Booth. (1995). *The greening of Protestant thought.* Chapel Hill: University of North Carolina Press.

Goodenough, Ursula. (1998). *The sacred depths of nature.* New York: Oxford University Press.

Gore, Albert. (1992). *Earth in the balance: Ecology and the human spirit.* Boston: Houghton Mifflin.

Hall, Bert S. (1989). Lynn Townsend White, Jr. (1907–1987). *Technology and Culture, 30*(1), 194–213.

Jenkins, Willis. (2009). After Lynn White: Religious ethics and environmental problems. *The Journal of Religious Ethics 37*(2): 283–309.

Lodge, David M., & Hamlin, Christopher. (2006). Beyond Lynn White: Religion, the contexts of ecology, and the flux of nature. In Peter Raven, David Lodge, & Christopher Hamlin (Eds.), *Religion and the new ecology: Environmental responsibility in a world of flux* (pp. 1−25). Notre Dame, IN: University of Notre Dame Press.

McFague, Sallie. (1993). *The body of God: An ecological theology.* Minneapolis, MN: Fortress Press.

Moltmann, Jurgen. (1993). *God in creation.* Minneapolis, MN: Fortress Press.

Oelschlaeger, Max. (1994). *Caring for creation: An ecumenical approach to the environmental crisis.* New Haven, CT: Yale University Press.

Scharper, Stephen Bede. (1998). *Redeeming the time: A political theology of the environment.* New York: Continuum.

White, Lynn, Jr. (1967). The historical roots of our ecological crisis. *Science, 155*(3767), 1203−1207. Retrieved on June 19, 2009, from http:// ww.uvm.edu/~jmoore/envhst/lynnwhite.html.

小林恩·怀特之言

1967,怀特的"我们生态危机的历史根源"一经刊载于《科学》,就引发了一场基督教与生态之间关系的争论。

关于人类与基督教之间的关系,基督教能告诉人们什么?

虽然,许多世界神话提供了创世故事,希腊罗马神话却是这方面唯一不相干的。如同亚里士多德,古代西方的知识分子否认可见的世界有一个开端。事实上,在他们时间循环概念的框架中,开端的想法是不可能的。形成鲜明对比的是,基督教从犹太教继承下来的,不仅有时间不可重复的线性观念,还有惊人的创世故事。充满爱且全能的上帝,一步步地创造了光明与黑暗、天体、地球及其所有的植物、动物、鸟类、鱼类。最后,上帝创造了亚当和夏娃,夏娃是一个事后想法,免得使(男)人孤独。那个男人命名了所有的动物,从而确立了对它们统治。上帝为了(男)人的利益和规则明确地计划所有这些:物理创世中,没有哪一项的目的不是服务于人。

并且,虽然人的身体是由黏土构成,他却不只是自然的一部分:他是依神的形象而造。

尤其,西方基督教是世界上最人类中心主义的宗教了。早在公元2世纪……基督教……不仅建立了人与自然的二元论,还坚持认为,人类基于适当意图开发自然是上帝的旨意。

对普通人而言,这产生了有趣的效果。在古代,每棵树、每口泉、每条溪流、每座山丘有它自己的场所,它的守护神。这些神灵都是人可触及的,却不像人;马人、农牧神和美人鱼显示出它们的矛盾。在砍伐一棵树、开采一座山或堵塞一脉溪流之前,安抚看守特定之物的神灵,并让它保持平静是很重要的。通过摧毁异教的泛灵论,基督教使人们可以对待自然物以冷漠心态,去开采自然。

来源: Lynn Townsend White Jr. (1967). The Historical Roots of Our Ecologic Crisis. *Science, 155*(3767), 1203−1207. Retrieved October 1, 2009, from http:// aeoe.org/resources/spiritual/ rootsofcrisis.pdf.

Wilderness

荒　野

　　有关荒野的概念，已经随着时间，从前现代时期的深恶痛绝，转变至爱默生与梭罗时代的欣赏。在21世纪，支持经济发展的人认为，我们必须继续开发地球的天然资源。倡导生态可持续发展的人认为，保护、保存并恢复地球的荒野是必要的举措。

　　荒野的概念，挑战着以增长为导向的可持续发展的主流理论。根据这一理论，出现荒野是不合时宜的，而保护地球的大面积区域以远离经济发展的观念则是愚蠢。一直以来，占主导的世界观认为，人类是主人，是自然的拥有者，因此不存在增长极限。如果，助推进步的（已确定）主要是经济发展，那么，占据欠发达地区的土地则是必要的。

　　主流市场经济学家认为，任何尚未进行经济开发——即所谓得到最大程度和最好的使用——的自然景观都是浪费。湿地应该被抽干；要让沙漠绽放花朵；清除雨林以供人类居住；截流江河，以控制洪水并为灌溉和电力提供水源。此外，市场运用指导原则，在任何可能的时候，必须让植物与动物的野生种群为转基因物种所替代，它们不仅能够抵抗疾病，最重要的是，适合于商业化和工业化科技生产。当那些为了生存需要大范围荒野土地的物种濒临灭绝，它们有限的种群可以在动物园得到保护。由此，荒野上冗长的生命与土地就可以纳入为了人类福祉而设定的管理地球的计划之内。

　　自20世纪中叶，另一世界观出现。荒野观念，经由可持续发展的已知生态因素的架构，获得了新的合法性。如今，认为荒野的和比较荒野的地方提供了可持续文明所依赖的不可替代的宝贵生态服务系统。例如，亚马孙平原热带雨林是地球的肺（比喻的），平流层臭氧是保护地球的生物组织免受紫外线消灭的屏蔽。蜜蜂给大面积有价值的农作物授粉，回收者如蠕虫和白蚁，处理亿吨死亡的动植物质料使其成为重要的营养物和土壤。此外，野外自然是未被发现的植物及昆虫物种名副其实的宝库，它们对维持生态系统健康发挥至关重要的作用，并为了人类的利益保护着潜在医疗用途。不过，生态系统服务的经济价值是难以计算的，生态经济学家们估计，这种服务提供的经济价值两倍于单纯的人类产业。

然而，目前的世界秩序，受经济增长助推器所驱使，不可避免地折磨着野生世界演进交织的复杂性。尽管大众媒体已经凸显了行动的必要性，尽管已经采取了一些积极措施去保护和恢复野生世界，许多科学家认为，文明几乎才刚刚开始采取正确措施。对生态有所了解的思想家逐渐认为，当且仅当决定人类下个世纪发展轨迹的对话中关涉到非线性过程与野生世界自然进化的复杂性，可持续发展才会实现。人类的统治时代不过就是脆弱。

荒野的概念

如同植物、动物和野生生态系统已经进化了数百万年，荒野的概念——一个相对短期的现象——也在自我改变。于此，详述历史上荒野理念的几个关键时刻。

伴随着农业革命，有关人类对地球设想的范式毫无疑问地发生了转变。人类长期定居地、谷类植物的种植及动物物种的驯化改变了人类与自然之间长期建立的关系。古人类学研究表明，人类并不具有世界的概念，除了他们栖居自然的家。约公元前25万年一直持续到农业革命开端（约公元前15000—公元前12000），这一时期被称为"大猎捕"（The Great Hunt）时代。群居社会（band society）（觅食是生存的主要方式）是普遍情况；狩猎和采集为社会的存在提供了经济基础。古气候学假设，气候变化导致更新世草原的崩溃，引发了农业革命的产生。

农业革命之后，野生动物及荒野之地日益成为令人担心的问题。野人（野蛮人）是村庄的祸害。野生动物，包括肉食动物（如狼）和昆虫（如蝗虫），成为牲畜和农作物的持续威胁。过了几千年，村庄与部落让位给第一代国家埃及和苏美尔的崛起。伴随着这些文明而来的是自然地貌的巨大变化，如为了灌溉河流改道，为了田地砍伐森林。自然世界不再有那么多人居住，因为它是不断增长的人口食物和住房的质料来源。

荒野思想史上第三个阶段，可以以亚威支派（Tribes of Yahweh）的形成为标记（约公元前1000年），即不同人聚集成为以色列族。对于这些部落，荒野是逃离苏美尔和埃及专制的一个安身之地。伊甸园的萦绕余音，说人以自然为家，只能在旧约中寻见。希腊理性主义的出现，如亚里士多德理论也是这一时期的标志。自然被归类于适合为人所用。尽管，这些理论看起来初级有误，但它们是不断试图让人类在观念上成为自然主人的开端。

最后阶段形成于阿提卡和耶路撒冷之间有趣的融合，基督教出现。例如，使徒保罗熟悉苏格拉底—柏拉图式灵魂是人类本质的概念。在新约圣经——完全不同于旧约——的印象中,自然世界不过是超自然创造者强加给有罪人类的一个苦难世间而已。不过,基督徒也讲述"好消息":救赎和逃离这罪恶、苦难、痛苦的自然世界就在眼前。

在整个基督教化的中世纪欧洲,蛮荒之地如沙漠、山脉和森林,被视为神对原罪的惩罚。此类神学严重破坏自然之地,比如当挥舞斧头的僧侣无情地摧毁林地。这些观念随着欧洲殖民者的浪潮,大规模涌入新大陆,他们认为荒野与罪恶相关,并认为其居民是不信神的土著。因此,殖民是在"救赎"荒地。

现代荒野概念

19世纪,一条思考荒野的新路径出现。美国哲学家和社会改革者,如爱默生(Ralph Waldo Emerson)、梭罗(Henry David Thoreau)和约翰·缪尔(John Muir)是具有深远影响之人,观念慢慢地从神学的深恶痛绝转变成值得欣赏。尽管基督教信仰弥漫于爱默生的思想,梭罗有句名言:世界保存于荒野之中,缪尔发现并明确表达了对于荒野自然内在价值——自身价值——的强烈意识。

20世纪,有关荒野的想法进一步改变,部分是由于生态新科学的快速发展。美国环保主义者阿尔多·利奥波德的《沙乡年鉴(1949)》(Aldo Leopold's Sand County Almanac)清晰阐述了荒野哲学,临近世纪中叶仍坚持致力于保护并恢复野生世界的基石。20世纪下半叶经历了基因学、保护生物学、生态重建学和生态经济学的迅速发展。这些学科已经从根本上改变了荒野概念。

尽管,新古典经济学继续在前生态范畴的影响下产生作用,野生世界越来越多地被认为是可持续发展的根基。所谓的生态系统服务,包括二氧化碳通过光合作用转化为氧气、沼泽和湿地对沿海地区的缓冲,以及氮循环,现在被认为不仅对自然经济的良性运转是必要的,也是确立人类经济不可替代的财富。

生物物理学的荒野

野生世界已经被这样的直接行动,比如,深耕大草原和渠道化河流以及间接的(意外)的后果,如物种灭绝、极地冰盖融化、珊瑚礁的消失,而不可避免地人为化。野生世界直接或间接的变化进程正在加剧。证据是令人震惊的,地球上第六次生物大灭绝正在有条不紊地进行,不同于之前任何灾难性的灭绝,它起源于人(人类)(Wilson 1992)。

乔治·马什(George P. Marsh)是最早一些科学家中的一位,他们认识到地球变化的长期后果并不符合经济发展的计划。19世纪60年代,他警告说剥削自然系统,无论获得怎样的短期经济利益,这些利益最终将在长期后果中失效。文化继续与这些问题斗争,正如显现于为其意外后果所创造的术语——经济外部性(economic externalities)。

许多21世纪的生态学家看见了改变的最佳时机,它意义深远,或能保护和/或恢复野生环境,并认为这进程不会远于一个世纪,或许少于20年。自然越来越被认为是一个复杂混沌的系统,应该期待其中不可逆不可预测的变化。政策应予以变化,以应对这紧急情况,包括设定最低限度:在重要地区,如亚马孙河流域保留一部分永久性土地;监管危害生态系统进程的人类活动,包括干扰状况,如火灾、水灾;优化对人类经济如太阳能的自然补助。

荒野、经济发展和社会正义

荒野保护和再建的主张遭到来自南半球，一般被称为第三世界地区的一些作家的批评。尽管，批评的细节复杂，仍有两个基本要点。首先，批评是指控全球化剥削未开发国家的资源，造成本地生态破坏和贫困，而经济利益主要流入富裕国家。这种说法有可取之处，虽然批评更恰当来说是指向全球化而非保护。其次，批评者认为，没有正当理由在欠发达国家呼吁保护荒野，而那些共同致力于改善全球贫困的发达国家的生活方式却没有相应改变。

荒野的保护、保存与恢复

受人口增长与经济发展的影响，自然无可避免地继续碎裂。然而，也有正在进行中的许多实际行动可以成为未来可持续发展的范例。保护工作已经把一些濒临灭绝的物种恢复到基本健康的状态，白头鹰就是一个很好的例子。位于得克萨斯州东南部的大灌木丛国家保护区（The Big Thicket National Preserve）是经过几十年不过度采伐（常常收割，相对于清场伐木）的林地与河岸地区（与河流和溪流接壤的土地）拼凑而成的。大峡谷国家公园已经制定了一项政策，在适应火灾的森林（fire-adapted forests）中恢复火灾作为自然干预机制，并且保护该峡谷野生动物所依赖

的泉水工作也正在进行。在更大范围，由区域保护团体组成的联盟已经为北美，特别但并不只是沿落基山脉的脊椎，形成"重返野性"（rewilding）计划。

同北美保护工作的情况相似，保护荒野的国际行动所获成效目前喜忧参半。亚马孙平原继续以惊人的速度消失。非洲大猩猩的栖息地不断缩小。印度，威猛的老虎的生存领地已经缩小到危险程度。由于印尼和马来西亚的森林被迅速砍伐，红毛猩猩濒临灭绝。

在21世纪的第一个10年即将结束之际，一个多元化的科学界已经意识到，文明不能缺失对野生自然的保护和恢复。对于经济发展的支持者而言，这样的想法似乎天真，即否认这个现实（他们所认为的）：人类别无选择，只能继续开发地球的自然资源。对于了解生态的人而言，有利于文明的可持续发展，只能通过保护，保存和恢复地球荒野得以实现。

马科斯·奥斯切雷格（Max OELSCHLAEGER）

北亚利桑那大学

拓展阅读

Foreman, Dave. (2004). *Rewilding North America: A vision for conservation in the 21st century*. Washington, DC.: Island Press.

Diamond, Jared M. (2005). *Collapse: How societies choose to fail or succeed*. New York: Viking Press.

Duerr, Hans Peter. (1985). *Dreamtime: Concerning the boundary between wilderness and civilization*. F.

Goodman (Trans.). New York: Basic Blackwell.

Glacken, Clarence J. (1967). *Traces on the Rhodian shore: Nature and culture in Western thought from ancient times to the end of the eighteenth century*. Berkeley, Los Angeles and London: University of California Press.

Grumbine, R. Edward. (1992). *Ghost bears: Exploring the biodiversity crisis*. Washington, DC: Island Press.

Keiter, Robert B., & Boyce, Mark S. (Eds.). (1994). *The Greater Yellowstone ecosystem: Redefining America's wilderness heritage*. London and New Haven: Yale University Press.

Lee, Richard B., & DeVore, Irven. (Eds.). (1968). *Man the hunter*. New York: Aldine de Gruyter.

Leopold, Aldo. (1949). *Sand county almanac: With other essays on conservation from Round River*. New York: Oxford University Press.

Levin, Simon A. (1999). *Fragile dominion: Complexity and the commons*. Reading, MA: Perseus Books.

Lopez, Barry Holstun. (1978). *Of wolves and men*. New York: Charles Scribners Sons.

Nash, Roderick. (1967). *Wilderness and the American mind*. New Haven, CT: Yale University Press.

Oelschlaeger, Max. (1991). *The idea of wilderness: From prehistory to the age of ecology*. London and New Haven: Yale University Press.

Sahlins, Marshall David. (1972). *Stone age economics*. New York: Aldine de Gruyter.

Shepard, Paul. (1998). *Coming home to the Pleistocene*. Washington, DC: Island Press.

Shiva, Vandana. (1989). *Staying alive: Women, ecology, and development*. London: Zed Books.

Wilkinson, Charles F. (1992). *Crossing the next meridian: Land, water, and the future of the west*. Washington, DC: Island Press.

Wilson, Edward O. (1992). *The diversity of life*. Cambridge, MA: Harvard University Press.

料想大多数人会驳斥这一想法：以一头被养育的狼指代一个天真的人。这可能是合理的，但是于我而言，却似乎并不高明。当我们从城市的监狱，眺望荒野，当我们理智上触及这种抽象，将其作为引导生活远离无意义规定的特权，或者没有罪恶或诡计的东西——简而言之，一个诚信的生活——我想我们可以变成狼。

巴里·洛佩斯（Barry Lopez）

来源：Barry Holstun Lopez. (1978). *Of wolves and men*, p. 249.New York: Charles Scribners Sons.

Wisdom Traditions

智慧传统

　　智慧是柏拉图的四项基本美德之一；原初的概念涉及与生活相互联系的知识，是关于可持续发展讨论中的固有主题。自柏拉图以来，智慧在许多不同传统中具有了重要的宗教意义。因此，智慧已经成为可持续性的一个美德，作为全球宗教伦理的一个基础。

　　智慧的概念与哲学（从希腊语的 *philossophia*，其本身就意为"爱智慧"）相关。然而，这种哲学的传统理解逐步剥离于其原初的意义，这意味着今天的哲学往往相关于对知识更狭隘地追求。就其古义，哲学是关于生命及一切事物彼此之间的关系。就宗教而言，这种关系必然包含宗教的承诺，（在许多情况下）涉及对神的承认。由于，可持续发展是要维持人类与其他生物和地球之间的关系，智慧是最

恰当地与追求可持续发展联系在一起的，有些人可能认为其不可或缺。

亚伯拉罕的信仰

　　犹太教、基督教和伊斯兰教都借鉴了《圣经》中的先祖亚伯拉罕所坚持的传统，在这个意义上，他们共享许多相同的资源，尽管，三个宗教强调的侧重点各不相同。希伯来的智慧传统发展得最为深刻，希伯来圣经中相关书目全集被称为智慧文学：《箴言》（*Proverbs*）、《约伯记》（*Job*）、《传道书》（*Ecclesiastes*）、《诗篇》（*Psalms*）、《雅歌》（*Song of Songs*）以及次经中的《智慧篇（书）》[①]（*the book of Wisdom*）和《便西拉智训》[②]（*Sirach in Apocrypha*），不过表现得与智慧主题密切相关的文献范例，遍

---

① 译者注：《旧约》次经《所罗门智训》的别称。

② 译者注：Sirach〔次〕《便西拉智训》旧约次经，另称《西拉之子耶稣/约书亚的智慧》（*Wisdom of Jesus/Joshua ben Sirach*），在拉丁语传统中，则称它为《传道经》（*Ecclesiasticus*，意即"教会之书"）。原书约于公元前200至公元前170年间由约书亚·便·西拉（Joshua ben Sirach，意即"西拉之子"）以希伯来文写成，后来由他的孙儿于公元前132年左右翻译成希腊文，并加上序言，但至今只有希伯来文的片段存留下来。另，天主教译作《德训篇》。参见《基督教圣经与神学词典》，第497页。

及希伯来圣经。在犹太人的传统中，可以在家庭生活的环境下通过教育，以及更细微的，通过观察自然世界习得智慧。大量智慧文学似乎支持现状，它肯定皇室传统和社会等级安排。就此而言，它认同的一些传统元素被许多人认为不利于生态敏感活动。这在生态女性主义的智慧阐释中尤为明显，其中智慧被描绘成必然存在于所有等级结构的对立关系中。

然而，还存在颠覆传统的智慧，背离等级安排。那些劝勉读者要关注非人类生命的箴言是自然主义者所熟悉的，尽管作者显然对科学知之甚少。一个例子，《箴言》第六章6—9，人类被告诫要注意"蚂蚁的方式"。这似乎不仅仅是一个隐含的自然科学；相反，它是对浓缩于蚂蚁生活中的不同类型社会秩序的建议。承认智慧存在于那些缺乏统治者的生物，甚至最小、最微不足道的生物——也就是蚂蚁、獾、蝗虫和蜥蜴中——挑战了皇室的、等级的传统智慧。

《箴言》(1—9章)也提及"女人的智慧"，其中，称颂智慧并非将其作为人类社会成功的手段，而是作为创世原初的礼物。希伯来智慧与创世之间的联系如此之多，以至于有学者认为，智慧总是含有一个隐匿的创世神学。《箴言》第8章，智慧甚至描述为一个共同造物者，嬉戏地参与创世，但也充当地球的声音，似乎她知道宇宙的相互联系是如何形成的。如此理想化的智慧观，也与希伯来思想中的《妥拉》或"律法"相关，对比《约伯记》，后者明确应对不公正的苦难问题。对此给予应有的重视是重要的，否则智慧会被认为呈现了一个未能充分认识人生经历中痛苦的愿景。在这样的背景下，上帝被描绘为显示出对众生的关怀，不只是人类，而且也暗示上帝发现地球的智慧，但需要通过创造，而不像是人类的寻找。于是，这样的智慧为上帝所确立并证实，并且似乎挑战着呈现于神圣心灵之上的理念的柏拉图的智慧观。在《智慧篇》(包含在希伯来圣经的古希腊语本——七十士译本——并保留在罗马天主教和东正教的《旧约》中)中，智慧也与上帝的精神相关联；它充满了整个世界(智1:6)，是上帝的气息，发出上帝的荣耀(智7:25)。

基督徒与穆斯林的解释

与律法相关的智慧，以及希伯来思想中的神，最终在基督教中进一步发展，从而神的智慧与基督的位格相关联。基督，可以说最初被理解为一个智慧基督。希伯来传统中那些同智慧相关的诗篇被刻意与基督这个人物联系起来。《约翰福音》通过更具等级性的标志意象(涉及约翰福音之言，如，"太初有道")，促成了这样的转变，并最终在智慧之神(sophia)或智慧传统中的背景遭到抑制。许多使徒书信把基督和十字架与智慧关联起来，如《歌罗西书》与《哥林多前书》。这种理解颠覆人类寻求智慧与基督门徒之间的简单关系，现在更多的苦行禁欲传统进入视野，承认基督的十字架成为(一种矛盾的方式)真正智慧的标志。这确认与不适当的自虐无关，而体现为一种意愿，为了有益遭受苦难。换句话说，它具有牺牲元素。此外，美德，比如智慧，被认为不能仅在人类社会中习得；它们也被认为是借着圣灵的恩典，由上帝赐予的礼物。

在伊斯兰教关于环境问题中的智慧，相当于管家(哈里发)的实践，被理解为形成了对地球负责的正确意识。这与伊斯兰教中另外两个关键思想相关,即认主独一(*tawhid*,塔维德)和后世(*akhirah*,责任accountability)。地球一词*arn*,在《古兰经》中出现485次。赤贫者(*masakin*)一词描绘所有生物,包括人类在内的居所。地球被命名为人类生活的开始与结束,人类与地球之间的亲密关系,在地球最终为神所有的基础之上,为尊重与爱护给予了适当的响应。重视节日期间的泰格瓦(*taqwa*,即因畏惧于地球的神圣主人而制定的规定),它标志着哈吉——每年前往麦加的朝圣——的尾生,也涉及对地球认真负责。一些特定指令用于收获时节(《古兰经》6:41),这使人联想到众所周知的希伯来传统。一些伊斯兰学者强烈批评西方科学观主导全球,及其知识的唯物论形式;他们呼吁伊斯兰科学,保留自然的神圣观,同时也坚持上帝为造物主的强烈超越意识。然而,根据《古兰经》人类的主要目的是在地球上充当代理人(vicegerent)(《古兰经》2:30),从而人类之于自然界的相处方式与管理这一首要意义相关。

其他传统中的实践智慧

实践智慧的发展代表了另一视角,通过它可以思考智慧传统。在这些包含西方价值观的传统中,实践智慧可以与更为理论化的智慧区分开来,后者关注于如何适当地思考上帝、人和受造物之间的关系,即使如上所示,仍具有很强的现实意义。实践智慧,或者古典传统中的审慎(prudence),涉及深思熟虑(deliberation)、判断和行动,在这个意义上,与道德不可分开。亚里士多德主义的传统中,审慎或实践智慧是一个正确分辨的特定行动过程,表达特定美德的一种方式。实践智慧,也可称

为一种美德,抑或心灵朝向卓越的习惯。这卓越不只关于什么对个人是好的,而是对公共大众好,或者什么对于社会作为一个整体是好的。

于此,西方传统可以找到与亚洲传统的共同点。例如,对于孔子,培养道德意识具有较高的优先级,并且那些试图获得道德之人,为了建立一个和平繁荣的社会,必须适应在宇宙中发现的模式。儒家思想家也肯定"心灵与意识"在决策中的作用。他们用这个词包含认知与情感的能力,以及道德意识。基督教神学倾向于分开这两个功能。例如,托马斯·阿奎那(约1225—1274),区分了理解(scientia)和智慧的理智美德和信仰、希望与慈爱的神学美德。因而他坚信美德的统一,由此,智慧必需植根于仁慈;智慧与慈悲之间的密切联系也同佛教智慧有着强烈的共鸣。

儒家的智慧,同亚伯拉罕传统一样,追求好,不只是为了个人更是为了作为整体的社会。所有传统都主张清除净化各类自私行为或对立于智慧的利己主义。新儒家传统也强调实践的重要性,还特别注重日常实践,所以没有行动的知识无法带来道德生活的进步。这是可持续发展的一个重要因素,因为如果不去适当关注耐心实施好的实践,所有呼吁可持续发展的理论将无法变得具体。对于新儒家思想家而言,存在一个关系个人、家庭与社会的宏伟设计:道德自我修养是将人的需求和谐地融入自然世界及自然生产能力的途径。传统的亚伯拉罕宗教也坚信有序的宇宙,不过往往是作为自然世界的统治者来设定和谐,所以在伊斯兰教中有强烈的管家传统。在大自然中寻找和谐比了为了人类的利益成为其主人显得更少意义。

可持续生活的智慧美德

智慧传统提醒我们思考自己的人生态度与性格的重要性。对于亚伯拉罕智慧,这种洞察力的源泉最终来自上帝,而新儒家智慧则强化了它的整体性。换句话说,这不只是个人旅程,而是我们与他人及自然世界的关系。对于那些追随新儒家传统之人,这相当于"道"的一种表达。对于犹太作者,没有《妥拉》的参照,这种取向不可能。对于基督徒作者,若没有亦是道路、真理、生命的基督——或者说智慧的化身——的参与,这也是不可能的。对于穆斯林作者,穆罕默德依据智慧为人类的正确生活提供了模式。另一种从实践中寻找线索感知智慧的不同方式,可以在非洲公认的智慧传统中找到。这些传统与土著宗教传统也有一些共同点。可以说,那些迫切要求生态智慧的传统,就其本质而言,往往意味着反对任何等级形式或精英主义,而这些似乎是亚伯拉罕信仰所坚持的,即使在其内部存在着颠覆这种倾向的思想。非洲公认的智慧传统是直观的,依靠口传,专注于群体利益,并通过日常活动为其他人所共同分享。

因此,智慧也被认为是认识神圣(对于那些坚持信仰神的传统),由思考自然世界而产生的生态智慧的基础。当尽可能多的智慧与各不相同的宗教传统相关,作为探索引导可持续发展的全球性宗教伦理的基础,终将会富有成效。

赛利亚·迪恩-德拉蒙德

(Celia DEANE-DRUMMOND)

切斯特大学

拓展阅读

Barton, Stephen C. (Ed.). (1999). *Where shall wisdom be found? Wisdom in the Bible, the church and the contemporary world.* Edinburgh, U.K.: T & T Clark.

Brown, Warren S. (Ed.). (2000). *Understanding wisdom: Sources, science and society.* Philadelphia: Templeton Foundation Press.

Chryssavgis, John. (2001). Sophia: The wisdom of God: Sophiology, theology and ecology. *Diakonia, 34*(1), 5–19.

Deane-Drummond, Celia. (2000). *Creation through wisdom: Theology and the new biology.* Edinburgh, U.K.: T & T Clark.

Deane-Drummond, Celia. (2006). *Wonder and wisdom: Conversations in science, spirituality and theology.* London: Darton Longman and Todd.

Deane-Drummond, Celia. (2008). *Eco-theology.* London: Darton Longman and Todd.

Habel, Norman C., & Wurst, Shirley. (Eds.). (2001). *The Earth story in wisdom traditions: The Earth Bible, Vol. 3.* Sheffield, U.K.: Sheffield Academic Press.

Wise Use Movement

明智利用运动

　　明智利用运动，开始于20世纪80年代的美国西部，旨在反对有关使用土地的限制性环保法规。除了与土地有经济关联的人以外，总体而言，这项运动还吸引了那些支持私有财产权、抵制政府监管和反对环境保护的人。这个运动的许多目标在美国前总统乔治·W.布什执政期间完成了。

　　"明智利用"这个短语，首先归于美国林务局的首任局长吉福德·平肖（Gifford Pinchot，1905—1910），这个短语当前用来形容开始于20世纪80年代美国西部的这场运动，其成员挑战环保法规对合理利用土地和自然资源的限制。在澳大利亚，表达为"明智利用"，"多次使用"或"连续使用"，而在加拿大，提倡所谓的"共享"。明智利用的原则，也为那些提倡可持续发展和/或自由市场环保主义的人所支持（Doyle 2000）。在美国，时常被援引的所谓"家庭价值观"，把该运动与其他保守运动联系起来。"明智利用"一词的当代使用源于自由企业防御中心（the Center

for the Defense of Free Enterprise，CDFE） 的罗恩·阿诺德（Ron Arnold），一位关键人物，也是前塞拉俱乐部的活动家，因其言论，诸如"我们已经腻烦了环保主义，所以我们要消灭它。我们不会允许所拥有的财产权，和为人类利益使用大自然资源的权利，被一帮生态法西斯主义者剥夺"（波士顿环球报 1992），而在环保领域臭名昭著。尽管，存在这种反感，许多相关团体仍然冒充环保团体或可持续发展的倡导者，以期影响公众舆论，一如一位该运动的主要参与者，从卡托研究所的政策报告中所引述的这句话："自由市场在提供安全、公平、经济安全和环境可持续发展方面，比政府更有所作为"（Henderson 2008）。

　　阿诺德是一些有影响力书籍的作者，比如《搞垮经济：失控的环境保护主义正如何毁掉美国》(*Trashing the Economy: How Runaway Environmentalism is Wrecking America 1998*)，合著者艾伦·戈特利布（Alan Gottlieb）是自由企业防御中心的总裁，而他1989年的书《明智利用议程》(*The Wise Use Agenda*)，则清楚地表达了该运动的目标。戈特利布的其他出版物基本关于枪支所有者的权利，这有助于阐明参与"明智利用运动"之人的范围：农场主、农民、伐木工、猎人、越野车车主和户外运动爱好者，以及商业利益如土地开发、化工、农业，开采业资源如矿山、石油、煤炭和天然气公司，所有这些人都反对基于环境问题的政府监管。讽刺的是，却正是这些反对者得益于美国联邦政府的补贴，并为他们的活动降低了获取联邦土地的成本。

该运动也吸引了一些人，他们与土地/水域问题没有特别关联，但拥护私有产权，总体上抵制政府监管，并且基于自由主义或自由市场资本主义的立场，或各种意识形态原因，反对环境保护主义，称其为异教或一个新宗教。"明智利用运动"的反对者指出该运动与文鲜明的统一教会(Unification Church)(Helvarg 1994)相关联，以此反驳。而该运动也会通过常见策略法庭诉讼，反对诸如"清洁空气法案"(Clean Air Acts)和"濒危物种法"(Endangered Species Act)，获得采掘行业丰厚的资金资助。除了诉讼，运动的一些参与者已实施了明确的口头及人身威胁——比如，针对公园的护林员，林务局员工和环保主义者(Lunsford 1997)——留下死去的动物和警告。另一个策略是促进圆桌会议，以协商为基础制定决策，来确保明智利用的利益是具代表性的，并且实现机会均等。没有协商，就无法针对行业利益达成主要协议，而且协议也常被视作没有约束力。

《明智利用议程》的 25 个目标中的多数，包括向雪地摩托开放国家公园，删减濒危物种的名单，开辟大面积公共土地用于采矿，能源开发，伐木和放牧，均在美国前总统乔治·W.布什的主政下得以实现。该议程作为蓝本为许多重要机构的负责人所采纳，如前内政部长盖尔·诺顿(Gale Norton)，都涉及"明智利用"。诺顿及布什政府的其他人从国会山法律基金会(Mountain States Legal Foundation)开始其事业，并与前总统罗纳德·里根的内政部长詹姆斯·瓦特联合，该基金会称自己是"明智利用的诉讼之手"(Helvarg 1994)。

明智利用的组织常以听起来绿色的名称，掩饰自己的产业关系："可持续未来的绿色精神"[Greenspirit for a Sustainable Future，主张核能与皆伐(dear-cut logging)，自我宣传为"明智的环境保护主义"]，不要将其混淆于"绿色精神"(Greenspirit)(一个总部位于英国的创造精神团体)；而核心地带研究所(Heartland Institute)也包含气候变化怀疑论者。一些团体现在似乎已解散，比如环境保护组织(Environmental Conservation Organization)和国家湿地联盟(National Wetlands Coalition)(二者都是反对湿地保护者成立的)，以及长青基金会(Evergreen Foundation)和不列颠哥伦比亚省森林联盟(British Columbia Forest Alliance)(二者都涉及林业/伐木业)。"明智利用"同致力于"自由事业"与"自由"的团体，如卡托研究所(Cato Institute)或阿克顿宗教与自由研究所(Acton Institute of Religion and Liberty)，同反对主流环保主义的保守宗教组织，如跨信仰环境管理委员会/康沃尔联盟(Interfaith Council on Environmental Stewardship/Cornwall Alliance)——一个与宗教激进主义有关的运动，存在很大的重叠。

后者是示例性团体，的确提高了对环境关注的需要，但漠视或否定物种的消失与气候变化，并寻求促进自行管理，认为一个自由的市场会因受其自身利益的驱动，为保护环境质量提供最好的激励措施。

劳雷尔·D. 卡恩斯（Laurel D. KEARNS）
德鲁大学神学院

拓展阅读

Arnold, Ron, & Gottlieb, Alan. (1998). *Trashing the economy: How runaway environmentalism is wrecking America.* Center for the Defense of Free Enterprise, Bellevue, WA: Free Enterprise Press.

Boston Globe. (1992, 13 January). New, militant anti-environmentalists fight to return nature to a back seat. Retrieved August 17, 2009, from http://www.exxonsecrets.org/html/orgfactsheet.php?id=23.

Doyle, Timothy. (2000). *Green power: The environment movement in Australia.* Sydney: University of New South Wales Press.

Gerlach, Luther P. (1999). The structure of social movements: Environmental activism and its opponents. In Jo Freeman & Victoria Johnson Lanham (Eds.), *Waves of protest: Social movements since the sixties* (pp.85–97). Lanham, MD: Rowman and Littlefield Publishers.

Gottlieb, Alan M. (1989). The Wise Use Agenda: The citizen's policy guide to environmental resource issues: A Task Force Report. Center for the Defense of Free Enterprise, Bellevue, WA: Free Enterprise Press.

Helvarg, David. (1994). *The war against the greens: The "wise-use" movement, the New Right, and the browning of America.* San Francisco: Sierra Club Books.

Hess, Karl, Jr. (1996). Wising up to the wise use movement. In Philip D. Brick & R. McGreggor Cawley (Eds.), *A wolf in the garden: The land rights movement and the new environmental debate* (pp. 161–184). Lanham, MD: Rowman and Littlefield Publishers.

Henderson, David R. (2008, November/December). Are we ailing from too much deregulation? Cato Policy Report. Retrieved June 16, 2009, from https://www.cato.org/pubs/policy_report/v30n6/ cpr30n6-1.html.

Kearns, Laurel, & Keller, Catherine. (Eds.). (2007). *EcoSpirit: Religions and philosophies for the Earth.* New York: Fordham Press.

Lunsford, Jonn. (1997). Dangerous territory: The attack on citizen participation and the environmental movement. Retrieved June 16, 2009, from http://www.westernstatescenter.org/publications/danger.html.

The World Bank

世界银行

　　世界银行是一个国际金融机构,关注于可持续发展的诸多核心问题——从环境及农业问题,到激发关注环境与人类发展的价值观、道德和信仰传统。世界银行是向全世界发展中国家提供资金和技术援助的一个来源。它在许多领域,包括环境和自然资源管理,提供贷款和拨款以支持投资。

　　世界银行是由185个成员管理的国际金融机构,且包含了国际复兴开发银行(International Bank for Reconstruction and Development, IBRD)和国际开发协会(International Development Association, IDA)。世界银行关注可持续发展的诸多核心问题——从环境及农业问题,到激发关注环境与人类发展的价值观、道德和信仰传统。当前的全球危机,如能源危机,对气候变化、农业和粮食短缺的担忧,都是世界银行高度关注的议题,并且世界银行正在动员其资源以促进在这些问题上的国际合作。

　　世界银行是一个庞大而复杂的机构,其历史与演变记录丰富。第二次世界大战后,国际社会为了重建欧洲而创造了世界银行。自成立以来,世界银行在其机构领袖及区域和国家领导人的带领下,通过各种改变,已发展经历多个阶段。世界银行的使命,"我们的梦想是没有贫穷的世界"标示于机构入口,不过,达成使命的手段与方式已发生了变化。今天,世界银行为发展的整体观所推动,这一整体观形成自对世界银行困难时期的自我反思和对世行及其合作伙伴的批评。国家层面的援助战略是在世界银行工作的核心,并且它也是发展和全球贫困问题的智囊团。

　　在世界银行,发展不再只意味着更高的国内生产总值和更好的经济表现;它还关系国家的幸福。发展进程由各类基准所估量,包括2000年国际社会所接受的"联合国千年发展目标"(United Nations' Millennium Development Goals, MDGs),作为共同行动框架,及监测基础发展目标进展情况的方法。

　　尽管,历史上对于看似"一刀切"的经济发展方式看法负面,银行在最近与信仰领袖及机构有关发展问题的合作中，对可持续发展的"精神"已有了更好地了解。20世纪90年代，世行开始探索信仰与发展之间的关联。世行认为，有关发展和消除贫困最好的一些专家正是宗教领袖，他们居住并工作于贫穷社区，在那里，稳固的关系、本地知识及资历和道德权威给予他们对于提供社会服务以特殊的洞察力、理解力和非比寻常的渠道。世界银行与宗教领袖的合作，包括2004年赞助在印度召开有关艾滋病的宗教间会议上；同国际货币基金（International Monetary Fund，IMF）和世界基督教会联合会（World Council of Church，WCC）进行一个有关发展与贫困问题、为期两年的结构性对话；令美国福音派基督徒领袖与摩洛哥穆斯林领袖一起讨论气候变化；并就环境及保护问题与东亚国家开展合作。与宗教领袖和机构的对话，以实证分析研究为基础，加之世界银行为与宗教领袖及机构合作所付出的努力，一直延续至今。

玛丽莎·B. 梵·萨能（Marisa B. VAN SAANEN）
耶鲁大学法学院

拓展阅读

Marshall, Katherine, & Van Saanen, Marisa. (2007). Development and faith: Where mind, heart, and soul work together. Washington, DC: World Bank.

Marshall, Katherine. (2008). The World Bank: From reconstruction to development to equity. New York: Routledge.

The World Bank. (2009). Development dialogue on values and ethics. Retrieved March 25, 2009, from http://go.worldbank.org/HH5UDBBLZ0.

末日临近……种植一棵树

2009 年 9 月，主流媒体引述在联合国气候变化会议上，世界各国领导人用生硬不留情的语言描绘了一幅地球未来可怕的画面："我们是可以采取行动的最后一代"，法国总统萨科齐说。马尔代夫总统穆罕默德·纳希德说："如果事情照旧，我们将无法生存。"哥斯达黎加总统奥斯卡·阿里亚斯·桑切斯称会议本身"发生在悬崖边缘"。《信仰保护》(Faith in Conservation)的作者马丁·帕尔默和维多利亚芬利描述了使用圣经语言的悠久传统，它让人想起了终结时刻或者启示，以唤起人们的危机意识，比如全球气候变化和热带雨林的破坏。该书由世界银行与宗教与环境保护联盟合作出版，挑战了世界宗教与世界银行自身的刻板印象。

想象一下，你正忙着种树，有人冲上来说，弥赛亚已经来了，世界末日就在眼前。你会做什么？传统犹太故事中的拉比会建议，你得先种完树，再去看看消息是否属实。伊斯兰传统中有类似的故事，提醒其信徒，如果当审判日来临时，他们的手中碰巧握着棕榈插条，他们不应该忘记种植这插条。

在环境保护领域，那些希望告诉我们末日临近了的人，与那些想要鼓励我们为了未来植树的人之间，存在着紧张关系。例如，1992 年里约热内卢的地球峰会举行之前，新闻界发表许多声明告诉我们，"这将是世界自我拯救的最后一个机会"。的确，从环保团体所描绘的可怕的，即将毁灭的画面中，产生了许多主要报道——诚挚地希望震动人们采取行动。

……这类团体总是借助于《圣经》或吠陀(印度)生动的语言，描绘世界末日——启示录的意象涵盖了我们最深的恐惧，比任何图表或统计分析所能做得都更为生动。感性有力的语言让我们觉得我们坐在边缘——以上述犹太故事来说，世界末日临近了。

来源: Martin Palmer, with Victoria Finlay. (2003). *Faith in Conservation.Washington, DC: World Bank*. Retrieved October 2, 2009, from http://www.arcworld.org/news.asp?pageID=9.

World Religions and Ecology

世界宗教和生态

由于许多源自宗教的价值观影响着对待自然的态度,使得宗教具有独特的机会去激发和动员人们生活得更可持续。宗教需要恢复人——地球的关系,以及人与人和人与神的关系。现在,世界宗教正参与塑造着生态世界观与道德,并连接起这些价值观与政策。

环境危机在工业污染、资源枯竭和人口爆炸各种关联表现中,有据可查。问题的紧迫性是多方面的,即整个地球关系人类生存的基本要素,尤其是供水和农业用地,因人口及消费的压力而遭受威胁。随着捕渔业的萎缩,水土流失及农田消失的加剧,有关人类社会养育后代的能力成为严重的问题。此外,物种普遍遭受破坏,栖息地不断消失的进程在加快。而扭转这趋势,并为使人类与自然走向可持续发展的未来的努力却受到气候变化的威胁。

显然,一个更全面的世界观与道德需要宗教的参与,以使其沿着可持续性发展。无论从人类中心主义或生物中心的角度来看,有必要塑造更为充分的环境价值观,并联系公共政策领域。宗教学者、宗教领袖和教徒在这个关联过程中能够发挥关键作用。此外,还有来自其他相关方面的呼吁,要求其参与更广泛的联盟,以阻止物种、表层土壤及自然资源的损耗,并减轻气候变化的影响。由学者、宗教领袖和活动者组成的联盟,为解决我们最紧迫的一些环境问题,在设想并实施长远的、可持续的方案中,为对话及创造性的伙伴关系建立了共同基础。这是至关重要的,因为促成人类自然观的态度与价值观主要来自宗教的世界观与道德实践。在动员人们有意识地为子孙后代维护环境过程中,宗教的道德使命和价值体系必不可少。

于是,当代宗教最大的一个挑战,就是如何回应环境危机。有人认为在当代社会中,尤其是那些产生了或受现代西方影响的社会,唯物主义与世俗化的巨大胜利已经使环境危机永久化了。其他,诸如中世纪历史学家小林恩·怀特所认为,犹太教与基督教强调上帝凌驾于自然的超越性与人类对自然的统治,已经导致自然世界的退化,及随后因功利目的对其资源的破坏。尽管,这种说法的细节已经受激烈争论,但愈加清楚的是,环境危机向世界宗教提出了一个严峻挑战。的确如此,因为许多这些宗教传统历来关注个人救赎之路,常常强调非现世的目标,而拒绝堕落的现世。

如何使宗教教义适应重估自然的任务,以阻止它的毁坏,标志着宗教思想开启了显著新阶段。的确,宗教历史学家托马斯·贝瑞已经恰如其分地指出,如果人类作为一个可存活物种,要在日益恶化的地球上延续,重新评估人类—地球的全面关系就是必要的。除主要的经济和政治变革以外,所需要的世界观,不同于那些已经左右当代工业化社会想象力的世界观,那些世界观视自然为一种商品遭受剥削。如何利用世界宗教的见解是个紧迫艰巨的任务。事实上,一个新的生态神学与环境伦理学已经在几个世界宗教中形成。有关世界宗教与生态的哈佛 10 卷给出了这样的范例,一如宗教与生态论坛网站(www.yale.edu/religionandecology,Tucker & Grim,1997—2004)。显然,每个世界宗教传统都将有益于这些讨论。

更广泛的理论语境

世界宗教中伦理学的焦点一直以来基本以人为中心。人类的人道待遇,往往不仅被视作最终目的,还作为获得永恒回报的一种手段。虽然,考虑到环境退化和物种消失,有人批判世界宗教的这种人类中心主义视角狭隘,仍有必要念及这个角度有助于推动为了社会正义与人权的重大行动。

尽管,社会正义是进行着的未完成的约定努力,宗教所面临的挑战也将会扩大其伦理关注以涉及不止人类世界。社会正义和环境整体性,现正被视为一个统一体的一部分。几十年来,环境保护哲学家一直在发展环境伦理学领域,现在它可以为世界各宗教在考虑如何扩大其伦理重点,提供庞大资源。新兴的生物中心、动物中心和生态中心伦理学分别关注到地球内的生命形式、动物物种和生态系统。一种新的部分与整体、地方与全球的"系统伦理学",将协助宗教从其传统中阐述一个更全面的环境伦理。与可持续发展的对话是宗教发展的一个重要组成部分。人类正在寻求一种伦理学,可以应对自杀或杀人,更能对杀虫剂与生态灭绝做出回应。

由此,宗教正逐渐从完全以人类为中心的伦理学转向生态中心伦理学,甚至天人合一(anthropocosmic)的伦理学。最后这个术语是杜维明用以描绘儒家世界观中天堂、世间与人类充满生机的互动关系。在该语境中,人类完成了自然与宇宙世界,并在生命动态变化的过程中成为参与者。这种想法可以扩展伦理学以应用于陆地—物种—人类—地球—宇宙的统一体。这是一条富有成果但仍在形成中的迈向全面伦理学的路径,旨在可持续发展。这条路径面临不同挑战,包括宗教自身。

问题与承诺

必须承认,世界宗教因其不宽容及对真理的排他主张,常常导致民族间的紧张关系,包括战争或强迫改教。也正是如此,宗教总是站在改革的前列,如在劳工运动、移民法、为穷人和受压迫者的正义伸张中。印度为了自由的非暴力运动，与美国的一体化运动，皆受宗教原则启发并由宗教领袖所领导。

此外，有关宗教与生态的新兴对话也承认，在寻求环境长期的可持续发展过程中，当代环境问题与作为资源的传统宗教之间，存在着明显的脱节。在应对复杂的问题，如气候变化、荒漠化、森林砍伐时，宗教传统并不能够提供具体指导。与此同时，人们认识到，世界各宗教的某些取向和价值观，对于更加全面的宇宙学发展和环境伦理学，不仅有用，甚至是不可或缺。

需要强调不同文化背景中传统宗教资源与现代环境问题之间的脱节，以便确定新的连接。宗教与生态学者承认宗教经文和注释书写于较早时期，有着不同的设想读者。同样，许多世界宗教的神话与仪式也形成于较早的历史时期，基本是农业时期，而由其世界观创造的艺术与符号，则完全不同于我们的。同样，世界宗教的伦理和道德主要回应人类中心主义有关人与人关系重要性的观点，阐述灵性与救赎论（涉及救赎的神学）有关促进神人关系的神学观点。

尽管，存在历史与文化的偶然性，特定的宗教观点与实践，以及共同的道德价值观，仍可有助于扩大并深化环境认识。于是，我们肯定宗教思想对于宣传激发生态神学、环境伦理学及草根行动主义，具有实际或潜在的作用。现在，为了这重新设想的人类与地球相互促进的关系，宗教重新主张并重构这些强大的宗教观念、实践和价值观。思考宗教传统资源如何提出连贯的有说服力的方式，以应对我们当前环境危机的特定方面，需要谨慎地反思方法

论。需要自我反省且有创意的方法来重拾文本与传统，重新评估、重新审视什么是最有效的，由此，在一个创造性的后现代世界里恢复并重建宗教传统。所有这一切重要努力，都是为了唤起宗教传统的力量与潜力，作为精神感召、道德转变与可持续社区的资源，在地球社区面对环境挑战之时，更有效地发挥作用。

这是因为，通过其各个种类，世界宗教被认为不只是对超然神的信仰或应对来世的一种手段。的确，宗教被认为，为宇宙及其中的人类角色提供了广阔的发展方向。因此，千年以来世界各地文化对自然的态度，一直明显地受宗教观点的影响，尽管并不唯一。

在这种情况下，就其最广泛的意义而言，宗教可以被视作一种方式，人类凭借其认识到表象现实的局限性，采取具体实践去影响宇宙环境中的自我改变和社区凝聚力。由此，宗教涉及那些宇宙故事、符号系统、礼仪习俗、伦理规范、历史进程和体制结构，传递了一个观点，人被嵌入于一个充满意义和责任、转变和庆祝的世界。宗教把人类与神的存在，或超自然的力量联系起来。它们使人类社会联结，帮助其与更广泛的地球社区建立亲密关系。总之，宗教联系起人类与不确定的神秘的大矩阵，从中产生、展现并繁荣生命。

于此，需要就机构的或教派形式的宗教的特定表达，与那些赋予这些表达以生命的更宽泛的世界观予以区别。就世界观，我们意指那些认识的方式，通过其所包含的符号与故事，有意或无意地寻找特定文化生活中的生存表达。在这个意义上，世界观产生于或形成于人与自然系统或生态的互动。从而，在许多社会中，宗教关注的主要问题之一就是以故事把

地方地理的产生,描述为一种神圣的境界。世界观产生仪式和道德、行动方式,以指导个人、社会和生态交流中的人类行为。由于宗教社群既建构了世界观又以此生活,对世界观的研究至关重要,因为正是于此,我们发现了有关自然、栖息地,以及我们在世界上位置的观点的形成。在当代,以更加平衡的模式重新定位人与自然的关系,既需要对可持续世界观的重新评估,也需要制定可行的环境伦理。

文化的世界观包含于宗教宇宙观内,通过仪式和符号表达。宗教宇宙观介绍有关自然世界起源及变化。宗教仪式与符号产生自宇宙论,根植于自然动态。它们为鼓励人类生活中的精神和道德转变,提供了丰富资源。事实如此,例如佛教视自然和宇宙中的变化是人类遭受痛苦的潜在原因。而另一方面,儒教和道教则认为自然的变化为道之源。此外,死亡—重生的自然周期,对于人的生命,尤其在犹太教、基督教和伊斯兰教的西方一神教传统中,犹如一面鼓舞人心的镜子。所有宗教都会把自然循环解释成丰富多彩的意义阐释,鼓励人们超越悲剧、痛苦和绝望。表现在宗教象征主义中的人类斗争找寻到路径进入文化的艺术、音乐和文学。通过关联起人的生命与自然形态,宗教为生命的延续及人类的衰弱和死亡提供了一个有意义的方向。此外,宗教颂扬铭记着自然的馈赠,如空气、水和食物,它们维持着生命。

总之,人类在应对变化、超越痛苦的过程中,宗教已成为显著的催化因素,尽管同时以自然的节奏与丰富来支持人类。人类试图超越这个世界又渴望被内含于这个世界之中的创造性关系,正是世界宗教动力的一部分。例如,基督教拥有来世救赎的承诺,以及对基督此世化身为人的庆祝。同样地,印度教提出了解脱的目标——从世界的轮回(诞生,苦难和死亡的重复循环)中解脱——尽管也强调克里希纳思想在世界上的作用。

这种创造性紧张关系的实现产生了宗教有关环境关切的可能性和局限性的一种更平衡的认识。许多宗教非现实地保留了旨在于此世之外个人救赎的方向;同时,它们能够且已经承诺于世界上社会正义、和平、生态的完整性。许多环境讨论中一直以来所缺少的关键部分是如何确定并利用宇宙论、符号、仪式、伦理学,为了在这个世界上创造一个可持续的未来,激发观点与行动的转变。历史上,宗教促使了社会多方面的变革,如废奴和民权运动。而目前,环境正义与社会正义的新联盟正在兴起。

与这些"生态正义"关切一致,宗教能够培养价值观和道德、敬畏、尊重、克制、重新分配、责任,并为了形成一个更广泛的,包括人类、生态系统及其他物种的环境伦理学而更新。在宗教的帮助下,人类现在主张敬畏地球及其漫长的进化演变,尊重与我们共享这个星球的无数物种,有度使用所有生命赖以生存的自然资源,公平分配财富,承认人类对延续生命至未来负有责任,为建设一个可持续的地球社区的伟大工程更新能量。这些美德都有益于可持续性,是世界宗教可以有所贡献的。

召唤与回应

各个环保团体、科学家与国会议员一直以来呼吁宗教领袖对环境危机做出回应。此外,宗教与生态领域的专论与期刊文章出现了惊人的增长。还举办了一些关于这个议题的国家和国际会议。例如，如"世界自然基金会"（WWF）的环保组织，一直以来资助宗教间会议，比如1986年意大利阿西西会议。联合国环境规划署在北美设立了年度环境安息日（Environmental Sabbath），并向遍及美国和加拿大的教会分发了数千包使用物资。1993年在芝加哥举办世界宗教议会（Parliament of World Religions），参与者大约8 000人，来自全球各地，发表了声明"宗教合作的全球伦理：人类与环境问题"（Global Ethics of Cooperation of Religions on Human and Environmental Issues）。随后的会议在南非开普敦和西班牙巴塞罗那举行，以环境作为重要主题。计划于2009年12月在墨尔本的会议将重点关注于宗教在促进未来可持续发展中的作用。有关环境的国际会议，如"宗教与议会领袖全球论坛"（Global Forum of Spiritual and Parliamentary Leaders）已经在牛津（1988）、莫斯科（1990）、里约（1992）、京都（1993）举办。参加的外交官与国家元首包括米哈伊尔·戈尔巴乔夫，他主办了莫斯科会议，并出席京都会议，为环境紧急事件成立"国际绿十字会"。此外，2001年6月在伊朗举行了"环境、文化和宗教德黑兰研讨会"，2005年5月举办"环境、和平和不同文明与文化的对话"。这两个会议都得到伊朗政府资助，及联合国环境规划署的支持。戈尔巴乔夫已经举办了数次"与地球对话"（Earth Dialogues）："全球化：道德缺失的环节？"举办于法国里昂（2002），巴塞罗那（2004），澳大利亚布里斯班（2006）。世界自然保护联盟是总部设在瑞士的全球环境网络，在2009年西班牙巴塞罗那的世界自然

保护大会上，组织了第一个关于"灵性与保护"的专家小组。1995年以来，基督东正教精神领袖大公宗主教巴尔多禄茂，召开"宗教，科学与环境"专题讨论会，关注欧洲、亚马孙及北极的水问题。同样，总部设在英国的"宗教和环境保护联盟"召开会议并激励宗教团体。在美国，全国关心环境宗教联盟（National Religious Partnership for the Environment，NRP）已经就此问题组织犹太教与基督教社区。时机是如此有利于鼓励特定宗教致力于解决生态危机，特别是通过制定更加全面环境伦理，来开展注重可持续发展的运动。

哈佛系列会议

正是在这一背景下，自1996年到1998年，在哈佛大学举办了一系列有关"世界宗教与生态"（Religions of the World and Ecology）的会议。这些会议的目标是提供一个平台，反思关于：

- 通过审视世界宗教的观点，以及对历史文化复杂性的关注，重新概念化对待自然的态度；
- 致力于阐明功能环境伦理学，它植根于宗教传统，并受启发于广阔的生态视角；
- 为了有关环境观点的长期转变，明确促成宗教传统内系统转变的制度因素；
- 激发宗教领袖以及神学院与大学的学生及宗教教授的兴趣和关注；
- 关联起世界宗教变革的努力与更为广泛的国际运动，致力于为了人类和可持续的未来的全球伦理学；
- 联合起那些在生态科学、公共政策、经济、商业、卫生、教育和媒体领域希望彻底改造

工业社会的人。

这些会议有几个关键目标,即以对环境意识与保护的共同关注,激发原创性研究和思考,鼓励更多教育活动,促进涉及宗教机构和政策中心的外展服务。这些会议的主要目标之一,是把宗教学术研究中的学者及神学家,与正在推行涉及环境危机的道德转变的人、提议和机构联系起来的。超过800位的学者与环保人士参与了这一系列的合作,为未来创建重要的网络。

宗教与生态论坛

宗教与生态论坛,其首要目标即为了长期解决环境问题,在学科之间建立共同基础。宗教作为这些讨论的合作伙伴而来,而非道德权威的终极代理人。为了重新制定对环境问题有效的公共政策,创建更为广阔的空间,开启三项持续战略将是有益的。第一个策略是让各学科彼此对话,尊重不同的方法,审视蕴含其内的价值观。第二个策略是为了共同的环境关切,通过承认可持续发展问题跨学科合作的必要性,创建各学科合作平台。第三个战略是为今后的合作项目构建联盟,从而动员以可持续为基础的重塑工业社会所需要的道德转变与务实政策。

在创造一个可持续未来的过程中,宗教能够发挥作用,这一强烈意识正在兴起。不过,宗教的表达需要思虑紧密和道德上有说服力,从而可有效地进行与宗教信徒及政策制定者的深入讨论。环境危机中我们所面临的问题,对于单纯的修辞诉求或简单化的答案,是如此紧迫而复杂。故此,论坛关注于三个战略目标,并在耶鲁大学建立了一个重要的网站

(www.yale.edu/religionandecology),以促进这些目标:

● 研究,需要在学术环境中展开宗教和生态研究领域,包括出版书籍、文章以及期刊,世界观和就此主题带有所有文献英文注释的参考书目;

● 教育,需要出版和传播课堂使用的教材,让信息可用,这将有益于宗教团体、神学院以及其他相关机构;

● 拓展,需要培养有关环境的政策问题中的宗教声音,并鼓励宗教与关键部门,如科学、教育、经济和公共政策相关联。

世界观引导我们适应于自然世界,道德指导人类行为,而显然在世界观的形成与道德的表达中,宗教都发挥着核心作用。我们所面对问题的规模与复杂性需要共同努力,不仅是宗教间的,还有与人类各项事业其他重要领域的对话。因此,宗教需要同各个已经开始应对环境问题的部门——科学、经济、教育、公共政策进行的对话。这些学科将以其非常特殊的方式促进环境变化;也就是说,经济激励机制是资源适当分配的关键,科学分析将至关重要对于认识自然经济,教育意识对于创造可持续生活的模式将是必不可少的,公共政策建议在国家和国际优先事项制定过程中,将是非常宝贵的,而道德和精神价值观对于生态时代生活所需的变革将至关重要。

托马斯·贝瑞已经观察到,自然界的退化无助于人类建立一个可持续发展的社会。可持续发展的社会只可能是人类的经济适应于地球不断更新的经济。人的系统,它的每一个方面,都只是地球系统的一个子系统,无论我

们所说的是经济身体健康抑或法律规则。从
本质上说，人类繁荣与地球的繁荣紧密联系。

玛丽·伊芙琳·塔克（Mary Evelyn TUCKER）

耶鲁大学

拓展阅读

Berry, Thomas. (1999). *The great work*. New York: Random House.

Berry, Thomas (Author), & Tucker, Mary Evelyn. (Ed.). (2006). *Evening thoughts: Reflecting on Earth as sacred community*. San Francisco: Sierra Club Books.

Chapple, Christopher Key. (Ed.). (2009). *Worldviews: Global religions, culture and ecology*. Leiden, The Netherlands: Brill.

Foltz, Richard. (2000). *Worldviews, religion and the environment: A global anthology*. Florence, KY: Wadsworth.

Forum on religion and ecology. (2009, February 9). Retrieved April 27, 2009, from www.yale.edu/religionandecology

Tu Wei-ming. (1985). *Confucian thought: Selfhood as creative transformation*. Albany: State University of New York.

Tucker, Mary Evelyn, & Grim, John. (Series Eds.). (1997–2004). *World Religions and Ecology* (10 vols.): *Judaism, Christianity, Islam, Hinduism, Jainism, Buddhism, Confucianism, Daoism, Indigenous Traditions,* and *Shinto* (Shinto in Japanese). Cambridge, MA: Center for the Study of World Religions, Harvard Divinity School. (Distributed by Harvard University Press).

索 引 （黑体字表示本卷的篇章条目）